Maren Lode

Die soziale Absicherung von Tagespflegepersonen

Eigenverlag des Deutschen Vereins
für öffentliche und private Fürsorge e.V.
Berlin

Die Autorin hat die vorliegende Arbeit an der Martin-Luther-Universität Halle-Wittenberg, Juristische und Wirtschaftswissenschaftliche Fakultät, unter dem Titel: „Die soziale Absicherung von Tagespflegepersonen – gegenwärtige Rechtssituation und zukünftige Handlungsoptionen" als Dissertation eingereicht. Die Disputation fand am 5.1.2009 statt.

Jugend und Familie (J 9)

Eigenverlag des Deutschen Vereins
für öffentliche und private Fürsorge e.V.
Michaelkirchstraße 17/18, 10179 Berlin
www.deutscher-verein.de

Druck:
Brandenburgische Universitätsdruckerei
Karl-Liebknecht-Straße 24/25, 14404 Golm bei Potsdam

Printed in Germany 2010
ISBN 978-3-7841-1954-0

Veröffentlicht mit Förderung durch das Bundesministerium
für Familie, Senioren, Frauen und Jugend (BMFSFJ)

Inhaltsverzeichnis

Abkürzungsverzeichnis 5

Vorwort 11

Einleitung 13
   I. Der Verdienst von durch die Praxis als selbständig eingeordneten
      Tagespflegepersonen – ein Problem? 15
   II. Gang der Untersuchung 29

Kapitel 1: Situationsüberblick und Problemaufriss

A. Begriffsklärungen und Situationsüberblick zur Kindertagespflege 35
   I. Der Begriff der Kindertagespflege und der Tagespflegeperson 35
   II. Die Situation der Kindertagespflege in Deutschland 37

B. Problemaufriss 69
   I. Die Abkehr vom Normalarbeitsverhältnis im Bereich der Wirtschaft 70
   II. Besonderheiten der Beschäftigung bei der Vermittlung sozialer Leistungen 76

Kapitel 2: Statusfragen bei Tagespflegepersonen

A. Einführung 85
   I. Entstehungsgeschichte von Arbeits- und Sozialrecht 85
   II. Schutzzwecke von Arbeits- und Sozialrecht 87

B. Statusmöglichkeiten des deutschen Arbeits- und Sozialrechts 91
   I. Definitionen 93
   II. Das in einigen Gesetzen „versteckte" Direktionsrecht des Arbeit-
      gebers als Grundprinzip des deutschen Arbeitsrechts 102
   III. Die Abgrenzungskriterien der höchstrichterlichen Rechtsprechung 102
   IV. Die Abgrenzungskriterien der Literatur 112

C. Die Statusbestimmung atypisch Beschäftigter 121
   I. Atypisch unselbständige Beschäftigungen 121
   II. Abhängig Selbständige 122
   III. Die Schutzbedürftigkeit atypisch Beschäftigter 124
   IV. Die Problematik der atypischen Beschäftigung in der Kindertagespflege 125

D. Möglichkeiten der Statusbestimmung von Tagespflegepersonen 145
   I. Tagespflegepersonen als Arbeitnehmer 148
   II. Tagespflegepersonen als arbeitnehmerähnliche Personen 162

E. Zusammenfassung und Schlussfolgerungen 164

Kapitel 3: Möglichkeiten der sozialen Absicherung von Tagespflegepersonen im geltenden Recht

A. Arbeitsrecht   169
   I. Abhängig beschäftigte Tagespflegepersonen   169
   II. Arbeitnehmerähnlich beschäftigte Tagespflegepersonen   171
   III. Selbständig tätige Tagespflegepersonen   178

B. Sozialrecht   178
   I. Möglichkeiten im SGB VIII   178

C. Zusammenfassung   254

Kapitel 4: Lösungsvorschläge

A. Lösungsmöglichkeit im geltenden Recht über Anstellung von Tagespflegepersonen durch Kommunen oder andere Träger   259
   I. Ein Blick über die Grenzen   260
   II. Die Möglichkeit der Anstellung von Tagespflegepersonen bei einem Träger in Deutschland   262

B. Lösungsmöglichkeiten ohne Zugrundelegung des Status der Tagespflegeperson   270
   I. Vertragstypenabgrenzung   271
   II. Änderungsoptionen für das Sozialrecht   291
   III. Zwischenergebnis   319

C. Ergebnis   321

Ergebnisse der Arbeit   323

Literaturverzeichnis   327

Anhang   343

Abkürzungsverzeichnis

a. A.	andere Ansicht
Abt.	Abteilung
a. F.	alte Fassung
AbgG	Abgabengesetz
Abs.	Absatz
ALG II	Arbeitslosengeld II (= Grundsicherung für Arbeitssuchende nach dem SGB II)
AO	Abgabenordnung
AP	Arbeitsgerichtliche Praxis (Nachschlagewerk des BAG)
ArbG	Arbeitsgericht
ArbGG	Arbeitsgerichtsgesetz
ArbPlSchG	Arbeitsplatzschutzgesetz
ArbSchG	Arbeitsschutzgesetz
ArbSchR	Arbeitsschutzrecht
ArbZG	Arbeitszeitgesetz
Art.	Artikel
AuR	Arbeit und Recht (Zeitschrift)
Aufl.	Auflage
Az	Aktenzeichen
BA	Bundesagentur für Arbeit
BAG	Bundesarbeitsgericht
BAGE	Amtliche Entscheidungssammlung des Bundesarbeitsgerichts
BAT	Bundesangestelltentarifvertrag
BB	Betriebs-Berater (Zeitschrift)
Bd.	Band
BErzGG	Bundeserziehungsgeldgesetz
BeschSchG	Beschäftigtenschutzgesetz
BetrVG	Betriebsverfassungsgesetz
BfA	Bundesversicherungsanstalt für Angestellte
BFH	Bundesfinanzhof
BFHE	Amtliche Entscheidungssammlung des Bundesfinanzhofs
BGB	Bürgerliches Gesetzbuch
BGBl.	Bundesgesetzblatt
BGH	Bundesgerichtshof
BGHZ	Amtliche Entscheidungssammlung des Bundesgerichtshofs in Zivilsachen
BGW	Berufsgenossenschaft für Gesundheitsdienst und Wohlfahrtspflege

BMAS	Bundesministerium für Arbeit und Soziales
BMFSFJ	Bundesministerium für Familie, Senioren, Frauen und Jugend
BMF-Schreiben	Amtliches Schreiben des Bundesministeriums für Finanzen
BMGS	Bundesministerium für Gesundheit und Soziale Sicherung
BR-Drucks.	Bundesratsdrucksache
BSG	Bundessozialgericht
BSGE	Amtliche Entscheidungssammlung des Bundessozialgerichts
BSHG	Bundessozialhilfegesetz
bspw.	beispielsweise
BStBl.	Bundessteuerblatt
BT-Drucks.	Bundestagsdrucksache
BUrlG	Bundesurlaubsgesetz
BUK	Bundesverband der Unfallkassen
B. u. K.	Betrieblich unterstützte Kinderbetreuung: Es handelt sich dabei um einen Geschäftsbereich im Verein zur Förderung von Frauenerwerbstätigkeit im Revier e. V. (VFFR)
BVerfG	Bundesverfassungsgericht
BVerwG	Bundesverwaltungsgericht
bzw.	beziehungsweise
d. h.	das heißt
DB	Der Betrieb: Wochenschrift für Betriebswirtschaft, Steuerrecht, Wirtschaftsrecht, Arbeitsrecht
DDR	Deutsche Demokratische Republik
ders.	derselbe
DGB	Deutscher Gewerkschaftsbund
Diss.	Dissertation
DIW	Deutsches Institut für Wirtschaftsforschung, Berlin
DJI	Deutsches Jugendinstitut
DV	Deutscher Verein für öffentliche und private Fürsorge e.V.
e. A.	eine Ansicht
EG	Europäische Gemeinschaft
Einf v / Einl v	Einführung vor / Einleitung vor
EntgeltfortzG	Entgeltfortzahlungsgesetz
ErfK	Erfurter Kommentar zum Arbeitsrecht (herausgegeben von Thomas Dieterich, Peter Hanau und Günter Schaub)
Ergänzungslieferg.	Ergänzungslieferung
ESF-Mittel	Mittel des Europäischen Sozialfonds
EStG	Einkommensteuergesetz
e. V.	eingetragener Verein
EzA	Entscheidungssammlung zum Arbeitsrecht

FAZ	Frankfurter Allgemeine Zeitung
f.	folgende
ff.	fortfolgende
FK-SGB VIII	Frankfurter Kommentar zum SGB VIII: Kinder- und Jugendhilfe (herausgegeben von Johannes Münder u. a.)
Fn.	Fußnote
GbR	Gesellschaft bürgerlichen Rechts
gem.	gemäß
GG	Grundgesetz
GewO	Gewerbeordnung
G.I.B.	Gesellschaft für innovative Beschäftigungsförderung
GmbH	Gesellschaft mit beschränkter Haftung
grds.	grundsätzlich
GrS	Großer Senat
HAG	Heimarbeitsgesetz
HGB	Handelsgesetzbuch
h. M.	herrschende Meinung
Hrsg.	Herausgeber
HS-KV	Handbuch des Sozialversicherungsrechts, Band 1, Krankenversicherungsrecht (herausgegeben von Bertram Schulin)
HS-UV	Handbuch des Sozialversicherungsrechts, Band 2, Unfallversicherungsrecht (herausgegeben von Bertram Schulin)
HV-INFO	Aktueller Informationsdienst für die berufsgenossenschaftliche Sachbearbeitung (Zeitschrift)
i. d. R.	in der Regel
i. e. S.	im engeren Sinne
i. H. v.	in Höhe von
i. R. d.	im Rahmen des
i. R. v.	im Rahmen von
i. S.	im Sinne
i. S. d.	im Sinne des
i. S. v.	im Sinne von
i. V. m.	in Verbindung mit
i. w. S.	im weiteren Sinne
insbes.	insbesondere
ISA	Institut für soziale Arbeit
ISO-Institut	Institut für Sozialforschung und Sozialwirtschaft e. V., Saarbrücken
JAmt	Das Jugendamt: Zeitschrift für Jugendhilfe und Familienrecht
JWG	Jugendwohlfahrtsgesetz

JZ	Juristenzeitung (Zeitschrift)
KassKomm	Kasseler Kommentar zum Sozialversicherungsrecht
KICK	Kinder- und Jugendhilfeweiterentwicklungsgesetz
KiföG	Gesetz zur Förderung von Kindern unter drei Jahren in Tageseinrichtungen und in Kindertagespflege (Kinderförderungsgesetz - KiföG) vom 10. Dezember 2008
KitaG Berlin	Gesetz zur Förderung und Betreuung von Kindern in Tageseinrichtungen und Tagespflege (Kindertagesbetreuungsgesetz – KitaG) in Berlin
KJHG	Kinder- und Jugendhilfegesetz
KR	Gemeinschaftskommentar zum Kündigungsschutzgesetz und zu sonstigen kündigungsschutzrechtlichen Vorschriften (herausgegeben von Friedrich Becker und Wilfried Hillebrecht)
KSchG	Kündigungsschutzgesetz
KSVG	Künstlerversicherungsgesetz
LAG	Landesarbeitsgericht
Lieferg.	Lieferung
Liefg.	Lieferung
lit.	lateinische Nummerierung
LPK-SGB I	Sozialgesetzbuch. Allgemeiner Teil. Lehr- und Praxiskommentar (herausgegeben von Utz Krahmer)
LPK-SGB II	Sozialgesetzbuch II. Grundsicherung für Arbeitsuchende. Lehr- und Praxiskommentar (herausgegeben von Johannes Münder)
LPK-SGB VII	Gesetzliche Unfallversicherung. Lehr- und Praxiskommentar (herausgegeben von Edgar Franke)
LPK-SGB VIII	Kinder- und Jugendhilfe. Lehr- und Praxiskommentar LPK - SGB VIII (herausgegeben von Peter-Christian Kunkel)
LPK-SGB XI	Soziale Pflegeversicherung. Lehr- und Praxiskommentar (herausgegeben vom Thomas Klie und Utz Krahmer)
LPK-SGB XII	Sozialgesetzbuch XII. Sozialhilfe. Lehr- und Praxiskommentar (herausgegeben von Johannes Münder)
LSG	Landessozialgericht
LStDV	Lohnsteuer-Durchführungsverordnung
MAH	Münchener Anwaltshandbuch Sozialrecht (herausgegeben von Hermann Plagemann)
m. w. N.	mit weiteren Nachweisen
MontanMitbestG	Montanmitbestimmungsgesetz
MünchArbR	Münchener Handbuch zum Arbeitsrecht (herausgegeben von Reinhard Richardi und Otfried Wlotzke)
MuSchG	Mutterschutzgesetz

NDV	Nachrichtendienst des Deutschen Vereins für öffentliche und private Fürsorge (Zeitschrift)
NDV-RD	Rechtsprechungsdienst: Beilage zur NDV
NJW	Neue Juristische Wochenschrift (Zeitschrift)
Nr.	Nummer
NRW	Nordrhein-Westfalen
NZA	Neue Zeitschrift für Arbeitsrecht
NZS	Neue Zeitschrift für Sozialrecht
OECD	Organisation für wirtschaftliche Zusammenarbeit und Entwicklung
OFD	Oberfinanzdirektion
OVG	Oberverwaltungsgericht
RAG ARS	Amtliche Rechtsprechungssammlung des Reichsarbeitsgerichts
RdA	Recht der Arbeit (Zeitschrift)
Rn.	Randnummer
RsDE	Beiträge zum Recht der sozialen Dienste und Einrichtungen (Zeitschrift)
Rspr.	Rechtsprechung
RVO	Reichsversicherungsordnung
Rz.	Randziffer
S.	Satz oder Seite
SeemG	Seemannsgesetz
SG	Sozialgericht
SGb	Die Sozialgerichtsbarkeit (Zeitschrift)
SGB	Sozialgesetzbuch
sog.	sogenannt/-e/-er/-es
SolZG	Solidaritätszuschlaggesetz
SOWI	Sozialwissenschaftliche Informationen (Zeitschrift)
SozR	Loseblattsammlung Sozialrecht
SozSich	Soziale Sicherheit (Zeitschrift)
SozVers	Die Sozialversicherung (Zeitschrift)
SRH	Sozialrechtshandbuch (herausgegeben von Bernd Baron von Maydell und Franz Ruland)
TAG	Tagesbetreuungsausbaugesetz
TVG	Tarifvertragsgesetz
TzBfG	Gesetz über Teilzeitarbeit und befristete Arbeitsverträge (Teilzeit- und Befristungsgesetz – TzBfG) vom 21. Dezember 2000
u.	und
u. a.	unter anderem / unter anderen / und andere
unveröff.	unveröffentlicht

Abkürzungsverzeichnis

Urt.	Urteil
UStG	Umsatzsteuergesetz
UV	Unfallversicherung
v.	vom
VDR	Verband deutscher Rentenversicherungsträger
Verf.	Verfasser
VerwG / VG	Verwaltungsgericht
vgl.	vergleiche
WM	Wirtschaft und Mietrecht (Zeitschrift)
WSI Mitteilungen	Zeitschrift des Wirtschafts- und Sozialwissenschaftlichen Instituts in der Hans-Böckler-Stiftung
z. B.	zum Beispiel
ZeT	Zeitschrift für Tagesmütter und -väter
ZevKR	Zeitschrift für evangelisches Kirchenrecht
ZfA	Zeitschrift für Arbeitsrecht
ZfJ	Zentralblatt für Jugendrecht
ZIAS	Zeitschrift für ausländisches und internationales Arbeits- und Sozialrecht
ZIP	Zeitschrift für Wirtschaftsrecht und Insolvenzpraxis
ZPO	Zivilprozessordnung
ZSR	Zeitschrift für Sozialreform

Vorwort

Die vorliegende Arbeit wurde im Sommersemester 2006 von der Juristischen Fakultät der Martin-Luther-Universität Halle-Wittenberg als Dissertation angenommen. Gesetzgebung, Rechtsprechung und Literatur sind mit Stand vom 31.07.2009 berücksichtigt.

Mein herzlicher Dank gilt meinem Erstgutachter und Doktorvater Herrn Professor Dr. Wolfhard Kohte, der die Bearbeitung des Themas angeregt und die Arbeit während ihrer Erstellung begleitet und durch viele Gespräche und Hinweise bereichert hat. Hilfreich waren dafür nicht nur die regelmäßigen persönlichen Gespräche, sondern auch die jährlich stattfindenden Doktorandenseminare, auf denen ich die Arbeit vorstellen und zur Diskussion stellen konnte.

Großer Dank gebührt auch Herrn Prof. Dr. Johannes Münder, der das Zweitgutachten erstellt und mich ebenfalls durch persönliche Gespräche sehr unterstützt hat. Darüber hinaus zolle ich Herrn Prof. Dr. Armin Höland großen Dank, an dessen Lehrstuhl ich von 2000 bis 2005 tätig war und der mich nicht zuletzt dadurch aktiv unterstützt hat, dass ich die Arbeit neben meiner Tätigkeit als wissenschaftliche Mitarbeiterin erstellen und abschließen konnte. Das Rigorosum fand dann zu meiner Freude auch unter seinem Vorsitz statt.

Danken möchte ich aber auch den vielen anderen „Helfern" aus der „Praxis" (z. B. den Mitarbeitern der Sozialversicherungsträger oder des DJI), die mir auf meine Anfragen hin oftmals sehr wertvolle Informationen gegeben haben, an die ich auf anderem Wege nicht herankam. Namentlich erwähnen möchte ich hierbei vor allem Frau Rechtsanwältin Iris Vierheller, die auf dem Gebiet der Kindertagespflege sehr aktiv ist und alle meine Fragen immer umgehend und mit vielen nützlichen Materialien beantwortet hat.

Zu meiner großen Freude wird die Publikation der Arbeit durch die Hans-Böckler-Stiftung großzügig finanziell unterstützt. Aber auch inhaltlich hatte ich in der Hans-Böckler-Stiftung, speziell durch Frau Prof. Heide Pfarr vom WSI, immer einen kompetenten Ansprechpartner und vor allem durch die jährlichen Treffen des wissenschaftlichen Nachwuchses zahlreiche Kontakte und Rückmeldungen, die für die Erstellung der Arbeit enorm hilfreich waren.

Die Verlegung der Arbeit beim Deutschen Verein für öffentliche und private Fürsorge e. V. ist für mich ein besonderes Privileg, für das ich sowohl Herrn Prof.

Münder als auch Herrn Dr. Fahlbusch und Herrn Mulot vom Deutschen Verein zu danken habe.

Zuletzt soll natürlich auch meine Familie mit Danksagungen nicht zu kurz kommen, da sie mir durch ihre Rücksichtnahme die Basis dafür geliefert hat, dass ich die Arbeit überhaupt schreiben konnte.

Wettin, den 31.08.2009
Dr. Maren Lode

Einleitung

In jüngster Zeit ist die Kindertagespflege aus verschiedenen Gründen in den Blickpunkt von Politik und Fachöffentlichkeit gelangt. Hintergrund der Debatte ist vor allem die Tatsache, dass im Westteil Deutschlands insbesondere für Kinder unter drei Jahren erhebliche Betreuungslücken zu verzeichnen sind. Im Gegensatz dazu steht das Bestreben der deutschen Politik – nicht zuletzt im Interesse einer gerechten Sozialpolitik –, die Geburtenrate auf ein höheres Niveau anzuheben. Aber auch in neueren entwicklungspsychologischen, pädagogischen und anthropologischen Untersuchungen zur frühkindlichen Entwicklung wurde die Bedeutung frühkindlicher Bildung für eine optimale Entwicklung von Kindern betont.[1]

Diese unbefriedigende Situation des abweichenden „Istzustands" vom „Sollzustand" mündete im September 2004 in den Gesetzentwurf der Bundesregierung zum qualitätsorientierten und bedarfsgerechten Ausbau der Tagesbetreuung und zur Weiterentwicklung der Kinder- und Jugendhilfe[2] und schließlich im Gesetz zum qualitätsorientierten und bedarfsgerechten Ausbau der Tagesbetreuung für Kinder (Tagesbetreuungsausbaugesetz TAG) vom 27.12.2004,[3] welches am 01.01.2005 in Kraft trat und u. a. das Ziel hatte, den „bedarfsgerechte(n) Ausbau der Tagesbetreuung für Kinder, insbesondere im Alter unter drei Jahren, in den westdeutschen Bundesländern sowie die Sicherung und Weiterentwicklung eines bedarfsgerechten Angebots an Tagesbetreuung in den ostdeutschen Bundesländern" zu schaffen.[4] Zur Begründung führte die Bundesregierung aus, dass „die Sicherung des Angebots an Tagesbetreuung im Osten sowie der Betreuungsausbau im Westen (…) angesichts einer notwendigen frühen Förderung von Kindern und im Interesse der Vereinbarkeit von Familienleben und Arbeitswelt wichtige Bestandteile einer nachhaltigen Familienpolitik (seien)".[5]

Als wichtigen Baustein des Ausbaus der Kinderbetreuung sah die Bundesregierung dabei die Verbesserung der Rahmenbedingungen für die Kindertagespflege an, dem sie durch ihren Gesetzentwurf Rechnung tragen wollte.[6] Ausdrückli-

---

1 Siehe dazu ausführlich Kapitel 1, A. II., sowie Jurczyk/Rauschenbach/Tietze/Keimeleder/Schneider/Schumann/Stempinski/Weiß/Zehnbauer, Von der Tagespflege zur Familientagesbetreuung, S. 12 ff. Vielfältige Informationen zum Ausbau der Kinderbetreuung und den Hintergründen sind auch auf der Internetseite des Bundesministeriums für Familie, Senioren, Frauen und Jugend, http://www.bmfsfj.de, letzter Aufruf 22.01.2009, zu finden.
2 BT-Drucks. 15/3676.
3 BGBl. I 2004, Nr. 76, S. 3852 ff.
4 BT-Drucks. 15/3676, S. 1.
5 Siehe dazu ebenfalls BT-Drucks. 15/3676, S. 1.
6 BT-Drucks. 15/3676, S. 2 und 23 ff.

Einleitung

ches Ziel der Bundesregierung war es daher, die Kindertagespflege durch das Gesetzesvorhaben zu einem den Tageseinrichtungen gleichrangigen Angebot aufzuwerten.[7] In der Gesetzesbegründung legte die Bundesregierung großen Wert darauf, dass der Ausbau der Kinderbetreuung „qualitätsorientiert" erfolgen müsse, da in Deutschland auf dem Feld der Kinderbetreuung ein erheblicher Modernisierungsbedarf bestünde.[8] Zum 16.12.2008 ist weiterhin das KiföG in Kraft getreten, das einige Verbesserungen des TAG enthält.[9]

Der vom Gesetzgeber angestrebte qualitätsorientierte Ausbau der Kinderbetreuung und damit auch der Kindertagespflege wirft die Frage auf, ob und inwieweit Tagespflegepersonen nach der derzeitigen Rechtslage sozial abgesichert sind. Was hat aber soziale Absicherung mit Qualitätssteigerung zu tun? Der Zusammenhang zwischen sozialer Absicherung und einer verbesserten Qualität in der Kindertagespflege besteht darin, dass eine ausreichende soziale Absicherung ein nicht zu unterschätzender Indikator für die Motivation von an der Kindertagespflegetätigkeit interessierten Personen sein dürfte, um sich auf diesem Gebiet zu qualifizieren, was wiederum zu einer möglichen Qualitätssteigerung in der Kindertagespflege führen könnte. Im Gegensatz zu den Erzieher/-innen, die in den institutionellen Kindertageseinrichtungen in der Regel angestellt sind, werden Tagespflegepersonen in der Praxis mit wenigen Ausnahmen als Selbständige eingestuft, sodass sie sich grundsätzlich selbst sozial absichern müssen. Im Unterschied zu den Erzieher/-innen, die als Arbeitnehmer/-innen grundsätzlich[10] dem vollen Versicherungsschutz der gesetzlichen Sozialversicherung unterliegen und durch den Arbeitgeber in der Weise unterstützt werden, dass dieser die Hälfte der Sozialversicherungsbeiträge übernimmt, müssen Tagespflegepersonen sich vor den Risiken des Lebens wie Krankheit, Alter, Unfall oder Arbeitslosigkeit ohne Unterstützung durch Dritte schützen, d. h., sie müssen ihre Beiträge zu den entsprechenden Sozialversicherungen vollständig alleine tragen. Um dies zu können, müssten Tagespflegepersonen jedoch einen entsprechenden Verdienst haben.

Im Folgenden soll – quasi im Rahmen einer Voruntersuchung – geprüft werden, ob die von der Praxis überwiegend als selbständig klassifizierten Tagespflegepersonen[11] einen Verdienst erhalten, der es ihnen ermöglicht, sich angemessen

---

7 BT-Drucks. 15/3676, S. 2 und 23 ff.
8 BT-Drucks. 15/3676, S. 24.
9 Ausführlich zur Gesetzesentwicklung siehe Kapitel 1, A. II. 1. a) bb).
10 Eine Ausnahme bildet dabei die geringfügige Beschäftigung nach §§ 8 Abs. 1, 8a SGB IV, siehe dazu ausführlich Kapitel 3, B. II. 1. b).
11 Wie die Sozialversicherungsträger die Abgrenzung einer selbständigen von einer abhängigen Beschäftigung bei Tagespflegepersonen im Einzelnen vornehmen, wird unter Kapitel

sozial abzusichern.[12] Dieser Prüfung werden die offiziellen Positionen der Sozialversicherungsträger und des Gesetzgebers zugrunde gelegt.

I. Der Verdienst von durch die Praxis als selbständig eingeordneten Tagespflegepersonen – ein Problem?

1. Geringe Vergütung
a) Niedriger Stundensatz und Abhängigkeit des Verdienstes von der Zahl der betreuten Kinder
Die Höhe der Vergütung belief sich in der Vergangenheit auf ein Stundenhonorar von 1,90 Euro bis in Einzelfällen zu 5 Euro pro Kind. Dabei orientierte sich diese Vergütung generell an der Zahlungsbereitschaft bzw. -fähigkeit der Eltern. Bei einer Bezahlung aus öffentlichen Mitteln lag das Stundenhonorar bis Ende 2004 durchschnittlich bei etwa knapp 2 Euro pro Kind.[13] Für das Tagesbetreuungsausbaugesetz ist der Gesetzgeber von einem etwas höheren Stundensatz in Höhe von 3 Euro pro Kind ausgegangen.[14] Bei der Kalkulation zum KiföG hatte der Gesetzgeber dann dagegen schon einen Stundensatz von 4,20 Euro zugrunde gelegt, der sich aus 1,88 Euro Betriebskosten und 2,32 Euro Anerkennungsbeitrag zusammensetzt.[15] Darüber hinaus hat auch das DJI und der Tagesmütter-Bundesverband Berechnungen der Sollkosten für einen Tagespflegeplatz angestellt: Das DJI kommt dabei bei seinen Berechnungen zu einem Stundensatz von ca. 4 Euro pro Kind, der Tagesmütter-Bundesverband geht von einem Stundensatz von 5,50 Euro pro Kind aus.[16] Realistischerweise bewegen sich die Stundensätze in der Praxis – vor allem im Bereich der öffentlich geförderten Kindertagespflege – aber

---

2, C. IV. 2. a) ausführlich dargestellt.
12 Tagespflegepersonen, die in einem Arbeitsverhältnis stehen, sollen im Rahmen dieser Voruntersuchung in Bezug auf ihre soziale Sicherung nicht weiter erwähnt werden, da die meisten Tagespflegepersonen in der Praxis als selbständig angesehen werden. Für Tagespflegepersonen, die in einem sog. „Normalarbeitsverhältnis" stehen, dürfte die soziale Absicherung aufgrund ihres Status als abhängig Beschäftigte im Grunde kein Problem darstellen. Siehe aber zur geringfügigen Beschäftigung und zur Tätigkeit in der sog. Gleitzone Kapitel 3, B. II. 1. b) und c).
13 Diese empirischen Werte wurden im Rahmen des DJI-Projektes „Kinderbetreuung in Tagespflege – Auf- und Ausbau eines qualifizierten Angebots" ermittelt. Siehe dazu Jurczyk/Rauschenbach/Tietze/Keimeleder/Schneider/Schumann/Stempinski/Weiß/Zehnbauer, Von der Tagespflege zur Familientagesbetreuung, S. 280.
14 Siehe dazu BT-Drucks. 15/3676, S. 45 f.
15 BT-Drucks. 16/9299, S. 51.
16 Siehe zu diesen Kostenszenarien ausführlich Schilling in: Diller/Jurczyk/Rauschenbach, Tagespflege zwischen Markt und Familie, S. 129 ff., sowie Jurczyk/Rauschenbach/Tietze/Keimeleder/Schneider/Schumann/Stempinski/Weiß/Zehnbauer, Von der Tagespflege zur Familientagesbetreuung, S. 315 ff.

häufig nach wie vor im Niedriglohnsektor: So zahlen die Kommunen für die reine Betreuungsleistung teilweise weniger als einen Euro pro Kind und Stunde.[17] Aus der Bezahlung pro Kind ist weiterhin ersichtlich, dass die Höhe der Einnahmen nicht nur vom einzelnen Stundenhonorar, sondern auch stark von der Auslastung der Tagespflegeperson bezüglich Kinderzahl und Betreuungsstunden abhängt. Dabei ist es für die Tagespflegepersonen oft schwer, eine relativ stabile Auslastung und hohe Kontinuität bei den Betreuungsverhältnissen zu erreichen, sodass auch der Verdienst häufig keine konstante Größe ist.[18]

b) Höhe des Nettoverdienstes einer Tagespflegeperson – Modellrechnung, 1. Teil
Zwar sind typisierende Beispielsrechnungen wegen der unterschiedlichen Auslastung und der unterschiedlichen Vergütung eigentlich nicht möglich. Trotzdem soll hier eine Modellrechnung vorgenommen werden, um einen Eindruck von der Höhe des Nettoverdienstes einer Tagespflegeperson zu bekommen. Dabei soll zum einen von den beiden Stundensätzen, die der Gesetzgeber bei der Kalkulation des TAG und des KiföG zugrunde gelegt hat, ausgegangen werden. Zum anderen wird mit einer konstanten Auslastung einer Tagespflegeperson mit drei Tageskindern in Vollzeit gerechnet, um einen ungefähren Durchschnittswert zu erhalten. Darüber hinaus wird vorausgesetzt, dass die §§ 23, 24 SGB VIII zum Tragen kommen, d. h., dass es sich um öffentlich geförderte Kindertagespflege handelt und die Tagespflegeperson deshalb nur die Hälfte der Krankenversicherungs-, Pflegeversicherungs- und Rentenversicherungsbeiträge zahlen muss und die Beiträge zur Unfallversicherung vom Träger der Jugendhilfe getragen werden. Ausgehend von der Annahme, dass eine Tagespflegeperson an 22 Tagen pro Monat jeweils acht Stunden am Tag[19] drei Kinder zu einem Stundensatz von 3 Euro inkl. Essensgeld betreut, erzielt sie im Monat 1.584 Euro brutto. Davon sind die Aufwendungen, die der Tagespflegeperson entstehen, in Höhe der steuerlichen monatlichen Betriebskostenpauschale – 300 Euro pro Ganztageskind – abzurechnen.[20] Es bleiben 684 Euro übrig. Davon müssten grundsätzlich Steuern ent-

---

17 Siehe dazu die Gesetzesbegründung zum KiföG in: BT-Drucks. 16/9299, S. 30 f.
18 Jurczyk/Rauschenbach/Tietze/Keimeleder/Schneider/Schumann/Stempinski/Weiß/Zehnbauer, Von der Tagespflege zur Familientagesbetreuung, S. 281.
19 Die Arbeitsbelastung einer Tagespflegeperson beläuft sich jedoch häufig auch – vor allem vor dem Hintergrund der Gewährleistung besonderer Flexibilität in der Tagespflege – auf 10 bis 13 Stunden pro Tag, wobei die Vor- und Nachbereitungszeiten wie Aufräumen, Putzen, Einkaufen, Vorkochen, Buchführung usw. noch nicht berücksichtigt sind. Siehe dazu Jurczyk / Rauschenbach / Tietze / Keimeleder / Schneider / Schumann / Stempinski / Weiß / Zehnbauer, Von der Tagespflege zur Familientagesbetreuung, S. 283 f. Für die Modellrechnung soll hier jedoch auch zwecks einer besseren Vergleichbarkeit mit einem „Normalarbeitsverhältnis" mit acht Stunden pro Tag gerechnet werden.
20 BMF-Schreiben vom 17.12.2007 zur „Einkommensteuerrechtlichen Behandlung der Geldleistungen für Kinder in Kindertagespflege", BStBl. I 2008, S. 17. In seinem Schreiben vom 11. Mai 2009 (IV C 6 - S 2346/07/10002; DOK 2009/0586083) hat das Bun-

richtet werden,[21] bei dem Einkommen von 684 Euro fallen aber wegen weiterer steuerrelevanter abzugsfähiger Kosten keine Steuern und auch kein Solidaritätszuschlag mehr an.[22]

Bei Zugrundelegung eines Stundensatzes von 4,20 Euro inkl. Essensgeld ergibt sich dagegen – ebenfalls bei Auslastung einer Tagespflegeperson mit drei Kindern für 8 Stunden am Tag an 22 Wochentagen – ein Bruttoverdienst von 2217,60 Euro. Nach Abzug der Betriebskostenpauschale von 300 Euro pro Kind verbleiben 1317,69 Euro. Nach der gem. § 32a i. V. m. § 52 Abs. 41 EStG zugrunde zu legenden Formel würde eine Tagespflegeperson eine Einkommensteuer von monatlich rund 74,41 Euro zzgl. 4,09 Euro Solidaritätszuschlag abführen müssen.[23] Es ergibt sich ein Betrag von 1238,38 Euro.

Von diesen Beträgen, 684 Euro bzw. 1238,38 Euro, müsste die „Modellrechnungs-Tagespflegeperson" zusätzlich ihre soziale Absicherung finanzieren. Darüber hinaus müssen Tagespflegepersonen, wenn sie als Selbständige eingeordnet werden, für den Fall der Krankheit und des Urlaubs finanziell vorsorgen, da sie von der Krankenversicherung regelmäßig keine Entgeltfortzahlung erhalten[24] und bei Urlaub nach dem BUrlG ebenfalls in der Regel kein Entgelt bekommen.

---

desministerium für Finanzen die Formel zur Umrechnung bei Teilzeitbetreuung dargestellt. Sie lautet: 300 x vereinbarte wöchentliche Betreuungszeit (max 40 Stunden)
(8 Stunden x 5 Tage =) 40 Stunden

21 Ab dem 01.01.2009 werden alle Einkünfte einer Tagespflegeperson – unabhängig davon, ob die Gelder aus öffentlichen oder privaten Mitteln stammen – gem. § 18 Abs. 1 Nr. 1 EStG als Einkünfte aus freiberuflicher Tätigkeit qualifiziert; siehe dazu ebenfalls BMF-Schreiben vom 17.12.2007, BStBl. I 2008, S. 17. Gem. § 3 Nr. 9 EStG n. F. sind die nach § 23 Abs. 2 S. 1 Nr. 3 und 4 SGB VIII vom Jugendhilfeträger zu leistenden Erstattungen der Unfall-, Renten-, Kranken- und Pflegeversicherungsbeiträge steuerfrei.
22 Gem. § 32a Abs. 1 S. 2 Nr. 1 EStG beträgt der Grundfreibetrag, bis zu dem keine Einkommensteuer erhoben wird, 2009 voraussichtlich 7.834 Euro. Siehe dazu BR-DrS. 120/09.
23 Der Solidaritätszuschlag entspricht gem. § 4 SolZG 5,5 % der errechneten Einkommensteuer. Siehe dazu auch Vierheller in: Hessisches Tagespflegebüro (Hrsg.), Rechtsprobleme und Rechtsfragen in der Kinder-Tagespflege, S. 22 f.
24 Siehe dazu Einleitung, I. 2. b) aa).

Einleitung

2. Hohe Sozialversicherungsbeiträge contra geringer Verdienst

Für eine umfassende Sozialversicherung müssten Kranken- und Pflegeversicherungsbeiträge, Unfall- und Rentenversicherungs- sowie Arbeitslosenversicherungsbeiträge gezahlt werden.

a) Möglichkeiten der gesetzlichen Sozialversicherung
Selbständige sind grundsätzlich sozialversicherungsfrei. Unter Umständen könnte jedoch für selbständige Tagespflegepersonen eine Rentenversicherungspflicht nach § 2 S. 1 Nr. 1 oder 2 SGB VI[25] in Betracht kommen; weiterhin können sich Selbständige gem. § 7 SGB VI unter bestimmten Voraussetzungen freiwillig versichern. In der gesetzlichen Krankenversicherung ist gem. § 9 SGB V eine freiwillige Mitgliedschaft möglich. Freiwillig versicherte Mitglieder der gesetzlichen Krankenversicherung sind gem. § 20 Abs. 3 SGB XI versicherungspflichtig in der sozialen Pflegeversicherung. Darüber hinaus besteht in der Kranken- und Pflegeversicherung unter bestimmten Voraussetzungen die Möglichkeit der Familienversicherung nach § 10 SGB V bzw. § 25 SGB XI.[26]

In der gesetzlichen Unfallversicherung können bestimmte Selbständige als Unternehmer gem. § 2 SGB VII pflichtversichert sein oder sich gem. § 6 SGB VII freiwillig versichern. Nach Auffassung der für Tagespflegepersonen zuständigen Unfallversicherungsträger[27] sind Tagespflegepersonen, die regelmäßig Kinder aus verschiedenen Familien betreuen, selbständig in der Wohlfahrtspflege[28] tätig.[29]

---

25 So geht der Deutsche Verein für öffentliche und private Fürsorge von einer Rentenversicherungspflicht selbständig tätiger Tagespflegepersonen aus. Siehe dazu Tipps und Informationen zur Besteuerung des Einkommens für Tagespflegepersonen und die sozialversicherungsrechtlichen Auswirkungen ab 2009, S. 16, zu finden unter http://www.der-paritaetische.de/uploads/tx-pdforder/tagesmutter_web.pdf, letzter Aufruf 22.03.2009. Auch die Ansicht der Deutschen Rentenversicherung Bund (ehemals BfA) ist dahingehend zu verstehen, dass Tagespflegepersonen der Versicherungspflicht nach § 2 Nr. 1 oder 2 SGB VI unterliegen; siehe dazu ausführlich Kapitel 1, B. II. 2. b) aa) (2).

26 Die beitragsfreie Familienversicherung ist wohl aber eher ein Auslaufmodell. Zu Optionen der zukünftigen Gestaltung der Familienversicherung für Ehepaare siehe die Problemanalyse und die Lösungsvorschläge aus dem Jahr 2004 von Dräther / Rothgang, Die Familienversicherung für Ehepaare in der Gesetzlichen Krankenversicherung, zu finden unter http://www.wido.de/fileadmin/wido/downloads/pdf_gesundheitssystem/wido_ges_zeS_ap_fami_0904.pdf, letzter Aufruf 22.03.2009.

27 Zuständiger Unfallversicherungsträger für abhängig beschäftigte Tagespflegepersonen sind die Unfallkassen der Länder, für selbständige Tagespflegepersonen dagegen die Berufsgenossenschaft für Gesundheitsdienst und Wohlfahrtspflege.

28 Ob die Zuordnung der Tagespflege zur Wohlfahrtspflege tragfähig ist, wird in Kapitel 3, B. II. 3. a) dd) (b) untersucht.

29 Siehe dazu BGW-Mitteilungen 2/2005, S. 5, und Rundschreiben 332/2005 vom 26.10.2005 des Bundesverbandes der Unfallkassen (siehe Anlage 5).

Für diese Tagespflegepersonen ergibt sich demzufolge eine Pflichtversicherung nach § 2 Abs. 1 Nr. 9 SGB VII.

Seit 01.02.2006 besteht nach § 28a Abs. 1 S. 1 Nr. 2 SGB III für Personen, die eine selbständige Tätigkeit mit einem Umfang von mindestens 15 Stunden wöchentlich aufnehmen und ausüben, die Möglichkeit der freiwilligen Weiterversicherung in der Arbeitslosenversicherung, wenn der Antragsteller nach § 28 Abs. 1 S. 2 SGB III innerhalb der letzten 24 Monate vor Aufnahme der selbständigen Tätigkeit mindestens 12 Monate in der Arbeitslosenversicherung pflichtversichert war, das Versicherungspflichtverhältnis bzw. Entgeltersatzleistungen nach dem SGB III unmittelbar vor der Aufnahme der selbständigen Tätigkeit bestanden hat[30] und keine anderweitige Versicherungspflicht nach den §§ 26, 27 SGB III besteht.

b) Höhe der Beiträge
Die Höhe der Beiträge ist in den einzelnen Sozialversicherungszweigen von verschiedenen Voraussetzungen abhängig und kann deshalb von Fall zu Fall variieren.

aa) Kranken- und Pflegeversicherung
In der Kranken- und Pflegeversicherung können sich Tagespflegepersonen zwar nach § 10 SGB V, § 25 SGB XI kostenneutral familienversichern, dies aber nur unter der Voraussetzung, dass die Tagespflegeperson verheiratet ist oder in einer eingetragenen Lebenspartnerschaft lebt und der Ehegatte bzw. Lebenspartner gesetzlich krankenversichert ist, sie nicht mehr als 360 Euro monatlich (Einkünfte abzüglich Betriebskostenpauschale; §§ 15, 16 SGB IV) verdient bzw. geringfügig beschäftigt ist[31] und sie nicht hauptberuflich selbständig erwerbstätig ist. Jenseits der Familienversicherung werden die Beiträge gem. § 240 Abs. 4 SGB V, § 57 Abs. 4 SGB XI grundsätzlich auf Basis eines festgelegten Mindesteinkommens ermittelt. Dieses liegt nach Maßgabe von § 240 Abs. 4 S. 2, 1. HS SGB V momentan (2009) für freiwillig versicherte hauptberuflich Selbständige[32] bundeseinheitlich[33] bei 3.675 Euro monatlich; bei Nachweis niedrigerer Einnahmen beläuft sich die Mindestbeitragsbemessungsgrundlage gem. § 240 Abs. 4 S. 2, 2. HS SGB V auf

---

30 Die Voraussetzung der Unmittelbarkeit ist nach der Gesetzesbegründung nur dann gegeben, wenn eine Unterbrechung nicht mehr als einen Monat beträgt; siehe dazu Brand in: Niesel, SGB III, § 28a Rn. 7, sowie BT-Drucks. 15/1515, S. 78.
31 Siehe dazu http://www.aok-business.de/sozialrecht-aktuell/familienversicherung.php, letzter Aufruf 22.03.2009.
32 Tagespflegepersonen, die von den Krankenversicherungsträgern in der Regel als Selbständige eingeordnet werden, können sich unter Umständen gem. § 9 SGB V freiwillig versichern. Siehe dazu Kapitel 3, B. II. 3. a) bb) (2)
33 Siehe § 309 Abs. 1 Nr. 1 SGB V.

1.890 Euro.[34] Der allgemeine Mindestbeitragsbemessungssatz für nebenberuflich Selbständige beträgt gem. § 240 Abs. 4 S. 1 SGB V 840 Euro.[35]

Sowohl für die beitragsfreie Familienversicherung nach § 10 SGB V und § 25 SGB XI als auch für die Beitragssätze nach § 240 Abs. 4 S. 1 und 2 SGB V kommt es darauf an, ob bzw. unter welchen Umständen Tagespflegepersonen als hauptberuflich selbständig erwerbstätig anzusehen sind. Diese Frage war bis zum Inkrafttreten des KiföG umstritten. Die Spitzenverbände der Krankenkassen hatten sich schließlich darauf geeinigt, dass bei einer Betreuung von bis zu fünf Kindern ohne nähere Prüfung unterstellt werden kann, dass die Pflege nicht erwerbsmäßig betrieben wird; dies sollte allerdings in Anlehnung an die einkommenssteuerrechtlichen Grundsätze nur dann gelten, wenn die Tagespflegeperson ausschließlich Gelder aus öffentlichen Mitteln erlangt.[36] Diese Unklarheit hat der Gesetzgeber vorerst durch das KiföG beseitigt, in dem er in § 10 Abs. 1 S. 3 und § 240 Abs. 4 S. 5 SGB V zeitlich befristet bis zum 31.12.2013 festgelegt hat, dass eine hauptberuflich selbständige Tätigkeit bei Tagespflegepersonen dann nicht anzunehmen ist, wenn sie bis zu fünf gleichzeitig anwesende fremde Kinder betreut. Da Tagespflegepersonen nach § 43 Abs. 3 SGB VIII vom Träger der öffentlichen Jugendhilfe nur eine Erlaubnis zur Betreuung von höchstens fünf Kindern erlangen können, sind also zumindest bis 31.12.2013 alle Tagespflegepersonen nicht als hauptberuflich selbständig zu qualifizieren. Damit kommt bei dem errechneten Einkommen der „Modellrechnungs-Tagespflegeperson" i. H. v. 684 Euro zwar keine Familienversicherung nach § 10 SGB V mehr in Betracht, wohl aber die allgemeine Mindestbemessungsgrundlage nach § 240 Abs. 4 S. 1 SGB V. Für die „Modell-Tagespflegeperson" mit einem Einkommen i. H. v. 1.238,38 Euro ist dagegen das tatsächliche Einkommen zugrunde zu legen.

Der Beitragssatz für Tagespflegepersonen beträgt dabei mit Inkrafttreten des Gesundheitsfonds 2009 nicht 15,5 % (allgemeiner Beitragssatz gem. § 241 SGB V), sondern nur 14,9 % (ermäßigter Beitragssatz gem. § 243 SGB V). Ab 01.07.2009 beträgt der ermäßigte Beitragssatz 14,3 %. Hinzu kommen Beiträge für die gesetzliche Pflegeversicherung in Höhe von 1,95 % (für Eltern) bzw. 2,2 % (für Kinderlose). Dies ergibt demnach seit dem 01.07.2009 bei einem steuerlichen Gewinn von bis zu 840 Euro einen monatlichen Beitrag für Kranken- und Pfle-

---

34 Zu den aktuellen Werten siehe http://www.lsv.de/gartenbau/pdf_dokumente/krankenkasse_pdf/beitr_kk_sonst.pdf, letzter Aufruf 22.3.2009.
35 Siehe dazu das Informationsschreiben des BMFSFJ vom 12.02.2009: Fakten und Empfehlungen zu den Neuregelungen in der Kindertagespflege, zu finden unter http://www.kindertagespflege-nds.de/download/Info_Kindertagespflege_Bund_Stand_12_2_09.pdf, letzter Aufruf 22.03.2009.
36 Siehe dazu ausführlich Kapitel 2, C. IV. 2. a) cc).

geversicherung von 136,50 Euro (Eltern) bzw. 138,60 Euro (Kinderlose). Die „Modellrechnungs-Tagespflegeperson" mit einem Einkommen von 1238,38 Euro muss dementsprechend 201,24 Euro (Eltern) bzw. 204,33 Euro (Kinderlose) an Kranken- und Pflegeversicherungsbeiträgen abführen.

bb) Rentenversicherung
Rentenversicherungsbeiträge werden gem. §§ 157 ff. SGB VI grundsätzlich aufgrund des Arbeitseinkommens berechnet, wobei bis zu einem Verdienst von 400 Euro monatlich nach § 5 Abs. 2 SGB VI Versicherungsfreiheit besteht. In Abweichung dazu wird jedoch bei selbständig Tätigen gem. § 165 Abs. 1 Nr. 1 SGB VI das Arbeitseinkommen in Höhe der Bezugsgröße nach § 18 SGB IV[37] angesetzt und nur bei Nachweis eines niedrigeren oder höheren Arbeitseinkommens das reale Einkommen als Bemessungsgrundlage herangezogen. Bei Nachweis eines niedrigeren oder höheren Arbeitseinkommens beträgt der Beitragssatz derzeit 19,9 % vom Einkommen.[38] Da nach § 165 Abs. 1 S. 1 SGB VI die Mindestbeitragsbemessungsgrundlage monatlich 400 Euro beträgt, beläuft sich der Mindestbeitragssatz also auf 79,60 Euro pro Monat. Für freiwillig Versicherte nach § 7 SGB VI gilt gem. § 167 SGB VI ebenfalls eine Mindestbeitragsbemessungsgrundlage von monatlich 400 Euro, sodass sich auch für diese Personengruppe ein Mindestbeitragssatz von 79,60 Euro ergibt.[39] Für die „Modellrechnungs-Tagespflegeperson" mit einem Einkommen von 684 Euro monatlich ergibt sich demzufolge ein Rentenversicherungsbeitrag i. H. v. 136,12 Euro. Die Tagespflegeperson mit einem Einkommen von 1.238,38 Euro hat dagegen einen Beitrag i. H. v. 246,44 Euro abzuführen.

cc) Unfallversicherung
Selbständige Tagespflegepersonen sind nach Auffassung des zuständigen Unfallversicherungsträgers gem. § 2 Abs. 1 Nr. 9 SGB VII versicherungspflichtig und demzufolge gem. § 150 SGB VII in der Unfallversicherung als Unternehmer beitragspflichtig, d. h., sie müssen ihre Beiträge grundsätzlich selbst zahlen. Derzeit

---

37 Die monatliche Bezugsgröße nach § 18 Abs. 1 SGB IV beläuft sich derzeit (2009) auf 2.520 Euro, die Bezugsgröße (Ost) nach § 18 Abs. 2 SGB IV beträgt 2.135 Euro. Zu den aktuellen Werten siehe http://www.bmas.de/portal/28994, letzter Aufruf 22.03.2009.
38 Zu den aktuellen Beitragssätzen siehe http://www.deutsche-rentenversicherung.de, letzter Aufruf 22.03.2009.
39 Siehe dazu auch die Onlinepublikation Handbuch Kindertagespflege vom BMFSFJ unter 3.7.1, zu finden unter http://www.bmfsfj.de/bmfsfj/generator/BMFSFJ/Service/Publikationen/publikationen,did=72992.html, letzter Aufruf 22.3.2009.

beläuft sich die Höhe der Beiträge in den neuen Bundesländern auf 66,15 Euro und in den alten Bundesländern auf 79,38 Euro jährlich.[40]

dd) Arbeitslosenversicherung
Erfüllt eine Tagespflegeperson die Voraussetzungen des § 28a Abs. 1 S. 2 SGB III und nutzt sie die ihr damit seit dem 01.02.2006 zustehende Möglichkeit der freiwilligen Weiterversicherung nach § 28a Abs. 1 S. 1 Nr. 2 SGB III, richtet sich die Höhe der Beiträge nach § 345b S. 1 Nr. 2 SGB III. Danach gilt als beitragspflichtige Einnahme ein Arbeitsentgelt in Höhe von 25 % der monatlichen Bezugsgröße, wobei gem. § 345b S. 2 SGB III für die Bezugsgröße der Tätigkeitsort maßgebend ist, wenn er im Beitrittsgebiet liegt.[41] Daraus ergibt sich als maßgebliche beitragspflichtige Einnahme ein Arbeitsentgelt i. H. v. 630 Euro, wenn die Kindertagespflegetätigkeit in den alten Bundesländern ausgeübt wird, und ein Arbeitsentgelt i. H. v. 533,75 Euro bei Ausübung der Kindertagespflegetätigkeit in den neuen Bundesländern. Gem. § 341 Abs. 2 SGB III beträgt der Beitragssatz, der nach § 341 Abs. 1 und Abs. 3 SGB III in Bezug auf die beitragspflichtigen Einnahmen i. S. d. § 345b SGB III anzusetzen ist, bis zum 30.06.2010 2,8 % und 3,0 % ab 01.07.2010. Das bedeutet, dass der Beitrag zur Arbeitslosenversicherung für freiwillig Weiterversicherte bis zum 30.06.2010 in den alten Bundesländern 17,64 Euro und in den neuen Bundesländern 14,95 Euro beträgt. Ab dem 01.07.2010 beträgt der Beitrag dann 18,90 Euro in den alten Bundesländern und 16,01 Euro in den neuen Bundesländern. Nach § 349a SGB III haben die Tagespflegepersonen, die die Möglichkeit der freiwilligen Weiterversicherung nach § 28a SGB III nutzen, ihre Beiträge allein zu tragen.

ee) Die Möglichkeit der Erstattung von Beiträgen durch § 23 Abs. 2 Nr. 3 und 4 SGB VIII
Eine Entlastung bezüglich der Finanzierung der sozialen Sicherung bietet zwar der zum 01.01.2005 in Kraft getretene § 23 Abs. 2 Nr. 3 SGB VIII, der die Erstattung nachgewiesener Aufwendungen für Beiträge zu einer Unfallversicherung sowie die hälftige Erstattung nachgewiesener Aufwendungen zu einer angemessenen Alterssicherung der Tagespflegeperson vorsieht. Durch das KiföG wurde darüber hinaus in § 23 Abs. 2 S. 1 Nr. 4 SGB VIII die hälftige Erstattung nachgewiesener Aufwendungen zu einer angemessenen Kranken- und Pflegeversicherung einge-

---

40 Telefonisch erfragt bei der BGW am 30.12.2008.
41 Wie schon oben in Fn. 37 aufgeführt, beläuft sich die monatliche Bezugsgröße nach § 18 Abs. 1 SGB IV derzeit (2009) auf 2.520 Euro, die Bezugsgröße (Ost) nach § 18 Abs. 2 SGB IV beträgt 2.135 Euro. Zu den aktuellen Werten siehe http://www.bmas.de/portal/28994, letzter Aufruf 22.03.2009.

führt. Diese Erstattungen sind steuerfrei.[42] Allerdings kommen diese Regelungen nur dann zum Tragen, wenn die Tagespflegepersonen unter die Voraussetzungen des § 23 Abs. 1 bis 3 i. V. m. § 24 SGB VIII fallen.[43]

c) Verbleibendes Entgelt nach Abzug der Sozialversicherungsbeiträge – Modellrechnung, 2. Teil
Für die „Modellrechnungs-Tagespflegepersonen" ergibt sich bei einem Einkommen von 684 Euro ein Sozialversicherungsabzug von ca. 154 Euro, sodass ihr ein Nettoverdienst von ca. 530 Euro verbleibt. Geringe Abweichungen ergeben sich für die westlichen und östlichen Bundesländer aufgrund der Arbeitslosenversicherung und für Tagespflegepersonen mit oder ohne Kinder in der Pflegeversicherung und unter Berücksichtigung der Erstattung der Unfallversicherungsbeiträge und der hälftigen Übernahme der Kranken-, Pflege und Rentenversicherungsbeiträge nach § 23 Abs. 2 Nr. 3 und 4 SGB VIII. Der Tagespflegeperson mit einem Einkommen von 1.238,38 Euro verbleibt nach Abzug der Sozialversicherungsbeiträge ein Nettoverdienst von ca. 995 Euro.[44]

Diese Rechnung zeigt, dass mit einem Stundensatz von 4,20 € bei einer Auslastung mit 3 Kinder an 22 Tagen im Monat für jeweils 8 Stunden täglich ein Verdienst erlangt werden kann, der etwas über dem Existenzminimum liegt. Aber schon bei einem Stundensatz von nur 3 Euro liegt der Verdienst erheblich darunter. Hier stellt sich zunächst die Frage, wie der Gesetzgeber bei der Kalkulation zum KiföG davon ausgehen konnte, dass ein Stundensatz von 4,20 Euro zugrunde gelegt werden kann. In der Gesetzesbegründung zum KiföG wird im Gegensatz dazu ausdrücklich festgestellt, dass sich die öffentlich finanzierte Kindertagespflege überwiegend im Niedriglohnsektor bewegt, da die Kommunen für die reine Betreuungsleistung teilweise weniger als einen Euro pro Kind und Stunde zahlen. Insofern kann davon ausgegangen werden, dass derzeit ein Stundensatz von 4,20 Euro im Durchschnitt an Tagespflegepersonen gerade nicht gezahlt wird, d. h., nach wie vor wird sich der Verdienst einer Tagespflegeperson regelmäßig unter dem Existenzminimum befinden.

---

42 Dies hat das BMF in seinem Schreiben vom 17.12.2008 nunmehr klargestellt und die gegenteiligen Verlautbarungen diesbezüglich wieder aufgehoben. Siehe dazu http://www.bundesfinanzministerium.de, letzter Aufruf 22.03.2009.
43 Siehe dazu ausführlich Kapitel 3, B. I. 1.
44 Mit Auslaufen der Übergangsregelung in § 10 Abs. 1 S. 3 und § 240 Abs. 4 S. 5 SGB V zum 31.12.2013 besteht allerdings die Gefahr, dass sich der Nettoverdienst der Tagespflegepersonen noch einmal drastisch reduziert, da Tagespflegepersonen dann wiederum als hauptberuflich selbständig in der Krankenversicherung angesehen werden könnten und damit die Mindestbeitragsbemessungsgrundlage nach § 240 Abs. 4 S. 2, 2. HS SGB V i. H. v. derzeit 1890 Euro zum Tragen kommen würde.

Aber selbst wenn man einen Stundensatz von 4,20 Euro zugrunde legt, stellt sich die Frage, ob eine ausreichende soziale Absicherung für Tagespflegepersonen existiert. Durch die in § 23 Abs. 2 SGB VIII vorgesehene hälftige Erstattung der Kranken-, Pflege- und Rentenversicherung und die Übernahme der Beiträge zu einer Unfallversicherung ist zwar schon ein gewisser Sozialschutz vorhanden. Allerdings ist zu beachten, dass die hälftige Erstattung nur dann in Betracht kommt, wenn die Voraussetzungen des § 24 SGB VIII erfüllt sind, d. h., wenn den Jugendhilfeträger eine Vorhaltepflicht bzgl. eines Kindertagespflegeplatzes trifft. Kommt eine hälftige Erstattung dagegen nicht in Betracht, sind von dem steuerbereinigten Einkommen der Tagespflegeperson i. H. v. 1.238,38 Euro die gesamten Sozialversicherungsbeiträge allein zu leisten, d. h., sie müsste von diesem Einkommen noch insgesamt ca. 428 Euro abführen, sodass ihr netto nur 810,38 Euro blieben. Damit würde sie für eine Vollzeitbeschäftigung ungefähr genauso viel bekommen wie ein SGB-II-Empfänger. Dies ergibt sich schon aus einem Vergleich mit der nach § 20 SGB II angesetzten Regelleistung, die für erwerbsfähige Hilfsbedürftige gezahlt werden soll. Diese beträgt derzeit für Alleinstehende bundeseinheitlich 351 Euro.[45] Zusätzlich werden gem. § 22 Abs. 1 SGB II die tatsächlichen Aufwendungen für Unterkunft und Heizung erbracht. Auch im Rahmen der Sozialhilfe werden gem. § 28 Abs. 1 S. 1 SGB XII Regelleistungen erbracht, wobei die Höhe nicht bundesgesetzlich festgelegt ist, sondern gem. § 28 Abs. 2 SGB XII jährlich von den einzelnen Bundesländern festgesetzt wird. Zwischen den Regelleistungen nach § 20 SGB II und § 28 SGB XII besteht aber insofern eine Übereinstimmung, dass sich die Regelleistung nach § 20 SGB II an den sozialhilferechtlichen Regelsätzen zur Deckung des notwendigen Lebensunterhalts i. S. v. §§ 27, 28 Abs. 1 S. 1 SGB XII orientiert, da die Sozialhilfe nach dem Willen des Gesetzgebers Referenzsystem für alle bedarfsorientierten und bedürftigkeitsabhängigen staatlichen Fürsorgeleistungen sein soll.[46] Gem. § 29 SGB XII werden zusätzlich ebenso die Aufwendungen für Unterkunft und Heizung erbracht.

Eine Tagespflegeperson, die mindestens acht Stunden am Tag arbeitet, lebt also, wie die Modellrechnungen aufzeigen, knapp über, auf oder sogar unter Sozialhilfeniveau, je nachdem, wie viel ihre Wohnung kostet und ob sie noch eigene Kinder zu versorgen hat. Dies lässt den Schluss zu, dass viele Tagespfleger-

---

45 Durch das Gesetz zur Änderung des Zweites Buches Sozialgesetzbuch und anderer Gesetze ist – mit Wirkung zum 01.07.2006 – die ursprünglich für die alten und neuen Bundesländer unterschiedliche Festsetzung der Regelleistung aufgehoben und bundeseinheitlich auf 345 Euro festgesetzt worden. Wegen der Anpassung der Regelleistung nach § 20 Abs. 4 SGB II jeweils zum 01.07. eines Jahres beträgt der Wert der Regelleistung seit 01.07.2009 359 Euro.
46 BT-Drucks. 15/1516, S. 56.

sonen zusätzlich zu ihrem Verdienst noch Leistungen nach dem SGB II bzw. SGB XII beantragen müssen, wenn sie auf eine Existenzsicherung durch ihre Tätigkeit angewiesen sind.

3. Zuverdienst oder Existenzsicherung?

Angesichts der aufgezeigten Tatsachen stellt sich jedoch die empirische Frage, ob Tagespflegepersonen überhaupt eine Existenzsicherung erreichen müssen oder ob sie sich einfach nur ein kleines Taschengeld dazuverdienen möchten.

Da Tagespflege in den meisten Fällen von Frauen ausgeübt wird,[47] war in der Vergangenheit die letztgenannte Variante des kleinen Taschengeldes dominierend. Sie rückt jedoch im Zuge des strukturellen Wandels der Erwerbsarbeitsgesellschaft immer mehr in den Hintergrund. In der heutigen Zeit leisten Frauen zunehmend durch eigene Arbeitstätigkeit einen Beitrag zum Familienunterhalt, da sonst der Lebensstandard nicht gehalten werden kann. In vielen Fällen müssen Tagespflegepersonen – vor allem die ledigen und alleinerziehenden – über die Tagespflegetätigkeit aber die Existenzsicherung erreichen.[48]

Damit steht auch die soziale Absicherung, die traditionell weitgehend über den Ehemann erfolgte, infrage. Abgesehen davon, dass es fraglich ist, ob eine soziale Sicherung über den Ehemann für alle Risikobereiche des Lebens in ausreichender Höhe geleistet werden kann, erweist sich eine solche Sicherung vor allem im Fall einer Scheidung als höchst problematisch. Dies betrifft vor allem die Altersvorsorge. Einen Rentenanspruch kann die Frau über ihren Ehemann nicht ableiten. Insofern sollten sich Frauen jedenfalls eigenständig absichern. Wie oben festgestellt wurde, ist der Verdienst einer Tagespflegeperson jedoch so gering, dass auch der Rentenbeitrag, den eine Tagespflegeperson zahlen müsste (und der darüber hinaus im Verhältnis zu ihrem Verdienst noch zu hoch ist), nur zu einer sehr geringen Rente im Alter führt. Die Gefahr der Altersarmut für diese Frauen ist damit sehr hoch.

---

47 Siehe dazu Stranz, Tagespflege nach § 23 SGB VIII, S. 28 m. w. N., sowie Jurczyk/Rauschenbach/Tietze/Keimeleder/Schneider/Schumann/Stempinski/Weiß/Zehnbauer, Von der Tagespflege zur Familientagesbetreuung, S. 65 Fn. 16.

48 Zu diesen empirischen Feststellungen siehe Jurczyk/Rauschenbach/Tietze/Keimeleder/Schneider/Schumann/Stempinski/Weiß/Zehnbauer, Von der Tagespflege zur Familientagesbetreuung, S. 284 f.

4. Abfederung der Problematik durch zusätzliche Zahlung von Arbeitslosengeld II oder Hilfe zum Lebensunterhalt oder Hinzuverdienstmöglichkeiten bei Arbeitslosigkeit?

a) Tagespflegepersonen als Arbeitslosengeld-II-Empfänger oder Empfänger von Hilfe zum Lebensunterhalt

Lebt eine Tagespflegeperson unter dem Grundsicherungsniveau des § 20 Abs. 2 SGB II, kann sie unter Umständen, wenn sie hilfebedürftig i. S. v. § 9 SGB II und erwerbsfähig i. S. v. § 8 SGB II ist, einen Anspruch auf Arbeitslosengeld II nach §§ 19, 20 SGB II geltend machen. Ist eine Tagespflegeperson dagegen nicht imstande, unter den üblichen Bedingungen des allgemeinen Arbeitsmarktes mindestens drei Stunden täglich erwerbstätig zu sein, ist sie also nicht erwerbsfähig i. S. v. § 8 SGB II, aber hilfsbedürftig, kann ihr ein Anspruch auf Hilfe zum Lebensunterhalt nach §§ 27 ff. SGB XII zustehen.[49]

Fraglich ist jedoch, inwiefern Einkünfte aus der Kindertagespflege als Einkommen i. S. d. SGB II berücksichtigt werden. Bis zur Gesetzesänderung durch das Gesetz zur Fortentwicklung der Grundsicherung für Arbeitsuchende v. 20.07.2006[50] wurde dies über § 11 Abs. 3 SGB II gelöst.[51] Nach der Gesetzesänderung, die am 01.01.2007 in Kraft trat, soll nach dem Willen des Gesetzgebers die Einkommensanrechnung über § 11 Abs. 4 SGB II erfolgen.[52] Danach ist abweichend von den Absätzen 1 bis 3 der Teil des Pflegegeldes nach dem SGB VIII, der für den erzieherischen Einsatz gewährt wird, für das erste und zweite Pflegekind nicht, für das dritte Pflegekind zu 75 % und für das vierte und jedes weitere Pflegekind in voller Höhe als Einkommen zu berücksichtigen. Problematisch an dieser Regelung ist, dass der Begriff „Pflegegeld" als solcher im SGB VIII überhaupt nicht verwendet wird, sodass es in Literatur und Rechtsprechung umstritten ist, ob § 11 Abs. 4 SGB II auf Tagespflegepersonen anwendbar ist.[53]

Seit dem Freibetragsneuregelungsgesetz vom 14.08.2005, welches am 01.10.2005 in Kraft trat,[54] gewährt § 11 Abs. 2 S. 2 SGB II einen Grundfreibetrag

---

49 Diese Konstellation dürfte in der Praxis jedoch so gut wie nie eine Rolle spielen, da Personen, die die Tagespflegetätigkeit ausüben, in der Regel mehr als 3 Stunden täglich erwerbstätig sein dürften, da sie anderenfalls auch die Tagespflegetätigkeit nicht ausüben könnten. Insofern ist die zusätzliche Absicherung über das SGB XII nur eine theoretische Möglichkeit, die in der weiteren Arbeit auch nicht weiter vertieft werden soll.
50 BGBl. I Nr. 36, S. 1706 ff.
51 So noch BSG v. 29.03.2007, Az: B 7b AS 12/06 R.
52 Siehe dazu BT-Drucks. 16/1410, S. 21.
53 Siehe dazu ausführlich Kap. 3, B. I. 2. d).
54 Gesetz zur Neufassung der Freibetragsregelungen für erwerbsfähige Hilfebedürftige, BGBl. I Nr. 49, S. 2407 f.

von 100 Euro, der vom Einkommen einer Tagespflegeperson abzuziehen ist. In § 11 Abs. 2 S. 3 SGB II wird zusätzlich die Möglichkeit eröffnet, mehr als 100 Euro abzusetzen, wenn das monatliche Einkommen mehr als 400 Euro beträgt und der erwerbsfähige Hilfsbedürftige nachweist, dass die Summe der Absetzungsbeträge nach § 11 Abs. 2 S. 1 Nr. 3 bis 5 SGB II den Betrag von 100 Euro übersteigt. Hinzu kommen die Freibeträge bei Erwerbstätigkeit nach § 30 SGB II, die vom monatlichen Einkommen abzusetzen sind.

Erhält eine Tagespflegeperson dagegen Hilfe zum Lebensunterhalt nach §§ 27 ff. SGB XII, kann sie als zweckbestimmte Einnahmen nach § 83 Abs. 1 SGB XII nur den Aufwendungsersatz ansetzen, den sie aus öffentlichen Mitteln erhält, da § 83 Abs. 1 SGB XII nur diejenigen zweckbestimmten Einnahmen nicht als Einkommen berücksichtigt, die aufgrund öffentlich-rechtlicher Vorschriften erbracht werden.

Eine Tagespflegeperson kann also unter bestimmten Voraussetzungen zusätzlich zu ihrem Entgelt aus der Tagespflegetätigkeit noch Arbeitslosengeld II gem. §§ 19, 20 SGB II oder Hilfe zum Lebensunterhalt nach den §§ 27 ff. SGB XII erhalten. Der Vorteil, der sich für Tagespflegepersonen ergibt, ist dabei, dass ein Teil ihres Entgelts bei der Einkommensberechnung unberücksichtigt bleibt. Da die Regelungen des SGB II und des SGB XII aber nur die Existenzgrundlage sichern sollen, kann auch die zusätzliche Zahlung von Arbeitslosengeld II oder Hilfe zum Lebensunterhalt nicht zu einer angemessenen Lebensführung von Tagespflegepersonen führen. Zwar besteht für Tagespflegepersonen, die Arbeitslosengeld II oder Hilfe zum Lebensunterhalt erhalten, eine gewisse sozialversicherungsrechtliche Absicherung, da Arbeitslosengeld-II-Empfänger nach § 5 Abs. 1 Nr. 2a SGB V, § 3 S. 1 Nr. 3a SGB VI, § 20 Abs. 1 Nr. 2a SGB XI in der gesetzlichen Kranken-, Renten- und Pflegeversicherung pflichtversichert sind[55] und für Sozialhilfeempfänger unter Umständen nach §§ 32, 33 SGB XII die Beiträge zu Kranken-, Renten- und

---

55 Die Beiträge zur gesetzlichen Kranken- und Pflegeversicherung, die sich an der Höhe des Arbeitslosengelds II orientieren, werden gem. § 251 Abs. 4 SGB V sowie gem. § 59 Abs. 1 SGB XI i. V. m. § 251 Abs. 4 SGB V vom Bund getragen. Nach § 176 Abs. 2 SGB VI kann das Nähere über Zahlung und Abrechnung der Beiträge für Bezieher von Leistungen durch Vereinbarung zwischen den Leistungsträgern und den Trägern der Rentenversicherung geregelt werden, d. h., die Beiträge zur Rentenversicherung in Bezug auf das Arbeitslosengeld II werden ebenfalls nicht von der Tagespflegeperson als Versicherungsmitglied getragen. Ist eine Tagespflegeperson darüber hinaus über ihre Tagespflegetätigkeit gesetzlich pflicht- oder freiwillig versichert, werden diese Beiträge bei der Einkommensberücksichtigung nach § 11 Abs. 2 Nr. 2 SGB II abgesetzt, sodass sie diese Beiträge in gewisser Weise zurückerstattet bekommt, siehe dazu Brühl in: LPK-SGB II, § 11 Rn. 24-26, sowie Brünner in: LPK-SGB II, § 26 Rn. 5 ff.

Pflegeversicherung übernommen werden.[56] Darüber hinaus ist eine Absicherung in der Unfallversicherung für diese Personengruppen jedoch nicht vorgesehen, da sie als Arbeits- bzw. Erwerbslose nicht vom Schutzzweck der gesetzlichen Unfallversicherung erfasst sind. Tagespflegepersonen, die zusätzlich zu ihrem Entgelt noch Arbeitslosengeld II oder Hilfe zum Lebensunterhalt beziehen, leben also auch mit diesen Sozialleistungen auf dem untersten Standard, mit der kleinen Ausnahme, dass sie in gewisser Hinsicht sozialversicherungsrechtlich abgesichert sind.

b) Hinzuverdienstmöglichkeiten durch Tagespflegetätigkeit während Arbeitslosigkeit

Ein Teil der Personen, die in der Tagespflege tätig sind, gehen der Tätigkeit während der Arbeitslosigkeit nach.[57] Dies hat für die betreffenden Tagespflegepersonen den Vorteil, dass sie gem. § 5 Abs. 1 Nr. 2 SGB V, § 3 S. 1 Nr. 3 SGB VI und § 20 Abs. 1 Nr. 2 SGB XI in der Kranken-, Renten- und Pflegeversicherung pflichtversichert sind, ohne dafür Beiträge abführen zu müssen.[58] Um den Anspruch auf Arbeitslosengeld nicht zu verlieren, dürfen diese Tagespflegepersonen aber nach § 119 Abs. 3 SGB III nur weniger als 15 Stunden wöchentlich erwerbstätig sein. Darüber hinaus darf eine Tagespflegeperson nach § 141 Abs. 1 SGB III nicht mehr als 165 Euro dazuverdienen, wenn sie keine Kürzung des Arbeitslosengeldes hinnehmen möchte. Insofern ist festzustellen, dass Tagespflegepersonen, die arbeitslos sind, zwar in sozialversicherungsrechtlicher Hinsicht in gewissem Maße abgesichert sind. Durch die geringen Zuverdienstmöglichkeiten können sie ihren Lebensstandard aber auch nur unwesentlich verbessern.[59]

---

56 Bezieht eine Tagespflegeperson Hilfe zum Lebensunterhalt nach den §§ 27 ff. SGB XII, ist sie als Bezieherin dieser Sozialleistung zwar nicht wie die Bezieher von Arbeitslosengeld II in den Sozialversicherungszweigen versicherungspflichtig, nach § 32 SGB XII müssen bzw. können jedoch die Beiträge zur freiwilligen gesetzlichen Krankenversicherung oder sonstigen freiwilligen Krankenversicherung und Pflegeversicherung vom zuständigen Sozialleistungsträger übernommen werden. Gem. § 33 SGB XII können auch die Kosten für eine Altersvorsorge übernommen werden.
57 Siehe dazu Jurczyk/Rauschenbach/Tietze/Keimeleder/Schneider/Schumann/Stempinski/Weiß/Zehnbauer, Von der Tagespflege zur Familientagesbetreuung, S. 122 ff.
58 Die Beiträge zur Kranken- und Pflegeversicherung werden gem. § 251 Abs. 4a SGB V sowie gem. § 59 Abs. 1 SGB XI i. V. m. § 251 Abs. 4a SGB V vom Bund getragen. In der Rentenversicherung gilt bzgl. der Beitragstragung für Arbeitslosengeldbezieher ebenfalls wie für Arbeitslosengeld-II-Bezieher § 176 Abs. 2 SGB VI, d. h., die Beiträge werden nicht vom Versicherungsmitglied getragen.
59 Aus diesem Grund ist zu vermuten, dass gerade Tagespflegepersonen, die Sozialleistungen erhalten, vielfach schwarz arbeiten, da ihr Entgelt sonst auf die Sozialleistung angerechnet wird.

5. Zusammenfassung

Beitragszahlungen zu den gesetzlichen Sozialversicherungszweigen sind für Tagespflegepersonen, die von der Praxis als selbständig angesehen werden, aufgrund der Höhe der Abgaben im Vergleich zu dem geringen Verdienst eine nicht zu unterschätzende Belastung. Hinzu kommt der Unsicherheitsfaktor der unterschiedlichen Auslastung bezüglich Kinderzahl und Betreuungsstunden, der eine Kalkulation des Verdienstes pro Monat und damit auch die Festsetzung der monatlichen Sozialversicherungsbeiträge erschwert. Dies führt bei den betroffenen Tagespflegepersonen häufig dazu, dass sie sich nur unter Schwierigkeiten angemessen sozial absichern können.

Der Abfederung solcher Problemlagen soll eigentlich das Arbeits- und Sozialrecht dienen. Da in Deutschland aber grundsätzlich nur Arbeitnehmer vom Schutzbereich des Arbeits- und Sozialrechts umfasst sind, kommt es für Tagespflegepersonen, wenn sie – wie in der Praxis üblich – als Selbständige eingestuft werden, zu einer äußerst problematischen Situation bezüglich ihrer sozialen Absicherung. Die Möglichkeiten, die die Regelungen zur sozialen Absicherung für Empfänger von Arbeitslosengeld, Arbeitslosengeld II und Hilfe zum Lebensunterhalt bieten, können zwar einen gewissen sozialversicherungsrechtlichen Schutz gewährleisten, der Problematik des geringen Verdienstes einer Tagespflegeperson kann jedoch auch durch diese Regelungen nicht in erforderlicher Weise Rechnung getragen werden.

II. Gang der Untersuchung

Die im Rahmen der eben vorgenommenen „Vorprüfung" festgestellte problematische Situation von Tagespflegepersonen in Bezug auf ihre soziale Absicherung ist in zweierlei Hinsicht prekär: zum einen für die Tagespflegepersonen selbst, da sie sich von ihrer „Vollzeittätigkeit" weder sozial absichern noch eine Existenzsicherung erreichen können. Zum anderen ist die Situation aber auch gesamtgesellschaftlich fragwürdig: Tagespflegepersonen erbringen eine Leistung, die gesellschaftlich anerkannt werden sollte, weil sie dazu beitragen, die Vereinbarkeit von Familie und Beruf zu unterstützen, kleine Kinder zu erziehen und zu bilden und damit auch dem Ziel des Gesetzgebers dienen, die Geburtenrate zu steigern und frühkindliche Bildung zu fördern. Insofern schließt sich hier auch der Kreis zu der oben aufgestellten Hypothese, dass eine qualitativ hochwertige Kindertagespflege mit einer ausreichenden sozialen Absicherung der Kindertagespflegepersonen einhergeht: Der gesellschaftlich wichtigen Tätigkeit der Kindertagespflege muss eine entsprechende Übernahme der Risiken der Tätigkeitsausübung gegenüberstehen, damit Personen motiviert werden können, auf diesem Gebiet tätig zu werden und damit zu der vom Gesetzgeber des Tagesbetreuungsausbaugesetzes angestrebten Erhöhung der Qualität in der Kindertagespflege beizutragen.

Ziel der Arbeit ist es deshalb, zu untersuchen, ob Tagespflegepersonen unabhängig von ihrem Status im arbeits- und sozialversicherungsrechtlichen Sinne schutzbedürftig sind, und Wege aufzuzeigen, wie gegebenenfalls ein angemessener Sozialschutz erreicht werden kann.

Dafür sollen – um das Thema begrifflich erfassen und in den dazugehörigen Kontext einordnen zu können – im ersten Kapitel der Arbeit neben einem Problemaufriss, in dem aufzuzeigen sein wird, dass das Problem der sozialen Absicherung von Tagespflegepersonen im Zusammenhang mit der Zunahme atypischer Beschäftigung zu sehen ist, zunächst die Begriffe „Tagespflegeperson" und „Kindertagespflege" definiert und ein Überblick zur Situation der Kindertagespflege in Deutschland gegeben werden.

Anschließend ist die gegenwärtige Rechtssituation darzustellen. Dafür sollen in Kapitel 2 in Anbetracht der Tatsache, dass soziale Absicherung in Deutschland vom Status einer Person abhängt, die Statusmöglichkeiten aufgezeigt und für Tagespflegepersonen anhand der in Rechtsprechung und Literatur gebräuchlichen Abgrenzungskriterien mögliche Statusformen bestimmt werden.

In Kapitel 3 der Arbeit soll untersucht werden, welche Möglichkeiten sozialer Absicherung für Tagespflegepersonen unter Zugrundelegung der infrage kommenden Statusformen im geltenden Recht bestehen. Dabei ist neben den Möglichkeiten im Arbeits- und Sozialversicherungsrecht auf die besonderen Regelungen zur Absicherung von Tagespflegepersonen im SGB VIII einzugehen.

Der Untersuchung der gegenwärtigen Rechtssituation schließt sich in Kapitel 4 die Entwicklung zukünftiger Gestaltungsoptionen an. Hierfür eröffnen sich im Grundsatz zwei Wege: Zum einen ist zu prüfen, welche Möglichkeiten sich für Tagespflegepersonen unter Beibehaltung der Statusabgrenzung für ihre soziale Absicherung bieten. Dafür sollen Lösungswege durch einen Blick in andere europäische Länder vorgeschlagen werden. Zum anderen werden alternative Abgrenzungs- bzw. Typisierungsmöglichkeiten für die Tätigkeit einer Tagespflegeperson aufzuzeigen sein. Ausgangspunkt dieser Alternativlösung, die unabhängig vom Status zu erwägen ist, wird die Frage sein, ob die Beziehung zwischen Arbeitgeber und Arbeitnehmer als Organisation eine arbeits- und sozialrechtliche

Schutzbedürftigkeit begründen kann. Hierfür wird eine Vertragstypenabgrenzung zwischen dem Arbeitsvertrag als Organisationsvertrag und dem freien Dienstvertrag als Austauschvertrag vorgenommen werden. Anschließend ist auf die Frage einzugehen, ob der Tagespflegevertrag als Organisations- oder Austauschvertrag und damit als Arbeits- oder freier Dienstvertrag anzusehen ist. Nach dieser Einordnung werden dann die entsprechenden Rechtsfolgen für das Arbeits- und Sozialversicherungsrecht untersucht. Darüber hinaus sollen im Sozialrecht Ansätze entwickelt werden, um für Tagespflegepersonen – unabhängig vom Arbeitsrecht – Schutzregelungen zu schaffen.

Kapitel 1

Situationsüberblick und Problemaufriss

Für das Verständnis der Problematik soll zunächst ein Überblick über die Situation der Kindertagespflege in Deutschland gegeben werden. Anschließend wird versucht, aus rechtssoziologischer Perspektive an das Problem der sozialen Absicherung von Tagespflegepersonen heranzuführen.

A. Begriffsklärungen und Situationsüberblick zur Kindertagespflege

I. Der Begriff der Kindertagespflege und der Tagespflegeperson

1. Kindertagespflege

Nach der Gesetzesbegründung zum Tagesbetreuungsausbaugesetz[1] enthält § 22 Abs. 1 SGB VIII eine Legaldefinition für den Begriff der „Kindertagespflege".[2] Danach wird Kindertagespflege von einer geeigneten Tagespflegeperson in ihrem Haushalt, im Haushalt des Personensorgeberechtigten oder in anderen geeigneten Räumen geleistet. Diese Definition bestimmt jedoch nicht, was Inhalt der Kindertagespflege ist und welche Altersstufen von diesem Begriff umfasst sind. Dies liegt zum Teil daran, dass nach § 22 Abs. 1 S. 3 SGB VIII das Nähere über die Abgrenzung von Tageseinrichtungen und Kindertagespflege durch das Landesrecht geregelt werden soll. Außerdem sieht § 26 SGB VIII vor, dass das Nähere über Inhalt und Umfang der im dritten Abschnitt geregelten Aufgaben und Leistungen durch das Landesrecht geregelt wird. Bezüglich des Inhalts und des Umfangs der Kindertagespflege muss also auf das entsprechende Landesrecht abgestellt werden.

Darüber hinaus macht ein Blick in die allgemeinen Vorschriften des SGB VIII, speziell zu § 1 Abs. 1 u. Abs. 3, § 2 Abs. 2 Nr. 3 SGB VIII deutlich, dass Kindertagespflege eine Förderleistung der Jugendhilfe ist. Im Zusammenhang mit § 22 Abs. 2 SGB VIII wird darüber hinaus klar, dass Kindertagespflege im Verhältnis zur Förderung in Tageseinrichtungen als gleichrangiges Förderangebot zu verstehen ist, auf das Eltern grundsätzlich gemäß dem Wunsch- und Wahlrecht nach § 5 SGB VIII zugreifen können. Kindertagespflege ist also eine Leistung der Ju-

---

1 BGBl. I 2004, Nr. 76, S. 3852 ff.
2 BT-Drucks. 15/3676, S. 31 zu § 22 Abs. 1. Der Gesetzgeber hatte in den Fassungen vor dem KiföG nicht nur den Begriff der „Kindertagespflege", sondern auch den der „Tagespflege" für diese Art der Kindesförderung verwendet Das war insoweit missverständlich, als dass die „Tagespflege" historisch und strukturell eigentlich in die Hilfe zur Erziehung nach den §§ 27 ff. SGB VIII gehört. Aufgrund dieser ungenauen Begrifflichkeiten im (bisherigen) Gesetz und in den dazugehörigen Gesetzesbegründungen taucht auch in dieser Arbeit ab und zu der Begriff der „Tagespflege" auf, mit dem jedoch ausschließlich die „Kindertagespflege" gemeint ist.

gendhilfe, die die Förderung von Kindern – namentlich die Erziehung, Bildung und Betreuung, § 22 Abs. 3 SGB VIII – beinhaltet.

Zudem stellt sich die Frage, welche Altersstufen in Kindertagespflege gefördert werden sollen. Das Gesetz enthält speziell dazu keine Hinweise. Im allgemeinen Teil des SGB VIII, in § 7 Abs. 1 Nr. 1 SGB VIII, findet sich jedoch eine Legaldefinition für das Kind. Danach ist Kind, wer noch nicht 14 Jahre alt ist. Mangels weiterer Anhaltspunkte im Gesetz muss also davon ausgegangen werden, dass die Förderung in Kindertagespflege für alle Kinder bis zur Vollendung des 14. Lebensjahres in Betracht kommt.[3]

2. Tagespflegeperson
Gem. § 22 Abs. 1 S. 2 SGB VIII wird Kindertagespflege von einer geeigneten Tagespflegeperson in ihrem Haushalt oder im Haushalt des Personensorgeberechtigten geleistet. Nach § 22 Abs. 1 S. 4 SGB VIII kann Landesrecht regeln, dass Kindertagespflege in anderen geeigneten Räumen geleistet wird. Daraus kann abgeleitet werden, dass Tagespflegepersonen Personen sind, die Kinder im eigenen Haushalt, im Haushalt der Eltern oder in anderen geeigneten Räumen betreuen.[4]

Darüber hinaus ist in § 43 Abs. 1 SGB VIII eine Definition der Tagespflegeperson zu finden. Danach ist Tagespflegeperson, wer Kinder außerhalb ihrer Wohnung

---

3   Im Koalitionsvertrag zwischen SPD und Bündnis 90/Die Grünen vom 16.10.2002 (siehe dazu unter http://www.bundesregierung.de/Anlage444120/Koalitionsvertrag+zwischen+SPD+und+B%fcndnis+90/Die+Gr%fcnen+vom+16.+Oktober+2002.pdf, S. 29, letzter Aufruf 08.03.2006) und auch in empirischen Schätzungen (vgl. dazu die Nachweise bei Jurczyk/Rauschenbach/Tietze/Keimeleder/Schneider/Schumann/Stempinski/Weiß/Zehnbauer, Von der Tagespflege zur Familientagesbetreuung, S. 116) ist dagegen von einer Betreuung für Kinder bis 16 Jahre die Rede. Woraus sich diese Altersgrenze ergibt, ist allerdings nicht ersichtlich. Praktisch relevant ist die Kindertagespflege vor allem für Kinder unter drei Jahren und Hortkinder – also bis zur Beendigung der 4. Klasse. Das ergibt sich daraus, dass für Kinder vom vollendeten dritten Lebensjahr bis zum Schuleintritt in § 24 Abs. 1 SGB VIII ein Rechtsanspruch auf den Besuch einer Kindertageseinrichtung festgeschrieben ist. Kinder, die aus dem Grundschulalter heraus sind, dürften dagegen in der Regel keine Kinderbetreuung mehr benötigen (dies bestätigen auch die vorhandenen Statistiken, vgl. dazu ebenfalls die Nachweise bei Jurczyk/Rauschenbach/Tietze/Keimeleder/Schneider/Schumann/Stempinski/Weiß/Zehnbauer, Von der Tagespflege zur Familientagesbetreuung, S. 126 ff.). Da jedoch dem Gesetz eine Altersbegrenzung unter 14 Jahren nicht entnommen werden kann, richtet sich die Förderleistung der Kindertagespflege an Kinder von 0-14 Jahren (so auch das DJI in: BMFSFJ, OECD Early Childhood Policy Review 2002-2004, Hintergrundbericht Deutschland, Fassung 22.11.2004, S. 8, zu finden unter http://www.bmfsfj.de/RedaktionBMFSFJ/Abteilung5/Pdf-Anlagen/oecd-hintergrundbericht,property=pdf.pdf, letzter Aufruf 26.06.2009).
4   Diese Definition entspricht in etwa der Gesetzesfassung, die vor Erlass des Tagesbetreuungsausbaugesetzes zum 01.01.2005 galt. Dort war die Tagespflegeperson in § 23 Abs. 1

in anderen Räumen während des Tages mehr als fünfzehn Stunden wöchentlich gegen Entgelt länger als drei Monate betreuen will. Diese Definition gilt jedoch nur im Rahmen des § 43 SGB VIII, sie ist also eine Festlegung, in welchen Fällen Tagespflegepersonen einer Erlaubnis bedürfen. Auf die anderen Normen im SGB VIII ist die Definition des § 43 Abs. 1 SGB VIII also nicht anwendbar.[5]

II. Die Situation der Kindertagespflege in Deutschland

1. Entwicklung
a) Historischer Rückblick
aa) Die Entwicklung in der Gesellschaft

Die Anfänge der Tagesbetreuung außerhalb der Familie geht im Grunde auf den Beginn der frühen Industriegesellschaft Anfang des 19. Jahrhunderts zurück.[6] In dieser Zeit mussten vor allem Mütter aus den unteren Bevölkerungsschichten, die bisher nur innerhalb des eigenen Familienverbandes gearbeitet hatten, außerhalb desselben den Unterhalt für die Familie durch Arbeit in den entstehenden Industriebetrieben sichern.[7] Aufgrund familienpolitischer Leitbilder entstanden jedoch zunächst nur institutionelle Betreuungseinrichtungen: So wurden in den Dreißigerjahren des 19. Jahrhunderts sog. „Kinderbewahranstalten" oder „Kleinkinderschulen" für Kinder der armen arbeitenden Bevölkerung geschaffen.[8] Die Kindertagespflege geht in ihren Wurzeln dagegen auf Betreuungsarrangements wie die sog. „Zieh-, Halte- und Kostkinder" zurück.[9] Die Kindertagesbetreuung war insoweit schon im 19. Jahrhundert als öffentliche Aufgabe anerkannt, allerdings vornehmlich aus rein fürsorgerischen Gesichtspunkten.[10]

SGB VIII als eine Person definiert, die ein Kind für einen Teil des Tages oder ganztags entweder im eigenen oder im Haushalt des Personensorgeberechtigten betreut. Der Begriff der Tagespflegeperson ist der gesetzestechnisch korrekte Begriff, in der Praxis werden diese Personen dagegen in der Regel als „Tagesmütter" bzw. „Tagesväter" bezeichnet.

5 Das ergibt sich daraus, dass im System des SGB VIII nur die Legaldefinitionen für die Anwendung des SGB VIII verbindlich sind, die in § 7 (Begriffsbestimmungen) aufgeführt sind; siehe dazu W. Schellhorn in: Schellhorn, SGB VIII/KJHG (2. Aufl.), § 7 Rn. 1. Darüber hinaus würde sich bei einer Anwendung dieser Definition auf andere Regelungen im SGB VIII ein Widerspruch zu dem sich aus der Definition der Kindertagespflege ergebenden Begriff der Tagespflegeperson ergeben, was systemwidrig wäre.

6 Pettinger in: BMFSFJ, Tagesmütter-Handbuch, S. 29.

7 Ausführlich zur Entwicklung der Geschichte der Lohnarbeit von Frauen Schäfgen, Die Verdoppelung der Ungleichheit. Sozialstruktur und Geschlechterverhältnisse in der Bundesrepublik und in der DDR, S. 21 ff., insbeS. S. 48; zu finden unter http://dochost.rz.hu-berlin.de/dissertationen/phil/schaefgen-katrin/HTML/schaefgen.html, letzter Aufruf 26.06.2009.

8 Siehe dazu ebenfalls Pettinger in: BMFSFJ, Tagesmütter-Handbuch, S. 29 f.

9 Schmid in: Münder/Wiesner, Kinder- und Jugendhilferecht, S. 230 m. w. N.

10 Siehe dazu ebenfalls Schmid in: Münder/Wiesner, Kinder- und Jugendhilferecht, S. 230.

Bis weit in das 20. Jahrhundert hinein herrschte in Deutschland ein bürgerliches Familien- und Mütterideal vor, welches die Mutterrolle mit der Hausfrauenrolle assoziierte und daher die Kinderbetreuung im Wesentlichen als Aufgabe der Frau ansah, sodass die öffentlich verantwortete Kinderbetreuung im Wesentlichen als „Hilfe im Notfall" verstanden wurde; erst in den 1970er-Jahren setzte sich allmählich die Zusammenführung von Bewahr- und Bildungsfunktion in einem einheitlichen Konzept durch.[11] Insofern hat sich auch die „Kindertagespflege" zu einem nicht unwesentlichen Teil aus einer speziellen Form des Pflegekinderwesens, nämlich der dortigen „Tagespflege" entwickelt.[12]

In der einschlägigen Fachliteratur wird der Beginn der Geschichte der Kindertagespflege mit einem Artikel der Zeitschrift *Brigitte* unter dem Titel „Wir fordern einen neuen Beruf: Tagesmutter" im Jahr 1973 in Verbindung gebracht.[13] Dieser Artikel, der über Tagesmütter in Schweden berichtete, löste eine breite gesellschaftliche und politische Diskussion in Deutschland auS. Die breite Resonanz in Deutschland war darauf zurückzuführen, dass die schlechte Wirtschaftslage in den 60er- und 70er-Jahren immer mehr Mütter auf den Arbeitsmarkt zwang, im Gegenzug aber viel zu wenig Kinderbetreuungsplätze – vor allem für Kinder unter drei Jahren – vorhanden waren.[14]

Diese prekäre Situation führte dazu, dass das damalige Bundesministerium für Jugend, Familie und Gesundheit 1974 das Modellprojekt „Tagesmütter" ins Leben rief.[15] Durchgeführt und wissenschaftlich begleitet wurde das Projekt, das an elf ausgewählten Orten stattfand, bis zu seinem Ende 1978 vom Deutschen Jugendinstitut.[16] Die während des Modellprojektes angewandten positiven Rahmen- und Arbeitsbedingungen für eine qualifizierte Tagespflege wurden nach

---

11 12. Kinder- und Jugendbericht, BT-Drucks. 15/6014, S. 166; Schmid in: Münder/Wiesner, Kinder- und Jugendhilferecht, S. 230.
12 Die vom Gesetzgeber gewählte Bezeichnung Kindertages„pflege" für diese Form der Kinderbetreuung ist daher einigermaßen unglücklich und auch nicht sinnvoll, da diese – auch aufgrund der historischen Entwicklung – immer wieder und immer noch Assoziationen zur einzelfallindizierten Familienpflege und damit eher zur Hilfe zur Erziehung nach § 33 SGB VIII und nicht zur Förderung von Kindern unter dem bildungsspezifischen Aspekt nach den §§ 22 ff. SGB VIII weckt. Siehe dazu auch Münder u. a., FK-SGB VIII (5. Aufl.), Vor § 22 Rn. 29.
13 Zühlke, ZeT 5/2003, S. 14; Jurczyk/Rauschenbach/Tietze/Keimeleder/Schneider/Schumann/Stempinski/Weiß/Zehnbauer, Von der Tagespflege zur Familientagesbetreuung, S. 12 f.
14 Trimpin/Bauer in: BMFSFJ, Tagesmütter-Handbuch, S. 527; Zühlke, ZeT 5/2003, S. 14.
15 Trimpin/Bauer in: BMFSFJ, Tagesmütter-Handbuch, S. 528.
16 Trimpin/Bauer in: BMFSFJ, Tagesmütter-Handbuch, S. 528; Jurczyk/Rauschenbach/Tietze/Keimeleder/Schneider/Schumann/Stempinski/Weiß/Zehnbauer, Von der Tagespflege zur Familientagesbetreuung, S. 13.

Ende des Modellprojektes jedoch nur an einem Ort, an dem das Modellprojekt durchgeführt worden war, weitergeführt, da die finanzielle Last für die Tagespflege nun bei den Ländern und Kommunen lag.[17]

Während, aber durchaus auch schon vor der Modellphase gründeten sich an vielen Orten Tagesmüttervereine, die die Beratung, Vermittlung, Betreuung und Qualifizierung der Tagesmütter vor Ort übernahmen.[18] Am 19.07.1978 wurde die Arbeitsgemeinschaft Tagesmütter Bundesverband für Eltern, Pflegeeltern und Tagesmütter in Kassel aus den Vereinen der Modellstandorte Stuttgart, Kassel, Göppingen, Erlangen, Sindelfingen, Wilhelmshaven und Lüdenscheid gegründet, die am 27.12.1978 ins Vereinsregister eingetragen wurde.[19] Der Tagesmütter Bundesverband ist anerkannter Träger der freien Jugendhilfe und bis heute der einzige Fachverband auf dem Gebiet der Tagespflege.[20]

bb) Die gesetzliche Entwicklung
Gesetzlich wurde die Tagespflege erstmals mit Einführung des Kinder- und Jugendhilfegesetzes (KJHG) zum 01.01.1991 geregelt.[21] So wurde in § 23 SGB VIII a. f.[22] eine Anspruchsgrundlage für die Tagespflege geschaffen. Danach konnte zur Förderung der Entwicklung des Kindes, insbesondere in den ersten Lebensjahren, auch eine Person vermittelt werden, die das Kind für einen Teil des Tages oder ganztags entweder im eigenen oder im Haushalt des Personensorgeberechtigten betreut, § 23 Abs. 1 SGB VIII a. f.

Vor dem Inkrafttreten des KJHG im SGB VIII[23] zum 01.01.1991 war die Tagespflege im Recht als präventives Förderungsangebot nicht bekannt. Das früher geltende Jugendwohlfahrtsgesetz (JWG) vom 09.07.1922 in der Fassung vom 25.04.1977[24] kannte in § 5 Abs. 1 Nr. 3 zwar schon die Pflege und Erziehung von Säuglingen, Kleinkindern und von Kindern im schulpflichtigen Alter außerhalb der Schule als Aufgabe des Jugendamtes, nach der Generalklausel des § 6 Abs. 1 wurde Tagespflege aber nur bei Vorliegen eines Erziehungsdefizits gewährt.[25] Der

---

17 Trimpin/Bauer in: BMFSFJ, Tagesmütter-Handbuch, S. 529.
18 Trimpin/Bauer in: BMFSFJ, Tagesmütter-Handbuch, S. 529.
19 Zühlke, ZeT 5/2003, S. 14.
20 Zühlke, ZeT 5/2003, S. 15; Trimpin/Bauer in: BMFSFJ, Tagesmütter-Handbuch, S. 529. Ausführlich zur Struktur und den Aufgaben des Tagesmütter Bundesverbandes http://www.tagesmuetter-bundesverband.de, letzter Aufruf 26.06.2009.
21 Kinder- und Jugendhilfegesetz vom 26.6.1990, BGBl. I 1990, S. 1163.
22 Diese Gesetzesfassung galt bis einschließlich 31.12.2004.
23 Das SGB VIII ist Art. 1 des KJHG.
24 Diese Fassung hatte Gültigkeit vom 1.1.1977 bis 31.12.1990.
25 Der Gesetzestext von § 6 Abs. 1 JWG in der Fassung vom 25.4.1977 lautete: „Zu den Aufgaben nach § 5 Abs. 1 gehört es, im Rahmen der Einrichtungen und Veranstaltungen

Rahmen der damals verstandenen Tagespflege ergab sich indirekt aus der Umschreibung des Pflegekindbegriffs als Familienpflege für einen Teil des Tages in § 27 Abs. 1 JWG, wobei Tagespflege im Gegensatz zur späteren Rechtslage in der Regel außerhalb des Elternhauses geleistet wurde.[26]

Da ein Erziehungsdefizit vorausgesetzt wurde, war die frühere „Tagespflege" im Grunde nur im Bereich der Hilfe zur Erziehung angesiedelt und somit mit der Kindertagespflege nach dem heutigen Recht des SGB VIII nicht vergleichbar.[27] In der Praxis wurde die Erforderlichkeit des „Erziehungsdefizits" allerdings recht großzügig ausgelegt: So wurde mancherorts angenommen, dass ein solches Erziehungsdefizit schon dann vorliege, wenn ein alleinerziehender Elternteil berufstätig oder in einer Ausbildung war, sodass auch nach damaligem Recht Kindertagespflege als freiwillige jugendfördernde Leistung in Betracht kommen konnte.[28]

Ende des Jahres 2004 wurde das SGB VIII durch das Tagesbetreuungsausbaugesetz (TAG)[29] erneut geändert. Durch dieses Gesetz wurden u. a. die Regelungen zur Tagespflege zum 1.1.2005 neu gefasst. Diesem Gesetz waren im Jahr 2004 zahlreiche Gesetzesanträge vorausgegangen: So haben alle Bundestagsparteien innerhalb weniger Monate Anträge für ein Gesetz zur Verbesserung der Kindertagesbetreuung eingereicht, die inhaltlich nur wenig voneinander abwichen.[30] Das am 01.01.2005 in Kraft getretene Tagesbetreuungsausbaugesetz entspricht inhaltlich dem Gesetzentwurf der Bundesregierung vom 06.09.2004[31], allerdings gekürzt um den zustimmungspflichtigen Teil, da die Gesetzesinitiative am Widerstand des Bundesrates zu scheitern drohte.[32] Der abgetrennte zustimmungspflichtige Teil des Tagesbetreuungsgesetzes wurde als Kinder- und Jugendhilfeweiterentwicklungsgesetz (KICK) vom Deutschen Bundestag am 03.06.2005 aufgrund der zweiten Beschlussempfehlung und des zweiten Berichts des Ausschus-

---

die notwendigen Hilfen zur Erziehung für einzelne Minderjährige dem jeweiligen erzieherischen Bedarf entsprechend rechtzeitig und ausreichend zu gewähren."
26 Siehe dazu Fischer in: Schellhorn, SGB VIII/KJHG (2. Aufl., noch zur alten Gesetzesfassung), § 23 Rn. 4.
27 Vgl. dazu auch Grube in: Hauck/Noftz, SGB VIII, K § 23 Rn. 6 (Stand: 32. Ergänzungslieferg. Juli 2005).
28 Dazu ebenfalls Grube in: Hauck/Noftz, SGB VIII, K § 23 Rn. 6 m. w. N. (Stand: 32. Ergänzungslieferg. Juli 2005).
29 BGBl. I 2004, Nr. 76, S. 3852 ff.
30 SPD und Bündnis 90/Die Grünen am 03.03.2004, BT-Drucks. 15/2580; CDU/CSU am 09.03.2004, BT-Drucks. 15/2651; FDP am 11.3.2004, BT-Drucks. 15/2697.
31 BT-Drucks. 15/3676.
32 Informativ zu Hintergründen und Geschichte des TAG siehe http://www.aus-portal.de/aktuell/gesetze/01/index_6529.htm, letzter Aufruf 26.06.2009.

A. Begriffsklärungen und Situationsüberblick zur Kindertagespflege

ses für Familie, Senioren, Frauen und Jugend[33] beschlossen. Der Bundesrat hat dem Gesetzentwurf am 08.07.2005 zugestimmt.[34] Das Kinder- und Jugendhilfeweiterentwicklungsgesetz (KICK) trat am 01.10.2005 in Kraft.[35]

Hinsichtlich der Tagespflege war es Ziel des Gesetzgebers, die Kindertagespflege zu einem den Tageseinrichtungen gleichrangigen Angebot aufzuwerten.[36] Dafür sollen bis 2010 in den westlichen Bundesländern rund 30 % der neu entstehenden 230.000 Plätze für unter Dreijährige durch Tagespflegepersonen gestellt werden.[37]

Zur Erreichung des Gesetzesziels hat der Gesetzgeber in Bezug auf die Qualität der Tagespflege im Tagesbetreuungsausbaugesetz sowie im Kinder- und Jugendhilfeweiterentwicklungsgesetz etliche Regelungen erlassen, die zu einer Erhöhung der Qualität führen sollen: So wurde in § 23 SGB VIII die Förderung in Kindertagespflege als Leistung der Jugendhilfe erweitert und konkretisiert. Nach § 23 Abs. 1 SGB VIII gehören nunmehr zur Leistung der Jugendhilfe neben den schon früher vorgesehenen Leistungen der Vermittlung, Beratung und der Geldleistung in Form von Aufwendungsersatz und der Kosten der Erziehung auch die Begleitung und weitere Qualifizierung von Tagespflegepersonen sowie die Erstattung von Beiträgen zu einer Unfall- und Rentenversicherung. Daneben wurden in § 23 Abs. 3 SGB VIII für die Voraussetzung der Geeignetheit einer Tagespflegeperson Eignungskriterien festgeschrieben, um hinsichtlich der Qualifizierung eine Gleichrangigkeit von Kindertagespflege und Tageseinrichtungen zu erreichen.[38] In § 23 Abs. 4 S. 2 SGB VIII wurde die Neuerung festgelegt, dass für Ausfallzeiten einer Tagespflegeperson rechtzeitig eine andere Betreuungsmöglichkeit für das Kind sicherzustellen ist.

Zusätzlich wurde für die Inanspruchnahme von Kindertagespflege in § 24 Abs. 2 und 3 SGB VIII entgegen der vorherigen Gesetzesfassung, die nur eine Ermessens-

---

33 Siehe dazu BT-Drucks. 15/5616 sowie BR-Drucks. 444/05.
34 BR-Drucks. 444/05 sowie 444/05 (Beschluss).
35 Gesetz zur Weiterentwicklung der Kinder- und Jugendhilfe (Kinder- und Jugendhilfeweiterentwicklungsgesetz – KICK) vom 08.09.2005, BGBl. I 2005, Nr. 57, S. 2729 ff.
36 Siehe dazu die Gesetzesbegründung, BT-Drucks. 15/3676, S. 2 und 23 ff. Diese Zielsetzung wird vor allem in der sozialpädagogischen und jugendhilferechtlichen Diskussion mit Skepsis betrachtet, worauf in dieser Arbeit jedoch nicht weiter eingegangen werden soll. Siehe dazu nur Münder u. a., FK-SGB VIII (5. Aufl.), Vor § 22 Rn. 33.
37 Pressemitteilung der Bundesregierung vom 26.11.2004 mit dem Titel: „Offensiv für mehr und gute Tagesmütter werben", zu finden unter: http://www.bmfsfj.de/Politikbereiche/kinder-und-jugend,did=21970.html, letzter Aufruf 26.06.2009, sowie BT-Drucks. 15/3676, S. 45.
38 So die Gesetzesbegründung, BT-Drucks. 15/3676, S. 33.

leistung der Jugendhilfe vorsah, eine Vorhaltepflicht des Trägers der Jugendhilfe normiert. Kommt dem Träger der Jugendhilfe danach keine Vorhaltepflicht zu, kann er trotzdem gem. § 24 Abs. 5 SGB VIII nach pflichtgemäßem Ermessen eine geeignete Tagespflegeperson vermitteln, für die Aufwendungen nach § 23 Abs. 2 S. 1 Nr. 3 SGB VIII erstattet werden können. § 24 Abs. 4 SGB VIII enthält die Pflicht der Jugendämter, Eltern oder Elternteile, die ihr Kind in einer Tageseinrichtung oder in Kindertagespflege betreuen lassen möchten, über das Platzangebot im örtlichen Einzugsbereich und die pädagogische Konzeption der Einrichtungen zu informieren und sie bei der Auswahl zu beraten. Dadurch wird dem in § 5 SGB VIII geregelten Wunsch- und Wahlrecht verstärkt Rechnung getragen.

Darüber hinaus ist nunmehr für eine Betreuung ab dem ersten Tageskind gem. § 43 Abs. 1 SGB VIII eine Erlaubnis erforderlich, wenn Kinder außerhalb ihrer Wohnung in anderen Räumen während des Tages mehr als fünfzehn Stunden wöchentlich gegen Entgelt länger als drei Monate betreut werden sollen. Nach § 43 Abs. 3 SGB VIII berechtigt die Erlaubnis zur Betreuung von bis zu fünf fremden Kindern und ist auf fünf Jahre befristet. Außerdem obliegt der Tagespflegeperson die Pflicht, das Jugendamt über wichtige Ereignisse zu unterrichten, die für die Betreuung des oder der Kinder bedeutsam sind. Im Gegensatz zur vorherigen Gesetzesfassung, nach der eine Erlaubnis gem. § 44 Abs. 1 S. 3 Nr. 2 SGB VIII erst ab dem vierten Tageskind – allerdings für jedes einzelne Tageskind extra – erforderlich war und die keine Höchstbeschränkung bezüglich der zu betreuenden Kinder enthielt, bedeutet die Neuregelung zwar einen erschwerten Zugang zur Tätigkeit als Tagespflegeperson, in Bezug auf die Qualität der Tagespflege ist die Regelung jedoch eine Verbesserung, da der Träger der Jugendhilfe schon ab dem ersten Tageskind die Geeignetheit der Tagespflegeperson überprüft und die Befristung der Erlaubnis auf fünf Jahre eine erneute Prüfung verlangt. Hinzu kommt, dass die Beschränkung auf maximal fünf Kinder die erforderliche Zuwendung der Tagespflegeperson gegenüber den einzelnen Tageskindern sichert. Darüber hinaus kommt es zu einer Verwaltungsvereinfachung, da nicht mehr für jedes Kind einzeln die Erlaubnis erteilt werden musS. Außerdem bleibt durch die Formulierung in § 43 Abs. 1 SGB VIII die Betreuung im Haushalt der Personensorgeberechtigten, die gelegentliche Betreuung, die Nachbarschafts- und Verwandtenhilfe erlaubnisfrei.[39]

Bezüglich der finanziellen Gleichrangigkeit von Tageseinrichtung und Tagespflege wurde durch das Kinder- und Jugendhilfeweiterentwicklungsgesetz in § 90

---

39 Siehe dazu auch Renate Schmidt während der 179. Sitzung des Deutschen Bundestages am 03.06.2005 anlässlich der Beratung des Kinder- und Jugendhilfeweiterentwicklungsgesetzes, Plenarprotokoll 15/179, 1684.

Abs. 1 Nr. 3 SGB VIII für die Inanspruchnahme von Kindertagespflege eine pauschalierte Kostenbeteiligung eingeführt. Dadurch müssen Eltern für Tagespflege – wie das in der bis zum 31.12.2004 geltenden Gesetzesfassung ausschließlich für die Kinderbetreuung in einer Tageseinrichtung galt – ebenfalls nur noch sozial gestaffelte Pauschalbeiträge zahlen, die der Höhe nach den Beiträgen zu einer Tageseinrichtung entsprechen können.[40] In der bis zum 31.12.2004 geltenden Fassung mussten Eltern für Tagespflege dagegen erheblich mehr Kosten aufwenden, da sie nach § 91 Abs. 2 SGB VIII a. f. zu den Kosten der Tagespflege heranzuziehen waren. Aus § 93 SGB VIII a. f. ergab sich dann, dass für die Ermittlung des Kostenbeitrags das Einkommen der Eltern bzw. des Kindes maßgeblich ist, wobei auf die §§ 85, 87, 88, 90, 91 SGB XII verwiesen wurde. Das hatte zur Folge, dass nur gering verdienende Eltern unter der Zumutbarkeitsgrenze lagen, viele Eltern hatten dagegen die Kosten der Tagespflege selbst zu tragen, obwohl ihnen dem Grunde nach eine Betreuung aus öffentlichen Mitteln zustand. Dies war für Eltern jedoch häufig zu teuer, da sich die Kosten für eine Tagespflegeperson oft auf bis zu 600 Euro im Monat oder sogar darüber hinaus[41] beliefen.

Nach dem Bericht der Bundesregierung 2008 nach § 24 Abs. 3 SGB VIII über den Stand des Ausbaus für ein bedarfsgerechtes Angebot an Kindertagesbetreuung für Kinder unter 3 Jahren für das Berichtsjahr 2007[42] hatte sich zwar die Anzahl der Kinder, die durch Tagespflegepersonen betreut werden, ausgeweitet: So stieg die Quote der Inanspruchnahme insgesamt von 1,6 % auf 2,1 %.[43] Letztendlich lautete das Resümee jedoch, dass bundesweit die Anstrengungen verstärkt werden müssten, um den von der Bundesregierung genannten Anteil von 30 % der Kindertagespflege am Ausbau der Kinderbetreuung zu erreichen.[44]

---

40 BT-Drucks. 15/3676, S. 41.
41 Siehe dazu Landesvereinigung für Kinder in Tagespflege NRW und Arbeitskreis Tagespflege des PARITÄTISCHEN NRW, Aktuelle Situation der Tagespflege für Kinder nach § 23 SGB VIII, S. 5 zu finden unter: http://www.berufstaetige-muetter.de/Texte/200111Pari_LV-PapierzurTagespflege.pdf, letzter Aufruf 02.07.2009.
42 Zu finden unter http://www.bmfsfj.de/bmfsfj/generator/RedaktionBMFSFJ/Abteilung5/Pdf-Anlagen/tag-bericht, letzter Aufruf 26.06.2009; siehe auch BT-Drucks. 16/6100.
43 Bericht der Bundesregierung 2008 nach § 24a Abs. 3 SGB VIII über den Stand des Ausbaus für ein bedarfsgerechtes Angebot an Kindertagesbetreuung für Kinder unter drei Jahren für das Berichtsjahr 2007, S. 12, zu finden unter http://www.bmfsfj.de/bmfsfj/generator/RedaktionBMFSFJ/Abteilung5/Pdf-Anlagen/tag-bericht, letzter Aufruf 26.06.2009.
44 Bericht der Bundesregierung 2008 nach § 24a Abs. 3 SGB VIII über den Stand des Ausbaus für ein bedarfsgerechtes Angebot an Kindertagesbetreuung für Kinder unter drei Jahren für das Berichtsjahr 2007, S. 14, zu finden unter http://www.bmfsfj.de/bmfsfj/generator/RedaktionBMFSFJ/Abteilung5/Pdf-Anlagen/tag-bericht, letzter Aufruf 26.06.2009.

Eine solche Anstrengung durch die Bundesregierung selbst kann in dem am 16.12.2008 in Kraft getretenen KiföG[45] gesehen werden, durch das die Regelungen zur Kindertagespflege weiter verbessert wurden: Neben einer klareren Begrifflichkeit bzw. Einheitlichkeit des Begriffs der Kindertagespflege[46] wurde vor allem § 23 SGB VIII erheblich modifiziert. In Absatz 1 wurde nunmehr klargestellt, dass der Anspruch auf das Tagespflegegeld der Tagespflegeperson zusteht. Diese Klarstellung war notwendig, denn nach der bisherigen Gesetzesfassung stand es durchaus im Bereich des Möglichen, dass auch die Eltern, die eine Tagespflegeperson bezahlen, Anspruchsberechtigte sein könnten.[47] In Absatz 2 Nr. 4 wurde nun neben der Erstattung von Beiträgen für eine Unfallversicherung und der hälftigen Erstattung für eine angemessene Alterssicherung auch die hälftige Erstattung nachgewiesener Aufwendungen zu einer angemessenen Krankenversicherung und Pflegeversicherung eingeführt. Weiterhin hat der Gesetzgeber aus der Erkenntnis, dass sich die öffentlich finanzierte Kindertagespflege überwiegend im Niedriglohnsektor bewegt und daher eine Tätigkeit als Tagespflegeperson nur wenig attraktiv erscheint, einen Absatz 2a eingefügt. Danach ist der Betrag zur Anerkennung der Förderungsleistung der Tagespflegeperson von den Trägern der öffentlichen Jugendhilfe leistungsgerecht auszugestalten. Das Kriterium der leistungsgerechten Vergütung soll dazu beitragen, dass die Kindertagespflege mittelfristig eine anerkannte und damit angemessen vergütete Vollzeittätigkeit wird.[48] Darüber hinaus wurde durch das KiföG der Rechtsanspruch auf Förderung in Tageseinrichtungen und in Kindertagespflege nach § 24 zweimal geändert: Die erste Änderung trat am Tag nach der Verkündung des KiföG in Kraft und gilt bis einschließlich 31.07.2013. Durch sie erhält § 24 SGB VIII die Fassung, die während der gesamten Phase des Ausbaus der Kinderbetreuung Gültigkeit beanspruchen soll: Danach werden die bisherigen Bedarfskriterien um weitere Fallgruppen erweitert. Bei Erfüllung dieser Bedarfskriterien besteht für den Jugendhilfeträger die objektiv-rechtliche Verpflichtung, einen Platz in Tageseinrichtungen und in Kindertagespflege vorzuhalten. Die zweite Änderung tritt dann am 01.08.2013

---

45 BGBl. I, S. 2403.
46 Bis zum Inkrafttreten des KiföG wurden die Begriffe der Kindertagespflege und der Tagespflege im Gesetz eher willkürlich verwendet, siehe dazu auch oben unter Fn. 2, Kap. 1.
47 Dies war in Literatur und Rechtsprechung umstritten, die herrschende Meinung vertrat allerdings auch schon da die Ansicht, dass Inhaber des Aufwendungs- und Kostenersatzanspruches die Tagespflegeperson sei. Siehe dazu bspw. Münder u. a., FK-SGB VIII (4. Aufl.), § 23 Rn. 26; Klinger/Kunkel in: LPK-SGB VIII (2. Aufl.), § 23 Rn. 8; Fischer in: Schellhorn, SGB VIII/KJHG (2. Aufl.), § 23 Rn. 20; modifizierend Grube in: Hauck/Noftz, SGB VIII, K § 23 Rn. 37 (Stand: 20. Ergänzungsliefer.) sowie OVG NRW, ZfJ 2002, 114; OVG NRW, ZfJ 2001, 472; OVG S-H, ZfJ 2001, 425 und jüngst VerwG Mainz vom 23.7.2004, Az: 2 K 226/04.MZ; abweichend nur VerwG Osnabrück, ZfJ 1997, 58, 60 und Struck in: Wiesner, SGB VIII (2. Aufl.), § 23 Rn. 36.
48 So die Gesetzesbegründung in BT-Drucks. 16/9299, S. 30.

in Kraft: Sie bezieht sich auf den Zeitraum nach Abschluss der Ausbauphase und löst die bis dahin geltende Fassung insgesamt ab.[49] Nach dieser zweiten Änderung haben dann Kinder vom vollendeten ersten Lebensjahr bis zur Vollendung des dritten Lebensjahres einen Rechtsanspruch auf frühkindliche Förderung in einer Tageseinrichtung oder in Kindertagespflege. Kinder, die das dritte Lebensjahr vollendet haben, haben bis zum Schuleintritt Anspruch auf Förderung in einer Tageseinrichtung. Für Kinder, die das erste Lebensjahr noch nicht vollendet haben, bleibt es bei einer objektiv-rechtlichen Verpflichtung zur Vorhaltung von Plätzen.

§ 43 SGB VIII wurde durch das KiföG ebenfalls weiter modifiziert: Neben der Klarstellung in Absatz 1, dass sich der Betreuungsumfang von 15 Stunden pro Woche auf die wöchentliche Arbeitszeit der Tagespflegeperson bezieht, erfolgt in Absatz 3 die Klarstellung, dass sich die Höchstgrenze von fünf zu betreuenden Kindern auf die Zahl der gleichzeitig anwesenden fremden Kinder bezieht. Darüber hinaus wird dem Landesgesetzgeber die Möglichkeit eröffnet, die Obergrenze für die gleichzeitig anwesenden Kinder bei der Erteilung der Erlaubnis anzuheben, wenn die Tagespflegeperson über eine besondere Qualifikation verfügt, die deutlich über die Anforderungen nach Absatz 2 hinausgeht. Damit soll den in verschiedenen Ländern entwickelten Formen der Großtagespflege Rechnung getragen werden.[50]

b) Hintergründe des Ausbaus der Kindertagespflege
In Deutschland gibt es bis heute erhebliche Betreuungslücken. Kindertagesbetreuung wurde und wird in der Hauptsache durch Tageseinrichtungen für Kinder angeboten,[51] die jedoch in Deutschland vor allem für Kinder unter drei Jahren bislang nur zu einem geringen Prozentsatz vorhanden waren. So betrug die Platz-Kind-Relation für Kindergartenkinder im Jahre 2002 zwar im Mittel 90 %,[52] dafür standen nur für jeweils 9 % der Kinder unter drei Jahren und für Hortkinder zwischen 6 und 11 Jahren Betreuungsplätze zur Verfügung.[53] Im Jahre 2005 wurde statistisch ermittelt, dass rund 1,2 Millionen Kinder unter drei Jahren ei-

---

49 BT-Drucks. 16/9299, S. 33.
50 BT-Drucks. 16/9299, S. 38.
51 Siehe dazu auch DJI in: BMFSFJ, OECD Early Childhood Policy Review 2002-2004, Hintergrundbericht Deutschland, Fassung 22.11.2004, S. 8, zu finden unter http://www.bmfsfj.de/RedaktionBMFSFJ/Abteilung5/Pdf-Anlagen/oecd-hintergrundbericht,property=pdf.pdf, letzter Aufruf 01.08.2009.
52 Davon waren allerdings nur 33 % Ganztagsplätze, siehe dazu auch Münder u. a., FK-SGB VIII (5. Aufl.), vor § 22 Rn. 17.
53 Statistisches Bundesamt 2004, Kindertagesbetreuung in Deutschland, S. 25 u. 32, zu finden unter http://www.destatis.de/jetspeed/portal/cms/Sites/destatis/Internet/DE/Presse/pk/2004/Kindertagesbetreuung/Kindertagesbetreuung__04.psml, letzter Aufruf 01.08.2009.

nen Kinderbetreuungsplatz nachfragen, ohne dass dieser Nachfrage ein Angebot gegenübersteht.[54] Diese Betreuungslücken sind nicht zuletzt auf Veränderungen des gesellschaftlichen Kontextes zurückzuführen.

aa) Steigende Müttererwerbstätigkeit
Wie oben aufgezeigt, gehen die Anfänge der Kinderbetreuung zwar auf den Umstand zurück, dass Mütter aus den unteren Bevölkerungsschichten Lohnarbeit in der frühen Industriegesellschaft leisten mussten. Mit der Einführung von Sozialgesetzen und eines Familienlohnes Ende des 19. Jahrhunderts gab es jedoch zumindest für verheiratete Frauen die Möglichkeit, sich andere Einkommensquellen zu erschließen, sodass es wieder zu einem starken Rückzug dieser Frauen aus den Fabriken kam.[55] Dies führte dazu, dass auch diese Mütter die Kinderbetreuung wieder selbst übernahmen.[56]

Dieses traditionelle Verständnis von Kinderbetreuung als Aufgabe von Frauen und Familie hat sich jedoch seit der zweiten Hälfte des 20. Jahrhunderts mit dem Wandel von der Industriegesellschaft zur heutigen Dienstleistungs- bzw. Informationsgesellschaft[57] erheblich geändert.[58] Frauen drängen immer mehr auf den Arbeitsmarkt: Die Erwerbstätigenquote von Frauen mit Kindern hat sich in Westdeutschland zwischen 1972 und 1998 um 17 % auf insgesamt 57 % erhöht, wobei der Anstieg vor allem bei verheirateten Müttern zu verzeichnen war – die Erwerbstätigenquote der alleinerziehenden Mütter lag in Westdeutschland schon immer relativ hoch.[59] Dabei ist der Anstieg der Erwerbsquote in Westdeutschland fast ausschließlich auf die Zunahme von Teilzeittätigkeiten zurückzuführen; der Anteil vollzeiterwerbstätiger Mütter mit Kindern unter 18 Jahren hat sich dage-

---

54 Berechnungen des DIW Berlin, siehe dazu Spieß/Wrohlich, DIW-Wochenbericht 2005, S. 223, 226.
55 Schäfgen, Die Verdoppelung der Ungleichheit. Sozialstruktur und Geschlechterverhältnisse in der Bundesrepublik und in der DDR, S. 48, zu finden unter http://dochost.rz.hu-berlin.de/dissertationen/phil/schaefgen-katrin/HTML/schaefgen.html, letzter Aufruf 01.08.2009.
56 Schäfgen, Die Verdoppelung der Ungleichheit. Sozialstruktur und Geschlechterverhältnisse in der Bundesrepublik und in der DDR, S. 48 f., zu finden unter http://dochost.rz.hu-berlin.de/dissertationen/phil/schaefgen-katrin/HTML/schaefgen.html, letzter Aufruf 01.08.2009.
57 Zum soziologischen Hintergrund des Wandels siehe Mikl-Horke, Industrie- und Arbeitssoziologie, S. 401-410.
58 Jurczyk/Rauschenbach/Tietze/Keimeleder/Schneider/Schumann/Stempinski/Weiß/Zehnbauer, Von der Tagespflege zur Familientagesbetreuung, S. 49.
59 Büchel/Spieß, Form der Kinderbetreuung und Arbeitsmarktverhalten von Müttern in West- und Ostdeutschland, S. 14, zu finden unter http://www.bmfsfj.de/Politikbereiche/kinder-und-jugend,did=5300.html, letzter Aufruf 01.08.2009. Differenziert zur Entwicklung der Erwerbsbeteiligung von Müttern mit unter dreijährigen Kindern Jurczyk/Rauschenbach/Tietze/Keimeleder/Schneider/Schumann/Stempinski/Weiß/Zehnbauer, Von der Tagespflege zur Familientagesbetreuung, S. 19 ff. m. w. N.

gen verringert.[60] In Ostdeutschland lag die Erwerbsquote von Müttern im Jahre 2002 bei 69 %.[61] Tendenziell ist in Ostdeutschland jedoch eine gegenläufige Entwicklung zu verzeichnen: So ist die Erwerbsquote von 1991 bis 2002 insgesamt um 11,3 % zurückgegangen, bei Müttern mit Kindern unter sechs Jahren sank die Erwerbsquote sogar um fast 28 %.[62] Diese gegenläufige Entwicklung hängt allerdings damit zusammen, dass in der DDR die Kinderbetreuung über institutionelle Tageseinrichtungen fast flächendeckend abgesichert war,[63] und das hat sich nach der Wende in den 90er-Jahren aufgrund verschiedener Umstände geändert.[64]

Die steigende Müttererwerbstätigkeit führt deshalb zu mehr Betreuungsbedarf, weil trotz der Veränderungen in der Gesellschaft immer noch die Frauen für die Betreuung und Erziehung der Kinder zuständig sind.[65] So sind zwar immer mehr Haushalte in Deutschland auf zwei Einkommen angewiesen, das Modell des männlichen Einverdienerhaushaltes ist jedoch noch immer vorherrschend: Väter sind in der Regel vollzeiterwerbstätig, da Vaterschaft nicht zu einer Reduzierung, sondern – wie dies statistische Erhebungen aufzeigen – zu einer Erhöhung der Arbeitszeit führt.[66]

In der öffentlichen Debatte um die Weiterentwicklung des Systems der Tagesbetreuung spielen insofern vor allem auch gleichstellungs- und beschäftigungs-

---

60 Büchel/Spieß, Form der Kinderbetreuung und Arbeitsmarktverhalten von Müttern in West- und Ostdeutschland, S. 15, zu finden unter http://www.bmfsfj.de/Politikbereiche/kinder-und-jugend,did=5300.html, letzter Aufruf 01.08.2009.
61 Frauen in Ostdeutschland haben traditionell eine hohe Erwerbsorientierung, sodass hier deutlich mehr Mütter einer Vollzeitbeschäftigung nachgehen als in Westdeutschland, wo eher das sog. Modell „Male Breadwinner – Weibliche Zuverdienerin" vorherrscht. Siehe dazu Büchel/Spieß, Form der Kinderbetreuung und Arbeitsmarktverhalten von Müttern in West- und Ostdeutschland, S. 15, zu finden unter http://www.bmfsfj.de/Politikbereiche/kinder-und-jugend,did=5300.html, letzter Aufruf 01.08.2009.
62 Büchel/Spieß, Form der Kinderbetreuung und Arbeitsmarktverhalten von Müttern in West- und Ostdeutschland, S. 15, zu finden unter http://www.bmfsfj.de/Politikbereiche/kinder-und-jugend,did=5300.html, letzter Aufruf 01.08.2009.
63 Informativ dazu Hank/Tillmann/Wagner, Zeitschrift für Bevölkerungswissenschaft 2001, S. 55 ff.
64 An dieser gegenläufigen Entwicklung in Ostdeutschland wird besonders deutlich, wie sehr die Erwerbsquote von Müttern mit der Möglichkeit der außerhäuslichen Kinderbetreuung zusammenhängt.
65 Jurczyk/Rauschenbach/Tietze/Keimeleder/Schneider/Schumann/Stempinski/Weiß/Zehnbauer, Von der Tagespflege zur Familientagesbetreuung, S. 19.
66 Jurczyk/Rauschenbach/Tietze/Keimeleder/Schneider/Schumann/Stempinski/Weiß/Zehnbauer, Von der Tagespflege zur Familientagesbetreuung, S. 22. Steigende Müttererwerbstätigkeit sollte allerdings vorrangig nicht im Nachgang mehr Betreuungsangebote nach sich ziehen, sondern es sollten umgekehrt mehr Betreuungsangebote geschaffen werden, damit mehr Mütter die Möglichkeit haben, einer Beschäftigung nachzugehen. Dies ergibt

politische Gesichtspunkte eine große Rolle, denn qualifizierte Tagesbetreuung ist die entscheidende Voraussetzung für die Vereinbarkeit von Familie und Erwerbsarbeit. Das Bundesverfassungsgericht hatte den Staat bereits im Jahre 1988 verpflichtet, gesetzliche Grundlagen dafür zu schaffen, dass Familien- und Erwerbsarbeit aufeinander abgestimmt werden können und die Wahrnehmung der familiären Erziehungsaufgabe nicht zu beruflichen Nachteilen führt.[67]

bb) Flexible Arbeitszeit
Ein anderes Phänomen des Wandels von der Industriegesellschaft zur heute vorherrschenden Dienstleistungs- bzw. Informationsgesellschaft macht speziell den Ausbau der Kindertagespflege notwendig: die Entgrenzung der Arbeitszeit.[68]
Nach einer Studie des ISO-Instituts Köln für das Jahr 1999 unterliegen nur noch 15 % aller abhängig Beschäftigten „normalen" Arbeitszeiten, also einer Vollzeitbeschäftigung mit einer wöchentlichen Arbeitszeit von 35 bis 40 Stunden, die montags bis freitags tagsüber ausgeübt wird.[69] Die restlichen 85 % aller Arbeitnehmer/innen leisten Schicht- und Nachtarbeit, Wochenendarbeit, regelmäßige Überstunden, Teilzeitarbeit,[70] Gleitzeit oder sind in verschiedenen Formen von Arbeitszeitkontenmodellen tätig.[71]

Institutionelle Kinderbetreuungseinrichtungen wie Krippen und Kindertagesstätten leisten wegen ihrer starren Öffnungszeiten jedoch nur eine Betreuung tags-

---

sich daraus, dass vor allem Mütter mit Kindern unter vier Jahren, die keiner Beschäftigung nachgehen, mehrheitlich die Aufnahme einer Erwerbstätigkeit wünschen, siehe dazu Büchel/Spieß, Form der Kinderbetreuung und Arbeitsmarktverhalten von Müttern in West- und Ostdeutschland, S. 16, zu finden unter http://www.bmfsfj.de/Politikbereiche/kinder-und-jugend,did=5300.html, letzter Aufruf 01.08.2009. Nicht ausreichende öffentliche Kinderbetreuungsmöglichkeiten führen also unmittelbar zur Verhinderung von Müttererwerbstätigkeit.

67 Siehe dazu Schmid in: Münder/Wiesner, Kinder- und Jugendhilferecht, S. 232, mit Hinweis auf BVerfGE 88, 203, 258 ff.
68 Zum Hintergrund dieses Phänomens ausführlich und anschaulich Pongratz/Voß, SOWI-Sozialwissenschaftliche Informationen 2001, S. 42-52.
69 Siehe dazu mit weiteren Nachweisen Jurczyk/Rauschenbach/Tietze/Keimeleder/Schneider/Schumann/Stempinski/Weiß/Zehnbauer, Von der Tagespflege zur Familientagesbetreuung, S. 24.
70 Teilzeitarbeit ist heute kein Garant mehr für die Vereinbarkeit von Beruf und Familie, da sie immer weniger als typische Vormittagstätigkeit ausgeübt wird. Vielmehr geht Teilzeitarbeit heute oft über den Mittag und Nachmittag hinaus bis zum Abend, sodass auch teilzeitarbeitende Frauen die Kinderbetreuung über institutionelle Einrichtungen nicht mehr vollständig absichern können. Siehe dazu Jurczyk/Rauschenbach/Tietze/Keimeleder/Schneider/Schumann/Stempinski/Weiß/Zehnbauer, Von der Tagespflege zur Familientagesbetreuung, S. 25.
71 Jurczyk/Rauschenbach/Tietze/Keimeleder/Schneider/Schumann/Stempinski/Weiß/Zehnbauer, Von der Tagespflege zur Familientagesbetreuung, S. 24 f.

über. Die Kindertagespflege eröffnet dagegen die Möglichkeit, flexibel auf die Bedürfnisse der Eltern zu reagieren.

cc) Qualitative Aspekte
Neben der steigenden Müttererwerbstätigkeit und der flexiblen Arbeitszeit sind die neuen Anforderungen an die Betreuung der Kinder selbst ein wichtiger Grund für den Ausbau der Tagespflege. Kinder sollten gerade in den ersten Lebensjahren eine intensive Förderung erhalten.[72] Die Kindertagespflege bietet dabei gegenüber den institutionellen Kindertageseinrichtungen besonderes Potenzial, da Kinder in Tagespflege in einer familiären Atmosphäre aufwachsen und die Tagespflegeperson, da sie nach § 43 Abs. 3 u. 4 SGB VIII nicht mehr als fünf Kinder betreuen darf,[73] die Möglichkeit hat, speziell auf die Bedürfnisse der Kinder einzugehen. Aus diesem Grund können auch Förderangebote konkret der jeweiligen Situation angepasst werden.[74]

dd) Knappe Haushaltslage
Neben den eben aufgeführten fachlichen und gesellschaftlichen Aspekten, die Hintergrund des Ausbaus der Tagespflege sind, war für den Gesetzgeber allerdings auch die knappe Haushaltslage ein Grund für die Aufwertung der Tagespflege im Tagesbetreuungsausbaugesetz, da mit ihrer Weiterentwicklung die Hoffnung verbunden wurde, Kinderbetreuung kostengünstiger ausbauen zu können.[75] Diese Hoffnung spiegelt sich in der Gesetzesbegründung im finanziellen Teil wider, wonach ein Platz in einer Tageseinrichtung jährlich rund 12.000 Euro kostet, ein Betreuungsplatz in Kindertagespflege dagegen nur 7.152 Euro.[76]

---

72 Siehe dazu Jurczyk/Rauschenbach/Tietze/Keimeleder/Schneider/Schumann/Stempinski/Weiß/Zehnbauer, Von der Tagespflege zur Familientagesbetreuung, S. 29 m. w. N. sowie S. 142 ff. So auch ausdrücklich BMFSFJ, Nationaler Aktionsplan „Für ein kindergerechtes Deutschland 2005-2010", S. 15, zu finden unter http://www.bmfsfj.de/bmfsfj/generator/BMFSFJ/Service/Publikationen/publikationen,did=24892.html, letzter Aufruf 22.08.2009. Zum erziehungswissenschaftlichen Aspekt, Tietze in: Diller/Jurczyk/Rauschenbach, Tagespflege zwischen Markt und Familie, S. 54 ff.
73 In der vorherigen Gesetzesfassung gab es keine Maximalbegrenzung der Kinderzahl, durch Landesrecht war jedoch in der Regel nur maximal fünf Tageskinder erlaubt (Ausnahme: Berlin mit acht Tageskindern). Siehe dazu die Übersicht bei Jurczyk/Rauschenbach/Tietze/Keimeleder/Schneider/Schumann/Stempinski/Weiß/Zehnbauer, Von der Tagespflege zur Familientagesbetreuung, S. 70.
74 Zu diesem Aspekt ausführlich *tagesmütter* Bundesverband, Fachliche Empfehlungen zur Tagespflege, S. 14 f.
75 Jurczyk/Rauschenbach/Tietze/Keimeleder/Schneider/Schumann/Stempinski/Weiß/Zehnbauer, Von der Tagespflege zur Familientagesbetreuung, S. 30.
76 BT-Drucks. 15/3676, S. 45 f.

ee) Gemeinschaftsrechtliche Aspekte
Ein wichtiger Aspekt des Ausbaus der Kinderbetreuung und damit auch der Kindertagespflege sind aber auch – gerade wegen der steigenden Müttererwerbstätigkeit – gleichstellungs- und beschäftigungspolitische Gesichtspunkte.[77] Diese spielen eine größere Rolle als die aus Sicht des Kindes zentralen Aspekte der Herstellung von Chancengerechtigkeit.[78]

Regelungen zur Vereinbarkeit von Familie und Erwerbstätigkeit[79] gehören im Moment nicht nur zu den Prioritäten des nationalen Gesetzgebers, sondern sie spielen auch eine beachtliche Rolle in der Arbeits- und Sozialpolitik der europäischen Gemeinschaft. Dort finden sie ihren Niederschlag sowohl in den Programmen und im „Softlaw" als auch im weiteren Ausbau des Gemeinschaftsrechts.[80] In den Forderungen, die der im März 2002 in Barcelona zusammengetretene Europäische Rat an die Mitgliedsstaaten richtete, hieß es, diese *„sollten Hemmnisse beseitigen, die Frauen an einer Beteiligung am Erwerbsleben abhalten, und bestrebt sein, nach Maßgabe der Nachfrage nach Kinderbetreuungseinrichtungen und im Einklang mit den einzelstaatlichen Vorgaben für das Versorgungsangebot bis 2010 für mindestens 90 % der Kinder zwischen drei Jahren und dem Schulpflichtalter und für mindestens 33 % der Kinder unter drei Jahren Betreuungsplätze zur Verfügung zu stellen".*[81] Die Kommission verfügt auf dem Gebiet der Kinderbetreuung jedoch über keine direkten Kompetenzen, sodass die prozentualen Zielvorgaben von Barcelona nicht absolut zu verstehen sind, sondern als prognostizierte Durchschnittswerte in Zusammenhang mit der Nachfrage stehen, den einzelstaatlichen Vorgaben und dem Ziel, Hemmnisse zu beseitigen, die Frauen an einer Beteiligung am Erwerbsleben abhalten.[82] Die Barcelona-Ziele sind insofern ein integraler Bestandteil der Europäischen Wachstums- und Beschäftigungsstrategie. Sie sollen die Beschäftigungsrate junger Eltern, insbesondere der Frauen, erhöhen und zu mehr Gleichheit zwischen Frauen und Männern beitragen.[83]

---

77 So der ausdrückliche Wille des Gesetzgebers, zuletzt niedergelegt in der Gesetzesbegründung zum KiföG, BT-Drucks. 16/9299, S. 1 und S. 20.
78 Schmid in: Münder/Wiesner, Kinder- und Jugendhilferecht, S. 232.
79 Zum Verhältnis zwischen Vereinbarkeit von Familie und Beruf und Gleichstellungspolitik im europäischen Vergleich siehe ausführlich Rüling, WSI-Mitteilungen 10/2007, 538 ff.
80 Vgl. dazu Kohte, Kommentierung zur Bedeutung des Gemeinschaftsrechts für die Vereinbarkeit von Familie und Beruf, in: jurisPK – Vereinbarkeit von Familie und Beruf, Rn. 22 ff.
81 Schlussfolgerungen des Vorsitzes des Europäischen Rates vom 15. und 16.03.2002 in Barcelona, Dokument SN 100/1/02 REV 1.
82 BT-Drucks. 16/10787, S. 2.
83 Siehe dazu Bericht der Kommission an das Europäische Parlament, den Rat, den Europäischen Wirtschafts- und Sozialausschuss und den Ausschuss der Regionen: Umsetzung der Barcelona-Ziele auf dem Gebiet der Betreuungseinrichtungen für Kinder im Vorschulalter

Ein nun vorliegender Bericht der Europäischen Kommission zieht Bilanz über den Stand der Umsetzungen der Barcelona-Ziele in den Mitgliedsstaaten und untersucht die Hemmnisse und Herausforderungen im Bereich des Ausbaus von Betreuungseinrichtungen für Kinder im Vorschulalter. Insgesamt wurde festgestellt, dass die für 2010 festgelegten Ziele in den meisten Mitgliedsstaaten vermutlich nicht erreicht werden, da Kinderbetreuungseinrichtungen häufig zu teuer und ihre Öffnungszeiten oft nicht mit einer Vollzeit-Erwerbsarbeit zu vereinbaren sind. Darüber hinaus muss die Qualität der Betreuungseinrichtungen gesteigert werden, und das impliziert auch eine verbesserte Ausbildung und Wertschätzung der in diesem Bereich tätigen Personen.[84] In Deutschland wurden durch das TAG und nun auch durch das KiföG entscheidende Voraussetzungen dafür geschaffen, die in Barcelona festgeklopften Ziele zu erreichen: So sieht sich die Bundesregierung bezüglich der Barcelona-Ziele bei der Altersgruppe von Kindern von 0 bis 3 Jahren bereits ohne die durch das Kinderförderungsgesetz zu erwartende Ausbaudynamik auf mittlerem Niveau; für Kinder zwischen drei Jahren und dem Schulpflichtalter habe Deutschland bereits jetzt das rechnerische Barcelona-Ziel übertroffen.[85]

Dies darf aber nicht darüber hinwegtäuschen, dass auch in Deutschland noch ein erheblicher Ausbaubedarf für die Kinderbetreuung besteht. Aufgrund der schon erwähnten mangelnden direkten Kompetenz der Kommission auf dem Gebiet der Kinderbetreuung ist die Kommission auch zukünftig darauf beschränkt, den Austausch nationaler Erfahrungen in diesem Bereich zu fördern. Mithin konstatiert der Bericht, dass der Schwerpunkt der Bemühungen nach wie vor auf der nationalen bzw. sogar regionalen oder lokalen Ebene liegen müsse.[86]

2. *Aktuelle Situation*
a) *Rahmenbedingungen für die Kindertagespflege*
Die knappe Haushaltslage als eine Motivation des Gesetzgebers, die Kindertagespflege auszubauen, führt zu der Frage, warum der Gesetzgeber davon ausgehen konnte, dass sich Kinderbetreuung durch die Kindertagespflege kostengünstiger gestalten lässt als durch institutionelle Kindertageseinrichtungen. Zurückzufüh-

---

v. 03.10.2008 (KOM (2008) 638 endg.); vgl. dies auch unter http://www.jugendhilfeportal.de/wai1/showcontent.asp?ThemaID=5695, letzter Aufruf 23.08.2009, sowie unter BT-Drucks. 16/10787, S. 1.
84 Siehe dazu ebenfalls unter http://www.jugendhilfeportal.de/wai1/showcontent. asp?ThemaID=5695, letzter Aufruf 23.08.2009.
85 BT-Drucks. 16/10787, S. 2 f.
86 Vgl. dazu unter http://www.jugendhilfeportal.de/wai1/showcontent.asp?ThemaID=5695, letzter Aufruf 23.08.2009.

Kapitel 1: Situationsüberblick und Problemaufriss

ren ist diese Sichtweise auf die gegenwärtig existierenden Rahmenbedingungen, unter denen Kindertagespflege geleistet wird.[87]

aa) Fehlendes Berufsbild und die Tätigkeit von Frauen als Grund für niedrigen Stundensatz
Wie schon in der Einleitung dargelegt, arbeiten Tagespflegepersonen in der Regel zu einem sehr geringen Stundensatz. Dies gilt sowohl, wenn Eltern die Tagespflegeperson bezahlen, als auch, wenn die Tagespflegeperson Geld vom Träger der Jugendhilfe bezieht.[88] Zwar sind die Stundenhonorare bei privaten Betreuungsverhältnissen frei aushandelbar, sie orientieren sich jedoch im Wesentlichen an der Zahlungsbereitschaft und -fähigkeit der Eltern oder an dem vom jeweiligen Jugendamt festgelegten Honorar für eine Betreuung aus öffentlichen Mitteln.[89]

Die niedrigen Stundensätze sind u. a. darin begründet, dass es für die Tätigkeit einer Tagespflegeperson kein anerkanntes Berufsbild gibt. Dies hat gesellschaftliche und politische Hintergründe.

So ergibt sich zwar grundsätzlich aus dem Bildungs- und Förderauftrag gem. §§ 2 Abs. 2 Nr. 3, 22 Abs. 2 und 3 SGB VIII, dass Tagespflegepersonen eine qualifizierte Dienstleistung erbringen müssen, die hohe Anforderungen an Vorkenntnisse und Fähigkeiten sowie an soziale Kompetenz stellt. In der Praxis wird aber häufig davon ausgegangen, dass Frauen, die oftmals auch im Privatbereich Kinder betreuen, diese Erfahrungen einfach auf die berufsmäßige Ausübung übertragen

---

87 Neben den im Folgenden aufgeführten Rahmenbedingungen ergab sich die Kostengünstigkeit der Tagespflege auch daraus, dass Tagesmütter in der Praxis bisher kaum fachliche Beratung und Begleitung in Anspruch genommen haben und keine Investitionen in Arbeitsplatz und Raumausstattung investiert werden müssen; siehe dazu Jurczyk/Rauschenbach/Tietze/Keimeleder/Schneider/Schumann/Stempinski/Weiß/Zehnbauer, Von der Tagespflege zur Familientagesbetreuung, S. 30 f.
88 Gem. § 23 Abs. 1 SGB VIII umfasst die Förderung in Kindertagespflege nach Maßgabe von § 24 u. a. die Gewährung einer laufenden Geldleistung an geeignete Tagespflegepersonen. Diese umfasst nach Abs. 2 die Erstattung angemessener Kosten, die der Tagespflegeperson für den Sachaufwand entstehen, einen angemessenen Beitrag zur Anerkennung ihrer Förderungsleistung, die Erstattung nachgewiesener Aufwendungen für die Beiträge zu einer Unfallversicherung sowie die hälftige Erstattung der nachgewiesenen Aufwendungen zu einer angemessenen Alterssicherung. Zu den Voraussetzungen der Gewährung einer laufenden Geldleistung sowie zu der Frage, ob die Geldleistung nur an selbständige Tagespflegepersonen zu erbringen ist, die in einem Anstellungsverhältnis zu den Eltern stehen, siehe unter Kapitel 3, B. I.
89 Jurczyk/Rauschenbach/Tietze/Keimeleder/Schneider/Schumann/Stempinski/Weiß/Zehnbauer, Von der Tagespflege zur Familientagesbetreuung, S. 280.

könnten; daraus könne der Schluss gezogen werden, dass diese Frauen weder eine Qualifizierung noch eine entsprechende Entlohnung benötigten.[90]

Darüber hinaus hat die Tatsache des fehlenden Berufsbildes der Tagespflegeperson auch von Regierungsseite her Tradition und Methode. So wurde bereits Mitte der 70er-Jahre die Durchführung des bundesweiten Modellprojektes „Tagesmütter" an die Auflage des finanzierenden Bundesministeriums gekoppelt, dass mit diesem Projekt keinesfalls die Einführung eines neuen sozialen Berufsstandes Tagesmütter verbunden sein sollte.[91] Grund für diese Auflage war nicht zuletzt die Befürchtung, dass eine Professionalisierung von Tagesmüttern finanzielle Folgen nach sich ziehen könnte.[92] Am 24.01.1994 bestätigte die Bundesministerin für Frauen und Jugend auf dem Bundesfachkongress zur Kinderbetreuung in Tagespflege ausdrücklich die ablehnende Position zum Berufsbild einer Tagespflegeperson mit der Begründung, dass durch die Einführung des Berufs „Tagesmutter" der Tagespflege der Charakter der Hilfe von Familie zu Familie genommen werden würde.[93]

Auch in jüngster Zeit gab es noch Bestrebungen, Tagespflegepersonen nicht zu professionalisieren. Das kommt beispielsweise sehr deutlich in dem im Jahr 2003 gestarteten Modellprojekt zur Förderung der qualifizierten Tagespflege im Freistaat Bayern zum Ausdruck. So war unter Punkt 1.6 ausdrücklich festgeschrieben, dass nur solche Vertragsgestaltungen mit Tagesmüttern vorzunehmen sind, „deren Durchführung nicht zu einer Arbeitnehmereigenschaft der Tagesmütter führen".[94]

Mit der Gesetzesinitiative zum Tagesbetreuungsausbaugesetz hat der Gesetzgeber die Qualifizierungsanforderungen an Tagespflegepersonen[95] zwar erheblich verschärft, indem er in § 23 Abs. 3 und wortgleich in § 43 Abs. 2 SGB VIII im Unterschied zur Gesetzesfassung, die bis einschließlich 31.12.2004 galt, Eignungs-

---

90 Kritisch zu dieser weit verbreiteten Ansicht auch Jurczyk/Rauschenbach/Tietze/Keimeleder/Schneider/Schumann/Stempinski/Weiß/Zehnbauer, Von der Tagespflege zur Familientagesbetreuung, S. 268 f. m. w. N.
91 Siehe dazu Blüml in: BMFSFJ, Tagesmütter-Handbuch, S. 595.
92 Blüml in: BMFSFJ, Tagesmütter-Handbuch, S. 595.
93 Siehe dazu ebenfalls Blüml in: BMFSFJ, Tagesmütter-Handbuch, S. 594 f. m. w. N.
94 Siehe dazu http://www.stmas.bayern.de/kinderbetreuung/tagespflege/konzept.htm, letzter Aufruf 08.03.2006.
95 Gem. § 23 Abs. 1 und 2 SGB VIII müssen Tagespflegepersonen geeignet sein, um Leistungen der Träger der Jugendhilfe in Anspruch nehmen zu können. Auch die Erlaubnis zur Tagespflege hängt nach § 43 Abs. 2 SGB VIII von der Geeignetheit der Tagespflegeperson ab.

kriterien gesetzlich festgeschrieben hat.[96] Dadurch kann zwar durchaus eine Erhöhung der Qualität der Kindertagespflege erreicht werden. Es ist jedoch zu vermuten, dass auch diese Regelungen nicht zu einer Professionalisierung von Tagespflegepersonen führen werden, da sie mit einer klassischen Berufsausbildung, wie der zur Erzieherin, nicht vergleichbar sind. Zwar werden für Tagespflegepersonen Qualifizierungskurse angeboten, für diese hat sich bisher allerdings noch kein bundeseinheitlicher Standard herausgebildet.[97] So setzen die Jugendämter, die für die Erteilung der Pflegeerlaubnis zuständig sind, oft sehr unterschiedliche Qualifikationen voraus: Die Anforderungen reichen vom Einführungskurs mit wenigen Stunden bis zur mehrwöchigen Ausbildung.[98] Nach einem Bericht der Bundesregierung verfügen 16 Prozent der Tagespflegepersonen in Deutschland sogar über keinerlei formale Qualifikation; 37 Prozent haben einen Kurs von weniger als 160 Stunden absolviert.[99] Aus diesem Grund will die Bundesregierung gemeinsam mit den Bundesländern und der Bundesagentur für Arbeit ein Gütesiegel für die Ausbildungsträger einführen. Es soll eine einheitliche Qualifikation der Tagespflegekräfte garantieren und so den Eltern die Gewissheit geben, dass ihr Kind auch in der Tagespflege gut betreut wird. Geplant ist, die zukünftigen Tagesmütter und Tagesväter ab dem Sommer 2009 bundesweit nach dem fachlich anerkannten 160-stündigen Curriculum des Deutschen Jugendinstituts (DJI) oder vergleichbarer Lehrpläne auszubilden. Nur wenn die Bildungsträger Qualifizierungen in diesem Umfang anbieten, erhalten sie das neue Gütesiegel von den Landesjugendämtern.[100] Ob diese Qualifizierung ausreichen wird, um eine Professionalisierung der Tagespflegepersonen zu erreichen, bleibt abzuwarten und ist auch eher mit Skepsis zu betrachten, da auch diese Qualifikation mit der Ausbildung zur Erzieherin nicht vergleichbar ist.

Dies führt zu dem nächsten Grund für den weit verbreiteten niedrigen Stundensatz. Kindertagespflege wird in der Mehrzahl von Frauen geleistet, die entweder selber gerade wegen Kindererziehung zu Hause sind und aus diesem Grund noch einige Kinder mehr betreuen oder –eher verbreitet in den neuen Bundesländern – früher als Erzieherinnen ausgebildet wurden und in dem Beruf auch gearbei-

---

96 Siehe dazu ausführlich unter Kapitel 3, B. I. 1. a) cc) und c).
97 Derzeit ist wohl das Curriculum des Deutschen Jugendinstitutes marktführend; siehe dazu Bericht der Bundesregierung über den Stand des Ausbaus für ein bedarfsgerechtes Angebot an Kindertagesbetreuung für Kinder unter drei Jahren für das Berichtsjahr 2008, BT-Drucks. 16/12268, S. 17.
98 Siehe dazu unter http://www.familienatlas.de/ca/cn/hbe/, letzter Aufruf 01.08.2009.
99 BT-Drucks. 16/12268, S. 17.
100 Informativ dazu unter http://www.familienatlas.de/ca/cn/hbe/, letzter Aufruf 01.08.2009.

tet haben.[101] Männliche Tagespflegepersonen gibt es dagegen relativ selten.[102] Nach einem zum „Equal Pay Day" am 20.03.2009 vom Bundesministerium für Familie, Senioren, Frauen und Jugend veröffentlichten Dossier verdienen Frauen in Deutschland im Durchschnitt 23 Prozent weniger als ihre männlichen Kollegen; damit liegt Deutschland im EU-Vergleich auf dem siebtletzten Platz.[103] Dies zeigt sich beispielsweise ganz deutlich in dem Beruf der Erzieherin, der einer der wichtigsten und nach der Beschäftigtenzahl größten Frauenberufe ist: 96 Prozent der 393.000 Menschen, die diesen Beruf ausüben, sind Frauen. Erzieherinnen werden in Deutschland auf Fachschulen ausgebildet. Laut Rahmenvereinbarung der Kultusministerkonferenz (KMK) über Fachschulen aus dem Jahr 2002 gibt es fünf Fachschulen: Agrarwirtschaft, Gestaltung, Technik, Wirtschaft und Sozialwesen. Die Monatsverdienste der Absolventen unterscheiden sich gravierend. Die von Männern besetzten Fachschulberufe liegen beim Entgelt im öffentlichen Dienst zwischen 200 und 500 Euro höher als der Frauenberuf Erzieherin. Nach dem Tarifvertrag für den öffentlichen Dienst (TVöD) werden Erzieherinnen in Entgeltgruppe 6 eingruppiert: mit einem Anfangsgehalt von 1.922 Euro und einem Endgehalt (nach 15 Berufsjahren) von 2.474 Euro. Nur Erzieherinnen, die vor der Umstellung des Bundesangestelltentarifvertrages (BAT) auf den TvöD im Oktober 2005 bereits im Dienst waren und den damals noch vorgesehenen „Bewährungsaufstieg" bekamen, sind in Entgeltgruppe 8 eingruppiert und können mit einem Endgehalt von 2.695 Euro rechnen. Das ist derzeit das höchstmögliche Gehalt für eine Erzieherin auf einer vollen Stelle. Bei einer Teilzeitquote von rund 51 Prozent kann dieses Gehalt also nur knapp die Hälfte der Erzieherinnen realisieren.[104]

Das bedeutet aber wiederum, dass auch eine mit der Erzieherin vergleichbare Ausbildung nicht unbedingt zu einem angemessenen Einkommen führen würde. Vielmehr gibt es auch hier in Bezug auf den Genderaspekt noch einigen politischen Handlungsbedarf.

---

101 Vgl. dazu ebenso Bericht der Bundesregierung über den Stand des Ausbaus für ein bedarfsgerechtes Angebot an Kindertagesbetreuung für Kinder unter drei Jahren für das Berichtsjahr 2008, BT-Drucks. 16/12268, S. 14 ff.
102 Bundesweit sind circa 30.000 Tageseltern registriert. Davon sind nur 2,6 Prozent Väter; siehe dazu http://www.xn--tagesvter-02a.net/, letzter Aufruf 01.08.2009, sowie http://www.wdr.de/themen/panorama/gesellschaft/familie/kinder/tagesvater/index.jhtml, letzter Aufruf 01.08.2009.
103 Siehe dazu Pressekonferenz der GEW vom 27.3.2009, Hintergrundmaterial, zu finden unter http://www.gew.de/Binaries/Binary44309/Hintergrundmaterial%20PK%2030.3.pdf, letzter Aufruf 01.08.2009.
104 Zu diesen Informationen ebenfalls http://www.gew.de/Binaries/Binary44309/Hintergrundmaterial%20PK%2030.3.pdf, letzter Aufruf 01.08.2009.

Kapitel 1: Situationsüberblick und Problemaufriss

bb) Auswirkungen des niedrigen Stundensatzes
Der niedrige Stundensatz hat zur Folge, dass Tagespflegepersonen wegen der geringen Kinderzahl in der Regel sehr wenig verdienen.[105] Darüber hinaus werden Tagespflegepersonen bisher in der Regel auch nicht von Trägern der Jugendhilfe oder freien Trägern in ein Angestelltenverhältnis genommen,[106] sodass Tagespflegepersonen von der Praxis fast ausschließlich als Selbständige eingeordnet werden[107] und sie somit zwangsläufig noch schlechter dastehen als die ausgebildeten und angestellten Erzieherinnen, da sie sich regelmäßig selbst sozial absichern müssen.[108] Wegen des geringen Verdienstes ist ihnen dies aber – trotz des unter bestimmten Voraussetzungen eingreifenden § 23 Abs. 2 Nr. 3 SGB VIII – wegen des geringen Verdienstes oftmals nicht in angemessener Weise möglich.[109] In Bezug auf den Kostenaspekt mag diese Rahmenbedingung zwar günstig erscheinen, hinsichtlich des Zieles des Gesetzgebers, die Tagespflege zu einem den Tageseinrichtungen gleichrangigen Angebot aufzuwerten, erscheint dies jedoch eher fragwürdig, da geringer Verdienst und mangelnde soziale Absicherung zu Motivationsproblemen bei den Tagespflegepersonen und damit zu Qualitätsbeeinträchtigungen der Kindertagespflegetätigkeit führen können.[110]

b) Empirische Befunde
„Wir wissen, wie viele Hektar Rosen in Deutschland angepflanzt werden, ebenfalls wie hoch der Schweinebestand ist. Wie viele Kinder sich jedoch in Tagespflege befinden, interessiert hingegen offensichtlich niemanden."[111] Diese Situation herrschte zumindest bis zum Inkrafttreten des TAG vor, da die Kindertagespflege

---

105 Siehe dazu ausführlich in der Einleitung unter I.
106 Ausnahmen: Kiel, siehe dazu Gerszonowicz in Diller/Jurczyk/Rauschenbach, Tagespflege zwischen Markt und Familie, S. 40, und Husum, siehe dazu Husumer Nachrichten vom 1.4.2005, „Tagesmütter-Projekt zur Nachahmung empfohlen".
107 Siehe dazu ausführlich Gerszonowicz in Diller/Jurczyk/Rauschenbach, Tagespflege zwischen Markt und Familie, S. 40 ff. Zur theoretischen Frage, inwieweit zwischen Tagespflegepersonen und Eltern ein abhängiges Beschäftigungsverhältnis in Betracht kommen kann, siehe Kapitel 2, C.
108 Unter Umständen werden zwar die Aufwendungen für eine Alterssicherung und eine Unfallversicherung vom Staat ersetzt, diese Kosten fallen aber nicht sehr ins Gewicht; siehe dazu vor allem Kapitel 3, B. I. 2. Hätte sich der Gesetzgeber dagegen dafür entschieden, auch Tagespflegepersonen wie Erzieher/innen in institutionellen Tageseinrichtungen in ein Angestelltenverhältnis zu nehmen, wären die Kosten weitaus höher.
109 Siehe dazu ausführlich in der Einleitung unter I.
110 Zu diesem Ergebnis kommen auch Jurczyk/Rauschenbach/Tietze/Keimeleder/Schneider/Schumann/Stempinski/Weiß/Zehnbauer, Von der Tagespflege zur Familientagesbetreuung, S. 292 f. Die Bundesregierung sieht diese Problematik zwar ebenfalls, versucht aber bislang, das Problem durch Verbesserungen der Regelungen in § 23 SGB VIII in den Griff zu bekommen. Ob dies ausreichend ist, soll in dieser Arbeit untersucht und bewertet werden.
111 Zitat von Prof. Dr. Wolfgang Tietze, Erziehungswissenschaftler, FU Berlin.

als eine familiennahe und flexible Form der Betreuung von Kindern vor allem in der Altersstufe unter drei Jahren ein Schattendasein neben der Betreuung in Tageseinrichtungen führte. Über die Anzahl der Tagespflegebetreuungen gab es keinerlei repräsentative Studien, sodass in der fachlichen Diskussion im Grunde nur Schätzzahlen existierten.[112] Diese Situation hat sich seit dem Inkrafttreten des TAG insoweit geändert, dass jährlich Berichte der Bundesregierung über den Stand des Ausbaus für ein bedarfsgerechtes Angebot an Kindertagesbetreuung für Kinder unter drei Jahren erscheinen, worin auch die Kindertagespflege eingehend untersucht wird. Allerdings betreffen auch diese Zahlen, die heute über die Kindertagespflege existieren, nur einen Teil der Kindertagespflege, da Zahlen nur bzgl. der vom Jugendamt vermittelten und finanzierten Tagespflegeplätze erfasst werden können. Daneben wird aber auch heute noch ein Teil der Kindertagespflege privat organisiert. Dies hängt u. a. damit zusammen, dass Eltern keinen Anspruch auf einen Tagespflegeplatz nach § 24 SGB VIII haben und deshalb die Betreuung ihrer Kinder privat organisieren. Kindertagespflege wird aber bislang auch noch von Personen angeboten, die bei den Jugendämtern nicht registriert sind, da sie sich einfach einen kleinen Nebenverdienst erhalten wollen, ohne Steuern oder Sozialabgaben zahlen zu müssen, sprich, der Schwarzarbeitsektor ist auch im Bereich der Kindertagespflege keine Seltenheit.

Zahlen können also nur bezüglich der vom Jugendamt vermittelten und finanzierten Tagespflegeplätze vorgelegt werden, sodass die Schätzzahlen noch im Jahre 2004 davon ausgingen, dass die registrierten Tagespflegeplätze lediglich ein Viertel der gesamten Tagespflegebetreuung ausmachen.[113] Die meisten Schätzungen gingen dabei davon aus, dass der Nutzungsanteil der Tagespflege in den alten und neuen Bundesländern im Mittel unter 3 %[114] liegt.[115] Nach einer Ju-

---

112 Vgl. dazu Büchel/Spieß, Form der Kinderbetreuung und Arbeitsmarktverhalten von Müttern in West- und Ostdeutschland, S. 60, zu finden unter http://www.bmfsfj.de/Politikbereiche/kinder-und-jugend,did=5300.html, letzter Aufruf 01.08.2009; Jurczyk/Rauschenbach/Tietze/Keimeleder/Schneider/Schumann/Stempinski/Weiß/Zehnbauer, Von der Tagespflege zur Familientagesbetreuung, S. 108.
113 Siehe dazu DJI-Online-Gespräch mit Dr. Karin Jurczyk vom DJI, Leiterin der Abteilung Familie und Familienpolitik, vom Dezember 2004 unter http://cgi.dji.de/cgi-bin/inklude.php?inklude=9_dasdji/gespraech1104/gespraech_1104.htm, S. 2, letzter Aufruf 08.03.2006. Ob sich dieses Verhältnis durch die neuesten Gesetzesinitiativen verschoben hat bzw. verschieben wird, bleibt abzuwarten; siehe dazu erste Schätzungen aus dem Jahre 2007 von Jurczyk/Heitkötter, Kindertagespflege in Bewegung, S. 20 f., zu finden unter http://www.dji.de/bulletin/d_bull_d/bull80_d/DJIB_80.pdf, letzter Aufruf 02.08.2009.
114 Diese Quote ist sehr niedrig. So liegt bspw. die Betreuung in Frankreich für Kinder unter drei Jahren durch eine staatlich anerkannte Tagesmutter bei 15 %, weitere 3 % werden durch eine eigene Kinderfrau betreut. Siehe dazu DJI, Zahlenspiegel, S. 161.
115 Siehe dazu ausführlich Jurczyk/Rauschenbach/Tietze/Keimeleder/Schneider/Schumann/Stempinski/Weiß/Zehnbauer, Von der Tagespflege zur Familientagesbetreuung, S. 110-119 sowie Tabelle 4.2, S. 118; Büchel/Spieß, Form der Kinderbetreuung und Arbeitsmarktver-

gendamtesbefragung durch das Deutsche Jugendinstitut im Jahre 2000 befanden sich dabei in Westdeutschland erheblich mehr Kinder in Tagespflege als in Ostdeutschland.[116] Dies hängt wohl maßgeblich damit zusammen, dass in den neuen Bundesländern das Angebot an Krippenplätzen deutlich größer ist als in den alten Bundesländern.[117]

Nach einer neueren Studie aus dem Jahr 2002 lag der Nutzungsanteil bei Kindern bis zu drei Jahren in Ostdeutschland allerdings bei 6 %, also einer deutlich höheren Quote als in Westdeutschland.[118] Dieses sehr neue Phänomen könnte zum einen darauf zurückzuführen sein, dass in den neuen Bundesländern die Bedingungen für die Tagespflege in den letzten Jahren durch gesetzliche Regelungen, in denen u. a. für Eltern die gleichen Kostenbedingungen geschaffen wurden wie für die Betreuung in Tageseinrichtungen,[119] verbessert worden sind.[120] Zum anderen könnte die höhere Quote in Ostdeutschland auch auf der Tatsache beruhen, dass mit der Einheit Deutschlands die Geburtenrate drastisch zurückging und dadurch viele Kindertagesstättenplätze, die bis dahin so gut wie flächendeckend vorhanden waren,[121] abgebaut wurden. Mit dem erneuten Anstieg der Geburtenrate seit 1994[122] wurden die Plätze wieder knapp, sodass vermehrt auf die Alternative der Tagespflege zurückgegriffen wurde.[123]

Die Versorgung in Deutschland mit institutionellen Kinderbetreuungsplätzen (Kinderkrippe, Kindergarten und Hort) ist allerdings ebenfalls – vor allem für Kinder, die unter drei Jahre alt sind, und für Schulkinder bis 12 Jahre – im ge-

---

halten von Müttern in West- und Ostdeutschland, S. 60 u. 82, zu finden unter http://www.bmfsfj.de/Politikbereiche/kinder-und-jugend,did=5300.html, letzter Aufruf 01.08.2009.
116 DJI, Zahlenspiegel, S. 154, Übersicht 61; Jurczyk/Rauschenbach/Tietze/Keimeleder/Schneider/Schumann/Stempinski/Weiß/Zehnbauer, Von der Tagespflege zur Familientagesbetreuung, S. 119 f.
117 DJI, Zahlenspiegel, S. 154.
118 Büchel/Spieß, Form der Kinderbetreuung und Arbeitsmarktverhalten von Müttern in West- und Ostdeutschland, S. 60 u. 82, zu finden unter http://www.bmfsfj.de/Politikbereiche/kinder-und-jugend,did=5300.html, letzter Aufruf 01.08.2009.
119 So bspw. in Mecklenburg-Vorpommern, siehe dazu § 10 Abs. 9 und § 18 Abs. 1 des Gesetzes zur Förderung von Kindern in Tageseinrichtungen und Tagespflege – Erstes Ausführungsgesetz zum Kinder- und Jugendhilfegesetz (KitaG), abgedruckt in Hauck/Noftz, SGB VIII, C 155.
120 Jurczyk/Rauschenbach/Tietze/Keimeleder/Schneider/Schumann/Stempinski/Weiß/Zehnbauer, Von der Tagespflege zur Familientagesbetreuung, S. 119 f.
121 Siehe zur Versorgung mit außerhäuslicher Kinderbetreuung in der ehemaligen DDR Hank/Tillmann/Wagner, Zeitschrift für Bevölkerungswissenschaft 2001, S. 55 ff.
122 Siehe dazu Statistisches Bundesamt 2004, Kindertagesbetreuung in Deutschland, S. 24, zu finden auch als download unter http://www.destatis.de/jetspeed/portal/cms/Sites/destatis/Internet/DE/Presse/pk/2004/Kindertagesbetreuung/Kindertagesbetreuung__04.psml, letzter Aufruf 01.08.2009.
123 Hubert, ZeT 5/2003, S. 16.

samten Bundesgebiet recht problematisch. So betrug die Platz-Kind-Relation im Jahr 2002[124] im Bundesdurchschnitt für Kinder im Alter unter drei Jahren knapp 9 %, wobei sich diese aus einer Versorgungsquote von knapp 3 % im Westen und 37 % im Osten zusammensetzt.[125] Für Kindergartenkinder lag die Platz-Kind-Relation aufgrund der Einführung des Rechtsanspruchs auf einen Kindergartenplatz Anfang 1996 bei 90 %; dabei hat Ostdeutschland eine Versorgung mit 105 % zu verzeichnen, Westdeutschland dagegen nur von 88 %. Bei dieser Platz-Kind-Relation ist jedoch zu beachten, dass in Westdeutschland die Plätze überwiegend als Vor- und Nachmittagsplätze ohne Mittagessen angeboten werden, sodass sich für Westdeutschland eine Ganztagsplatz-Kind-Relation von nur 21 % ergibt. In Ostdeutschland ist dagegen der Ganztagsplatz die Regel, die Ganztagsplatz-Kind-Relation beträgt hier 103 %. Hortplätze für Schulkinder waren dagegen bundesweit wiederum sehr unterrepräsentiert. Die Platz-Kind-Relation betrug hier wiederum nur 9 %, wobei Ostdeutschland eine Quote von 41 % und Westdeutschland nur eine Quote von 5 % aufzuweisen hatte.

Wegen dieser Unterversorgung wurde mit dem TAG eine erste Grundlage für den bedarfsgerechten und qualitätsorientierten Ausbau der Kindertagesbetreuung geschaffen. Nach dem Gesetzesziel des TAG sollte im Jahr 2010 ein Versorgungsniveau von bundesweit durchschnittlich 21 % für unter Dreijährige erreicht werden. Da der Bedarf an Betreuungsangeboten für diese Altersgruppe bei einer Versorgungsquote von bundesweit durchschnittlich 35 % liegt, haben Bund und Länder den Ausbau des Betreuungsangebots für Kinder unter drei Jahren schrittweise bis 2013 auf eine bundesweit durchschnittliche Betreuungsquote von 35 % vereinbart. Aus diesem Grund sieht der Gesetzentwurf zum KiföG in einer ersten Stufe (2008 bis 2013) eine an erweiterte Kriterien geknüpfte Verpflichtung zur Vorhaltung von Plätzen in Tageseinrichtungen und Kindertagespflege vor, die durch eine stufenweise Ausbauverpflichtung für solche Träger der öffentlichen Jugendhilfe ergänzt wird, die diese Kriterien bei Inkrafttreten des Gesetzes noch nicht erfüllen können; in einer zweiten Stufe (ab Kindergartenjahr 2013/2014) sieht der Entwurf einen Rechtsanspruch auf frühkindliche Förderung in einer Ta-

---

124 Siehe Statistisches Bundesamt 2004, Kindertagesbetreuung in Deutschland, S. 25-38, zu finden unter http://www.destatis.de/jetspeed/portal/cms/Sites/destatis/Internet/DE/Presse/pk/2004/Kindertagesbetreuung/Kindertagesbetreuung__04.psml, letzter Aufruf 01.08.2009.
125 Im Vergleich dazu liegt die Versorgungsquote für unter Dreijährige bspw. in Dänemark bei etwa 48 % und in Schweden bei 33 %. Ein umfassender Überblick über die Kinderbetreuungsquote in Europa ist in einer Studie der Grundsatzabteilung – Abteilung Frauenpolitik – des DGB vom 26.04.2002 mit dem Titel: Für einen durchgreifenden Wandel in der Familienpolitik enthalten, zu finden unter http://www.dgb.de/idaten/familienpolitik.pdf, letzter Aufruf 08.03.2006.

geseinrichtung oder in der Tagespflege für Kinder vor, die das erste Lebensjahr vollendet haben.[126]

Nach dem neuesten Bericht der Bundesregierung über den Stand des Ausbaus eines bedarfsgerechten Angebots an Kindertagesbetreuung für Kinder unter drei Jahren für das Berichtsjahr 2008 erhöhte sich die Quote der Inanspruchnahme der Angebote für Kinder unter drei Jahren in Tageseinrichtungen und in Kindertagespflege insgesamt von 15,5 % im Jahr 2007 auf 17,8 % im Jahr 2008.[127] Die Quote der Inanspruchnahme der Angebote öffentlich geförderter Kindertagespflege bezogen auf alle Kinder im Alter unter drei Jahren stieg von 1,6 % (2006) auf 2,5 %; bundesweit lag der Anteil der Kindertagespflege an allen Betreuungsangeboten im Jahr 2008 bei über 14 %.[128]

Einen hohen Stellenwert hat aber auch die Unterstützung durch Verwandte:[129] So wird nach einer vom Bundesministerium für Familie, Senioren, Frauen und Jugend in Auftrag gegebenen Studie aus dem Jahr 2002 ca. jedes dritte Vorschulkind von Verwandten, insbesondere von den Großeltern, betreut.[130] Die Betreuung durch Verwandte entspringt allerdings oft einer Notsituation: zu wenig Krippenplätze, zeitliche Beschränkungen der Kindertageseinrichtungen für Teilzeitbeschäftigte, kein Geld für eine private Betreuung. Bezüglich des finanziellen Aspektes könnten sich jedoch jetzt durch die Neuregelung in § 90 Abs. 2 SGB VIII, der - wie schon erwähnt – eine pauschalierte Kostenbeteiligung bei der Inanspruchnahme von Kindertagespflege vorsieht, erhebliche Verbesserungen ergeben.

c) Kindertagespflegeformen
Wie sich aus dem Gesetzeswortlaut des § 22 Abs. 1 SGB VIII ergibt, wird Kindertagespflege grundsätzlich in drei Formen praktiziert:[131] So gibt es zum einen die

---

126 Siehe dazu die Gesetzesbegründung zum KiföG, BT-Drucks. 16/9299, S. 10.
127 BT-Drucks. 16/12268, S. 3.
128 BT-Drucks. 16/12268, S. 11 ff.
129 Die Betreuung von Kindern durch Verwandte fällt im Allgemeinen nicht unter den Begriff der Tagespflege. So werden auch in empirischen Untersuchungen Tagesmütter und Verwandte getrennt untersucht. Siehe bspw. DJI, Zahlenspiegel, S. 159, Übersicht 62.
130 Büchel/Spieß, Form der Kinderbetreuung und Arbeitsmarktverhalten von Müttern in West- und Ostdeutschland, S. 79 und 82, zu finden unter http://www.bmfsfj.de/Politikbereiche/ kinder-und-jugend,did=5300.html, letzter Aufruf 01.08.2009; siehe dazu auch Tabelle VII/27 in: Fünfter Familienbericht, BT-Drucks. 12/7560, S. 179.
131 Darüber hinaus gibt es nach §§ 27, 32 S. 2, 35a SGB VIII Tagespflege als „Hilfe zur Erziehung". Diese ist jedoch nicht unter dem Abschnitt: „Förderung von Kindern in Tageseinrichtungen und in Kindertagespflege", sondern im darauf folgenden Abschnitt „Hilfe zur Erziehung, Eingliederungshilfe für seelisch behinderte Kinder und Jugendliche, Hilfe für junge Volljährige" zu finden. Damit handelt es sich bei der Tagespflege als „Hilfe zur Erziehung" um eine Aufgabe der Jugendhilfe nach § 2 Abs. 1 Nr. 4 SGB VIII, Kindertagespflege

A. Begriffsklärungen und Situationsüberblick zur Kindertagespflege

Kindertagespflege im Haushalt der Tagespflegeperson und die Kindertagespflege im Haushalt der ElteRn. Diese Formen finden sich in der Legaldefinition des § 22 Abs. 1 S. 2 SGB VIII wieder. Zum anderen kann gem. § 22 Abs. 1 S. 4 SGB VIII Landesrecht regeln, dass Kindertagespflege in anderen geeigneten Räumen geleistet wird.

Nicht im Gesetz zu finden ist dagegen die Alternative, dass Kindertagespflege weder im eigenen Haushalt noch im Haushalt der Eltern ausgeübt wird, sondern im Haushalt eines anderen Personensorgeberechtigten, z. B. bei der Betreuung von zwei Kindern, wenn die Betreuung der Kinder im Haushalt eines der beiden Kinder stattfindet. Auch diese Art der Kindertagespflege ist nach Sinn und Zweck des Gesetzes als Kindertagespflege i. S. d. § 22 Abs. 1 SGB VIII anzusehen.[132] Über diese Form der Kindertagespflege scheint es in der Fachliteratur jedoch keine wissenschaftlichen Erkenntnisse zu geben, sodass hier nicht weiter auf diese eingegangen werden kann.[133]

aa) Kindertagespflege im Haushalt der Tagespflegeperson
Nach der Erfahrung des Tagesmütter-Bundesverbandes e. V. wird die überwiegende Zahl der in Tagespflege betreuten Kinder im Haushalt der Tagespflegeperson betreut.[134]

Bei diesen Tagespflegepersonen handelte es sich bislang häufig um Frauen, die sich für ihr eigenes Kind – oft noch während der Elternzeit[135] – Spielgefährten

---

ist dagegen eine Aufgabe der Jugendhilfe nach § 2 Abs. 1 Nr. 3 SGB VIII. Tagespflege als „Hilfe zur Erziehung" ist also – obwohl sich die Kindertagespflege gesetzlich aus der Hilfe zur Erziehung entwickelt hat (siehe dazu oben unter § 1, A. II. 1. a) bb)) – kein Bestandteil der Kindertagespflege und soll deshalb in dieser Arbeit unberücksichtigt bleiben.

132 Siehe dazu Fischer in: Schellhorn, SGB VIII/KJHG (2. Aufl., noch zur alten Gesetzesfassung), § 23 Rn. 9; Münder u. a., FK-SGB VIII (4. Aufl., noch zur alten Gesetzesfassung), § 23 Rn. 15.

133 Bezeichnend dafür ist, dass in dem jüngsten Gutachten zur Tagespflege von Jurczyk/Rauschenbach/Tietze/Keimeleder/Schneider/Schumann/Stempinski/Weiß/Zehnbauer, Von der Tagespflege zur Familientagesbetreuung, S. 54 ff., diese Tagespflegeform gar nicht aufgeführt wurde.

134 Siehe dazu tagesmütter Bundesverband, Fachliche Empfehlungen zur Tagespflege, S. 7.

135 Die soziale Absicherung während der Elternzeit ist in einigen Bereichen gewährleistet. So sind Pflichtmitglieder der gesetzlichen Krankenversicherung gem. § 224 SGB V in Bezug auf das Erziehungsgeld beitragsfrei versichert (für zusätzliche Einnahmen müssen jedoch Krankenversicherungsbeiträge abgeführt werden), für vor der Elternzeit in der Arbeitslosenversicherung Versicherte besteht gem. § 26 Abs. 2a SGB III Versicherungspflicht, wobei die Beiträge gem. § 347 Nr. 9 SGB IIII vom Bund getragen werden, und in der gesetzlichen Rentenversicherung werden Kindererziehungszeiten gem. § 56 SGB VI den Beitragszeiten gleichgestellt. Informativ zu Erziehungsgeld und Elternzeit: Bundesministerium für Familie, Senioren, Frauen und Jugend, Elterngeld und Elternzeit, zu finden unter http://www.

wünschten.[136] Diese Frauen nahmen in der Regel nicht mehr als drei Tageskinder zur Betreuung auf, zum einen, weil sie eine Rückkehr in ihren früheren Beruf anstrebten und sich deshalb nicht auf lange Sicht festlegen wollten, zum anderen aber auch, weil unter den gegenwärtigen Bedingungen – vor allem im Hinblick auf die geringen Verdienstmöglichkeiten – ein Wechsel der beruflichen Perspektive in Richtung einer dauerhaften Tagespflegetätigkeit wenig attraktiv ist.[137] Darüber hinaus könnte sich die Anzahl der drei Tageskinder auch daraus erklären, dass bis 2005 ab der Betreuung von vier Tageskindern eine Erlaubnis nach § 44 Abs. 1 S. 3 Nr. 2 SGB VIII erforderlich war. Durch das Gesetz zur Weiterentwicklung der Kinder- und Jugendhilfe vom 01.10.2005[138] wurde die Erlaubnis zur Kindertagespflege gänzlich neu in § 43 SGB VIII geregelt. Nach § 43 Abs. 1 SGB VIII bedarf der Erlaubnis, wer Kinder außerhalb ihrer Wohnung in anderen Räumen während des Tages mehr als fünfzehn Stunden wöchentlich gegen Entgelt länger als drei Monate betreuen will. Unter diesen Voraussetzungen ist eine Erlaubnis also schon ab dem ersten Tagespflegekind erforderlich. Durch diese Regelung wird Personen, die nur übergangsweise Tagespflege leisten möchten, der Zugang erheblich erschwert.[139] Es bleibt abzuwarten, ob und wie sich diese Regelung auf die Tagespflegepersonen auswirken wird, die nur übergangsweise einer Tagespflegetätigkeit nachgehen möchten.

bb) Kindertagespflege im Haushalt der Personensorgeberechtigten
Verlässliche Zahlen, wie viele Tageskinder im Haushalt der Personensorgeberechtigten betreut werden,[140] gibt es nicht.[141] Zwar ergeben die Praxiserfahrungen des Tagesmütter-Bundesverbandes, dass die überwiegende Zahl der in Tagespflege betreuten Kinder im Haushalt der Tagespflegeperson betreut werden, eine Studie für die Zeit kurz vor der Wiedervereinigung Deutschlands kam dagegen

---

bmfsfj.de/bmfsfj/generator/BMFSFJ/Service/Publikationen/publikationen,did=89272.html, letzter Aufruf 22.08.2009.
136 Jurczyk/Rauschenbach/Tietze/Keimeleder/Schneider/Schumann/Stempinski/Weiß/Zehnbauer, Von der Tagespflege zur Familientagesbetreuung, S. 62.
137 Jurczyk/Rauschenbach/Tietze/Keimeleder/Schneider/Schumann/Stempinski/Weiß/Zehnbauer, Von der Tagespflege zur Familientagesbetreuung, S. 62 f.
138 Gesetz vom 8.9.2005, BGBl. I 2005, Nr. 57, S. 2729 ff.
139 Wie schon erwähnt, ist die Neuregelung unter Qualitätsgesichtspunkten allerdings durchaus zu begrüßen.
140 Tagespflegepersonen, die Kinder im Haushalt der Eltern betreuen, werden in Abgrenzung zu den Personen, die Tagespflege in ihrem eigenen Haushalt ausüben, auch als „Kinderbetreuerinnen" bezeichnet; siehe dazu Jurczyk/Rauschenbach/Tietze/Keimeleder/Schneider/Schumann/Stempinski/Weiß/Zehnbauer, Von der Tagespflege zur Familientagesbetreuung, S. 64 f.
141 Jurczyk/Rauschenbach/Tietze/Keimeleder/Schneider/Schumann/Stempinski/Weiß/Zehnbauer, Von der Tagespflege zur Familientagesbetreuung, S. 64.

zu dem Ergebnis, dass Kinder doppelt so häufig im Haushalt der Eltern wie im Haushalt der Tagespflegeperson betreut werden.[142]

Diese unterschiedlichen Einschätzungen könnten darauf zurückzuführen sein, dass der Tagesmütter-Bundesverband nur die in die örtlichen Tagesmüttervereine eingebundenen Tagespflegepersonen überblicken kann; darüber hinaus gibt es aber einen großen freien Markt.[143] So wird vermutet, dass Kinderbetreuung durch schwarz arbeitende Frauen aus Osteuropa und Lateinamerika einen großen Stellenwert einnimmt.[144] Zwar gibt es inzwischen zu den sog. „haushaltsnahen Dienstleistungen" Schätzungen dahingehend, dass in Deutschland knapp drei Millionen Privathaushalte regelmäßig eine Putz- oder Haushaltshilfe beschäftigen,[145] Angaben darüber, wie viele der Haushaltshilfen auch Kinder betreuen, gibt es dagegen nicht.[146]

Die Beschäftigung einer Tagespflegeperson im Haushalt der Personensorgeberechtigten ist für diese oft mit einem weitaus größeren finanziellen Aufwand verbunden als bei einer alternativen Betreuung im Haushalt der Tagespflegeperson, da diese Art der Kindertagespflege nur in seltenen Fällen vom Jugendamt vermittelt und bezahlt wird.[147] Die meisten dieser Tagespflegepersonen werden auf dem freien Markt gefunden oder durch privat-gewerbliche Träger vermittelt.[148] Trotzdem wird diese Art der Kindertagespflege vor allem von Eltern mit mehreren Kindern und in ländlichen Gebieten bevorzugt, soweit es ihnen finanziell möglich ist.[149]

Nachteil dieser Kindertagespflegevariante ist jedoch, dass die Eltern häufig neben der Kinderbetreuung die Durchführung von Haushaltstätigkeiten erwarten.

---

142 Tietze/Roßbach, Zeitschrift für Pädagogik 1991, S. 555, 562.
143 So im Erklärungsansatz auch Jurczyk/Rauschenbach/Tietze/Keimeleder/Schneider/Schumann/Stempinski/Weiß/Zehnbauer, Von der Tagespflege zur Familientagesbetreuung, S. 65.
144 Jurczyk/Rauschenbach/Tietze/Keimeleder/Schneider/Schumann/Stempinski/Weiß/Zehnbauer, Von der Tagespflege zur Familientagesbetreuung, S. 65.
145 Gather/Geissler/Rerrich, Weltmarkt Privathaushalt, S. 65.
146 Siehe dazu auch Jurczyk/Rauschenbach/Tietze/Keimeleder/Schneider/Schumann/Stempinski/Weiß/Zehnbauer, Von der Tagespflege zur Familientagesbetreuung, S. 65.
147 Siehe hierzu in der Praxis Jurczyk/Rauschenbach/Tietze/Keimeleder/Schneider/Schumann/Stempinski/Weiß/Zehnbauer, Von der Tagespflege zur Familientagesbetreuung, S. 66. Inwieweit der Träger der Jugendhilfe auch bei der Betreuung von Kindern im Haushalt der Eltern Leistungen an die Tagespflegeperson oder sogar an die Eltern zu erbringen hat, soll unter Kapitel 3, B. I. 1. untersucht werden.
148 Jurczyk/Rauschenbach/Tietze/Keimeleder/Schneider/Schumann/Stempinski/Weiß/Zehnbauer, Von der Tagespflege zur Familientagesbetreuung, S. 66.
149 Jurczyk/Rauschenbach/Tietze/Keimeleder/Schneider/Schumann/Stempinski/Weiß/Zehnbauer, Von der Tagespflege zur Familientagesbetreuung, S. 66.

Zum einen führt das zu dem Problem, dass solche Tätigkeiten von denen der Kinderbetreuung bei der Erstattung der Kosten durch öffentliche Mittel abgegrenzt werden müssen,[150] zum anderen fordern viele Tagespflegepersonen von den Eltern eine strikte Trennung zwischen Haushalts- und Kinderbetreuungstätigkeiten, da erfahrene Tagespflegepersonen zumeist nicht als „Putzfrauen" tätig werden möchten.[151]

Über Motivation, persönliche und fachliche Voraussetzungen sowie die Arbeitsbedingungen von Tagespflegepersonen, die im Haushalt der Eltern tätig sind, gibt es bislang keine wissenschaftlichen Erkenntnisse.

cc) Kindertagespflege in anderen geeigneten Räumen
Durch das Tagesbetreuungsausbaugesetz wurde eine neue Variante der Kindertagespflege eingeführt. Nach § 22 Abs. 1 S. 4 SGB VIII kann Landesrecht regeln, dass Kindertagespflege in anderen geeigneten Räumen geleistet wird.[152] Diese Form der Kindertagespflege dürfte immer dann in Betracht kommen, wenn mehrere Kinder betreut werden und somit die Wohnung der Tagespflegeperson nicht mehr den Erfordernissen einer angemessenen Kindertagespflege entspricht. Wegen der Begrenzung der Pflegeerlaubnis nach § 43 Abs. 3 SGB VIII können jedoch nicht mehr als fünf Tageskinder betreut werden.

Bei dieser Art der Kindertagespflege werden aufgrund der größeren Kinderanzahl altersgemischte Gruppen die Regel sein, da hier zu den unter Dreijährigen

---

150 In diesem Zusammenhang wird diskutiert, ob die Kinderbetreuung im Haushalt der Eltern als Leistung der Jugendhilfe überhaupt gesetzlich geregelt und finanziell gefördert werden sollte. So wird angeregt, im SGB VIII deutlich zu formulieren, wann eine Betreuung im Haushalt der Eltern angemessen sein kann. Dies wäre auch unter Qualitätsgesichtspunkten anzudenken, da die kindliche Förderung im Hinblick auf die soziale Entwicklung bei der Betreuung von nur einem Kind infrage gestellt sein kann. Unter diesem Gesichtspunkt sollte die Möglichkeit, dass im Privathaushalt der Eltern eines Kindes auch noch Kinder aus anderen Familien betreut werden, mehr Beachtung finden. In anderen europäischen Ländern, wie bspw. in Dänemark, Österreich und Frankreich, wird die Betreuung von Kindern im Haushalt der Eltern gar nicht unter die öffentlich geförderte Tagespflege subsumiert. Siehe zu dieser Problematik Jurczyk/Rauschenbach/Tietze/Keimeleder/Schneider/Schumann/Stempinski/Weiß/Zehnbauer, Von der Tagespflege zur Familientagesbetreuung, S. 66 f.
151 Jurczyk/Rauschenbach/Tietze/Keimeleder/Schneider/Schumann/Stempinski/Weiß/Zehnbauer, Von der Tagespflege zur Familientagesbetreuung, S. 66.
152 Zwar wurde diese Möglichkeit in der Praxis auch schon vor der Gesetzesänderung wahrgenommen, manche Länder hatten die Anmietung von Räumen jedoch unmittelbar an die Notwendigkeit einer Betriebserlaubnis nach § 45 SGB VIII gekoppelt; siehe dazu Jurczyk/Rauschenbach/Tietze/Keimeleder/Schneider/Schumann/Stempinski/Weiß/Zehnbauer, Von der Tagespflege zur Familientagesbetreuung, S. 68.

Kindergarten- und Schulkinder hinzukommen können.[153] Tagespflegepersonen, die sich für eine Kindertagespflege in anderen geeigneten Räumen entscheiden, dürften grundsätzlich solche sein, die mit ihrer Tätigkeit eine professionelle Perspektive verbinden.[154] Wegen des geringen Stundensatzes fällt der Verdienst einer Tagespflegeperson jedoch trotz der höheren Kinderzahl recht gering aus: So ist diese Art der Tagespflege nur in Berlin[155] und in Freiburg[156] mit einem höheren Honorar verbunden. Dadurch kann es durchaus dazu kommen, dass eine Tagespflegeperson eine weitere Person einstellt und damit auch als Arbeitgeber fungiert.[157]

d) Die Förderung der Tagespflege auf Länderebene
Gem. § 26 SGB VIII haben die Länder das Recht, das Nähere über Inhalt und Umfang der im SGB VIII geregelten Aufgaben und Leistungen der Jugendhilfe zu regeln. Dieses Recht haben die Bundesländer unterschiedlich wahrgenommen, da die Bedeutung der Tagespflege als Kinderbetreuungsalternative von den einzelnen Bundesländern verschieden gewichtet wird. Hierbei ist wieder – wie auch in den empirischen Untersuchungen zur Platz-Kind-Relation in Tageseinrichtungen[158] – ein deutlicher Unterschied zwischen Ost- und Westdeutschland zu verzeichnen. Das ist vor allem darauf zurückzuführen, dass die Kindertagespflege in den alten und neuen Bundesländern historisch anders gewachsen ist.

In den westlichen Bundesländern hat die Betreuung von Kindern durch Tagespflegepersonen zwar schon eine längere Tradition, diese wurzelt allerdings in der Familienselbsthilfe.[159] Aus diesem Grund war Kindertagespflege bis weit in die Neunzigerjahre hinein auf Landesebene kaum geregelt.[160] Erst in den letzten Jahren kam es bei den Ländergesetzgebungen zu wesentlichen Weiterentwick-

---

153 Dies war zumindest das bei der bis zum Inkrafttreten des Kinder- und Jugendhilfeweiterentwicklungsgesetzes existierenden Tagesgroßpflege nach § 44 Abs. 1 S. 3 Nr. 2 SGB VIII charakteristische Merkmal. Siehe dazu Jurczyk/Rauschenbach/Tietze/Keimeleder/Schneider/Schumann/Stempinski/Weiß/Zehnbauer, Von der Tagespflege zur Familientagesbetreuung, S. 68.
154 Jurczyk/Rauschenbach/Tietze/Keimeleder/Schneider/Schumann/Stempinski/Weiß/Zehnbauer, Von der Tagespflege zur Familientagesbetreuung, S. 69.
155 Die Höhe der Beträge ist in den Berliner Familien-Pflegegeldvorschriften (FPGV) festgelegt. Siehe dazu Keimeleder in: DJI, Kinderbetreuung in Tagespflege, S. 8 u. 14.
156 Siehe dazu die Richtlinien der Stadt Freiburg i. Br. für die Gewährung von Zuschüssen für Großpflegestellen unter Punkt 3., in Kraft getreten am 01.09.2003.
157 So bspw. in Berlin; siehe dazu Ortscheid, ZeT 2004, S. 20.
158 Siehe unter Kapitel 1, A. II. 2. b) bb).
159 Jurczyk/Rauschenbach/Tietze/Keimeleder/Schneider/Schumann/Stempinski/Weiß/Zehnbauer, Von der Tagespflege zur Familientagesbetreuung, S. 101 u. 113.
160 Siehe dazu Jurczyk/Rauschenbach/Tietze/Keimeleder/Schneider/Schumann/Stempinski/Weiß/Zehnbauer, Von der Tagespflege zur Familientagesbetreuung, S. 101 m. w. N.; einen ausführlichen Überblick über die Situation der Tagespflege in den einzelnen Bundeslän-

lungen im Bereich der Tagespflege: so bspw. in *Bremen* durch das Bremische Gesetz zur Förderung von Kindern in Tageseinrichtungen und in Tagespflege (Bremisches Tageseinrichtungs- und Tagespflegegesetz – BremKTG) vom 19.12.2000, in *Baden-Württemberg* durch Änderung des Kindergartengesetzes (KGaG) vom 08.04.2003, in *Hamburg* durch eine grundlegende Umgestaltung der Kinder- und Jugendhilfegesetze mittels des Gesetzes zur Neuregelung der Hamburger Kinderbetreuung vom 27.04.2004, Art. 1, Hamburger Kinderbetreuungsgesetz (KibeG), in *Bayern* durch das Bayerische Gesetz zur Bildung, Erziehung und Betreuung von Kindern in Kindergärten, anderen Kindertageseinrichtungen und in Tagespflege (Bayerisches Kinderbildungs- und -betreuungsgesetz – BayKiBiG) vom 30.06.2005 und auch in *Rheinland-Pfalz* durch Änderung des Kindertagesstättengesetzes vom 16.12.2005. *Berlin*[161] und *Schleswig-Holstein*[162] hatten dagegen bereits in den Neunzigerjahren genauere Rahmenvorschriften für die Tagespflege erlassen.

In der ehemaligen DDR hatte die Kindertagespflege als Betreuungsform so gut wie keine Bedeutung, da es ein nahezu flächendeckendes Netz von institutionellen Kindertageseinrichtungen gab.[163] Dies führte auch nach der Wende in der Bevölkerung und der Fachöffentlichkeit dazu, dass Tagespflege als alternative Kinderbetreuung nur wenig akzeptiert wurde.[164] Hinzu kommt, dass die Versorgung mit institutionellen Kindertagesplätzen bis heute in Ostdeutschland beispielhaft ist und nur noch von einigen skandinavischen Ländern übertroffen wird,[165] sodass die Einführung der Kindertagespflege in der Praxis insofern nicht gravierend notwendig war, um Betreuungslücken aufzufüllen. Es erscheint daher etwas widersprüchlich, dass in den neuen Bundesländern im Zuge der Landesgesetzgebung nach § 26 SGB VIII die Tagespflege in der Regel sehr konkret und

---

dern mit Stand Frühjahr/Sommer 1994 gibt Walter-Smets in: BMFSFJ, Tagesmütter-Handbuch, S. 79 ff.
161 Siehe dazu vor allem § 17 des Gesetzes zur Förderung und Betreuung von Kindern in Tageseinrichtungen und Tagespflege (Kindertagesbetreuungsgesetz – KitaG) vom 19.10.1995, jetzt gültig in der Fassung vom 04.09.2002.
162 Siehe dazu §§ 2, 4, 27-30 des Gesetzes zur Förderung von Kindern in Tageseinrichtungen und Tagespflegestellen (Kindertagesstättengesetz – KiTaG) vom 12.12.1991, zuletzt geändert durch Gesetz vom 18.07.2000.
163 Hank/Tillmann/Wagner, Zeitschrift für Bevölkerungswissenschaft 2001, S. 55 ff. Siehe auch Jurczyk/Rauschenbach/Tietze/Keimeleder/Schneider/Schumann/Stempinski/Weiß/Zehnbauer, Von der Tagespflege zur Familientagesbetreuung, S. 101 f.
164 Dazu auch Jurczyk/Rauschenbach/Tietze/Keimeleder/Schneider/Schumann/Stempinski/Weiß/Zehnbauer, Von der Tagespflege zur Familientagesbetreuung, S. 101 f.
165 OECD, Die Politik der frühkindlichen Betreuung, Bildung und Erziehung in der Bundesrepublik. Ein Länderbericht der Organisation für wirtschaftliche Zusammenarbeit und Entwicklung (OECD), S. 49, zu finden unter http://www.bmfsfj.de/RedaktionBMFSFJ/Abteilung5/Pdf-Anlagen/oecd-l_C3_A4nderbericht.pdf, letzter Aufruf 01.08.2009.

detailliert geregelt worden ist.¹⁶⁶ Inhaltlich zeichnen sich diese Regelungen vor allem dadurch aus, dass sie in Bezug auf die Qualität der Kindertagespflege umfassende Rahmenbedingungen enthalten.¹⁶⁷ Ein Grund für diese recht fortschrittlichen Regelungen könnte darin zu sehen sein, dass mit der Wende die finanzielle Verantwortung für die staatlichen Kindertageseinrichtungen auf die Kommunen überging:¹⁶⁸ Da Kindertagespflege – wie auch die Gesetzesbegründung zum neu erlassenen Tagesbetreuungsausbaugesetz zeigt¹⁶⁹ – als preiswerte Alternative der Kinderbetreuung erscheint, könnte also ein Grund für die intensive Förderung der Tagespflege rein finanzieller Art sein. Die fachliche Aufwertung der Kindertagespflege in den Landesgesetzen war aber wohl auch gerade deshalb notwendig, weil die offizielle Einführung und Förderung der Kindertagespflege in den neuen Bundesländern in Fachöffentlichkeit und Bevölkerung auf erheblichen Widerstand gestoßen war.¹⁷⁰

e) Betrieblich unterstützte Kindertagespflege
In Deutschland gibt es Unternehmen, die ihren Mitarbeiter/innen – häufig kostenlose – Plätze in betriebseigenen Kindertageseinrichtungen zur Verfügung stellen. Darüber hinaus bieten Unternehmen ihren Mitarbeiter/innen vereinzelt betrieblich unterstützte oder ganz finanzierte Betreuungsplätze für Ausnahme- bzw. Notfälle sowie für außergewöhnlichen Betreuungsbedarf an.¹⁷¹ Beispielhaft dafür sei das Unternehmen der Ford-Pänz in Köln genannt, das eine vollkommen betriebseigene oder von einem Teilbereich des Betriebes getragene Einrichtung unterhält, die für Ausnahmefälle, z. B. bei Krankheit der Tagespflegeperson, eine

---

166 Siehe dazu beispielhaft § 6 KiföG-LSA sowie die dazugehörige Tagespflegeverordnung in der Anlage.
167 Siehe dazu auch Jurczyk/Rauschenbach/Tietze/Keimeleder/Schneider/Schumann/Stempinski/Weiß/Zehnbauer, Von der Tagespflege zur Familientagesbetreuung, S. 101. Die aktuellen Ländergesetze sind in Hauck/Noftz, SGB VIII, unter C 140 (Brandenburg), C 155 (Mecklenburg-Vorpommern), C 115 (Sachsen), C 120 (Sachsen-Anhalt) und C 130 (Thüringen) zu finden. Darüber hinaus gibt es in Brandenburg aufgrund des § 23 Abs. 1 Nr. 5 KitaG die Verordnung über die Eignung des Angebotes von Tagespflege, insbesondere die Qualifikation der Tagespflegeperson und die räumlichen Voraussetzungen (Tagespflegeeignungsverordnung – TagpflegEV) vom 22.01.2001, in Sachsen gem. § 21 Abs. 3 SächsKitaG die Verordnung des Sächsischen Staatsministeriums für Soziales über die Anforderungen an die Qualifikation und Fortbildung der pädagogischen Fachkräfte in Kindertageseinrichtungen und der Tagespflegepersonen (Sächsische Qualifikations- und Fortbildungsverordnung pädagogischer Fachkräfte – SächsQualiVO) vom 09.01.2004 und in Sachsen-Anhalt die nach § 24 Abs. 3 Nr. 1 KiföG erlassene Tagespflegeverordnung (TagespflVO) vom 11.11.2003.
168 Hank/Tillmann/Wagner, Zeitschrift für Bevölkerungswissenschaft 2001, S. 56.
169 BT-Drucks. 15/3676, S. 45 f.
170 Jurczyk/Rauschenbach/Tietze/Keimeleder/Schneider/Schumann/Stempinski/Weiß/Zehnbauer, Von der Tagespflege zur Familientagesbetreuung, S. 101 f.
171 Einen ausführlichen Überblick über betrieblich unterstützte Kinderbetreuung gibt Busch in: Krell, Chancengleichheit durch Personalpolitik, S. 453 ff.

bestimmte Platzzahl konstant vorhält. Die Commerzbank AG in Frankfurt führt das Modellprojekt „Kids & Co" durch.[172] Dafür erhält ein freier Träger von der Commerzbank ein Budget, um für das Unternehmen eine bestimmte Anzahl von Ausnahmebetreuungsplätzen kontinuierlich bereitzustellen.[173] Weiterhin gibt es Betreuungseinrichtungen, die an Unternehmen „Notbetreuungskontingente" – z. B. 50 oder 100 Tage/Jahr – verkaufen, die von unterschiedlichen Kindern tageweise in Anspruch genommen werden können. In all diesen Fällen werden Kinder von Mitarbeiter/innen stunden- oder auch tageweise in einer kindgerechten Einrichtung von ausgebildeten Fachkräften betreut.[174]

Weiterhin bietet die Betrieblich unterstützte Kinderbetreuung (B.u.K.)[175] aus Nordrhein-Westfalen zur besseren Vereinbarkeit von Familie und Beruf Unternehmen und Eltern die Beratung für Mitarbeiter/innen zu verschiedenen Kinderbetreuungsmodellen sowie die Vermittlung von qualifizierten Tagespflegepersonen an. Dabei übernimmt das Unternehmen die Kosten für die Beratungs- und Vermittlungsleistung, und die Mitarbeiter/innen tragen die Kosten für die eigentliche Betreuung.[176]

f) Kindertagespflege durch Vereine oder gewerbliche Agenturen
In vielen Regionen organisieren engagierte Menschen in Tagespflegevereinen die Kindertagespflege. Diese Vereine qualifizieren und beraten zusätzlich zum, anstelle oder im Auftrag des Jugendamtes Tagespflegepersonen, beraten Eltern und vermitteln auch Tagespflegepersonen. Viele dieser Vereine sind im Tagesmütter-Bundesverband für Kinderbetreuung in Tagespflege e. V. organisiert. Darüber hinaus sind in manchen Städten und zahlreichen Regionen gewerbliche Agenturen in der Kindertagespflege aktiv. Sie bieten ebenfalls Beratung und Qualifizierung für Tagespflegepersonen sowie Beratung und Vermittlung für Eltern. Diese Kin-

---

172 Genaueres zu diesem Projekt beschreibt David in: Krell, Chancengleichheit durch Personalpolitik, S. 369 ff.
173 Siehe dazu die Broschüre des BMFSFJ „Betrieblich unterstützte Kinderbetreuung", S. 53, zu finden unter http://www.bmfsfj.de/Kategorien/Publikationen/Publikationen,did=5806.html, letzter Aufruf 22.08.2009.
174 Siehe dazu ebenfalls die Broschüre des BMFSFJ „Betrieblich unterstützte Kinderbetreuung", zu finden unter http://www.bmfsfj.de/RedaktionBMFSFJ/Broschuerenstelle/Pdf-Anlagen/PRM-24043-Broschure-Betrieblich-unterstu,property=pdf,bereich=,rwb=true.pdf, letzter Aufruf 22.08.2009; informativ dazu auch *Busch* und *David* in: Krell, Chancengleichheit durch Personalpolitik, S. 357 ff. u. 369 ff.
175 B.u.K. ist ein Geschäftsbereich im Verein zur Förderung von Frauenerwerbstätigkeit im Revier e. V. (VFFR).
176 Informationen zur B.u.K. sind unter http://www.buk-vffr.de/informationen/index.html, letzter Aufruf 22.08.2009, zu finden.

dertagespflegeagenturen arbeiten kostenpflichtig im Auftrag einzelner Eltern oder deren Arbeitgeber.[177]

B. Problemaufriss

In jüngerer Zeit gibt es immer mehr Personengruppen, die nicht im Rahmen des sog. Normalarbeitsverhältnisses arbeiten, sondern atypischen Beschäftigungen nachgehen.[178] Dieses Phänomen wurde schon vielfältig soziologisch und auch juristisch untersucht, allerdings fast ausschließlich im wirtschaftlichen Bereich.[179] Atypische Beschäftigung hat aber in den letzten Jahren auch im Bereich der sozialen Dienstleistungen zugenommen. Dies ist bisher in der Wissenschaft nur wenig registriert und noch weniger analysiert worden.[180]

Für die Untersuchung der sozialen Absicherung von Tagespflegepersonen ist es notwendig, zunächst festzustellen, welchem Status Tagespflegepersonen zuzuordnen sind, da soziale Sicherung in Deutschland grundsätzlich davon abhängt, ob eine Person Arbeitnehmer oder Selbständige ist. Dies könnte problematisch sein, wenn die Tagespflegetätigkeit unter den Begriff der atypischen Beschäftigung fällt, der eine klare Zuordnung gerade nicht ermöglicht.

---

177 Siehe dazu BMFSFJ, Handbuch Kindertagespflege, 5.2.2, zu finden unter http://www.bmfsfj.de/bmfsfj/generator/Publikationen/kindertagespflege/5-Wissenswertes-fuer-betriebe/5-2-Wie-kann-ein-betrieb-die-kindertagespflege-foerdern-/5-2-2-kooperieren-sie-mit-den-lokalen-akteuren-in-der-kindertagespflege.html, letzter Aufruf 02.08.2009.
178 Siehe dazu bspw. Dietrich in: Schupp/Büchel/Diewald/Habich, Arbeitsmarktstatistik zwischen Realität und Fiktion, S. 131 ff.; Plander, Flucht aus dem Normalarbeitsverhältnis, sowie Frantzioch, Abhängige Selbständigkeit im Arbeitsrecht, S. 21 ff.
179 Siehe dazu bspw. die soziologischen Abhandlungen von Voß/Pongratz, Der Arbeitskraftunternehmer, Kölner Zeitschrift für Soziologie und Sozialpsychologie 1998, S. 131 ff.; Pongratz/Voß, Erwerbstätige als „Arbeitskraftunternehmer", SOWI 2001, S. 42 ff., sowie Gottschall/Voß (Hrsg.), Entgrenzung von Arbeit und Leben. Im juristischen Bereich wurden ebenfalls zahlreiche Monografien und Aufsätze in diesem Bereich verfasst, siehe dazu bspw. Rosenfelder, Der arbeitsrechtliche Status des freien Mitarbeiters; Plander, Flucht aus dem Normalarbeitsverhältnis; Waßer, Franchising zwischen Arbeitsrecht und Handelsrecht; Frantzioch, Abhängige Selbständigkeit im Arbeitsrecht; die Schwerpunkthefte 1/2000, 5/2000 und 12/2000 der WSI Mitteilungen mit zahlreichen Aufsätzen zu diesem Thema sowie Welti, Wandel der Arbeit und Reform von Sozialstaat und Sozialrecht, Sozialer Fortschritt 2001, S. 69 ff.
180 Lediglich Leicht hat in: Die „Neuen Selbständigen" arbeiten alleine: Wachstum und Struktur der Soloselbständigen in Deutschland, Internationales Gewerbearchiv 2000, 2, S. 75, 83 f. festgestellt, dass Selbständige ohne Beschäftigte und damit potenziell auch abhängige Selbständige als Erscheinungsform atypischer Beschäftigung in den Bereichen Erziehung, Unterricht, Gesundheit und persönliche Dienste anzutreffen sind.

Für die Beantwortung der Frage, ob die Tagespflegetätigkeit als atypische Beschäftigung zu qualifizieren ist, soll hier im Folgenden kurz auf das soziologische Phänomen der Erosion des Normalarbeitsverhältnisses und die Zunahme atypischer Beschäftigung eingegangen werden. Anschließend ist darzulegen, inwieweit atypische Beschäftigung auch im Sozialleistungsbereich zutage tritt und ob die Tagespflegetätigkeit eine solche atypische Beschäftigung ist.

I. Die Abkehr vom Normalarbeitsverhältnis im Bereich der Wirtschaft

1. Der Begriff des Normalarbeitsverhältnisses

Kennzeichnend für das Normalarbeitsverhältnis sind ein unbefristeter Arbeitsvertrag mit fester Vollzeit, ein tarifvertraglich normiertes und existenzsicherndes Gehalt, Sozialversicherungspflicht sowie inhaltlich die persönliche Abhängigkeit des Arbeitnehmers vom Arbeitgeber.[181] „Normal" war diese Form des Arbeitsverhältnisses in Zeiten der Hochkonjunktur und Vollbeschäftigung, also von den 50er-Jahren bis in die 80er-Jahre hinein,[182] da es in diesen Jahrzehnten statistisch gesehen die häufigste Erscheinungsform abhängiger Erwerbsarbeit war.[183]

2. Das Normalarbeitsverhältnis als normatives Leitbild

Das Normalarbeitsverhältnis ist normatives Leitbild für einen Großteil der arbeitsrechtlichen und sozialversicherungsrechtlichen Bestimmungen. So wurden arbeitsrechtliche Gesetze, Tarifverträge und Betriebsvereinbarungen vielfach vor dem Hintergrund des Normalarbeitsverhältnisses erlassen, und auch der sozialversicherungsrechtliche Schutz hängt wesentlich vom Arbeitnehmerstatus einer Person ab.[184] Sinn und Zweck der arbeits- und sozialrechtlichen Regelungen ist es dabei, ein angemessenes Entgelt zu sichern und vor den Arbeits- und Lebensrisiken wie Alter, Unfall, Krankheit und Arbeitslosigkeit zu schützen.

---

181 Pfarr, WSI Mitteilungen 2000, 279; ausführlich dazu Däubler, AuR 1988, S. 302 f.
182 So standen 1984 noch knapp ¾ aller Erwerbstätigen in einem unbefristeten Vollzeitbeschäftigungsverhältnis, siehe dazu Plander, Flucht aus dem Normalarbeitsverhältnis, Rn. 1, Fn. 2. In den 90er-Jahren hat sich dagegen die Zahl der Selbständigen erheblich erhöht, vor allem die Zahl der selbständigen Frauen und der Selbständigen ohne weitere Beschäftigte (sog. „Solosselbständige"), siehe dazu Leicht in: Gottschall/Voß, Entgrenzung von Arbeit und Leben, S. 231, mit Verweis auf die Erhebung des Statistischen Bundesamtes, Tabelle S. 256.
183 Frantzioch, Abhängige Selbständigkeit im Arbeitsrecht, S. 26. Allerdings war das Normalarbeitsverhältnis auch in den vergangenen Jahrzehnten insofern eine Fiktion, als vor allem Teilzeitarbeit, Heimarbeit und die Arbeit mithelfender Angehöriger und damit insbesondere die Arbeit von Frauen nicht vom Normalarbeitsverhältnis erfasst waren. Das Normalarbeitsverhältnis kam also von Anfang an zum Großteil für Männer in Betracht. Siehe dazu Pfarr, WSI Mitteilungen 2000, S. 279, sowie Frantzioch, Abhängige Selbständigkeit im Arbeitsrecht, S. 26.
184 Ausführlich zum Arbeitnehmerbegriff siehe Kapitel 2, B.

3. Die Zunahme atypischer Beschäftigung
Im Gegensatz zur Rückläufigkeit des Normalarbeitsverhältnisses steigt die Zahl der sog. atypischen Beschäftigungen. Unter atypischen Beschäftigungen sind dabei alle diejenigen zu verstehen, die nicht dem „Normalarbeitsverhältnis" entsprechen.[185] Der Begriff ist kein normativer, sondern ein deskriptiver Sammelbegriff für heterogene Beschäftigungsformen, deren Gemeinsamkeiten lediglich formal und negativ abgegrenzt sind.[186]

Die Entwicklung – vom Normalarbeitsverhältnis hin zur atypischen Beschäftigung – verläuft zwar nicht proportional, da trotz des Zurückdrängens des Normalarbeitsverhältnisses dieses immer noch in der Mehrzahl vorhanden ist.[187] In welchem Maße atypische Beschäftigungsverhältnisse zugenommen haben, ist dagegen schwierig festzustellen, da ein Teil dieser Beschäftigungen nur geschätzt werden kann.

Im Jahre 2003 arbeiteten 9,7 Millionen Menschen in Teilzeitarbeit, 4,4 Millionen Menschen in ausschließlich geringfügigen Beschäftigungsverhältnissen, 4,1 Millionen Menschen hatten befristete Arbeitsverträge und 300.000 Menschen arbeiteten in einem Leiharbeitsverhältnis.[188] Empirisch nicht sicher erfasst werden können dagegen Erwerbsverhältnisse, die im Grenzbereich zwischen selbständiger und abhängiger Erwerbsarbeit angesiedelt sind, da diese Erwerbstätigen Merkmale selbständiger und abhängiger Arbeit gleichermaßen in sich vereinen, sodass ihr Status nicht ohne Weiteres bestimmbar ist. Dies sind Erwerbstätige, die in der Literatur als „neue Selbständige",[189] „Scheinselbständige",[190] „abhängige Selbständige"[191] oder auch „arbeitnehmerähnliche Selbständige" bezeichnet werden.[192] Nach einer von der Bundesregierung in Auftrag gegebenen Studie

---

185 Keller/Seifert in: Keller/Seifert, Atypische Beschäftigung, S. 231.
186 So ebenfalls Keller/Seifert in: Keller/Seifert, Atypische Beschäftigung, S. 231.
187 Frantzioch, Abhängige Selbständigkeit im Arbeitsrecht, S. 29 f. Nach der neuesten empirischen Untersuchung stehen derzeit etwa zwei Drittel aller Erwerbstätigen in einem Normalarbeitsverhältnis; siehe dazu Gesterkamp in: Gottschall/Voß, Entgrenzung von Arbeit und Leben, S. 188, sowie Bundeszentrale für politische Bildung unter http://www.bpb.de/wissen/5ZCX6D,0,Atypische_Besch%E4ftigung.html, letzter Aufruf 22.08.2009.
188 Siehe dazu die Übersicht der Bundeszentrale für politische Bildung, zu finden unter http://www.bpb.de/wissen/5ZCX6D,0,Atypische_Besch%E4ftigung.html, letzter Aufruf 22.08.2009.
189 Siehe dazu bspw. Bögenhold/Leicht, WSI Mitteilungen 2000, S. 779 ff.; Kadritzke, WSI Mitteilungen 2000, S. 796 ff.; Bieback, WSI Mitteilungen 2000, S. 810 ff.
190 Siehe dazu bspw. Henrici, Der rechtliche Schutz für Scheinselbständige; Richardi, DB 1999, S. 958 ff.
191 Siehe dazu bspw. Frantzioch, Abhängige Selbständigkeit im Arbeitsrecht; von Einem, BB 1994, S. 60 ff.
192 Dietrich in: Schupp/Büchel/Diewald/Habich, Arbeitsmarktstatistik zwischen Realität und Fiktion, S. 131.

"Empirische Befunde zur Scheinselbständigkeit" aus dem Jahre 1996 umfasst der Grenzbereich zwischen abhängiger und selbständiger Tätigkeit ca. 938.000 Beschäftigte,[193] das sind etwa 4 % der deutschen Bevölkerung im Alter über 14 Jahren.[194]

Wie aus der kurzen empirischen Darstellung erkennbar wird, treten atypische Beschäftigungen in vielfältigen Formen auf. Diese können grob in atypisch unselbständige und in abhängig selbständige Beschäftigungen unterteilt werden.[195] Zu den atypisch unselbständigen Beschäftigungsformen zählen die befristete und die Teilzeitarbeit, die geringfügige Beschäftigung, die Leiharbeit und die Telearbeit.[196] Abhängige Selbständigkeit[197] als Erscheinungsform atypischer Beschäftigung ist dadurch gekennzeichnet, dass die vertraglichen Beziehungen zum jeweiligen Vertragspartner als Werk- bzw. Dienstverträge ausgestaltet sind. Dadurch gelten die Beschäftigten zwar formell als Selbständige, inhaltlich kommen aber Zweifel auf, da diese Verträge eine Reihe von Elementen enthalten, die zu einer tatsächlichen Abhängigkeit dieser Personen von ihrem „Auftraggeber" führen.[198] In der Praxis gibt es abhängige Selbständigkeit vor allem im Bereich des Güterverkehrs, des Baugewerbes, in Kaufhäusern, im Versicherungsaußendienst, in der Druckindustrie und durch den Abschluss von Franchiseverträgen.[199] Aber auch im Bereich der selbstverwalteten Zimmererunternehmen,[200] der Gebäudereinigung[201], der selbständigen Ausbeiner und Entbeiner in der Fleischwirtschaft,[202]

---

193 Dietrich, Empirische Befunde zur Scheinselbständigkeit, S. 156 ff.
194 Siehe dazu Frantzioch, Abhängige Selbständigkeit im Arbeitsrecht, S. 50. Sicher erfasst werden konnte dagegen der Anstieg der Selbständigen ohne Beschäftigten, die sog. Einpersonen- oder Soloselbständigen. Die Zahl dieser Selbständigen hat sich seit Beginn der 90er-Jahre überproportional erhöht, siehe dazu Bögenhold/Leicht, WSI Mitteilungen 2000, S. 779, 783, sowie Betzelt/Fachinger, ZSR 2004, S. 312, 320 f. Es ist zu vermuten, dass diese Soloselbständigen zu einem Großteil abhängige Selbständige sind. Vgl. dazu ebenfalls Bögenhold/Leicht, a. a. O., Betzelt/Fachinger, a. a. O., sowie auch Leicht in: Gottschall/Voß, Entgrenzung von Arbeit und Leben, S. 231, 234 ff.
195 So auch Frantzioch, Abhängige Selbständigkeit im Arbeitsrecht, S. 29 ff., 33 ff.
196 Ausführlich dazu Frantzioch, Abhängige Selbständigkeit im Arbeitsrecht, S. 29 ff.
197 Hier soll für den gemeinten Grenzbereich zwischen abhängiger und selbständiger Tätigkeit der Begriff der abhängigen Selbständigkeit verwendet werden, weil dieser am besten der Tatsache Rechnung trägt, dass diese Erwerbstätigen in hohem Maße persönlich oder wirtschaftlich von ihren Auftraggebern abhängig sind.
198 Dietrich in: Schupp/Büchel/Diewald/Habich, Arbeitsmarktstatistik zwischen Realität und Fiktion, S. 133; Frantzioch, Abhängige Selbständigkeit im Arbeitsrecht, S. 33.
199 Ausführlich dazu Mayer/Paasch, Ein Schein von Selbständigkeit, S. 45-153, sowie Frantzioch, Abhängige Selbständigkeit im Arbeitsrecht, S. 33 ff; auf die Baubranche eingehend Julius, Die rechtliche und rechtstatsächliche Lage der „Neuen Selbständigen" insbesondere in der Baubranche.
200 BAG v. 10.4.1991, Az: 4 AZR 467/90, DB 1991, S. 2595 f.
201 Beschluss des BAG v. 18.1.1989, Az: 7 ABR 21/88.
202 Hessisches LSG v. 26.10.1994, Az: L 3/8 Kr 539/87, EzS 15/57.

der Stromablesung,[203] bei Fluggesellschaften[204] und bei Zeitungsausträgern[205] tritt abhängige Selbständigkeit in Erscheinung. Darüber hinaus ist abhängige Selbständigkeit schon seit Jahren im Bereich der Medien,[206] der Bildung und Kultur bekannt. In diesem Bereich sind zahlreiche höchstrichterliche Urteile ergangen.[207] Diese Beispiele sind jedoch schon deshalb nicht abschließend, weil es kennzeichnend für die abhängige Selbständigkeit ist, dass sie sich nicht abschließend auf bestimmte Berufsgruppen eingrenzen lässt.[208]

4. Hintergrund des Phänomens der Rückläufigkeit des Normalarbeitsverhältnisses und der Zunahme atypischer Beschäftigung

a) Gründe auf Arbeitgeber- und Arbeitnehmerseite
Die Zunahme atypischer Beschäftigung hängt vor allem damit zusammen, dass Arbeitgeber vermehrt dazu übergehen, viele Arbeiten, die bislang von Arbeitnehmern getätigt wurden, an Selbständige zu übertragen.[209] Ein Grund dafür ist die Massenarbeitslosigkeit, die es den Arbeitgebern durch eine überwiegende Verhandlungsmacht ermöglicht, entsprechende Verträge durchzusetzen.[210] Für die Arbeitgeber hat dies den unbestreitbaren Vorteil, dass erhebliche Kosten eingespart werden können, da keine arbeitgeberseitigen Sozialabgaben geleistet und arbeitsrechtliche Schutzvorschriften, wie die Entgeltfortzahlung im Krankheitsfall oder der Kündigungsschutz, nicht eingehalten werden müssen. Hinzu kommt, dass dadurch die Stammbelegschaft des Unternehmens reduziert wird,[211] was unter Umständen zur Folge hat, dass arbeitsrechtliche Schutzvorschriften, wie

---

203 BFH v. 24.7.1992, Az: VI R 126/88, AP Nr. 63 zu § 611 – Abhängigkeit.
204 BAG v. 16.3.1994, Az: 5 AZR 447/92, AP Nr. 68 zu § 611 – Abhängigkeit.
205 BAG v. 16.7.1997, Az: 5 AZR 312/96, AP Nr. 4 zu § 611 – Zeitungsausträger.
206 So bspw. die Problematik der sog. freien Mitarbeiter; siehe dazu Rosenfelder, Der arbeitsrechtliche Status des freien Mitarbeiters (1982), sowie jüngst auch Henrici, Der rechtliche Schutz für Scheinselbständige. Eine Untersuchung unter besonderer Berücksichtigung des Verlagswesens (2001).
207 Zu Rundfunk- und Fernsehmitarbeitern siehe bspw. BAG v. 13.1.1983, Az: 5 AZR 149/82, BAGE 41, 247; v. 19.6.1993, Az: 5 AZR 123/92 AP Nr. 66 zu § 611 – Abhängigkeit; v. 19.1.2000, Az: 5 AZR 644/98, BAGE 93, 218 ff.; zu Gebührenbeauftragten von Rundfunkanstalten BAG v. 26.5.1999, Az: 5 AZR 469/98, AP Nr. 104 zu § 611 – Abhängigkeit; zu Lehrern und Dozenten jüngst BAG v. 9.7.2003, Az: 5 AZR 595/02, AP Nr. 158 zu § 611 – Lehrer, Dozenten; zu Orchestermusikern BAG v. 9.10.2002, Az: 5 AZR 405/01, AP Nr. 114 zu § 611 – Abhängigkeit.
208 So in der Argumentation auch Frantzioch, Abhängige Selbständigkeit im Arbeitsrecht, S. 43.
209 Frantzioch, Abhängige Selbständigkeit im Arbeitsrecht, S. 33; ausführlich dazu Plander, Flucht aus dem Normalarbeitsverhältnis, Rn. 51 ff.
210 Däubler, AuR 1988, 302, 304.
211 So im Ergebnis auch Frantzioch, Abhängige Selbständigkeit im Arbeitsrecht, S. 33.

bspw. das Kündigungsschutzgesetz,²¹² auch für die festangestellten Arbeitnehmer keine Anwendung mehr findet. Darüber hinaus kommt es durch den Abschluss von Verträgen mit abhängig Selbständigen dazu, dass betriebliche Risiken zum Teil von diesen und nicht vom Auftraggeber getragen werden – ein weiterer großer Vorteil für die Unternehmen.²¹³

Aber auch auf Arbeitnehmerseite gibt es Gründe, nicht mehr im „Normalarbeitsverhältnis" arbeiten zu wollen oder zu können. Da verstärkt Frauen auf den Arbeitsmarkt drängen, dabei häufig die Betreuung von Kindern und andere häusliche Aufgaben mit der Erwerbsarbeit wegen der überkommenen Arbeitsteilung zwischen den Geschlechtern verbinden müssen, besteht aufseiten der Beschäftigten ein Bedarf an flexibler Arbeit und Arbeitszeit; für sie sind atypische Beschäftigungen wie vor allem die Teilzeitarbeit von Interesse.²¹⁴ Darüber hinaus können atypische Beschäftigungen den Präferenzen bestimmter Beschäftigungsgruppen durchaus entsprechen, ohne dass sie hierzu aufgrund privater Lebensumstände gezwungen sind.²¹⁵ Solange atypische Beschäftigungen aber mit weniger Sozialschutz und einem geringen Entgelt einhergehen, werden atypische Beschäftigungsverhältnisse immer nur für eine Minderheit der Beschäftigten von Interesse sein.²¹⁶

b) Soziologische Erklärungsansätze
In der Industriesoziologie wird dieses Phänomen so beschrieben, dass der klassische Arbeitnehmer in der heutigen Zeit des „Wandels der Arbeitskraft" immer weiter in den Hintergrund gedrängt wird, um dem modernen „Arbeitskraftunternehmer" Platz zu machen.

„Wandel der Arbeitskraft" bezeichnet dabei einen Prozess, bei dem sich durch die erweiterte Autonomie in der Arbeit ein Strukturwandel vom verberuflichten Arbeitnehmer des 20. Jahrhunderts hin zum verberuflichten Arbeitskraftunternehmer vollzieht. „Arbeitskraftunternehmer" werden durch individuelle Qualifikation, systematische Selbstkontrolle, Selbstausbeutung und noch ungeklärte Schutzmechanismen definiert. Die im 20. Jahrhundert vorherrschende tayloris-

---

212 Nach § 23 Abs. 1 S. 2 KSchG gelten die Kündigungsschutzvorschriften nicht für Betriebe und Verwaltungen, in denen in der Regel fünf oder weniger Arbeitnehmer beschäftigt sind.
213 Frantzioch, Abhängige Selbständigkeit im Arbeitsrecht, S. 25.
214 Siehe dazu Däubler, AuR 1988, 302, 304; Plander, Flucht aus dem Normalarbeitsverhältnis, Rn. 68; Keller/Seifert in: Keller/Seifert, Atypische Beschäftigung, S. 238.
215 Siehe dazu vor allem Matthies/Mückenberger/Offe/Peter/Raasch, Arbeit 2000, S. 207 f.
216 So im Ergebnis auch Keller/Seifert in: Keller/Seifert, Atypische Beschäftigung, S. 239.

tische Organisation der Arbeit[217] habe dem Arbeitgeber nur das Rohprodukt an Arbeitskraft verschafft. In der heutigen posttayloristischen Arbeitsorganisation entwickle sich die Arbeitskraft dagegen vom Rohstoff zum Halbprodukt, und zwar durch erweiterte Selbst-Ökonomisierung der Arbeitskraft, die einher geht mit gezielter Selbst-Produktion und Selbst-Vermarktung der Arbeitskraft. Dies führe zur Vertrieblichung der Lebensführung, also zur Aufhebung der Trennung von Arbeit und Freizeit, Beruf und Lebensführung. Arbeit, die auf dem Markt angeboten wird, gestalte sich heute immer weniger als Vermietung von Arbeitskraft als Rohstoff, sondern als Verkauf von Arbeitskraft und Arbeitsergebnissen.[218]

c) Rechtspolitische Reaktionen auf das Phänomen
Das Phänomen der Rückläufigkeit des Normalarbeitsverhältnisses und der Zunahme atypischer Beschäftigung erscheint in der rechtspolitischen Diskussion unter dem Stichwort „Flexibilität der Arbeit". Dabei drehen sich die Auseinandersetzungen um die Tatsache, dass die Arbeitsmärkte wegen der veränderten Rahmenbedingungen für eine effiziente Allokation[219] einen höheren Grad an Flexibilität benötigen.[220] Um diesem Phänomen arbeits- und sozialrechtlich zu begegnen, gehen die Forderungen von einer Deregulierung der Arbeit bis hin zur Flexicurity. Die Vertreter der Deregulierung stellen dabei die Freiheit in den Vordergrund, was zwangsläufig mit einem Abbau sozialer Schutzrechte einhergehen müsse.[221] Begründet wird dies vornehmlich damit, dass das Arbeitsrecht auf die historische Entwicklung zum Posttaylorismus nicht in eine bevormundende Beschränkung individueller Freiheit umschlagen dürfe, sodass die strengen Arbeitsrechtsregeln dereguliert werden müssten. Die neue Entwicklung bringe mit sich, dass Arbeitnehmer immer selbständiger ihre Arbeit verrichten, weniger Weisungen ausgesetzt sind, einen größeren Entscheidungsspielraum haben, öfters ihren Arbeitsplatz wechseln und häufiger mehreren Teilzeitbeschäftigungen

---

217 Tayloristische Organisation der Arbeit bedeutet hierarchische Struktur der Arbeit und Zerlegung der Arbeit in kleine mechanische Arbeitsschritte; siehe dazu Voß/Pongratz, Kölner Zeitschrift für Soziologie und Sozialpsychologie 1998, S. 131 ff., sowie Pongratz/Voß, SOWI 2001, S. 42 ff.
218 Siehe zu diesen soziologischen Erklärungsansätzen Voß/Pongratz, Kölner Zeitschrift für Soziologie und Sozialpsychologie 1998, S. 131 ff., sowie Pongratz/Voß, SOWI 2001, S. 42 ff.
219 Allokation bedeutet die Zuweisung von finanziellen Mitteln, Produktivkräften und Material, so die Definition in: Duden. Fremdwörterbuch.
220 Siehe dazu Keller/Seifert, WSI Mitteilungen 2000, S. 291, 293.
221 So bspw. Rieble, ZfA 1998, S. 327 ff.; Rieble/Klumpp, JZ 2004, S. 817 ff.; speziell in Bezug auf die Deregulierung des Kündigungsschutzes Bauer, NZA 2002, S. 529 ff.; Busch, BB 2003, S. 470 ff.; Hromadka, AuA 2002, S. 261 ff.; Rüthers, NJW 2002, S. 1601 ff.; einen ausführlichen Überblick über die Behauptungen, Arbeitsrecht deregulieren zu müssen, und eine kritische Bewertung derselben gibt Oppolzer, AuR 1998, S. 45 ff.

statt einer Vollzeitbeschäftigung nachgehen. Daher ergebe sich eine geringere Schutzbedürftigkeit.[222]

Auf der anderen Seite wird gefordert, die in der heutigen Zeit für die Betriebe erforderliche Flexibilität mit den Interessen der Arbeitnehmer an „Security" zu verbinden.[223] Diese Verbindung wird als „Flexicurity" bezeichnet, ein Begriff, der auf das Konzept in den Niederlanden zurückgeht, die Wechselbeziehung zwischen sozialem Sicherungs- und Beschäftigungssystem neu zu bestimmen.[224] Eines der Hauptargumente ist, dass erst durch die „flexibilitätsfreundliche" Ausgestaltung der sozialen Sicherung eine Entfaltung der Flexibilität im positiven Sinne erreicht werden könne.[225]

II. Besonderheiten der Beschäftigung bei der Vermittlung sozialer Leistungen

Auch im Sozialleistungsbereich sind in neuerer Zeit Personengruppen tätig, die soziale Dienstleistungen erbringen und nicht nach den herkömmlichen Kriterien den Arbeitnehmern oder Selbständigen zuzuordnen sind.

1. Soziale Dienstleister in personennahen Bereichen

Solche sozialen Dienstleister sind zum einen die hier zu untersuchenden Tagespflegepersonen. Zum anderen erbringen aber auch Pflegepersonen i. S. d. § 19 SGB XI bzw. § 65 SGB XII und Persönliche Assistenten für Behinderte soziale Dienstleistungen.

a) Die Erbringung sozialer Dienstleistungen durch Sozialleistungserbringer und Sozialleistungsmittler
Soziale Dienstleistungen können durch Sozialleistungserbringer oder durch Sozialleistungsmittler erbracht werden.

---

222 Vgl. beispielhaft Rieble, ZfA 1998, S. 327, 337.
223 Keller/Seifert, WSI Mitteilungen 2000, S. 291ff.; Pfarr, WSI Mitteilungen 2000, S. 279 ff.; Klammer/Tillmann in: Ministerium für Arbeit und Soziales, Flexicurity: soziale Sicherung und Flexibilisierung der Arbeits- und Lebensverhältnisse, S. 503 ff., sowie Klammer, WSI Mitteilungen 2000, S. 313, 320 f.; im Ergebnis auch Oppolzer, AuR 1998, S. 45, 54; Däubler, AuR 2005, S. 1 ff.
224 Keller/Seifert, WSI Mitteilungen 2000, S. 291, 294; zum Konzept der Flexicurity in den Niederlanden ausführlich van Oorschot, WSI Mitteilungen 2000, S. 330 ff.
225 Pfarr, WSI Mitteilungen 2000, S. 279, 283.

aa) Sozialleistungserbringer
Traditionell erfolgt die Erbringung von sozialen Dienstleistungen[226] in einem Dreiecksverhältnis: Der Sozialleistungsempfänger hat einen Anspruch auf Sozialleistungen gegen den Sozialleistungsträger. Dieser schließt Verträge mit den Sozialleistungserbringern, die dann die Leistungen auf Kosten des Leistungsträgers dem Leistungsempfänger zur Verfügung stellen.[227] So wird bspw. die ärztliche Heilbehandlung durch Vertragsärzte erbracht, die aufgrund von Verträgen zwischen den Kassenärztlichen Vereinigungen und den Verbänden der Krankenkassen (§ 72 Abs. 2 SGB V) mit den jeweiligen Krankenkassen der Patienten verbunden sind; Pflegeleistungen nach dem SGB XI werden gem. §§ 72, 82 ff. SGB XI durch Pflegedienste geleistet, die mit der jeweiligen Pflegekasse durch einen Versorgungs- oder Vergütungsvertrag verbunden sind.[228]

Diese Art der Leistungserbringung – vor allem im Kranken- und Pflegeversicherungsrecht sowie in der Rehabilitation und in der Teilhabe am Arbeitsleben – ist durch das sog. Sachleistungsprinzip[229] geprägt.[230] Das bedeutet, dass den Sozialleistungserbringern – wie sich bspw. aus §§ 2 SGB V, 12 SGB XI ergibt – die Pflicht zur Organisation der Leistungserbringung obliegt.[231]

bb) Sozialleistungsmittler
Das Sachleistungsprinzip ist jedoch in den letzten Jahren vor allem in personennahen Bereichen mehr und mehr in den Hintergrund gerückt. So sind in den jüngeren Sozialgesetzbüchern, wie bspw. dem SGB VIII, dem SGB IX und dem SGB XI, Leistungen festgeschrieben, für die die Sozialleistungsträger nicht mehr oder nur noch eingeschränkt in Form von Dienst- oder Sachleistungen tätig werden müssen.

Die eben beschriebene Entwicklung hängt mit dem in § 33 SGB I verankerten Wunsch- und Wahlrecht der Versicherten zusammen. Danach soll den Wünschen des Berechtigten oder Verpflichteten entsprochen werden, wenn die Verwaltung einen Entscheidungsfreiraum hinsichtlich Art und Umfang der Rechte und

---
226 Nach § 11 SGB I sind unter Sozialleistungen Dienst-, Sach- und Geldleistungen zu verstehen.
227 von Maydell in: SRH, A. 1 Rn. 20.
228 Siehe dazu Schulin/Igl, Sozialrecht, Rn. 43.
229 Das Sachleistungsprinzip umfasst Dienst- und Sachleistungen, sodass dieses Prinzip entsprechend der heutigen Systematik des SGB eher als „Naturalleistungsprinzip" bezeichnet werden muss. Siehe dazu KassKomm/Seewald, § 11 SGB I Rn. 7, sowie Richter in LPK-SGB I, § 11 Rn. 12 m. w. N.
230 Siehe dazu Mrozynski, SGB IX Teil 1, § 9 Rn. 16, sowie Richter in LPK-SGB I, § 11 Rn. 12.
231 Mrozynski, SGB IX Teil 1, § 9 Rn. 16; Richter in LPK-SGB I, § 11 Rn. 12.

Pflichten hat. Das Wunsch- und Wahlrecht ist zwar generell in § 33 SGB I geregelt, es ist aber auch speziell u. a. in der Jugend- und Sozialhilfe, §§ 5 SGB VIII, 9 SGB XII, sowie in der Rehabilitation, § 9 SGB IX, zu finden.

Die Sozialgesetzbücher VIII, IX und XI haben gemeinsam, dass Leistungen für Personen festgeschrieben sind, die für sich selbst oder für ihre Kinder Pflege- bzw. Betreuungspersonen benötigen. In diesem Bereich ist es besonders wichtig, dass Personen gefunden werden, mit denen sich die zu pflegende oder behinderte Person versteht oder die für das Kind geeignet ist.[232] Eine solch passende Person zu finden, ist für den zuständigen Sozialleistungsträger viel schwerer als für die betroffenen Personen. Darüber hinaus sind auch die Form der Pflege bzw. Betreuung und die Ausgestaltung der jeweiligen Sozialleistung (Förderung von Kindern bzw. Behinderten) ein Anliegen, welches besser von den beteiligten Personen organisiert werden kann als vom zuständigen Sozialleistungsträger. Aus diesem Grund kommt in den genannten Sozialgesetzbüchern das Wunsch- und Wahlrecht vor allem in den personennahen Bereichen viel eher zum Tragen als das herkömmliche Sachleistungsprinzip.

Das Wunsch- und Wahlrecht führt also in vielen Fällen dazu, dass Versicherte die Möglichkeit haben, sich Sozialleistungen selbst zu organisieren, sodass gerade keine Zuweisung der Leistungen durch den Sozialleistungsträger erfolgt. Deshalb können die Personen, die diese Sozialleistungen erbringen, auch nicht den herkömmlichen Sozialleistungserbringern zugeordnet werden. Vielmehr liegt es nahe, diese Personen als „Sozialleistungsmittler" zu bezeichnen. „Mittler" zum einen deshalb, weil diese Personen aufgrund des Anspruchs des Sozialleistungsempfängers gegen den Sozialleistungsträger auf Sozialleistungen in gewisser Weise in der Mitte zwischen diesen beiden Personengruppen stehen. Zum anderen sind sie nicht Vermittler von Sozialleistungen im herkömmlichen Sinne, da sie nicht Leistungen des Sozialleistungsträgers weitervermitteln. Stattdessen werden von diesen Personen Sozialleistungen erbracht, ohne dass der Sozialleistungsträger als eigentlicher Anspruchsgegner aus dem Sozialversicherungsverhältnis die Leistungserbringung organisiert. In diesem Sinne bietet es sich an, den Begriff des „Mittlers" und nicht den Oberbegriff des „Vermittlers" zu verwenden.[233]

---

232 Siehe dazu auch Gerstein in: Fieseler, GK-SGB VIII, § 23 SGB VIII Rn. 3.
233 Der Begriff des „Mittlers" ist ein Unterbegriff des „Vermittlers": So zählen zu den Vermittlern Mittler, Mittelsmänner, Mittelspersonen, Schlichter, Verbindungsmänner, Makler usw.; siehe dazu Müller, Duden: „Sinn- und sachverwandte Wörter". Dem Recht ist der Begriff des „Mittlers" schon durch den handelsrechtlichen Absatzmittler (siehe zum Begriff Günther-Gräff, Kündigung und Kündigungsschutz von Absatzmittlungsverträgen, S. 23 m. w. N.) und den bereicherungsrechtlichen Leistungsmittler (zum Begriff Wolf, Drittleistung und Leistungsmittlung, S. 15 ff. m. w. N., sowie Larenz, Lehrbuch des Schuldrechts, Bd. 2, S. 223) bekannt.

b) Pflegepersonen und Persönliche Assistenzen als Sozialleistungsmittler
Der Begriff des „Sozialleistungsmittlers" passt gut auf die Pflegepersonen nach § 19 SGB XI bzw. § 65 SGB XII und auf die Persönlichen Assistenten. Dies ergibt sich aus folgenden Umständen:

Pflegepersonen nach § 19 SGB XI bzw. § 65 SGB XII sind ausschließlich vom Sozialleistungsempfänger beschaffte Personen. Diese werden auch nicht durch die Pflegekasse oder das Sozialamt als Sozialleistungsträger bezahlt. Vielmehr kann der Pflegebedürftige das ihm zustehende Pflegegeld i. S. d. §§ 37 SGB XI, 64 SGB XII bzw. die Erstattung der Aufwendungen und Beihilfen nach § 65 SGB XII an die Pflegeperson weiterleiten und ihr so eine „Quasi"-Bezahlung zukommen lassen. Diese Bezahlung mittels des Pflegegeldes begründet aber schon deshalb kein Dreiecksverhältnis zwischen Pflegebedürftigem, Pflegeperson und Sozialleistungsträger, weil nach § 37 SGB XI der Pflegebedürftige und nicht die Pflegeperson Anspruch auf das Pflegegeld hat. Folglich sind Pflegepersonen nach § 19 SGB XI bzw. § 65 SGB XII keine Sozialleistungserbringer im herkömmlichen Sinne, sondern Sozialleistungsmittler.

Behinderte müssen sich ihre persönlichen Assistenten zum einen deshalb selbst organisieren, weil sich aus den für persönliche Assistenz in Betracht kommenden Sozialgesetzbüchern V, VII, IX, XI und XII keine Pflicht der Sozialleistungsträger zur Organisation einer persönlichen Assistenz herleiten lässt.[234] Zum anderen ist die Selbstorganisation persönlicher Assistenz Ausdruck des Wunsch- und Wahlrechts nach § 9 SGB IX i. V. m. § 33 SGB I.[235] Die Bezahlung des persönlichen Assistenten erfolgt mittels Inanspruchnahme der Sozialleistungen, durch die der Behinderte persönliche Assistenz erlangen kann, also direkt durch den Behinderten selbst. Darüber hinaus ist seit 01.07.2004[236] in § 17 Abs. 2 SGB IX und in §§ 57,

---

234 Die Möglichkeit, persönliche Assistenz zu erlangen, sind vielfältig: So kann persönliche Assistenz von einer Pflegeperson gem. § 37 SGB V, § 26 i. V. m. § 44 SGB VII, § 37 SGB XI und §§ 64, 65 SGB XII geleistet werden. Darüber hinaus gibt es die selbstorganisierte Arbeitsassistenz nach § 109 Abs. 1 S. 1 SGB III, § 16 SGB VI, § 356 Abs. 1 SGB VII, § 35a SGB VIII, § 54 Abs. 1 SGB XII mit dem Verweis auf §§ 33 und 41 SGB IX und darüber hinaus § 54 Abs. 1 Nr. 3 und 5 SGB XII, § 26 BVG sowie § 102 Abs. 4 SGB IX. Die Teilhabe am Leben in der Gemeinschaft mittels einer Assistenzperson kann über §§ 26e Abs. 2 Nr. 3, 27b Abs. 5, 27d Abs. 1 Nr. 3 und Abs. 3 BVG i. V. m. § 72 SGB XII sowie über §§ 71 Abs. 2 Nr. 5, 72 SGB XII erlangt werden.
235 Sinn und Zweck des Wunsch- und Wahlrechts nach diesen Normen ist es, den Betroffenen zu ermöglichen, ihre Selbstbestimmung und Selbstverantwortung zu stärken sowie ihnen bei der Ausführung der Leistungen einen breiten Raum eigenverantwortlicher Gestaltung ihres Lebens einzuräumen; siehe dazu Schäfer in: Kossens/von der Heide/Maaß, Praxiskommentar zum Behindertenrecht (SGB IX), § 9 Rn. 3.
236 Eingeführt durch das Gesetz zur Einordnung des Sozialhilferechts in das Sozialgesetzbuch v. 27.12.2003, BGBl. I 2003, S. 3022.

61 Abs. 2 S. 3 u. 4 SGB XII das trägerübergreifende persönliche Budget eingeführt worden. Unter einem persönlichen Budget ist jede Form der Hilfeleistung für Menschen mit Behinderungen zu verstehen, die sie in die Lage versetzt, ihren notwendigen Hilfebedarf durch den unmittelbaren Einkauf von Dienstleistungen als Direktzahler zu decken.[237] „Trägerübergreifend" bedeutet, dass der behinderte Mensch seine ggf. verschiedenen Teilhabeleistungen durch einen zuständigen Rehabilitations- bzw. Leistungsträger als trägerübergreifende Komplexleistung – sozusagen wie aus einer Hand – erhält.[238] Das führt im Ergebnis dazu, dass es auch hier nicht zu dem klassischen Sozialleistungserbringungs-Dreiecksverhältnis zwischen Behindertem, Assistenzperson und Sozialleistungsträger kommt.[239] Damit können auch persönliche Assistenten als Sozialleistungsmittler bezeichnet werden.

c) Tagespflegepersonen als Sozialleistungsmittler und als soziale Dienstleister im weiteren Sinne

Tagespflegepersonen können sowohl als Sozialleistungsmittler als auch als „normale" Dienstleister auftreten. Sozialleistungsmittler sind Tagespflegepersonen dann, wenn den Jugendhilfeträger nach § 24 Abs. 2 oder 3 SGB VIII eine Vorhaltepflicht trifft, die dazu führen kann, dass ein Kind in Tagespflege zu fördern ist. Tagespflegepersonen, die in diesen Fällen Kinder betreuen, erbringen eine Sozialleistung, zu der der Träger der Jugendhilfe nach §§ 2 Abs. 2 Nr. 3, 22-24 SGB VIII verpflichtet ist.[240]

Die Tatsache, dass Tagespflegepersonen ebenfalls Sozialleistungsmittler sind, ist aber deshalb schwerer zu begründen, weil es hier wie bei der klassischen Leistungserbringung durch Sozialleistungserbringer nach dem Sachleistungsprinzip zu einem Dreiecksverhältnis zwischen der Tagespflegeperson, dem Träger der Jugendhilfe und den Eltern bzw. Kindern als Sozialleistungsempfänger kommt. So besteht zwischen der Tagespflegeperson und dem Träger der Jugendhilfe ein Rechtsverhältnis bzgl. Beratungs-, Begleitungs-, Qualifizierungs- sowie Geldleistung nach § 23 Abs. 1 SGB VIII. Der Träger der Jugendhilfe ist gegenüber den Eltern bzw. den Kindern direkt zur Vermittlung einer Tagespflegeperson verpflichtet. Im Unterschied zur Leistungserbringung nach dem Sachleistungsprinzip besteht jedoch der Vertrag über die Organisation der Sozialleistung nicht wie herkömm-

---

237 von der Heide in: Kossens/von der Heide/Maaß, Praxiskommentar zum Behindertenrecht (SGB IX), § 17 Rn. 6, sowie Brodkorb in: Hauck/Noftz, SGB IX, K § 17 Rn. 12.
238 Siehe dazu auch die Gesetzesbegründung, BT-Drucks. 15/1514, S. 72.
239 Dazu auch von der Heide in: Kossens/von der Heide/Maaß, Praxiskommentar zum Behindertenrecht (SGB IX), § 17 Rn. 6; Hajen, Persönliche Budgets in der Behindertenpolitik, NDV 2001, S. 66.
240 Siehe dazu ausführlich Kapitel 3, B. III. 1.

lich zwischen dem Sozialleistungsträger und dem Sozialleistungserbringer,[241] sondern zwischen der Tagespflegeperson und den Eltern. Das bedeutet, dass die eigentliche Leistungserbringung nicht über den Sozialleistungsträger, sondern einzig und allein von den Beteiligten organisiert wird. Diese Tatsache widerspricht aber dem Sachleistungsprinzip, sodass Tagespflegepersonen nicht Sozialleistungserbringer im klassischen Sinne sein können. Insofern sind auch sie den Sozialleistungsmittlern zuzuordnen, auch wenn hier nicht das typische Zwei-Personen-Verhältnis besteht und die Bezahlung durch den Träger der Jugendhilfe erfolgt.[242]

Es gibt aber auch Tagespflegepersonen, die Kinder betreuen, für die die Voraussetzungen des § 24 Abs. 2 u. 3 SGB VIII nicht erfüllt sind, sodass den Träger der Jugendhilfe keine Vorhaltepflicht trifft.[243] In diesen Fällen ist die Kinderbetreuungsleistung durch die Tagespflegeperson keine Sozialleistung, sondern eine „normale" Dienstleistung. Aus diesem Grund können diese Tagespflegepersonen auch nicht generell als Sozialleistungsmittler bezeichnet werden. Trotzdem bewegen sich auch diese Dienstleistungen im sozialen Bereich. Dies ergibt sich zum einen daraus, dass es hinsichtlich der Art und Weise der Betreuungsleistung keinen Unterschied zwischen der „normalen" Dienstleistung und der Sozialleistung gibt. Zum anderen gibt § 1 SGB VIII jedem jungen Menschen das Recht auf Förderung seiner Entwicklung und auf Erziehung zu einer eigenverantwortlichen und gemeinschaftsfähigen Persönlichkeit. Diese Norm begründet zwar kein subjektives Recht auf Erziehung, sondern hat die Funktion einer Generalklausel und Leitnorm, die über den Bereich der öffentlichen Jugendhilfe hinaus für alle Erziehungsträger von Bedeutung ist.[244] Zumindest handelt es sich jedoch bei dem Recht auf Förderung der Entwicklung und Erziehung um ein soziales Recht i. S. d. §§ 2, 8 SGB I.[245] Insofern können diese Tagespflegepersonen zwar nicht als Sozialleistungsmittler, doch aber als soziale Dienstleister im weiteren Sinne angesehen werden.

---

241 Wie bei den Verträgen mit den Vertragsärzten nach § 72 Abs. 2 SGB V oder den Pflegediensten nach §§ 72, 82 ff. SGB XI; siehe dazu Schulin/Igl, Sozialrecht, Rn. 43.
242 Vgl. dazu auch Gerstein in: Fieseler, GK-SGB VIII, § 23 SGB VIII Rn. 12.
243 Zum Konstrukt der Vorhaltepflicht siehe ebenfalls Kapitel 3, B. I. 1.
244 Vgl. dazu Münder u. a., FK-SGB VIII (4. Aufl.), § 1 Rn. 1 ff., sowie Steffan in: LPK-SGB VIII (2. Aufl.), § 1 Rn. 1, jeweils mit Hinweis auf BT-Drucks. 11/5948. Ausführlich zu dieser Problematik Wabnitz, Rechtsansprüche gegenüber Trägern der öffentlichen Kinder- und Jugendhilfe nach dem Achten Buch Sozialgesetzbuch (SGB VIII), insbeS. S. 123 ff.
245 So im Ergebnis auch Wabnitz, Rechtsansprüche gegenüber Trägern der öffentlichen Kinder- und Jugendhilfe nach dem Achten Buch Sozialgesetzbuch (SGB VIII), S. 128. Zur Funktion und Wirkungsweise der sozialen Rechte eingehend Steinbach in: Hauck/Noftz, SGB I, § 2 Rn. 10 ff.

Kapitel 1: Situationsüberblick und Problemaufriss

2. Soziale Dienstleister als atypisch Beschäftigte

Die hier untersuchten sozialen Dienstleister, die Pflegepersonen nach § 19 SGB XI, persönliche Assistenten nach § 54 SGB IX und Tagespflegepersonen nach § 22 Abs. 1 S. 2 SGB VIII, haben gemeinsam, dass sie einerseits in einem sehr engen Vertrauensverhältnis zu der betreuenden Person stehen und andererseits eine Sozialleistung erbringen, auf die der Sozialleistungsempfänger einen Anspruch hat. Insofern bestehen hier Dreiecksverhältnisse, die hohe Anforderungen an die Vertragsgestaltung stellen.

In der Kindertagespflege besteht ein Dreiecksverhältnis zwischen Eltern, Jugendamt und Tagespflegeperson. Dabei beschränkt sich der Träger der Jugendhilfe gem. § 23 SGB VIII gegenüber den Eltern in der Regel auf die Vermittlung einer geeigneten Tagespflegeperson. Die Einzelheiten der Leistungserbringung werden regelmäßig in Verträgen zwischen den Eltern und der Tagespflegeperson geregelt.[246] Durch diese Dreiecksbeziehung ist eine klassische Zuordnung der Tagespflegepersonen zu den Arbeitnehmern oder den Selbständigen problematisch: Sie stehen zwar einerseits in einem persönlichen Abhängigkeitsverhältnis zu den Eltern; inhaltlich könnte das durchaus für einen Arbeitsvertrag zwischen Eltern und Tagespflegeperson sprechen,[247] andererseits geht § 23 SGB VIII eher vom Selbständigenstatus von Tagespflegepersonen aus und normiert zahlreiche Pflichten des Jugendamtes gegenüber den Tagespflegepersonen.[248]

Tagespflegepersonen können demzufolge – wie auch die anderen sozialen Dienstleister – entsprechend der o. g. Definition als atypisch Beschäftigte klassifiziert werden.

---

246 In Brandenburg sollen insoweit allerdings dreiseitige Verträge abgeschlossen werden; siehe dazu § 18 Abs. 3 KitaG Brandenburg.
247 Siehe dazu ausführlich Kap. 2.
248 Siehe dazu ausführlich Kap. 3.

Kapitel 2:

Statusfragen bei Tagespflegepersonen

Arbeits- und sozialrechtliche Absicherung hängt in der Regel vom Status einer Person ab.[1] Dies ist auf die Entstehungsgeschichte des Arbeits- und Sozialrechts und den damit verbundenen Schutzzwecken zurückzuführen. Aus diesem Grund soll – bevor auf die Statusmöglichkeiten des deutschen Arbeits- und Sozialrechts einzugehen und zu klären ist, welchem Status Tagespflegepersonen zugeordnet werden können – ein Überblick über die Entwicklung des Arbeits- und Sozialrechts und deren Schutzzwecke gegeben werden.

A. Einführung

Sozialer Absicherung durch den Staat bedürfen im Grundsatz nur Personengruppen, die nicht in der Lage sind, sich selbst vor bestimmten Lebensrisiken oder Ausbeutung zu schützen.

I. Entstehungsgeschichte von Arbeits- und Sozialrecht

Unter der eben genannten Prämisse kam es im 19. Jahrhundert zur Entwicklung des Arbeits- und Sozialrechts. Die Ausbreitung der Lohnarbeit hatte zur Folge, dass die Existenzsicherung allein vom Markt abhing.[2] So führte die Industrialisierung zu Organisationen, von denen die dort Beschäftigten persönlich abhängig waren.[3] Die vorher bestehende Feudalordnung war dagegen durch einen persönlich vermittelten Charakter der Herrschaftsbeziehung geprägt: Die Menschen waren überwiegend entweder als Bauern von ihrem Gutsherrn abhängig, dem sie zu umfangreichen unentgeltlichen Diensten verpflichtet waren und der ihnen dafür in Notlagen Hilfe leisten sollte, oder sie gründeten Familienbetriebe, in denen der männliche Haushaltsvorstand die Verfügungsgewalt über das Familien-

---

[1] Von diesem Grundsatz gibt es einige Ausnahmen: So bestehen für bestimmte Berufsgruppen spezielle Vorschriften, wie für Heimarbeiter und Hausgewerbetreibende das Heimarbeitergesetz, welches besondere arbeitsschutzrechtliche Regelungen enthält, oder das Sozialversicherungsrecht bspw. für Künstler und Publizisten, für die das Künstlersozialversicherungsrecht einschlägig ist, oder für Pflegepersonen i. S. v. § 19 SGB XI, die in § 44 SGB XI und in den einzelnen Sozialversicherungszweigen unabhängig vom Status in den Schutzbereich der Sozialversicherung aufgenommen wurden; siehe dazu auch Kapitel 4, B. II. 2. b). Darüber hinaus besteht eine Ausnahme dann, wenn eine Person arbeitslos i. S. v. § 119 SGB III ist und Arbeitslosengeld nach §§ 117 ff. SGB III oder als erwerbsfähiger Hilfebedürftiger nach § 19 SGB II Arbeitslosengeld II bezieht. In diesem Fall besteht Versicherungspflicht in der Kranken-, Renten- und Pflegeversicherung, wobei die Beiträge nicht von dem Mitglied, sondern vom Bund oder der Bundesagentur für Arbeit getragen werden (siehe dazu bspw. § 251 Abs. 4 und 4a SGB V).
[2] MünchArbR/Richardi, § 2 Rn. 2.
[3] MünchArbR/Richardi, § 2 Rn. 2, sowie Preis, Arbeitsrecht, S. 8.

vermögen und die mitarbeitenden Familienmitglieder hatte, wobei die Familie dann im Gegenzug soziale Sicherheit bot.[4]

Die durch die Industrialisierung entstandene persönliche Abhängigkeit vom Arbeitgeber war im Wesentlichen von einem Austauschverhältnis „Arbeit gegen Lohn" geprägt. Dabei galt zwar schon damals theoretisch das Prinzip der Vertragsfreiheit; aufgrund der großen Anzahl von Menschen, die auf eine Beschäftigung in einer Fabrik angewiesen waren, kam es jedoch zu einem Machtungleichgewicht zwischen Arbeitgebern und Arbeitnehmern, welches es den Arbeitgebern ermöglichte, die Arbeitsbedingungen einseitig festzulegen. So zahlten Arbeitgeber niedrigste Löhne bei zu langen Arbeitszeiten; es kam zu Frauen- und Kinderarbeit; Unfallschutz und soziale Vorsorge bei Krankheit und Tod des Familienernährers waren in der Regel nicht vorgesehen.[5]

Diese eklatanten Missstände führten Mitte des 19. Jahrhunderts zum Erlass der ersten arbeitsrechtlichen Schutzgesetze.[6] Diese beschränkten sich jedoch zunächst auf punktuelle Verbesserungen der Arbeitsbedingungen: So wurde durch das preußische Regulativ über die Beschäftigung jugendlicher Arbeiter in Fabriken vom 09.03.1839 ein Verbot der Kinderarbeit aufgestellt, und mit Erlass des Allgemeinen Deutschen Handelsgesetzbuchs und der Gewerbeordnung für den Norddeutschen Bund, jeweils im Jahr 1869, wurde ein Verbot der Sonntags- und Feiertagsarbeit sowie das Gebot, Arbeitsentgelt in Geld auszuzahlen (sog. Truckverbot), eingeführt.[7]

In den Achtzigerjahren des 19. Jahrhunderts kam es dann weiter zur Einrichtung der Sozialversicherung als öffentlich-rechtliche Zwangsversicherung.[8] Dies beruhte nicht nur auf der einseitigen persönlichen Abhängigkeit des Arbeitnehmers vom Arbeitgeber, sondern auch darauf, dass die Familie als Hort sozialer Sicherheit vom „großen Kern in einer zahlenmäßig kleinen Gesellschaft" zu einem „zahlenmäßig beschränkten Kern in einer immer stärker wachsenden Gesellschaft" geschrumpft war.[9]

---

4   Siehe dazu Preis, Arbeitsrecht, S. 6 ff.; MünchArbR/Richardi, § 2 Rn. 2 und Rn. 29; Krauss ‚Herrschaft' als zentraler Problemgegenstand kritisch-emanzipatorischer Gesellschaftstheorie, unter http://www.glasnost.de/autoren/krauss/herrschaft4.html, letzter Aufruf 22.08.2009.
5   Zum Ganzen siehe Preis, Arbeitsrecht, S. 8 f.
6   Siehe dazu ebenfalls Preis, Arbeitsrecht, S. 8 f.
7   Preis, Arbeitsrecht S. 8.
8   Vgl. dazu MünchArbR/Richardi, § 2 Rn. 29.
9   Vgl. dazu MünchArbR/Richardi, § 2 Rn. 29 m. w. N.

II. Schutzzwecke von Arbeits- und Sozialrecht

Aufgrund der Entstehungsgeschichte des Arbeits- und Sozialrechts sind diese Rechtsgebiete von bestimmten Schutzzwecken geprägt.

1. Arbeitsrecht

Unter Arbeitnehmerschutz ist die Gesamtheit sozialpolitischer Maßnahmen zum Schutz der abhängig Beschäftigten gegen materielle und immaterielle Schädigungen und Gefahren, die aus der Arbeitsausübung und aus dem Abhängigkeitscharakter des Lohnarbeitsverhältnisses erwachsen, zu verstehen.[10] Der Schutzgedanke im Arbeitsrecht ist das Korrelat dazu, dass der Arbeitnehmer seine Rechtsgüter in eine fremde betriebliche Organisation einbringt und sich dem Direktionsrecht des Arbeitgebers unterordnet.[11] Aus diesem Grund besteht zwischen Arbeitnehmer und Arbeitgeber ein Machtungleichgewicht, welches durch die Schutzmechanismen des Arbeitsrechts ausgeglichen werden soll. Dieses Machtungleichgewicht zeigt sich konkret am Eigentum des Arbeitgebers an den Produktionsmitteln, der Einbindung in die Organisation des Arbeitgebers, der Verwendung vorformulierter Arbeitsverträge und einer organisatorischen Überlegenheit des Arbeitgebers beim Vertragsschluss, der Abhängigkeit vom Arbeitsmarkt und der Angewiesenheit auf den Unterhalt.[12]

Der arbeitsrechtliche Schutz wird in der Literatur unterschiedlich gegliedert: So wird dieser bspw. nach dem Inhalt der Regelungen in Arbeitszeitschutz, Betriebs- oder Gefahren- und Unfallschutz, Lohnschutz und Bestandsschutz, bzw. nach dem geschützten Personenkreis in Kinder- und Jugendarbeitsschutz, Frauen- und Mutterschutz, Schwerbehindertenschutz und Heimarbeiterschutz unterteilt.[13] Darüber hinaus sind in der Literatur folgende Einteilungen zu finden: Erhaltung der Arbeitskraft, Arbeitsplatzschutz, Stabilität des Lebensunterhalts, Haftungsmilderung;[14] Schutz aufgrund wirtschaftlicher, organisatorischer und

---

10 Lampert/Althammer, Lehrbuch der Sozialpolitik, S. 167. Von dem allgemeinen arbeitsrechtlichen Schutz ist das Arbeitsschutzrecht i. e. S. zu unterscheiden. Bei diesem handelt es sich um all diejenigen gesetzlichen Regelungen zum Schutz des Arbeitnehmers, deren Einhaltung durch behördliche Kontrolle und behördlichen Zwang überwacht oder durch straf- bzw. ordnungsrechtliche Sanktionen geahndet werden kann. Das Arbeitsschutzrecht ist also nur ein Bestandteil des allgemeinen arbeitsrechtlichen Schutzes und ist zudem Teilgebiet des öffentlichen Rechts; siehe dazu Zöllner/Loritz, Arbeitsrecht, S. 341 ff.; Schaub, Arbeitsrechts-Handbuch, § 152 Rn. 1 ff., sowie Wank, Arbeitnehmer und Selbständige, S. 59 f.
11 Siehe dazu Preis, Arbeitsrecht, S. 383.
12 Siehe dazu Wank, Arbeitnehmer und Selbständige, S. 46.
13 So Lampert/Althammer, Lehrbuch der Sozialpolitik, S. 168; ähnlich auch Zöllner/Loritz, Arbeitsrecht, S. 343 ff., sowie Schaub, Arbeitsrechts-Handbuch, § 152 Rn. 7 u. 8.
14 Wiedemann, Das Arbeitsverhältnis als Austausch- und Gemeinschaftsverhältnis, S. 22 f.

rechtlicher Abhängigkeit;[15] Bestand des Arbeitsplatzes, Einkommens, Arbeitsinhalts, sonstiger Arbeitsbedingungen, Arbeitsortes;[16] Arbeitsorganisation, Kündigungsschutz, Tarifautonomie, Betriebsverfassungs- und Mitbestimmungsrecht;[17] Berufsschutz, der sich wiederum in arbeitsbezogenen Berufsschutz, Persönlichkeitsschutz und Schutz vor Organisationsrisiken unterteilt, und Existenzschutz.[18]

Aus diesen Unteilungen lassen sich zwei Hauptzwecke des Arbeitsrechts herausfiltern: Der eine betrifft den Schutz bei Ausübung der Arbeit. Diesem Schutzzweck dienen Regelungen wie § 618 BGB, § 62 HGB, Regelungen des Arbeitsschutzgesetzes, der Arbeitsstätten-Verordnung, des Arbeitszeitgesetzes, des Arbeitssicherheitsgesetzes, des Bundesurlaubsgesetzes sowie der Unfallschutz nach den §§ 14 ff. SGB VII[19]; für bestimmte Personengruppen gelten bspw. die Regelungen des Mutterschutzgesetzes und des Jugendarbeitsschutzgesetzes.[20] Aber auch die betriebliche Mitbestimmung in sozialen und personellen Angelegenheiten oder im Hinblick auf Arbeitsbedingungen nach §§ 87 ff., 90 ff., 92 ff., 99 ff. BetrVG sowie der Abschluss von Tarifverträgen dienen dem Schutz der Durchführung des Arbeitsverhältnisses.[21] Darüber hinaus sind auch die Grundsätze der eingeschränkten Arbeitnehmerhaftung Ausfluss des Schutzprinzips bei Ausübung der Arbeit.[22]

Der andere Hauptzweck des Arbeitsrechts ist die Sicherung der Existenzgrundlage für den Arbeitnehmer – und zwar unabhängig von der Arbeitsleistung. Diesem Schutzzweck dienen vor allem der allgemeine Kündigungsschutz nach dem Kündigungsschutzgesetz, die Entgeltfortzahlung bei Krankheit, § 616 BGB und § 3 EntgeltfortzG, an Feiertagen, § 2 EntgeltfortzG, bei Urlaub, § 11 BUrlG, und während der Mutterschutzfristen, §§ 11 ff. MuSchG, die Erhaltung des Arbeitsplatzes ohne Entgeltfortzahlung während der Mutterschutzfristen, § 9 MuSchG, und der Elternzeit, §§ 18 f. BErzGG, des Wehrdienstes, §§ 1, 2 u. 6 ArbPlSchG, oder bei der Tätigkeit als Abgeordneter, Art. 48 Abs. 2 S. 2 GG i. V. m. § 2 Abs. 3

---

15 Kreutz, Grenzen der Betriebsautonomie, S. 156.
16 Kittner in: Kittner, Arbeitsmarkt, S. 25 ff.
17 Richardi in: Wilke, Festschrift zum 125jährigen Bestehen der Juristischen Gesellschaft zu Berlin, S. 607, 616.
18 Wank, Arbeitnehmer und Selbständige, S. 56 ff.
19 Nach §§ 14 ff. SGB VII haben die Unfallversicherungsträger Unfallverhütungsvorschriften zu erlassen. Zwar gehört der Unfallversicherungsschutz eigentlich zum System der sozialen Sicherung und damit zum Sozialrecht, da aber Arbeitnehmer wie auch Arbeitgeber an die Unfallverhütungsvorschriften gebunden sind, sind die §§ 14 ff. SGB VII auch als Schutznormen des Arbeitsrechts in Bezug auf die Ausübung der Arbeit anzusehen.
20 Siehe zu dieser Aufzählung auch Wank, Arbeitnehmer und Selbständige, S. 60, sowie ausführlich Schaub, Arbeitsrechts-Handbuch, § 154 ff.
21 So auch Wank, Arbeitnehmer und Selbständige, S. 61 f.
22 Ebenfalls Wank, Arbeitnehmer und Selbständige, S. 64 ff.

AbgG, sowie die Leistungen der Berufsgenossenschaft bei Arbeitsunfällen, insbesondere die Zahlung von Verletztengeld gem. §§ 45 ff. i. V. m. §§ 7 ff. SGB VII, deren Beiträge allein vom Arbeitgeber getragen werden, § 150 SGB VII.[23]

2. Sozialrecht
Im Sozialrecht besteht gegen die Risiken des Lebens das System der sozialen Sicherung i. e. S., auch Sozialversicherungssystem genannt: Darunter ist die Summe aller Einrichtungen und Maßnahmen zu verstehen, die das Ziel haben, die Bürger gegen die Risiken zu schützen, die verbunden sind mit dem vorübergehenden oder dauernden Verlust von Arbeitseinkommen, bedingt durch Krankheit, Unfall, Alter oder Arbeitslosigkeit, den Tod des Ernährers, also des Ehepartners oder der Eltern, und durch unplanmäßige Ausgaben im Falle von Krankheit, Mutterschaft, Unfall oder Tod.[24] Zum Sozialversicherungssystem gehören die Arbeitslosenversicherung nach SGB III, die Kranken- und Pflegeversicherung nach SGB V und SGB XI, die Rentenversicherung nach SGB VI und die Unfallversicherung nach SGB VII. Darüber hinaus gehören zum System der sozialen Sicherung i. w. S. noch die Kriegsopferversorgung, die Sozialhilfe nach SGB XII und die Grundsicherung für Arbeitsuchende nach SGB II sowie andere Sozialtransfers, z. B. im Rahmen der Wohnungspolitik, der Ausbildungsförderung oder der Familienpolitik.[25]

Die Notwendigkeit sozialer Sicherung ergibt sich aus folgenden Umständen: Zum einen ist die Mehrzahl der Bürger für ihre Existenzsicherung auf die Verwertung ihrer Arbeitskraft angewiesen, sodass ein vorübergehender oder dauernder Verlust von Arbeit und Arbeitsfähigkeit ihre Existenz unmittelbar bedroht. Eine Sicherung durch die Familie ist in der heutigen Zeit der Zweigenerationenfamilie nicht möglich. Zum anderen ist die private Absicherung gegen die Risiken des Lebens für viele nicht realisierbar, da sie einerseits die Versicherungsprämien, die nach dem Äquivalenzprinzip kalkuliert sind, aus ihrem Einkommen nicht

---

23 Wie schon in Fn. 19 erwähnt, gehört der Unfallversicherungsschutz zwar eigentlich zum System der sozialen Sicherung, da aber der Arbeitgeber alleine die Beiträge zur Versicherung trägt, ist der Unfallversicherungsschutz auch Teil des arbeitsrechtlichen Schutzes hinsichtlich der Existenzgrundlage des Arbeitnehmers.
24 Lampert/Althammer, Lehrbuch der Sozialpolitik, S. 234.
25 Siehe dazu auch Lampert/Althammer, Lehrbuch der Sozialpolitik, S. 234. Zum Sozialrecht zählt allerdings nicht nur das System der sozialen Sicherheit, sondern auch das der sozialen Gerechtigkeit. Dies ergibt sich aus § 1 SGB I. Danach ist „Sozialrecht das der sozialen Gerechtigkeit und der sozialen Sicherheit dienende Recht, das diese Ziele durch die Gewährung von Sozialleistungen einschließlich sozialer und erzieherischer Hilfen zu verwirklichen sucht", so Schulin/Igl, Sozialrecht, Rn. 1. Das System der sozialen Gerechtigkeit spielt für die soziale Absicherung von Tagespflegepersonen jedoch nur eine untergeordnete Rolle, sodass hier nur auf das Teilgebiet der sozialen Sicherung und damit auch nur auf den Schutzzweck dieses Teilbereiches des Sozialrechts eingegangen werden soll.

aufbringen können und andererseits gegen bestimmte Risiken, wie das Risiko der Arbeitslosigkeit und der Inflation und gravierende medizinische Risiken, keine privaten Versicherungen angeboten werden.[26]

Schutzzweck des Sozialrechts im Bereich der sozialen Sicherung ist also grundsätzlich, Personen abzusichern, die selbst nicht in der Lage sind, gegen die Risiken des Lebens vorzusorgen. Damit dient das System der sozialen Sicherung – wie auch ein Teil des Arbeitnehmerschutzes – weitestgehend dem Existenzschutz. Da der Unfallversicherungsschutz nach dem SGB VII aber durch die Präventionsregelungen der §§ 14 ff. SGB VII auch dem Schutz bei Ausübung der Arbeit dient, erstreckt sich der Schutzzweck der sozialen Sicherung auch auf diesen Bereich.

3. Zusammenfassende Betrachtung

Resümierend lässt sich feststellen, dass sowohl der arbeits- als auch der sozialrechtliche Schutz entwickelt wurde, um das durch die Industrialisierung entstandene Machtungleichgewicht zwischen Arbeitgeber und Arbeitnehmer abzumildern: Wer durch die Einbringung seiner vollen Arbeitskraft in einer fremden Organisation nicht mehr selbst in der Lage ist, sich gegen die Risiken der Arbeit als solche und auch die des Lebens wie Unfall, Krankheit usw. abzusichern, muss vom Sozialstaat und seinen Schutzmechanismen aufgefangen werden. Da die Vermarktung der eigenen Arbeitskraft die Existenzgrundlage für den Einzelnen bildet, fehlt auch der Familienverbund, der eine soziale Sicherung übernehmen könnte. Hinzu kommt, dass eine private Absicherung für Personen, die auf das Arbeitsentgelt für ihre Existenzsicherung angewiesen sind, zu teuer und damit nicht möglich ist.

Aus diesen Gründen haben sich im Arbeitsrecht wie auch im System der sozialen Sicherung zwei Hauptschutzzwecke entwickelt: Zum einen der Schutz bei der Ausübung der Arbeit, dem im Wesentlichen durch das Arbeitsrecht, zum Teil aber auch durch das Unfallversicherungsrecht Rechnung getragen wird, zum anderen der Existenzschutz, der ebenfalls zum Teil durch das Arbeitsrecht und zum Teil durch das System der sozialen Sicherung erfüllt wird.

III. Folgen für den Sozialschutz in Deutschland

Aus der Entwicklungsgeschichte des Arbeits- und Sozialrechts könnte zu schließen sein, dass soziale Absicherung durch den Staat grundsätzlich für jeden infrage kommt, der schutzbedürftig ist. Da sich das Arbeits- und Sozialrecht jedoch in den Zeiten der Industrialisierung und damit zu Zeiten des Normalarbeitsver-

---

26 Siehe dazu ebenfalls Lampert/Althammer, Lehrbuch der Sozialpolitik, S. 234 f.

hältnisses entwickelt hat, hängt soziale Absicherung grundsätzlich vom Status einer Person ab, denn nur Arbeitnehmer bzw. abhängig Beschäftigte werden im arbeits- und sozialversicherungsrechtlichen Sinne als schutzbedürftig angesehen. Dies zeigen auch die Schutzzwecke von Arbeits- und Sozialrecht, die sich ebenfalls am Normalarbeitsverhältnis orientieren, indem im Wesentlichen auf die Schutzbedürftigkeit von Arbeitnehmern – bedingt durch das während der Industrialisierung entstandene Machtungleichgewicht zwischen Arbeitgeber und Arbeitnehmer – abgestellt wird. Zwar ist der arbeits- und auch der sozialrechtliche Schutz in jüngerer Zeit auf bestimmte Personengruppen erweitert worden, die nicht unter den Begriff des Arbeitnehmers bzw. abhängig Beschäftigten zu subsumieren sind.[27] Im Grundsatz ist aber bis heute davon auszugehen, dass nur Arbeitnehmer und abhängig Beschäftigte vom Schutzbereich des Arbeits- und Sozialrechts umfasst sind.

B. Statusmöglichkeiten des deutschen Arbeits- und Sozialrechts

Aus diesem Grund wird das Arbeitsrecht grundsätzlich als Sonderrecht der Arbeitnehmer definiert.[28] Für Arbeitnehmer sieht das Arbeitsrecht zahlreiche Schutzrechte vor. Dazu gehören – wie oben[29] ausführlich dargestellt – der Schutz sowohl am Arbeitsplatz als auch vor Verlust des Arbeitsplatzes, der Arbeitsschutz, die Arbeitszeitregelungen, der Urlaubsanspruch, der Kündigungsschutz etc. Für Selbständige sind dagegen keine entsprechenden Schutzrechte vorgesehen.

Des Weiteren gibt es im Arbeitsrecht den Status der arbeitnehmerähnlichen Person. Für diese Personengruppe ist das Arbeitsrecht mit seinen Schutzmechanismen teilweise anwendbar. Grund für die erweiterte Anwendung des Arbeitsrechts auf diese Personen ist die Erkenntnis, dass es auch außerhalb der Gruppe der Arbeitnehmer abhängig Beschäftigte gibt, die eines gewissen arbeitsrechtlichen Schutzes bedürfen.[30] Dies ist auf die oben beschriebene zunehmende Flexibilisierung der Arbeit zurückzuführen, also auf den Rückgang des Normalarbeitsverhältnisses und die Zunahme atypischer Beschäftigungsverhältnisse.

---

27 So ist der Schutzbereich des Arbeitsrechts in Teilen auf die arbeitnehmerähnliche Person erweitert worden und auch Heimarbeiter und Hausgewerbetreibende sind nach dem HAG in gewissem Maße vom arbeitsrechtlichen Schutz umfasst. Im Sozialversicherungsrecht sind im Bereich der Rentenversicherung gem. § 2 SGB VI bestimmte Selbständige pflichtversichert. Der Katalog der Pflichtversicherung wurde darüber hinaus um den arbeitnehmerähnlichen Selbständigen erweitert. In der Unfallversicherung sind in § 2 Abs. 1 SGB VII ebenfalls bestimmte Selbständige in die Pflichtversicherung aufgenommen worden.
28 Hueck/Nipperdey, Arbeitsrecht I, S. 1.
29 Siehe dazu Kapitel 2, A. II. 1.
30 Vgl. dazu Wank in: Wiedemann, § 12a TVG Rn. 17 m. w. N.

Der sozialversicherungsrechtliche Schutz der gesetzlichen Kranken- und Pflegeversicherung, der Unfall-, Arbeitslosen- und Rentenversicherung kommt – wie sich aus § 25 Abs. 1 i. V. m. § 24 Abs. 1 SGB III, § 5 Abs. 1 Nr. 1 i. V. m. § 6 Abs. 1 Nr. 1 SGB V, § 1 S. 1 Nr. 1 SGB VI, § 2 Abs. 1 Nr. 1 SGB VII, § 20 Abs. 1 S. 1 Nr. 1 SGB XI ergibt – grundsätzlich nur Beschäftigten i. S. v. § 7 Abs. 1 SGB IV zugute. Selbständige erhalten dagegen nur unter bestimmten Voraussetzungen die Möglichkeit, in einigen dieser gesetzlichen Versicherungen Mitglied zu werden. Da sich die Flexibilität der Arbeit aber nicht nur auf das Arbeitsrecht, sondern wegen der Abhängigkeit vom Beschäftigtenstatus auch auf das Sozialversicherungsrecht auswirkt,[31] ist die Versicherungspflicht in der Rentenversicherung auf den arbeitnehmerähnlichen Selbständigen[32] ausgeweitet worden, § 2 Nr. 9 SGB VI.[33]

Darüber hinaus gibt es gem. § 7 Abs. 4 SGB IV eine Sonderregelung für Personen, die Existenzgründer sind oder einen Existenzgründerzuschuss beantragen. Danach wird für Personen, die einen Existenzgründerzuschuss nach § 421 Abs. l SGB III oder eine entsprechende Leistung nach § 16 SGB II beantragen, widerlegbar vermutet, dass sie in dieser Tätigkeit als Selbständige tätig sind; für die Dauer des Bezuges des Zuschusses gelten diese Personen als selbständig Tätige. Durch diese Sonderregelung entfällt für Existenzgründer also die sonst im Sozialversicherungsrecht notwendige Statusbestimmung.[34]

Mit Ausnahme der Existenzgründer ist die Statusbestimmung aber für die Inanspruchnahme sozialversicherungsrechtlichen Schutzes unabdingbar.

---

31   Die Auswirkungen beschränken sich dabei nicht nur darauf, dass Personen, die als Selbständige eingeordnet werden, grundsätzlich keinen sozialversicherungsrechtlichen Schutz genießen, sondern der versicherte Personenkreis ist auch einer zunehmenden Erosion ausgesetzt. Dadurch zahlen immer weniger Mitglieder in die Sozialkassen ein; für die Beitragszahler bedeutet das höhere Prozente und weniger Leistung; siehe dazu auch Reiserer, BB 1999, 366. Das kann zu einer gesamtgesellschaftlichen Belastung führen, wenn im Risikofall das steuerfinanzierte Arbeitslosengeld II oder die Sozialhilfe eingreifen müssen. Zur Begründung der Einbeziehung des arbeitnehmerähnlichen Selbständigen in die gesetzliche Rentenversicherung siehe BT-Drucks. 14/45, S. 20.
32   Das Gesetz nennt den Begriff des arbeitnehmerähnlichen Selbständigen nicht ausdrücklich, er wurde jedoch von der Gesetzesbegründung geprägt, siehe dazu BT-Drucks. 14/45, S. 15 u. 20, und ist in der rechtswissenschaftlichen Literatur gängig, siehe dazu bspw. Schulin/Igl, Sozialrecht, Rn. 546.
33   Siehe dazu die Gesetzesbegründung BT-Drucks. 14/45, S. 20.
34   Das gilt jedoch nicht für das Arbeitsrecht, da § 7 Abs. 4 SGB IV keine Wirkung für das Arbeitsrecht hat.

I. Definitionen

Für die Bestimmung des Status einer Person ist es in der Regel am hilfreichsten, wenn in Gesetzen Begriffsdefinitionen normiert sind. Eine einheitliche gesetzliche Definition dahingehend, wer „Arbeitnehmer" und wer „Selbständiger" ist, gibt es jedoch bislang nicht. Dies ist vor allem darauf zurückzuführen, dass in Deutschland kein einheitliches Arbeitsgesetzbuch existiert.

Die Schaffung eines einheitlichen Arbeitsgesetzbuchs ist schon seit den Zeiten der Weimarer Republik versucht[35] und in den letzten Jahren immer wieder mehr oder weniger heftig diskutiert worden – jüngst in den 90er-Jahren im Zusammenhang mit der Bekämpfung der Scheinselbständigkeit.[36] So erwuchsen aus der rechtspolitischen Diskussion um die Bekämpfung der Scheinselbständigkeit drei grundlegende Vorschläge, um der Scheinselbständigkeit zu Leibe zu rücken: die große arbeitsrechtliche Lösung, die kleine arbeitsrechtliche Lösung und die sozialversicherungsrechtliche Lösung.[37]

Die große arbeitsrechtliche Lösung sah vor, ein einheitliches Arbeitsgesetzbuch zu schaffen, in dessen § 1 eine allgemeingültige Definition des Arbeitnehmers enthalten sein sollte. Da jedoch das Problem der Scheinselbständigkeit immer drastischer wurde und bezüglich eines einheitlichen Arbeitsgesetzbuchs wenig Fortschritte zu verzeichnen waren, wurde die sog. kleine arbeitsrechtliche Lösung diskutiert, nach der ein eigenes arbeitsrechtliches Gesetz zur Regelung der Scheinselbständigkeit geschaffen werden sollte. Dieser Ansatz stieß jedoch auf erhebliche politische Widerstände, sodass dann der Gedanke entwickelt wurde, es zunächst mit einem eigenen Gesetz auf dem Gebiet der Sozialversicherung zu versuchen.

Dieser sozialversicherungsrechtlichen Lösung sind die Länder Nordrhein-Westfalen und Hessen dann schon 1996 mit der Vorlegung eines „Gesetzes zur Bekämpfung der Scheinselbständigkeit"[38] gefolgt, welches vom Gesetzentwurf der SPD-Fraktion im Deutschen Bundestag übernommen wurde und auf welchem dann das sozialrechtliche Korrekturgesetz vom 19.12.1998 fußte, in dem vornehmlich ein Kriterienkatalog in § 7 Abs. 4 SGB IV verfasst wurde, der eine Einordnung in eine abhängige Beschäftigung erleichtern sollte. Dieses wurde jedoch in der Folge so stark kritisiert, dass der Gesetzgeber am 20.12.1999

---

35 Siehe dazu Frantzioch, Abhängige Selbständigkeit im Arbeitsrecht, S. 101.
36 Wank, RdA 1999, 297, 299.
37 Vgl. dazu Wank, RdA 1999, 297, 299 f.
38 Gesetzentwurf vom 23.10.1996, BR-Drucks. 793/96.

das „Gesetz zur Förderung der Selbständigkeit" – und zwar rückwirkend zum 01.01.1999 – erlassen hat, welches den Kriterienkatalog verbessern sollte und weitere Regelungen zur Einordnung von Beschäftigungen enthielt. Aber auch der neu gestaltete Kriterienkatalog überlebte nicht lange. Er wurde mit Gesetz vom 23.12.2002[39] vollständig neu gefasst und enthält nunmehr eine Sonderregelung für Existenzgründer nach § 421 Abs. I SGB III.

Ein einheitliches Arbeitsgesetzbuch ist also bis heute nicht in greifbare Nähe gerückt.

In Deutschland sind im Arbeits-, Sozial-, Steuer- und Handelsrecht vereinzelt Legaldefinitionen zu finden. Diese sind jedoch alle – zum Teil sogar innerhalb eines Rechtsgebietes – nicht aufeinander abgestimmt und damit auch nicht allgemeinverbindlich.[40]

1. Der Arbeitnehmerbegriff

So ist auch der Arbeitnehmerbegriff im Arbeitsrecht nicht mittels einer verbindlichen gesetzlichen Definition festgeschrieben. Vielmehr taucht der Arbeitnehmerbegriff an verschiedenen Stellen des Arbeitsrechts und in unterschiedlichen Ausprägungen auf.

Von manchen arbeitsrechtlichen Gesetzen wird der Begriff lediglich vorausgesetzt: § 611a BGB, § 1 KSchG, § 1 MontanMitbestG bspw. nennen zwar den Arbeitnehmer, definieren ihn aber nicht.

In anderen Gesetzen existieren spärliche Begriffserklärungen, die jedoch ausschließlich für den Geltungsbereich des entsprechenden Gesetzes anwendbar sind. Beispiele dafür sind § 5 Abs. 1 S. 1 ArbGG, § 1 Abs. 2 EntgeltfortzG, § 2 S. 1 BUrlG, § 5 Abs. 1 BetrVG. In § 5 Abs. 1 S. 1 ArbGG lautet die Begriffsdefinition des Arbeitnehmers wie folgt: „Arbeitnehmer im Sinne dieses Gesetzes sind Arbeiter und Angestellte sowie die zu ihrer Berufsausbildung Beschäftigten." Die anderen genannten Gesetze verwenden eine wortgleiche bis ähnliche Definition.

Im Steuerrecht gibt es eine negative Beschreibung des Begriffs „Arbeitnehmer" in § 2 Abs. 2 Nr. 1 UstG: Danach wird eine gewerbliche oder berufliche Tätigkeit nicht selbständig ausgeübt, soweit natürliche Personen, einzeln oder zusammen-

---

39 BGBl. I 2002, S. 2954.
40 Wank, Arbeitnehmer und Selbständige, S. 9; Waßer, Franchising zwischen Arbeitsrecht und Handelsrecht, S. 169; Dietrich in: Schupp/Büchel/Diewald/Habich, Arbeitsmarktstatistik zwischen Realität und Fiktion, S. 131 ff., 139.

geschlossen, einem Unternehmen so eingegliedert sind, dass sie den Weisungen des Unternehmers zu folgen verpflichtet sind. Eine allgemeinverbindliche Definition kann darin jedoch ebenfalls nicht gesehen werden.

2. Der Beschäftigtenbegriff

Im Sozialrecht findet sich in § 7 Abs. 1 SGB IV eine Definition der Beschäftigung: Diese ist nach Satz 1 die nicht selbständige Arbeit, insbesondere in einem Arbeitsverhältnis; gem. Satz 2 sind Anhaltspunkte für eine Beschäftigung eine Tätigkeit nach Weisungen und eine Eingliederung in die Arbeitsorganisation des Weisungsgebers.[41] Schon aus dem Wortlaut von Satz 1 lässt sich erkennen, dass das sozialversicherungsrechtliche Beschäftigungsverhältnis grundsätzlich über das Arbeitsverhältnis als solches hinausgeht.[42] Die Definition der Beschäftigung in § 7 Abs. 1 S. 1 SGB IV ist nach dem Willen des Gesetzgebers so zu verstehen, dass eine Beschäftigung i. d. R. dann anzunehmen ist, wenn nach arbeitsrechtlichen Grundsätzen ein Arbeitsverhältnis vorliegt;[43] insoweit besteht zwischen Arbeitsverhältnis und sozialrechtlichem Beschäftigungsverhältnis Identität.[44] Weiterhin kann ein Beschäftigungsverhältnis aber auch dann vorliegen, wenn kein Arbeitsverhältnis besteht, da bei der Feststellung, ob im sozialversicherungsrechtlichen Sinne ein Beschäftigungsverhältnis vorliegt, zusätzlich noch der Schutzzweck der Sozialversicherung zu beachten ist, den abhängig Beschäftigten wegen ihrer sozialen Schutzbedürftigkeit ein öffentlich-rechtliches Sicherungssystem zur Verfügung zu stellen.[45] Damit kann das Beschäftigungsverhältnis insoweit über das Arbeitsverhältnis hinausgehen, als es auch im Rahmen öffentlich-rechtlicher

---

41 Die Erweiterung des § 7 Abs. 1 um den Satz 2 geht auf die Empfehlung der Kommission „Scheinselbständigkeit" zurück, wonach § 7 Abs. 1 SGB IV als maßgebende Vorschrift wieder in den Vordergrund gerückt und ausdrücklich betont werden sollte, dass ein abhängiges Beschäftigungsverhältnis nur nach einer Gesamtwürdigung aller Umstände festgestellt werden kann; siehe dazu Zwischenbericht der Kommission „Scheinselbständigkeit", NZS 1999, 443, 445.
42 Dazu auch Knospe in: Hauck/Noftz, SGB IV, K § 7 Rn. 25 und 28.
43 Vgl. dazu die amtliche Begründung zu § 7, BT-Drucks. 7/4122, abgedruckt in: Hauck/Noftz, SGB IV, M 010, S. 5 f.
44 Ausführlich dazu ebenfalls Knospe in: Hauck/Noftz, SGB IV, K § 7 Rn. 25.
45 Deutsche Rentenversicherung Bund, SGB IV, § 7 unter 4.

Dienstverhältnisse sowie bei vertragslosen[46] und arbeitnehmerähnlichen Tätigkeiten[47] gegeben sein kann.[48]

Darüber hinaus ist das Wiedereingliederungsverhältnis nach § 74 SGB V ein Beschäftigungsverhältnis, im arbeitsrechtlichen Sinne besteht jedoch kein Arbeitsverhältnis, sondern ein Rechtsverhältnis „sui generis". Arbeitsrechtlich begründet sich dies daraus, dass Gegenstand der Tätigkeit des Arbeitnehmers nicht die vertraglich geschuldete Arbeitsleistung ist, sondern ein aliud, da im Vordergrund der Tätigkeit die Rehabilitation des Arbeitnehmers steht.[49] Insofern ruht das ursprüngliche Arbeitsverhältnis aufgrund der Arbeitsunfähigkeit in seinen Hauptpflichten.[50] Sozialrechtlich gesehen handelt es sich bei der betreffenden Person jedoch um einen grundsätzlich abhängig Beschäftigten, der in der Zeit des Wiedereingliederungsverhältnisses trotz der stufenweisen Arbeitsaufnahme arbeitsunfähig ist.[51]

---

46 Damit ist nicht das faktische Arbeitsverhältnis gemeint, in dem ein Arbeitsvertrag unwirksam war oder angefochten wurde und trotzdem Arbeit geleistet worden ist, da dieses für die Vergangenheit wie ein fehlerfrei zustande gekommenes Arbeitsverhältnis zu behandeln ist (siehe BT-Drucks. zu § 7, 7/4122, S. 31; zum früheren Theorienstreit zwischen Vertrags- und Eingliederungstheorie vor Anerkennung des faktischen Arbeitsverhältnisses durch die Arbeitsrechtsdogmatik siehe bspw. Preis, Arbeitsrecht, § 6 II.). Es sind die Fälle gemeint, in denen ein Arbeitnehmer wegen einer positiven vorinstanzlichen Entscheidung einer Kündigungsschutzklage weiterbeschäftigt wird und die letzte Instanz die Kündigungsschutzklage dagegen abschlägig beurteilt, sodass der Arbeitnehmer in der Zwischenzeit vertragslos seine Arbeitsleistung erbracht hat; siehe dazu BAG v. 10.03.1987, Az: 8 AZR 146/84, AP Nr. 1 zu § 611 – Weiterbeschäftigung; KassKomm/Seewald, § 7 SGB IV Rn.16.
47 Zum Beispiel Tätigkeiten, die wegen ihrer wirtschaftlichen Abhängigkeit dem Arbeitnehmer tatsächlich und rechtlich sehr nahe stehen, wie die Tätigkeit als Heimarbeiter. Dies ergibt sich aus der Gesetzesbegründung zu § 7, BT-Drucks. 7/4122, S. 31, in der bspw. auf § 12 Abs. 2 SGB IV verwiesen wird. Damit lehnt sich der Gesetzgeber an die Figur der arbeitnehmerähnlichen Person aus dem Arbeitsrecht an, modifiziert sie jedoch dahingehend, dass nach § 12 Abs. 1 SGB IV wiederum klargestellt wird, dass Hausgewerbetreibende als selbständig Tätige und gerade nicht als Beschäftigte anzusehen sind (im Arbeitsrecht gehören dagegen auch Hausgewerbetreibende zur Kategorie der arbeitnehmerähnlichen Person, siehe dazu Udsching in: Hauck/Noftz, SGB IV, K § 12 Rn. 1a). Die arbeitnehmerähnliche Person in diesem Sinne ist nicht zu verwechseln mit dem erst zum 01.01.1999 in § 2 Nr. 9 SGB VI eingeführten arbeitnehmerähnlichen Selbständigen. Zum Begriff der arbeitnehmerähnlichen Person und des arbeitnehmerähnlichen Selbständigen siehe Kapitel 2, B. I. 4.
48 Knospe in: Hauck/Noftz, SGB IV, K § 7 Rn. 25 und 28; vgl. dazu auch BSG v. 18.12.1963, Az: 3 RK 99/59, BSGE 20, 123, 126; BSG v. 30.06.1967, Az: 3 RK 109/64, BSGE 26, 280, 281; BSG v. 18.06.1997, Az: 5 RJ 66/95, SGb 1998, 315 ff. mit Anm. Buschmann; Weber, ZevKR, Bd. 22, 346, 372 ff.
49 BAG v. 29.1.1992, Az: 5 AZR 37/91, BAGE 69, 272 ff.
50 Siehe dazu ausführlich Klückmann in: Hauck/Noftz, SGB V, K § 74 Rn. 14 ff.
51 Zu den sozialrechtlichen Folgen eines Wiedereingliederungsverhältnisses ebenfalls Klückmann in: Hauck/Noftz, SGB V, K § 74 Rn. 18.

Umgekehrt kann jedoch auch kein Beschäftigungsverhältnis bestehen, obwohl ein Arbeitsverhältnis vorliegt. Eine solche Fallkonstellation ist bei dauerhafter Freistellung des Arbeitnehmers denkbar: Dabei bleibt das Arbeitsverhältnis als solches zwar existent, tatsächlich wird aber keine Arbeit geleistet. In einem solchen Fall hatte das BSG argumentiert, dass der Arbeitnehmer nicht mehr persönlich abhängig sei, sodass nicht von einem Beschäftigungsverhältnis im sozialversicherungsrechtlichen Sinne ausgegangen werden könne.[52]

In der amtlichen Begründung zum Entwurf des § 7 SGB IV wird ausgeführt, dass es bei der Feststellung, ob ein Beschäftigungsverhältnis vorliegt, nicht darauf ankomme, ob ein wirksamer Arbeitsvertrag geschlossen wurde oder ob es sich um ein sog. faktisches Arbeitsverhältnis handele.[53] Das bedeutet, dass auf die das Beschäftigungsverhältnis im Sinne des Sozialversicherungsrechts kennzeichnenden tatsächlichen Verhältnisse abgestellt werden muss, sodass es im Grunde immer auf die tatsächliche Ausübung einer Arbeit ankommt.[54]

---

52 Siehe dazu BSG, Beschluss v. 21.08.1997, Az: 12 BK 63/97. Die Spitzenverbände der Krankenkassen, des VDR und der BA haben am 05./06.07.2005 anlässlich einer Besprechung über Fragen des gemeinsamen Beitragseinzugs beschlossen, „dass das versicherungspflichtige Beschäftigungsverhältnis bei einer unwiderruflichen Freistellung von der Arbeitsleistung mit dem letzten Arbeitstag endet, denn in diesen Fällen endet auf Seiten des Arbeitnehmers die Weisungsgebundenheit und auf Seiten des Arbeitgebers das Weisungsrecht. Dem steht nicht entgegen, dass dem Arbeitnehmer in diesen Fällen gleichwohl bis zum rechtlichen Ende des Arbeitsverhältnisses das geschuldete Arbeitsentgelt fortgezahlt wird". Das Besprechungsergebnis konnte unter: http://www.deutsche-rentenversicherung.de/nn_31374/de/Inhalt/Zielgruppen/ Arbeitgeber_Steuerberater/Publikationen/Besprechungsergebnisse/Beitragseinzug/ 2005/2005_07_05_06_top_4,property=publicationFile.pdf/2005_07_05_06_top_4, letzter Aufruf 15.03.2006, eingesehen werden. Dabei beriefen sie sich auf zwei Urteile des BSG – BSG v. 25.04.2002, Az: B 11 AL 65/01 R, BSGE 89, 243 ff., sowie BSG v. 18.12.2003, Az: B 11 AL 35/03 R, BSGE 92, 74 ff. –, die allerdings zur Sperrzeitenregelung in der Arbeitslosenversicherung ergangen waren. Die Vereinbarung der Spitzenverbände der Krankenkassen, des VDR und der BA ist in der rechtswissenschaftlichen Literatur auf starke Kritik gestoßen. Dabei wurde vor allem argumentiert, dass der beitragsrechtliche und der leistungsrechtliche Begriff des Beschäftigungsverhältnisses in der Arbeitslosenversicherung nicht identisch seien und deshalb die von den Spitzenverbänden zugrunde gelegten Urteile nicht auf den beitragsrechtlichen Begriff des Beschäftigungsverhältnisses übertragen werden könnten. Siehe dazu bspw. Schlegel, NZA 2005. 972 ff.; Bauer/Krieger, DB 2005, 2242 ff. sowie Lindemann/Simon, BB 2005, 2462 ff. In dem oben zuerst erwähnten Beschluss des 12. Senats des BSG v. 21.08.1997 hatte dieser das Problem zwischen dem beitragsrechtlichen und leistungsrechtlichen Begriff des Beschäftigungsverhältnisses in der Arbeitslosenversicherung allerdings gesehen und für den Fall, dass tatsächliche Arbeit endgültig nicht mehr erbracht werden soll, das beitragsrechtliche Beschäftigungsverhältnis abgelehnt. Insofern begegnet die Kritik, die zwar aus sozialpolitischen Erwägungen durchaus zu begrüßen ist, rechtlichen Bedenken, da die Rechtsprechung des BSG der Vereinbarung der Spitzenverbände bislang nicht entgegensteht.
53 BT-Drucks. 7/4122 zu § 7, S. 31.
54 Knospe in: Hauck/Noftz, SGB IV, K § 7 Rn. 17 ff.

Der Beschäftigungsbegriff des § 7 SGB IV ist mithin ebenso wenig wie die vielfachen Definitionen des Arbeitnehmerbegriffs auf andere Rechtsgebiete übertragbar.

3. Der Selbständigenbegriff
Eine Norm zur Begriffsbestimmung des Selbständigen findet sich lediglich in § 84 Abs. 1 S. 2 HGB, wonach selbständig ist, wer im Wesentlichen frei seine Tätigkeit gestalten und seine Arbeitszeit bestimmen kann. Aber auch diese Definition ist für die anderen Rechtsgebiete nicht verbindlich;[55] vielmehr wird die Vorschrift des § 84 Abs. 1 S. 2 HGB sogar im Handelsrecht selbst eher als unverbindlicher Hinweis angesehen.[56]

4. Die „Zwischenform" des Arbeitnehmerähnlichen
a) Die arbeitnehmerähnliche Person
Neben den Begriffen Arbeitnehmer und Selbständiger gibt es im Arbeitsrecht noch den Begriff der arbeitnehmerähnlichen Person. Dieser Begriff ist nur in § 12a TVG legaldefiniert, wonach arbeitnehmerähnliche Personen solche sind, die „wirtschaftlich abhängig und vergleichbar einem Arbeitnehmer sozial schutzbedürftig sind". Weiterhin enthält § 12a TVG konkrete Merkmale, die für die Bestimmung der arbeitnehmerähnlichen Person heranzuziehen sind. So müssen arbeitnehmerähnliche Personen aufgrund von Dienst- oder Werkverträgen für andere Personen tätig sein, die geschuldeten Leistungen persönlich und im Wesentlichen ohne Mitarbeit von Arbeitnehmern erbringen sowie überwiegend für eine Person tätig sein, oder das ihnen zustehende Entgelt von einer Person muss im Durchschnitt mehr als die Hälfte dessen ausmachen, was ihnen für ihre Erwerbstätigkeit insgesamt zusteht.

Der Begriff des Arbeitnehmerähnlichen wurde zum ersten Mal in § 5 Abs. 1 des Arbeitsgerichtsgesetzes von 1926 gesetzlich definiert. Demnach waren arbeitnehmerähnliche Personen solche, die, ohne in einem Arbeitsverhältnis zu stehen, im Auftrag und auf Rechnung anderer Arbeit leisten.[57] Diese sehr weite Definition wurde 1953 mit der Novellierung des Arbeitsgerichtsgesetzes insoweit

---

55 In der Rechtsprechung wird jedoch davon ausgegangen, dass § 84 Abs. 1 S. 2 HGB eine allgemeine gesetzgeberische Wertung enthält, die bei der Abgrenzung des allgemeinen Dienstvertrages vom Arbeitsvertrag zu beachten ist; siehe dazu BAG v. 09.05.1984, Az: 5 AZR 195/82, AP Nr. 45 zu § 611 BGB – Abhängigkeit; BAG v. 21.02.1990, Az: 5 AZR 162/89, AP Nr. 57 zu § 611 BGB – Abhängigkeit, sowie jüngst BAG v. 09.03.2005, Az: 5 AZR 493/04, EzA § 611 BGB 2002 – Arbeitnehmerbegriff Nr. 3.
56 Wank, Arbeitnehmer und Selbständige, S. 7. Vgl. dazu auch MünchArbR/Richardi, § 24 Rn. 5; Mayer/Paasch, Ein Schein von Selbständigkeit, S. 25.
57 Siehe dazu Wank in: Wiedemann, § 12a TVG Rn. 18. Ausführlich zur Geschichte der arbeitnehmerähnlichen Person Hromadka, NZA 1997, 1249 ff.

geändert, als nunmehr auch die Beschäftigten als Arbeitnehmer im Sinne dieses Gesetzes galten, die wegen ihrer wirtschaftlichen Unselbständigkeit als arbeitnehmerähnliche Personen anzusehen waren.[58] Diese Gesetzesformulierung findet sich auch heute noch in § 5 Abs. 1 S. 2 ArbGG sowie in § 2 S. 2 BUrlG und in § 1 Abs. 2 Nr. 1 BeschSchG.

Die Definition der arbeitnehmerähnlichen Person aus § 12a TVG ist auf andere arbeitsrechtliche Gesetze zwar nicht übertragbar,[59] anders als die Normen zum Arbeitnehmerbegriff enthalten jedoch die Vorschriften, die sich auf arbeitnehmerähnliche Personen beziehen, also § 5 Abs. 1 S. 2 ArbGG, § 2 S. 2 BUrlG und § 1 Abs. 2 Nr. 1 BeschSchG, zumindest – ebenso wie § 12a TVG – die Anknüpfung an die wirtschaftliche Abhängigkeit.[60] Neben diesen Gesetzen finden sich – bspw. in § 5 Abs. 1 S. 2 ArbGG, § 1 Nr. 2 MuSchG, § 5 Abs. 1 S. 2 BetrVG – auch Definitionen, in denen Arbeitnehmerähnliche als „Heimarbeiter" und „Hausgewerbetreibende"[61] beschrieben werden; eine weitere sog. extensionale Definition findet sich bzgl. der arbeitnehmerähnlichen Handelsvertreter in § 92a HGB sowie in § 5 Abs. 3 ArbGG.[62] Darüber hinaus enthält § 2 Abs. 2 Nr. 3 ArbSchG einen Verweis auf die Definition der arbeitnehmerähnlichen Person in § 5 Abs. 1 S. 2 ArbGG, wobei das ArbSchG „die in Heimarbeit Beschäftigten und die ihnen Gleichgestellten" wiederum ausdrücklich vom Anwendungsbereich des Gesetzes ausnimmt.

Das Sozialrecht kennt den Begriff der arbeitnehmerähnlichen Person als solchen zwar im Grunde nicht, die Sozialgesetzgebung hat jedoch einen Teil der Personengruppe, die im Arbeitsrecht unter den Begriff der arbeitnehmerähnlichen Person fallen, unter den Schutz des Sozialrechts gestellt. So sind nach § 12 Abs. 2 SGB IV Heimarbeiter als Beschäftigte i. S. d. § 7 Abs. 1 SGB IV anzusehen. Dagegen ordnet § 12 Abs. 1 SGB IV Hausgewerbetreibende den selbständig Tätigen zu, obwohl diese arbeitsrechtlich als arbeitnehmerähnliche Personen anzusehen sind.[63] Daraus ist zu folgern, dass arbeitnehmerähnliche Personen vom sozialen

---

58 Wank in: Wiedemann, § 12a TVG Rn. 18.
59 Vgl. dazu den Wortlaut des § 12a TVG.
60 Siehe dazu auch Henssler/Olbing/Reinecke/Voelzke, Das arbeits- und sozialrechtliche Korrekturgesetz und die Scheinselbständigkeit, S. 55; Waßer, Franchising zwischen Arbeitsrecht und Handelsrecht, S. 219. Zum Umgang der Rechtsprechung mit dem Kriterium der wirtschaftlichen Abhängigkeit siehe Kapitel 2, B. III. 2.
61 Die Legaldefinitionen für diese Begriffe finden sich in § 1 Abs. 1 i. V. m. § 2 Abs. 1 und 2 HAG.
62 Dazu auch Wank, Arbeitnehmer und Selbständige, S. 9.
63 Vgl. z. B. §§ 10 ff. HAG, § 6 BetrVG, §§ 1, 10, 11 EntgeltfortzG, § 12 BUrlG.

Sicherungsschutz nur bei sehr starker tatsächlicher und rechtlicher Nähe zum Arbeitnehmer umfasst sind.[64]

Darüber hinaus sind nach § 2 Abs. 2 S. 1 SGB VII in der gesetzlichen Unfallversicherung auch Personen versichert, die wie Beschäftigte tätig werden. Nach ständiger Rechtsprechung des BSG wird eine solche beschäftigungsähnliche Tätigkeit angenommen, wenn es sich um Tätigkeiten handelt, die auch in einem Arbeitsverhältnis erbracht werden könnten und bei denen die äußeren Umstände ähnlich wie bei einem Beschäftigungsverhältnis sind.[65] Im Unfallversicherungsrecht wird demzufolge zwar auch mit der Figur der arbeitnehmerähnlichen Person gearbeitet, dabei wird jedoch nicht auf die wirtschaftliche Abhängigkeit, sondern auf die Tätigkeit als solche abgestellt, sodass der allgemeine Rechtsbegriff der arbeitnehmerähnlichen Person im Unfallversicherungsrecht einer zweckorientierten Einschränkung unterliegt.[66]

Anhand der in den Gesetzen aufgeführten Kriterien zur Einstufung einer Person als arbeitnehmerähnlich ist zu erkennen, dass der Begriff der arbeitnehmerähnlichen Person eine Zwischenstellung zwischen dem Begriff des Arbeitnehmers und dem des Selbständigen einnimmt.[67] Für die Feststellung, ob eine Beschäftigung eine abhängige oder selbständige Tätigkeit ist, ist diese Zwischenstellung jedoch nur wenig hilfreich: Nicht eindeutig klassifizierbare Beschäftigungsverhältnisse einfach als arbeitnehmerähnlich einzuordnen wäre verfehlt, da die Rechtsfolgen einer Klassifikation als arbeitnehmerähnliche Person keineswegs eine dem Arbeitnehmer ähnliche Rechtsposition mit sich bringt.[68] Vielmehr findet für arbeitnehmerähnliche Personen mit Ausnahme weniger Sonderregelungen grundsätzlich das Recht für Selbständige Anwendung, sodass die arbeitnehmerähnliche Person als Teilgruppe der Selbständigen zu qualifizieren ist.[69]

---

64 Siehe dazu auch Udsching in: Hauck/Noftz, SGB IV, K § 12 Rn. 1a).
65 Siehe dazu zuletzt BSG v. 24.03.1998, Az: B 2 U 13/97 R, NJW 1999, 446, 447. Ausführlicher zur diesbezüglichen Rechtsprechung des BSG siehe Kapitel 2, B. III. 2. c).
66 Däubler, ZIAS 2000, 326, 334 f.
67 So jedenfalls auch die h. M. Vgl. dazu BAG v. 23.12.1961, Az: 5 AZR 53/61, BAGE 12, 158; Waßer, Franchising zwischen Arbeitsrecht und Handelsrecht, S. 219 f.; von Einem, BB 1994, 60, 62, sowie jüngst Schubert, Der Schutz der arbeitnehmerähnlichen Personen, S. 22, 23. Anders Wank, Arbeitnehmer und Selbständige, S. 238, sowie Neuvians, Die arbeitnehmerähnliche Person, S. 53 f., die davon ausgehen, dass es keinen allgemeinen Begriff der arbeitnehmerähnlichen Person gibt, sondern dass dieser nur für den jeweiligen Geltungsbereich der Gesetze Anwendung finden kann.
68 Vgl. dazu vor allem Waßer, Franchising zwischen Arbeitsrecht und Handelsrecht, S. 219 f.
69 Vertiefend dazu Waßer, Franchising zwischen Arbeitsrecht und Handelsrecht, S. 219 ff.; Wank, Arbeitnehmer und Selbständige, S. 243 ff.; Hromadka, NZA 1997, 1249, 1252 ff. jeweils mit weiteren Nachweisen.

b) Der arbeitnehmerähnliche Selbständige

Im Sozialversicherungsrecht sind nach § 2 S. 1 Nr. 9 SGB VI Personen in der Rentenversicherung pflichtversichert, die im Zusammenhang mit ihrer selbständigen Tätigkeit regelmäßig keinen versicherungspflichtigen Arbeitnehmer beschäftigen, dessen Arbeitsentgelt aus diesem Beschäftigungsverhältnis regelmäßig 400 Euro im Monat übersteigt und die auf Dauer und im Wesentlichen nur für einen Auftraggeber tätig sind. Diese Definition beschreibt den sog. arbeitnehmerähnlichen Selbständigen. § 2 S. 1 Nr. 9 SGB VI wurde durch das „Gesetz zu Korrekturen in der Sozialversicherung und zur Sicherung der Arbeitnehmerrechte" vom 19.12.1998 ins geltende Recht eingeführt. Damit wurde zum 01.01.1999 der „arbeitnehmerähnliche Selbständige" erstmals im Sozialversicherungsrecht erwähnt und definiert.[70]

Schon auf den ersten Blick ist offensichtlich, dass dieser Begriff mit dem der arbeitnehmerähnlichen Person nicht identisch ist, da in § 2 S. 1 Nr. 9 SGB VI auf die Kriterien der wirtschaftlichen Abhängigkeit und der sozialen Schutzbedürftigkeit gänzlich verzichtet wurde.[71] Diese Personengruppe nimmt zwar – genau wie die arbeitnehmerähnliche Person – eine Zwischenstellung zwischen Arbeitnehmer und Selbständigem ein, sie steht aber im Gegensatz zur arbeitnehmerähnlichen Person nicht dem Arbeitnehmer, sondern dem Selbständigen rechtlich und tatsächlich nahe.[72] Dies ergibt sich schon daraus, dass diese Personengruppe ihre Beiträge gem. § 169 Nr. 1 SGB VI selbst tragen muss.[73]

Über die Pflichtversicherung in der Rentenversicherung hinaus taucht der arbeitnehmerähnliche Selbständige jedoch im Sozialversicherungsrecht nicht mehr auf, sodass dieser Status nur eine begrenzte Bedeutung hat.

---

70 Wie schon in Fn. 32 erwähnt, nennt das Gesetz den Begriff des „arbeitnehmerähnlichen Selbständigen" jedoch nicht ausdrücklich, es definiert ihn aber.
71 Vertiefend zu Arbeitnehmerähnlichen im Arbeits- und Sozialrecht Däubler, ZIAS 2000, 326 ff.
72 Allerdings weist § 2 S. 1 Nr. 9 SGB VI eine gewisse Ähnlichkeit mit dem Kriterium der arbeitnehmerähnlichen Person aus § 12a Abs. 1 Nr. 1 lit. b) TVG auf, welches darauf abstellt, dass das Entgelt einer Person im Durchschnitt mehr als der Hälfte des Entgelts entspricht, welches der Person für ihre Erwerbstätigkeit insgesamt zusteht. Die Termini der arbeitnehmerähnlichen Person des Arbeitsrechts und des arbeitnehmerähnlichen Selbständigen des Sozialrechts weisen also trotz der Unterschiede auch gewisse Übereinstimmungen auf.
73 Henssler/Olbing/Reinecke/Voelzke, Das arbeits- und sozialrechtliche Korrekturgesetz und die Scheinselbständigkeit, S. 59; Leuchten/Zimmer, DB 1999, 381, 383; Waßer, Franchising zwischen Arbeitsrecht und Handelsrecht, S. 221.

II. Das in einigen Gesetzen „versteckte" Direktionsrecht des Arbeitgebers als Grundprinzip des deutschen Arbeitsrechts

In vielen Normen der unterschiedlichsten Rechtsgebiete – bspw. in § 106 GewO, § 29 Abs. 1 SeemG, § 1 Abs. 2 LstDV, § 7 Abs. 1 S. 2 SGB IV, aber auch in § 84 HGB[74] – ist eine allgemeine Regel des Arbeitsrechts versteckt: das Direktionsrecht des Arbeitgebers. Dieses umschreibt das Recht des Arbeitgebers, Weisungen zu erteilen, indem er die Arbeitsleistung nach Art, Ort und Zeit näher bestimmt,[75] und die Pflicht des Arbeitnehmers, diesen Weisungen zu folgen.[76] Es handelt sich dabei um ein Prinzip, das nicht eigens vertraglich vereinbart oder gesetzlich vorgesehen ist, sondern sich generell aus der Natur des Arbeitsverhältnisses ergibt.[77]

Durch dieses „versteckte" Direktionsrecht definiert der Gesetzgeber zwar nicht, was unter dem Begriff des Arbeitnehmers zu verstehen ist, er bringt aber zumindest zum Ausdruck, dass die Weisungsgebundenheit und damit die persönliche Abhängigkeit wesentliche Merkmale für das Vorliegen eines Arbeitsverhältnisses sind.

III. Die Abgrenzungskriterien der höchstrichterlichen Rechtsprechung

Da – wie eben aufgezeigt – für die Begriffe des Arbeitnehmers bzw. des Beschäftigten, der Arbeitnehmerähnlichen und des Selbständigen keine für alle Rechtsgebiete verbindlichen gesetzlichen Legaldefinitionen existieren, sind in der Rechtsprechung bestimmte Abgrenzungskriterien entwickelt worden, um feststellen zu können, ob eine Beschäftigung rechtlich als abhängige oder als selbständige Tätigkeit zu bewerten ist.[78]

1. Die Abgrenzung des Arbeitnehmers bzw. Beschäftigten vom Selbständigen
a) Die Ursprünge
Im ausgehenden 19. Jahrhundert musste sich bereits das Reichsversicherungsamt vor dem Hintergrund des damaligen sozialen Umfelds und der Wirtschaftsord-

---

74 § 84 HGB bildet zu den vorgenannten Normen insoweit eine Ausnahme, als das Direktions- bzw. Weisungsrecht des Arbeitgebers hier mit „umgekehrten Vorzeichen" umschrieben wird.
75 Schaub, Arbeitsrechts-Handbuch, § 31 Rn. 31.
76 Preis, Arbeitsrecht, § 18 VI 1; MünchArbR/Richardi, § 12 Rn. 52 f.
77 Preis, Arbeitsrecht, § 18 VI 1; MünchArbR/Richardi, § 12 Rn. 52 f.; vgl. zum Ganzen auch Griebeling, RdA 1998, 208, 210.
78 Die Rspr. des BVerfG und des BGH sollen hier unberücksichtigt bleiben, da sie lediglich die Rspr. des BAG bestätigen. Vgl. dazu vertiefend Waßer, Franchising zwischen Arbeitsrecht und Handelsrecht, S. 181 f. m. w. N.

nung zur Feststellung der Sozialversicherungspflicht[79] mit der Abgrenzung des Arbeitsverhältnisses von anderen Rechtsverhältnissen befassen.[80] Als maßgebliches Unterscheidungsmerkmal wurde dabei die persönliche Abhängigkeit des Arbeitnehmers gesehen.[81] Obwohl die Anzeichen und Hinweise, die auf das Vorliegen eines Arbeitsverhältnisses hindeuteten, damals viel eindeutiger waren, war es auch dem Reichsversicherungsamt nicht möglich, eine allgemeine Abgrenzungsformel zu entwickeln, die auf alle Erscheinungen des Lebens anwendbar war.[82] Das Reichsgericht schloss sich in seiner Rechtsprechung dem Reichsversicherungsamt an.[83] Auch das Reichsarbeitsgericht folgte im Wesentlichen der Rechtsprechung des Reichsversicherungsamtes. Allerdings hatte das Reichsarbeitsgericht von Beginn seiner Rechtsprechung im Jahre 1926 an bis Anfang der Dreißigerjahre neben der persönlichen Abhängigkeit auch die wirtschaftliche Abhängigkeit als entscheidendes Kriterium zur Abgrenzung zwischen Arbeitnehmern und Selbständigen angesehen.[84] Später hat es jedoch ebenso wie das Reichsgericht im Wesentlichen nur noch auf das Kriterium der persönlichen Abhängigkeit abgestellt.[85]

b) Die Rechtsprechung des Bundesarbeitsgerichts
Das Bundesarbeitsgericht hat diese Rechtsprechung fortgesetzt: Maßgebliches Merkmal zur Unterscheidung von Arbeitsverhältnis und Selbständigkeit ist der unterschiedliche Grad der persönlichen Abhängigkeit; entscheidend für die Abgrenzung sind die tatsächlichen Umstände, unter denen die Dienstleistung zu erbringen ist, nicht aber, wie der Vertrag zwischen den Vertragsparteien bezeichnet oder ausgestaltet wird.[86] Die persönliche Abhängigkeit wird also aufgrund einer Würdigung aller Umstände des Einzelfalles anhand des Weisungsrechts des Arbeitgebers bezüglich der Zeit, der Dauer, der Art – also der inhaltlichen bzw.

---

79 Deutschland war der erste Staat, der die Sozialversicherung – und zwar in den 1880er-Jahren – einführte. Die damalige Sozialversicherung sollte die Versicherten bei Verwirklichung sozialer Risiken – Krankheit, Unfall, Erwerbsunfähigkeit, Alter und Ernährertod – vor Bedürftigkeit und damit vor der Armenpflege schützen. Vgl. dazu eingehend Eichenhofer, Sozialrecht, S. 15 ff.
80 Dazu vor allem Griebeling, RdA 1998, 208, 210 f., sowie Hromadka, NZA 1997, 569, 572 ff.
81 Griebeling, RdA 1998, 208, 210 f., sowie Hromadka, NZA 1997, 569, 572 ff.
82 Hromadka, NZA 1997, 569, 572 ff, insbeS. 574.
83 Vgl. dazu nur RGZ 87, 441, 442 f. Siehe zu diesem Urteil auch Hromadka, NZA 1997, 569, 574.
84 RAG ARS 4, 143.
85 RAG ARS 8, 451, 452; 13, 42, 43; 15, 505; 15, 550, 552; 20, 302, 303; 36, 143, 144; siehe dazu auch Wank, Arbeitnehmer und Selbständige, S. 12 f. Fn. 57, 58.
86 So das BAG in ständiger Rspr., vgl. dazu statt aller eine jüngere Entscheidung des BAG zum Arbeitnehmerbegriff v. 09.03.2005, Az: 5 AZR 493/04, EzA § 611 BGB 2002 – Arbeitnehmerbegriff Nr. 3.

fachlichen Weisungsbindung – und des Ortes der Arbeit sowie anhand der personellen und materiellen Eingliederung[87] in die Organisation des Arbeitgebers festgestellt.[88]

Das BAG definiert den Arbeitnehmer in ständiger Rechtsprechung wie folgt: „Arbeitnehmer ist, wer aufgrund eines privatrechtlichen Vertrags im Dienste eines anderen zur Leistung weisungsgebundener, fremdbestimmter Arbeit in persönlicher Abhängigkeit verpflichtet ist (...). Das Arbeitsverhältnis ist ein auf den Austausch von Arbeitsleistung und Vergütung gerichtetes Dauerschuldverhältnis. Die vertraglich geschuldete Leistung ist im Rahmen einer von Dritten bestimmten Arbeitsorganisation zu erbringen. Die Eingliederung in die fremde Arbeitsorganisation zeigt sich insbesondere darin, dass der Beschäftigte einem Weisungsrecht seines Vertragspartners (Arbeitgebers) unterliegt. Das Weisungsrecht kann Inhalt, Durchführung, Zeit, Dauer und Ort der Tätigkeit betreffen. Arbeitnehmer ist derjenige Mitarbeiter, der nicht im Wesentlichen frei seine Tätigkeit gestalten und seine Arbeitszeit bestimmen kann (...). § 84 Abs. 1 Satz 2 HGB enthält insoweit eine über seinen unmittelbaren Anwendungsbereich hinausgehende gesetzliche Wertung. Für die Abgrenzung von Bedeutung sind in erster Linie die tatsächlichen Umstände, unter denen die Dienstleistung zu erbringen ist. Erforderlich ist eine Gesamtwürdigung aller maßgebenden Umstände des Einzelfalls."[89]

Neben den Abgrenzungskriterien zur persönlichen Abhängigkeit hat das BAG noch weitere Merkmale entwickelt, welche von Fall zu Fall in unterschiedlicher Weise und mit wechselnder Gewichtung zur Abgrenzung von Arbeitsverhältnis und Selbständigkeit herangezogen werden. Dies ist beispielsweise die Frage nach einem eigenen Unternehmerrisiko: Besteht dieses, spricht das entscheidend für eine selbständige Tätigkeit.[90] Feste Bezüge, Gewährung von Urlaub sowie Kontrolle durch den Auftraggeber werden dagegen als Indizien für eine Arbeitnehmereigenschaft gewertet.[91] All diese Merkmale für das Bestehen einer Arbeit-

---

[87] Personelle Eingliederung ist die Zusammenarbeit mit Mitarbeitern des Betriebes des Arbeitgebers, materielle Eingliederung bedeutet die Arbeit mit Arbeitsmitteln des Arbeitgebers. Vgl. dazu Dietrich, in: Schupp/Büchel/Diewald/Habich, Arbeitsmarktstatistik zwischen Realität und Fiktion, S. 131 ff., Übersicht 2 S. 140.

[88] Beispielhaft seien hier die Entscheidungen BAG AP Nr. 16, 17, 18, 20, 34, 42, 53, 57 zu § 611 BGB – Abhängigkeit genannt. Siehe auch Dietrich, in: Schupp/Büchel/Diewald/Habich, Arbeitsmarktstatistik zwischen Realität und Fiktion, S. 131 ff., Übersicht 2 S. 140; Waßer, Franchising zwischen Arbeitsrecht und Handelsrecht, S. 174.

[89] So das BAG v. 09.03.2005, Az: 5 AZR 493/04, EzA § 611 BGB 2002 – Arbeitnehmerbegriff Nr. 3; vgl. dazu auch BAG v. 25.05.2005, Az: 5 AZR 347/04, EzA § 611 BGB 2002 – Arbeitnehmerbegriff Nr. 6.

[90] Vgl. dazu BAGE 18, 87, 102 f.; BAG AP Nr. 20, 26, 34, 36, 37 zu § 611 – Abhängigkeit.

[91] Vgl. dazu nur BAG AP Nr. 3, 6 und 44 zu § 611 – Abhängigkeit.

nehmereigenschaft müssen in der Abwägung jedoch nicht zwingend vorliegen, vielmehr können diese mehr oder minder ausgeprägt sein oder sogar gänzlich fehlen, da ausschlaggebend der Grad der persönlichen Abhängigkeit ist, der sich aus einer Abwägung der einzelnen Indizien ergibt.[92]

Insgesamt ist mithin festzustellen, dass das BAG für die Abgrenzung vor allem darauf abstellt, dass die vertraglich geschuldete Leistung des Arbeitnehmers im Rahmen einer von Dritten bestimmten Arbeitsorganisation zu erbringen ist, wobei wesentliche Elemente der Eingliederung in diese fremde Arbeitsorganisation das Weisungsrecht und die Bestimmung der Arbeitszeit sind. Diese Elemente werden fallgruppenspezifisch für verschiedene Arten von Tätigkeiten unterschiedlich gewichtet.

c) Die Rechtsprechung des Bundesgerichtshofs
Der Bundesgerichtshof hat sich mit der Frage, ob eine Person als Arbeitnehmer anzusehen ist, vor allem im Rahmen von Rechtswegstreitigkeiten befassen müssen: Eigene Abgrenzungskriterien verwendet der BGH dafür jedoch nicht, vielmehr hat er sich in seinen jüngsten Urteilen ausdrücklich der Rechtsprechung des BAG angeschlossen.[93] In seinen früheren Urteilen hat sich der BGH zwar nicht auf die Rechtsprechung des BAG berufen, den Grad der persönlichen Abhängigkeit aber schon immer als wesentliches Abgrenzungskriterium zwischen Arbeitnehmern und Selbständigen angesehen.[94]

d) Die Rechtsprechung des Bundessozialgerichts
Das Bundessozialgericht prüft die gesetzliche Versicherungspflicht anhand des Beschäftigungsbegriffs des § 7 Abs. 1 SGB IV,[95] wonach Beschäftigung die „nichtselbständige Arbeit, insbesondere in einem Arbeitsverhältnis" ist. Aufgrund dieser unscharfen Definition mussten auch im Sozialrecht Abgrenzungskriterien gefunden werden.[96]

---

92 Siehe dazu die Einschätzungen bei Waßer, Franchising zwischen Arbeitsrecht und Handelsrecht, S. 177; Griebeling, RdA 1998, 208, 211.
93 Siehe dazu vor allem BGH, Beschluss v. 21.10.1998, Az: VIII ZB 54/97, DB 1999, 151.
94 Vgl. bspw. BGH WM 1982, 272, 273; BGHZ 10, 187, 190; 36, 142, 143.
95 Griebeling, RdA 1998, 208, 213; Waßer, Franchising zwischen Arbeitsrecht und Handelsrecht, S. 182.
96 Selbst zu der Zeit, als § 7 Abs. 4 SGB IV den Kriterienkatalog zur Bestimmung des Beschäftigtenstatus enthielt, also zwischen dem 01.01.1999 und dem 31.12.2002, hatte das BSG diese Vorschrift nicht als abschließende Aufzählung angesehen, die materiell rechtlich zu einer Änderung der von der Rechtsprechung entwickelten Kriterien führen würde; vielmehr fasse die Vorschrift nur die maßgebenden Gesichtspunkte zusammen. Siehe dazu BSG, Urt. v. 28.01.1999, B 3 KR 2/98 R, BB 1999, 1662, 1663.

Wie auch das Bundesarbeitsgericht stellt das Bundessozialgericht auf die persönliche Abhängigkeit ab und sieht als maßgebliches Kriterium dafür die organisatorische Eingliederung in den Betrieb und das Weisungsrecht des Weisungsgebers.[97] Maßgeblich für die Feststellung, ob ein Beschäftigungsverhältnis im Sinne des Sozialversicherungsrechts vorliegt, ist die Aufnahme der tatsächlichen Arbeit durch den Arbeitnehmer bzw. dessen Dienstbereitschaft sowie die tatsächliche Verfügungsgewalt des Arbeitgebers über den Arbeitnehmer.[98]

Bei der Gewichtung der einzelnen Merkmale stellt das BSG allerdings noch stärker als das BAG auf die Eingliederung in einen übergeordneten Organismus ab.[99] So hat das BSG ein Beschäftigungsverhältnis zum Teil nur aufgrund der Eingliederung in einen Betrieb bejaht und gleichzeitig festgestellt, dass beim Fehlen eines Betriebs ausschließlich das Direktionsrecht bzw. die Weisungsgebundenheit maßgebend seien.[100] In einer jüngeren Entscheidung hat der 11. Senat des BSG jedoch betont, dass das Weisungsrecht bei Diensten höherer Art zwar erheblich eingeschränkt sein kann, aber nicht vollständig entfallen darf.[101] Kurze Zeit später hat der 2. Senat wieder mit Verweis auf die ältere Rechtsprechung festgestellt, dass das Merkmal persönlicher Abhängigkeit durch Weisungsgebundenheit oder durch Eingliederung in den Betrieb des Arbeitgebers erfüllt sein kann: „Je weniger allerdings das Direktionsrecht des Arbeitsgebers in Gestalt ausdrücklicher Weisungen in Erscheinung tritt, je mehr der Arbeitnehmer bei der Gestaltung seiner Arbeit auf sich selbst gestellt ist, um so größeres Gewicht erhält das Merkmal der Eingliederung in einen übergeordneten Organismus für die Abgrenzung zwischen abhängig geleisteter Arbeit und selbständig verrichteten Diensten. Die Weisungsgebundenheit des Arbeitnehmers verfeinert sich in einem solchen Fall zur funktionsgerechten, dienenden Teilhabe am Arbeitsprozess."[102] Der 12. Senat hat diese Rechtsprechung weiter bestätigt.[103]

---

[97] Ständige Rspr.; vgl. dazu statt aller BSG v. 08.08.1990, Az: 11 Rar 77/89, SozR 3-2400 § 7 SGB IV Nr. 4 sowie jüngst BSG v. 22.06.2005, Az: B 12 KR 28/03, SGb 2005, 447 (Kurzwiedergabe).

[98] BSGE 37, 10, 13 ff.; 59, 284, 286; BSG NJW 1998, 3141; vgl. dazu auch Wiester in: Brackmann, Handbuch der Sozialversicherung, SGB VII, § 2 Rn. 23 m. w. N.; Brandenburg/Woltjen in: Wannagat/Eichenhofer, SGB IV, § 7 Rn. 15.

[99] Die oben zitierte Definition des Arbeitnehmers durch das BAG zeigt, dass die Eingliederung in die fremde Arbeitsorganisation zwar ein Abgrenzungskriterium ist, aus der Umschreibung, dass sich die Eingliederung in die fremde Arbeitsorganisation insbesondere dadurch zeigt, dass der Beschäftige einem Weisungsrecht des Arbeitgebers unterliegt, ist aber zu schließen, dass der BAG dieses Abgrenzungskriterium eher als Untermerkmal des Weisungsrechts ansieht. Zumindest darf das Weisungsrecht nicht völlig fehlen.

[100] Vgl. dazu Knospe in: Hauck/Noftz, SGB IV, K § 7 Rn. 11 ff.

[101] BSG v. 09.08.1990, Az: 11 Rar 77/89, SozR 3-2400 § 7 SGB IV Nr. 4.

[102] BSG v. 29.11.1990, Az: 2 RU 18/90, SozR 3-2200, § 539 RVO Nr. 6.

[103] BSG v. 04.06.1998, Az: B 12 KR 5/97 R, SozR 3-2400 § 7 SGB IV Nr. 13.

Mit § 7 Abs. 1 S. 2 SGB IV,[104] wonach „Anhaltspunkte für eine Beschäftigung eine Tätigkeit nach Weisungen und eine Eingliederung in die Arbeitsorganisation des Weisungsgebers" sind, hat der Gesetzgeber ausdrücklich Bezug genommen auf das von der Rechtsprechung herausgestellte Hauptmerkmal der persönlichen Abhängigkeit. Damit hat der Gesetzgeber im Sozialrecht die gefestigte Rechtsprechung zumindest in groben Zügen gesetzlich festgeschrieben.

Diese methodischen Unterschiede zwischen der Rechtsprechung des BAG und des BSG sind vor allem darauf zurückzuführen, dass im Sozialrecht – im Gegensatz zum Arbeitsrecht – aufgrund der zu regelnden Massensachverhalte eher auf generalisierende, typisierende und verwaltungsmäßig leicht feststellbare Weise Abgrenzungen getroffen werden müssen.[105]

Trotz dieser unterschiedlichen Methodik in der Rechtsprechung des BAG und des BSG und trotz der Tatsache, dass der Begriff des Beschäftigten aus dem Sozialrecht mit dem des Arbeitnehmers nicht völlig übereinstimmt, ist im Ergebnis festzustellen, dass hinsichtlich der Abgrenzung des Arbeitnehmers bzw. des Beschäftigten vom Selbständigen keine gravierenden Divergenzen bestehen.[106]

e) Die Rechtsprechung des Bundesfinanzhofs
Der Bundesfinanzhof hält die persönliche Abhängigkeit, die durch Weisungsgebundenheit und Eingliederung in die Organisation des Arbeitgebers gekennzeichnet ist, ebenfalls für das maßgebliche Merkmal bei der Bestimmung des steuerrechtlichen Arbeitnehmerbegriffs.[107] Dabei stützt er sich auf § 15 Abs. 2, 19 EStG und § 1 Abs. 1 und 2 LStDV, wonach in der Grundaussage Arbeitnehmer ist, wer seine Arbeit in abhängiger Stellung schuldet.[108] Neben der Weisungsgebundenheit und der Eingliederung in die Organisation des „Arbeitge-

---

104 Eingeführt durch das „Gesetz zur Förderung der Selbständigkeit" vom 20.12.1999, BGBl. I 2000 S. 2.
105 Siehe dazu ausführlich Kapitel 4, B. II. 2. a).
106 So im Ergebnis auch Griebeling, RdA 1998, 208, 213; Waßer, Franchising zwischen Arbeitsrecht und Handelsrecht, S. 182.
107 Beispielhaft sei hier BFH v. 14.06.1985, Az: VI R 150-152/82, BStBl. II 1985, 661, 663 f. genannt; siehe auch Kramer, Die Scheinselbständigkeit und ihre individualarbeitsrechtlichen Folgen, S. 28; Waßer, Franchising zwischen Arbeitsrecht und Handelsrecht, S. 183; *Griebeling*, RdA 1998, 208, 213, jeweils m. w. N.
108 BFH v. 18.01.1991, Az: VI R 122/87, AP Nr. 56 zu § 611 BGB – Abhängigkeit, u. BFH v. 24.07.1992, VI R 126/88, AP Nr. 63 zu § 611 BGB – Abhängigkeit; siehe auch Kramer, Die Scheinselbständigkeit und ihre individualarbeitsrechtlichen Folgen, S. 28; Griebeling, RdA 1998, 208, 213; Niebler/Meier/Dubber, Arbeitnehmer oder freier Mitarbeiter?, Rn. 233; Mohr, Der Arbeitnehmerbegriff im Arbeits- und Steuerrecht, S. 150 ff. jeweils m. w. N.

bers" zieht der BFH – wie in ähnlicher Form auch das BAG[109] und das BSG[110] – noch folgende für die Arbeitnehmereigenschaft sprechende Kriterien hinzu: kein Unternehmerrisiko,[111] keine Unternehmerinitiative, kein Kapitaleinsatz.[112] Zwar ist auch der steuerrechtliche Arbeitnehmerbegriff mit dem arbeitsrechtlichen nicht absolut identisch, da er bspw. auch öffentliche Beamte und Soldaten umfasst, für die Abgrenzung des Arbeitnehmers von einem Selbständigen spielt dieser Unterschied jedoch keine Rolle.[113] Grundsätzlich lässt somit auch die Rechtsprechung des BFH – auch wenn hier teilweise eine andere Gewichtung der Kriterien als vom BAG oder BSG vorgenommen wird – keine wesentlichen Unterschiede zur Rechtsprechung der anderen Obergerichte erkennen.[114]

2. Die Abgrenzung des Arbeitnehmerähnlichen vom Selbständigen
Für die Abgrenzung der arbeitnehmerähnlichen Person vom Selbständigen haben das Reichsarbeitsgericht und das Bundesarbeitsgericht aufgrund der gesetzlich nicht vorhandenen allgemeinverbindlichen Legaldefinition ebenfalls Abgrenzungskriterien entwickelt. Das Bundessozialgericht hat im Bereich der Unfallversicherung für die Anwendung des § 2 Abs. 2 SGB VII bestimmte Voraussetzungen herausgearbeitet.

a) Die Rechtsprechung des Reichsarbeitsgerichts
Die Abgrenzungskriterien für die arbeitnehmerähnliche Person haben sich aus der Abgrenzung des Arbeitnehmers vom Selbständigen entwickelt. Wie schon oben erwähnt, hatte das Reichsarbeitsgericht zu Beginn seiner Rechtsprechung neben der persönlichen Abhängigkeit auch die wirtschaftliche Abhängigkeit als entscheidendes Kriterium zur Abgrenzung von Arbeitnehmern und Selbständigen herangezogen;[115] seit der Entscheidung vom 15.02.1930[116] hatte es sich aber dahingehend festgelegt, dass für die Arbeitnehmereigenschaft nicht die wirtschaftliche, sondern ausschließlich die persönliche Abhängigkeit ausschlagge-

---

109 Vgl. dazu wiederum BAGE 18, 87, 102 f.; *BAG* AP Nr. 20, 26, 34, 36, 37 zu § 611 – Abhängigkeit.
110 Vgl. dazu bspw. BSGE 45, 199, 200; 51, 164, 167; BSG SozR 2200, § 165 Nr. 45 sowie § 166 Nr. 5.
111 Jüngst z. B. BFH , Urt. v. 02.12.1998, Az: X R 83/96, DB 1999, 1044, 1045.
112 Siehe zu dieser Aufzählung Niebler/Meier/Dubber, Arbeitnehmer oder freier Mitarbeiter?, Rn. 232.
113 Vgl. dazu auch Waßer, Franchising zwischen Arbeitsrecht und Handelsrecht, S. 183. Waßer nennt weitergehend u. a. auch den Geschäftsführer einer GmbH, der im Gegensatz zum Arbeitsrecht vom steuerrechtlichen Arbeitnehmerbegriff umfasst wäre.
114 So auch Kramer, Die Scheinselbständigkeit und ihre individualarbeitsrechtlichen Folgen, S. 28; Griebeling, RdA 1998, 208, 213; Waßer, Franchising zwischen Arbeitsrecht und Handelsrecht, S. 183.
115 Siehe dazu bspw. RAG ARS 4, 143.
116 RAG ARS 8, 451.

bend sein sollte. Vor dieser Entscheidung war das Kriterium der wirtschaftlichen Abhängigkeit für die Abgrenzung der arbeitnehmerähnlichen Person nur sehr vorsichtig gebraucht worden.[117] Danach wurde das Kriterium der wirtschaftlichen Abhängigkeit dann regelmäßig als Abgrenzungskriterium zum Arbeitnehmer verwandt.[118] Dabei hat das Reichsarbeitsgericht das Kriterium dogmatisch jedoch nicht weiter konkretisiert, sondern lediglich betont, dass die wirtschaftliche Abhängigkeit nicht aus einzelnen Merkmalen, sondern aus der Betrachtung der gesamten Verhältnisse bestimmt werden müsse.[119]

b) Die Rechtsprechung des Bundesarbeitsgerichts
Das Bundesarbeitsgericht[120] hat das Kriterium der wirtschaftlichen Abhängigkeit dagegen zwar in Einzelfallentscheidungen näher bestimmt, eine dogmatische Konkretisierung blieb jedoch ebenfalls aus.[121] Aus einer Gesamtschau der einzelnen Urteile kann abgelesen werden, dass das Bundesarbeitsgericht für die Abgrenzung insbesondere darauf abstellt, ob die Beschäftigung für einen Auftraggeber die wesentliche ist und die hieraus fließende Vergütung die entscheidende Existenzgrundlage darstellt.[122] Bei Vorliegen dieser Merkmale kommt das Bundesarbeitsgericht zu dem Schluss, dass die betreffende Person neben der wirtschaftlichen Abhängigkeit auch einem Arbeitnehmer ähnlich sozial schutzbedürftig ist, was Voraussetzung für die Annahme des Status der arbeitnehmerähnlichen Person sei.[123]

---

117 Siehe dazu bspw. RAG ARS 8, 21.
118 So bspw. RAG ARS 10, 202, 208; 10, 576, 579; 12, 271, 12, 450; 20, 183; 36, 256; 46, 382.
119 Siehe dazu bspw. RAG ARS 30, 284.
120 Die Arbeits- und Landesarbeitsgerichte haben ebenfalls eine dogmatische Konkretisierung des Abgrenzungskriteriums der wirtschaftlichen Abhängigkeit vorgenommen. Auf diese soll hier jedoch nicht weiter eingegangen werden. Siehe dazu aber Frantzioch, Abhängige Selbständigkeit im Arbeitsrecht, S. 89 f.
121 Zu dieser Einschätzung kommt auch Frantzioch, Abhängige Selbständigkeit im Arbeitsrecht, S. 89.
122 So BAG v. 13.12.1962, Az: 2 AZR 128/62, BAGE 14, 17, 20; BAG v. 28.06.1973, Az: 5 AZR 568/72, BAGE 25, 248, 253; BAG v. 16.08.1977, Az: 5 AZR 290/76, AP Nr. 23 zu § 611 BGB – Abhängigkeit. Darüber hinaus hat das BAG in einigen Fällen auch auf den zeitlichen Aspekt abgestellt: So hat das BAG v. 13.09.1956, Az: 2 AZR 605/61, AP Nr. 2 zu § 5 ArbGG 1953 zusätzlich zum Aspekt der Vergütung die Tatsache herangezogen, dass die betreffende Person den wesentlichen Teil ihrer Arbeitskraft dem einen Auftraggeber zur Verfügung gestellt hat. In einer Entscheidung vom 08.06.1967, Az: 5 AZR 461/66, BAGE 19, 324, 331 f. hat das BAG die Dauer des Dienstverhältnisses als entscheidendes Kriterium für wirtschaftliche Abhängigkeit angesehen.
123 Siehe dazu vor allem BAG v. 23.12.1961, Az: 5 AZR 53/61, BAGE 12, 158; BAG v. 17.12.1968, Az: 5 AZR 86/68, AP Nr. 17 zu § 5 ArbGG 1953; BAG v. 28.06.1973, Az: 5 AZR 568/72, BAGE 25, 248, 253 und in den letzten Jahren BAG v. 17.10.1990, Az: 5 AZR 639/89, BAGE 66, 113; BAG, Beschluss v. 15.04.1993, Az: 2 AZB 32/92, AP Nr. 12 zu § 5

Die vom Bundesarbeitsgericht und den Unterinstanzen entwickelten Merkmale zur Bestimmung des Status der arbeitnehmerähnlichen Person wurden vom Gesetzgeber in § 12a TVG aufgegriffen.[124]

c) Die Rechtsprechung des Bundessozialgerichts
Vom Bundessozialgericht musste im Bereich des Unfallversicherungsrechts die Frage geklärt werden, wann eine Person wie ein Beschäftigter i. S. v. § 2 Abs. 2 S. 1 SGB VII tätig wird.[125] Nach der ständigen Rechtsprechung des BSG sind die Voraussetzungen für einen Versicherungsschutz nach § 2 Abs. 2 SGB VII, dass die Tätigkeit einem anderen Unternehmen dient, dem ausdrücklichen und mutmaßlichen Willen des Unternehmers entspricht, ihrer Art nach auch von Arbeitnehmern verrichtet werden könnte und konkret unter arbeitnehmerähnlichen Umständen ausgeführt wird.[126] Einer persönlichen oder wirtschaftlichen Abhängigkeit bedürfe es dagegen bei einem Tätigwerden nach § 2 Abs. 2 i. V. m. Abs. 1 Nr. 1 SGB VII nicht.[127] Bei der Beurteilung der Voraussetzungen komme es dabei nicht auf die unmittelbar zum Unfall führende Tätigkeit an, sondern auf das Gesamtbild der tatsächlichen oder beabsichtigten Tätigkeit.[128]

Die vom BSG entwickelten Kriterien sind dadurch, dass die Art der Tätigkeit in den Vordergrund gestellt wird, stark normzweckorientiert, sodass nur bestimmte Tätigkeiten vom Unfallversicherungsschutz erfasst werden.[129] Dies ist insofern folgerichtig, als das Kriterium der wirtschaftlichen Abhängigkeit, welches sonst von der arbeitsgerichtlichen Judikatur zur Abgrenzung der arbeitnehmerähnlichen Person verwandt wird, nichts darüber aussagt, ob eine Person in besonderer Weise vor Arbeitsunfällen, Berufskrankheiten und arbeitsbedingten Gesundheitsgefahren geschützt werden muss.[130] Durch diese Normzweckorientierung sind

ArbGG 1979; BAG, Beschluss v. 29.12.1997, Az: 5 AZB 38/97, AP Nr. 40 zu § 5 ArbGG 1979; BAG, Beschluss v. 30.08.2000, Az: 5 AZB 12/00, AP Nr. 75 zu § 2 ArbGG 1979.
124 Frantzioch, Abhängige Selbständigkeit im Arbeitsrecht, S. 91.
125 Zur inhaltlichen Abgrenzung des arbeitnehmerähnlichen Selbständigen vom Selbständigen ist dagegen aufgrund der Vorrangstellung des § 2 S. 1 Nr. 1 SGB VI gegenüber § 2 S. 1 Nr. 9 SGB VI in der Rechtsprechung des BSG bislang nichts entschieden worden. Dementsprechend hat sich das BSG in seinen Urteilen v. 22.06.2005, Az: B 12 RA 12/04 R, SGb 2005, 447 (Kurzwiedergabe) sowie v. 23.11.2005, Az: B 12 RA 5/03 R, SGb 2006, 34 f. (Kurzwiedergabe) jeweils nur zur Vorrangstellung des § 2 S. 1 Nr. 1 SGB VI geäußert.
126 So zuletzt das BSG v. 24.03.1998, Az: B 2 U 13/97, NJW 1999, 446, 447. Ausführlich zu den Kriterien KassKomm/*Ricke*, § 2 SGB VII Rn. 104 ff. m. w. N.
127 BSG v. 24.03.1998, Az: B 2 U 13/97, NJW 1999, 446, 447 mit Verweis auf BSGE 5, 168, sowie BSG SozR 2200, § 539 Nr. 123.
128 BSG v. 24.01.1991, Az: 2 RU 44/90, SozR 3-2200, § 539 Nr. 8.
129 Zum Schutzzweck der gesetzlichen Unfallversicherung eingehend Schulin/Igl, Sozialrecht, Rn. 404 und 406.
130 Vgl. zu dieser Argumentation Kohte in: Kollmer, Arbeitsschutzgesetz, § 2 ArbSchG Rn. 82 ff., der diese Argumentation allerdings im Bereich des Arbeitsschutzrechts führt;

die Kriterien des BSG jedoch für die allgemeine Begriffsbestimmung der arbeitnehmerähnlichen Person nur wenig hilfreich.

3. Zusammenfassende Betrachtung
Für die allgemeine Begriffsbestimmung des Arbeitnehmers bzw. der arbeitnehmerähnlichen Person stellen die Gerichte vornehmlich auf die Kriterien der persönlichen bzw. wirtschaftlichen Abhängigkeit ab.

Das durch die Gerichte geprägte Kriterium der persönlichen Abhängigkeit für die Abgrenzung des Arbeitnehmers vom Selbständigen wurde in einer Zeit begründet, in der das sog. Normalarbeitsverhältnis die Arbeitswelt fast vollständig beherrschte. Insofern sind die Kriterien auch gut geeignet, Normalarbeitsverhältnisse zu erfassen: Ist eine Person nach Zeit, Ort und Art der Arbeit weisungsgebunden und in die Organisation des Arbeitgebers eingebunden, ist sie unproblematisch Arbeitnehmer. Angesichts der Zunahme atypischer Beschäftigung und des Rückgangs des Normalarbeitsverhältnisses erweist sich das Kriterium der persönlichen Abhängigkeit – vor allem im Hinblick auf die abhängigen Selbständigen – jedoch als wenig geeignet,[131] da viele Beschäftigte nicht mehr in der eigentlichen Betriebsstätte des Arbeitgebers arbeiten[132] und auch nicht mehr strikt weisungsgebunden sind.[133]

Aber auch das Kriterium der wirtschaftlichen Abhängigkeit orientiert sich am Normalarbeitsverhältnis. Wer überwiegend für eine Person tätig ist oder für wen das ihm von einer Person zustehende Entgelt die wesentliche Existenzgrundlage bildet, ist wirtschaftlich abhängig und damit in der Regel als arbeitnehmerähnlich einzustufen. Das Kriterium der wirtschaftlichen Abhängigkeit lehnt sich damit stark an das Kriterium der persönlichen Abhängigkeit an, kann also im Grunde als abgeschwächte persönliche Abhängigkeit angesehen werden.

Die Orientierung der Abgrenzungskriterien am Normalarbeitsverhältnis führt sowohl zur Umgehung des Arbeitnehmerstatus als auch zu mangelnder Rechtssicherheit bei den betroffenen Personen.[134] Aus diesen Gründen wird in der Literatur seit der Debatte um die Arbeitnehmereigenschaft der freien Mitarbeiter

---

Däubler, ZIAS 2000, 326, 330 f.
131 Siehe dazu Kreuder, AuR 1996, 386, 391, sowie Frantzioch, Abhängige Selbständigkeit im Arbeitsrecht, S. 67.
132 Linnenkohl, BB 1998, 45, 48.
133 Eingehend dazu Bauschke, RdA 1994, 209, 210, Hilger, RdA 1989, 1, 3, sowie Linnenkohl/Kilz/Rauschenberg/Reh, AuR 1991, 203, 204 f.
134 Frantzioch, Abhängige Selbständigkeit im Arbeitsrecht, S. 68 f.

im Rundfunk[135] nach einer Alternative zum herrschenden Arbeitnehmerbegriff gesucht.

IV. Die Abgrenzungskriterien der Literatur

Zwar vertritt die h. M. in der rechtswissenschaftlichen Literatur bis heute die sog. „Schwerpunkt-" bzw. „Kombinationstheorie", die der Abgrenzung von Arbeitnehmern und Selbständigen durch die Rechtsprechung im Wesentlichen entspricht.[136] In jüngerer Zeit wurden jedoch aufgrund der sich wandelnden Realität seit 1891 zunehmend neue Ansätze hinsichtlich der Grenzziehung zwischen Arbeitnehmer- und Selbständigenstatus gesucht. So haben sich in der Literatur im Grunde vier Konzepte herauskristallisiert, um einen neuen Arbeitnehmerbegriff zu statuieren. Dabei wird zum Teil vertreten, dass das Kriterium der persönlichen Abhängigkeit zu erweitern sei, zum Teil wird das Kriterium der persönlichen Abhängigkeit aber auch gänzlich abgelehnt.

In Bezug auf den Begriff der arbeitnehmerähnlichen Person gibt es dagegen in der Literatur im Grunde nur Überlegungen dazu, mit welchen juristischen Mitteln aus der Gesamtheit der speziellen Vorschriften für arbeitnehmerähnliche Personen allgemeine Regelungen entwickelt werden können, um alle schutzbedürftigen Personengruppen einheitlich zu erfassen.

1. Die Konzepte eines neuen Arbeitnehmerbegriffs
a) Informationelle Abhängigkeit
Nach diesem Konzept liegt persönliche Abhängigkeit auch dann vor, wenn sich diese ausschließlich in informationeller Abhängigkeit ausdrückt.[137] In diesem Sinne sei das Kriterium der persönlichen Abhängigkeit zu erweitern. Dabei stellen die Verfasser im Grunde auf organisatorische Aspekte ab: Ist ein Beschäftigter zwar räumlich von der Produktionsstätte getrennt und kann auch zeitlich flexibel seine Arbeitsleistung erbringen, ist aber in den Rahmen eines fremden Produktionsprozesses eingebunden, unterliegt er dem betrieblichen Koordinations- und Berichtssystem und hat die Leitungsmacht des Betriebsinhabers bezüglich der ökonomischen Zielsetzung und der entsprechenden betrieblichen Umsetzung zu beachten, dann ist von einer Unterordnung unter eine fremde Unternehmerdisposition auszugehen. Eine Eingliederung in die eigentliche Betriebsstätte und

---

135 Siehe dazu nur Rosenfelder, Der arbeitsrechtliche Status von freien Mitarbeitern.
136 Mit ausführlichen Nachweisen dazu Waßer, Franchising zwischen Arbeitsrecht und Handelsrecht, S. 192.
137 Diese Ansicht wird nur von Linnenkohl/Kilz/Rauschenberg/Reh, AuR 1991, 203 ff. vertreten.

eine damit einhergehende strikte Weisungsgebundenheit wäre unter diesem Gesichtspunkt vernachlässigbar.

Die eben beschriebene informationelle Abhängigkeit wird damit begründet, dass die heutige Betriebsstruktur, die zunehmend durch den Einsatz moderner Informations- und Kommunikationstechniken geprägt ist, zwar zur Lockerung der Weisungsgebundenheit führe, gleichzeitig aber auch eine vollständige technische Überwachung möglich mache. So könne der Arbeitgeber durch Vergleich der Einsatzpläne der Beschäftigten mit den Produktionsdaten Rückschlüsse auf das Verhalten und die Leistung der einzelnen Mitarbeiter ziehen. Dabei werde die Notwendigkeit zur Kontrolle der Arbeitnehmer noch durch die Flexibilisierung der Arbeitsbedingungen verstärkt, da insbesondere die Flexibilisierung der Arbeitszeit eine Planung und Kontrolle hinsichtlich der Erfüllung des Zeitkontingents erforderlich mache. Diese Kontrolle werde durch die Dokumentation der Inbetriebnahme und des Abschaltens des Terminals erreicht.

Aus diesem Grund sei die informationelle Abhängigkeit ein weiteres Merkmal für die Definition des Arbeitnehmerbegriffs. Ein allgemeingültiger Arbeitnehmerbegriff solle daher sowohl die traditionellen Merkmale als auch die besonderen Entwicklungstendenzen, die durch den Einsatz der modernen Technologien entstehen würden, berücksichtigen. So wird für einen neuen Arbeitnehmerbegriff folgende Definition vorgeschlagen: „Arbeitnehmer ist derjenige, der 1. in einem fremden Organisationsbereich beschäftigt ist und 2. seine Leistung in persönlicher Abhängigkeit erbringt, die auch in einer informationellen Abhängigkeit bestehen kann."

Das Konzept der informationellen Abhängigkeit bietet insoweit interessante Ansätze, als es auf organisatorische Aspekte abstellt. Hierbei greift das Konzept jedoch zu kurz, da lediglich auf die Organisation des Arbeitgebers abgestellt wird. Unter Organisation kann aber auch die Beziehung zwischen Arbeitnehmer und Arbeitgeber verstanden werden.[138] Bei Zugrundelegung dieser Definition stellt sich die Frage, inwieweit die Beziehung zwischen Arbeitnehmer und Arbeitgeber, die aufgrund eines Arbeitsvertrages als Organisationsvertrag besteht, eine arbeits- und sozialrechtlich relevante Schutzbedürftigkeit begründen kann.[139] Durch das alleinige Abstellen auf die Organisation des Arbeitgebers ist das Kriterium der informationellen Abhängigkeit jedoch nur für ein begrenztes Berufsfeld

---

138 Organisation ist ein auf Kontinuität angelegtes, dynamisches und offenes Netz von Beziehungen; siehe dazu Kohte, Betrieb und Unternehmen unter dem Leitbild des Organisationsvertrages, S. 118.
139 Siehe dazu ausführlich Kapitel 4, B. I. 2.

wie die Telearbeit brauchbar.[140] Für einen neuen generellen Arbeitnehmerbegriff ist das Kriterium damit nicht geeignet.

b) Die Schutzbedürftigkeit des Arbeitnehmers
Sinn und Zweck der arbeits- und sozialrechtlichen Regelungen ist es, schutzbedürftigen Personen eine Daseinsvorsorge zu gewährleisten.[141] Aus diesem Grund bemängeln die Vertreter des Konzeptes der Schutzbedürftigkeit des Arbeitnehmers, dass bei dem von der Rechtsprechung maßgeblichen Kriterium der persönlichen Abhängigkeit ein Sinnzusammenhang zwischen dem Tatbestand der persönlichen Abhängigkeit und der Rechtsfolge – Anwendung des Arbeitsrechts – fehle.[142] Bei ihren Vorschlägen gehen die Vertreter dieses Konzeptes jedoch unterschiedliche Wege.

Am weitesten geht dabei die Auffassung von *Paasch*, der vor allem die abhängigen Selbständigen im Blick hat.[143] Bei diesen ergebe sich die Situation, dass trotz ähnlicher ökonomischer Situation zwei rechtlich unterschiedlich zu behandelnde Untergruppen existierten: zum einen diejenigen abhängigen Selbständigen, bei denen sich eine persönliche Abhängigkeit ergebe und die aufgrund dessen als Arbeitnehmer einzustufen seien. Zum anderen gebe es aber auch solche abhängigen Selbständigen, die zwar einem Arbeitnehmer vergleichbar sozial schutzbedürftig seien, bei denen es jedoch an der persönlichen Abhängigkeit fehle. Aus diesem Grund wird eine ökonomische Betrachtungsweise angestrebt, d. h., im

---

140 Zu diesem Ergebnis kommt auch Frantzioch, Abhängige Selbständigkeit im Arbeitsrecht, S. 70.
141 Dies ist auf die Entstehungsgeschichte des Arbeits- und Sozialrechts zurückzuführen; siehe dazu Kapitel 2, A.
142 Siehe dazu auch die Nachweise bei Frantzioch, Abhängige Selbständigkeit im Arbeitsrecht, S. 71, sowie bei Griebeling, RdA 1998, 208, 214.
143 Paasch, WSI Mitteilungen 1991, 216 ff.

Grunde wird die wirtschaftliche Abhängigkeit in den Vordergrund gestellt[144] und auf das Merkmal der persönlichen Abhängigkeit verzichtet.[145]

Auch nach *Lieb*[146] ist nicht auf das Kriterium der persönlichen Abhängigkeit, sondern auf die Schutzbedürftigkeit der betreffenden Personen abzustellen. Dabei wird jedoch nicht auf die wirtschaftliche Abhängigkeit, sondern auf die Fremdnützigkeit der Arbeit abgestellt: Wer auf Dauer oder zumindest in wesentlichem Umfang zur Dienstleistung in einem fremden Unternehmen verpflichtet und damit aufgrund der Unmöglichkeit des eigenen unternehmerischen Einsatzes seiner Arbeitskraft zur eigenverantwortlichen Selbstvorsorge für die Wechselfälle des Lebens außerstande ist, ist der Fremdvorsorge bedürftig und daher schutzbedürftig.[147] Wer dagegen seine Arbeitskraft wegen des Fehlens einer dauerhaften Verpflichtung mehreren Auftraggebern zur Verfügung stellen könne, habe die Möglichkeit eigener unternehmerischer Disposition und sei deshalb als selbständig anzusehen.[148]

Fremdnützigkeit der Arbeit als Grund für soziale Schutzbedürftigkeit wird auch von *Beuthien/Wehler*[149] als maßgebliches Kriterium angesehen; im Unterschied zu *Lieb* sehen *Beuthien/Wehler* das Kriterium der persönlichen Abhängigkeit jedoch nicht als verzichtbar an. Vielmehr griffen die Kriterien der persönlichen Abhängigkeit und der sozialen Schutzbedürftigkeit ineinander und bildeten zusammen den komplexen Gesamttatbestand der Arbeitnehmereigenschaft: Die persönliche Abhängigkeit würde dabei darüber entscheiden, ob die unterneh-

---

144 Dies ist insofern folgerichtig, als der Sinn und Zweck von Arbeits- und Sozialrecht maßgeblich auf wirtschaftlichen Komponenten beruht. Aus diesem Grund verwundert es, dass sich die Rechtsprechung im Laufe der Zeit vom Merkmal der wirtschaftlichen Abhängigkeit distanziert hat. Allerdings verwischt die Grenze zwischen Arbeitnehmern und arbeitnehmerähnlichen Personen durch das Abstellen auf die wirtschaftliche Abhängigkeit. Dies wird z. B. durch Lieb, Arbeitsrecht, § 1 I 2. stark kritisiert. Es ist jedoch fraglich, ob es überhaupt eine Trennung zwischen Arbeitnehmern und arbeitnehmerähnlichen Personen geben muss oder ob nicht auch alle arbeitnehmerähnlichen Personen mit unter den Schutzbereich des Arbeits- und Sozialrechts fallen sollten, um soziale Ungerechtigkeiten zu vermeiden. Siehe dazu bspw. Buhl, Zur Problematik des Arbeitnehmerbegriffs, S. 56 ff., 129 ff., 141, 146, 192; Traeger, Die Reichweite des arbeitsrechtlichen Sozialschutzes, S. 23, 95 ff., 106 ff., 208; modifizierend Wank, NZA 1999, 225, 229 f.; dem folgend Neuvians, Die arbeitnehmerähnliche Person, S. 173 ff., ähnlich auch Pfarr in: Engelen-Kefer/Schoden/Zachert, Festschrift für Karl Kehrmann zum 65. Geburtstag, S. 75, 92; a. A. z. B. Buchner, NZA 1998, 1144, 1150.
145 Paasch, WSI Mitteilungen 1991, 216, 218 u. 226; ähnlich auch die DGB-Thesen für ein Arbeitsverhältnisgesetz, AuR 1992, 267 ff.
146 Lieb, Arbeitsrecht, § 1 I.
147 Lieb, Arbeitsrecht, § 1 I 2. und 4.
148 Lieb, Arbeitsrecht, § 1 I 2.
149 Beuthien/Wehler, RdA 1978, 1, 4 f.

merische Selbständigkeit aufgegeben ist, die soziale Schutzbedürftigkeit dagegen darüber, inwieweit auf die mit der unternehmerischen Selbständigkeit verbundene Fähigkeit zur eigenen Daseinsvorsorge verzichtet wurde.[150]

Den Ansichten, die auf die Schutzbedürftigkeit des Arbeitnehmers abstellen, ist insoweit zu folgen, als der Schutzgedanke bei der Frage, ob eine Person unter die arbeits- und sozialrechtlichen Vorschriften zu subsumieren ist, aufgrund des Sinns und Zwecks dieser Regelungen nicht außer Acht gelassen werden darf. Unterdessen sind die Vorschläge für einen entsprechenden Arbeitnehmerbegriff wenig weiterführend. Das ist vor allem darauf zurückzuführen, dass auch diese Ansätze sich zu sehr am Normalarbeitsverhältnis orientieren. Wirtschaftliche Abhängigkeit und Fremdnützigkeit der Arbeit richten sich immer danach, ob überwiegend für einen Arbeitgeber Dienste geleistet werden. Im Rahmen atypischer Beschäftigung kann es aber durchaus vorkommen, dass eine Person für mehrere Auftraggeber tätig und trotzdem nicht in der Lage ist, sich eine eigene Vorsorge gegen die Risiken des Lebens zu verschaffen.[151] Insofern wäre es sinnvoller, direkt auf die soziale Schutzbedürftigkeit als Kriterium abzustellen. Ein solches Kriterium wäre jedoch zu allgemein und damit nicht operationalisierbar. Folglich könnte das Problem mangelnder Rechtssicherheit auch nicht durch das Kriterium der sozialen Schutzbedürftigkeit als solches aus der Welt geschaffen werden.[152]

c) Freiwillige Übernahme eines Unternehmerrisikos
Wie auch die Vertreter des Konzeptes der Schutzbedürftigkeit des Arbeitnehmers bemängelt *Wank*[153] *den ontologischen Ansatz der Rechtsprechung, dem der Sinnzusammenhang zwischen Weisungsgebundenheit und Eingliederung in den Betrieb des Arbeitgebers einerseits und der Anwendung des Arbeitsrechts statt des Selbständigenrechts andererseits fehlt.*[154] Aus diesem Grund hat Wank das Konzept der Schutzbedürftigkeit des Arbeitnehmers weiterentwickelt, indem er von einem dualen Modell der Erwerbstätigkeit ausgeht: Der Begriff des Arbeitnehmers und der des Selbständigen seien nur als aufeinander bezogene Gegenbegriffe teleologisch interpretierbar.[155] Das Tatbestandsmerkmal, das zur Abgrenzung zwischen Arbeitnehmern und Selbständigen herangezogen wird, müsse die Risiken des Berufs- und Existenzschutzes einbeziehen.[156] So verzichtet Wank auf

---

150 Beuthien/Wehler, RdA 1978, 1, 5 f.
151 So bspw. die hier zu untersuchenden Tagespflegepersonen.
152 Zu diesem Ergebnis kommt auch Frantzioch, Abhängige Selbständigkeit im Arbeitsrecht, S. 72.
153 Wank, Arbeitnehmer und Selbständige sowie ders., NZA 1999, 225 ff.
154 Wank, Arbeitnehmer und Selbständige, S. 389.
155 Wank, Arbeitnehmer und Selbständige, S. 121.
156 Wank, Arbeitnehmer und Selbständige, S. 122, sowie ders., NZA 1999, 225, 227.

das Merkmal der persönlichen Abhängigkeit und stellt stattdessen als Leitbegriff das „Unternehmerrisiko" in den Vordergrund. Damit versucht Wank eine teleologische Definition.[157] Als typische Merkmale eines Arbeitsverhältnisses nennt er dabei: (1) auf Dauer angelegte Arbeit, (2) nur für einen Auftraggeber, (3) in eigener Person, also ohne Mitarbeiter, (4) im Wesentlichen ohne eigenes Kapital, (5) im Wesentlichen ohne eigene Organisation. Selbständigkeit läge dagegen vor bei (1) freiwilliger Übernahme eines Unternehmerrisikos, (2) Auftreten am Markt und (3) Ausgewogenheit unternehmerischer Chancen und Risiken.[158]

Auch wenn das Wanksche Modell in der Literatur und teilweise auch bei einigen Instanzgerichten auf Anklang gestoßen ist,[159] bietet es keine wirkliche Alternative zur Abgrenzung durch die Rechtsprechung. Zwar erfasst der Ansatz von Wank die Schutzbedürftigkeit, die sich aus atypischer Beschäftigung ergibt, besser als das Kriterium der persönlichen Abhängigkeit. Die von Wank vorgeschlagenen Abgrenzungskriterien sind jedoch ebenfalls schwer operationalisierbar, sodass das Problem fehlender Rechtssicherheit auch durch das Wanksche Modell nicht beseitigt werden kann. So bereitet bspw. schon das Kriterium der Freiwilligkeit hinsichtlich der Übernahme eines Unternehmerrisikos Schwierigkeiten. Wie soll festgestellt werden, ob eine Person vor Jahren freiwillig oder unfreiwillig Unternehmer geworden ist?[160] Liegt Freiwilligkeit auch dann vor, wenn der Arbeitsmarkt keine andere Möglichkeit als den Sprung in die Selbständigkeit offenlässt? Das Kriterium „Auftreten am Markt" bedeutet, dass Tätigkeiten nicht nur für einen Auftraggeber erfolgen dürfen.[161] Dieses Merkmal ist jedoch insofern unbrauchbar, als es – wie schon oben erwähnt – auch atypisch Beschäftigte gibt, die für mehrere Auftraggeber tätig und trotzdem sozial schutzbedürftig sind.[162] Hinzu kommt, dass das Wanksche Modell schon deshalb keine Alternative zur Rechtsprechung darstellt, weil auch diese das „Unternehmerrisiko" als zusätzliches Indiz in die Wertung mit einbezieht.[163]

---

157 Einen knappen Überblick über diese Abgrenzung gibt Wank selbst in seiner Zusammenfassung in: Arbeitnehmer und Selbständige, S. 389 f.
158 Vgl. zu dieser Zusammenfassung des Wankschen Alternativmodells Griebeling, RdA 1998, 208, 214.
159 Siehe dazu die zahlreichen Nachweise bei Frantzioch, Abhängige Selbständigkeit im Arbeitsrecht, S. 75 Fn. 103 sowie S. 77 f.
160 So in der Kritik auch Hromadka, DB 1998, 195, 196.
161 Siehe dazu Hromadka, DB 1998, 195, 197 m. w. N.
162 So ebenfalls Hromadka, DB 1998, 195, 197.
163 So im Ergebnis auch Waßer, Franchising zwischen Arbeitsrecht und Handelsrecht, S. 196; Griebeling, RdA 1998, 208, 214 f.; Frantzioch, Abhängige Selbständigkeit im Arbeitsrecht, S. 79 ff.

d) Der Freiheitsverzicht des Arbeitnehmers
Jüngst hat *Schwarze*[164] einen interessanten Ansatzpunkt zur Abgrenzung des Arbeitnehmerbegriffs entwickelt, in dem er den Bezug zwischen Arbeitnehmerbegriff und Vertragstheorie hergestellt hat. *Schwarze* kritisiert sowohl an der Praxis der Rechtsprechung zur Abgrenzung des Arbeitnehmerbegriffs als auch an den von *Lieb* und *Wank* vertretenen Ansichten, dass es stets um eine Bewertung des Vertragsinhalts gehe, nicht aber um die Bewertung der Situation, unter der der Vertrag zustande gekommen ist.[165] Es komme aber gerade auf die Vertragsschlusssituation an, da der Arbeitnehmerbegriff die Anwendung zwingenden Arbeitsrechts und damit einen weitreichenden Eingriff in die Vertragsautonomie steuere, sodass es einen Zusammenhang zwischen dem Arbeitnehmerbegriff und dem Zweck der Autonomiebeschränkung im Arbeitsrecht geben müsse.[166] So werde zwar nach allen herrschenden Abgrenzungstheorien in Rechtsprechung und Literatur der zwingende und autonomiebeschränkende Charakter staatlicher arbeitsrechtlicher Regelungen auf die unterlegene Vertragsmacht des Arbeitnehmers gegründet, indessen komme das Merkmal der Unterlegenheit im Arbeitnehmerbegriff nicht vor.[167]

Zur Beseitigung dieser paradoxen Situation schlägt *Schwarze* vor, nicht auf die Unterlegenheit des Arbeitnehmers abzustellen, sondern auf seinen Freiheitsverzicht.[168] Dies begründet er damit, dass die Vertragsautonomie eine aus dem Autonomiegedanken selbst abzuleitende Grenze nicht nur dann finde, wenn die tatsächlichen Voraussetzungen autonomer Entscheidungen fehlten, sondern auch dann, wenn auf Freiheit in einem problematischen Ausmaß verzichtet würde. Deshalb sei nicht die Unterlegenheit des Arbeitssuchenden der erste Grund für den zwingenden Charakter der zentralen arbeitsrechtlichen Schutzgesetze, sondern der vom Arbeitnehmer mit dem Abschluss des Vertrages geübte Freiheitsverzicht. Insofern seien die zentralen arbeitsrechtlichen Schutzgesetze auch dann zwingend, wenn der Arbeitnehmer bei Vertragsschluss ausreichende Vertragsmacht hatte.[169]

Aus diesen Gründen sei unter „Arbeitnehmer" derjenige zu verstehen, der mit Abschluss des „(Arbeits-)vertrages" auf die unternehmerische Verwertung seiner Arbeitskraft verzichtet.[170] Der Verzicht auf die unternehmerische Verwertung der

---
164 Schwarze, ZfA 2005, 81 ff.
165 Schwarze, ZfA 2005, 81, 86.
166 Schwarze, ZfA 2005, 81, 106.
167 Schwarze, ZfA 2005, 81, 86 u. 106.
168 Schwarze, ZfA 2005, 81, 86 ff.
169 Siehe dazu Schwarze, ZfA 2005, 81, 88 f.
170 Schwarze, ZfA 2005, 81, 105.

Arbeitskraft stelle das alle anderen Merkmale umfassende Leitmerkmal des Arbeitnehmerbegriffs dar.[171] So sei die weitgehende Weisungsunterworfenheit bzw. die persönliche Abhängigkeit nur eines von mehreren Indizien für einen derartigen Verzicht. Diese hätte jedoch den Vorteil einer hohen Operationalität, sodass sie in der Begründungsarbeit der Praxis im Vordergrund stünden.[172]

Bemerkenswert an dem Ansatz von *Schwarze* ist, dass dieser den vertragstheoretischen Aspekt im Rahmen des Arbeitnehmerbegriffs herausstellt und dadurch einen Sinnzusammenhang zwischen dem Tatbestand des Arbeitnehmerbegriffs und seiner Rechtsfolge herstellt. Die Schutzbedürftigkeit des Arbeitnehmers steht also nicht mehr außerhalb des Arbeitnehmerbegriffs. Problematisch dabei ist jedoch, dass *Schwarze* als Untermerkmale des Leitmerkmals „Verzicht auf unternehmerische Verwertung der Arbeitskraft" wiederum auf die Weisungsgebundenheit bzw. die persönliche Abhängigkeit abstellt, sodass sich für die praktische Abgrenzung des Arbeitnehmers vom Selbständigen durch seine Definitionsansätze keine wesentlichen Änderungen ergeben. Insofern ist der Ansatz von *Schwarze* für die Abgrenzungsproblematik als solche nur wenig hilfreich.

2. Der Begriff der arbeitnehmerähnlichen Person in der Literatur
Ursprünglich wurde der Begriff der arbeitnehmerähnlichen Person zum Schutz eines Personenkreises, der nicht als klassischer Arbeitnehmer tätig war, entwickelt: Es sollte mit einem nicht berufsbezogenen Begriff die Beschränkung auf einzelne Beschäftigungsgruppen wie die der Heimarbeiter abgewandt und eine sowohl formelle als auch materielle Gleichstellung mit Arbeitnehmern erreicht werden.[173] Da die Bemühungen um Arbeitsvertragsgesetze im Laufe der Zeit aber scheiterten und lediglich spezielle arbeitsrechtliche Regelungen verabschiedet wurden, entstand die Situation einer formellen Erfassung des Begriffs der arbeitnehmerähnlichen Person, der keine entsprechenden materiellen Schutzrechte gegenüberstanden.[174]

Die von der Rechtsprechung entwickelten Kriterien zur Abgrenzung der arbeitnehmerähnlichen Person vom Selbständigen wurden in der Literatur trotz der eben beschriebenen unbefriedigenden Situation ohne intensivere Auseinander-

---

171 Schwarze, ZfA 2005, 81, 107.
172 Schwarze, ZfA 2005, 81, 107.
173 Siehe dazu Pfarr in: Engelen-Kefer/Schoden/Zachert, Festschrift für Karl Kehrmann zum 65. Geburtstag, S. 75, 91.
174 Dazu ebenfalls Pfarr in: Engelen-Kefer/Schoden/Zachert, Festschrift für Karl Kehrmann zum 65. Geburtstag, S. 75, 91.

setzung oder Weiterentwicklung weitgehend übernommen.[175] Der Schutzgedanke, der ursprünglich zur Einführung des Begriffs der arbeitnehmerähnlichen Person geführt hatte, wurde auch in der Literatur nicht wieder aufgenommen.[176] Stattdessen herrscht bis heute Uneinigkeit darüber, ob es den Terminus der arbeitnehmerähnlichen Person überhaupt gibt[177] oder ob dieser nur im Rahmen des jeweils anzuwendenden Gesetzes existiert.[178] Es gibt allerdings Versuche, innerhalb bestimmter Gesetze wie dem Arbeitsschutzgesetz eigenständige Begriffsbestimmungen arbeitnehmerähnlicher Personen zu entwickeln.[179] Für die Bestimmung eines allgemeinen Rechtsbegriffs der arbeitnehmerähnlichen Person können aus einer normzweckorientierten Begriffsbestimmung jedoch – wie auch schon oben im Rahmen der Begriffsbestimmung durch das BSG zu § 2 Abs. 2 S. 1 SGB VII festgestellt – höchstens partiell Anhaltspunkte gewonnen werden, sodass auf diese gesetzesinternen Begriffsbestimmungen der arbeitnehmerähnlichen Person hier nicht weiter eingegangen werden soll.

Darüber hinaus wird in der neueren Literatur verstärkt untersucht, ob aus der Summe der vorhandenen Rechtsregeln über Arbeitnehmerähnlichkeit allgemeine Regeln entwickelt werden können, um diejenigen Personen zu erfassen, die infolge wirtschaftlicher Abhängigkeit sozial schutzbedürftig sind. So wird zum einen vorgeschlagen, einzelne Schutzvorschriften auf einzelne Arten arbeitnehmerähnlicher Personen zu übertragen oder allgemein für die Kategorie der arbeitnehmerähnlichen Person Schutzregelungen aus dem Arbeitsrecht zu übernehmen.[180] Zum anderen gibt es die Anregung, auf arbeitnehmerähnliche Personen die Bestimmungen für Heimarbeiter entsprechend anzuwenden, soweit sich daraus nicht die Besonderheit ergäbe, dass sie nicht in selbstgewählter Arbeitsstätte tätig sind.[181] Überdies wird von einigen Autoren darauf verwiesen, dass über

---

175 Pfarr in: Engelen-Kefer/Schoden/Zachert, Festschrift für Karl Kehrmann zum 65. Geburtstag, S. 75, 92.
176 Pfarr in: Engelen-Kefer/Schoden/Zachert, Festschrift für Karl Kehrmann zum 65. Geburtstag, S. 75, 92.
177 So die h. M. Vgl. dazu BAG v. 23.12.1961, Az: 5 AZR 53/61, BAGE 12, 158; Waßer, Franchising zwischen Arbeitsrecht und Handelsrecht, S. 219 f.; von Einem, BB 1994, 60, 62, sowie jüngst Schubert, Der Schutz der arbeitnehmerähnlichen Personen, S. 22, 23.
178 Wank, Arbeitnehmer und Selbständige, S. 238, sowie Neuvians, Die arbeitnehmerähnliche Person, S. 53 f.
179 Siehe dazu Kohte in: Kollmer, Arbeitsschutzgesetz, § 2 ArbSchG Rn. 82 ff., der sich für den arbeitsschutzrechtlichen Begriff der arbeitnehmerähnlichen Person am Unfallversicherungsrecht (§ 2 Abs. 2 S. 1 SGB VII) als dem rechtssystematisch nächsten Gebiet orientiert, da die Kategorie der wirtschaftlichen Abhängigkeit zu normzweckwidrigen Lösungen führen würde.
180 Reinecke, ZIP 1998, 581, 588 f.
181 Hromadka, NZA 1997, 1249, 1255 f.; Däubler, Arbeitsrecht II, 16.2.2.2.2.; in Teilen auch Frantzioch, Abhängige Selbständigkeit im Arbeitsrecht, S. 223 ff., 265, 268 f.

eine Inhaltskontrolle der Verträge arbeitnehmerähnlicher Personen nach §§ 138, 242 BGB und über die schuldrechtlichen Schutzpflichten ein verbesserter Schutz für diese zu erreichen sei.[182] Die genannten Vorschläge zielen jedoch lediglich auf die Rechtsfolgen einer Einordnung von Personen als arbeitnehmerähnliche Personen ab, sodass für die Abgrenzung der arbeitnehmerähnlichen Person vom Selbständigen auch daraus keine Anhaltspunkte gewonnen werden können.

3. Zusammenfassende Betrachtung
Die Vorschläge in der Literatur zu einem neuen Arbeitnehmerbegriff stellen – wie aufgezeigt – keine überzeugende Alternative zu den Rechtsprechungskriterien dar. Auch wenn in der Literatur viele Überlegungen existieren, die atypische Beschäftigung weitaus besser erfassen könnten, sind die aufgestellten Abgrenzungskriterien jedoch zu wenig operationalisierbar oder nur für einen begrenzten Personenkreis anwendbar. Außerdem geht auch die Literatur im Grunde nach wie vor vom Leitbild des Normalarbeitsverhältnisses aus, was sich im Kriterium der persönlichen und wirtschaftlichen Abhängigkeit oder auch zum Teil in den von *Wank* aufgestellten Merkmalen zeigt. Insofern können aus der Literatur für die Bestimmung von Tagespflegepersonen als Arbeitnehmer oder Selbständige keine Anhaltspunkte gewonnen werden. Da auch für die Begriffsbestimmung der arbeitnehmerähnlichen Person in der Literatur keine über die Rechtsprechungskriterien hinausgehenden Vorschläge existieren, ist die Literatur auch diesbezüglich für die Statusbestimmung von Tagespflegepersonen nicht hilfreich.

C. Die Statusbestimmung atypisch Beschäftigter

Wie schon oben festgestellt, können atypisch Beschäftigte nicht per se als Arbeitnehmer, Selbständige oder arbeitnehmerähnliche Personen klassifiziert werden. Vielmehr muss aufgrund der Vielschichtigkeit der möglichen Beschäftigungsverhältnisse atypisch Beschäftigter im Einzelfall bestimmt werden, ob der Erwerbstätige Arbeitnehmer oder Selbständiger ist.

I. Atypisch unselbständige Beschäftigungen

Dies führt bei den atypisch unselbständigen Beschäftigungen wie der befristeten Arbeit und der Teilzeitarbeit in der Regel noch zu einem eindeutigen Ergebnis

---

182 Appel/Frantzioch, AuR 1998, 93 ff.; ebenfalls Hromadka in: Köbler/Heinze/Hromadka, Festschrift für Alfred Söllner zum 70. Geburtstag, S. 461, 463 ff.; Frantzioch, Abhängige Selbständigkeit im Arbeitsrecht, S. 106 ff.; Schubert, Der Schutz der arbeitnehmerähnlichen Personen, S. 209 ff.

eines Arbeitnehmerstatus des Beschäftigten, da diese Formen der Arbeit nicht sehr stark vom Typus des Normalarbeitsverhältnisses abweichen. Allerdings bergen auch schon diese Formen der atypischen Beschäftigungen Abweichungen vom umfassenden arbeitsrechtlichen Schutz, da befristete Tätigkeiten eben nur kurzfristig die Sicherheit des Arbeitnehmerstatus gewährleisten können und Teilzeitarbeit mit Dequalifizierungs- und Abstiegsrisiken verbunden ist.[183] Die geringfügige Beschäftigung führt zwar auch regelmäßig zu einem Arbeitnehmerstatus des Beschäftigten, in dieser Form der Beschäftigung fehlt es aber aufgrund besonderer sozialversicherungsrechtlicher Regelungen an einem Anspruch auf Sozialleistungen. Bei der Leiharbeit ist zwar grundsätzlich von einer abhängigen Beschäftigung zwischen Leiharbeitnehmer und Verleiher auszugehen,[184] durch die Tarifverträge in der Zeitarbeit verdienen Leiharbeitnehmer aber trotz des Equal-pay-Grundsatzes in § 9 Nr. 2 AÜG erheblich weniger als Festangestellte mit gleicher Qualifikation.[185] Bei der Telearbeit gestaltet sich die Einordnung der Beschäftigten als Arbeitnehmer insofern schwierig, als diese Beschäftigten nicht in eine fremde Organisation eingegliedert sind, da ihr Arbeitsplatz zu Hause ist.[186]

II. Abhängig Selbständige

Weitaus schwieriger ist die Einordnung der Beschäftigten bei der atypischen Beschäftigung in Form der abhängigen Selbständigkeit. Dies ist – wie auch schon oben kurz erwähnt – darauf zurückzuführen, dass mit diesen Beschäftigten zwar Dienst- oder Werkverträge abgeschlossen werden, sodass sie aufgrund der Vertragsform als Selbständige einzuordnen wären. Diese Dienst- oder Werkverträge weisen jedoch eine hohe Anzahl an Abhängigkeitsmomenten von Beschäftigtem gegenüber Auftraggeber auf, sodass der Selbständigenstatus infrage gestellt werden muss.[187]

Ausschlaggebend dafür, ob eine Person als Arbeitnehmer oder Selbständiger einzuordnen ist, ist nicht die Vertragsform, sondern die tatsächliche Ausgestaltung des Vertrages.[188] Typisch für Verträge mit abhängigen Selbständigen ist, dass die

---

183 Siehe dazu Frantzioch, Abhängige Selbständigkeit im Arbeitsrecht, S. 30 f.
184 Frantzioch, Abhängige Selbständigkeit im Arbeitsrecht, S. 32 sowie Rüppel/Kröll, SozVers 1992, 259, 263.
185 Siehe dazu ausführlich Ulber, NZA 2009, S. 232 ff.
186 Eingehend dazu Pfarr/Drüke, Rechtsprobleme der Telearbeit, S. 30 ff.
187 Siehe dazu auch Frantzioch, Abhängige Selbständigkeit im Arbeitsrecht, S. 33.
188 Siehe dazu bspw. BAG v. 30.01.1991, Az: 7 AZR 497/89, BAGE 67, 124, 135; BAG v. 30.09.1998, Az: 5 AZR 563/97, BAGE 90, 36, 47; BAG v. 12.12.2001, Az: 5 AZR 253/00, AP Nr. 111 zu § 611 – Abhängigkeit; BGH v. 25.06.2002, Az: X ZR 83/00, AP Nr. 11 zu § 139 ZPO.

Beschäftigten häufig strikte Arbeitszeitvorgaben haben, feste Vorgaben in Bezug bspw. auf Preisgestaltungen gemacht werden und dass die Beschäftigten an einen Auftraggeber gebunden sind.[189] Dies sind typische Merkmale für ein abhängiges Beschäftigungsverhältnis,[190] da den Beschäftigten kein eigenständiges Gestalten des Arbeitsbereichs im Hinblick auf wirtschaftliche Aspekte möglich ist.[191]

Die Abhängigkeitsmomente können bei den abhängigen Selbständigen jedoch mehr oder weniger stark ausgeprägt sein. So ist es möglich, dass die Beschäftigten im Bereich der Arbeitsorganisation und der Zeitplanung größere Freiheiten haben als vergleichbare Arbeitnehmer, selbst dann, wenn diese Arbeitnehmer unter flexiblen Arbeitszeiten tätig sind.[192] Insofern ist es denkbar, diese Beschäftigten eher der Kategorie der arbeitnehmerähnlichen Personen zuzuordnen, wobei diese Kategorie eine Unterform der Selbständigkeit ist.[193]

Der Status abhängig Selbständiger ist also insoweit problematisch, als im Einzelfall immer auf die Vertragsgestaltung und die tatsächlichen Gegebenheiten abgestellt und abgewogen werden muss, inwieweit diese Beschäftigten von ihrem Auftraggeber abhängig und damit den Arbeitnehmern bzw. den arbeitnehmerähnlichen Personen zuzuordnen sind. Dies führt für die arbeits- und sozialrechtliche Absicherung dieser Beschäftigten zu einer enorm hohen Rechtsunsicherheit.

---

189 Siehe dazu bspw. die den folgenden Gerichtsurteilen zugrunde liegenden Sachverhalte: LAG Köln v. 30.06.1995, LAGE Nr. 29 zu § 611 – Arbeitnehmerbegriff, mit Anmerkung Brehm; BAG v. 15.12.1999, Az: 5 AZR 169/99, BAGE 93, 132 ff. (in diesem Fall hatte sich vorgehend das ArbG Nürnberg entgegen dem BAG für eine Arbeitnehmereigenschaft der Versicherungsvermittlerin entschieden); LSG Berlin v. 27.10.1993, DB 1994, 1829 ff. Umfassend zu den Arbeitsbedingungen abhängig Selbständiger vor allem Mayer/Paasch, Ein Schein von Selbständigkeit, S. 55 ff., 80 ff., 102 ff., 122 ff., sowie sich darauf beziehend auch Frantzioch, Abhängige Selbständigkeit im Arbeitsrecht, S. 36 ff.
190 Nach höchstrichterlicher Rechtsprechung „ist Arbeitnehmer, wer aufgrund eines privatrechtlichen Vertrags im Dienste eines anderen zur Leistung weisungsgebundener, fremdbestimmter Arbeit in persönlicher Abhängigkeit verpflichtet ist. Das Weisungsrecht kann Inhalt, Durchführung, Zeit, Dauer und Ort der Tätigkeit betreffen. Arbeitnehmer ist namentlich der Mitarbeiter, der nicht im wesentlichen frei seine Tätigkeit gestalten und seine Arbeitszeit bestimmen kann", zitiert aus BAG v. 12.12.2001, Az: 5 AZR 253/00, AP Nr. 111 zu § 611 – Abhängigkeit; siehe auch BGH v. 25.06.2002, Az: X ZR 83/00, AP Nr. 11 zu § 139 ZPO; BAG v. 16.02.2000, Az: 5 AZB 71/99, BAGE 93, 310, 314 f.; BAG v. 09.11.1994, Az: 7 AZR 217/94, BAGE 78, 252, 256 f.
191 So auch Frantzioch, Abhängige Selbständigkeit im Arbeitsrecht, S. 43.
192 So in zusammenfassender Wertung auch Frantzioch, Abhängige Selbständigkeit im Arbeitsrecht, S. 43.
193 Frantzioch, Abhängige Selbständigkeit im Arbeitsrecht, S. 103 ff.

III. Die Schutzbedürftigkeit atypisch Beschäftigter

In den Zeiten der Hochkonjunktur und damit des Normalarbeitsverhältnisses waren minder geschützte Beschäftigungsformen in der Regel familiär geprägt und erschienen damit nicht schutzbedürftig.[194] Heute sind atypische Beschäftigungen dagegen ein fester Bestandteil unternehmerischer Politik.[195]

Atypische Beschäftigung zieht nicht unweigerlich eine Schutzbedürftigkeit der Beschäftigten nach sich, in den meisten Fällen werden die vom Auftraggeber überbürdeten Betriebsrisiken jedoch nicht angemessen ausgeglichen.[196] So gibt es eine Vielzahl von Nachteilen für atypisch Beschäftigte, die eine Schutzbedürftigkeit begründen. So verdienen atypisch Beschäftigte in der Regel weniger als vergleichbare Arbeitnehmer, die Beschäftigungsdauer liegt unter dem Durchschnitt und die weiteren beruflichen Entwicklungsmöglichkeiten sind oft erheblich eingeschränkt.[197]

Dabei hat vor allem der häufig niedrige Verdienst in arbeits- und sozialrechtlicher Hinsicht prekäre Auswirkungen. Insbesondere bei den abhängigen Selbständigen wirkt sich das Fehlen des arbeitsrechtlichen Bestandsschutzes nicht erst bei der Beendigung der Vertragsbeziehung, sondern schon bei jeder Umsatzschwankung und jedem Misserfolg aus; nicht selten führt eine solche Situation zu einer hohen Verschuldung des Beschäftigten.[198] Sozialrechtlich ist es den abhängigen Selbständigen oft nicht möglich, sich angemessen gegen die Risiken des Lebens (Krankheit, Unfall, Alter, Pflegebedürftigkeit, Arbeitslosigkeit) abzusichern. Dies ist darauf zurückzuführen, dass die abhängig Selbständigen – wenn sie von der Verwaltungspraxis den Selbständigen zugeordnet werden – grundsätzlich nicht in der gesetzlichen Sozialversicherung pflichtversichert sind. Lediglich in der Renten- und zum Teil in der Unfallversicherung sind einzelne Selbständige pflichtversichert; unter bestimmten Voraussetzungen besteht jedoch in allen Sozialversicherungszweigen für Selbständige die Möglichkeit, sich freiwillig zu versichern.[199]

---

194 Frantzioch, Abhängige Selbständigkeit im Arbeitsrecht, S. 27.
195 Ebenfalls Frantzioch, Abhängige Selbständigkeit im Arbeitsrecht, S. 27.
196 Frantzioch, Abhängige Selbständigkeit im Arbeitsrecht, S. 36.
197 Matthies/Mückenberger/Offe/Peter/Raasch, Arbeit 2000, S. 210; siehe auch Bieback, WSI Mitteilungen 2000, 810 f.
198 Matthies/Mückenberger/Offe/Peter/Raasch, Arbeit 2000, S. 214.
199 Siehe dazu § 2 SGB VI und § 6 SGB VII für die Pflichtversicherung von Selbständigen, sowie § 9 SGB V und § 20 SGB XI, § 7 SGB VI sowie § 28a SGB III für die Möglichkeit der freiwilligen Versicherung.

Selbständige sind also entweder auf die Absicherung der Risiken durch private Versicherer angewiesen oder sie nehmen die Möglichkeit der freiwilligen Versicherung in der gesetzlichen Sozialversicherung wahr, wobei dies recht kostenintensiv ist, da Selbständige ihren Sozialversicherungsbeitrag allein zu tragen haben. Insofern müssen sich abhängig Selbständige aufgrund ihres niedrigen Verdienstes häufig entscheiden, ob sie für die Lebensrisiken vorsorgen oder ihr Geld für Produktionsmittel, Werbung und Qualifikation aufwenden möchten,[200] oder ob sie sogar auf die Absicherung der Lebensrisiken verzichten müssen, weil sie sich mit ihrem Verdienst unterhalb des Existenzminimums befinden. Das kann unter Umständen dazu führen, dass abhängige Selbständige im Risikofall von der allgemeinen Sozialhilfe oder vom Arbeitslosengeld II leben müssen, was die Gesellschaft insgesamt belastet.[201]

IV. Die Problematik der atypischen Beschäftigung in der Kindertagespflege

1. Die verschiedenen Möglichkeiten der Tagespflegetätigkeit

Tagespflegepersonen könnten sowohl abhängig beschäftigt als auch selbständig tätig sein. So besteht grundsätzlich die Möglichkeit, dass Tagespflegepersonen mit einem Träger der Jugendhilfe oder mit den Eltern in einem legalen Beschäftigungsverhältnis stehen. Das ist in der Praxis jedoch eher die Ausnahme, da Eltern, wenn sie eine Tagespflegeperson beschäftigen wollen, die keine Gelder vom Jugendamt beanspruchen kann,[202] in der Regel zu wenig Geld haben, um die Tagespflegeperson legal zu beschäftigen und bisher in der Praxis keine Tagespflegepersonen von den Jugendhilfeträgern in ein Anstellungsverhältnis genommen werden. In der Hauptsache wird in der Praxis davon ausgegangen, dass Kindertagespflege als selbständige Tätigkeit ausgeführt wird.[203]

a) Die Möglichkeit eines Anstellungsverhältnisses zu einem Träger der öffentlichen Jugendhilfe

Grundsätzlich besteht zwar die Möglichkeit, dass die Träger der Jugendhilfe mit Tagespflegepersonen Arbeitsverträge schließen können, wenn sie dies ausdrücklich vereinbaren. Nach der jetzigen Gesetzes- und Rechtsprechungslage können die Verhältnisse, die momentan zwischen Tagespflegeperson und Jugendamt

---

200 Welti, SozSich 2001, 223, 227.
201 Vgl. dazu auch Bieback, WSI Mitteilungen 2000, 810, 811.
202 Zu den Voraussetzungen einer Zahlung öffentlicher Gelder und zu der neuen Regelung des § 90 SGB VIII, nach der Eltern bei öffentlich geförderter Tagespflege nunmehr – im Gegensatz zur vorherigen Gesetzesfassung – nur noch einen pauschalierten Teilnahmebeitrag zu erbringen haben, siehe Kapitel 3, B. I. 1. und 2. b).
203 Gerszonowicz in Diller/Jurczyk/Rauschenbach, Tagespflege zwischen Markt und Familie, S. 40.

oder einem anderen Träger der Jugendhilfe besteh[...]ht als Arbeitsvertragsverhältnisse qualifiziert werden. D[...]a- raus, dass sich die sozialrechtlichen Pflichten des [...]er Tagespflegeperson nach §§ 23, 24 SGB VIII auf Ber[...]a- lifizierung sowie Zahlung von Aufwendungsersatz b[...]r- aus grundsätzlich keine hinreichende Statuszuordnu[...]

So hatte auch das Bundessozialgericht in einem Urteil aus dem Jahre 1999 ausdrücklich klargestellt, dass zwischen Tagespflegeperson und Jugendamt grundsätzlich kein Beschäftigungsverhältnis besteht, da das Jugendamt lediglich als Vermittler auftritt. Die Vermittlungstätigkeit des Jugendamtes sei dabei im Wesentlichen eine Leistung für den Personensorgeberechtigten, auf dessen Vermittlungsbegehren hin das Jugendamt durch die Benennung von geeigneten Tagesmüttern tätig wird. Zwar obliege dem Jugendamt gemäß § 79 SGB VIII die „Gesamtverantwortung" auch für den Bereich der Tagespflege. Hieraus folge aber nicht, dass das Jugendamt konkreter Arbeitgeber mit Direktionsrecht gegenüber der einzelnen Tagespflegeperson sei.[204]

Vom Bundesarbeitsgerichts ist die Konstellation, dass eine Tagespflegeperson das Verhältnis zum Träger der Jugendhilfe geklärt haben wollte, zwar noch nicht zu entscheiden gewesen, aus dem SGB VIII sind aber bereits ähnliche Fallgestaltungen diskutiert worden. Nachdem 1998 die Familienhelferin nach § 31 SGB VIII noch in bestimmten Konstellationen als Arbeitnehmerin qualifiziert worden war,[205] ist diese Position inzwischen am Beispiel der Leiterin einer Außenwohngruppe korrigiert worden: So führte das BAG aus, dass allein die Tatsache, dass eine Person öffentlich-rechtliche Weisungen eines Trägers der Jugendhilfe zu beachten hat, nicht zur Bejahung eines Arbeitsverhältnisses führt.[206] Die Möglichkeiten einer arbeitsrechtlichen Statusbeziehung zwischen Jugendamt und Tagespflegeperson sind damit außerordentlich eingeschränkt.

b) Das Statusverhältnis zwischen Eltern und Tagespflegeperson
Die zwischen Eltern und Tagespflegepersonen geschlossenen Verträge tragen aufgrund der Art der zu erbringenden Leistung, die sich stark an den Wünschen der Eltern orientieren muss, eine schwierige Vertraglichkeit in sich, sodass aus den Verträgen allein weder mit Sicherheit auf einen Arbeitsvertrag noch auf einen freien Dienstvertrag geschlossen werden kann. So werden die zwischen Tages-

---

204 BSG v. 16.09.1999, Az: B 7 AL 80/98 R, SozR 3-4100, § 101 Nr. 10.
205 BAG v. 06.05.1998, Az: 5 AZR 347/97, NZA 1998, 873.
206 BAG v. 25.05.2005, Az: 5 AZR 347/04, EzA § 611 BGB 2002 – Arbeitnehmerbegriff Nr. 6.

pflegepersonen und Eltern abgeschlossenen Verträge[207] von ihrer Form her häufig als freie Dienstverträge zu qualifizieren sein. Inhaltlich lassen diese Verträge oder auch die tatsächliche Ausübung des Kinderbetreuungsverhältnisses jedoch häufig Zweifel aufkommen, ob es sich tatsächlich um einen Dienst- oder Werkvertrag handelt, da oft viele Elemente enthalten sind, die auf eine abhängige Beschäftigung schließen lassen: So sind Tagespflegepersonen zwar häufig an mehrere Eltern als Auftraggeber gebunden, wodurch ein Unterschied zu den in anderen Bereichen tätigen abhängigen Selbständigen besteht. Tagespflegepersonen unterliegen aber in Bezug auf ihre Arbeitszeit und die inhaltliche Ausgestaltung ihrer Tätigkeit stark den Wünschen und Bedürfnissen der Eltern, sodass man durchaus von einer Abhängigkeit der Tagespflegeperson von den Eltern der zu betreuenden Kinder sprechen kann.[208] Insofern besteht die Möglichkeit, dass Tagespflegepersonen als abhängig Selbständige tätig sind.[209]

c) Die Tagespflegetätigkeit als „karitative Tätigkeit im weiteren Sinne"
Allerdings stellt sich die Frage, ob eine Tagespflegeperson überhaupt in den klassischen Status der Abhängigkeit oder der Selbständigkeit eingeordnet werden kann. In der herkömmlichen Systematik des SGB VIII wurde Kindertagespflege als „private familiäre und damit nichtprofessionelle Betreuung" qualifiziert, die als eine dritte Kategorie jenseits von Abhängigkeit und selbständiger Berufstätigkeit fungieren soll.[210] Anschaulich zeigt sich dieses Verständnis im Urteil des BSG v. 16.09.1999,[211] in dem einer arbeitslosen Frau trotz der Tätigkeit als Tagespflegeperson Leistungen der Arbeitslosenversicherung zugesprochen wurden. Die Tätigkeit als Tagespflegeperson wurde weder als Arbeitsvertrag noch als selbständige professionelle Beschäftigung eingestuft, sondern vielmehr als „karitative Tätigkeit im weiteren Sinne". Diese Auffassung ist jedoch höchst problematisch, da für eine solche Tätigkeit im Modell des deutschen Sozialversicherungsrechts kein Platz ist. Personen, die eine solche Tätigkeit ausüben, sind auf eine sonstige soziale Sicherung angewiesen, herkömmlich eine von einem Ehepartner abge-

---

207 Grundlage für diese Annahme sind die in Anlage 1 und 2 abgedruckten Vertragsmuster.
208 In den in Anlage 1 und 2 abgedruckten Vertragsmustern ist die zeitliche und inhaltliche Ausgestaltung der Arbeit zwar so formuliert, dass grundsätzlich von einer gleichwertigen Verhandlungsposition zwischen Tagespflegeperson und Eltern ausgegangen werden könnte. Da in der Praxis die Eltern aber ihre Kinder zu bestimmten Zeiten betreut haben möchten und auch die Art der Erziehung ein Privileg der Eltern ist (was sich nicht zuletzt aus Art. 6 Abs. 2 S. 1 GG ergibt), müssen sich die Tagespflegepersonen grundsätzlich nach den Wünschen der Eltern richten, wenn sie das entsprechende Kind betreuen möchten; siehe dazu Kapitel 2, D. I. 3. b) u. c).
209 Ausführlich zur Einordnung von Tagespflegepersonen als abhängig Beschäftigte oder Selbständige Kapitel 2, D.
210 Siehe dazu Wiesner, ZfJ 2004, 441, 451.
211 Az: B 7 AL 80/98 R, SozR 3 – 4100 § 101 Nr. 10.

leitete soziale Sicherung. Diese nicht untypischen Ausführungen des 11. Senats des BSG zur Selbständigkeit von Tagespflegepersonen nach § 101 AFG bzw. dem heutigen § 119 SGB III, mit der diesen jegliche Erwerbstätigkeit abgesprochen wird und sie als „karitativ Tätige" qualifiziert werden, stellen sich als eine spezifische Form der Benachteiligung wegen des Geschlechts dar, die unabhängig von der früheren Rechtslage inzwischen nach § 33 c SGB I nicht statthaft ist. Hieran wird besonders deutlich, dass bei der bisher unzureichenden sozialen Absicherung von Tagespflegepersonen der Genderaspekt eine erhebliche Rolle spielt.[212] Abgesehen davon spricht auch der Aufwendungsersatz für eine soziale Sicherung nach § 23 Abs. 2 S. 1 Nr. 3 SGB VIII gegen eine solche dritte Kategorie jenseits von Abhängigkeit und selbständiger Berufstätigkeit.

2. Die Rechtsunsicherheit in der sozialversicherungsrechtlichen Praxis
In der Praxis besteht aufgrund der Tatsache, dass Tagespflegepersonen in der Regel nicht eindeutig einer selbständigen oder abhängigen Beschäftigung nachgehen, erhebliche Rechtsunsicherheit bei der sozialversicherungsrechtlichen Verwaltung und den Sozialgerichten. Zwar könnte es theoretisch auch vorkommen, dass die Arbeitsgerichte sich mit der Frage auseinanderzusetzen haben, ob eine Tagespflegeperson im konkreten Fall selbständig oder abhängig tätig ist. Da jedoch das Arbeitsrecht als Untergebiet des Privatrechts einzelfallbezogen ausgerichtet ist, das Sozialrecht dagegen als Teilgebiet des öffentlichen Rechts massenverwaltungstauglich sein muss, sind die Anforderungen an die sozialversicherungsrechtliche Praxis im Interesse einer möglichst einfachen und einheitlichen Handhabung ähnlich gelagerter Fälle immer dann enorm hoch, wenn – wie im Fall der Tagespflegepersonen – keine konkreten gesetzlichen Vorgaben existieren, wie bestimmte Personengruppen sozialversicherungsrechtlich zu behandeln sind, deren arbeits- bzw. sozialversicherungsrechtlicher Status nicht per se feststeht.

Insofern kann im Folgenden auch nur auf die sozialversicherungsrechtliche Praxis eingegangen werden: Fälle aus der arbeitsgerichtlichen Praxis sind nicht bekannt und eine arbeitsrechtliche Exekutive, die sich mit der Einordnung von Tagespflegepersonen als abhängig beschäftigt oder selbständig tätig auseinandersetzt, ist aufgrund des strukturellen Unterschieds zwischen Arbeits- und Sozialrecht nicht existent.[213]

---

212 Siehe dazu Kapitel 1, A. II. 2. a) aa).
213 Siehe zu diesem strukturellen Unterschied zwischen Arbeits- und Sozialrecht Kapitel 4, B. II. 2. a).

a) Die Praxis der Sozialversicherungsträger
Um die Handhabung der Versicherungspflicht von Tagespflegepersonen innerhalb der einzelnen Sozialversicherungszweige einheitlich gestalten zu können, haben die einzelnen Sozialversicherungsträger eigene Kriterien entwickelt, die recht unterschiedlich ausfallen und dadurch nicht unbedingt zur Rechtssicherheit beitragen.

aa) Gemeinsame Verlautbarung der Spitzenorganisationen der Sozialversicherung vom 05.07.2005
Die Spitzenorganisationen der Sozialversicherung haben in einer Gemeinsamen Verlautbarung vom 05.07.2005 einen Katalog bestimmter Berufsgruppen zur Abgrenzung zwischen abhängiger Beschäftigung und selbständiger Tätigkeit festgelegt.[214] Danach gilt für Tagespflegepersonen Folgendes: „Tagesmütter, die sich der häuslichen Beaufsichtigung und Betreuung von Kindern widmen, gehören grundsätzlich nicht zu den abhängig Beschäftigten. Die Übernahme der Betreuung der Kinder für Fremde ist nicht durch eine Weisungsabhängigkeit geprägt."
Nach Auffassung der Spitzenorganisationen der Sozialversicherung sind Tagespflegepersonen also in der Regel als selbständig zu qualifizieren. Da sie davon nur grundsätzlich ausgehen, schließen sie Ausnahmen nicht aus, benennen diese aber nicht weiter.

bb) Die Rechtsauffassung der Deutschen Rentenversicherung Bund (ehemals Bundesversicherungsanstalt für Angestellte)[215]
Da die ehemalige BfA und auch der ehemalige VDR zu den Spitzenverbänden der Sozialversicherungsträger gehörten, ist davon auszugehen, dass die Deutsche Rentenversicherung Bund in Anlehnung an die eben vorgestellte Gemeinsame Verlautbarung vom 05.07.2005 ebenfalls grundsätzlich davon ausgeht, dass Tagespflegepersonen in keinem Beschäftigungsverhältnis stehen. Sie schließt aber Ausnahmen keineswegs aus: So hatte die BfA in ihrem Rechtshandbuch

---

214 Gemeinsame Verlautbarung der Spitzenorganisationen der Sozialversicherung, betr.: Gesetz zur Förderung der Selbständigkeit; Versicherungs-, Beitrags- und Melderecht unter Berücksichtigung der Änderungen aufgrund des Vierten Gesetzes für moderne Dienstleistungen am Arbeitsmarkt, Anlage 4, zu finden unter http://www.deutsche-rentenversicherung-bund.de/nn_7130/SharedDocs/de/Inhalt/02__Rente/02__vor__der__rente/03__statusfeststellung/anlage4__katalog__berufsgruppen__abgrenzung__pdf.html, letzter Aufruf 07.08.2009. Dieser Berufsgruppenkatalog wurde erstmals von den Spitzenorganisationen der Sozialversicherung in ihrem Gemeinsamen Rundschreiben vom 16.06.1999 in der Fassung vom 18.08.1999 entwickelt.
215 Seit der Organisationsreform der gesetzlichen Rentenversicherung zum 01.10.2005, durch die sich die Bundesversicherungsanstalt für Angestellte (BfA) und der Verband deutscher Rentenversicherungsträger (VDR) zusammengeschlossen haben, werden diese beiden Rentenversicherungsträger nunmehr unter der Bezeichnung „Deutsche Rentenversicherung Bund" tätig.

SGB VI[216] in Anlage 1 zu § 2 SGB VI, in der eine beispielhafte Aufzählung von einzelnen Personengruppen enthalten ist, darunter auch Tagesmüttern, ausdrücklich betont, dass die in der Anlage genannten Berufe sowohl im Rahmen eines abhängigen Beschäftigungsverhältnisses als auch im Rahmen einer selbständigen Tätigkeit ausgeübt werden können.[217]

Darüber hinaus hatte die BfA in einer Stellungnahme vom 19.04.2000[218] zur Einordnung der sog. Kinderfrauen[219] erklärt, dass auch diese Tagespflegepersonen aus versicherungsrechtlicher Sicht grundsätzlich zwar nicht anders zu behandeln seien als die Personen, die im Allgemeinen als Tagesmütter bezeichnet werden. Im Folgenden führte die BfA jedoch aus, dass bei Kinderfrauen, die im Gegensatz zu Tagesmüttern die Betreuung der Kinder nicht in eigenen Räumlichkeiten, sondern im Haushalt der Eltern leisten, eine stärkere persönliche Abhängigkeit von den beauftragenden Eltern bestehe: „Zwar liegt der Fremdbetreuung von Kindern ein erhebliches Vertrauensverhältnis zwischen Eltern und Betreuer zugrunde, welches durch den Umfang der übertragenen Aufgaben an Intensität gewinnt, allerdings wird die Kinderfrau dabei regelmäßig von den Eltern genaue Anweisungen erhalten, z. B. hinsichtlich der zuzubereitenden Mahlzeiten, der Beschäftigungsarten (Vorgabe bestimmter altersgerechter und fördernder Spiele, konkreter Fernsehsendungen, des Besuchs bestimmter Spielplatzeinrichtungen u. ä.), der Zeiten des Mittags- und Nachtschlafs sowie gegebenenfalls dabei besonders zu beachtender, für Kinder gewohnter Abläufe". Insofern bleibe für eine im Wesentlichen freie Gestaltung der Erwerbstätigkeit kein Raum. Auch ein Unternehmerrisiko trage eine Kinderfrau in diesen Fällen nicht, da bei der Vereinbarung einer festen Entlohnung der Erfolg des Einsatzes der eigenen Arbeitskraft nicht ungewiss sei.

---

216 In diesen Rechtshandbüchern, die ursprünglich von der BfA entwickelt worden sind, sind die aktuellen Arbeitsanweisungen der Deutschen Rentenversicherung Bund zu finden. Die Deutsche Rentenversicherung Bund stellt diese online über „rvLiteratur®" zur Verfügung unter http://rvliteratur.bfa.de/bfa/xtention_index.htm, letzter Aufruf 07.08.2009. Allerdings kann diese Internetseite nur über die Verwendung eines Java-Plug-ins genutzt werden.
217 Rechtshandbuch SGB VI der BfA, Anlage 1 zu § 2 SGB VI, S. 1 u. 10, Stand 20.11.2006, zu finden unter http://rvliteratur.bfa.de/bfa/xtention_index.htm, letzter Aufruf 07.08.2009. Da auch die Deutsche Rentenversicherung Bund nach der Organisationsreform die von der BfA entwickelten Rechtshandbücher nutzt, ist davon auszugehen, dass sich die Deutsche Rentenversicherung Bund der Auffassung der BfA zu dieser Frage angeschlossen hat.
218 Stellungnahme der BfA gegenüber Frau Rechtsanwältin Iris Vierheller vom 19.04.2000, hier im Anhang in Anlage 4 abgedruckt.
219 Als Kinderfrauen werden in der Praxis häufig die Tagespflegepersonen bezeichnet, die Kinder im Haushalt der Eltern betreuen. Siehe dazu Jurczyk/Rauschenbach/Tietze/Keimeleder/Schneider/Schumann/Stempinski/Weiß/Zehnbauer, Von der Tagespflege zur Familientagesbetreuung, S. 57 mit Fn. 7.

Die BfA grenzte den Status einer Tagespflegeperson also grundsätzlich danach ab, ob die Tagespflegetätigkeit im eigenen Haushalt bzw. in anderen geeigneten Räumlichkeiten oder im Elternhaushalt durchgeführt wurde. Bei Ausschluss eines Beschäftigungsverhältnisses nahm die BfA jedoch nicht zwangsläufig eine selbständige Tätigkeit an. Vielmehr wurde geprüft, ob die Tätigkeit mit Gewinnerzielungsabsicht ausgeführt wird, da nur eine solche Tätigkeit eine Versicherungspflicht als Selbständiger nach § 2 SGB VI begründe. Dafür legte die BfA folgende Abgrenzungskriterien zugrunde:[220]

1. In Anlehnung an die einkommensteuerliche Behandlung des aus öffentlichen Kassen gezahlten Pflegegeldes und Erziehungsgeldes für Kinder in Familienpflege bei einer Betreuung von bis zu fünf Kindern durch die Tagespflegeperson ist ohne nähere Prüfung zu unterstellen, dass diese Betreuung nicht erwerbsmäßig betrieben wird und dementsprechend auch keine Rentenversicherungspflicht als selbständig Tätige besteht. Von einer solchen Pauschalbeurteilung ist allerdings nur dann auszugehen, wenn die Tagespflegeperson als Anspruchsberechtigte nach § 23 Abs. 3 SGB VIII ausschließlich Pflege- und Erziehungsgeld aus öffentlichen Kassen erhält, welches gem. § 3 Nr. 11 EStG steuerfrei ist.
2. Sind dagegen die Eltern anspruchsberechtigt, Pflege- und Erziehungsgelder aus öffentlichen Kassen zu erlangen, kann die Tagespflegeperson keine Steu-

---

220 Die nun folgenden Kriterien sind verwaltungsintern nirgends fixiert. Nach telefonischer Auskunft der Grundsatzabteilung der BfA im September 2005 war die Rechtsauffassung der BfA bzgl. der versicherungsrechtlichen Beurteilung nur in ihrem Rechtshandbuch zu finden, allerdings nicht gebündelt unter der Personengruppe Tagesmütter, sondern an verschiedenen Stellen des Buches unter verschiedenen Gesichtspunkten. Insofern war die Rechtsauffassung der BfA nur unter erheblichen Schwierigkeiten greifbar. Lediglich in Stellungnahmen auf Anfragen bspw. des Tagesmütter-Bundesverbandes (http://www.tagesmuetter-bundesverband.de/webdateien/ind/indinfo.html, letzter Aufruf 14.03.2006), in jüngst erlassenen Gerichtsurteilen (bspw. SG Mannheim v. 12.12.2003, Az: S 4 RA 2424/03 sowie die Nachfolgeurteile LSG Baden-Württemberg v. 22.06.2004, Az: L 13 RA 213/04 und BSG v. 22.06.2005, Az: B 12 RA 12/04 R, SGb 2005, 447 (Kurzwiedergabe); SG Mainz v. 26.02.2004, Az: S 1 RA 22/02; SG Lüneburg, Az: 09.03.2004, Az: S 14 RA 185/02) und auf der Homepage der BfA unter Eingabe des Suchbegriffes „Tagesmutter" bzw. direkt unter http://www.bfa.de/nn_5910/de/Inhalt/Zielgruppen/Journalisten/Hintergrundinformationen/Versicherungspflicht_20von_20Tagesm_C3_BCttern.html, letzter Aufruf 26.09.2005, ließ sich die Rechtsauffassung der BfA in mehr oder weniger ausführlicher Form nachvollziehen. Seit der Organisationsreform der gesetzlichen Rentenversicherung zum 01.10.2005 ist auf der Internetseite der Deutschen Rentenversicherung Bund unter dem Suchbegriff „Tagesmutter" keine entsprechende Auskunft mehr zu bekommen. Eine kompakte Zusammenfassung der Rechtsauffassung der BfA findet sich allerdings in der Antwort der Bundesregierung auf die Kleine Anfrage der Abgeordneten Ina Lenke, Dr. Irmgard Schwaetzer, Rainer Brüderle, weiterer Abgeordneter und der Fraktion der FDP – Drucksache 14/7406: Einkommensteuerliche und rentenversicherungsrechtliche Situation von Müttern und Vätern in der Tagespflege, BT-Drucks. 14/7725, unter Frage 4.

erbefreiung nach § 3 Nr. 11 EStG geltend machen, sodass nach Auffassung der BfA von einer erwerbsmäßigen und damit von einer rentenversicherungspflichtigen selbständigen Tätigkeit auszugehen ist, auch wenn nur bis zu fünf Kinder betreut werden. Dies gilt auch dann, wenn Eltern aus kommunalen Mitteln Beihilfen zur Deckung von Aufwendungen für die Betreuung des Kindes durch Dritte bewilligt wird und die Zahlung der Mittel aufgrund eines Antrages der Eltern unmittelbar an die Betreuungsperson erfolgt.[221]

3. Betreut die Tagespflegeperson sowohl Kinder, für die sie Pflege- und Erziehungsgelder aus öffentlichen Kassen erlangt, als auch Kinder, für die sie privat bezahlt wird (oder natürlich bei ausschließlich privater Basis) und erhält die Tagespflegeperson somit (auch) eine Vergütung auf privatrechtlicher Grundlage, so sind die hierfür erzielten Einnahmen nach § 18 Abs. 1 Nr. 3 EStG steuerpflichtig – in diesem Fall ist von einer erwerbsmäßigen und damit rentenversicherungsrechtlich zu beurteilenden Tätigkeit auszugehen (diesbezüglich besteht für die BfA kein Ermessensspielraum), wenn die Tagespflegeperson aus ihrer Tätigkeit Einkünfte erzielt, die nach § 2 EStG der Besteuerung unterliegen. Dabei ist die Tagespflegetätigkeit in ihrer Gesamtheit zu betrachten. Es ist insoweit unerheblich, ob für einzelne Kinder Pflege- und Erziehungsgelder aus öffentlichen Kassen gezahlt werden. Zudem ist es dann nicht entscheidend, ob die Vergütung für die ausgeübte Tätigkeit direkt von dem öffentlichen Träger an die Tagespflegeperson gezahlt wird oder über die Eltern des Kindes erfolgt. Je nach inhaltlicher Ausrichtung der Tätigkeit sind die Tagespflegepersonen dann von der Versicherungspflicht nach § 2 S. 1 Nr. 1 oder Nr. 2 SGB VI erfasst.

4. Erhält eine Tagespflegeperson ausschließlich Pflege- und Erziehungsgeld aus öffentlichen Kassen, betreut aber sechs oder mehr Kinder (sog. Tagesgroßpflegestelle), werden zumindest teilweise der Einkommensteuer unterliegende Vergütungen gezahlt, die bei festgestellter Versicherungspflicht nach § 2 SGB VI ein beitragspflichtiges Arbeitseinkommen der selbständigen Tagespflegeperson darstellen.

5. Ist von einer erwerbsmäßigen, also auf Gewinnerzielung ausgerichteten Tätigkeit auszugehen, könnte jedoch eine rentenversicherungsfreie geringfügige selbständige Tätigkeit nach § 5 Abs. 2 Nr. 2 SGB VI i. V. m. § 8 Abs. 3 SGB IV vorliegen.

Erhielt eine Tagespflegeperson also ausschließlich direkt ihr Entgelt vom öffentlichen Träger der Jugendhilfe, handelte sie nicht erwerbsmäßig und war damit nach Ansicht der BfA auch nicht rentenversicherungspflichtig. Bezog sie dagegen ganz oder teilweise ihr Entgelt von den Eltern, ging die BfA grundsätzlich von

---
221 Berufung der BfA auf ein Urteil des BFH vom 19.06.1997, BStBl. II 1997, S. 652.

einer erwerbsmäßigen selbständigen Tätigkeit aus, die zur Rentenversicherungspflicht nach § 2 S. 1 Nr. 1 SGB VI führte.[222]

Nach dem Rundschreiben des Bundesministeriums der Finanzen vom 17.12.2007 zur „Einkommenssteuerrechtlichen Behandlung der Geldleistungen für Kinder in Kindertagespflege" werden jedoch ab dem 01.01.2009 alle Einkünfte aus der öffentlich geförderten Kindertagespflege als Einnahmen aus selbständiger Tätigkeit i. S. d. § 18 Abs. 1 Nr. 1 EStG behandelt, wenn die Tagespflegeperson Kinder verschiedener Personensorgeberechtigter im eigenen Haushalt, im Haushalt des Personenberechtigten oder in anderen Räumen betreut.[223] Dies bedeutet, dass die bisher von der Deutschen Rentenversicherung Bund vorgenommene Abgrenzung für die Erwerbsmäßigkeit anhand der Unterscheidung zwischen Geldern aus öffentlichen oder privaten Mitteln hinfällig geworden ist. Aus diesem Grund wird nunmehr vom Träger der gesetzlichen Rentenversicherung regelmäßig von einer Gewinnerzielungsabsicht und damit von einer Versicherungspflicht als Selbständiger nach § 2 SGB VI ausgegangen.[224]

cc) Rechtsauffassung der Spitzenverbände der Krankenkassen und der Deutschen Rentenversicherung Bund zum Vorliegen einer hauptberuflich selbständigen Tätigkeit im Allgemeinen und im Konkreten bei der Tätigkeit als Tagespflegeperson
Hinsichtlich der Abgrenzung, ob eine Tagespflegeperson abhängig beschäftigt oder selbständig tätig ist, haben sich die Spitzenverbände der Kranken- und Rentenversicherungsträger nicht geäußert. Da sie aber zu den Spitzenorganisationen der Sozialversicherung gehören, ist davon auszugehen, dass auch sie im Grundsatz von einer selbständigen Tätigkeit in der Kindertagespflege ausgehen.[225] Die

---

222 Bis zu dem Urteil des BSG v. 22.06.2005, Az: B 12 RA 12/04 R, als Kurzwiedergabe abgedruckt in SGb 2005, 447, hatte die BfA die Auffassung vertreten, dass Tagespflegepersonen sowohl der Versicherungspflicht nach § 2 S. 1 Nr. 1 SGB VI als Erzieher als auch nach § 2 S. 1 Nr. 2 SGB VI als Säuglings- oder Kinderpfleger unterliegen können. Diese Rechtsauffassung hatte die BfA jedoch aufgrund des BSG-Urteils v. 22.06.2005 ausdrücklich aufgehoben, und sie vertrat seitdem die Ansicht, dass nur eine Versicherungspflicht nach § 2 S. 1 Nr. 1 SGB VI als Erzieher für selbständige Tagespflegepersonen in Betracht kommt. Siehe dazu Rechtshandbuch SGB VI der BfA, Anlage 1 zu § 2 SGB VI, S. 1 u. 10, Stand 20.11.2006, zu finden unter http://rvliteratur.bfa.de/bfa/xtention_index.htm, letzter Aufruf 07.08.2009.
223 BStBl. I 2008, S. 17.
224 Diese Rechtsauffassung der Deutschen Rentenversicherung ist bspw. zu finden unter http://www.deutsche-rentenversicherung-saarland.de/nn_60320/DRVSL/de/Inhalt/Presse/pressemitteilungen/neuregelung2009__rentenversicherungspflicht__selbstaendiger-tagesmuetter.html, letzter Aufruf 13.08.2009. Siehe dazu auch Kapitel 3, B. II. 3. a) cc).
225 Siehe dazu die Gemeinsame Verlautbarung der Spitzenorganisationen der Sozialversicherung vom 05.07.2005, zu finden unter http://www.deutsche-rentenversicherung-bund.de/nn_7130/SharedDocs/de/Inhalt/02__Rente/02__vor__der__rente/03__statusfeststellung/anlage4__katalog__berufsgruppen__abgrenzung__pdf.html, letzter Aufruf 07.08.2009.

Spitzenverbände der Krankenkassen und die Deutsche Rentenversicherung haben sich in gemeinsamen Rundschreiben jedoch zu der Frage geäußert, wann eine hauptberuflich selbständige Erwerbstätigkeit anzunehmen ist. Dies hat für Tagespflegepersonen insofern Auswirkungen, als gem. § 5 Abs. 5 SGB V nach Absatz 1 Nr. 1 oder 5 bis 12 nicht versicherungspflichtig ist, wer hauptberuflich selbständig erwerbstätig ist. Zudem spielt der Passus der hauptberuflich selbständigen Tätigkeit für die Möglichkeit der Familienversicherung nach § 10 Abs. 1 Nr. 4 SGB V eine Rolle. Darüber hinaus kann sich die Tatsache, dass eine Tagespflegeperson hauptberuflich selbständig erwerbstätig ist, auf die Beitragshöhe i. S. v. § 240 Abs. 4 S. 2 SGB V auswirken.[226]

Nach der Auffassung der Spitzenverbände der Krankenkassen und der Deutschen Rentenversicherung Bund ist eine selbständige Erwerbstätigkeit dann als hauptberuflich anzusehen, „wenn sie von der wirtschaftlichen Bedeutung und dem zeitlichen Aufwand her den Mittelpunkt der Erwerbstätigkeit darstellt. Zur Beurteilung ist auf die tatsächlichen Verhältnisse im jeweiligen Einzelfall abzustellen. Merkmale für eine hauptberuflich ausgeübte selbständige Tätigkeit können die Anzeige bzw. Genehmigung eines Gewerbes (§§ 14 ff. GewO), die Beschäftigung von Arbeitnehmern im Betrieb oder der zeitliche Umfang der selbständigen Tätigkeit sein. Vom zeitlichen Umfang her ist eine selbständige Tätigkeit dann als hauptberuflich anzusehen, wenn sie mindestens 18 Stunden in der Woche umfasst. Dabei ist neben dem reinen Zeitaufwand für die eigentliche Ausübung der selbständigen Tätigkeit auch der zeitliche Umfang für eventuell erforderliche Vor- und Nacharbeiten zu berücksichtigen. Bei geringerem Zeitaufwand als wöchentlich 18 Stunden ist die Annahme einer hauptberuflichen selbständigen Tätigkeit dann nicht ausgeschlossen, wenn die daraus erzielten Einnahmen die Hauptquelle zur Bestreitung des Lebensunterhaltes bilden."[227] Aufgrund dieser in verschiedenen gemeinsamen Rundschreiben festgehaltenen Verlautbarung wurden auch Tagespflegepersonen bis 2004 dann als hauptberuflich selbständig Erwerbstätige angesehen, wenn sie mehr als 18 Stunden wöchentlich tätig waren. Dies hatte für sie zur Folge, dass sie sich nicht mehr familienversichern konnten und aufgrund der Regelung des § 240 Abs. 4 S. 2 SGB V hohe Krankenversicherungsbeiträge abführen mussten.

Mit Schreiben vom 05.03.2004 hatte jedoch das Bundesministerium für Gesundheit und Soziale Sicherung (BMGS) die Spitzenverbände der Krankenkassen

---

226 Siehe dazu Einleitung, I. 2. b) aa).
227 So zitiert aus: Gemeinsames Rundschreiben der Spitzenverbände der Krankenkassen und der Deutschen Rentenversicherung Bund zur Krankenversicherung und Pflegeversicherung der Rentner vom 01.10.2005, S. 35 f., zu finden unter http://www.fineon.de/Anlagen/vdr051001.pdf, letzter Aufruf 13.08.2009.

gebeten, kurzfristig eine gemeinsame Rechtsauffassung zu der Frage herbeizuführen, ob und unter welchen Voraussetzungen Tagespflegepersonen als hauptberuflich selbständig tätig im Sinne der Regelungen des § 5 Abs. 5 und vor allem des § 240 Abs. 4 S. 2 SGB V anzusehen sind. Dabei hatte das Ministerium zu erkennen gegeben, dass keine Bedenken dagegen bestünden, wenn in Anlehnung an die einkommensteuerrechtliche Behandlung des aus öffentlichen Kassen gezahlten Pflegegeldes und Erziehungsbeitrags für Kinder in Familienpflege[228] bei einer Betreuung von bis zu fünf Kindern im Haushalt der Tagespflegeperson von einer nicht hauptberuflich selbständigen Tätigkeit ausgegangen wird.

Mit dieser Frage hat sich der Arbeitskreis „Versicherung und Beiträge der Spitzenverbände der Krankenkassen" am 31.03.2004 beschäftigt und ist zu dem Ergebnis gekommen, dass bei der Beurteilung, ob eine Tagespflegeperson hauptberuflich selbständig erwerbstätig ist, die Grundsätze anzuwenden sind, die bei der einkommensteuerrechtlichen Behandlung des aus öffentlichen Kassen gezahlten Pflegegeldes und Erziehungsbeitrags für Kinder in Familienpflege gelten: „Das bedeutet, dass die Betreuung von Kindern erwerbsmäßig (hier: hauptberuflich selbständig erwerbstätig) betrieben wird, wenn das Pflegegeld die wesentliche Erwerbsgrundlage darstellt. Bei einer Betreuung von bis zu fünf Kindern kann ohne nähere Prüfung unterstellt werden, dass die Pflege nicht erwerbsmäßig betrieben wird."[229]

Wegen der Anlehnung an die einkommensteuerrechtlichen Grundsätze stellte sich jedoch die Frage, ob diese Abgrenzung nur dann gelten sollte, wenn eine Tagespflegeperson ausschließlich Gelder aus öffentlichen Mitteln erlangte, da auch in dem entsprechenden BMF-Schreiben v. 07.02.1990[230] die Abgrenzung anhand der Betreuung von bis zu fünf Kindern von der Zahlung öffentlicher Gelder abhängig gemacht wird. Dazu sagte die „Niederschrift über die Besprechung des Arbeitskreises Versicherung und Beiträge der Spitzenverbände der Krankenkassen am 31.03.2004" nichts aus. Diese ungeklärte Frage haben die Spitzenverbände der Krankenkassen durch ein Gemeinsames Rundschreiben vom 08.11.2005 mit dem Titel: „Gesamteinkommen" nunmehr beantwortet.[231] Danach gilt diese Abgrenzung nur dann, wenn für die Kinderbetreuung Gelder aus öffentlichen Mit-

---

228 BMF-Schreiben v. 07.02.1990, Az: IV B 1 – S 2121 – 5/90, BStBl. I 1990, 109.
229 Siehe dazu die Niederschrift über die Besprechung des Arbeitskreises „Versicherung und Beiträge der Spitzenverbände der Krankenkassen" am 31.03.2004, unveröffentlicht, hier zu finden im Anhang, Anlage 3.
230 BMF-Schreiben v. 07.02.1990, Az: IV B 1 – S 2121 – 5/90, BStBl. I 1990, 109.
231 Gemeinsames Rundschreiben der Spitzenverbände der Krankenkassen vom 08.11.2005 mit dem Titel: Gesamteinkommen, zu finden unter http://beck-online.beck.de/default.aspx?bcid=Y-100-G-SO_GR_2005_11_08, letzter Aufruf 22.08.2009.

teln fließen.²³² Zwar geht dieses Gemeinsame Rundschreiben nicht ausdrücklich darauf ein, wann eine hauptberuflich selbständige Erwerbstätigkeit vorliegt, sondern es definiert, wann eine Tagespflegetätigkeit erwerbsmäßig betrieben wird. Diesbezüglich ist jedoch wiederum der Niederschrift des Besprechungsergebnisses der Spitzenverbände der Krankenkassen vom 31.03.2004 zu entnehmen, dass die Spitzenverbände der Krankenkassen den einkommensteuerrechtlichen Begriff der „Erwerbsmäßigkeit" mit dem Begriff der „hauptberuflich selbständigen Erwerbstätigkeit" des Krankenversicherungsrechts gleichsetzen.

Nach Auffassung der Spitzenverbände der Krankenkassen waren Tagespflegepersonen also grundsätzlich dann nicht als hauptberuflich selbständig erwerbstätig anzusehen, wenn sie lediglich bis zu fünf Kinder betreuen und Gelder aus öffentlichen Mitteln beziehen. Da Tagespflegepersonen, die Kinder im eigenen Haushalt betreuen, seit der Gesetzesänderung durch das Gesetz zur Weiterentwicklung der Kinder- und Jugendhilfe²³³ nach § 43 Abs. 3 SGB VIII aber nur noch eine Erlaubnis zur Betreuung von höchstens fünf Kindern durch den Träger der öffentlichen Jugendhilfe erlangen können, spielte die Abgrenzung anhand der Anzahl der betreuten Kinder im Grunde keine Rolle mehr. Vielmehr kam es für die Beurteilung, ob die Tätigkeit hauptberuflich selbständig ausgeübt wird, nur noch auf die Frage an, ob die Tagespflegeperson für die Betreuung öffentlich oder privat bezahlt wird.

Durch das KiföG wurden allerdings diese Abgrenzung und Unterscheidung zwischen privaten und öffentlichen Geldern vorerst aufgelöst, indem in § 10 Abs. 1 S. 3 und § 240 Abs. 4 S. 5 SGB V zeitlich befristet bis zum 31.12.2013 festgelegt wurde, dass eine hauptberufliche selbständige Tätigkeit bei Tagespflegepersonen dann nicht anzunehmen ist, wenn sie bis zu fünf gleichzeitig anwesende fremde Kinder betreuen. Diese Regelung geht auf eine Forderung des Bundesrates zurück, wonach durch das KiföG auch eine Änderung des SGB V vorgenommen werden sollte mit der Maßgabe, dass mittelbar wirkende beitragsrechtliche Erleichterungen für Tagespflegepersonen geschaffen werden sollten. Demnach sollte die Betreuung von bis zu fünf Kindern pauschalierend nicht als hauptberuflich ausgeübte selbständige Tätigkeit angesehen werden, wobei diese Regelung bis zum 31.12.2015 befristet werden sollte.²³⁴ Dieser Vorschlag basierte auf einer Vereinbarung der Bund-Länder-Arbeitsgruppe „Steuer- und sozialversicherungsrechtliche Behandlung der Geldleistungen für Kinder und Kindertagespflege"

---

232 Gemeinsames Rundschreiben der Spitzenverbände der Krankenkassen vom 08.11.2005 mit dem Titel: Gesamteinkommen, S. 23, zu finden unter http://beck-online.beck.de/default.aspx?bcid=Y-100-G-SO_GR_2005_11_08, letzter Aufruf 22.08.2009.
233 Gesetz vom 08.09.2005, BGBl. I 2005, Nr. 57, S. 2729 ff.
234 BR-DrS. 295/08, S. 15 f.

vom 20.05.2008. Demnach sollte für Tagespflegepersonen eine mittelbar wirkende beitragsrechtliche Erleichterung im SGB V geschaffen werden, und zwar in dem Sinne, dass die Betreuung von bis zu fünf Kindern durch eine Tagespflegeperson in ihrem Haushalt pauschalierend nicht als hauptberuflich ausgeübte selbständige Tätigkeit angesehen wird.[235] Die Befristung bis zum 31.12.2015 wurde vom Bundesrat damit begründet, dass bis 2015 die Einkommenssituation der Tagespflegepersonen evaluiert und überprüft werden sollte, ob weiterhin eine sozialversicherungsrechtliche Sonderregelung für Tagespflegepersonen erforderlich ist; die vom Bund im Rahmen der Arbeitsgruppe angebotene Befristung bis zum 31.12.2003 wurde dagegen abgelehnt.[236]

Der Ausschuss für Familie, Senioren, Frauen und Jugend hat die Forderungen des Bundesrates zum Teil aufgegriffen. Die Aufforderung zur Änderung des SGB V hat er positiv in die Beschlussempfehlung mit aufgenommen, da die vereinfachte Prüfung der Hauptberuflichkeit von Tagespflegepersonen aus der analogen Anwendung der bisherigen einkommensteuerrechtlichen Behandlung des Pflegegeldes nach Inkrafttreten des Erlasses des Bundesministeriums der Finanzen vom 17.12.2007 zur „einkommensteuerrechtlichen Behandlung der Geldleistungen für Kinder in Kindertagespflege" ab dem Veranlagungszeitraum 2009 ohne eine flankierende Gesetzesänderung nicht mehr aufrechterhalten bleiben konnte.[237] Nach diesem Erlass des Bundesministeriums der Finanzen, durch den der Erlass aus dem Jahre 1990 aufgehoben wurde, sind auch die Geldleistungen aus öffentlichen Mitteln als steuerpflichtige Einnahmen der Tagespflegepersonen zu behandeln.[238] Die Befristung der Regelung bis zum 31.12.2015 wurde dagegen vom Ausschuss für Familie, Senioren, Frauen und Jugend abgelehnt, mit der Begründung, dass Tagespflegepersonen mit dem Abschluss der Ausbauphase der Kindertagesbetreuung zum 31.07.2013 von dem erzielten Arbeitseinkommen mit anderen Selbständigen vergleichbar sein sollen, sodass die Übergangsregelung nur bis zum 31.12.2013 zu befristen sei.[239]

Nach Ablauf der Befristung ist damit davon auszugehen, dass aufgrund der steuerrechtlichen Gleichbehandlung der privaten und öffentlich finanzierten Kindertagespflege die Abgrenzung, ob eine hauptberuflich selbständige Erwerbstätigkeit

---

235 Siehe dazu ebenfalls BR-DrS. 295/08, S. 17. Informativ dazu auch die Stellungnahme der Bundesregierung, zu finden unter http://www.familien-wegweiser.de/bmfsfj/generator/Redaktion BMFSFJ/Abteilung5/Pdf-Anlagen/stellungnahme-bundesregierung,property=pdf,bereich=bmfsfj,sprache=de,rwb=true.pdf, letzter Aufruf 13.08.2009.
236 BR-DrS. 295/08, S. 17.
237 Beschlussempfehlung und Bericht des Ausschusses für Familie, Senioren, Frauen und Jugend, BT-Drucks. 16/10357.
238 BStBl. I 2008, S. 17.
239 BT-Drucks. 16/10357, S. 34.

ausgeübt wird, nur noch anhand der allgemeinen Grundsätze – also in zeitlicher Sicht ab einer Arbeitszeit von 18 Stunden wöchentlich - von den Krankenkassen vorgenommen werden wird.[240]

dd) Die Rechtsauffassung des Bundesverbandes der Unfallkassen und der Berufsgenossenschaft für Gesundheitsdienst und Wohlfahrtspflege
Der Bundesverband der Unfallkassen (BUK)[241] und die Berufsgenossenschaft für Gesundheitsdienst und Wohlfahrtspflege (BGW)[242] haben sich im Jahre 2005 aufgrund des Inkrafttretens des Tagesbetreuungsausbaugesetzes bezüglich der Frage, ob eine Tagespflegeperson abhängig beschäftigt oder selbständig tätig ist, auf folgende Abgrenzung verständigt: „Betreut die Tagespflegeperson *regelmäßig* Kinder von mehreren Familien, handelt es sich um eine selbstständige Tätigkeit. Indiz ist eine Gewerbeanmeldung. Versicherungsschutz besteht nach § 2 Abs. 1 Nr. 9 SGB VII. Zuständig ist die BGW. Betreut die Tagespflegeperson nur Kinder eines Haushaltes, liegt in der Regel eine abhängige Beschäftigung im Haushalt vor. Indiz ist die Betreuung im Haushalt der Eltern des Kindes. Versicherungsschutz besteht nach § 2 Abs. 1 Nr. 1 SGB VII. Zuständig sind die Unfallversicherungsträger im kommunalen Bereich (§ 129 Abs. 1 Nr. 2 SGB VII). Durch das Jugendamt vermittelte und finanzierte geeignete Tagespflegepersonen i. S. d. § 23 SGB VIII werden in der Regel die Voraussetzungen einer selbständigen Tätigkeit erfüllen. Für den Bereich des Haushalts verbleibt die selbst organisierte Kinderbetreuung, insbesondere im Rahmen geringfügiger Beschäftigungsverhält-

---

240 Eine rechtliche Bewertung dieser Abgrenzungspraxis der Krankenkassen wird in Kapitel 3, B. II. 3. a) bb) (1) (c) vorgenommen.
241 Der Bundesverband der Unfallkassen ist der Dachverband der Unfallversicherungsträger der öffentlichen Hand (siehe eingehend zur Geschichte dieses Dachverbandes *J. Breuer* in: Schulin, HS-UV, § 1 Rn. 273 ff.). Dieser hatte u. a. die Aufgabe, in der staatlichen und kommunalen gesetzlichen Unfallversicherung für eine einheitliche Rechtsanwendung zu sorgen. Die Empfehlungen, die der Bundesverband der Unfallkassen an die Unfallversicherungsträger der öffentlichen Hand herausgab, waren zwar nicht bindend, wurden aber in der Regel von diesen ausgeführt. Seit dem 01.06.2007 werden die gewerblichen Berufsgenossenschaften und die Unfallkassen und Gemeindeunfallversicherungsverbände von dem gemeinsamen Spitzenverband „Deutsche Gesetzliche Unfallversicherung e. V. (DGUV)" vertreten; siehe dazu auch http://www.dguv.de/inhalt/zahlen/index.jsp, letzter Aufruf 13.08.2009.
242 Als zuständiger Unfallversicherungsträger für selbständige Tagespflegepersonen sieht sich in der Praxis die BGW, da diese nach deren Auffassung in der Wohlfahrtspflege tätig seien. Ob diese Interpretation rechtlich tragfähig ist, wird in Kapitel 3, B. II. 3. a) dd) zu prüfen sein. Abhängig beschäftigte Tagespflegepersonen sind dagegen nach § 2 Abs. 1 Nr. 1 i. V. m. § 129 Abs. 1 Nr. 2 SGB VII bei den Unfallversicherungsträgern im kommunalen Bereich pflichtversichert.

nisse (Minijobs). Der Anmeldung im Haushaltsscheckverfahren liegt stets eine abhängige Beschäftigung zugrunde."[243]

Die BGW hat diese Abgrenzung schon bald nach dem Inkrafttreten des Tagesbetreuungsausbaugesetzes zum 01.01.2005 praktiziert.[244] Der Bundesverband der Unfallkassen verhielt sich mit dieser Abgrenzung dagegen etwas zögerlicher und hat sie erst auf einer Beratung des Ausschusses „Rechtsfragen" der Konferenz der Geschäftsführer/-innen am 06./07.10.2005 beschlossen.[245] Bis dahin hatte der Ausschuss „Rechtsfragen" empfohlen, zur Abgrenzung auf die Zahl der Kinder abzustellen. Dies war das Ergebnis der Sitzung vom 30./31.03.2004. Im Detail hatte der Ausschuss im Ergebnis dieser Sitzung empfohlen, im Wege einer (widerlegbaren) Vermutung die Abgrenzung der selbständigen von der abhängigen Beschäftigung aufgrund der Zahl der betreuten Kinder als Indiz für die Weisungsgebundenheit vorzunehmen: Betreut eine Tagespflegeperson bis zu drei Kinder, wäre von einer abhängigen Beschäftigung auszugehen, betreut sie dagegen vier und mehr Kinder, könne eine selbständige Tätigkeit angenommen werden.[246] Aufgrund dieser Empfehlung hatte auch die BGW – zumindest bis zum Inkrafttreten des Tagesbetreuungsausbaugesetzes am 01.01.2005 – die Abgrenzung anhand der Kinderzahl vorgenommen und sich nur für die Tagespflegepersonen zuständig gesehen, die mehr als drei Kinder in Tagespflege betreuten.[247]

Für die Begründung der konkreten Abgrenzung – Betreuung bis zu drei Kinder: abhängige Beschäftigung, Betreuung von vier und mehr Kindern: selbständige Tätigkeit – hat der Ausschuss (neben den Kriterien der Rechtsprechung zur Abgrenzung des abhängig Beschäftigten vom Selbständigen) den zu dem Zeitpunkt der Beratung geltenden § 44 Abs. 1 SGB VIII herangezogen: Danach sah der Gesetzgeber im Interesse des Kindeswohls einen Erlaubnisvorbehalt vor, wenn im selben Haushalt mehr als drei fremde Kinder betreut wurden; erlaubnisfrei war dagegen eine Betreuung in geringerem Umfang. Entsprechend könne die

---

243 Zitiert aus dem Rundschreiben 332/2005 vom 26.10.2005 des Bundesverbandes der Unfallkassen, zu finden im Anhang, Anlage 5. Siehe dazu auch die Pressemitteilung der BUK vom 14.09.2005, zu finden unter http://www.dguv.de/inhalt/presse/pressearchiv/presseachiv_buk_2005/tagespflege/index.jsp, letzter Aufruf 13.08.2009.
244 Das ergibt sich ebenfalls aus dem Rundschreiben 332/2005 vom 26.10.2005 des Bundesverbandes der Unfallkassen, siehe Anhang, Anlage 5.
245 Siehe dazu ebenfalls Rundschreiben 332/2005 vom 26.10.2005 des Bundesverbandes der Unfallkassen, im Anhang, Anlage 5.
246 Diese Empfehlung hatten alle Unfallkassen der Bundesländer mit Ausnahme Bayerns umgesetzt. So die telefonische Aussage von Herrn *Matthias Triebel* vom Bundesverband der Unfallkassen, Fachbereichsbetreuer, Geschäftsbereich Sozialversicherungsrecht – Versicherter Personenkreis und Zuständigkeit, in einem Telefongespräch im Dezember 2004.
247 Telefonische Auskunft der BGW, Abt. Unternehmerbetreuung, im Dezember 2004.

Abgrenzung zwischen abhängiger und selbständiger Tätigkeit einer Tagespflegeperson erfolgen. Mit Einführung des Gesetzes zur Weiterentwicklung der Kinder- und Jugendhilfe zum 01.01.2005[248] hat der Gesetzgeber jedoch die Tagespflege aus dem Regelungsgehalt des § 44 SGB VIII herausgenommen und den Erlaubnisvorbehalt zur Kindertagespflege eigenständig in § 43 SGB VIII geregelt. Nach dem nunmehr geltenden § 43 Abs. 3 SGB VIII ist der Erlaubnisvorbehalt bei einer Betreuung außerhalb des Elternhaushaltes schon ab dem ersten fremden betreuten Kind vorgesehen. Diese Gesetzesänderung hat den Ausschuss „Rechtsfragen" letztendlich bewogen, sich der von der BGW praktizierten Abgrenzung anzuschließen, die nicht auf die Zahl der Kinder, sondern auf die Zahl der Auftraggeber abstellt, da für die konkrete Abgrenzung anhand der Kinderzahl „drei" nunmehr kein gesetzlicher Anhaltspunkt mehr existiert.[249]

Ein weiterer Grund für die neue Abgrenzung anhand der Zahl der Auftraggeber war die doch recht schwierige Handhabung der vorherigen Abgrenzung anhand der Zahl der zu betreuenden Kinder: Dies beruhte zum einen darauf, dass für diejenigen Tagespflegepersonen, die bis zu drei Kinder betreut haben, die Eltern als Arbeitgeber die Beiträge gem. § 150 Abs. 1 SGB VII abführen mussten. In der Regel werden die Eltern aber nicht gewusst haben, dass sie – wenn sie für ihre Kinder eine Tagespflegeperson beauftragt hatten, die insgesamt nur bis zu drei Kinder betreut – von den zuständigen Unfallversicherungsträgern als Arbeitgeber angesehen wurden und damit als Unternehmer verpflichtet waren, für die Tagespflegeperson Beiträge zur gesetzlichen Unfallversicherung abzuführen. Darüber hinaus hätten sich die verschiedenen Eltern darüber einigen müssen, dass jedes Elternpaar nur einen prozentualen Anteil des Jahresbeitrags für die Tagespflegeperson abführt. Aufgrund dessen werden in der Regel für Tagespflegepersonen, die nur bis zu drei Kinder betreut haben, keine Unfallversicherungsbeiträge abgeführt worden sein. Im Falle eines Versicherungsfalles hätte die zuständige Unfallkasse aufgrund der Pflichtversicherung aber Leistungen an die Tagespflegeperson erbringen müssen. Schon aus diesem Grund begegnete die Empfehlung erheblichen Bedenken.

Zum anderen stellte es sich in der Praxis als schwierig heraus, die Anzahl der betreuten Kinder festzustellen, da dafür vom in Betracht kommenden Unfallversicherungsträger Kontrollen durchgeführt hätten werden müssen. Aus diesem Grund stellt der Bundesverband der Unfallkassen nunmehr die Behauptung auf,

---

248 BGBl. I 2005, S. 2729 ff.
249 So die Mitteilung von *Matthias Triebel* vom Bundesverband der Unfallkassen, Fachbereichsbetreuer, Geschäftsbereich Sozialversicherungsrecht – Versicherter Personenkreis und Zuständigkeit, in einem Telefongespräch am 05.10.2005.

dass durch das Jugendamt vermittelte und finanzierte geeignete Tagespflegepersonen i. S. d. § 23 SGB VIII regelmäßig die Voraussetzungen für eine selbständige Tätigkeit erfüllen werden; für den Bereich des Haushalts verbleibe dagegen die selbst organisierte Kinderbetreuung, insbesondere im Rahmen geringfügiger Beschäftigungsverhältnisse.[250]

b) Rechtsprechung zur Versicherungspflicht von Tagespflegepersonen
Die Sozialgerichte entscheiden ebenfalls nicht einheitlich, da sie immer auf den konkreten Einzelfall abstellen müssen und die Abgrenzungskriterien der abhängigen Beschäftigung von der selbständigen Tätigkeit von den Instanzen durchaus auch unterschiedlich bewertet werden. Hier einige Beispiele:

Bezüglich des Unfallversicherungsschutzes einer Tagespflegeperson hatte das SG Lüneburg[251] am 21.11.1995 zwar Unfallversicherungsschutz bejaht, aber offen gelassen, ob sich die Tagespflegeperson im konkreten Beispiel in einer abhängigen oder selbständigen Tätigkeit befand.[252] Das LSG Celle[253] hat sich in diesem Fall dann am 30.10.1996 insoweit festgelegt, dass hier eine abhängige Beschäftigung zu den Eltern vorgelegen hätte. Das BSG[254] hat die Auffassung des LSG bestätigt.

---

250 Diese Auffassung ist in den Niederschriften des Ausschusses „Rechtsfragen" der Konferenz der Geschäftsführer/-innen, Besprechung vom 06./07.10.2004 bzw. Besprechung vom 06./07.10.2005, S. 4 bzw. 12, jeweils unveröffentlicht, zu finden. – In der Sitzung des Ausschusses am 06./07.10.2004 war der Vorschlag zu einer Gesetzesinitiative unterbreitet worden, nach dem – unabhängig von der Qualifizierung der Tätigkeit einer Tagespflegeperson als selbständig oder abhängig beschäftigt – eine generelle Zuständigkeit der Unfallversicherungsträger im kommunalen Bereich für „geeignete Tagespflegepersonen" i. S. d. § 23 SGB VIII vorgesehen werden sollte. Eine solche Abgrenzung hätte den Vorteil, dass die bisher notwendige Abgrenzung, ob eine Tagespflegeperson abhängig beschäftigt oder selbständig tätig ist, hinfällig wäre. Für die Kommunen, deren Jugendämter die Beiträge zur Unfallversicherung erstatten sollen, hätte eine solche umfassende Zuständigkeit für Tagespflegepersonen keine finanzielle Mehrbelastung, sondern im Gegensatz zur Erstattungslösung erheblich weniger Verwaltungsaufwand bedeutet. Darüber hinaus könnte durch eine solche Gesetzesinitiative ein Gleichlauf mit der durch das Gesetz zur Weiterentwicklung der Kinder- und Jugendhilfe vom 08.09.2005 eingeführten Zuständigkeit der kommunalen Träger für in Tagespflege betreute Kinder sichergestellt werden. Diese Gesetzesinitiative wurde in der Sitzung des Ausschusses vom 06./07.10.2005 jedoch wieder verworfen, da mit der nunmehr vorzunehmenden Abgrenzung anhand der Auftraggeber schon eine wesentliche Verwaltungsvereinfachung erreicht wurde.
251 SG Lüneburg v. 21.11.1995, Az: S 2 U 106/93.
252 Schon an dieser Praxis, im konkreten Fall keine Feststellung dahingehend zu treffen, ob eine abhängige oder selbständige Tätigkeit vorgelegen hat, wird deutlich, dass auch bei den Gerichten große Unsicherheit bezüglich der Einordnung von Tagespflegepersonen herrscht.
253 LSG Celle v. 30.10.1996, Az: L 6 U 28/96.
254 BSG v. 17.02.1998, Az: B 2 U 3/97 R, SGb 1999, 43.

Ebenfalls in Bezug auf den Unfallversicherungsschutz einer Tagespflegeperson hatten das SG Speyer[255] am 12.02.1997 und das LSG Rheinland-Pfalz[256] am 09.02.1999 diesen als gegeben angesehen, da zumindest eine arbeitnehmerähnliche Tätigkeit nach dem damals geltenden § 539 Abs. 2 RVO[257] vorgelegen habe. Das BSG[258] hat dagegen den Unfallversicherungsschutz abgelehnt, da es die Tätigkeit der Tagespflegeperson in diesem Fall als familienhafte Mitarbeit eingeschätzt hat.

In jüngster Zeit hatten sich die Sozialgerichte Lüneburg,[259] Mannheim,[260] Stuttgart[261] und Mainz[262] mit der Frage zu befassen, ob Tagespflegepersonen der Rentenversicherungspflicht unterliegen. Dabei ging es jedoch vorrangig nicht um die Frage, ob die Tagespflegepersonen abhängig oder selbständig tätig seien, sondern es wurde problematisiert, ob eine arbeitnehmerähnliche Selbständigkeit angenommen werden könne oder ob Tagespflegepersonen als Selbständige gem. § 2 S. 1 Nr. 1 SGB VI als Erzieher oder gem. § 2 S. 1 Nr. 2 SGB VI als Pflegepersonen versicherungspflichtig seien. Auch insofern gibt es also erhebliche Rechtsunsicherheiten.

Das SG Lüneburg kam dabei zu dem Schluss, dass eine Tagespflegeperson Erzieherin nach § 2 S. 1 Nr. 1 SGB VI sei. Das SG Stuttgart, das SG Mainz und das SG Mannheim lehnten dagegen die Erziehereigenschaft ab und verneinten eine Versicherungspflicht. Interessant bei den beiden letztgenannten Urteilen sind allerdings die unterschiedlichen Einschätzungen, inwieweit Tagespflegepersonen unter den versicherungspflichtigen Personenkreis der Rentenversicherung fallen sollten. Das SG Mannheim erklärte dazu: „Wenn es – was zweifelhaft ist – tatsächlich den gesetzgeberischen Intentionen entspricht, dass Tagesmütter als versicherungspflichtige Selbständige nach § 2 SGB VI anzusehen sind, so wäre eine rechtliche Klarstellung durch entsprechende ausdrückliche Aufnahme dieses Personenkreises in den Katalog des § 2 SGB VI dringend geboten ... Wenn (jeweils im Einzelfall) ... unterschieden werden muss, wer vorrangig Auftraggeber (Privatpersonen oder Jugendämter) ist und zudem der Inhalt der Betreuung im Hinblick auf die Tatbestandsmerkmale Erziehung bzw. Kinderpflege genau abgeklärt werden muss, begründet dies nicht nur unverhältnismäßigen Verwaltungsauf-

---

255 SG Speyer v. 12.02.1997, Az: S 6 U 318/95.
256 LSG Rheinland-Pfalz v. 09.02.1999, Az: L 3 U 121/97.
257 Heute § 2 Abs. 2 SGB VII.
258 BSG v. 27.06.2000, Az: B 2 U 21/99 R, NZS 2001, 429 ff.
259 SG Lüneburg v. 09.03.2004, Az: S 14 RA 185/92.
260 SG Mannheim v. 12.12.2003, Az: S 4 RA 2424/03.
261 SG Stuttgart v. 13.09.2004, Az: S 8 RA 4626/03.
262 SG Mainz v. 26.02.2004, Az: S 1 RA 22/02.

wand, sondern stellt auch die Gleichbehandlung infrage". Das SG Mainz führte dagegen aus, dass das besondere soziale Schutzbedürfnis, das Grund für die Einbeziehung der in § 2 SGB VI genannten Personengruppen in die gesetzliche Rentenversicherung war, im konkreten Fall nicht vorläge, da die Tagespflegeperson auf die Verwertung ihrer Arbeitskraft wirtschaftlich nicht im vergleichbaren Sinne angewiesen sei. Dabei sah sich das Gericht in seiner Auffassung auch dadurch bestätigt, dass die Vorschrift des § 2 SGB VI in den letzten Jahren mehrfach geändert worden war, die Tagespflegepersonen aber nicht – trotz Kenntnis ihrer Problematik – in den Katalog des § 2 SGB VI aufgenommen wurden. Vielmehr habe die Bundesregierung im Rahmen einer kleinen Anfrage die Auffassung vertreten, dass die Versicherungspflicht in der gesetzlichen Rentenversicherung die Ausnahme sein dürfte.

Als Folgeinstanz des SG Mannheim hat das Landessozialgericht Baden-Württemberg[263] am 22.06.2004 das Urteil des SG Mannheim bestätigt, zusätzlich aber die Abgrenzung der selbständigen zur abhängigen Beschäftigung vorgenommen. Das BSG hat in diesem Fall dagegen die Tagespflegeperson als selbständige Erzieherin nach § 2 S. 1 Nr. 1 SGB VI angesehen und die Versicherungspflicht bejaht.[264]

Der 7. Senat des BSG ging schon im Jahre 1999 grundsätzlich von der Möglichkeit einer selbständigen Tätigkeit von Tagespflegepersonen aus, ließ dies im konkreten Fall aber an der fehlenden Erwerbsmäßigkeit scheitern.[265] Die Frage, ob eine selbständige Tätigkeit vorliegt, wurde also auch von den Gerichten in Abhängigkeit von der Gewinnerzielungsabsicht beurteilt. So hatte das BSG in seinem Urteil vom 22.06.2005[266] neben der Frage, ob eine Tagespflegeperson als selbständige Erzieherin anzusehen sei, die Selbständigkeit der Tagespflegeperson auch deshalb bejaht, weil im Falle der Klägerin kein ausschließlicher oder überwiegender Bezug von gemäß § 3 Nr. 11 Einkommenssteuergesetz steuerfreien Leistungen des Jugendamtes bzw. ein bloßer Aufwendungs- und Kostenersatz vorlag, der gegebenenfalls die erforderliche Gewinnerzielungsabsicht hätte entfallen lassen können.[267] In Fortführung dieses Urteils hat das LSG Neubrandenburg in zwei Entscheidungen vom 23.04.2008 die Versicherungspflicht von Tagespflegepersonen nach § 2 S. 1 Nr. 1 SGB VI wegen fehlender Erwerbsmäßigkeit

---
263 LSG Baden-Württemberg v. 22.06.2004, Az: L 13 RA 213/04.
264 BSG v. 22.06.2005, Az: B 12 RA 12/04 R, SGb 2005, 447 (Kurzwiedergabe); siehe ausführlich zu dieser Entscheidung Kapitel 3, B. II. 3. a) cc).
265 BSG v. 16.09.1999, Az: B 7 AL 80/98 R, SozR 3-4100, § 101 Nr. 10.
266 Az: B 12 RA 12/04 R, SGb 2005, 447.
267 Dabei verwies der Senat auf ein Urteil des BSG v. 26.09.1996, Az: 12 RK 46/95, BSGE 79, 133, sowie auf ein Urteil des LSG Schleswig-Holstein v. 28.09.2001, Az: L 3 AL 53/00.

der Tätigkeit abgelehnt, da ihre Tätigkeit zwar teilweise von den Kindeseltern, überwiegend aber aus öffentlichen Mitteln finanziert wurde.[268] Dabei hatte sich das LSG die Frage gestellt, wann ein überwiegender Bezug von gemäß § 3 Nr. 11 EStG steuerfreien Leistungen des Jugendamtes oder anderer öffentlich-rechtlicher Träger zu bejahen und von einem bloßen Aufwendungs- und Kostenersatz auszugehen ist: In Mecklenburg-Vorpommern erhielten Tagespflegepersonen gem. § 2 der Betriebskostenlandesverordnung einen Ersatz für die ihnen entstehenden Tagespflegekosten in Höhe von damals 758 DM bei einer Ganztagsbetreuung für Kinder bis zum Schuleintritt.[269] Diese im Landesrecht als Tagespflegekostenerstattung definierten Leistungen werden zu 70 % als Anteil der öffentlichen Hand und zu 30 % als Kostenanteil der personensorgeberechtigten Eltern aufgewendet, wobei letzterer Anteil nach § 18 Abs. 1 Nr. 3 EStG als steuerpflichtig und der Anteil der öffentlichen Mittel nach § 3 Nr. 11 EStG als steuerfrei qualifiziert wurde. Bei dieser Konstellation ging das LSG davon aus, dass entsprechend der Rechtsauffassung des BSG in Mecklenburg-Vorpommern zumindest ein überwiegender Bezug von gemäß § 3 Nr. 11 EStG steuerfreien Leistungen öffentlich-rechtlicher Leistungsträger zu sehen ist, der als Aufwendungsersatz eine Gewinnerzielungsabsicht insgesamt entfallen lässt. Diese Urteile sind momentan noch am BSG anhängig.[270]

3. Die Auswirkungen der Tagespflegetätigkeit als atypische Beschäftigung
Die Problematik, die sich aus der atypischen Beschäftigung – sowohl als unselbständige als auch als abhängig selbständige Beschäftigung – in der Kindertagespflege ergibt, besteht darin, dass Tagespflegepersonen aufgrund des recht niedrigen Stundensatzes so wenig verdienen, dass sie oft am Rande des Existenzminimums leben und kaum in der Lage sind, sich sozial angemessen abzusichern.[271] Damit unterliegen Tagespflegepersonen den gleichen Risiken wie andere atypisch Beschäftigte. Hinzu kommt, dass im Risikofall die Sozialhilfe

---

268 Az: L 7 R 20/07 und L 7 R 110/06.
269 Vgl. dazu die Tagespflegekostenerstattung gemäß § 10 Kita-G Mecklenburg-Vorpommern sowie die Landesverordnung über die Höhe der durchschnittlichen Betriebskosten in der Kinderbetreuung vom 16.11.1999, GVOBl. M-V S. 636, §§ 2 bis 6, wobei sich aus § 10 Abs. 4 Kita-G ergibt, dass sich die Tagespflegekosten aus den Kosten für angemessene Sachaufwendungen und den Kosten der Erziehung zusammensetzen.
270 Die Az für diese Verfahren sind B 12 R 13/09 R und B 12 R 14/09 R. Wie schon festgestellt, wird diese Frage in Zukunft jedoch keine Relevanz mehr haben, da durch die Änderung im EStG seit dem 01.01.2009 eine Steuerbefreiung nach § 3 Nr. 11 für öffentliche Gelder nicht mehr besteht und somit immer von einer Gewinnerzielungsabsicht auszugehen ist.
271 Siehe dazu in der Einleitung unter I. sowie zur atypischen Beschäftigung in Form der geringfügigen Beschäftigung und zur Tätigkeit in der sog. Gleitzone Kapitel 3, B. II. 1. b) und c).

oder das Arbeitslosengeld II eintreten muss. Dies führt zu einer gesamtgesellschaftlichen Belastung, da diese sozialen Leistungen steuerfinanziert sind.

Darüber hinaus wirkt sich diese prekäre Situation auch auf die Qualität der Kindertagespflege aus. Grundsätzlich bietet Kindertagespflege gegenüber den institutionellen Kindertageseinrichtungen besondere Potenziale, da Kinder in Tagespflege in einer familiären Atmosphäre aufwachsen können und die Tagespflegepersonen durch die geringe Kinderzahl die Möglichkeit haben, speziell auf die Bedürfnisse der Kinder einzugehen. Das ist gerade für Kinder in den ersten Lebensjahren ideal, da Kinder in diesem Lebensabschnitt eine besonders intensive Förderung erhalten sollten.[272] Diese Potenziale der Kindertagespflege werden jedoch durch den geringen Verdienst und die mangelnde soziale Absicherung untergraben, da davon auszugehen ist, dass diese Rahmenbedingungen eine entsprechende Motivation der Tagespflegepersonen zumindest einschränken. Das führt dazu, dass dem obersten Gebot des SGB VIII und auch der familienrechtlichen Vorschriften des BGB, dem Wohl des Kindes,[273] nicht in dem Maße entsprochen werden kann, wie es durch Tagespflegepersonen, die in einem gesicherten arbeits- und sozialrechtlichen Status tätig sind, möglich wäre.

Nicht zu unterschätzen ist auch die Rechtsunsicherheit, die die Kindertagespflegetätigkeit als atypische Beschäftigung – vor allem in der Form der abhängigen Selbständigkeit – für die Verwaltungspraxis und die Gerichte mit sich bringt, da sie nicht zuletzt auch immer ein gewisses Potenzial für eine Ungleichbehandlung in sich birgt.

D. Möglichkeiten der Statusbestimmung von Tagespflegepersonen

Für die Frage der Statuszuordnung von Tagespflegepersonen ist im Folgenden ausschließlich auf das Verhältnis zwischen Eltern und Tagespflegeperson abzustellen, da es – wie oben festgestellt[274] – im Verhältnis zwischen Jugendamt und Tagespflegeperson momentan kein vergleichbares Statusverhältnis gibt.

---

272 Siehe dazu Jurczyk/Rauschenbach/Tietze/Keimeleder/Schneider/Schumann/Stempinski/Weiß/Zehnbauer, Von der Tagespflege zur Familientagesbetreuung, S. 29 m. w. N. sowie S. 142 ff. Zum erziehungswissenschaftlichen Aspekt Tietze in: Diller/Jurczyk/Rauschenbach, Tagespflege zwischen Markt und Familie, S. 54 ff.
273 Dies ergibt sich aus dem staatlichen Wächteramt, welches in Art. 6 Abs. 2 S. 2 GG festgeschrieben ist.
274 Siehe dazu oben Kapitel 2, C. IV. 1. a).

Da es keine gesetzlichen allgemeingültigen Definitionen des Arbeitnehmers und der arbeitnehmerähnlichen Person gibt und auch die Literatur bislang für den Begriff des Arbeitnehmers und der arbeitnehmerähnlichen Person keine weitergehenden Ansätze liefert, sind für die Statusbestimmung von Tagespflegepersonen grundsätzlich die Abgrenzungskriterien der Rechtsprechung anzuwenden – trotz des misslichen Umstandes, dass die Rechtsprechung vornehmlich auf die persönliche bzw. wirtschaftliche Abhängigkeit abstellt und sich damit nach wie vor am Normalarbeitsverhältnis orientiert.

Nach der ständigen Rechtsprechung des BAG ist Arbeitnehmer, wer aufgrund eines privatrechtlichen Vertrages im Dienste eines anderen zur Leistung weisungsgebundener, fremdbestimmter Arbeit in persönlicher Abhängigkeit verpflichtet ist.[275] Das BSG und diesem folgend auch die seit 01.01.2000 geltende Gesetzesfassung des § 7 Abs. 1 S. 2 SGB IV stellen ebenfalls auf die persönliche Abhängigkeit ab, wobei Anhaltspunkte dafür die organisatorische Eingliederung in den Betrieb und das Weisungsrecht des Weisungsgebers seien.[276] Aus diesen Definitionen sind die Kriterien ableitbar, nach denen die Rechtsprechung die Abgrenzung des Arbeitnehmers bzw. Beschäftigten vom Selbständigen vornimmt. Grundvoraussetzung für die Arbeitnehmereigenschaft ist dabei zunächst, dass Arbeit aufgrund eines privatrechtlichen Vertrages geleistet wird. Für die Unterscheidung von Arbeitsverhältnis und Selbständigkeit ist weiterhin der unterschiedliche Grad der persönlichen Abhängigkeit maßgeblich, welcher nach dem Gesamtbild der tatsächlichen Umstände zu beurteilen ist.[277] Zur Bestimmung des Arbeitnehmerstatus sind demnach folgende Kriterien zu prüfen:

(1) Tätigkeit aufgrund eines privatrechtlichen Vertrages,
(2) Tätigkeit regelmäßig für einen Arbeitgeber,

---

275 BAG v. 09.03.2005, Az: 5 AZR 493/04, EzA § 611 BGB 2002 – Arbeitnehmerbegriff Nr. 3.
276 Ständige Rspr.; vgl. dazu statt aller BSG v. 21.04.1993, Az: 11 Rar 67/92, AP Nr. 67 zu § 611 – Abhängigkeit.
277 So das BAG in ständiger Rspr.; vgl. dazu statt aller BAG v. 30.11.1994, Az: 5 AZR 704/93, BAGE 78, 343 sowie jüngst BAG v. 09.03.2005, Az 5 AZR 493/04, EzA § 611 BGB 2002 – Arbeitnehmerbegriff Nr. 3. Dagegen hat das ArbG Münster v. 15.12.1998, Az: 3 Ca 1817/98 die Arbeitnehmereigenschaft eines Büfettiers abgelehnt, mit der Begründung, dass der Vertrag zwischen ihm und dem Veranstaltungsbetreiber nicht mehr als Arbeitsvertrag ausgestaltet sei. Das BAG hat in der Revisionsentscheidung die Arbeitnehmereigenschaft zwar dann ebenfalls abgelehnt, jedoch nicht aufgrund der Vertragsgestaltung, sondern aufgrund wesentlicher Merkmale selbständigen Tätigwerdens, u. a. das Einstellen von Hilfskräften und die selbständige Aushandlung der Arbeitsbedingungen mit den Aushilfen, sodass der Büfettier im Verhältnis zu den Aushilfen als Arbeitgeber fungierte. Siehe dazu und zu den weiteren Gründen der Annahme einer Selbständigkeit des Büfettiers BAG v. 12.12.2001, 5 AZR 253/00, DB 2002, 1610 f.

(3) das Weisungsrecht des Arbeitgebers nach Ort, Zeit, Dauer und Art der zu verrichtenden Arbeit,
(4) die Eingliederung in eine fremde Arbeitsorganisation sowie
(5) die Personengebundenheit der Arbeitsleistung.[278]

Als weitere Indizien könnten bei der Tagespflegetätigkeit die Zahlung eines festen Gehaltes und Regelungen zur Überbrückung von Krankheits- und Urlaubszeiten in Betracht kommen.

Für die Abgrenzung der arbeitnehmerähnlichen Person vom Selbständigen ergibt sich ein ähnliches Bild. Auch dafür ist mangels allgemeinverbindlicher gesetzlicher Legaldefinition und wegen Fehlens anderweitiger Abgrenzungsvorschläge grundsätzlich auf die von der Rechtsprechung entwickelten Kriterien abzustellen. Als Anhaltspunkt für diese Abgrenzung bietet sich dabei § 12a TVG an, der zwar keine Legaldefinition enthält, die ohne Weiteres auf andere Bereiche außerhalb des Tarifvertragsgesetzes übertragbar ist. Da der Gesetzgeber in § 12a TVG jedoch die Rechtsprechungskriterien im Grunde genommen zusammengefasst hat, kann die Definition des § 12a TVG mittelbar für die Abgrenzung der arbeitnehmerähnlichen Person vom Selbständigen herangezogen werden.[279]

Die Abgrenzungskriterien der Rechtsprechung für die arbeitnehmerähnliche Person lassen sich in Anlehnung an § 12a TVG folgendermaßen zusammenfassen: Arbeitnehmerähnlichkeit liegt vor, wenn eine Person wirtschaftlich abhängig und vergleichbar einem Arbeitnehmer sozial schutzbedürftig ist. Diesem Typus entsprechen all diejenigen Beschäftigten, die

(1) aufgrund von Dienst- oder Werkverträgen für andere Personen tätig sind,
(2) die geschuldeten Leistungen persönlich und im Wesentlichen ohne Mitarbeit von Arbeitnehmern erbringen und

---

[278] Diese Kriterien ergeben sich aus der ständigen Rechtsprechung des BAG, siehe dazu jüngst BAG v. 09.03.2005, Az: 5 AZR 493/04, EzA § 611 BGB 2002 – Arbeitnehmerbegriff Nr. 3. Siehe dazu auch Steckler/Schmidt, Kompendium Arbeitsrecht und Sozialversicherung, S. 22, und Schmid/Trenk-Hinterberger, Grundzüge des Arbeitsrechts, S. 16 f., sowie auch den ausführlichen Kriterienkatalog bei Kunz/Kunz, DB 1993, 326, 327, sowie bei Sommer, NZS 2003, 169, 171 f.
[279] So im Ansatz auch Schubert, Der Schutz der arbeitnehmerähnlichen Personen, S. 26 ff., die zusätzlich operationale Kriterien entwickelt, die den Typus wirklichkeitsnah gestalten und seine Anwendung ermöglichen sollen. Diese Kriterien konkretisieren jedoch im Grunde nur die Abgrenzungsmerkmale der Rechtsprechung und definieren sie nicht neu. Im Rahmen einer Subsumtion können diese Kriterien allerdings durchaus hilfreich sein. Zu den Besonderheiten des Begriffes der arbeitnehmerähnlichen Person im Arbeitsschutzrecht vgl. Kapitel 3, A. II. 1. a).

(3) überwiegend für eine Person tätig sind oder
(4) ihnen von einer Person im Durchschnitt mehr als die Hälfte des Entgelts zusteht, das ihnen für ihre Erwerbstätigkeit insgesamt zusteht.[280]

Anhand dieser Kriterien soll im Folgenden bestimmt werden, welchem Status Tagespflegepersonen zuzuordnen sind. Als Arbeitgeber kommen hier im Grunde nur die Eltern in Betracht, da – wie schon mehrfach dargelegt[281] – der Vertrag über die Organisation der Tagespflegetätigkeit, sprich der Betreuungsvertrag, zwischen den Eltern und der Tagespflegeperson abgeschlossen wird.[282] Für die Statusbestimmung sind, da nach § 22 Abs. 1 SGB VIII Tagespflege an verschiedenen Orten geleistet werden kann, gegebenenfalls die unterschiedlichen Tagespflegeformen zu beachten, denn aus diesen könnte sich eine unterschiedliche persönliche Abhängigkeit von den Eltern ergeben.[283]

I. Tagespflegepersonen als Arbeitnehmer

1. Tätigkeit aufgrund eines privatrechtlichen Vertrages

Als Grundvoraussetzung für eine Arbeitnehmereigenschaft wird von der ständigen Rechtsprechung vorausgesetzt, dass die Tätigkeit aufgrund eines privatrechtlichen Vertrages geleistet wird. Dieses Kriterium dient zwar nicht der Abgrenzung des Arbeitnehmers vom Selbständigen, da auch Selbständige ihre Dienste aufgrund von Verträgen erbringen, hierdurch soll jedoch eine Abgrenzung der Arbeitstätigkeit von der Gefälligkeit erfolgen. In der Regel schließen Tagespflegepersonen mit den Eltern einen Betreuungsvertrag ab, sodass die Tätigkeit aufgrund eines privatrechtlichen Vertrages geleistet wird. Kinder können dagegen auch in Form der Nachbarschaftshilfe oder durch Verwandte betreut werden. Bei

---

280 Siehe dazu auch ErfK/*Preis*, § 611 BGB Rn. 110 mit Hinweis auf BAG v. 15.04.1993, Az: 2 AZB 32/92, AP Nr. 12 zu § 5 ArbGG 1979.
281 Siehe dazu bspw. Kapitel 2, C. IV. 1. a).
282 Eine Ausnahme von diesem Grundsatz gibt es nur in Kiel, wo ca. zwölf Tagespflegepersonen beim Verein Pädiko e. V. angestellt sind, finanziert von der Stadt Kiel und dem Land Schleswig-Holstein. Siehe dazu Gerszonowicz in Diller/Jurczyk/Rauschenbach, Tagespflege zwischen Markt und Familie, S. 40. In Husum stellt der Kinderschutzbund Nordfriesland seit 01.08.2005 regelmäßig fünf Tagespflegepersonen regulär an; siehe dazu Husumer Nachrichten vom 01.04.2005, „Tagesmütter-Projekt zur Nachahmung empfohlen". Die Finanzierung läuft nach telefonischer Aussage von Herrn Gregor Crone vom Kinderschutzbund Nordfriesland am 13.10.2005 zu 60 % über die Stadt Husum, zu 22 % über das Land und zu 5 % über den Kreis; der Rest wird über Elternbeiträge finanziert.
283 Hierbei ist auch die vom Gesetz zwar nicht genannte, aber nach Auslegung umfasste Variante zu berücksichtigen, dass Tagespflege im Haushalt eines anderen Personensorgeberechtigten geleistet wird, da aus dieser Zwischenform ebenfalls auf eine von den anderen Tagespflegeformen abweichende persönliche Abhängigkeit zu schließen sein könnte.

D. Möglichkeiten der Statusbestimmung von Tagespflegepersonen

diesen Formen der Kinderbetreuung könnte ein Gefälligkeitsverhältnis oder die Betreuung aufgrund familienrechtlicher Pflichten vorliegen.

Bei der gelegentlichen Nachbarschaftshilfe, die ohne Entgelt erfolgt, kann regelmäßig davon ausgegangen werden, dass hier kein Vertrag zugrunde liegt. Dabei ist das Kriterium der Entgeltlichkeit jedoch nicht maßgebend; es kommt vielmehr darauf an, ob sich die hilfsbereite Nachbarin rechtlich binden wollte.[284] Davon ist in der Regel bei der Beaufsichtigung von Nachbarskindern nicht auszugehen.[285] Damit entspricht die Betreuung von Kindern durch eine Nachbarin allerdings auch von vorneherein nicht der von § 22 Abs. 1 S. 2 SGB VIII begrifflich umfassten Tagespflege, da eine Nachbarin, die gelegentlich aushilft, das Kind regelmäßig nicht i. S. v. § 22 Abs. 2 u. 3 SGB VIII fördern will.

Tagespflege durch Verwandte könnte dagegen von den §§ 22 ff. SGB VIII umfasst sein. Dies ergibt sich aus § 23 Abs. 2 S. 3 SGB VIII, nach dem der Träger der öffentlichen Jugendhilfe auch an unterhaltspflichtige Personen eine Geldleistung gewähren kann.[286] Davon unabhängig ist bei der Verwandtenbetreuung jedoch die Frage, ob zwischen den Eltern und dem betreuenden Verwandten ein Vertragsverhältnis besteht. So ist ein Beschäftigungsverhältnis immer dann zu verneinen, wenn die Betreuungstätigkeit aufgrund familienrechtlicher Unterhaltspflichten geleistet wird.[287] Wie schon dargelegt,[288] handelt es sich bei dem überwiegenden Teil der Verwandten, die Kinder betreuen, um die Großeltern der Kinder.[289] Großeltern können gem. §§ 1601, 1589, 1607, 1606 Abs. 3 S. 1 BGB als Verwandte gerader Linie verpflichtet sein, den Kindern Unterhalt zu gewähren.[290] Dieser Unterhalt kann auch in Form von Dienstleistungen, also in Form der Kinderbetreuung geleistet werden.[291] Unterhaltspflichtig sind die Großeltern aber lediglich dann, wenn die Eltern nicht leistungsfähig i. S. d. § 1603 BGB sind, allerdings auch nur insoweit, als sie ihrerseits leistungsfähig sind.[292]

---

284 Siehe dazu Palandt-Sprau, BGB, Einf. v. § 662 Rn. 4.
285 Palandt-Heinrichs, BGB, Einl. v. § 241 Rn. 7 sowie BGH NJW 1968, 1874.
286 Im Gegensatz dazu werden bei empirischen Untersuchungen Tagespflegepersonen und Verwandte getrennt untersucht, d. h., Verwandte werden in der Regel nicht als Tagespflegepersonen angesehen; siehe dazu bspw. DJI, Zahlenspiegel, S. 159 Übersicht 62.
287 Vgl. dazu BSG v. 18.03.1999, Az: B 3 P 9/98 R, BSGE 84, 1 ff.
288 Siehe dazu Kapitel 1, A. II. 2. b) cc).
289 Büchel/Spieß, Form der Kinderbetreuung und Arbeitsmarktverhalten von Müttern in West- und Ostdeutschland, S. 79; siehe dazu auch Tabelle VII/27 in: Fünfter Familienbericht, BT-Drucks. 12/7560, S. 179.
290 Palandt-Diederichsen, BGB, § 1589 Rn. 1.
291 Siehe dazu Palandt-Diederichsen, BGB, Einf. v. § 1601 Rn. 2 sowie Klinger/Kunkel in: LPK-SGB VIII (2. Aufl., noch zur alten Gesetzesfassung), § 23 Rn. 15 m. w. N.
292 Siehe dazu auch Klinger/Kunkel in: LPK-SGB VIII (2. Aufl., noch zur alten Gesetzesfassung), § 23 Rn. 15 m. w. N.

Liegt keine Unterhaltspflicht Verwandter vor, ist jedoch nicht unbedingt auf ein Vertragsverhältnis zu den Eltern zu schließen. Vielmehr kann es sich bei der Betreuung der Kinder auch um familienhafte Mithilfe und damit wie bei der Nachbarschaftshilfe lediglich um ein Gefälligkeitsverhältnis handeln. Nach ständiger Rechtsprechung des BSG „hängt die Abgrenzung zwischen einem abhängigen Beschäftigungsverhältnis und familienhafter Mithilfe von den gesamten Umständen des Einzelfalls ab. Ein entgeltliches Beschäftigungsverhältnis setzt neben der Eingliederung des Beschäftigten in den Betrieb und dem gegebenenfalls abgeschwächten Weisungsrecht des Arbeitgebers voraus, dass der Beschäftigte ein Entgelt erhält, das einen angemessenen Gegenwert für die geleistete Arbeit darstellt, mithin über einen freien Unterhalt, ein Taschengeld oder eine Anerkennung für Gefälligkeiten hinausgeht. Weitere Abgrenzungskriterien sind nach dieser Rechtsprechung, ob ein schriftlicher Arbeitsvertrag abgeschlossen worden ist, ob das gezahlte Entgelt der Lohnsteuerpflicht unterliegt, als Betriebsausgabe verbucht und dem Angehörigen zur freien Verfügung ausgezahlt wird und schließlich, ob der Angehörige eine fremde Arbeitskraft ersetzt."[293] Bei der Kinderbetreuung durch Verwandte kann also zu den Eltern entweder ein Vertragsverhältnis oder ein Gefälligkeitsverhältnis bestehen.

2. Tätigkeit regelmäßig für einen Arbeitgeber
Für die Feststellung, ob eine Tagespflegeperson abhängig beschäftigt oder selbständig tätig ist, ist – wie oben festgestellt – auf das Kriterium der persönlichen Abhängigkeit abzustellen. Dabei ist als erstes Merkmal persönlicher Abhängigkeit zu analysieren, ob Tagespflegepersonen regelmäßig nur für einen Arbeitgeber tätig sind.[294]

Davon ist im Grundsatz dann auszugehen, wenn Tagespflegepersonen im Haushalt der Personensorgeberechtigten tätig sind und die Kinder jeden Wochentag ca. acht bis zehn Stunden betreuen. Dies könnte bspw. dann der Fall sein, wenn beide Eltern einer Vollzeit-tätigkeit nachgehen. Bei der Tagespflege im Haushalt der Eltern kann es aber durchaus auch vorkommen, dass eine Tagespflegeperson nur für vier Stunden am Tag oder vielleicht sogar weniger gebraucht wird – z. B.

---
293 So das BSG v. 27.06.2000, Az: B 2 U 21/99 R, NZS 2001, 429, 430 m. w. N.
294 Das Merkmal der Tätigkeit nur für einen Arbeitgeber ergibt sich schon begriffsnotwendig aus dem Kriterium der persönlichen Abhängigkeit, da persönliche Abhängigkeit nur dann gegeben sein kann, wenn einem Arbeitgeber die gesamte Arbeitskraft geschuldet wird; vgl. dazu Steckler/Schmidt, Kompendium Arbeitsrecht und Sozialversicherung, S. 22. In der Rspr. wurde dieses Merkmal zum Teil aufgrund eines vertraglichen Wettbewerbsverbotes bejaht; siehe dazu BSG v. 10.08.2002, Az: B 12 KR 21/98 R, SozR 3-2400, § 7 SGB IV Nr. 15. Anders dagegen das BAG v. 15.12.1999, Az: 5 AZR 770/98, BB 2000, 932 f., das ein im Anstellungsvertrag vereinbartes Wettbewerbsverbot nicht als Indiz für oder gegen eine selbständige Tätigkeit akzeptiert hat.

wenn nur eine Mittagsbetreuung erforderlich ist, weil die Kindertagesstätte, in die das Kind geht, mittags schließt. In diesem Fall hätte die Tagespflegeperson durchaus noch zeitliche Kapazitäten, sodass sie auch in einem anderen Elternhaushalt zu anderen Zeiten Kinder betreuen kann. Darüber hinaus benötigen viele Eltern aufgrund der eigenen flexiblen Arbeitszeit auch eine Abend- oder Nachtbetreuung. Auch dieser Umstand kann dazu führen, dass eine Tagespflegeperson tagsüber für einige Stunden in einem Elternhaushalt und abends oder nachts in einem anderen Elternhaushalt Kinder betreut. Tagespflegepersonen, die Kinder im Haushalt der Eltern betreuen, können also sowohl nur in einem Elternhaushalt als auch in mehreren Haushalten tätig sein.

Bei der Tagespflege im Haushalt der Tagespflegeperson, im Haushalt eines anderen Personensorgeberechtigten oder in anderen geeigneten Räumen sind Tagespflegepersonen regelmäßig für mehrere Auftraggeber tätig, wenn Kinder von mehreren Eltern betreut werden.

3. Weisungsrecht des Arbeitgebers nach Ort, Zeit, Dauer und Art der zu verrichtenden Arbeit
Weiterhin ist zu untersuchen, inwieweit den Eltern ein Weisungsrecht nach Ort, Zeit, Dauer und Art der zu verrichtenden Arbeit zukommen kann.

a) Ort
Beim Abschluss des Betreuungsvertrages zwischen den Eltern und der Tagespflegeperson ist der Ort der Tätigkeit entweder ausdrücklich im Vertrag geregelt oder wird von den Vertragsparteien konkludent vorausgesetzt, da es Gegenstand der Vereinbarung ist, ob die Tagespflegeperson in den Haushalt der Eltern kommt oder die Kinder an einen anderen Ort gebracht oder von der Tagespflegeperson dorthin geholt werden. Ein Weisungsrecht der Eltern in Bezug auf den Ort der Tätigkeit wäre folglich abzulehnen.

Eine Weisung der Eltern könnte höchstens dann gegeben sein, wenn die Eltern der Tagespflegeperson vorschreiben, dass sie täglich mit den Kindern für eine gewisse Zeit in den hauseigenen Garten oder auf einen bestimmten Spielplatz gehen solle. In der Praxis dürfte dies aber allenfalls – wenn überhaupt – bei der Betreuung im Haushalt der Eltern vorkommen, da die Tagespflegeperson hier den Wünschen der Eltern entsprechen kann, da sie nur die Kinder eines Elternpaares betreut. Bei der Betreuung von Kindern zweier Elternpaare im eigenen Haushalt oder im Haushalt eines der beiden Personensorgeberechtigten erscheint dies hingegen schon so gut wie unmöglich.

Es ist jedoch auch denkbar, dass Eltern vorgeben, wohin eine Tagespflegeperson mit den Kindern nicht gehen darf – z. B. ins Schwimmbad – wenn dagegen gesundheitliche oder andere Gründe sprechen. Damit könnte zumindest hinsichtlich des Unterlassens bestimmter Tätigkeiten ein Weisungsrecht der Eltern gegeben sein.

b) Zeit und Dauer
Bezüglich der Zeitkomponente scheint ein Weisungsrecht der Eltern ebenfalls grundsätzlich ausgeschlossen zu sein, da die Dauer und zeitliche Lage der Tagespflegetätigkeit in der Regel vertraglich festgelegt sein wird.[295] Allerdings ist zu bedenken, dass auch bei einer vertraglichen Regelung grundsätzlich die Eltern die Vorgaben für die Dauer der Betreuung und des Betreuungsverhältnisses sowie die zeitliche Lage geben werden, da sie Betreuungsbedarf für eine bestimmte Zeit haben. Die Tagespflegeperson kann als Vertragspartei die Wünsche der Eltern zwar prinzipiell ablehnen, doch dürfte das dazu führen, dass kein Vertrag zustande kommt. Insofern könnte trotz der vertraglich festgelegten Betreuungszeiten zumindest dann ein indirektes Weisungsrecht der Eltern bestehen, wenn eine Tagespflegeperson nur Kinder eines Elternpaares betreut.

Darüber hinaus könnte es bei der Tagespflege im Haushalt der Eltern auch vorkommen, dass Tagespflegepersonen auf Abruf in den Haushalt der Personensorgeberechtigten kommen oder Woche für Woche – z. B. aufgrund von Schichtplänen der Eltern – unterschiedliche Arbeitszeiten haben. In diesen Fällen bestimmen die Eltern weitestgehend Dauer und zeitlichen Rahmen der Arbeitszeit, sodass von einem Weisungsrecht ausgegangen werden könnte. Wenn Kinder aus mehreren Familien betreut werden, ist dagegen bei der Tagespflege außerhalb des elterlichen Haushalts davon auszugehen, dass Zeit und Dauer ausschließlich vertraglich festgelegt sind, da die Tagespflegeperson ihre Tätigkeit zeitlich sonst nicht organisieren kann.

Ein Weisungsrecht der Eltern könnte jedoch bezüglich der internen Zeiten wie Essens- und Schlafenszeiten vereinbart sein. So ist es denkbar, dass Eltern bei einer Betreuung in ihrem Haushalt der Tagespflegeperson vorgeben, wann die Kinder essen oder schlafen und wie lange sie täglich schlafen sollen. Dies erscheint

---

295 Dies ergibt sich aus dem Vertragsformular des Tagesmütter-Bundesverbandes sowie dem Vertragsmuster, welches vom Jugendamt Wolfratshausen und Christine Krumbiegel, die in Wolfratshausen Tagesmütter betreut, ausgearbeitet wurde. Die beiden Vertragsformulare sind im Anhang in Anlage 1 u. 2 abgedruckt. Das BAG hat bei vertraglich festgelegten Arbeitszeiten ein Weisungsrecht des Arbeitgebers abgelehnt; siehe dazu BAG, Beschluss v. 30.10.1991, Az: 7 ABR 19/91, AP Nr. 59 zu § 611 BGB – Abhängigkeit sowie BAG v. 13.11.1991, Az: 7 AZR 31/91, AP Nr. 60 zu § 611 BGB – Abhängigkeit.

auch denkbar bei einer Betreuung außerhalb des elterlichen Haushalts, wenn nur Kinder von einem Elternpaar betreut werden. Bei der Betreuung mehrerer Kinder mehrerer Eltern ist dies dagegen unmöglich, da die Tagespflegeperson in diesem Fall für einen reibungslosen Ablauf die internen Zeiten selbst organisieren muss.

c) Art
Nach § 22 Abs. 3 SGB VIII umfasst der Förderungsauftrag, der in der Kindertagespflege erfüllt werden soll, Erziehung, Bildung und Betreuung des Kindes und bezieht sich auf dessen soziale, emotionale, körperliche und geistige Entwicklung, wobei die Vermittlung orientierender Werte und Regeln eingeschlossen ist. Die Förderung soll sich am Alter und am Entwicklungsstand, den sprachlichen und sonstigen Fähigkeiten, an der Lebenssituation sowie den Interessen und Bedürfnissen des einzelnen Kindes orientieren und seine ethnische Herkunft berücksichtigen.

Aus dieser Regelung wird deutlich, dass die Tagespflegetätigkeit schon vom Gesetz her bestimmten Anforderungen zu genügen hat. Die Tagespflegeperson muss also entsprechend den Fähigkeiten und Befindlichkeiten des Kindes dieses erziehen, bilden und betreuen. In diesem Rahmen ist sie hinsichtlich der inhaltlichen Ausgestaltung grundsätzlich frei. So kann grundsätzlich auch vertraglich geregelt werden, dass Eltern und Tagespflegeperson in regelmäßigen Abständen Erziehungsfragen zu besprechen und Tagespflegepersonen sich inhaltlich mit den Eltern über die Erziehung abzustimmen haben.[296] Insofern wäre auch die Art und Weise der Tagespflegetätigkeit dem Weisungsrecht der Eltern entzogen.

Unabhängig davon, ob der Vertrag eine entsprechende Klausel enthält, ist aber davon auszugehen, dass die Eltern bezüglich der Erziehung, Bildung und Betreuung bestimmte Wünsche haben oder auch Regeln aufstellen, an die sich die Tagespflegeperson zu halten hat. So ist es gerade in religiösen Fragen vorstellbar, dass Eltern gewisse Vorgaben machen, vom Tischgebet bis hin zu Ernährungsmodalitäten oder ärztlichen Behandlungseinschränkungen im Notfall. Auch ist es denkbar, dass Eltern bezüglich der geistigen und körperlichen Förderung sowie der Erziehung gewisse Regeln aufstellen, z. B. dass das Kind jeden Tag ein bestimmtes Musikinstrument üben oder dass das Kind noch nicht oder doch schon auf das Töpfchen gehen soll. Die Aufstellung verbindlicher Regeln ist sowohl bei der Tagespflege im Haushalt der Eltern als auch bei einer Betreuung außerhalb des Elternhauses dann denkbar, wenn nur Kinder eines Elternpaares betreut

---
296 Eine solche Klausel ist im Vertragsmuster zwischen dem Jugendamt Wolfratshausen und Christine Krumbiegel sowie in § 2 des Vertragsformulars des Tagesmütter-Bundesverbandes enthalten (siehe Anlage 2).

werden und damit nicht auf die Wünsche anderer Eltern Rücksicht genommen werden muss. Unter Umständen könnte sich eine Tagespflegeperson auch dann noch an den Wünschen der Eltern ausrichten, wenn sie nur Kinder zweier Elternpaare, entweder im Haushalt eines der Personensorgeberechtigten oder im eigenen Haushalt, zu versorgen hat.

Es ist jedoch fraglich, ob dies ausreicht, um ein Weisungsrecht der Eltern bezüglich der Art und Weise der Tagespflegetätigkeit annehmen zu können. Ein Blick in die Rechtsprechung könnte den Schluss zulassen, dass das Aufstellen verbindlicher Regeln durch die Eltern hinsichtlich der inhaltlichen Ausgestaltung der Tagespflegetätigkeit nicht ausreicht, um ein Weisungsrecht der Eltern zu begründen. So hat das BAG in den Fällen, in denen darüber zu entscheiden war, ob Lehrkräfte Arbeitnehmer oder Selbständige sind, entschieden, dass methodische oder didaktische Handlungsanleitungen vorliegen müssen, um eine Weisungsgebundenheit begründen zu können; die Bindung an Lehrpläne sei dagegen unerheblich.[297] Eltern werden aber in der Regel nicht dazu imstande sein, methodische oder didaktische Handlungsanleitungen zu geben. Insofern lässt sich die Rechtsprechung des BAG zu den Lehrkräften nicht unbedingt auf die Tagespflegetätigkeit übertragen.

Auf der anderen Seite hat das BAG bei fachlich besonders qualifizierten Tätigkeiten, bei denen der Arbeitgeber nicht in der Lage ist, Weisungen hinsichtlich der Art und Weise zu geben, diesem Kriterium kein Gewicht eingeräumt und die Arbeitnehmereigenschaft bejaht.[298] Bei der Tagespflegetätigkeit handelt es sich zwar nicht um eine so hoch qualifizierte Tätigkeit wie bspw. die der Ärzte, Tagespflegepersonen müssen aber – wie sich u. a. aus § 23 Abs. 3 und § 43 Abs. 2 SGB VIII ergibt – über gewisse pädagogische Fähigkeiten verfügen. Insofern könnte auch bei der Tagespflegetätigkeit davon auszugehen sein, dass methodische und didaktische Handlungsanleitungen nicht erforderlich sind, sondern dass es für die Begründung einer Weisungsgebundenheit ausreicht, wenn Eltern bestimmte verbindliche Wünsche äußern bzw. Regeln aufstellen. Dies gilt umso mehr, als Eltern mehrheitlich nicht dazu in der Lage sein werden, methodische und didaktische Handlungsanleitungen zu erteilen. Vielmehr werden sie regelmäßig nur rahmenmäßige Anforderungen stellen können.

---

[297] BAG v. 09.05.1984, Az: 5 AZR 195/82, AP Nr. 45 zu § 611 BGB – Abhängigkeit; BAG, Beschluss v. 30.10.1991, Az: 7 ABR 19/91, AP Nr. 59 zu § 611 BGB – Abhängigkeit sowie BAG v. 13.11.1991, Az: 7 AZR 31/91, AP Nr. 60 zu § 611 BGB – Abhängigkeit.
[298] Siehe dazu BAG v. 27.07.1961, Az: 2 AZR 255/60, AP Nr. 24 zu § 611 BGB – Ärzte, Gehaltsansprüche.

Bei einer restriktiveren Sichtweise könnte jedoch auch vertretbar sein, nur dann eine Weisungsgebundenheit anzunehmen, wenn die Eltern oder ein Elternteil während der Betreuung der Kinder durch die Tagespflegeperson anwesend sind und so ständig Anweisungen geben und deren Erfüllung auch kontrollieren können. Allerdings ist zu bedenken, dass die Einhaltung der Weisungen der Eltern auch dann kontrollierbar ist, wenn die Eltern nicht bei der Betreuung der Kinder anwesend sind, da Kinder – zumindest ab einem bestimmten Alter – befragt werden können, was sie während der Betreuungszeit unternommen haben.

4. Eingliederung in eine fremde Arbeitsorganisation

Von einer Eingliederung in eine fremde Arbeitsorganisation – worunter jede, nicht nur gewerbliche Arbeitsorganisation zu verstehen ist[299] – ist typischerweise dann auszugehen, wenn die Tätigkeit in fremden Räumen und mit fremden Arbeitsmitteln erfolgt.[300] Der Haushalt der Eltern kommt mithin als fremde Arbeitsorganisation in Betracht. Insofern kann immer dann von einer Eingliederung in eine fremde Arbeitsorganisation ausgegangen werden, wenn eine Tagespflegeperson Kinder im Haushalt der Personensorgeberechtigten betreut, da sie in diesem Fall die Kinder in fremden Räumen und unter Benutzung des Haushaltes der Eltern, also mit fremden Arbeitsmitteln betreut.

Darüber hinaus hat das BSG sogar eine Eingliederung in eine fremde Arbeitsorganisation bejaht, obwohl eine Tagespflegeperson Kinder in ihrem eigenen Haushalt betreut hat.[301] Zur Begründung führte das BSG aus, dass „das Arbeiten in einer fremden Betriebsstätte – und nicht in den eigenen Räumen – ein Indiz für das Vorliegen einer abhängigen Beschäftigung darstellen (kann), doch ist ein Arbeiten im eigenen räumlichen Umfeld zumindest in Ausnahmefällen unschädlich, falls (…) besondere Gründe dafür bestehen und sich der Charakter der Tätigkeit dadurch im übrigen nicht ändert". Könnte die Betreuungsdienstleistung ihrer Art nach statt im Haushalt der Tagespflegeperson genauso gut in der Wohnung der Eltern und damit in den Räumlichkeiten der Arbeitgeber erbracht werden, ohne dass sich dadurch das Wesen der Leistung ändert, wäre nach Ansicht des BSG von einer organisatorischen und zeitlichen Eingliederung in den Haushalt der Eltern auszugehen. Dies wäre darauf zurückzuführen, dass die Kinder trotz der außerhäuslichen Tagesbetreuung dem Haushalt der Eltern angehören.

---

299 Vgl. dazu Knospe in: Hauck/Noftz, SGB IV, K § 7 Rn. 15.
300 Siehe dazu bspw. BAG v. 15.03.1978, Az: 5 AZR 819/76, BAGE 30, 163, 170, sowie BAG v. 03.05.1989, Az: 5 AZR 158/88, BB 1990, 779, 780; BSG v. 10.08.2000, Az: B 12 KR 21/98 R, SozR 3-2400 § 7 SGB IV Nr. 15. Vgl. auch Plagemann/Plagemann, MAH Sozialrecht, § 5 Rn. 16.
301 BSG v. 17.02.1998, Az: B 2 U 3/97 R, NZS 1998, 487 ff.

Unter Zugrundlegung dieses Urteils des BSG kann also sogar bei Tagespflegepersonen, die Kinder in ihrem eigenen oder auch im Haushalt eines anderen Personensorgeberechtigten betreuen, eine Eingliederung in eine fremde Arbeitsorganisation bejaht werden. Voraussetzung dafür ist jedoch, dass sich der Charakter der Tätigkeit, der bei einer Betreuung im Haushalt der Eltern typisch ist, nicht ändern darf. Davon kann im Grunde aber nur dann ausgegangen werden, wenn die Tagespflegeperson – wie auch in dem vom BSG zu entscheidenden Sachverhalt – nur Kinder eines Elternpaares betreut, da die Tagespflegeperson nur in diesem Fall die Wünsche der Eltern weitgehend erfüllen kann, sodass der Ort der Tätigkeit unerheblich sein kann. Bei der Betreuung mehrerer Kinder mehrerer Eltern ändert sich der Charakter der Tätigkeit jedoch schon insofern, als die Tagespflegeperson ihren Tag selbst organisieren muss, um die Bedürfnisse der Kinder erfüllen zu können. Dies gilt umso mehr für die Tagespflege, die in angemieteten Räumen geleistet wird, da hier regelmäßig Kinder aus mehreren Familien betreut werden.[302]

5. Personengebundenheit der Arbeitsleistung
Typisch für ein Arbeitsverhältnis ist weiterhin die Pflicht, dass der Arbeitnehmer die Arbeit selbst und nicht durch Dritte erbringt.[303] Dagegen spricht das Recht

---
[302] Eine Ausnahme davon könnte allerdings dann bestehen, wenn sich Eltern zu einer Gesellschaft bürgerlichen Rechts (GbR) zusammenschließen und damit als Gesellschaft Arbeitgeber einer Tagespflegeperson sein würden. Eine solche Konstellation ist theoretisch denkbar. Darüber hinaus könnten Eltern sogar als Arbeitgebergruppe fungieren, ohne in einem gesellschaftsrechtlichen Rechtsverhältnis zu stehen (siehe zur Arbeitgebergruppe vor allem das Urteil des BAG v. 27.03.1981, Az: 7 AZR 523/78, BAGE 37, 1-19). Voraussetzung dafür wäre jedoch, dass ein rechtlicher Zusammenhang zwischen den arbeitsvertraglichen Beziehungen der Tagespflegeperson als Arbeitnehmer/-in zu den einzelnen Eltern als Arbeitgebern in einer Form besteht, der es verbietet, diese Beziehungen rechtlich getrennt zu behandeln. Daran dürfte es bei Eltern als Arbeitgeber aber in der Regel fehlen, da es sich bei den Kinderbetreuungsverhältnissen um ausgesprochen individuelle Rechtsverhältnisse handelt. Ein weiteres Hindernis für eine solche Konstellation ist die Tatsache, dass sowohl bei der Arbeitgebergruppe als auch bei der Eltern-GbR das Arbeitsverhältnis nur einheitlich aufgelöst werden könnte, d. h., die Tagespflegeperson müsste gegenüber allen Arbeitgebern bzw. alle Arbeitgeber müssten der Tagespflegeperson kündigen (bei der GbR würde der vertretungsberechtigte Gesellschafter kündigen bzw. die Kündigung der Tagespflegeperson wäre an die Gesellschaft als solche und damit auch an alle Eltern gerichtet). Das dürfte bei Tagespflegeverhältnissen aber gerade nicht im Interesse der Beteiligten liegen, da – wie eben schon betont – die Kinderbetreuungsverhältnisse vor allem auch im Hinblick auf die Dauer des Kinderbetreuungsverhältnisses individuell verschieden sind. Eine einheitliche Kündigung käme damit nur im Falle einer außerordentlichen Kündigung in Betracht und damit nur im Ausnahmefall. Aus diesem Grund kann bei der Betreuung von Kindern aus mehreren Familien durch eine Tagespflegeperson grundsätzlich nicht von einem einheitlichen Arbeitsverhältnis ausgegangen werden.
[303] Siehe dazu BAG v. 19.11.1997, Az: 5 AZR 653/96, NZA 1998, 364, 366; BAG v. 26.05.1999, Az: 5 AZR 469/98, AP Nr. 104 zu § 611 BGB – Abhängigkeit; BAG v. 27.06.2001, Az: 5

bzw. die Pflicht, im Verhinderungsfalle für eine Vertretung zu sorgen, für eine selbständige Tätigkeit.[304] Einschränkend dazu hat das BAG jedoch ausgeführt, dass es nicht gerechtfertigt sei, von vornherein ein Arbeitsverhältnis auszuschließen, wenn der betreffenden Person das Recht zusteht, die geschuldete Leistung durch Dritte erbringen zu lassen: „Dies gilt zumindest dann, wenn (…) die persönliche Leistungserbringung die Regel und die Leistungserbringung durch einen Dritten eine seltene Ausnahme darstellt, die das Gesamtbild der Tätigkeit nicht nennenswert verändert. Die Möglichkeit, Dritte zur Leistungserbringung einsetzen zu dürfen, stellt dann lediglich eines von mehreren im Rahmen einer Gesamtwürdigung zu berücksichtigendes Anzeichen dar."[305]

Tagespflegepersonen erbringen ihre Leistung grundsätzlich selbst, egal ob sie im Haushalt der Eltern oder im eigenen Haushalt Kinder betreuen. Das ergibt sich schon aus der Art der Dienstleistung: Die Eltern suchen sich für die Betreuung ihrer Kinder eine bestimmte Person aus, die ihren Vorstellungen entspricht und zu der das Kind eine Vertrauensbeziehung aufbaut. Insofern kann die Dienstleistung im Grunde gar nicht durch Dritte erfüllt werden. Allenfalls bei der Betreuung von Kindern in anderen geeigneten Räumen ist es aufgrund der verhältnismäßig großen Kinderzahl von bis zu fünf Kindern denkbar, dass eine Tagespflegeperson für die Betreuung eine weitere Person einstellt. In diesem Fall würde die Tagespflegeperson jedoch als Arbeitgeberin auftreten, sodass der Arbeitnehmerstatus schon aus diesem Grund ausgeschlossen wäre.[306]

Allerdings kann der Betreuungsvertrag zwischen den Eltern und der Tagespflegeperson die Regelung enthalten, dass sich die Tagespflegeperson verpflichtet, während ihres Urlaubs oder anderer freier Tage eine Vertretung zur Verfügung zu stellen.[307] Eine solche Regelung spricht – wie oben ausgeführt – grundsätzlich eher für eine selbständige Tätigkeit. Da diese Vertretungspflicht aber lediglich Ausnahmesituationen betrifft und das Gesamtbild der Tätigkeit damit im Grunde nicht verändert wird, ist diesem Umstand bei der Gesamtwertung, ob ein abhängiges oder ein selbständiges Beschäftigungsverhältnis vorliegt, keine große Bedeutung zuzumessen.

AZR 561/99, NZA 2002, 742, 743, sowie Plagemann/Plagemann, MAH Sozialrecht, § 5 Rn. 16 m. w. N.
304 Vgl. dazu Plagemann/Plagemann, MAH Sozialrecht, § 5 Rn. 16 m. w. N.; BAG v. 19.11.1997, Az: 5 AZR 653/96, NZA 1998, 364, 366.
305 BAG v. 19.11.1997, Az: 5 AZR 653/96, NZA 1998, 364, 366.
306 Vgl. dazu BAG v. 12.12.2001, Az: 5 AZR 253/00, DB 2002, 1610 f.
307 So § 9 Abs. 6 des Vertragsformulars des Tagesmütter-Bundesverbandes. In der dazugehörigen Fußnote enthält das Vertragsformular zusätzlich folgende Klausel: „Es ist darauf zu achten, dass die Vertretungsperson dem Kind/den Kindern und den Eltern schon vorher bekannt ist und zu ihr Kontakt besteht." (Siehe dazu Anlage 1, S. 12 f.)

Seit dem Inkrafttreten des Tagesbetreuungsausbaugesetzes zum 01.01.2005 enthält § 22 Abs. 4 S. 2 SGB VIII jedoch die Regelung, dass der Träger der öffentlichen Jugendhilfe für Ausfallzeiten der Tagespflegeperson rechtzeitig eine andere Betreuungsmöglichkeit für das Kind sicherzustellen hat. Damit obliegt es im Grunde nicht mehr den Vertragsparteien, Regelungen für Ausfallzeiten zu treffen. Insofern ist also regelmäßig davon auszugehen, dass Tagespflegepersonen ihre Tätigkeit persönlich erbringen.

6. Weitere Indizien: Festes Gehalt und Entgeltfortzahlung bei Krankheit und Urlaub

Als weitere Indizien für eine Arbeitnehmereigenschaft können die Zahlung eines festen Gehaltes und eine Entgeltfortzahlung bei Krankheit und Urlaub in Betracht kommen.[308]

Bei einer regelmäßigen Betreuung werden Eltern und Tagespflegeperson im Interesse eines reibungslosen Ablaufes und eines problemlosen Verhältnisses zwischen den Vertragsparteien grundsätzlich die Zahlung eines festen Entgeltes vereinbaren. Dies geht auch aus den vorliegenden Vertragsmustern hervor.[309]

Ähnliches gilt für Urlaub und Krankheit. Um die Versorgung des Kindes während dieser Ausfallzeiten abzusichern, ist im Grunde eine vertragliche Vereinbarung erforderlich. Ob die Eltern und die Tagespflegeperson jedoch für diese Ausfallzeiten eine Entgeltfortzahlung[310] oder andere Regelungen, z. B. Kürzungen des Betreuungsentgeltes,[311] vorsehen, bleibt den Vertragsparteien überlassen.

Erhält eine Tagespflegeperson ein festes Entgelt und eine Entgeltfortzahlung bei Krankheit und Urlaub, kann dies für eine Arbeitnehmereigenschaft sprechen. Allerdings handelt es sich dabei nur um Indizien, die keine alleinige Aussagekraft besitzen, sondern in die Wertung der Gesamtumstände mit einzubeziehen sind. Seit der Gesetzesänderung durch das Gesetz zur Weiterentwicklung der Kinder- und Jugendhilfe zum 01.10.2005[312] unterliegen Eltern jedoch bei der öffentlich

---

308 Vgl. dazu bspw. BAG v. 13.12.1962, Az: 2 AZR 128/62, AP Nr. 3 zu § 611 BGB – Abhängigkeit; BAG v. 08.06.1967, Az: 5 AZR 461/66, AP Nr. 6 zu § 611 BGB – Abhängigkeit; BSG v. 12.02.2004, Az: B 12 KR 26/02 R.
309 Siehe dazu Vertragsmuster des Jugendamtes Wolfratshausen in Zusammenarbeit mit Christine Krumbiegel sowie §§ 4 ff. des Vertragsformulars des Tagesmütter-Bundesverbandes im Anhang, Anlage 1, S. 10 ff. u. Anlage 2.
310 Diese Möglichkeit sieht bspw. das Vertragsmuster des Jugendamtes Wolfratshausen in Zusammenarbeit mit Christine Krumbiegel vor, siehe Anhang, Anlage 2.
311 So § 10 Abs. 7 und 8 des Vertragsformulars des Tagesmütter-Bundesverbandes, siehe Anlage 1, S. 13 f.
312 Gesetz vom 08.09.2005, BGBl. I 2005, Nr. 57, S. 2729 ff.

geförderten Tagespflege nur noch einer pauschalierten Kostenbeteiligung nach § 90 SGB VIII, d. h., sie haben nur noch einen Teilnahmebeitrag – ähnlich dem für Tageseinrichtungen – zu leisten.[313] Nach der früheren Gesetzesfassung wurden das Kind bzw. dessen Eltern nach § 91 Abs. 2 SGB VIII a. F. zu den Kosten der Leistungen zur Förderung von Kindern in Tagespflege herangezogen. Dies hatte zur Folge, dass diese die Kosten für die Tagespflegeperson in der Regel selbst tragen mussten, da für die Ermittlung des Einkommens nach § 93 SGB VIII a. F. sozialhilferechtliche Regelungen heranzuziehen waren und damit zumindest die berufstätigen Eltern grundsätzlich über der Zumutbarkeitsgrenze i. S. d. § 92 Abs. 1 SGB VIII a. F. lagen. Insofern gab es bei der Vertragsgestaltung hinsichtlich der Zahlung eines festen Entgeltes in der Regel keinen Unterschied zwischen der privat finanzierten und öffentlich geförderten Tagespflege. Durch die Gesetzesänderung kommt es jedoch dazu, dass bei der öffentlich geförderten Tagespflege nach den §§ 22 ff. SGB VIII grundsätzlich der Träger der öffentlichen Jugendhilfe gem. § 23 Abs. 1 und 2 SGB VIII eine laufende Geldleistung an die Tagespflegeperson zu gewähren hat, da die Eltern nur noch einen pauschalierten Teilnahmebetrag zu entrichten haben. Dies wäre folgerichtig, wenn nicht nach § 24 Abs. 5 SGB VIII die laufende Geldleistung nur an die Tagespflegepersonen zu erbringen wäre, die Kinder unter drei Jahren betreuen und bei denen die Bedarfskriterien des § 24 Abs. 3 SGB VIII erfüllt sind.[314]

Durch diese Regelung kommt es zu der widersprüchlichen Situation, dass Eltern, bei denen die Bedarfskriterien des § 24 Abs. 3 SGB VIII nicht erfüllt sind, gem. § 90 SGB VIII zwar auch nur einen pauschalierten Teilnahmebeitrag zahlen müssten, wenn sie aufgrund des § 24 Abs. 1 SGB VIII, der die Möglichkeit einer ergänzenden Förderung in der Kindertagespflege vorsieht,[315] oder aufgrund der Vorhaltepflicht nach § 24 Abs. 2 SGB VIII[316] eine Tagespflegeperson vermittelt bekommen oder nachweisen. Da § 24 Abs. 5 SGB VIII aber wiederum eine laufende Geldleistung grundsätzlich nur für die Tagespflegepersonen vorsieht, die Kinder unter drei Jahren betreuen und bei denen die Bedarfskriterien nach § 24 Abs. 3 SGB VIII erfüllt sind, müssten in diesem Fall die Eltern zusätzlich zu dem pauschalierten Teilnahmebeitrag nach § 90 SGB VIII auch noch die Finanzierung der Tagespflegeperson übernehmen. Das würde zu einer Doppelbelastung der Eltern führen, die so vom Gesetzgeber nicht gewollt sein konnte. Insofern müssten die Kommunen, die die Höhe der Pauschalen i. R. d. § 90 SGB VIII festlegen, diesen Aspekt berücksichtigen und bei den Eltern, die die Bedarfskriterien nach

---

313 Siehe dazu auch BT-Drucks. 15/3676, S. 40 f. (zu Nummer 44, Buchstabe b).
314 Ausführlich zur einschränkenden Wirkung des § 24 Abs. 5 SGB VIII siehe Kapitel 3, B. I. 1. a) bb) (5).
315 Siehe dazu Kapitel 3, B. I. 1. a) bb) (1).
316 Siehe dazu Kapitel 3, B. I. 1. a) bb) (2).

§ 24 Abs. 3 SGB VIII nicht erfüllen, von dem pauschalierten Teilnahmebeitrag absehen.

Bei der öffentlich geförderten Tagespflege ist also nunmehr zu differenzieren, ob die Träger der öffentlichen Jugendhilfe aufgrund des § 24 Abs. 3 SGB VIII verpflichtet sind, der Tagespflegeperson die laufende Geldleistung i. S. d. § 23 Abs. 2 SGB VIII zu gewähren oder ob die Eltern wegen Nichterfüllung der Voraussetzungen des § 24 Abs. 3 SGB VIII die Finanzierung der Tagespflegeperson übernehmen müssen und ihr demzufolge ein Entgelt zu zahlen haben. Im ersteren Fall wird es im Vertrag zwischen den Eltern und der Tagespflegeperson regelmäßig nicht zu einer Entgeltregelung im Sinne eines festen Gehaltes kommen. Denkbar wäre jedoch weiterhin eine Vereinbarung bzgl. der Ausfallzeiten wie Krankheit und Urlaub, weil das SGB VIII für diese Fälle keine Regelungen enthält.[317] Im letzteren Fall ändert sich dagegen im Vergleich zur früheren Rechtslage nichts, d. h., zwischen den Eltern und der Tagespflegeperson wird nach wie vor eine Entgeltregelung im Betreuungsvertrag getroffen werden müssen.

7. Ergebnis

Die Kriterien der Rechtsprechung zur Abgrenzung des Arbeitnehmers vom Selbständigen erbringen für die Einordnung von Tagespflegepersonen unter die entsprechenden Statusformen kein eindeutiges Ergebnis. Vielmehr kann für Tagespflegepersonen sowohl der Arbeitnehmerstatus als auch der Selbständigenstatus in Betracht kommen. Dies ist entweder abhängig von der jeweiligen Tagespflegeform[318] oder von der Anzahl der zu betreuenden Kinder[319] oder auch davon, wie eng bzw. weit die Kriterien der Rechtsprechung angewandt werden.

---

317 Nach § 23 Abs. 4 S. 2 SGB VIII hat der Träger der öffentlichen Jugendhilfe lediglich die Pflicht, für Ausfallzeiten einer Tagespflegeperson rechtzeitig eine andere Betreuungsmöglichkeit für das Kind sicherzustellen.

318 So vertritt auch die Deutsche Rentenversicherung Bund die Auffassung, dass bei den sog. Kinderfrauen, also Tagespflegepersonen, die im Elternhaushalt Kinder betreuen, viel dafür spricht, dass diese als abhängig beschäftigt anzusehen sind. Bei Tagespflegepersonen, die im eigenen Haushalt bzw. anderen geeigneten Räumlichkeiten Kinder betreuen, geht die Deutsche Rentenversicherung Bund dagegen grundsätzlich davon aus, dass diese keinem Weisungsrecht unterliegen.

319 Insofern war die vorherige Auffassung des Ausschusses „Rechtsfragen" der Konferenz der Geschäftsführer/-innen des Bundesverbandes der Unfallkassen (siehe dazu Kapitel 1, B. II. 2. b) aa) (4)), nach der bei einer Betreuung von bis zu drei Kindern widerleglich vermutet wird, dass eine abhängige Beschäftigung vorliegt, nicht gänzlich von der Hand zu weisen, da die Abgrenzung anhand der Rechtsprechungskriterien häufig nach der Anzahl der zu betreuenden Kinder zu beurteilen ist. Wer mehrere Kinder mehrerer Eltern betreut, kann z. B. dem Weisungsrecht der Eltern nur in sehr beschränktem Maße bis überhaupt nicht unterstehen, wer dagegen nur wenige Kinder betreut, kann durchaus einem Weisungsrecht der Eltern unterliegen. Die Ansicht der Unfallversicherungsträger (der Auffassung des Ausschusses „Rechtsfragen" hatten sich sowohl fast alle Unfallkassen

Weiterhin ist festzustellen, dass die Kriterien der Rechtsprechung nur bedingt geeignet sind, um die Tagespflegetätigkeit zu erfassen. Tagespflegepersonen arbeiten grundsätzlich aufgrund eines privatrechtlichen Vertrages, da dies schon die Tätigkeit als solche mit sich bringt. Dafür ist das Kriterium, dass die Tätigkeit regelmäßig nur für einen Arbeitgeber erfolgen darf, insofern ungeeignet, als Tagespflegepersonen in der Regel mehr als nur ein Elternpaar zum Vertragspartner haben. Dies ergibt sich im Grunde auch aus der Eigenart der Tagespflegetätigkeit: Betreut eine Tagespflegeperson nur Kinder eines Elternpaares, reicht das daraus zu erreichende Entgelt aufgrund des geringen Stundensatzes in der Regel nicht zur Existenzsicherung.[320] Das bedeutet, dass eine Tagespflegeperson grundsätzlich – möchte sie von der Tagespflegetätigkeit leben – mehrere Kinder mehrerer Eltern betreuen muss. Ist aber die Existenzsicherung erst bei einer Betreuung mehrerer Kinder und dadurch auch bei Vertragsbeziehungen zu mehreren Eltern möglich, kann nicht davon ausgegangen werden, dass aufgrund mehrerer Auftraggeber keine Schutzbedürftigkeit der Tagespflegeperson vorliegt.

Darüber hinaus bringt es die Tagespflegetätigkeit mit sich, dass die Arbeitsleistung personengebunden sein muss. Insoweit ist auch dieses Kriterium für die Statusbestimmung von Tagespflegepersonen im Grunde ungeeignet, da persönliche Dienstleistungen von Arbeitnehmern genauso erbracht werden können wie von Selbständigen.

Das Kriterium der Weisungsgebundenheit nach Ort, Zeit, Dauer und Art ist ebenfalls nicht sehr ergiebig, da Ort, Zeit und Dauer und zum Teil auch der Inhalt der Arbeit bei der Tagespflegetätigkeit vertraglich geregelt sein müssen und somit als Abgrenzungskriterium wenig Aussagekraft haben. Die Eingliederung in eine fremde Arbeitsorganisation passt – je nach Auslegung des Kriteriums – im Grun-

---

der Länder als auch die Berufsgenossenschaft für Gesundheitsdienst und Wohlfahrtspflege angeschlossen) war dabei insoweit bemerkenswert, als sie – entgegen der landläufigen Meinung, dass eine persönliche Abhängigkeit nur bei einem Auftraggeber gegeben sein kann – eine Weisungsgebundenheit auch bei bis zu drei Auftraggebern bejaht. Die nunmehr vertretene Auffassung, nach der nur noch dann von einer abhängigen Beschäftigung ausgegangen wird, wenn Tagespflegepersonen für einen Auftraggeber tätig werden, ist wissenschaftlich gesehen eher ein Rückschritt. Dies umso mehr, als eine pauschale Abgrenzung nur anhand der Zahl der Auftraggeber abzulehnen ist, da sie nicht wirklich alle Besonderheiten des Einzelfalles erfassen kann, was aber für eine reale Statusbestimmung erforderlich ist. Die von dem Bundesverband der Unfallkassen und von der Berufsgenossenschaft für Gesundheitsdienst vertretene Abgrenzung anhand der Zahl der Auftraggeber ist demzufolge nur insoweit akzeptabel, als im Sozialversicherungsrecht eine einfache Handhabung geboten ist und insofern eine Pauschalierung auch möglich sein muss; dabei muss es sich aber – wie dies auch nach der vorherigen Abgrenzung anhand der Kinderzahl erfolgt ist – um eine widerlegbare Vermutung handeln.

320 Siehe dazu ausführlich Einleitung, I.

de auch nur auf die Tagespflegetätigkeit im Haushalt der Eltern. Allein daraus eine stichhaltige Abgrenzung der Tagespflegetätigkeit in abhängige oder selbständige Tätigkeit vorzunehmen, ist allerdings problematisch, weil dieses Kriterium im Grunde das einzige ist, das zu greifen scheint, dadurch aber weder die Gesamtumstände noch der Sinn und Zweck der arbeits- und sozialrechtlichen Regelungen, bestimmte Personengruppen unter den Schutzbereich dieser Normen fallen zu lassen, angemessen berücksichtigt werden. Daran ändert auch die eventuelle Zahlung eines festen Entgeltes oder eine Entgeltfortzahlung bei Krankheit und Urlaub nichts, da es sich hierbei nur um Indizien handelt, die für sich allein genommen keinerlei Aussagekraft haben und die die von der Rechtsprechung entwickelten Kriterien nur ergänzen sollen.

II. Tagespflegepersonen als arbeitnehmerähnliche Personen

Fraglich ist, ob für Tagespflegepersonen, die nicht Arbeitnehmer sind, auch der Status der arbeitnehmerähnlichen Person in Betracht kommen kann.

1. Tätigkeit aufgrund von Dienst- oder Werkverträgen
Das erste Merkmal zur Abgrenzung der arbeitnehmerähnlichen Person vom Selbständigen ist die Tätigkeit aufgrund von Dienst- oder Werkverträgen.

Zwischen den Eltern und der Tagespflegeperson besteht ein Betreuungsvertrag. Da mit der Tagespflegetätigkeit eine Dienstleistung und kein Erfolg geschuldet wird, handelt es sich bei den Betreuungsverträgen zweifelsfrei um Dienstverträge i. S. d. § 611 BGB.

2. Persönliche Erbringung der geschuldeten Leistungen und im Wesentlichen ohne Mitarbeit von Arbeitnehmern
Wie schon bei der Abgrenzung des Arbeitnehmers vom Selbständigen festgestellt wurde,[321] erbringen Tagespflegepersonen ihre Dienstleistung in der Regel persönlich. Eine Ausnahme besteht nur bei Ausfallzeiten wie Urlaub oder Krankheit, wenn für diese Zeit eine Vertretung durch die Tagespflegeperson besorgt wird. Diese Vertretung ist dann jedoch regelmäßig kein Arbeitnehmer der Tagespflegeperson, da sie nur in Ausnahmefällen für die Tagespflegeperson den Dienst übernimmt und auch nicht den Weisungen der sonst tätigen Tagespflegeperson unterliegt.[322]

---

321 Siehe dazu Kapitel 2, D. I. 5.
322 Dies ergibt sich zum einen daraus, dass auch Arbeitsverhältnisse grundsätzlich als Dauerschuldverhältnisse ausgestaltet sind, wobei es natürlich auch kurzfristige (Aushilfs-)Arbeitsverhältnisse gibt; siehe dazu KR-Rost, Arbeitnehmerähnliche Personen, Rn. 23. Zum anderen unterliegt die Vertretungsperson nicht dem Weisungsrecht der sonst tätigen Ta-

3. Tätigkeit überwiegend für eine Person
Dieses Kriterium ist bei Tagespflegepersonen – wie ebenfalls schon oben festgestellt[323] – im Grunde nur dann erfüllt, wenn eine Tagespflegeperson im Haushalt eines Elternpaares deren Kinder betreut.[324] Da für den Status der arbeitnehmerähnlichen Person die Tätigkeit überwiegend für eine Person erfolgen muss, könnte der Status allerdings auch dann noch angenommen werden, wenn eine Tagespflegeperson Kinder zweier oder auch dreier Elternpaare betreut, die Betreuungszeit der Kinder zweier der drei Eltern jedoch im Unterschied zu der Betreuungszeit der Kinder eines Elternpaars viel geringer ausfällt.

4. Entgelt von einer Person entspricht im Durchschnitt mehr als der Hälfte des Entgelts, das der Tagespflegeperson für ihre Erwerbstätigkeit insgesamt zusteht
Voraussetzung für dieses Kriterium ist zum einen, dass zwischen den Vertragsparteien eine gewisse Dauerbeziehung besteht, da die einmalige kurzfristige Erbringung einer Dienst- oder Werkleistung regelmäßig kein Entgelt zur Gegenleistung hat, das die wesentliche Existenzgrundlage der betreffenden Person darstellt.[325] Diese Voraussetzung ist bei Tagespflegepersonen regelmäßig erfüllt, da Tagespflege so gut wie immer für eine gewisse Zeit vereinbart und geleistet wird.

Weiterhin müsste das Entgelt, das die Tagespflegeperson von einer Person erhält, im Durchschnitt mehr als der Hälfte des Entgelts entsprechen, welches ihr insgesamt zusteht. Davon kann aber nur dann ausgegangen werden, wenn eine Tagespflegeperson nur Kinder eines Elternpaares betreut, was regelmäßig bei der Betreuung im Haushalt der Personensorgeberechtigten in Betracht kommt und unter Umständen auch bei der Betreuung im eigenen Haushalt der Fall sein kann. Darüber hinaus könnte diese Fallkonstellation auch dann infrage kommen, wenn eine Tagespflegeperson Kinder im Haushalt eines anderen Personensorgeberechtigten betreut und die Dauer der Betreuungszeiten für die Kinder so unterschiedlich sind, dass ein Elternpaar ein viel höheres Entgelt zahlt als das andere. Dies ist natürlich auch denkbar, wenn die Tagespflegeperson in ihrem eigenen Haushalt mehrere Kinder betreut und bspw. zwei von drei Kindern nur für zwei Stunden pro Tag und das dritte dafür acht Stunden pro Tag bei der Tagespflege-

---

gespflegeperson, da diese nur die Tätigkeit ausführt, die im Regelfall von der Tagespflegeperson verrichtet wird, und damit höchstens den Weisungen der Eltern unterliegen kann; vgl. dazu auch die Rechtsprechung des BSG zum Praxisvertreter eines niedergelassenen Arztes, BSG v. 27.05.1959, Az: 3 RK 18/55, BSGE 10, 41, 44, sowie BSG v. 15.12.1959 Az: 2 RU 141/56, BSGE 11, 149, 150 ff.
323 Siehe dazu Kapitel 2, D. I. 2.
324 Siehe dazu aber auch die Möglichkeit der Gründung einer „Eltern-GbR" oder einer „Eltern-Arbeitgebergruppe". Ausführlich dazu Fn. 302.
325 KR-Rost, Arbeitnehmerähnliche Personen, Rn. 23, mit Verweis auf BAG v. 06.12.1974, EzA § 611 BGB Nr. 18.

person ist. Auch dann könnte das Entgelt, welches die Tagespflegeperson für das Kind erhält, welches sie acht Stunden betreut, erheblich höher ausfallen als das, welches sie für die anderen beiden Kinder erhält.

Im Grundsatz ist aber bei der Betreuung mehrerer Kinder davon auszugehen, dass die Eltern aufgrund angenäherter Betreuungsdauer auch ein ähnliches Betreuungsentgelt erbringen, sodass dieses Kriterium in vielen Fällen nicht erfüllt sein dürfte.

5. Ergebnis
Die Kriterien der Rechtsprechung zur Abgrenzung der arbeitnehmerähnlichen Person vom Selbständigen erscheinen für Tagespflegepersonen ähnlich ungeeignet wie die Kriterien zur Abgrenzung des Arbeitnehmers vom Selbständigen. So laufen die ersten beiden Kriterien schon insofern ins Leere, als Tagespflegepersonen immer aufgrund von Dienstverträgen tätig werden und die geschuldeten Leistungen persönlich erbringen. Dies hat aber keine Aussagekraft dahingehend, ob eine Tagespflegeperson ähnlich einem Arbeitnehmer schutzbedürftig ist, da aufgrund der Eigenart der Tagespflegetätigkeit diese Kriterien immer erfüllt sein werden, egal ob eine Tagespflegeperson abhängig oder selbständig tätig ist.

Hinsichtlich der Kriterien, dass die Tätigkeit überwiegend für eine Person erfolgen und das Entgelt von einer Person mehr als die Hälfte des Entgeltes ausmachen muss, das der Tagespflegeperson insgesamt zusteht, ist dagegen festzustellen, dass dies in der Regel nicht erfüllt sein wird, da Tagespflegepersonen aufgrund des geringen Stundensatzes für eine Existenzsicherung mehrere Kinder mehrerer Eltern betreuen müssen. Ob dies jedoch ausreicht, um eine wirtschaftliche Abhängigkeit – gegebenenfalls von mehreren Auftraggebern – und eine dem Arbeitnehmer ähnliche Schutzbedürftigkeit abzulehnen, scheint zweifelhaft, da die Existenzsicherung erst durch die Betreuung mehrerer Kinder erreicht werden kann.

E. Zusammenfassung und Schlussfolgerungen

Persönliche Abhängigkeit als Merkmal der Arbeitnehmereigenschaft und wirtschaftliche Abhängigkeit als Kriterium der Arbeitnehmerähnlichkeit sind für die Statusbestimmung von Tagespflegepersonen nur begrenzt einschlägig. Dies hängt vor allem damit zusammen, dass diese Abgrenzungskriterien das Normalarbeitsverhältnis zum Leitbild haben, bei dem die Abhängigkeit von einem Arbeitgeber im Vordergrund steht. Tagespflegepersonen betreuen aber in der Regel mehrere

Kinder mehrerer Eltern, sodass es für Tagespflegepersonen regelmäßig mehr als einen Vertragspartner gibt.

Die Abgrenzungskriterien, die von der Rechtsprechung für die persönliche Abhängigkeit entwickelt worden sind, treffen darüber hinaus für Tagespflegepersonen aufgrund der Eigenart ihrer Tätigkeit nur zum Teil zu. Manche der Kriterien können außerdem dazu führen, dass unter Umständen eine persönliche Abhängigkeit von mehreren Arbeitgebern in Betracht kommt, z. B. bei der Betreuung von Kindern im Haushalt eines anderen Personensorgeberechtigten, da hier – obwohl zwei Auftraggeber existieren – durchaus eine Weisungsgebundenheit wie auch eine Eingliederung in eine fremde Arbeitsorganisation gegeben sein können. Aber auch die Ablehnung persönlicher Abhängigkeit lässt nicht unbedingt Rückschlüsse auf die Schutzbedürftigkeit der Tagespflegepersonen zu, da dies im Widerspruch dazu steht, dass Tagespflegepersonen so wenig verdienen, dass sie regelmäßig nicht in der Lage sind, sich eigenständig sozial abzusichern.

Ähnliches gilt für die Merkmale, die für die wirtschaftliche Abhängigkeit von der Rechtsprechung entwickelt worden sind, da Tagespflegepersonen im Regelfall Kinder von mehreren Eltern betreuen und aufgrund des gleichen Stundensatzes auch nicht von einem Elternpaar die überwiegende Vergütung erhalten werden, es sei denn, die Betreuungszeit variiert stark. Damit kann aber nicht davon ausgegangen werden, dass keine wirtschaftliche Abhängigkeit vorliegt: Tagespflegepersonen erhalten einen so geringen Stundensatz, dass sie durchaus wirtschaftlich von den Eltern – und zwar von allen Eltern der zu betreuenden Kinder – abhängig sein können. Sollte das Entgelt von einem Elternpaar wegfallen, geraten Tagespflegepersonen sehr schnell unter das Existenzminimum.

Die Kriterien der Rechtsprechung zur Abgrenzung des Arbeitnehmers bzw. der arbeitnehmerähnlichen Person vom Selbständigen sind für die Statusbestimmung von Tagespflegepersonen also weitestgehend ungeeignet. Insbesondere die Tatsache, dass Tagespflegepersonen für die Erreichung der Existenzsicherung mehrere Kinder betreuen müssen und damit für mehrere Eltern tätig werden, läuft konträr zu den Kriterien der persönlichen bzw. wirtschaftlichen Abhängigkeit von einem Arbeitgeber. Insofern kommt es für Tagespflegepersonen zu der unhaltbaren Situation, dass zum einen aufgrund der ungeeigneten Abgrenzungskriterien in Verwaltungspraxis und Judikatur große Rechtsunsicherheit herrscht und die Einordnung der Tagespflegepersonen von Einzelfall zu Einzelfall erheblich variieren kann. Zum anderen sprechen der geringe Verdienst und die damit verbundene Schutzbedürftigkeit von Tagespflegepersonen generell gegen eine Statuszuordnung zum Selbständigen, da diese vom Schutzbereich des Arbeits- und Sozialversicherungsrechts weitgehend ausgeschlossen sind.

Ausgehend von den Abgrenzungskriterien ist jedoch zu konstatieren, dass für Tagespflegepersonen alle drei möglichen Statusformen in Betracht kommen, d. h., sie können sowohl als Arbeitnehmer bzw. abhängig Beschäftigte, als arbeitnehmerähnliche Personen oder auch als Selbständige tätig sein.[326]

---

[326] So auch Münder u. a., FK-SGB VIII (5. Aufl.), § 23 Rn. 50 f.

Kapitel 3

Möglichkeiten der sozialen Absicherung von Tagespflegepersonen im geltenden Recht

In diesem Kapitel soll untersucht werden, welche Folgen die Statusbestimmung von Tagespflegepersonen als Arbeitnehmer bzw. abhängig Beschäftigte, arbeitnehmerähnliche Person oder auch als Selbständige konkret auf deren soziale Absicherung hat.

A. Arbeitsrecht

I. Abhängig beschäftigte Tagespflegepersonen

Sind Tagespflegepersonen als Arbeitnehmer einzustufen, genießen sie grundsätzlich vollumfänglich den Schutz des Arbeitsrechts. Das gilt sowohl für unbefristet und in Vollzeit beschäftigte Tagespflegepersonen als auch für Tagespflegepersonen, die nur geringfügig oder innerhalb der sog. Gleitzone beschäftigt sind, da diese Formen atypischer Beschäftigung nur sozialrechtlich abweichende Auswirkungen haben.[1] Bei befristet beschäftigten Tagespflegepersonen ändert sich bezüglich des arbeitsrechtlichen Schutzes nur, dass keine Kündigungsfristen nach § 622 BGB eingehalten werden müssen. Dafür unterliegen die befristet beschäftigten Tagespflegepersonen aber dem Schutz der §§ 14 ff. TzBfG.

Da Tagespflegepersonen nach § 22 Abs. 1 S. 2 und 4 SGB VIII entweder im Haushalt der Personensorgeberechtigten, im eigenen Haushalt oder in anderen geeigneten Räumen bzw. über den Wortlaut des § 22 Abs. 1 SGB VIII hinaus im Haushalt eines anderen Personensorgeberechtigten ihrer Tätigkeit nachgehen können, wird diese nicht innerhalb einer großen Organisation erbracht, sprich eines Betriebes oder einer ähnlichen Institution. Weiterhin ergibt sich aus der nach § 43 Abs. 3 SGB VIII vorgeschriebenen Maximalanzahl von höchstens fünf zu betreuenden Tageskindern, dass die Tagespflegetätigkeit auch keine einer Institution entsprechende größere innere Organisation erfordert. Insofern kommen für Tagespflegepersonen die Regelungen arbeitsrechtlichen Schutzes, die für den Schutz von Arbeitnehmern in größeren Betrieben geschaffen wurden – bspw. die Regelungen des Kündigungsschutzgesetzes, des Tarifvertragsgesetzes, des Arbeitsschutzgesetzes,[2] des Arbeitssicherheitsgesetzes und der Arbeitsstätten-

---

1 Siehe dazu Kapitel 3, B. II. 1. b) und c).
2 So sind vom Geltungsbereich des Arbeitsschutzgesetzes nach § 1 Abs. 2 ArbSchG Hausangestellte auch ausdrücklich ausgenommen. Dabei ist die Herausnahme der Hausangestellten aus dem Geltungsbereich des Arbeitsschutzgesetzes im Wesentlichen auf Art. 3 Buchst. A EG-Rahmenrichtlinie Arbeitsschutz zurückzuführen, der die Hausangestellten aus dem Begriff des Arbeitnehmers ausgrenzt. Für den Arbeitsschutz von Hausangestellten sind Anforderungen an Sicherheit und Gesundheitsschutz weitestgehend in den Unfallverhütungsvorschriften der Gemeindeunfallversicherungsträger enthalten, bei denen Hausangestellte in der Regel gesetzlich unfallversichert sind; siehe zum Ganzen ausführlich mit

Verordnung sowie die Regelungen betrieblicher Mitbestimmung nach dem BetrVG – so gut wie nie in Betracht.[3]

Arbeitsrechtliche Schutzregelungen, die unabhängig von einer bestimmten Betriebsgröße gelten, können dagegen ohne Einschränkungen auf abhängig beschäftigte Tagespflegepersonen angewandt werden. Dabei ist bezüglich des Schutzes bei Ausübung ihrer Tätigkeit vor allem an § 618 Abs. 1 BGB zu denken, der Pflichten zu Schutzmaßnahmen vorsieht für den Fall, dass der Dienstverpflichtete mit den Räumlichkeiten oder den Arbeitsmaterialien des Dienstberechtigten in Berührung kommt. Damit spielt diese Regelung vorrangig für die Tagespflege im Haushalt der Personensorgeberechtigten eine Rolle. Weiterhin kommen für Tagespflegepersonen als arbeitsrechtliche Schutzregelungen der Anspruch auf Urlaub nach § 3 BUrlG, das Arbeitszeitgesetz, die Gestaltung des Arbeitsplatzes werdender oder stillender Mütter nach § 2 MuSchG und die Beschäftigungsverbote gem. §§ 3 ff. MuSchG in Betracht.

Hinsichtlich des Existenzschutzes sind abhängig beschäftigte Tagespflegepersonen über den allgemeinen Kündigungsschutz nach den §§ 622 ff. BGB vom arbeitsrechtlichen Schutz umfasst, sowie über Regelungen wie die Entgeltfortzahlung bei Krankheit, § 616 BGB und § 3 EntgeltfortzG, und an Feiertagen, § 2 EntgeltfortzG, bei Urlaub, § 11 BUrlG, und während der Mutterschutzfristen, §§ 11 ff. MuSchG, die Erhaltung des Arbeitsplatzes ohne Entgeltfortzahlung während der Mutterschutzfristen, § 9 MuSchG, und der Elternzeit, §§ 18 f. BerzGG, sowie über die Leistungen der Berufsgenossenschaft bei Arbeitsunfällen, insbesondere durch die Zahlung von Verletztengeld gem. §§ 45 ff. i. V. m. §§ 7 ff. SGB VII, deren Beiträge allein vom Arbeitgeber getragen werden, § 150 SGB VII.[4]

---

weiteren Nachweisen Kittner/Pieper, ArbSchR, § 1 Rn. 17. Die gemeindlichen Unfallverhütungsvorschriften könnten auch für Tagespflegepersonen einschlägig sein, wenn sie als Hausangestellte zu qualifizieren wären (siehe zu Beispielen von Hausangestellten Kollmer in: Kollmer, Arbeitsschutzgesetz, § 1 ArbSchG Rn. 68). Davon kann auf jeden Fall bei einer Tagespflege im Haushalt des Personensorgeberechtigten ausgegangen werden, aber auch bei einer Tagespflegetätigkeit im Haushalt eines anderen Personensorgeberechtigten oder sogar bei einer Tätigkeit im eigenen Haushalt könnten diese auf Tagespflegepersonen Anwendung finden, wenn man darin noch eine Eingliederung in eine fremde Arbeitsorganisation zu sehen ist (so jedenfalls bei einer weiten Auslegung des Kriteriums in Anlehnung an die Entscheidung des BSG v. 17.02.1998, Az: B 2 U 3/97, NZS 1998, 487 ff.).

3 Stehen Tagespflegepersonen dagegen mit einem Träger der öffentlichen Jugendhilfe oder einem freien Träger oder bei einem Trägerverein für Tagespflegepersonen in einem Anstellungsverhältnis, können auch diese Regelungen durchaus greifen, wobei vor allem der Kündigungsschutz nach dem Kündigungsschutzgesetz in Betracht kommen könnte. Siehe dazu auch Münder u. a., FK-SGB VIII (5. Aufl.), § 23 Rn. 53.

4 Der Unfallversicherungsschutz gehört zwar eigentlich zum System der sozialen Sicherung, da aber der Arbeitgeber alleine die Beiträge zur Versicherung trägt, ist der Unfallversiche-

II. Arbeitnehmerähnlich beschäftigte Tagespflegepersonen

1. Ausdrückliche gesetzliche Regelungen für arbeitnehmerähnliche Personen
Die Einordnung als arbeitnehmerähnliche Person führt für Tagespflegepersonen nur zu einem partiellen arbeitsrechtlichen Schutz.

a) Regelungen für arbeitnehmerähnliche Personen im Allgemeinen
Arbeitnehmerähnliche Personen werden nur von wenigen Regelungen ausdrücklich in den Schutzbereich der Norm integriert. So erklärt § 12a TVG, der als einzige arbeitsrechtliche Regelung eine Legaldefinition des Begriffes „arbeitnehmerähnliche Person" enthält[5] – die Vorschriften des Tarifvertragsgesetzes für arbeitnehmerähnliche Personen für entsprechend anwendbar. Weiterhin stellt § 2 S. 2 BUrlG die arbeitnehmerähnliche Person den Arbeitnehmern hinsichtlich der Urlaubsansprüche gleich, wobei für die in Heimarbeit Beschäftigten und die ihnen Gleichgestellten i.S.v. § 1 Abs. 2 lit. a bis c HAG gem. § 12 BUrlG einige Sonderregelungen gelten. Nach § 1 Abs. 2 Nr. 1 BeschSchG sind arbeitnehmerähnliche Personen vom Anwendungsbereich des Beschäftigtenschutzgesetzes erfasst, sodass sie genau wie Arbeitnehmer vor sexuellen Belästigungen am Arbeitsplatz geschützt sind. § 5 Abs. 1 S. 2 ArbGG eröffnet auch für arbeitnehmerähnliche Personen den Rechtsweg zu den Arbeitsgerichten. Diese Norm hat für arbeitnehmerähnliche Personen jedoch keine unmittelbaren materiellrechtlichen Folgen, da sie lediglich eine Zuständigkeitsnorm ist.

Eine Besonderheit enthält dagegen das Arbeitsschutzgesetz: Dieses bezieht nach § 2 Abs. 2 Nr. 3 ArbSchG arbeitnehmerähnliche Personen mit Ausnahme der in Heimarbeit Beschäftigten und den ihnen Gleichgestellten[6] in den Anwendungsbereich des Gesetzes ein. Ziel des Arbeitsschutzgesetzes ist nach § 1 Abs. 1 S. 1 ArbSchG die Sicherung und Verbesserung der Sicherheit und des Gesundheitsschutzes der Beschäftigten bei der Arbeit durch Maßnahmen des Arbeitsschutzes.[7] Durch die Integration der arbeitnehmerähnlichen Personen in den Schutzbereich des Arbeitsschutzgesetzes sollen grundsätzlich auch dieser Personengruppe Maßnahmen zur Verhütung von Arbeitsunfällen und arbeitsbe-

---

rungsschutz auch Teil des arbeitsrechtlichen Schutzes; siehe dazu Kapitel 2, A. II. 1., Fn. 19.
5 Siehe dazu Kapitel 2, B. I. 4. a).
6 Der Arbeitsschutz für die in Heimarbeit Beschäftigten und die ihnen Gleichgestellten ist wegen der anders gelagerten Verantwortlichkeit im Heimarbeitsgesetz geregelt. Siehe dazu Kittner/Pieper, ArbSchR, § 2 Rn. 23, sowie Kollmer in: Kollmer, Arbeitsschutzgesetz, § 1 ArbSchG Rn. 67.
7 Kittner/Pieper, ArbSchR, § 1 Rn. 1.

dingten Gesundheitsgefahren sowie zur menschengerechten Gestaltung der Arbeit zugute kommen.[8]

Dies wirft jedoch insoweit Probleme auf, als arbeitnehmerähnliche Personen häufig nicht im Betrieb des Auftraggebers arbeiten und der Auftraggeber somit auch keinen Einfluss darauf hat, ob die privaten Räumlichkeiten des Mitarbeiters den Anforderungen bspw. der Arbeitsstättenverordnung genügen.[9] Diesem Problem wird in der Literatur auf verschiedenen Wegen begegnet: So wird einerseits vorgeschlagen, das Arbeitsschutzgesetz auf arbeitnehmerähnliche Personen nur in modifizierter Form anzuwenden, d. h., es müsse für jeden Einzelfall geprüft werden, ob eine konkrete Arbeitsschutzvorschrift anwendbar sei. Dafür wird vorgeschlagen, einer wertenden Betrachtung folgende Kriterien zugrunde zu legen: Sinn und Zweck der Vorschrift, die Schutzbedürftigkeit der arbeitnehmerähnlichen Person und die Berücksichtigung der rechtlichen und tatsächlichen Möglichkeiten der Einflussnahme auf Seiten des Auftraggebers.[10]

Andere Vertreter in der Literatur modifizieren dagegen nicht die Anwendung des Gesetzes, sondern den Begriff der arbeitnehmerähnlichen Person in Bezug auf den Normzweck des Arbeitsschutzgesetzes: In Anlehnung an den Begriff der Beschäftigungsähnlichkeit in § 2 Abs. 2 S. 1 SGB VII als dem rechtssystematisch nächsten Gebiet wären für den arbeitsschutzrechtlichen Begriff der arbeitnehmerähnlichen Person grundsätzlich die vom BSG zu § 2 Abs. 2 S. 1 SGB VII entwickelten Voraussetzungen anzuwenden. Da vom Arbeitsschutzrecht jedoch punktuelle und kurzzeitige Hilfeleistungen ausgeschlossen werden müssten, sei das Untermerkmal der konkreten Umstände insofern enger zu fassen, als nicht allein auf die Art der Tätigkeit, sondern auch auf den mit der Tätigkeit verbundenen Organisationsbezug abzustellen wäre. Das bedeute, dass eine Person im arbeitsschutzrechtlichen Sinn nur dann als arbeitnehmerähnlich zu qualifizieren sei, wenn diese im Rahmen einer Organisation tätig sei.[11]

Da beide Ansichten die tatsächliche Möglichkeit der Einflussnahme des Auftraggebers berücksichtigen, ist davon auszugehen, dass im Ergebnis der gleiche Personenkreis vom Arbeitsschutzrecht umfasst sein dürfte, unabhängig davon,

---

8   Siehe zur Zielsetzung des Arbeitsschutzgesetzes auch Kollmer/Vogl, Das neue Arbeitsschutzgesetz, Rn. 23.
9   Zu dieser Problematik ausführlich Kollmer/Vogl, Das neue Arbeitsschutzgesetz, Rn. 50 ff.
10 Kollmer/Vogl, Das neue Arbeitsschutzgesetz, Rn. 50 ff.; ihnen folgend Neuvians, Die arbeitnehmerähnliche Person, S. 96 f.
11 Siehe dazu Kohte in: Kollmer, Arbeitsschutzgesetz, § 2 ArbSchG Rn. 83 ff. sowie in Ansätzen auch Däubler, ZIAS 2000, 326, 331.

ob der Begriff der arbeitnehmerähnlichen Person oder das Gesetz selbst entsprechend dem Normzweck des Arbeitsschutzes modifiziert wird.

b) Regelungen für spezielle Untergruppen der arbeitnehmerähnlichen Personen
Für die in Heimarbeit Beschäftigten und die ihnen Gleichgestellten sowie für die arbeitnehmerähnlichen Einfirmenvertreter als spezielle Untergruppen der arbeitnehmerähnlichen Person gibt es arbeitsschutzrechtliche Sonderregelungen. So gibt es für in Heimarbeit Beschäftigte und die ihnen Gleichgestellten insbesondere das Heimarbeitsgesetz.[12] Dieses enthält Regelungen über den Arbeits-, Gefahren- und Entgeltschutz sowie über die Einhaltung von Kündigungsfristen. Darüber hinaus enthalten verschiedene andere arbeitsrechtliche Gesetze – bspw. § 5 Abs. 1 S. 2 ArbGG, § 1 i. V. m. §§ 2, 10 EntgeltfortzG, § 20 Abs. 2 BErzGG, § 12 BUrlG – Vorschriften für die in Heimarbeit Beschäftigten und ihnen Gleichgestellte.[13] Grund der umfangreicheren Regelungen für die in Heimarbeit Beschäftigten und die ihnen Gleichgestellten ist deren stark ausgeprägte wirtschaftliche Abhängigkeit von ihren Auftraggebern.[14]

Als zweite spezielle Untergruppe der arbeitnehmerähnlichen Personen erhielten die sog. Einfirmenvertreter durch das Handelsvertretergesetz vom 06.08.1953[15] gesetzlichen Schutz. Dieser ist heute in § 92a HGB festgeschrieben. Danach kann der Bundesminister der Justiz im Einvernehmen mit den Bundesministern für Wirtschaft und für Arbeit nach Anhörung von Verbänden der Handelsvertreter und der Unternehmer durch Rechtsverordnung die untere Grenze der vertraglichen Leistungen des Unternehmers für die Handelsvertreter festsetzen, die vertraglich nicht für weitere Unternehmer tätig werden dürfen oder denen dies nach Art und Umfang der von ihnen verlangten Tätigkeit nicht möglich ist. Eine entsprechende Rechtsverordnung wurde jedoch bis heute nicht erlassen, sodass diese Vorschrift keinen verbesserten Sozialschutz für Einfirmenvertreter gewährt.[16] Für die arbeitnehmerähnlichen Einfirmenvertreter steht nach § 5 Abs. 3 ArbGG für Streitigkeiten mit dem Unternehmer der Weg zu den Arbeitsgerichten offen, wenn diese im Durchschnitt monatlich nicht mehr als 1.000 Euro verdienen.

---

12 Die Geschichte des Heimarbeitsgesetzes reicht bis in das Jahr 1911 zurück. Siehe dazu ausführlich Hromadka, NZA 1997, 1249 ff.
13 Siehe dazu auch Schaub, Arbeitsrechts-Handbuch, § 10 Rn. 9 f.
14 Schaub, Arbeitsrechts-Handbuch, § 10 Rn. 8; Neuvians, Die arbeitnehmerähnliche Person, S. 97.
15 BGBl. I 1953, S. 771.
16 So auch Neuvians, Die arbeitnehmerähnliche Person, S. 100 f.

c) Die Anwendbarkeit der Regelungen auf Tagespflegepersonen
aa) Anwendbarkeit der allgemeinen Regelungen
Wie auch schon bei den abhängig beschäftigten Tagespflegepersonen festgestellt, kommen die Regelungen des Tarifvertragsgesetzes von vorneherein nicht in Betracht, da die Tagespflegetätigkeit zumindest bis jetzt nicht innerhalb einer größeren Organisation erbracht wird.

Für die Regelungen des Arbeitsschutzgesetzes könnte hingegen zu differenzieren sein. So könnte für eine Tagespflegeperson, die im Haushalt des Personensorgeberechtigten als arbeitnehmerähnliche Person tätig ist, das Arbeitsschutzgesetz zumindest partiell Anwendung finden, da die Eltern als Arbeitgeber die tatsächliche Möglichkeit der Einflussnahme auf die Sicherheit und Gesundheit der Tagespflegeperson haben.[17] Dies würde aber dem eindeutigen Wortlaut des § 1 Abs. 2 S. 1 ArbSchG widersprechen, nach dem Hausangestellte in privaten Haushalten nicht unter den Anwendungsbereich des Gesetzes fallen: Wenn schon Arbeitnehmer in privaten Haushalten nicht vom Schutzbereich des Arbeitsschutzgesetzes umfasst sein sollen, kann für arbeitnehmerähnliche Personen in privaten Haushalten nichts anderes gelten.

Damit finden auf Tagespflegepersonen von den allgemeinen arbeitsrechtlichen Regelungen für arbeitnehmerähnliche Personen nur die Schutzregelungen des Bundesurlaubsgesetzes und des Beschäftigtenschutzgesetzes Anwendung. Allerdings können Tagespflegepersonen, die als arbeitnehmerähnliche Personen tätig sind, nach § 5 Abs. 1 S. 2 ArbGG vor den Arbeitsgerichten ihre Ansprüche aus dem arbeitnehmerähnlichen Beschäftigungsverhältnis einklagen.

bb) Anwendbarkeit der speziellen Regelungen
Da Tagespflegepersonen nicht als arbeitnehmerähnliche Einfirmenvertreter nach § 92a HGB zu qualifizieren sind, könnte als Anwendungsbereich der speziellen arbeitsrechtlichen Normen für arbeitnehmerähnliche Personen nur das Heimarbeitsgesetz sowie die sich darauf beziehenden arbeitsrechtlichen Regelungen in Betracht kommen.

Nach § 1 Abs. 1 HAG gilt das Gesetz für in Heimarbeit Beschäftigte, worunter Heimarbeiter i.S.v. § 2 Abs. 1 und Hausgewerbetreibende i.S.v. § 2 Abs. 2 zu verstehen sind. Voraussetzung für die Begriffe des Heimarbeiters und des Haus-

---

17 Zu diesem Ergebnis könnte sowohl eine normzweckorientierte Anwendung des Arbeitsschutzgesetzes (so der Vorschlag von Kollmer/Vogl, Das neue Arbeitsschutzgesetz, S. 18 ff.) als auch ein modifizierter arbeitsschutzrechtlicher Begriff der arbeitnehmerähnlichen Person (siehe dazu Kohte in: Kollmer, Arbeitsschutzgesetz, § 2 ArbSchG, Rn. 83 ff.) führen.

gewerbetreibenden nach § 2 Abs. 1 und 2 HAG ist jedoch, dass diese im Auftrag von Gewerbetreibenden oder Zwischenmeistern tätig sind. Da die Eltern als Auftraggeber den Vertrag mit der Tagespflegeperson aber als Privatpersonen abschließen, können Tagespflegepersonen schon aus diesem Grund nicht Heimarbeiter oder Hausgewerbetreibende sein.

Fraglich ist jedoch, ob Tagespflegepersonen nicht den in Heimarbeit Beschäftigten gleichgestellt werden könnten. Gem. § 1 Abs. 2 S. 1 lit. a HAG ist dies bei Personen möglich, die in der Regel allein oder mit ihren Familienangehörigen in eigener Wohnung oder selbstgewählter Betriebsstätte eine sich in regelmäßigen Arbeitsvorgängen wiederholende Arbeit im Auftrag eines anderen gegen Entgelt ausüben, ohne dass ihre Tätigkeit als gewerblich anzusehen oder dass der Auftraggeber ein Gewerbetreibender oder Zwischenmeister ist, wenn dies wegen ihrer Schutzbedürftigkeit gerechtfertigt erscheint. Diese Definition der Gleichgestellten könnte auf den ersten Blick auf Tagespflegepersonen passen, da sie in der Regel allein und – wenn sie Kinder in ihrem eigenen Haushalt oder in anderen geeigneten Räumen betreuen – auch in den vorausgesetzten Räumlichkeiten arbeiten. Unabhängig davon, ob die Tätigkeit von Tagespflegepersonen i. S. des Heimarbeitsgesetzes als gewerblich einzustufen wäre,[18] sind die Eltern als Arbeitgeber jedenfalls – wie eben schon festgestellt – weder Gewerbetreibende noch Zwischenmeister. § 1 Abs. 2 S. 2 u. 3 HAG legen weiter fest, wann Schutzbedürftigkeit anzunehmen ist. Danach ist für die Feststellung der Schutzbedürftigkeit das Ausmaß der wirtschaftlichen Abhängigkeit maßgebend, wobei insbesondere die Zahl der fremden Hilfskräfte, die Abhängigkeit von einem oder mehreren Auftraggebern, die Möglichkeiten des unmittelbaren Zugangs zum Absatzmarkt, die Höhe und die Art der Eigeninvestitionen sowie der Umsatz zu berücksichtigen sind. Auch diese Voraussetzung der Schutzbedürftigkeit kann für Tagespflegepersonen im Grunde bejaht werden.

Die Gleichstellung von Tagespflegepersonen würde jedoch dem Sinn und Zweck des HAG widersprechen. Das Gesetz wurde erlassen, weil immer mehr Betriebe dazu übergingen, Arbeiten, die bislang nur innerhalb des Betriebes ausgeführt wurden, aus Kostengründen auszulagern. Aus diesem Grund wurden Heimarbeiter ursprünglich auch nur dann in den Schutzbereich des Gesetzes integriert, wenn sie „gewerblich" tätig waren. Darunter war nach früherer herrschender Meinung die Herstellung, Be- oder Verarbeitung und Verpackung von Waren zu verstehen, da sie insoweit mit der Tätigkeit des gewerblichen Arbeiters vergleichbar war; insbesondere wurde eine im Großen und Ganzen manuelle bzw. kör-

---

18 Zur Frage der Erwerbsmäßigkeit im Rahmen der Sozialversicherung siehe Kapitel 3, B. II. 3. a) bb) (1) (c) und cc) (1) (c).

perliche Arbeit verlangt. In jüngerer Zeit lagerten Betriebe aber verstärkt Büroarbeiten aus. Solche Arbeiten – bspw. Maschinenschreiben, Buchhaltungsarbeiten, Adressenschreiben etc. – sind traditionell Angestelltentätigkeiten. Dies führte unter heimarbeitsrechtlichen Gesichtspunkten dazu, dass diese nicht als „gewerblich" eingestuft wurden. Da aber die Personen, die Büroarbeiten zu Hause erledigen, genauso schutzbedürftig sind wie die „gewerblich" Tätigen, wurde durch das Heimarbeitsänderungsgesetz vom 29.10.1974 das Wörtchen „gewerblich" in § 2 Abs. 1 HAG durch den Begriff „erwerbsmäßig" ersetzt.[19]

Ähnlich verhält es sich mit dem Begriff des „Gewerbetreibenden" im heimarbeitsrechtlichen Sinne. Dieser lehnt sich an den entsprechenden Begriff der GewO an, wonach Gewerbetreibender ist, wer als Selbständiger eine auf Dauer angelegte Tätigkeit, einen bestimmten Kreis von Geschäften planmäßig und in der Absicht betreibt, aus ihnen Gewinn zu erzielen.[20] Als nicht gewerbetreibend sind dagegen Auftraggeber anzusehen, die den freien Berufen zuzurechnen sind.[21] Darüber hinaus gelten – wie sich aus § 2 Abs. 4 HAG ergibt – auch Auftraggeber nicht als Gewerbetreibende, die eine Person, eine Personenvereinigung oder eine Körperschaft öffentlichen oder privaten Rechts sind und die die Herstellung, Bearbeitung oder Verpackung von Waren nicht zum Zweck der Gewinnerzielung betreiben, sondern gemeinnützig oder karitativ tätig sind.

Eltern, die im privaten Interesse mit einer Tagespflegeperson ein Vertragsverhältnis eingehen, sind zwar ebenfalls nicht gewerbetreibend, die Arbeit, die von Privathaushalten vergeben werden, sollen aber offensichtlich nicht vom Schutzbereich des HAG erfasst sein. Dies ergibt sich zum einen aus dem eben beschriebenen heimarbeitsrechtlichen Verständnis von Gewerbe bzw. Nicht-Gewerbe. Zum anderen passt auch ein Großteil der Normen des HAG – wie die Errichtung von Heimarbeitsausschüssen nach dem Zweiten Abschnitt, die Allgemeinen Schutzvorschriften nach dem Dritten Abschnitt, der Arbeitszeitschutz nach dem Vierten Abschnitt und der Gefahrenschutz nach dem Fünften Abschnitt – nicht auf den Privathaushalt als Arbeitgeber. Darüber hinaus ist zu bedenken, dass das HAG viel älter ist als das Arbeitsschutzgesetz. Aber selbst das letztere Gesetz, welches die übrigen arbeitnehmerähnlichen Personen ausdrücklich in den Schutzbereich miteinbezogen hat, hat Hausangestellte ausdrücklich von diesem ausgenommen. Auch insofern erscheint es schwer begründbar, für Tagespflegepersonen eine Gleichstellung nach § 1 Abs. 2 S. 1 lit. a HAG anzudenken.

---

19 Siehe dazu ausführlich Schmidt/Koberski/Tiemann/Wascher, Heimarbeitsgesetz, § 2 Rn. 56 ff.
20 Siehe dazu bspw. BAG v. 25.03.1992, Az: 7 ABR 52/91, NZA 1992, 899.
21 Schmidt/Koberski/Tiemann/Wascher, Heimarbeitsgesetz, § 2 Rn. 21.

Tagespflegepersonen sind also weder als in Heimarbeit Beschäftigte anzusehen noch kommt für sie eine Gleichstellung nach § 1 Abs. 2 S. 1 lit. a HAG in Betracht. Die arbeitsschutzrechtlichen Vorschriften des HAG und die sich darauf beziehenden anderen arbeitsrechtlichen Regelungen können deshalb auf Tagespflegepersonen keine Anwendung finden.

2. Erweiterte Anwendung arbeitsrechtlicher Vorschriften auch auf arbeitnehmerähnliche Personen?

Wie schon erwähnt, gibt es in der Literatur Überlegungen dazu, ob die arbeitsrechtlichen Vorschriften auch auf arbeitnehmerähnliche Personen Anwendung finden sollten.[22] Der Vorschlag, einzelne Schutzvorschriften auf einzelne Arten arbeitnehmerähnlicher Personen zu übertragen oder allgemein für die Kategorie der arbeitnehmerähnlichen Person Schutzregelungen aus dem Arbeitsrecht zu übernehmen,[23] ist praktisch nur schwer umsetzbar. Auch der Ansatz, auf arbeitnehmerähnliche Personen die Bestimmungen für Heimarbeiter entsprechend anzuwenden,[24] führt – wie eben geprüft – im Falle der Tagespflegepersonen nicht weiter, da die Normen des HAG zum Großteil nicht auf die Tagespflegetätigkeit passen und damit auch eine entsprechende Anwendung zumindest schwer fällt. Zwar würden die arbeitsrechtlichen Regelungen, die die in Heimarbeit Beschäftigten und die ihnen Gleichgestellten mit in den Schutzbereich aufnehmen, wie bspw. § 1 i. V. m. §§ 2, 10 EntgeltfortzG, § 20 Abs. 2 BErzGG, § 12 BUrlG und § 1 Nr. 2 MuSchG, auf Tagespflegepersonen passen, da diese Regelungen jedoch ausdrücklich nur die spezielle Untergruppe arbeitnehmerähnlicher Personen, die in Heimarbeit Beschäftigten und die ihnen Gleichgestellten berücksichtigt haben, kann nicht von einer Regelungslücke ausgegangen werden, die für eine analoge Anwendung jedoch Voraussetzung ist.[25]

Dagegen könnte die Anregung, über eine Inhaltskontrolle der Verträge arbeitnehmerähnlicher Personen nach §§ 138, 242 BGB und über die schuldrechtlichen Schutzpflichten einen verbesserten Schutz für arbeitnehmerähnliche Personen zu erreichen,[26] auch für Tagespflegepersonen eine realisierbare Variante sein. So könnte dem Tagespflegeverhältnis insbesondere in Bezug auf den Vertragsschluss,

---

22 Siehe dazu Kapitel 2, B. IV. 2.
23 Reinecke, ZIP 1998, 581, 588 f.
24 Hromadka, NZA 1997, 1249, 1255 f.; Däubler, Arbeitsrecht II, 16.2.2.2.2.; in Teilen auch Frantzioch, Abhängige Selbständigkeit im Arbeitsrecht, S. 223 ff., 265, 268 f.
25 Zu den Voraussetzungen einer Analogie ausführlich Larenz, Methodenlehre der Rechtswissenschaft, S. 381 ff.
26 So Appel/Frantzioch, AuR 1998, 93 ff.; Hromadka in: Köbler/Heinze/Hromadka, Festschrift für Alfred Söllner zum 70. Geburtstag, S. 461, 463 ff.; Frantzioch, Abhängige Selbständigkeit im Arbeitsrecht, S. 106 ff.; Schubert, Der Schutz der arbeitnehmerähnlichen Personen, S. 209 ff.

Kapitel 3: Möglichkeiten der sozialen Absicherung im geltenden Recht

den Vertragsinhalt – wobei vor allem die Entgelthöhe eine Rolle spielen könnte – die Haupt- und Nebenpflichten der Vertragsbeteiligten sowie die Beendigung des Beschäftigungsverhältnisses die Schutzmechanismen des Zivilrechts zugute kommen. Darüber hinaus könnte auch eine Inhaltskontrolle der Allgemeinen Vertragsbedingungen nach den §§ 305 ff. BGB in Betracht kommen,[27] wenn Eltern einen Formularvertrag verwenden[28] oder Entgeltschutz nach §§ 615, 138 BGB eine Rolle spielen. Aufgrund des typischerweise geringen Machtgefälles zwischen Eltern und Tagespflegepersonen dürfte hier jedoch der Anwendungsbereich für die Heranziehung der Generalklauseln eher gering sein. Festzuhalten ist jedoch, dass eine zivilrechtliche Kontrolle arbeitnehmerähnlicher Vertragsverhältnisse auch für Tagespflegepersonen durchaus in Betracht gezogen werden kann.

III. Selbständig tätige Tagespflegepersonen

Werden Tagespflegepersonen als Selbständige eingestuft, sind sie von den arbeitsrechtlichen Schutzvorschriften – abgesehen von den §§ 138, 242, 305 ff. BGB – grundsätzlich ausgenommen.

B. Sozialrecht

I. Möglichkeiten im SGB VIII

Mit Inkrafttreten des Tagesbetreuungsausbaugesetzes zum 01.01.2005[29] hat der Gesetzgeber Regelungen zur sozialen Absicherung von Tagespflegepersonen im SGB VIII verankert. So erhalten geeignete Tagespflegepersonen nach § 23 Abs. 1 SGB VIII eine laufende Geldleistung, die sich nach § 23 Abs. 2 SGB VIII aus der Erstattung angemessener Kosten für den Sachaufwand, einem angemessenen Beitrag zur Anerkennung der Förderungsleistung und der Erstattung nachgewiesener Aufwendungen für Beiträge zu einer Unfallversicherung und der hälftigen Erstattung nachgewiesener Aufwendungen zu einer angemessenen Alterssicherung zusammensetzt. Voraussetzung für den Erhalt der Geldleistung ist jedoch nach § 23 Abs. 1 SGB VIII, dass die Voraussetzungen des § 24 SGB VIII erfüllt sind. Um diese Regelungen im Hinblick auf die soziale Absicherung von Tagespflegepersonen verstehen zu können, sollen diese im Folgenden zunächst

---

27 Siehe ausführlich zu diesen Möglichkeiten in Bezug auf Vertragsverhältnisse arbeitnehmerähnlicher Personen Frantzioch, Abhängige Selbständigkeit im Arbeitsrecht, S. 106 ff., sowie Schubert, Der Schutz der arbeitnehmerähnlichen Personen, S. 209 ff.
28 Ein solcher Formularvertrag wird bspw. vom Tagesmütter-Bundesverband angeboten; siehe dazu Anlage 1.
29 BGBl. I 2004, Nr. 76, S. 3852 ff.

ausführlich dargestellt werden. Weiterhin ist zu untersuchen, welche Bedeutung diesen Regelungen in Bezug auf die soziale Absicherung von Tagespflegepersonen zukommt.

1. Regelungen zur sozialen Absicherung von Tagespflegepersonen gem. § 23 Abs. 1 bis 3 i. V. m. § 24 SGB VIII
a) § 23 Abs. 1 SGB VIII
Die Förderung in Kindertagespflege umfasst nach § 23 Abs. 1 SGB VIII die Vermittlung zu einer geeigneten Tagespflegeperson, soweit diese nicht von der erziehungsberechtigten Person nachgewiesen[30] wird, deren fachliche Beratung, Begleitung und weitere Qualifizierung sowie die Gewährung einer laufenden Geldleistung. Diese Leistungen des Trägers der Jugendhilfe sind nach Maßgabe des § 24 zu erbringen.

aa) Die missverständliche Fassung des „Soweit"-Satzes
Die Fassung des Abs. 1 ist zunächst insofern missverständlich, als nicht klar wird, ob der Zwischennebensatz „soweit diese nicht von der erziehungsberechtigten Person nachgewiesen wird" sich auf den vorherigen oder auf den nachfolgenden Satzteil bezieht. Das bedeutet: Ist in Abs. 1 gemeint, dass die Förderung in Kindertagespflege immer dann die Vermittlung zu einer geeigneten Tagespflegeperson umfasst, wenn diese nicht schon von der erziehungsberechtigten Person nachgewiesen wird, und beziehen sich die Leistungen der Beratung, Begleitung, weiteren Qualifizierung und der Gewährung einer laufenden Geldleistung auch auf nachgewiesene Tagespflegepersonen, oder meint Abs. 1, dass die hier aufgezählten Leistungen der Träger der öffentlichen Jugendhilfe nur an vermittelte Tagespflegepersonen zu erbringen sind?

Aufgrund dieser zwei möglichen Deutungen muss § 23 Abs. 1 SGB VIII ausgelegt werden:

So kann zum einen aus einem Vergleich mit der bis Ende 2004 geltenden Fassung, die in § 23 Abs. 3 S. 2 SGB VIII ausdrücklich auch nachgewiesene Tagespflegepersonen vom Aufwendungsersatz und dem Ersatz der Kosten der Erziehung umfasst sah, der Schluss gezogen werden, dass die in Abs. 1 beschriebenen Leistungen der Jugendhilfe – außer der Vermittlung als solche – sowohl für vermittelte als auch für nachgewiesene Tagespflegepersonen gelten.

---

30 Der Nachweis einer Kindertagespflegeperson beruht zwar auf der eigenen Initiative der Personensorgeberechtigten, stellt aber keine Selbstbeschaffung der Kindertagespflege dar. Siehe dazu Grube in: Hauck/Noftz, SGB VIII, K § 23 Rn. 35, sowie ausführlich zur Selbstbeschaffung von Leistungen der Kinder- und Jugendhilfe Kapitel 3, B. I. 1. a) bb) (4).

Zum anderen spricht für eine entsprechende Auslegung auch der Umstand, dass vor dem Wörtchen „soweit" nicht das Wörtchen „und" steht, sodass die Vorschrift des § 23 Abs. 1 SGB VIII folgendermaßen lauten würde: „Die Förderung in Kindertagespflege nach Maßgabe von § 24 umfasst die Vermittlung des Kindes zu einer geeigneten Tagespflegeperson, <u>und</u>, soweit diese nicht von der erziehungsberechtigten Person nachgewiesen wird, deren fachliche Beratung, Begleitung und weitere Qualifizierung sowie die Gewährung einer laufenden Geldleistung." Eine solche Gesetzesfassung würde eher für die letztgenannte Hypothese sprechen. Da das Wörtchen „und" aber fehlt, ist § 23 Abs. 1 SGB VIII auch aus diesem Grund im Sinne der erstgenannten Hypothese auszulegen.

Letztendlich würde eine Auslegung in die Richtung, dass die in § 23 Abs. 1 SGB VIII aufgezählten Leistungen der Träger der öffentlichen Jugendhilfe nur an vermittelte Tagespflegepersonen zu erbringen sind, auch zu einer Ungleichbehandlung führen. Eine solche wäre aber nicht gerechtfertigt, da kein sachlicher Grund dafür ersichtlich ist, dass vermittelte und nachgewiesene Tagespflegepersonen unterschiedlich behandelt werden können bzw. sollen.

Die Auslegung, dass die in § 23 Abs. 1 SGB VIII genannten Leistungen sowohl an vermittelte als auch an nachgewiesene Tagespflegepersonen zu erbringen sind, hat das BMFSFJ auf telefonische Nachfrage hin bestätigt.[31]

bb) Nach Maßgabe des § 24 SGB VIII
In der bis zum 31.12.2004 geltenden Fassung waren die vom Jugendhilfeträger zu erbringenden Leistungen ausdrücklich als Kann- bzw. Soll-Leistungen festgeschrieben.[32] Eine solch eindeutige Beschreibung der Leistungen als Ermessensleistungen sieht die geltende Fassung nicht mehr vor. Vielmehr beschreibt § 23 Abs. 1 SGB VIII einen Leistungskatalog, der nach Maßgabe des § 24 zu erbringen ist.

„Nach Maßgabe von § 24" bedeutet, dass für die Förderungsleistungen des § 23 SGB VIII die Voraussetzungen des § 24 SGB VIII erfüllt sein müssen. Hinsichtlich dieser Voraussetzungen differenziert § 24 Abs. 1 bis 3 SGB VIII zwischen Kindern vom vollendeten dritten Lebensjahr bis zum Schuleintritt und Kindern unter drei Jahren.

---

31 Telefongespräch mit Dr. Reinhard Wiesner vom BMFSFJ am 14.12.2004. Ebenso jetzt Fehlhaber in: Möller/Nix, Kurzkommentar zum SGB VIII, § 23 Rn. 3; Nonninger in: LPK-SGB VIII (3. Aufl.), § 23 Rn. 10; Münder u. a., FK-SGB VIII (5. Aufl.), § 23 Rn. 22.
32 Siehe dazu § 23 SGB VIII a. F.

(1) Der Rechtsanspruch auf den Besuch einer Tageseinrichtung für Kinder vom vollendeten dritten Lebensjahr bis zum Schuleintritt nach § 24 Abs. 1 SGB VIII
Nach § 24 Abs. 1 S. 1 SGB VIII hat ein Kind vom vollendeten dritten Lebensjahr bis zum Schuleintritt Anspruch auf den Besuch einer Tageseinrichtung. Dabei haben die Träger der öffentlichen Jugendhilfe gem. § 24 Abs. 1 S. 2 SGB VIII „darauf hinzuwirken, dass für diese Altersgruppe ein bedarfsgerechtes Angebot an Ganztagsplätzen oder ergänzend Förderung in Kindertagespflege zur Verfügung steht".

Absatz 1 enthält den Rechtsanspruch auf den Besuch einer Tageseinrichtung für Kinder vom vollendeten dritten Lebensjahr bis zum Schuleintritt. Ein Rechtsanspruch auf Kindertagespflege wurde dagegen durch das Tagesbetreuungsgesetz nicht ausdrücklich festgeschrieben. So wird in der Literatur – bisher allerdings nur vereinzelt – die Auffassung vertreten, der Verweis auf den gesamten § 24 und damit auch auf § 24 Abs. 1 S. 1 in § 23 Abs. 1 SGB VIII führe für Kinder vom vollendeten dritten Lebensjahr bis zum Schuleintritt auch zu einem Rechtsanspruch auf Kindertagespflege.[33]

Gegen diese Auslegung spricht jedoch der Wortlaut des § 24 Abs. 1 S. 1 SGB VIII, der eindeutig nur einen Rechtsanspruch auf den Besuch einer Tageseinrichtung für Kinder vom vollendeten dritten Lebensjahr bis zum Schuleintritt normiert. „Nach Maßgabe des § 24" in § 23 Abs. 1 SGB VIII bedeutet nur, dass die Förderung in Kindertagespflege von den Voraussetzungen des § 24 SGB VIII abhängig ist. Eine darüber hinausgehende Auslegung, dass der Rechtsanspruch sich nicht nur auf den Platz in einer Tageseinrichtung, sondern auch auf die Bewilligung von Kindertagespflege bezieht, gibt weder der Gesetzeswortlaut noch der Sinn und Zweck der Vorschrift her.[34]

(2) Die Vorhaltepflicht des Trägers der öffentlichen Jugendhilfe für Kinder im Alter unter drei Jahren nach § 24 Abs. 2 und 3 SGB VIII
Weiterhin enthält § 24 SGB VIII in Abs. 2 und 3 die Pflicht der Träger der öffentlichen Jugendhilfe, für Kinder unter drei Jahren und im schulpflichtigen Alter Plätze in Tageseinrichtungen und in Kindertagespflege vorzuhalten. Bei dieser

---

33 Grube in: Hauck/Noftz, SGB VIII, § 23 Rn. 13 ff.
34 So im Ergebnis auch Meysen/Schindler, JAmt 2004, 277, 283, und Wabnitz, Rechtsansprüche gegenüber Trägern der öffentlichen Kinder- und Jugendhilfe nach dem Achten Buch Sozialgesetzbuch (SGB VIII), S. 310; ebenso Fehlhaber in: Möller/Nix, Kurzkommentar zum SGB VIII, § 24 Rn. 2. Siehe dazu auch Wiesner, ZfJ 2004, 441 ff. In Ausnahmefällen wird allerdings vertreten, dass der Rechtsanspruch auf den Besuch einer Tageseinrichtung durch Kindertagespflege gänzlich substituiert werden kann, wenn dem Kind der Besuch einer Tageseinrichtung z. B. wegen chronischer Krankheit nicht zumutbar ist; siehe dazu Münder u. a., FK-SGB VIII (5. Aufl.), § 24 Rn. 49; Schmid/Wiesner, ZfJ 2005, 274, 277.

Vorhaltepflicht handelt es sich um eine objektiv-rechtliche Verpflichtung des Trägers der öffentlichen Jugendhilfe.[35] Für Kinder unter drei Jahren existiert mithin kein individueller Rechtsanspruch. Aus diesem Grund ist die Förderung in Tagespflege für Kinder unter drei Jahren – auch wenn dies nicht ausdrücklich mit den Wörtchen „kann" bzw. „soll" in den §§ 23, 24 SGB VIII bezeichnet ist – gem. § 38 SGB I eine Ermessensleistung nach § 39 SGB I.[36] „Ermessen" bedeutet, dass die Leistung der Förderung in Tagespflege entsprechend dem gesetzgeberischen Zweck der Vorschrift zu erbringen ist.[37] Gesetzgeberischer Zweck der Vorschrift zur Förderung in Kindertagespflege ist es, die Vereinbarkeit von Familien- und Erwerbstätigkeit herzustellen.[38]

Um diesen Zweck zu erreichen, hat der Träger der öffentlichen Jugendhilfe gem. §§ 79, 80 SGB VIII eine Bedarfsplanung aufzustellen und entsprechend dem Bedarf die erforderlichen Plätze zur Verfügung zu stellen.[39] Dabei ist ein Angebot nur dann bedarfsgerecht, wenn es geeignet ist, die Nachfrage entsprechend den verschiedenen von den Eltern gewünschten Erziehungskonzepten zu befriedigen.[40] Der Jugendhilfeträger muss also, um seiner Planungsverantwortung i.S.v. § 79 SGB VIII gerecht zu werden, einen Bedarfskriterienkatalog erstellen, der am gesetzgeberischen Zweck – der Vereinbarkeit von Familie und Beruf – anknüpft.[41] Entsprechend diesem gesetzgeberischen Zweck ergibt sich für das Kind bzw. die Eltern ein Anspruch auf ermessensfehlerfreie Entscheidung gem. § 39 SGB I.[42]

Als Grundlage für die örtliche Jugendhilfeplanung nach §§ 79, 80 SGB VIII sah es der Gesetzgeber des Tagesbetreuungsausbaugesetzes darüber hinaus für Kinder unter drei Jahren als notwendig an, durch die Formulierung von Bedarfskriterien die Vorhaltepflicht des Jugendhilfeträgers in § 24 Abs. 3 SGB VIII zu konkreti-

---

35 Nonninger in: LPK-SGB VIII (3. Aufl.), § 24 Rn. 21; Münder u. a., FK-SGB VIII (5. Aufl.), § 24 Rn. 50; Struck in: Wiesner, SGB VIII, § 24 Rn. 36.
36 Weitergehend Struck in: Wiesner, SGB VIII, § 24 Rn. 36 ff., der hierin keine Ermessensleistung mehr sieht, sondern eine über die Gesetzesbindung der Verwaltung nach Art. 20 Abs. 3 GG hinausgehende uneingeschränkte rechtliche Verbindlichkeit, die Verpflichtungen aus Individualansprüchen in nichts nachsteht.
37 Siehe dazu Münder in: ISA, Lokale Bündnisse für Familie, S. 11, zu finden unter http://www.isa-muenster.de/pdf/Materialien/Lokale%20Bündnisse%20für%20Familien/Komm_Familienpolitik.pdf, letzter Aufruf 14.08.2009.
38 Vgl. dazu BVerfGE 88, 203, 260 f.
39 Münder u. a., FK-SGB VIII (5. Aufl.), § 24 Rn. 50.
40 Münder u. a., FK-SGB VIII (4. Aufl., noch zur alten Gesetzesfassung), § 24 Rn. 23 m. w. N.; siehe dazu auch Lakies, ZfJ 1993, 271, 274.
41 Münder u. a., FK-SGB VIII (4. Aufl., noch zur alten Gesetzesfassung), § 24 Rn. 24; dazu auch Klinger in: LPK-SGB VIII (2. Aufl., noch zur alten Gesetzesfassung), § 24 Rn. 23.
42 Münder u. a., FK-SGB VIII (4. Aufl., noch zur alten Gesetzesfassung), § 24 Rn. 25.

sieren.⁴³ Dadurch wird gesetzlich ein objektiv-rechtlicher Maßstab vorgegeben, der die Träger der öffentlichen Jugendhilfe bei der Ausgestaltung des Betreuungsangebotes verpflichtet und keine Möglichkeit offen lässt für eine eigenständige Definition des Begriffes „bedarfsgerecht",⁴⁴ die hinter diesen Kriterien zurückbleibt.⁴⁵ Bei Erfüllung der in § 24 Abs. 3 SGB VIII aufgestellten Kriterien steht dem Kind bzw. den Eltern ein Anspruch auf Förderung in einer Tageseinrichtung oder in Kindertagespflege zu,⁴⁶ da sich in diesem Fall eine Ermessensreduzierung auf Null ergibt.⁴⁷

Sind also die Bedarfskriterien entsprechend dem gesetzgeberischen Zweck gem. § 24 Abs. 2 und 3 SGB VIII erfüllt, hat der Träger der öffentlichen Jugendhilfe die Pflicht, einen Platz in einer Tageseinrichtung bzw. in Tagespflege zur Verfügung zu stellen. Hält der Träger der öffentlichen Jugendhilfe einen Platz in Kindertagespflege vor, indem er eine geeignete Tagespflegeperson vermittelt, hat er darüber hinaus die in § 23 SGB VIII festgeschriebenen Leistungen zu erbringen. Kommt dem Träger der öffentlichen Jugendhilfe keine Vorhaltepflicht nach § 24 Abs. 3 SGB VIII zu, ist allerdings § 24 Abs. 5 SGB VIII zu beachten. Danach besteht in diesem Fall die Pflicht zur Gewährung einer laufenden Geldleistung nach § 23 Abs. 1 SGB VIII grundsätzlich nicht, es können aber Aufwendungen nach § 23 Abs. 2 S. 1 Nr. 3 SGB VIII erstattet werden.⁴⁸

Wie schon oben festgestellt,⁴⁹ gelten die in § 23 Abs. 1 SGB VIII beschriebenen Leistungen der fachlichen Beratung, Begleitung und weiteren Qualifizierung sowie die Gewährung einer laufenden Geldleistung auch für die von den Personensorgeberechtigten als geeignet nachgewiesenen Tagespflegepersonen. In diesen Fällen muss der Träger der öffentlichen Jugendhilfe zwar keinen Platz in Kindertagespflege vorhalten, die nachgewiesenen Tagespflegepersonen erhalten aber ebenfalls nur dann die Leistungen nach § 23 Abs. 1 u. 2 SGB VIII, wenn die Voraussetzungen des § 24 SGB VIII erfüllt sind.⁵⁰

---

43 Siehe dazu die Gesetzesbegründung, BT-Drucks. 15/3676, S. 34.
44 So war dies noch in der bis zum 31.12.2004 geltenden Fassung des § 24 S. 3 SGB VIII normiert.
45 BT-Drucks. 15/3676, S. 34.
46 Vgl. Münder in: ISA, Lokale Bündnisse für Familie, S. 11 zu finden unter http://www.isa-muenster.de/pdf/Materialien/Lokale%20Bündnisse%20für%20Familien/Komm_Familienpolitik.pdf, letzter Aufruf 14.08.2009.
47 Siehe dazu auch Münder u. a., FK-SGB VIII (4. Aufl., noch zur alten Gesetzesfassung), § 24 Rn. 25.
48 Ausführlich zu dieser Ausnahmevorschrift Kapitel 3, B. I. 1. a) bb) (5).
49 Siehe dazu Kapitel 3, B. I. 1. a) bb) (1).
50 Dazu ebenfalls eingehend Kapitel 3, B. I. 1. a) bb) (5).

(3) Die Bedarfskriterien des § 24 Abs. 3 SGB VIII
(a) Die Kriterien im Einzelnen
§ 24 Abs. 3 SGB VIII enthält in Satz 1 Bedarfskriterien zur Konkretisierung der Vorhaltepflicht der Träger der öffentlichen Jugendhilfe bzgl. ausreichender Plätze in Tageseinrichtungen und in Kindertagespflege für Kinder im Alter unter drei Jahren. Mit dem TAG wurden die Kriterien des § 24 Abs. 3 SGB VIII als Mindestkriterien eingeführt, die durch landesrechtliche Regelungen ausgedehnt werden können.[51] In ihrer Formulierung orientierten sich diese Kriterien vor allem an landesgesetzlichen Regelungen der neuen Bundesländer, durch die schon im Laufe der letzten Jahre ein bedarfsgerechtes Angebot an Kindertagesbetreuung geschaffen worden war.[52] Durch das KiföG wurden die Kriterien für frühkindliche Förderung der unter Dreijährigen ausgedehnt: Hinsichtlich der Ausgestaltung knüpft die Regelung zwar an die im TAG formulierten Mindestkriterien nach § 24 Abs. 3 a. F. an, erweitert diese jedoch im Hinblick auf weitere Fallgruppen.[53]

In Nr. 1 ist nunmehr der Blick auf den Bedarf des Kindes in den Vordergrund gerückt. Danach sind unter Dreijährige in einer Tageseinrichtung oder in Kindertagespflege zu fördern, wenn diese Leistung für ihre Entwicklung zu einer eigenverantwortlichen und gemeinschaftsfähigen Persönlichkeit geboten ist. Nach der vorherigen Fassung des TAG war dagegen das zentrale Kriterium der Bedarf der Eltern, sodass Plätze in Tageseinrichtungen und in Kindertagespflege unbedingt[54] dann vorzuhalten waren, wenn beide Elternteile oder das alleinerziehende Elternteil einer Erwerbstätigkeit nachgehen oder eine solche aufnehmen, sich in einer beruflichen Bildungsmaßnahme, in der Schul- oder Hochschulausbildung befinden oder an Maßnahmen zur Eingliederung in Arbeit im Sinne des Vierten Gesetzes für moderne Dienstleistungen am Arbeitsmarkt teilnehmen.

Dieses ehemalige Kriterium der Nr. 1 ist jetzt in Nr. 2 enthalten. So ist jetzt nach § 24 Abs. 3 Nr. 2 SGB VIII für unter Dreijährige ein Platz in einer Tageseinrichtung oder in Kindertagespflege vorzuhalten, wenn die Erziehungsberechtigten[55] (a) einer Erwerbstätigkeit nachgehen, eine Erwerbstätigkeit aufnehmen oder Arbeit suchend sind, (b) sich in einer beruflichen Bildungsmaßnahme, in der Schul-

---

51 BT-Drucks. 15/3676, S. 34. Siehe dazu auch Kapitel 3, B. I. 1. a) bb) (6).
52 BT-Drucks. 15/3676, S. 34.
53 Siehe dazu auch die Gesetzesbegründung zum KiföG, BT-Drucks. 16/9299, S. 33.
54 Dies ergibt sich daraus, dass dem Kind bzw. den Eltern bei Erfüllung der in § 24 Abs. 3 SGB VIII aufgestellten Kriterien ein Anspruch auf Förderung in einer Tageseinrichtung oder in Kindertagespflege zusteht, da sich in diesem Fall eine Ermessensreduzierung auf null ergibt. Siehe dazu Kapitel 3, B. I. 1. a) bb) (2). So auch Münder u. a., FK-SGB VIII (5. Aufl.), § 24 Rn. 54.
55 Oder nur ein Elternteil, wenn das Kind nur mit einem Erziehungsberechtigten zusammenlebt, § 24 Abs. 3 S. 2 SGB VIII.

ausbildung oder Hochschulausbildung befinden oder (c) Leistungen zur Eingliederung in Arbeit im Sinne des Zweiten Buches SGB erhalten.

In der vorherigen Fassung war dagegen erst in Nr. 2 des § 24 Abs. 3 S. 1 SGB VIII der Bedarf des Kindes berücksichtigt worden. Danach waren auch solche Kinder zu fördern, die wegen ihrer besonders belastenden Familienverhältnisse einer Förderung in Tageseinrichtungen oder in Kindertagespflege bedürfen, wobei ausdrücklich klargestellt wird, dass die Notwendigkeit der Gewährung von Hilfe zur Erziehung nach den §§ 27 bis 34 SGB VIII unberührt bleibt. Voraussetzung für das Eingreifen des Kriteriums nach Nr. 2 war, dass ohne die Vorhalteleistung eine dem Wohl des Kindes entsprechende Förderung nicht gewährleistet ist. Nach § 27 Abs. 1 SGB VIII ist Hilfe zur Erziehung zu leisten, wenn eine dem Wohl des Kindes oder des Jugendlichen entsprechende Erziehung nicht gewährleistet ist und die Hilfe für seine Entwicklung geeignet und notwendig ist. Das Kriterium des § 24 Abs. 3 S. 1 Nr. 2 SGB VIII a. F. und die Voraussetzung für Hilfe zur Erziehung hatten zwar auf den ersten Blick eine gewisse Ähnlichkeit. Da § 24 Abs. 3 S. 1 Nr. 2 SGB VIII a. F. jedoch von einem Förderungsmangel ausging, § 27 Abs. 1 SGB VIII dagegen von einem Erziehungsdefizit, bestand der Unterschied zwischen beiden Leistungen darin, dass bei einem reinen Förderungsmangel Kindertagespflege nach §§ 22 ff. SGB VIII, bei einem Erziehungsdefizit dagegen bzw. darüber hinaus Hilfe zur Erziehung nach §§ 27 ff. SGB VIII zu leisten war.

In Satz 3 des Absatzes 3[56] wird zudem bestimmt, dass sich der Umfang der täglichen Betreuungszeit nach dem individuellen Bedarf bzgl. der in Satz 1 aufgezählten Kriterien richtet.

(b) Hintergrund der ausdrücklichen Bedarfskriterien
In der Gesetzesfassung vor dem TAG waren solche Bedarfskriterien nicht normiert. § 23 Abs. 3 S. 1 SGB VIII a. F. sah lediglich vor, dass die Förderung des Kindes in Tagespflege für sein Wohl geeignet und erforderlich sein müsse. Diese Voraussetzungen bereiteten der Praxis besondere Schwierigkeiten, da es sich bei den Begriffen der Geeignetheit und Erforderlichkeit um unbestimmte Rechtsbegriffe handelte, deren Anwendung der Kontrolle durch die Verwaltungsgerichte unterlag.[57] So wurde insbesondere der Begriff der „Erforderlichkeit" in Rechtsprechung, Literatur und jugendhilferechtlicher Praxis unterschiedlich ausgefüllt: Am restriktivsten war dabei die Rechtsprechung des Bundesverwaltungsgerichts.[58]

---

56 In der vorherigen Fassung war dies S. 2 des Absatzes 3.
57 Vgl. dazu Münder u. a., FK-SGB VIII (4. Aufl., noch zur alten Gesetzesfassung), § 23 Rn. 31 m. w. N., sowie Münder u. a., FK-SGB VIII (5. Aufl.), § 24 Rn. 52.
58 BVerwG v. 12.09.1996, Az: 5 C 37/95, NJW 1997, 2768, sowie v. 05.12.1996, Az: 5 C 51/95, NJW 1997, 2766.

Danach war von dem Erziehungsauftrag der Personensorgeberechtigten nach Art. 6 Abs. 2. S. 2 GG auszugehen und darauf abzustellen, ob sie den Erziehungsauftrag ohne die öffentliche Jugendhilfe erfüllen konnten. Dies sei immer dann zu bejahen, wenn die Eltern in der Lage seien, das Kind ohne finanziellen Aufwand von anderen Personen betreuen zu lassen und es ihnen zuzumuten sei, ihr Kind selbst zu betreuen. Ein Teil der Literatur nahm „Erforderlichkeit" i.S.v. § 23 Abs. 3 SGB VIII a. F. dagegen immer schon dann an, wenn durch die Tagespflege die allgemeine Entwicklung und die Sozialisationsbedingungen für das Kind positiver gestalten werden konnten. Diese Voraussetzungen wurde schon dann als gegeben angesehen, wenn die Eltern bzw. das alleinerziehende Elternteil aufgrund Erwerbstätigkeit, Studium oder Berufsausbildung das Kind selbst nicht betreuen konnten und Plätze in Tageseinrichtungen nicht zur Verfügung standen oder nicht gewünscht wurden.[59] Ein anderer Teil der Literatur und der Deutsche Verein für öffentliche und private Fürsorge schlugen dagegen vor, folgende familiäre Situationen zu berücksichtigen: Alleinerziehung bei Erwerbstätigkeit, schulischer und beruflicher Ausbildung oder Studium; berufliche Ausbildung oder Studium beider Elternteile, wenn die Unterbrechung oder der Abbruch für keinen der Elternteile zumutbar ist; Erwerbstätigkeit beider Elternteile, wenn dies zur Sicherung des Lebensunterhalts notwendig ist; besondere Konfliktlage der Eltern oder sonstige Belastungssituationen.[60]

Diese unbestimmten Rechtsbegriffe der Geeignetheit und Erforderlichkeit hat der Gesetzgeber durch das Tagesbetreuungsausbaugesetz konkretisiert. Die Geeignetheit ist nunmehr detailliert in § 23 Abs. 3 SGB VIII festgeschrieben,[61] und der Begriff der Erforderlichkeit taucht ausdrücklich in der Gesetzesfassung nicht mehr auf. Stattdessen hat der Gesetzgeber in § 24 Abs. 3 SGB VIII Bedarfskriterien aufgestellt, die deutlich über die zum Begriff der Erforderlichkeit ergangene Rechtsprechung und den teilweise in der Literatur vertretenen Ansichten hinausgehen, da weder das Kriterium der Zumutbarkeit hinsichtlich der eigenen Betreuung der Kinder noch die Möglichkeit der unentgeltlichen Betreuung durch eine andere Person mit aufgenommen wurde, sondern lediglich auf die Tatsache der Erwerbstätigkeit oder Ausbildung in jeglicher Form abgestellt wird.

---

59 So Münder u. a., FK-SGB VIII (4. Aufl., noch zur alten Gesetzesfassung), § 23 Rn. 31; Stranz, Tagespflege nach § 23 SGB VIII, S. 35 f.; Lakies/Münder, NDV 1991, 252, 254.
60 Die Vorschläge des Deutschen Vereins für öffentliche und private Fürsorge sind zu finden in NDV 1994, 207, 209; in der Literatur wurde diese Ansicht von Struck in: Wiesner, SGB VIII (2. Aufl., noch zur alten Gesetzesfassung), § 23 Rn. 23 ff., und von Fischer in: Schellhorn, SGB VIII/KJHG (2. Aufl., noch zur alten Gesetzesfassung), § 23 Rn. 31, vertreten.
61 Siehe dazu ausführlich Kapitel 3, B. I. 1. e).

(4) Die Informations- und Beratungspflicht der Jugendämter nach § 24 Abs. 4 SGB VIII

Nach § 24 Abs. 4 SGB VIII sind die Jugendämter oder die von ihnen beauftragten Stellen verpflichtet, Eltern oder Elternteile, die Leistungen nach § 24 Abs. 1 oder Abs. 2 SGB VIII in Anspruch nehmen wollen, über das Platzangebot im örtlichen Einzugsbereich und die pädagogische Konzeption der Einrichtungen zu informieren und sie bei der Auswahl zu beraten. Zusätzlich kann Landesrecht bestimmen, dass Eltern das Jugendamt oder die beauftragte Stelle innerhalb einer bestimmten Frist vor der beabsichtigten Inanspruchnahme der Leistung in Kenntnis setzen.

Die Informations- und Beratungspflicht gemäß Absatz 4 gilt wegen des systematischen Zusammenhangs auch für Tagespflegeplätze.[62] Dieser Absatz hat zwar auf den ersten Blick nichts mit den Regelungen des § 23 SGB VIII zur sozialen Absicherung von Tagespflegepersonen zu tun, da § 24 Abs. 4 SGB VIII einen Anspruch für Eltern oder Elternteile auf Information und Beratung enthält. Bei einer Verletzung dieser Pflichten kann es jedoch dazu kommen, dass sich Eltern aufgrund mangelhafter oder fehlender Information und Beratung selbst eine Tagespflegeperson beschaffen, für die dann vom Träger der öffentlichen Jugendhilfe Leistungen nach § 23 SGB VIII erbracht werden müssten. Dies ist auf folgenden Umstand zurückzuführen.

Die Regelung des § 24 Abs. 4 SGB VIII trägt dazu bei, dass Eltern bzw. Elternteile ihr Wunsch- und Wahlrecht nach § 5 SGB VIII in Bezug auf die Förderung ihrer Kinder in Tageseinrichtungen oder Kindertagespflege wahrnehmen können. Diesem wurde zunächst mit der Einführung des Tagesbetreuungsausbaugesetzes zum 01.01.2005[63] nur durch die Gleichstellung von Tageseinrichtungen und Kindertagespflege in den Grundsätzen der Förderung nach § 22 SGB VIII Rechnung getragen.[64] Die Informations- und Beratungspflicht der Jugendämter gegenüber den Eltern bzw. Elternteilen bezüglich des örtlichen Platzangebots und der inhaltlichen Konzeption der Einrichtungen nach der geltenden Gesetzesfassung des § 24 Abs. 4 SGB VIII wurde erst durch das Gesetz zur Weiterentwicklung der Kinder- und Jugendhilfe zum 01.10.2005 eingeführt.[65] Diese Regelung ermöglicht es den Eltern bzw. Elternteilen, ihr Wunsch- und Wahlrecht nach § 5 SGB VIII aufgrund der Informationen und der Beratung durch das Jugendamt in qualifizierter Form auszuüben. Werden die in § 24 Abs. 4 S. 1 SGB VIII festgeschriebenen Informations- und Beratungspflichten dagegen verletzt, sind die

---

62 Münder u. a., FK-SGB VIII (5. Aufl.), § 24 Rn. 55.
63 Gesetz vom 27.12.2004, BGBl. I Nr. 76, S. 3852 ff.
64 Siehe dazu BT-Drucks. 15/3676, S. 2, 24, 31.
65 Gesetz vom 08.09.2005, BGBl. I 2005, Nr. 57, S. 2729 ff.

Eltern bzw. Elternteile auch in ihrem Wunsch- und Wahlrecht nach § 5 SGB VIII eingeschränkt. Dadurch kann es unter Umständen dazu kommen, dass Eltern bzw. Elternteile aufgrund mangelnder Information keine passende Tagespflegeperson durch das Jugendamt finden und sich deshalb selbst eine ihren Wünschen entsprechende Tagespflegestelle besorgen müssen. Dabei könnte es sich um eine zulässige Selbstbeschaffung handeln, die zu einer Kostenerstattung bzw. Kostentragung durch den Träger der öffentlichen Jugendhilfe führt.[66]

Zur Selbstbeschaffung insbesondere im Kinder- und Jugendhilferecht werden unterschiedliche Ansichten vertreten. Zum einen wird diskutiert, ob es ein grundsätzliches Recht auf Selbstbeschaffung im Kinder- und Jugendhilferecht gebe und womit ein solches Recht zu begründen sei.[67] Dabei wird vor allem das Wunsch- und Wahlrecht gem. § 5 SGB VIII für die Begründung eines Rechtes auf Selbstbeschaffung bemüht.[68]

Zum anderen gibt es unterschiedliche Auffassungen hinsichtlich der Voraussetzungen für einen Kostenerstattungsanspruch, der sich aus einer Selbstbeschaffung von Leistungen ergibt. Nach der jüngsten Entscheidung des BVerwG zur Selbstbeschaffung von Leistungen im Bereich der Kinder- und Jugendhilfe vom 28.09.2000 und einem Teil der Literatur wird als Voraussetzung für einen Aufwendungsersatzanspruch aufgrund selbstbeschaffter Leistungen das Vorliegen eines Primäranspruches und ein vorheriger Antrag auf die Leistung bzw. zumindest die vorherige Kenntnis des Jugendhilfeträgers vom Leistungsbegehren des Leistungsempfängers verlangt.[69]

Die Gegenauffassung in der Literatur vertritt die Ansicht, dass im Jugendhilferecht das sog. Selbstbeschaffungsprinzip des Leistungsberechtigten gelte. Dies ergebe sich aus § 40 Abs. 1 SGB I, wonach Ansprüche entstehen, sobald die gesetzlichen Vorschriften vorliegen und nach § 37 SGB I keine spezialgesetzlichen

---

66 Der Grundsatz der Selbstbeschaffung als Ausnahme vom prinzipiellen Sachleistungsprinzip im Sozialversicherungsrecht hat bislang nur in der Krankenversicherung (§ 13 Abs. 3 SGB V; Regelungen zur Kostenerstattung bei Selbstbeschaffung enthalten darüber hinaus auch die spezialgesetzlichen Vorschriften des § 37 Abs. 4 und § 38 Abs. 4 SGB V) und in der Rehabilitation (§ 15 Abs. 1 SGB IX) gesetzlichen Niederschlag gefunden. Aufgrund jahrelanger Rechtsprechung des BSG und des BVerwG kann der Grundsatz der Selbstbeschaffung jedoch als Ausdruck eines allgemeinen Rechtsgedankens angesehen werden, der für das gesamte Sozialrecht gilt. Ausführlich zur Selbstbeschaffung im Sozialrecht Mrozynski, SGB IX Teil 1, § 15 Rn. 1-7.
67 Siehe dazu Mrozynski, NDV 2000, 110 ff. m. w. N.
68 So vor allem Münder, RsDE 1998, Heft 38, 55 ff.; ablehnend in Bezug auf die Begründung Mrozynski, NDV 2000, 110, 113.
69 BVerwG v. 28.09.2000, Az: 5 C 29/99, BVerwGE 112, 98 ff.; Grube, JAmt 2002, 490 ff.; Oehlmann-Austermann, ZfJ 1997, 455, 457 ff.

Abweichungen von diesem Grundsatz existieren. Da das Jugendhilferecht keine von § 40 Abs. 1 SGB I abweichende Regelung kenne, entstünden die Ansprüche auf Jugendhilfeleistungen bereits bei Vorliegen der gesetzlichen Voraussetzungen, sodass die Kenntnis des öffentlichen Jugendhilfeträgers keine Voraussetzung für den Leistungsanspruch und damit auch nicht für das Recht auf Selbstbeschaffung sei.[70]

Mit dem KICK wurde § 36a in das SGB VIII eingeführt, der die Rechtsprechung des BVerwG aufnimmt.[71] Durch diese Regelung hat sich die Ansicht in der Literatur, dass in der Kinder- und Jugendhilfe von einem grundsätzlichen Verbot der Selbstbeschaffung auszugehen ist, verstärkt.[72] Diese Ansicht übersieht jedoch, dass aus § 36a SGB VIII kein Grundsatz des Verbots der Selbstbeschaffung abzuleiten ist, da die in § 36a SGB VIII getroffenen Regelungen zur Selbstbeschaffung aufgrund ihrer Stellung im Gesetz ausschließlich für die Hilfe zur Erziehung, die Eingliederungshilfe für seelisch behinderte Minderjährige sowie für die Hilfe für junge Volljährige gelten. Bei anderen individualbezogenen Leistungen außerhalb dieses Katalogs, bei denen es um die Klärung personenbezogener Voraussetzungen geht, ist ein kooperativer Kommunikationsprozess zwischen dem Träger der öffentlichen Jugendhilfe und dem Betroffenen erforderlich, um eine personenbezogene Dienstleistung sinnvoll erbringen zu können, sodass in diesem Bereich die Kenntnis des Trägers der Jugendhilfe vom leistungsauslösenden Sachverhalt schon per se notwendig ist. Bei standardisierten Leistungen, z. B. bei den §§ 23, 24 SGB VIII oder in Fällen, in denen der Jugendhilfeträger durch eine Grundentscheidung den Zugang zu den Leistungen niederschwellig gestaltet hat,[73] bedarf es einer solchen Kenntniserlangung durch den Träger der Jugendhilfe dagegen nicht. Vielmehr können sich die Bürger diese Leistungen nach wie vor selbst beschaffen, da das SGB VIII keine zusätzlichen Erfordernisse für das Entstehen eines Anspruchs formuliert.[74]

In Bezug auf die Kindertagespflege heißt das konkret Folgendes: Wie aus den Begründungen der einzelnen Ansichten ersichtlich ist, war das Problem der Kostenerstattung bei selbstbeschafften Leistungen im Wesentlichen nur im Rahmen

---

70 So vor allem Münder, RsDE 1998, Heft 38, 55, 56 ff. m. w. N.
71 Siehe zur Rechtsentwicklung vor allem Wiesner in: Wiesner, SGB VIII (3. Aufl.), § 36a Rn. 2 ff.
72 So bspw. Kunkel in: LPK-SGB VIII, § 36a Rn. 1 und Rn. 9.
73 Bspw. in § 36a Abs. 2 SGB VIII.
74 Siehe dazu vor allem Münder u. a., FK-SGB VIII (5. Aufl.), VorKap 2 Rn. 13 f.; Fischer in: Schellhorn, SGB VIII/KJHG (3. Aufl.), § 36a Rn. 4. So auch schon vor Inkrafttreten des KICK Fischer, JAmt 2002, 492 ff., zum Urteil des BVerwG.

von Ansprüchen oder bei Ermessensleistungen diskutiert worden.[75] Bei § 24 Abs. 4 SGB VIII handelt es sich jedoch nicht um eine solche Leistung, sondern um Informations- und Beratungsobliegenheiten der Träger der öffentlichen Jugendhilfe. Da aber die Verletzung dieser Pflichten nach § 24 Abs. 4 SGB VIII zu dem gleichen Ergebnis führen kann, als wenn ein Anspruch nach § 24 Abs. 1 SGB VIII bzw. die Ermessensleistung nach § 24 Abs. 2 oder 3 SGB VIII bei einer Ermessensreduzierung auf null nicht erfüllt worden wäre, muss den Eltern bzw. Elternteilen auch bei einer Verletzung des § 24 Abs. 4 SGB VIII grundsätzlich das Recht auf Selbstbeschaffung zustehen.[76]

Im Rahmen der Kostenerstattung stellt sich bei der Selbstbeschaffung einer Tagespflegeperson jedoch die Frage, ob der Gesetzgeber durch § 23 Abs. 1 und 2 SGB VIII – der Regelung über die Erbringung einer Geldleistung – eine spezialgesetzliche Regelung getroffen hat, die die Anwendung der Grundsätze des Ersatzes von Aufwendungen für selbstbeschaffte Leistungen der Kinder- und Jugendhilfe überflüssig macht. Nach § 23 Abs. 1 SGB VIII hat die Tagespflegeperson[77] grundsätzlich einen Anspruch auf Geldleistung, wenn die Voraussetzungen des § 24 Abs. 1, 2[78] oder 3 SGB VIII erfüllt sind. Eltern bzw. Elternteile können aufgrund der Grundsätze des Ersatzes von Aufwendungen für selbstbeschaffte Leistungen auch nur dann Aufwendungsersatz verlangen, wenn sie ein Recht nach § 24 Abs. 1 bis 3 SGB VIII hätten geltend machen können und ihnen dies aufgrund der mangelhaften oder fehlenden Information und Beratung durch die Jugendämter nicht möglich war. Anspruchsbegründend für die Erbringung der Geldleistung ist also in jedem Fall das Vorliegen der Voraussetzungen der § 24 Abs. 1 bis 3 SGB VIII. Für den Anspruch auf Geldleistung nach § 23 Abs. 1 und 2 SGB VIII spielt es folglich keine Rolle, ob Eltern sich die Tagespflegeperson

---

75 Siehe dazu eingehend Mrozynski, NDV 2000, 110 ff. Die Formulierung des § 24 Abs. 4 SGB VIII in Satz 2, dass das Landesrecht bestimmen kann, „dass Eltern das Jugendamt oder die beauftragte Stelle innerhalb einer bestimmten Frist von der beabsichtigten Inanspruchnahme der Leistung in Kenntnis setzen" müssen, zeigt, dass der Gesetzgeber für eine Pflichtverletzung nach § 24 Abs. 4 SGB VIII nicht unbedingt die Kenntnis des öffentlichen Jugendhilfeträgers vorausgesetzt hat, es den Ländern aber ermöglichen wollte, die Voraussetzungen der Pflichtverletzung in diesem Sinne einzugrenzen. Das bedeutet, dass auch hinsichtlich der Voraussetzungen für einen Kostenerstattungsanspruch bei selbstbeschafften Leistungen nicht auf die vorherige Kenntnis des Jugendhilfeträgers bzgl. der Inanspruchnahme der Leistungen nach § 24 Abs. 1 bis 3 SGB VIII abzustellen wäre.
76 Vgl. dazu auch die Überlegungen der Ständigen Fachkonferenz 1 „Grund- und Strukturfragen des Jugendrechts" des Deutschen Instituts für Jugendhilfe und Familienrecht e. V., in JAmt 2002, 498, 500.
77 Zur Frage, ob auch den Eltern ein Anspruch auf Geldleistung zustehen könnte, siehe Kapitel 3, B. I. 1. a) dd).
78 Bei Vorliegen der Voraussetzungen nach § 24 Abs. 2 SGB VIII ist allerdings die einschränkende Wirkung des § 24 Abs. 5 SGB VIII zu beachten. Siehe dazu ausführlich Kapitel 3, B. I. 1. a) bb) (5).

von vornherein selbst organisiert und dem zuständigen Jugendamt nachgewiesen oder aufgrund einer Pflichtverletzung der öffentlichen Jugendhilfeträger selbst beschafft haben. Im Bereich der Kindertagespflege müssen die Grundsätze des Ersatzes von Aufwendungen für selbstbeschaffte Leistungen der Kinder- und Jugendhilfe mithin nicht bemüht werden.[79]

(5) Die Ausnahmevorschrift des § 24 Abs. 5 SGB VIII
Gemäß § 24 Abs. 5, S. 1, 1. HS SGB VIII können geeignete Tagespflegepersonen auch dann vermittelt werden, wenn die Bedarfskriterien nach § 24 Abs. 3 SGB VIII nicht erfüllt sind. Durch diese Vorschrift soll nach dem Willen des Gesetzgebers einem breiteren Kreis von Eltern der Zugang zu einer qualitativ guten Kindertagespflege ermöglicht werden.[80] Im zweiten Satz des § 24 Abs. 5 SGB VIII wird jedoch klargestellt, dass in diesem Fall keine Pflicht zur Gewährung einer laufenden Geldleistung nach § 23 Abs. 1 besteht, wogegen Aufwendungen nach § 23 Abs. 2 S. 1 Nr. 3 SGB VIII, also die Erstattung nachgewiesener Aufwendungen für Beiträge zu einer Unfallversicherung und die hälftige Erstattung nachgewiesener Aufwendungen für eine angemessene Alterssicherung, erstattet werden können. Durch diese Formulierung wird klargestellt, dass Tagespflegepersonen in den Fällen, in denen die Bedarfskriterien nach § 24 Abs. 3 SGB VIII nicht erfüllt sind, zumindest ein Minimalschutz hinsichtlich ihrer sozialen Absicherung gegeben werden kann.

Aus § 24 Abs. 5 SGB VIII ergibt sich also, dass Tagespflegepersonen nur für diejenigen Tagespflegekinder die volle Geldleistung erlangen, die die Bedarfskriterien nach § 24 Abs. 3 SGB VIII erfüllen. Der Gesetzgeber scheint dagegen nicht davon ausgegangen zu sein, dass sich diese Tatsache erst aus § 24 Abs. 5 SGB VIII ergibt. Vielmehr lässt sowohl der Wortlaut des Absatzes 5 als auch die Gesetzesbegründung zu § 24 Abs. 3 und Abs. 5 SGB VIII den Schluss zu, dass der Gesetzgeber den Absatz 5 eigentlich als erweiternde Norm, sozusagen als Ausnahme von dem Grundsatz der Nichtgewährung einer Geldleistung bei Nichtvorliegen der Voraussetzungen nach Absatz 3 geschaffen hat.[81]

So ging der Gesetzgeber, wie sich dies vor allem aus der Gesetzesbegründung zu § 24 Abs. 5 SGB VIII ergibt, offensichtlich ganz selbstverständlich davon aus, dass Tagespflegepersonen keinen Anspruch auf Gewährung einer Geldleistung

---

79 Zu diesem Ergebnis kam auch schon Fischer, JAmt 2002, 492, 494 f. unter der bis zum 31.12.2004 geltenden Gesetzesfassung des § 23 Abs. 3 S. 2 SGB VIII a. F.
80 BT-Drucks. 15/3676, S. 34.
81 Siehe dazu BT-Drucks. 15/3676, S. 34. Dies bestätigt sich auch dadurch, dass der Ersatz der Aufwendungen nach § 23 Abs. 2 S. 1 Nr. 3 SGB VIII als Kannvorschrift formuliert worden ist.

haben, wenn die Bedarfskriterien nach § 24 Abs. 3 SGB VIII nicht erfüllt sind, da dies § 23 Abs. 1 S. 1 bisheriger Fassung entsprechen würde.[82] Diese Begründung des Gesetzgebers ist – vor allem auch im Hinblick auf die Formulierung des § 24 SGB VIII – nur schwer nachvollziehbar. Zum einen gab es in der bis zum 31.12.2004 geltenden Fassung des SGB VIII keinen Satz 1 des § 23 Abs. 1. Zum anderen ergab sich aus § 23 Abs. 1 SGB VIII a. F. lediglich, dass zur Förderung der Entwicklung des Kindes, insbesondere in den ersten Lebensjahren, auch eine Tagespflegeperson vermittelt werden kann. Die Tatsache, dass Tagespflegepersonen vor allem für Kinder in den ersten Lebensjahren vermittelt werden konnten, bedeutete jedoch nicht, dass nur diejenigen Tagespflegepersonen Anspruch auf Ersatz ihrer Aufwendungen haben sollten, die Kinder in den ersten Lebensjahren betreuen. Der Anspruch auf Ersatz der Aufwendungen war vielmehr in § 23 Abs. 3 SGB VIII a. F. geregelt. In diesem Absatz war die Gewährung des Aufwendungsersatzes davon abhängig gemacht worden, dass die Förderung des Kindes in Tagespflege für sein Wohl geeignet und erforderlich sein musste. Wie schon oben festgestellt,[83] hat der Gesetzgeber mit dem Tagesbetreuungsausbaugesetz den unbestimmten Rechtsbegriff der Erforderlichkeit durch die Bedarfskriterien des § 24 Abs. 3 SGB VIII ersetzt. Nur unter Berücksichtigung dieses Umstandes erscheint es folgerichtig, dass Tagespflegepersonen, die Kinder betreuen, für die die Bedarfskriterien des § 24 Abs. 3 SGB VIII nicht erfüllt sind, von der Gewährung der laufenden Geldleistung ausgeschlossen sein sollen.

Bei einer Gesamtbetrachtung des § 24 SGB VIII ist Absatz 5 jedoch die eigentliche Schlüsselnorm, die darauf hinweist, dass es eine Einschränkung der Leistungen an die Tagespflegepersonen nach § 23 Abs. 1 u. 2 SGB VIII geben soll. Aus den übrigen Absätzen ergibt sich nämlich gerade nicht ausdrücklich, dass die Tagespflegepersonen nur für diejenigen Tagespflegekinder die umfassende Geldleistung erhalten können, die die Bedarfskriterien nach Abs. 3 erfüllen. Vielmehr hat der Träger der öffentlichen Jugendhilfe auch nach Abs. 2 die Pflicht, ein bedarfsgerechtes Angebot an Plätzen in Tageseinrichtungen und in Kindertagespflege für Kinder im Alter unter drei Jahren und im schulpflichtigen Alter vorzuhalten. Bei einer isolierten Betrachtung des § 24 Abs. 2 u. 3 SGB VIII i. V. m. § 23 Abs. 1 u. 2 SGB VIII läge folglich eher der Schluss nahe, dass die Leistungen nach § 23 Abs. 1 u. 2 SGB VIII immer dann vollumfänglich zu erbringen sind, wenn den Träger der öffentlichen Jugendhilfe eine Vorhaltepflicht nach § 24 Abs. 2 oder 3 SGB VIII trifft.[84] Eine Einschränkung der Leistungen nach § 23 Abs. 1 u. 2 SGB VIII

---

82 BT-Drucks. 15/3676, S. 34.
83 Siehe dazu Kapitel 3, B. I. 1. a) bb) (3) (b).
84 Zur Vorhaltepflicht siehe oben unter Kapitel 3, B. I. 1. a) bb) (2).

lässt sich dem Wortlaut nach also ausschließlich aus § 24 Abs. 5 SGB VIII entnehmen.

Es ist jedoch fraglich, ob die einschränkende Wirkung des § 24 Abs. 5 SGB VIII auch für nachgewiesene Tagespflegepersonen gilt. Dies geht aus dem Wortlaut des Absatzes 5 nicht hervor, da dieser nur die Variante der Vermittlung einer geeigneten Tagespflegeperson enthält. Da sich die Gesetzesbegründung aber auf die vorherige Gesetzesfassung bezieht, in der hinsichtlich des Ersatzes der Aufwendungen kein Unterschied zwischen vermittelten und nachgewiesenen Tagespflegepersonen gemacht wurde, § 23 Abs. 3 SGB VIII a. F., und auch kein Grund für eine unterschiedliche Behandlung ersichtlich ist, muss § 24 Abs. 5 SGB VIII auch auf nachgewiesene Tagespflegepersonen Anwendung finden.

Darüber hinaus ist festzustellen, dass die einschränkende Wirkung des § 24 Abs. 5 SGB VIII im Widerspruch zu dem durch das Gesetz zur Weiterentwicklung der Kinder- und Jugendhilfe[85] neu eingeführten § 90 SGB VIII steht, nach dem Eltern auch für die Tagespflege nur noch einen pauschalierten Teilnahmebeitrag zu zahlen haben. Dies ist zwar grundsätzlich positiv einzuschätzen, weil der Gesetzgeber damit die Tagespflege den Tageseinrichtungen zumindest finanziell gleichgestellt hat, andererseits führt diese Regelung aber im Zusammenwirken mit § 24 Abs. 5 SGB VIII dazu, dass Eltern prinzipiell sowohl einen pauschalierten Teilnahmebeitrag als auch die Finanzierung der Tagespflegeperson zu leisten hätten, was zu einer Doppelbelastung der Eltern führen würde. Das bedeutet, dass Eltern, die eine Tagespflegeperson selbst finanzieren müssen, weil für sie die Bedarfskriterien nach § 24 Abs. 3 SGB VIII nicht erfüllt sind, von der Pflicht zur Zahlung eines pauschalierten Teilnahmebeitrages befreit sein müssten. Diese Klarstellung sollte im Wortlaut des § 90 SGB VIII enthalten sein. Damit es nicht zu diesen Ungereimtheiten kommt, kann dem aber auch durch Auslegung Genüge getan werden. Insofern müssten die Kommunen, die die Höhe des Pauschalbeitrages festlegen, zwischen Eltern, bei denen die Bedarfskriterien nach § 24 Abs. 3 SGB VIII erfüllt sind, und solchen, bei denen das nicht der Fall ist, differenzieren, und bei denjenigen Eltern, die die Finanzierung der Tagespflegeperson selbst in vollem Umfang zu leisten haben, von der Zahlungspflicht des pauschalierten Teilnahmebeitrages absehen.[86]

(6) Die Regelung des § 24 Abs. 6 für weitergehendes Landesrecht
Nach § 24 Abs. 6 SGB VIII soll weitergehendes Landesrecht unberührt bleiben. Diese Vorschrift beruht auf der Erwägung des Bundesgesetzgebers, dass einzelne

---
85 Gesetz vom 8.9.2005, BGBl. I 2005, Nr. 57, S. 2729 ff.
86 Siehe dazu Kapitel 2, D. I. 6.

ostdeutsche Landesregelungen weitergehende Regelungen enthalten, die durch die Regelung des § 24 SGB VIII nicht wieder eingeschränkt werden sollen.[87]

(7) Die Übergangsregelungen des § 24a SGB VIII
Für die nach § 24 SGB VIII vorgeschriebenen Verpflichtungen des Trägers der öffentlichen Jugendhilfe hat der Gesetzgeber mit dem TAG in § 24a SGB VIII Übergangsregelungen geschaffen, die ursprünglich bis zum 01.10.2010 gelten sollten, und die den Trägern der öffentlichen Jugendhilfe Zeit für entsprechende Planungen – vor allem in finanzieller Hinsicht – einräumte. Durch das KiföG wurde die Übergangsfrist bis höchstens zum Inkrafttreten des Rechtsanspruchs am 01.08.2013 verlängert, um bundesweit ein Versorgungsniveau zu schaffen, mit dem die erweiterten Bedarfskriterien erfüllt werden können.[88] Gleichzeitig soll § 24a SGB VIII außer Kraft treten.

Die Vorschrift regelt nunmehr Vorgaben für den stufenweisen Ausbau der Kinderbetreuung bei denjenigen Trägern der öffentlichen Jugendhilfe, die die erweiterten Bedarfskriterien des § 24 Abs. 3 SGB VIII noch nicht erfüllen. In Absatz 1 und 2 wurden die bereits durch das TAG eingeführten Pflichten auf das neue Zielniveau und die längere Ausbauphase bezogen. In Absatz 3 wird ausdrücklich bestimmt, dass das im TAG bestimmte Zielniveau als Zwischenziel auf dem Weg zu dem mit dem KiföG angestrebten höheren Niveau zum Stichtag 01.10.2010 erreicht sein muss.[89] Wie schon bisher § 24a Abs. 4 a. F. regelt Absatz 4 für die Träger der öffentlichen Jugendhilfe, die von der Stufenregelung nach Absatz 1 Gebrauch machen, die Mindestanforderungen für die Vorhaltung eines bedarfsgerechten Angebots. Absatz 5 entspricht § 24a Abs. 3 a. F. Hier wird die jährliche Berichtspflicht der Bundesregierung über den Stand des Ausbaus nach Absatz 2 geregelt.

(8) Die Neufassung des § 24 SGB VIII ab 01.08.2013
Mit dem Außerkrafttreten der Übergangsregelung des § 24a SGB VIII tritt der neue § 24 SGB VIII in Kraft, der ebenfalls schon durch das KiföG normiert wurde. Die Vorschrift regelt wie bisher die Voraussetzungen und Rechtsfolgen der Förderung von Kindern aller Altersgruppen in Tageseinrichtungen und in Kindertagespflege. Nach Absatz 1 bleibt es für Kinder unter einem Jahr bei einer objektiv-

---

87 § 24 Abs. 3 SGB VIII soll keine Legitimation für die neuen Bundesländer darstellen, unter Berufung auf diese Vorschrift das derzeitige Betreuungsangebot wieder abzubauen. Sinn und Zweck des Gesetzes ist es, das Angebot in den westlichen Bundesländern nachhaltig zu verbessern und in den neuen Bundesländern zu erhalten und weiter zu qualifizieren. So ausdrücklich der Gesetzgeber in BT-Drucks. 15/3676, S. 34 f.
88 BT-Drucks. 16/9299, S. 35.
89 Siehe dazu ebenfalls BT-Drucks. 16/9299, S. 35.

rechtlichen Verpflichtung zur Vorhaltung von Plätzen. Für die Altersgruppe der Kinder vom vollendeten ersten Lebensjahr an tritt gemäß Absatz 2 an die Stelle der objektiv-rechtlichen Verpflichtung bei Erfüllung spezifischer Bedarfskriterien der Rechtsanspruch für jedes Kind. Absatz 3 entspricht dem jetzigen Absatz 1. Absatz 4 regelt für die Altersgruppe der Grundschulkinder die Verpflichtung, ein bedarfsgerechtes Angebot an Plätzen in Tageseinrichtungen und bei besonderem Bedarf oder ergänzend in Kindertagespflege vorzuhalten. Die Vorschrift des Absatzes 5 entspricht dem momentan geltenden Absatz 4. Die Ausnahmevorschrift des jetzigen Absatzes 5 fällt hingegen in der Neufassung ab 01.08.2013 gänzlich weg.[90]

cc) Die Geeignetheit der Tagespflegeperson
Voraussetzung für die nach § 23 Abs. 1 SGB VIII vom Jugendhilfeträger zu erbringenden Leistungen ist, dass die Tagespflegeperson geeignet[91] ist. Das bedeutet, dass das Jugendamt, wenn es ein Kind zu einer Tagespflegeperson vermitteln will, vorab zu prüfen hat, ob die Tagespflegeperson geeignet i.S.v. § 23 Abs. 3 SGB VIII ist. Darüber hinaus folgt aus dem „Soweit"-Satz des Abs. 1, dass sich die Prüfung der Geeignetheit auch auf die von dem Personensorgeberechtigten nachgewiesene Tagespflegeperson bezieht. Will eine nachgewiesene Tagespflegeperson die in § 23 Abs. 1 SGB VIII festgeschriebenen Leistungen in Anspruch nehmen, muss demzufolge das Jugendamt vorab die Geeignetheit der Tagespflegeperson feststellen.[92]

dd) Fachliche Beratung, Begleitung und weitere Qualifizierung sowie Gewährung laufender Geldleistungen
Nach § 23 Abs. 1 SGB VIII hat der Träger der öffentliche Jugendhilfe folgende Förderungsleistungen zu erbringen: Die Vermittlung des Kindes zu einer geeigneten Tagespflegeperson, soweit diese nicht vom Personensorgeberechtigten nachgewiesen wird, deren fachliche Beratung, Begleitung und weitere Qualifizierung sowie die Gewährung einer laufenden Geldleistung. Für die soziale Absicherung von Tagespflegepersonen ist aus dem Leistungskatalog des § 23 Abs. 1 SGB VIII die Gewährung einer laufenden Geldleistung relevant.

---

90 Zur Frage, warum diese Vorschrift ab dem 01.08.2013 nicht mehr in der Gesetzesfassung enthalten ist, äußert sich die Gesetzesbegründung nicht.
91 Eingehend zu den Eignungskriterien siehe Kapitel 3, B. I. 1. e).
92 Im Vergleich zur Vorgängerregelung, die in § 23 Abs. 1 SGB VIII a. F. nur die Vermittlung einer Tagespflegeperson vorsah, ohne eine Eignungsprüfung vorauszusetzen, gewährleistet die jetzige Gesetzesfassung bezüglich der Qualität der Tagespflege eine erhebliche Verbesserung. Siehe zur Problematik in der alten Gesetzesfassung bspw. Struck in: Wiesner, SGB VIII (2. Aufl., noch zur alten Gesetzesfassung), § 23 Rn. 18.

Der Wortlaut des § 23 Abs. 1 SGB VIII lässt jedoch offen, wer Berechtigter der genannten Leistungen ist: Aus dem Sinn und Zweck der Vorschrift ergibt sich jedoch, dass der Leistungskatalog des § 23 Abs. 1 SGB VIII sowohl Aufgaben der Träger der öffentlichen Jugendhilfe, die sie gegenüber dem Kind bzw. Personensorgeberechtigten zu erfüllen haben, als auch Aufgaben, die den vermittelten bzw. von den Personensorgeberechtigten nachgewiesenen Tagespflegepersonen gegenüber zu erbringen sind, enthält. So ist die Vermittlung eines Kindes zu einer im Sinne des § 23 Abs. 3 SGB VIII geeigneten Tagespflegeperson eine Aufgabe des öffentlichen Jugendhilfeträgers, die dieser unter der eben beschriebenen Maßgabe des § 24 gegenüber dem Kind bzw. den Personensorgeberechtigten[93] zu erfüllen hat. Die weiteren in § 23 Abs. 1 SGB VIII aufgezählten Aufgaben der fachlichen Beratung, Begleitung und weiteren Qualifizierung sowie die Gewährung einer laufenden Geldleistung hat der Träger der öffentlichen Jugendhilfe eindeutig gegenüber der vermittelten oder durch den Personensorgeberechtigten nachgewiesenen Tagespflegeperson zu erbringen[94] – vorausgesetzt, dass sie geeignet i.S.v. § 23 Abs. 3 SGB VIII ist.[95]

b) § 23 Abs. 2 SGB VIII[96]
§ 23 Abs. 2 S. 1 SGB VIII konkretisiert den Umfang der in § 23 Abs. 1 SGB VIII aufgeführten Geldleistung.

---

93 Da § 23 Abs. 1 SGB VIII weder das Kind noch den Personensorgeberechtigten ausdrücklich als Leistungsberechtigten benennt, für die Vermittlungsleistung aber sowohl das Kind als auch der Personensorgeberechtigte in Betracht kommt, stellt sich die Frage, wer Leistungsberechtigter ist. In Literatur und Rspr. ist umstritten, ob das Kind oder die Personensorgeberechtigten die Leistungen der Kinder- und Jugendhilfe beanspruchen können (siehe dazu Neumann in: Hauck/Noftz, SGB VIII, K § 1 Rn. 13; Schellhorn in: Schellhorn, SGB VIII/KJHG (2. Aufl.), § 1 Rn. 5 u. 12; BVerwG NDV-RD 1997, 82, 84). Dieser Streit spielt hier aber keine Rolle, da es für die Vermittlungsleistung ohne Belang ist, ob diese Leistung dem Kind oder den Erziehungsberechtigten zusteht.
94 So auch Fischer in: Schellhorn, SGB VIII/KJHG (3. Aufl.), § 23 Rn. 7.
95 Dass die Gewährung der laufenden Geldleistung an die Tagespflegeperson zu erbringen ist, wurde erst durch das KiföG klargestellt. In der Fassung des TAG stellte sich die Frage, ob die laufende Geldleistung eventuell dann an die Eltern zu erbringen ist, wenn diese die gesamte Finanzierung der Tagespflegeperson übernommen hatten, oder ob nach § 78a Abs. 2 SGB VIII auch für den Fall der Kindertagespflege eine finanzielle Abwicklung über das dort geregelte Modell des jugendhilferechtlichen Dreiecksverhältnisses möglich ist. In diesem Fall hätte das zur Folge gehabt hätte, dass die Eltern gegenüber dem Träger der öffentlichen Jugendhilfe einen Anspruch auf „Übernahme des Entgelts" aus dem privatrechtlichen Vertrag zwischen der Tagespflegeperson und den Eltern (entsprechend § 78b Abs. 1 SGB VIII) hätten geltend machen können. Siehe dazu im Übrigen Struck in: Wiesner, SGB VIII (3. Aufl.), § 23 Rn. 27.
96 Der jetzige Absatz 2 des § 23 SGB VIII besteht nur noch aus einem Satz, da die Sätze 2 und 3 durch das KiföG aufgehoben wurden. Satz 2 des § 23 Abs. 2 SGB VIII a. F. geht in Absatz 2a des § 23 SGB VIII vollständig auf. Satz 3 des § 23 Abs. 2 SGB VIII a. F., der eine Sonderregelung für die Gewährung einer Geldleistung an unterhaltspflichtige Personen

aa) Aufwendungsersatz

So hat der Träger der öffentlichen Jugendhilfe zunächst nach § 23 Abs. 2 S. 1 Nr. 1 SGB VIII die angemessenen Kosten, die der Tagespflegeperson für den Sachaufwand entstehen, zu erstatten.

Die Erstattung dieser Kosten war schon in der bis zum 31.12.2004 geltenden Fassung als Aufwendungsersatz vorgesehen. Der Gesetzgeber hat in der geltenden Fassung diesen Aufwendungsersatz nur näher umschrieben. Es handelt sich bei diesen Kosten – wie auch in der vorangegangenen Gesetzesfassung – um ein Entgelt für die tatsächlichen Ausgaben, die im Zusammenhang mit der Tagespflege anfallen, wie die Kosten für Verpflegung, Spielzeug und Anteile an den Miet-, Strom-, Wasser- und Heizungskosten sowie auch Fahrtkosten der Tagespflegeperson, wenn diese die Kinder im Haushalt der Eltern betreut.[97]

bb) „Angemessener" Beitrag zur Anerkennung der Förderungsleistung nach Maßgabe von Absatz 2a

Nach § 23 Abs. 2 S. 1 Nr. 2 SGB VIII hat der Träger der öffentlichen Jugendhilfe auch einen Beitrag zur Anerkennung der Förderungsleistung zu erbringen.

Mit diesem Entgelt soll die Erziehungsleistung der Tagespflegeperson abgegolten werden.[98] In der bis zum 31.12.2004 geltenden Gesetzesfassung wurden diese Kosten als „Kosten der Erziehung" bezeichnet. Mit Inkrafttreten des TAG war ein angemessener Beitrag zur Anerkennung der Förderungsleistung zu erbringen, wobei sich die Frage stellte, wann dieser Beitrag als angemessen zu qualifizieren war. Insofern wurde verbreitet die Auffassung vertreten, dass diese finanziellen Leistungen entsprechend dem Betreuungs- und Kostenaufwand der Tagespflegeperson, dem Alter des Kindes und der täglichen bzw. wöchentlichen Betreuungs-

---

enthielt, wurde aufgehoben, da der Gesetzgeber bereits seit dem TAG fachliche Anforderungen an die Tagespflegepersonen stellt und dies künftig noch weiter verstärken will. Insofern erschien es nicht mehr sinnvoll, hinsichtlich der Höhe der finanziellen Leistungen zwischen unterhaltspflichtigen und nicht unterhaltspflichtigen Tagespflegepersonen zu differenzieren. Siehe dazu Wiesner in der Vorabkommentierung zum KiföG, S. 6, zu finden unter http://rsw.beck.de/rsw/upload/WiesnerSGB/90329para23_vorab_1.doc, letzter Aufruf 17.08.2009. Es bleibt allerdings unklar, ob der Bundesgesetzgeber damit zum Ausdruck bringen wollte, dass auch Personen, die dem Kind gegenüber unterhaltspflichtig sind, so zu behandeln sind wie andere Tagespflegepersonen, oder ob dies – entsprechend § 26 SGB VIII – dem Landesgesetzgeber überlassen bleiben sollte; siehe dazu Grube in: Hauck/Noftz, SGB VIII, K § 23 Rn. 22. Die Gesetzesbegründung sagt dazu zumindest nichts aus.

97 Münder u. a., FK-SGB VIII (5. Aufl.), § 23 Rn. 29 f; Struck in: Wiesner, SGB VIII (3. Aufl.), § 23 Rn. 31.
98 BT-Drucks. 15/3676 S. 33.

dauer zu bemessen sind.⁹⁹ In der Regel wurden diese Kosten in der Praxis bisher als Pauschalbetrag abgegolten, wobei sich dieser insofern am Erziehungsbeitrag für die Vollzeitpflege orientierte, als 60 % des Betrages für die Vollzeitpflege angesetzt wurden.¹⁰⁰

Durch das KiföG wurde Nr. 2 soweit geändert, dass nunmehr ein Betrag zur Anerkennung der Förderleistung nach Maßgabe von Absatz 2a vom Träger der öffentlichen Jugendhilfe zu erbringen ist. Danach wird die Höhe der laufenden Geldleistung von den Trägern der öffentlichen Jugendhilfe festgelegt, soweit Landesrecht nicht etwas anderes bestimmt. Der Betrag zur Anerkennung der Förderungsleistung ist leistungsgerecht auszugestalten, wobei der zeitliche Umfang der Leistung und die Anzahl sowie der Förderbedarf der betreuten Kinder zu berücksichtigen sind. Diese Kriterien sind kumulativ zu berücksichtigen. Sie bilden jedoch keinen abschließenden Katalog für die Leistungsgerechtigkeit, da die aufgeführten Kriterien vorrangig quantitativer Art sind. Der Förderbedarf bedingt regelmäßig den zeitlichen Umfang der Förderungsleistung. Qualitativ ist bei dem Förderbedarf zu berücksichtigen, ob es sich z. B. um behinderte Kinder handelt, für deren Förderung besondere Anforderungen bestehen.¹⁰¹

Da der Katalog in Absatz 2a keine ausdrücklichen, auf die Tagespflegeperson bezogenen qualitativen Kriterien enthält, sind weitere Kriterien heranzuziehen, um die Höhe des Förderbetrages zu bestimmen.¹⁰² Übt die Tagespflegeperson einen Beruf aus und kann sie zunehmend eine eigenständige Qualifikation aufweisen, nimmt dies insbesondere Einfluss auf die Höhe des Förderbetrages.¹⁰³ Qualitative Kriterien zur leistungsgerechten Vergütung sind unter der übergreifenden Vorgabe der leistungsgerechten Vergütung nach Satz 2 aufzunehmen. Daher sind vom Träger der öffentlichen Jugendhilfe ebenso Maßgaben zur Höhe des Förderbetrages aufzustellen, die die individuelle Qualifikation der Tagespflegeperson angemessen berücksichtigen.¹⁰⁴

Das Kriterium der leistungsgerechten Ausgestaltung wurde eingeführt, weil Untersuchungen gezeigt haben, dass die Vergütung der Tätigkeit als Tagespflegeperson in der Regel so niedrig ist, dass sie die Möglichkeit, das Auskommen mit der

---

99 Münder u. a., FK-SGB VIII (4. Aufl., noch zur alten Gesetzesfassung), § 23 Rn. 37.
100 Münder u. a., FK-SGB VIII (4. Aufl., noch zur alten Gesetzesfassung), § 23 Rn. 38; Struck in: Wiesner, SGB VIII (3. Aufl.), § 23 Rn.32.
101 Siehe dazu Busch in: jurisPK-Vereinbarkeit von Familie und Beruf, § 23 SGB VIII Rn. 50.
102 Busch in: jurisPK-Vereinbarkeit von Familie und Beruf, § 23 SGB VIII Rn. 51.
103 Ebenso Busch in: jurisPK-Vereinbarkeit von Familie und Beruf, § 23 SGB VIII Rn. 51.
104 Busch in: jurisPK-Vereinbarkeit von Familie und Beruf, § 23 SGB VIII Rn. 51 m. w. N.

Kindertagespflege zu sichern, ausschließt.[105] Insofern wollte der Gesetzgeber einerseits auf Bundesebene eine klarere Regelung schaffen, andererseits aber auch die Gestaltungsfreiheit der Länder und der Träger der öffentlichen Jugendhilfe weitgehend erhalten.[106] Sinn und Zweck der Regelung ist es, dass der Träger der öffentlichen Jugendhilfe eine Regelung für den Einzelfall treffen kann, die auf die individuelle Qualifikation und Tätigkeit der Tagespflegeperson eingeht und die zeitliche Dauer der Leistung sowie die Anzahl und den Förderbedarf der betreuten Kinder berücksichtigt.[107]

cc) Erstattung von Sozialversicherungsbeiträgen
Erstmalig durch das TAG wurde in § 23 Abs. 2 S. 1 Nr. 3 SGB VIII die Erstattung nachgewiesener Aufwendungen für Beiträge zu einer Unfallversicherung sowie die hälftige Erstattung der nachgewiesenen Aufwendungen zu einer angemessenen Alterssicherung der Tagespflegeperson geregelt. Mit dieser Regelung hat der Gesetzgeber zum ersten Mal eine gewisse sozialversicherungsrechtliche Absicherung von Tagespflegepersonen berücksichtigt. Das KiföG hat diese Regelungen dann noch um die hälftige Erstattung nachgewiesener Aufwendungen zu einer angemessenen Kranken- und Pflegeversicherung erweitert.

(1) Die hälftige Erstattung der Aufwendungen zu einer angemessenen Alterssicherung
Bezüglich der hälftigen Erstattung der Aufwendungen zu einer angemessenen Alterssicherung hat sich der Gesetzgeber an § 65 SGB XII angelehnt.[108] Aus diesem Grund ist auch die Frage der Angemessenheit der Alterssicherung am Maßstab des zu § 65 SGB XII bzw. dem bis zum 31.12.2004 geltenden § 69b BSHG entwickelten Rechtsverständnisses auszurichten, wonach sich an den Kosten einer freiwilligen gesetzlichen Rentenversicherung gem. §§ 157, 161 Abs. 2, 167 SGB VI zu orientieren ist.[109] Das heißt speziell nach den Empfehlungen des Deutschen Vereins für öffentliche und private Fürsorge e. V., dass als Orientierungsfak-

---
105 So die Gesetzesbegründung BT-Drucks. 16/9299, S. 32.
106 Siehe dazu ebenfalls BT-Drucks. 16/9299, S. 32.
107 BT-Drucks. 16/9299, S. 32.
108 Siehe dazu die Gesetzesbegründung, BT-Drucks. 15/3676, S. 33, sowie die Empfehlungen des Deutschen Vereins für
109 Dies geht insofern aus der Gesetzesbegründung hervor, als im finanziellen Teil bei der Kostenberechnung für die Übernahme der halben Rentenversicherungsbeiträge von 31 Euro pro Monat ausgegangen wird; siehe dazu BT-Drucks. 15/3676, S. 46. Dieser Betrag ist niedriger als die Hälfte eines Mindestbeitrages zur freiwilligen gesetzlichen Rentenversicherung (dieser beläuft sich derzeit auf insgesamt 78 Euro), was sich wohl daraus erklärt, dass zum Zeitpunkt der Erstellung der Gesetzesbegründung von einem etwas niedrigeren Mindestbeitrag auszugehen war. Zum Rechtsverständnis des § 69b BSHG siehe Schellhorn/Jirasek/Seipp, BSHG, § 69b Rn. 22.

tor für die konkrete Höhe des zu erstattenden Betrags die Alterssicherung einer selbständig tätigen Tagespflegeperson bei privat finanzierter Kindertagespflege dienen kann, die bei einem über 400 Euro liegenden Monatseinkommen gem. § 2 Nr. 2 SGB VI rentenversicherungspflichtig ist und damit einen Mindestbeitragssatz von derzeit 78 Euro zu tragen hat. Dementsprechend wäre eine monatliche Erstattungshöhe durch den Träger der öffentlichen Jugendhilfe in Höhe von 39 Euro angemessen.[110]

Weiterhin ist eine Tagespflegeperson berechtigt, über die gesetzliche Rentenversicherung hinaus oder – falls sie nicht rentenversicherungspflichtig ist – privat für das Alter vorzusorgen. Wählt sie z. B. die öffentlich geförderte, private kapitalgedeckte Altersvorsorge (wie z. B. die sog. Riester- und Rürup-Förderung), sind deren Beiträge im Rahmen der Förderung angemessen und zur Hälfte zu erstatten.[111]

(2) Die Erstattung der Aufwendungen für Beiträge zu einer Unfallversicherung
Zusätzlich hat der Gesetzgeber die Erstattung nachgewiesener Aufwendungen für die Beiträge zu einer Unfallversicherung aufgenommen. Die Erstattung der Aufwendungen für Beiträge zu einer Unfallversicherung kommt aber im Grunde nur für Tagespflegepersonen in Betracht, die als Selbständige anzusehen sind. Nach Auffassung der zuständigen Unfallversicherungsträger sind dies all die Tagespflegepersonen, die regelmäßig Kinder aus verschiedenen Familien betreuen, also für mehr als einen Auftraggeber tätig werden.[112] Dies ergibt sich daraus, dass in den Fällen, in denen eine Tagespflegeperson als abhängig beschäftigt zu qualifizieren ist, die Eltern die Unfallversicherungsbeiträge abführen müssten, da gem. § 150 SGB VII nur Unternehmer beitragspflichtig sind, d. h., bei abhängig Beschäftigten haben die Arbeitgeber der Beitragspflicht nachzukommen. Diese Tagespflegepersonen müssen selbst also gar keine Beiträge zur Unfallversicherung abführen, sodass das örtliche Jugendamt grundsätzlich auch nicht in eine Erstattungspflicht kommt.[113]

Sind Tagespflegepersonen also nur für eine Familie tätig und werden daher von den Unfallversicherungsträgern als abhängig beschäftigt eingeordnet, ergibt sich

---

110 Siehe dazu Münder u. a., FK-SGB VIII (5. Aufl.), § 23 Rn. 33, mit Hinweis auf die Empfehlungen des Deutschen Vereins für öffentliche und private Fürsorge e.V. in NDV 2005, 479, 487.
111 Busch in: jurisPK-Vereinbarkeit von Familie und Beruf, § 23 SGB VIII Rn. 41.
112 Siehe dazu BGW-Mitteilungen 2/2005, S. 5, sowie Pressemeldung der BGW vom 17.10.2005, zu finden unter http://www.dguv.de/inhalt/presse/pressearchiv/presseachiv_buk/buk_2005/tagespflege/index.jsp, letzter Aufruf 13.08.2009, und Rundschreiben 332/2005 vom 26.10.2005 des Bundesverbandes der Unfallkassen (siehe Anlage 5).
113 Siehe dazu auch Kapitel 3, B. I. 2. b) und c).

die Frage, ob auch die Eltern, die demzufolge die Beiträge für die Tagespflegeperson abführen, gegenüber dem Träger der öffentlichen Jugendhilfe gem. § 23 Abs. 2 Nr. 3 SGB VIII einen Erstattungsanspruch geltend machen können. Wie schon oben festgestellt,[114] ist durch das KiföG nun eindeutig festgelegt, dass die Gewährung der laufenden Geldleistung ausschließlich an die Tagespflegeperson zu erbringen ist. Dies erscheint jedoch in den Fällen, in denen Tagespflegepersonen nur für eine Familie tätig sind, vor dem Hintergrund des Gleichheitssatzes gem. Art. 3 GG fragwürdig, da die Eltern in diesem Fall zusätzlich zum Pauschalbetrag nach § 90 SGB VIII noch den Beitrag zur Unfallversicherung der Tagespflegeperson tragen müssten. Zumindest ist keine Rechtfertigung für eine Ungleichbehandlung ersichtlich. Insofern sollte bezüglich der Erstattung der Unfallversicherungsbeiträge eine Ausnahme von dem Grundsatz, dass die laufende Geldleistung ausschließlich den Tagespflegepersonen gegenüber zu erbringen ist, erwogen werden.[115]

Darüber hinaus ist im Gesetzestext unklar, ob mit der Unfallversicherung die gesetzliche Unfallversicherung nach dem SGB VII oder eine private Unfallversicherung gemeint ist. Da Tagespflegepersonen jedoch nach gängiger Praxis der zuständigen Unfallversicherungsträger – wie eben ausgeführt – in der gesetzlichen Unfallversicherung entweder gem. § 2 Abs. 1 Nr. 1 SGB VII als Beschäftigte oder gem. § 2 Abs. 1 Nr. 9 SGB VII als Selbständige pflichtversichert sind, könnte der Wille des Gesetzgebers so interpretiert werden, dass die Beiträge zur gesetzlichen Unfallversicherung übernommen werden sollen. Dafür spricht auch die Gesetzesbegründung, die im finanziellen Teil von Beiträgen i. H. v. 60 Euro im Jahr pro Tagespflegeperson ausgeht.[116] Dies entspricht in etwa dem jährlichen Beitrag zur gesetzlichen Unfallversicherung.[117] Für diese Auslegung könnte auch die Tatsache sprechen, dass der Gesetzestext hinsichtlich der Erstattung der Aufwendungen zu einer Rentenversicherung die Voraussetzung der Angemessenheit enthält, hinsichtlich der Unfallversicherung jedoch nicht.

---

114 Siehe dazu Kapitel 3, B. I. 1. a) dd).
115 So auch die Vorabkommentierung von Wiesner zum KiföG (§ 23 Abs. 1 SGB VIII n. F.), zu finden unter http://rsw.beck.de/rsw/upload/WiesnerSGB/90329para23_vorab_1.doc, letzter Aufruf 17.08.2009, sowie Busch in: jurisPK-Vereinbarkeit von Familie und Beruf, § 23 SGB VIII Rn. 39.
116 BT-Drucks. 15/3676, S. 46.
117 Telefonische Auskunft der Berufsgenossenschaft für Gesundheitsdienst und Wohlfahrtspflege, Abt. Unternehmerbetreuung, im Dezember 2004: Bei einer Mindestversicherungssumme von 15.000 Euro in den neuen Bundesländern beläuft sich der Beitrag auf 66,15 Euro jährlich, in den alten Bundesländern wird eine Mindestversicherungssumme von 18.000 Euro angesetzt, die zu einem jährlichen Beitrag von 79,38 Euro führt. Siehe dazu auch BGW-Mitteilungen 2/2005, S. 5.

Damit ist die Übernahme von Beiträgen zu einer privaten Unfallversicherung durch den Gesetzestext zwar nicht ausgeschlossen, durch die derzeitige Praxis der Unfallversicherungsträger kommt ein solcher Fall jedoch im Grunde nicht vor.[118] Eine darüber hinausgehende private Unfallversicherung scheint der Gesetzgeber – aufgrund der angesetzten Beitragshöhe von ca. 60 Euro im Jahr – ebenfalls nicht im Blick gehabt zu haben.

(3) Die hälftige Erstattung der Aufwendungen zu einer angemessenen Krankenversicherung und Pflegeversicherung
Neben der Übernahme der Absicherung für Unfälle und der Alterssicherung wurde durch das KiföG auch die Absicherung für Krankheit und Pflegebedürftigkeit eingeführt. Der Gesetzgeber hat dies damit begründet, dass die Ausübung der Kindertagespflegetätigkeit mit einer finanziellen Vergütung verbunden werden muss, die ab einem gewissen Umfang der Tätigkeit das Auskommen der Tagespflegeperson sichert. Dies sei notwendig, um die angestrebte Versorgung mit Plätzen in der Kindertagespflege zu erreichen. Eine solche Vergütung habe aber vielfach zur Folge, dass das Einkommen die Höhe übersteigt, die eine Mitversicherung in einer bestehenden Familienversicherung zulässt, sodass eine freiwillige Versicherung erforderlich ist, wenn die Tagespflegeperson Versicherungsschutz erhalten möchte. Da diese aber mit Beitragssätzen verbunden sei, die sich aus den Entgelten für die Tätigkeit nicht begleichen lassen, sei die Übernahme der hälftigen Beiträge durch den Träger der öffentlichen Jugendhilfe angemessen.[119] Die hälftige Übernahme der Krankenversicherungs- und Pflegeversicherungsbeiträge soll nach Auffassung des Gesetzgebers dazu führen, dass Tagespflegepersonen in ihrer Absicherung angestellten Arbeitnehmern angenähert werden, worin auch die erstrebte Profilierung der Kindertagespflege zum Ausdruck komme.[120]

Nach § 23 Abs. 2 Nr. 4 SGB VIII umfasst die laufende Geldleistung nach Absatz 1 nunmehr also auch die hälftige Erstattung nachgewiesener Aufwendun-

---

118 Sollte sich die Praxis der Unfallversicherungsträger dahingehend ändern, dass Tagespflegepersonen nicht mehr gesetzlich unfallversichert sind, stellt sich allerdings die Frage, ob der Träger der öffentlichen Jugendhilfe Beiträge zu einer privaten Unfallversicherung ersetzen muss, wenn diese über dem Beitrag zur gesetzlichen Unfallversicherung liegen. Da der Gesetzestext nicht von der Erstattung nachgewiesener Aufwendungen zu einer angemessenen Unfallversicherung spricht, könnte die Vermutung naheliegen, dass der Träger der öffentlichen Jugendhilfe auch höhere Beiträge ersetzen muss. Im Hinblick auf den Charakter als steuerfinanzierte Fürsorgeleistung ist jedoch davon auszugehen, dass nur ein angemessener Beitrag erstattungsfähig ist, der sich an der gesetzlichen Unfallversicherung orientiert. Siehe dazu auch Struck in: Wiesner, SGB VIII (3. Aufl.), § 23 Rn. 33.
119 BT-Drucks. 16/9299, S. 32.
120 Siehe dazu ebenfalls BT-Drucks. 16/9299, S. 32. Ob die Tagespflegepersonen in ihrer Absicherung tatsächlich durch die Regelung in § 23 Abs. 2 SGB VIII angestellten Arbeitnehmern angenähert werden, wird in Kap. 3, B. I. 2. ausgewertet.

gen zu einer angemessenen Krankenversicherung und Pflegeversicherung. Als angemessen seien die Kranken- und Pflegeversicherungen nach dem Willen des Gesetzgebers in jedem Falle dann anzusehen, wenn es sich um eine freiwillige Versicherung im Rahmen der gesetzlichen Kranken- und Pflegeversicherung handelt.[121] Entsprechend der Regelung in § 23 Abs. 2 Nr. 3 SGB VIII zur hälftigen Erstattung einer angemessenen Alterssicherung muss jedoch auch hier gelten, dass eine Tagespflegeperson nicht auf eine freiwillige Versicherung in der gesetzlichen Kranken- und Pflegeversicherung festgelegt ist.[122] Vielmehr sollte auch in der Kranken- und Pflegeversicherung der Abschluss einer privaten Versicherung erstattungsfähig sein mit der Maßgabe, dass diese nur dann angemessen ist, wenn die Beiträge die einer freiwilligen Versicherung in der gesetzlichen Kranken- und Pflegeversicherung nicht übersteigen.[123]

Der Bundesrat hatte gefordert, die hälftige Erstattung der Aufwendungen zur Kranken- und Pflegeversicherung bis zum 31.12.2015 zu befristen, mit der Maßgabe, dass Aufwendungen für die Kranken- und Pflegeversicherung über diesen Termin hinaus nur dann zur Hälfte zu erstatten sind, wenn sich im Rahmen der Evaluierung weiterhin eine entsprechende Förderungsbedürftigkeit für die Kindertagespflege ergibt.[124] Bund und Länder haben daraufhin vereinbart, die Regelungen zum Krankenversicherungsschutz der Tagespflegepersonen weder zum 31.12.2015 noch mit dem Ende der Ausbauphase (31. Juli 2013) auslaufen zu lassen, sondern zu evaluieren und auf dieser Grundlage rechtzeitig über das weitere Vorgehen zu entscheiden. Hierdurch soll sichergestellt werden, dass sich eine Tätigkeit in der Kindertagespflege weiter rechnen wird.[125]

(4) Die Voraussetzung des Nachweises der Aufwendungen
Nach dem Wortlaut des § 23 Abs. 2 S. 1 Nr. 3 SGB VIII werden die Aufwendungen für Beiträge zu einer Unfallversicherung sowie die hälftigen Aufwendungen zu einer angemessenen Alterssicherung sowie die hälftigen Aufwendungen für eine angemessene Kranken- und Pflegeversicherung jedoch nur dann erstattet, wenn diese Aufwendungen von den Tagespflegepersonen nachgewiesen werden. Nach der Gesetzesbegründung zum Tagesbetreuungsausbaugesetz hat sich der Gesetzgeber hinsichtlich der Aufwendungen zu einer angemessenen Alterssicherung als

---

121 BT-Drucks. 16/9299, S. 32.
122 So zur Rentenversicherung auch Struck in: Wiesner, SGB VIII (3. Aufl.), § 23 Rn. 34.
123 Zumindest könnte der Erstattungsbeitrag auf den der gesetzlichen Kranken- und Pflegeversicherung beschränkt sein.
124 BR-DrS. 295/08, S. 16 f.
125 Siehe dazu BMFSFJ, Fakten und Empfehlungen zu den Neuregelungen in der Kindertagespflege, Stand: 08.07.2009, S. 3, zu finden unter http://bmfsfj.de/bmfsfj/generator/RedaktionBMFSFJ/Abteilung5/Pdf-Anlagen/fakten-empfehlungen-neuregelungen-kindertagespflege,property=pdf,bereich=bmfsfj,sprache=de,rwb=true.pdf, letzter Aufruf 13.08.2009.

auch bezüglich der Kosten für eine Unfallversicherung an § 65 SGB XII orientiert.[126] Voraussetzung des § 65 Abs. 2 SGB XII ist, dass nur die tatsächlich für eine angemessene Alterssicherung aufgewendeten Beiträge berücksichtigt werden.[127] Dies ergibt sich aus der Formulierung „zu erstatten".[128] Eine Vorleistungspflicht des Leistungsempfängers kann daraus zwar nicht abgeleitet werden,[129] Mindestvoraussetzung ist jedoch die Erbringung eines Vertragsnachweises. Insofern enthält schon die Formulierung „zu erstatten" eine gewisse Nachweispflicht. Es ist fraglich, ob der Gesetzgeber mit der ausdrücklichen Aufnahme des Wörtchens „nachgewiesene" erhöhte Anforderungen an die Nachweispflicht stellen wollte. Eine weite Auslegung der Voraussetzung der Nachweispflicht würde – unter Berücksichtigung der Voraussetzungen des § 65 SGB XII – dazu führen, dass der Voraussetzung des Nachweises keine eigenständige Bedeutung zukommt und Tagespflegepersonen weder hinsichtlich der Beiträge zu einer Unfallversicherung noch für eine angemessene Alterssicherung in Vorleistung gehen müssten. Streng am Wortlaut der Norm orientiert, könnten an den Beitragsnachweis dagegen höhere Anforderungen zu stellen sein. Das würde bedeuten, dass Tagespflegepersonen zumindest mit einer Rate, wenn nicht sogar mit jeder Beitragszahlung in Vorleistung treten müssten.

Aufgrund der Gesetzesbegründung ist jedoch zu vermuten, dass der Gesetzgeber über die § 65 SGB XII zugrunde liegenden Voraussetzungen nicht hinausgehen wollte, sodass zwar nur tatsächlich aufgewendete Beiträge erstattet werden sollen, eine Vorleistungspflicht der Tagespflegepersonen für Unfall- und Rentenversicherungsbeiträge aber nicht besteht.

c) § 23 Abs. 3 SGB VIII

§ 23 Abs. 3 SGB VIII konkretisiert die Anforderungen an die Geeignetheit einer Tagespflegeperson i.S.v. § 23 Abs. 1 SGB VIII. Danach ist eine Tagespflegeperson geeignet, wenn sie sich durch ihre Persönlichkeit, Sachkompetenz und Kooperationsbereitschaft mit Erziehungsberechtigten und anderen Tagespflegepersonen auszeichnet und über kindgerechte Räumlichkeiten verfügt. Darüber hinaus soll sie über vertiefte Kenntnisse hinsichtlich der Anforderungen der Kindertagespflege verfügen, die sie in qualifizierten Lehrgängen erworben oder in anderer Weise nachgewiesen hat.

---

126 Siehe dazu die Gesetzesbegründung, BT-Drucks. 15/3676, S. 33.
127 Schellhorn/Jirasek/Seipp, BSHG, § 69b Rn. 23.
128 Schellhorn/Jirasek/Seipp, BSHG, § 69b Rn. 23.
129 Siehe dazu ebenfalls Schellhorn/Jirasek/Seipp, BSHG, § 69b Rn. 23. Dies entspricht auch der gängigen Praxis, da im Falle der Übernahme der Beiträge zur Alterssicherung nach § 65 SGB XII in der Regel die Sozialhilfeträger die Alterssicherungsbeiträge direkt an den Rentenversicherungsträger überweisen; dazu Klie in: Hauck/Noftz, SGB XII, K § 65 Rn. 6.

Im Gegensatz zur bis zum 31.12.2004 geltenden Gesetzesfassung, in der in § 23 Abs. 3 SGB VIII a. F. nur die Geeignetheit verlangt, aber nicht näher ausgeführt wurde, hat der Gesetzgeber nunmehr in § 23 Abs. 3 SGB VIII in Anlehnung an Regelungen in einzelnen Landesgesetzen Eignungskriterien festgeschrieben.[130] Wegen der begrenzten Gesetzgebungskompetenz des Bundes sind diese Eignungskriterien jedoch nur grundlegender Art,[131] die konkrete inhaltliche Ausgestaltung können die einzelnen Bundesländer also eigenständig bestimmen.

Hinsichtlich der Grundqualifizierung sollte nach Ansicht des Gesetzgebers zum Tagesbetreuungsausbaugesetz jedoch das vom Deutschen Jugendinstitut entwickelte Curriculum „Qualifizierung in der Tagespflege"[132] inhaltlicher Maßstab sein.[133] Dieses sieht eine Qualifizierung im Umfang von insgesamt 160 Stunden vor, die sich aus 30 Stunden Einführungsphase und 130 Stunden praxisbegleitender Vertiefungsphase zusammensetzt.[134] Voraussetzung für die Teilnahme an dieser Qualifizierungsmaßnahme ist zumindest der Hauptschulabschluss.[135] In der 30-stündigen Einführungsphase sollten nach diesem Curriculum inhaltlich folgende Aspekte behandelt werden: allgemeine und (sozial-)rechtliche Grundlagen der Tagespflegetätigkeit, Motivationsklärung, Rollen- und Arbeitsfeldklärung, Grundlagen von Betreuung, Erziehung und Bildung von Kindern in Tagespflege, Grundwissen zur Kooperation mit den Eltern, eventuell Hospitation bei erfahrenen Tagespflegepersonen.[136] Die Teilnahme an der vom Curriculum vorgesehenen Qualifizierung im Gesamtumfang von 160 Stunden sollte für die zukünftigen Tagespflegepersonen kostenlos sein.[137] In diesem Sinne hat der Tagesmütter-Bundesverband mit Wirkung zum 01.01.2004 eine Qualifizierungs- und Prüfungsordnung für Tagespflegepersonen herausgegeben, durch die interessierten Frauen und Männern eine bundesweite Qualifizierung als Tagespflegeperson ermöglicht werden soll.[138]

---

130 Siehe dazu auch BT-Drucks. 15/3676, S. 33.
131 Informativ dazu die Gesetzesbegründung, BT-Drucks. 15/3676, S. 22 f.
132 Weiß/Stempinski/Schumann/Keimeleder, Qualifizierung in der Kindertagespflege.
133 BT-Drucks. 15/3676, S. 33.
134 Weiß/Stempinski/Schumann/Keimeleder, Qualifizierung in der Kindertagespflege, Einführung S. 2.
135 Jurczyk/Rauschenbach/Tietze/Keimeleder/Schneider/Schumann/Stempinski/Weiß/Zehnbauer, Von der Tagespflege zur Familientagesbetreuung, S. 177.
136 Weiß/Stempinski/Schumann/Keimeleder, Qualifizierung in der Kindertagespflege, Themenspektrum S. 3 f.
137 Jurczyk/Rauschenbach/Tietze/Keimeleder/Schneider/Schumann/Stempinski/Weiß/Zehnbauer, Von der Tagespflege zur Familientagesbetreuung, S. 178.
138 Siehe dazu Präambel der Qualifizierungs- und Prüfungsordnung, S. 9, zu finden unter http://www.tagesmuetter-bundesverband.de/Downloads/Pruefungsordnung.pdf, letzter Aufruf 18.08.2009.

Nach Ansicht des Deutschen Vereins für öffentliche und private Fürsorge e. V. sollte es über die Grundqualifizierung hinaus eine tätigkeitsbegleitende Fort- und Weiterbildung geben, die es Tagespflegepersonen ermöglicht, die gesammelten Alltagserfahrungen, gemessen an fachlichen Standards, zu reflektieren und weiter zu entwickeln. Dazu sollte nach Auffassung des Deutschen Vereins das System der berufsbegleitenden Erzieher/-innenausbildung für die Qualifizierung der Tagespflegepersonen geöffnet sowie die für Tagespflegepersonen bestehenden (Grund-) Qualifizierungskonzepte fortgeschrieben werden.[139]

Bezüglich der weiteren Eignungskriterien in § 23 Abs. 3 SGB VIII hat der Gesetzgeber keine Vorschläge in der Gesetzesbegründung unterbreitet. Auch im Curriculum des DJI sind dazu keine Angaben enthalten.[140] Grundsätzlich ist aber davon auszugehen, dass Tagespflegepersonen dann geeignet sind, wenn sie sich zum einen durch ihre Persönlichkeit, Sachkompetenz und Kooperationsbereitschaft mit Erziehungsberechtigten und anderen Tagespflegepersonen auszeichnen, § 23 Abs. 3 S. 1 SGB VIII. Neben persönlichen Eigenschaften wie Zuverlässigkeit, Belastbarkeit sowie Achtung, Interesse und Einfühlungsvermögen gegenüber Kindern und Familien geht es um bestimmte Schlüsselqualifikationen, d. h., die Tagespflegeperson muss über personale, fachliche, methodische und kooperative Kompetenzen verfügen, die das Herausbilden eines professionellen Profils unterstützen. Hierzu gehört bspw. die Fähigkeit zu differenzierter Wahrnehmung, zur Reflexion, zum Dialog und zum konstruktiven Umgang mit Konflikten und Kritik.[141]

---

139 Diskussionspapier des Deutschen Vereins zur qualitativen, rechtlichen und finanziellen Ausgestaltung der Kindertagespflege – Ergänzung der Empfehlungen von 2005 vom 26. Februar 2008, NDV 2008, 151 ff.

140 Hierfür könnten sich die Bundesländer jedoch an dem vom BMFSFJ in Auftrag gegebenen Gutachten von Jurczyk/Rauschenbach/Tietze/Keimeleder/Schneider/Schumann/Stempinski/Weiß/Zehnbauer, Von der Tagespflege zur Familientagesbetreuung, orientieren. Darin wird empfohlen, für die Eignungsfeststellung neben der eben beschriebenen Grundqualifizierung folgende Komponenten zu berücksichtigen: Am Anfang eines Kontaktes mit einer potenziellen Tagespflegeperson sollte ein qualifiziertes Beratungsgespräch stehen, welches einen eingehenden Informationsaustausch, die Auslotung der Lebensverhältnisse und die Motivabklärung beinhalten und von einer von der öffentlichen Jugendhilfe direkt oder indirekt autorisierten und qualifizierten Fachkraft geführt werden sollte. Darüber hinaus sollte ein Hausbesuch in Anwesenheit aller Familienmitglieder erfolgen, um einen Einblick in die häusliche, räumliche und familiäre Situation der zukünftigen Tagespflegeperson zu erhalten. Weiterhin sollte die Zulassung für die Tätigkeit als Tagespflegeperson daran geknüpft werden, dass diese sich bereit erklärt, innerhalb von zwei Jahren eine tätigkeitsbegleitende Qualifizierung im Umfang von mindestens 130 Stunden zu absolvieren und sich in ein integriertes System fachlicher Begleitung einzubringen. Siehe dazu das eben erwähnte Gutachten von Jurczyk/Rauschenbach/Tietze/Keimeleder/Schneider/Schumann/Stempinski/Weiß/Zehnbauer, Von der Tagespflege zur Familientagesbetreuung, S. 174-178.

141 Siehe dazu Münder u. a., FK-SGB VIII (5. Aufl.), § 23 Rn. 16, sowie Schmid/Wiesner, ZfJ 2005, 274, 278.

Darüber hinaus müssen Tagespflegepersonen über kindgerechte Räumlichkeiten verfügen. Grundvoraussetzungen dafür sind kindersichere Einrichtungen, Sauberkeit, Vorhandensein von Ruhemöglichkeiten sowie ausreichend Platz, damit die Kinder die Möglichkeit zur Anregung, Entwicklung und Förderung durch Bewegung, Spiel, Begegnung und Erkundung haben.[142] Diesbezüglich sollten durch Landesrecht oder durch fachliche Vorgaben der örtlichen Träger der Jugendhilfe bestimmte Mindestanforderung aufgestellt werden.[143]

Zur Feststellung der Eignung sollte ein persönliches Eignungsgespräch und – wenn die Kindertagespflege im Haushalt der Tagespflegeperson stattfinden soll – ein Hausbesuch in Anwesenheit aller Haushaltsmitglieder stattfinden.[144] Darüber hinaus ist entsprechend § 72a SGB VIII ein qualifiziertes polizeiliches Führungszeugnis einzuholen.[145] Fraglich ist, ob hinsichtlich einer von der erziehungsberechtigten Person nachgewiesenen Tagespflegeperson dieselbe Eignungsprüfung stattzufinden hat. Dies lässt der Gesetzeswortlaut offen. Zumindest sollten an die Prüfung der Eignung einer von den Eltern selbst organisierten Tagespflegeperson nicht allzu hohe Anforderungen gestellt werden, da in der Regel die Eignung einer nachgewiesenen Tagespflegeperson schon deshalb zu unterstellen ist, weil sich die Erziehungsberechtigten diese selbst gesucht haben.[146] Insofern hat der Träger der öffentlichen Jugendhilfe nur bei begründetem Anlass eine Überprüfung der Eignung vorzunehmen.[147] Allerdings ist zu beachten, dass die Eignung der Tagespflegeperson schon regelmäßig im Rahmen der Erteilung der Pflegeerlaubnis nach § 43 SGB VIII festgestellt und bestätigt wird[148], sodass seit der Neufassung des § 43 SGB VIII durch das KiföG[149] im Grunde für jede regelmäßig in der Tagespflege tätig werden wollende Person schon im Rahmen des § 43 SGB VIII auch eine Eignungsprüfung i.S.v. § 23 Abs. 3 SGB VIII stattfindet.[150]

---

142 So ebenfalls Münder u. a., FK-SGB VIII (5. Aufl.), § 23 Rn. 17 sowie Schmid/Wiesner, ZfJ 2005, 274, 278. Siehe dazu auch Fischer in: Schellhorn/Fischer/Mann, SGB VIII (3. Aufl.), § 23 Rn. 18.
143 Münder u. a., FK-SGB VIII (5. Aufl.), § 23 Rn. 17.
144 Struck in: Wiesner, SGB VIII (3. Aufl.), § 23 Rn. 24.
145 Ebenfalls Struck in: Wiesner, SGB VIII (3. Aufl.), § 23 Rn. 24.
146 So auch Münder u. a., FK-SGB VIII (5. Aufl.), § 23 Rn. 19.
147 Münder u. a., FK-SGB VIII (5. Aufl.), § 23 Rn. 19; vgl. auch Fischer in: Schellhorn/Fischer/Mann, SGB VIII (3. Aufl.), § 23 Rn. 17.
148 Nonninger in: LPK-SGB VIII (3. Aufl.), § 23 Rn. 16.
149 § 43 Abs. 1 SGB VIII sieht eine Pflegeerlaubnis für jede Tagespflegeperson vor, die regelmäßig und länger als drei Monate lang ein oder mehrere fremde Kinder mehr als 15 Stunden pro Woche entgeltlich außerhalb des Haushalts der Eltern betreut.
150 Dies ist darauf zurückzuführen, dass die Eignungskriterien des § 43 Abs. 2 SGB VIII mit denen des § 23 Abs. 3 SGB VIII identisch sind. Allerdings haben sich in der Praxis auch Tagespflegeverhältnisse unterhalb der in § 43 SGB VIII definierten Mindeststundenzahl von 15 Stunden etabliert, d. h., dass seitens der Eltern durchaus auch ein Bedarf an zeitlich kürzer bemessener Kindertagespflege besteht. Siehe dazu das Diskussionspapier des Deutschen

Die Geeignetheit der Pflegeperson unterliegt als unbestimmter Rechtsbegriff der uneingeschränkten richterlichen Kontrolle.[151]

2. Die Auswirkungen der Regelungen des § 23 Abs. 1 bis 3 i. V. m. § 24 SGB VIII auf die soziale Absicherung von Tagespflegepersonen
a) Die Folgen der Regelungen im Allgemeinen

Die Gewährung einer laufenden Geldleistung an Tagespflegepersonen nach § 23 Abs. 1 und 2 SGB VIII ist zwar grundsätzlich geeignet, eine gewisse soziale Absicherung von Tagespflegepersonen zu erreichen, da sie die Erstattung der Kosten für den Sachaufwand, einen angemessenen Beitrag zur Anerkennung der Förderungsleistung sowie die Erstattung der Unfallversicherungsbeiträge bzw. hälftige Erstattung von Beiträgen zur Renten-, Kranken- und Pflegeversicherung vorsieht, sie wird aber nur unter bestimmten Voraussetzungen gezahlt. So müssen Tagespflegepersonen zum einen geeignet i.S.v. § 23 Abs. 3 SGB VIII sein und entweder vom Jugendamt vermittelt oder von der erziehungsberechtigten Person nachgewiesen werden. Zum anderen erhalten Tagespflegepersonen aber gem. § 24 Abs. 5 SGB VIII auch nur dann die gesamte Geldleistung i.S.v. § 23 Abs. 2 SGB VIII, wenn sie Kinder unter drei Jahren betreuen, für die die Bedarfskriterien nach § 24 Abs. 3 SGB VIII erfüllt sind. Abgesehen davon sieht das SGB VIII für Ausfallzeiten von Tagespflegepersonen keine Regelung vor, die die Tagespflegeperson in solchen Zeiten finanziell stützt.

Hinzu kommt, dass selbst dann, wenn Tagespflegepersonen aufgrund der Erfüllung aller Voraussetzungen in den Genuss der Gewährung einer Geldleistung nach § 23 Abs. 1 und 2 SGB VIII kommen, diese zumindest bislang nur zu einem gewissen Teil zur Existenzsicherung von Tagespflegepersonen beitragen kann. Dies ist vor allem darauf zurückzuführen, dass der Stundensatz bezüglich des Aufwendungsersatzes und der Kosten der Erziehung i. R. d. § 23 Abs. 2 Nr. 1 und 2 SGB VIII in der Praxis bisher regelmäßig so gering angesetzt wurde, dass die Geldleistung vom Träger der öffentlichen Jugendhilfe für eine Existenzsicherung kaum ausreicht.[152] Der zur Abgeltung der „Kosten der Erziehung" im Allgemeinen angesetzte Betrag von 60 % des Regelsatzes für ein Kind in Vollzeitpflege ist heute nicht mehr angemessen. Die Praxis hatte sich bislang an den Sätzen für die Vollzeitpflege orientiert, da dies vom Deutschen Verein ursprünglich empfohlen worden war.[153] Davon ist der Deutsche Verein aber bereits in seinen Empfehlungen zur Ausgestaltung der Kindertagespflege 2005 abgewichen und hat dies

---

Vereins zur qualitativen, rechtlichen und finanziellen Ausgestaltung der Kindertagespflege – Ergänzung der Empfehlungen von 2005 vom 26. Februar 2008, NDV 2008, 151 ff.
151 Busch in: jurisPK-Vereinbarkeit von Familie und Beruf, § 23 SGB VIII Rn. 55.
152 Siehe dazu die Einleitung, I. 3., und BT-Drucks. 16/9299, S. 30 f.
153 Vgl. dazu Münder u. a., FK-SGB VIII (5. Aufl.), § 23 Rn. 40.

auch noch mal in seinem ergänzenden Diskussionspapier zur Kindertagespflege 2008 klargestellt: Vollzeitpflege und Kindertagespflege sind zwei völlig unterschiedliche Leistungen der Kinder- und Jugendhilfe, was sich auch in der Honorierung der dort geleisteten Arbeit niederschlagen muss.[154] So hat der Deutsche Verein in seinen Empfehlungen von 2005 schon darauf hingewiesen, dass die Bundesregierung in ihrer Kosteneinschätzung zum TAG ein deutlich höheres Entgelt angesetzt hat (insgesamt 480 Euro monatlich pro Kind, nach den früheren Empfehlungen des Deutschen Vereins waren es insgesamt dagegen nur 374 Euro monatlich pro Kind[155]), als bis dahin gezahlt wurde.[156] Die Kostenschätzung zum KiföG fiel sogar noch höher aus, mit 672 Euro insgesamt monatlich pro Kind.[157] Mit der Einführung des § 23 Abs. 2a SGB VIII durch das KiföG haben sich die Zahlungsmodalitäten erneut geändert. Dabei hat der Bundesgesetzgeber von der an sich wünschenswerten bundeseinheitlichen Regelung von Stundensätzen als Leistungsentgelt aus rechtlichen und politischen Gründen abgesehen: So hatte der Referentenentwurf noch eine „Anlehnung an eine tarifliche Vergütung" vorgesehen, im Regierungsentwurf war dann aber schon nur noch von einer „leistungsgerechten Ausgestaltung des Betrags zur Anerkennung der Förderungsleistung" die Rede.[158] Aber auch diese Formulierung ging dem Bundesrat wegen der damit verbundenen Kostenbelastung für die Kommunen – andererseits aber auch wegen der Unbestimmtheit des Begriffs – zu weit.[159] Die Bundesregierung verteidigte jedoch in ihrer Gegenäußerung die Fassung des Regierungsentwurfs mit dem Argument, eine leistungsgerechte Vergütung sei unverzichtbar, um hinreichende Anreize für eine Profilierung der Kindertagespflege zu geben.[160] Der Bundestag hielt dann dementsprechend an der Fassung des Regierungsentwurfs fest und brachte einen gleichlautenden Gesetzentwurf ein[161], der diesbezüglich ohne Änderung verabschiedet wurde.[162]

---

154 Siehe dazu Überarbeitete Empfehlungen des Deutschen Vereins zur Ausgestaltung der Kindertagespflege nach den §§ 22, 23, 24 SGB VIII v. 28.09.2005, NDV 2005, 497 ff., sowie Diskussionspapier des Deutschen Vereins zur qualitativen, rechtlichen und finanziellen Ausgestaltung der Kindertagespflege – Ergänzung der Empfehlungen von 2005 vom 26. Februar 2008, NDV 2008, 151 ff.
155 Struck in: Wiesner, SGB VIII (3. Aufl.), § 23 Rn. 32.
156 Überarbeitete Empfehlungen des Deutschen Vereins zur Ausgestaltung der Kindertagespflege nach den §§ 22, 23, 24 SGB VIII v. 28.09.2005, NDV 2005, 497 ff.
157 BT-Drucks. 16/92999, S. 51.
158 Vgl. dazu die Vorabkommentierung von *Wiesner* zum KiföG (§ 23 SGB VIII n. F.), zu finden unter http://rsw.beck.de/rsw/upload/WiesnerSGB/90329para23_vorab_1.doc, letzter Aufruf 17.08.2009.
159 BT-Drucks. 16/10173, S. 9.
160 BT-Drucks. 10173, S. 15.
161 BT-Drucks. 16/9299 S. 5.
162 BT-Drucks. 16/10357, S. 9.

Mit der Regelung in § 23 Abs. 2a SGB VIII wurde einerseits ein engerer bundesrechtlicher Rahmen gesetzt, andererseits bleibt den Ländern und den Trägern der öffentlichen Jugendhilfe immer noch eine weite Gestaltungsfreiheit erhalten, sodass der Träger der öff. Jugendhilfe auf dieser Grundlage eine Regelung für den Einzelfall treffen kann, die auf die individuelle Qualifikation und Tätigkeit der Tagespflegeperson eingeht und die zeitliche Dauer der Leistung sowie die Anzahl und den Förderbedarf der betreuten Kinder berücksichtigt.

Fraglich ist, wie der Absatz 2a in Zukunft von den Trägern der öffentlichen Jugendhilfe umgesetzt werden wird. Bisher werden die Beträge in der Praxis linear nach der Kinderzahl festgesetzt. Bei dieser Art der Bezahlung bleibt jedoch der Faktor Arbeitszeit gänzlich außer Acht, da die Tagespflegeperson, die nur ein Kind betreut, die gleiche Zeit tätig ist wie die Tagespflegeperson, die mehrere Kinder aufnimmt. Ihr wird dafür jedoch nur ein Fünftel der Vergütung zugestanden, welche eine Tagespflegeperson erhält, die fünf Kinder betreut. Dies ist vor dem Hintergrund des Gleichbehandlungsgrundsatzes in Art. 3 Abs. 1 GG (vergleichbare Vergütung für gleiche Arbeitszeit) nicht zu rechtfertigen.[163] Aus diesem Grund wurde vom Deutschen Institut für Jugendhilfe und Familienrecht in einem Gutachten, welches im Auftrag des Deutschen Vereins für öffentliche und private Fürsorge e. V. erstellt wurde, ein degressives Finanzierungsmodell vorgeschlagen, bei dem beim ersten Kind ein relativ hoher Sockelbetrag und mit zunehmender Kinderzahl jeweils ein geringeres Entgelt gezahlt wird, um bereits durch die Betreuung des ersten Kindes ein weitgehend existenzsicherndes Einkommen erzielen zu können.[164] Die Umsetzung dieses Modells dürfte in der Praxis jedoch zu erheblichen Schwierigkeiten führen: Durch Zu- und Abgänge wären ständig neue Beträge zu ermitteln. Zudem müsste ggf. auch die Höhe der Kostenbeiträge der Eltern auf die unterschiedlichen Entgelte abgestimmt werden.[165] Darüber hinaus würden die Chancen kleingruppenförmiger Kindertagespflege eingeschränkt und die Förderung würde generell über Gebühr verbürokratisiert werden.[166] Vom

---

163 So auch *Wiesner* in der Vorabkommentierung zum KiföG (§ 23 SGB VIII n. F.), zu finden unter http://rsw.beck.de/rsw/upload/WiesnerSGB/90329para23_vorab_1.doc, letzter Aufruf 17.08.2009.
164 Gutachten zu Rechtsfragen der Finanzierung von Kindertagespflege aus öffentlicher Hand – unter Einbeziehung arbeits-, steuer- und versicherungsrechtlicher Faktoren, Dezember 2006, S. 39, zu finden unter http://www.dijuf.de/de/projekte/DIJuF-GutachtenfuerDV-FinanzierungvonKindertagespflege31.12.06.pdf, letzter Aufruf 18.08.2009.
165 Siehe dazu auch Wiesner in der Vorabkommentierung zum KiföG (§ 23 SGB VIII n. F.), zu finden unter http://rsw.beck.de/rsw/upload/WiesnerSGB/90329para23_vorab_1.doc, letzter Aufruf 17.08.2009.
166 Diskussionspapier des Deutschen Vereins zur qualitativen, rechtlichen und finanziellen Ausgestaltung der Kindertagespflege – Ergänzung der Empfehlungen von 2005 vom 26. Februar 2008, NDV 2008, 151 ff.

B. Sozialrecht

Deutschen Verein wird deshalb eine stundenbezogene Finanzierung pro Kind präferiert, da auf diesem Weg am besten der unterschiedlichen Zahl von gleichzeitig anwesenden Kindern, einer differierenden Betreuungsdauer und damit auch der objektiv von der Tagespflegeperson erbrachten Leistung entsprochen werden kann.[167]

Die Berichterstattung in den Medien zeigt, dass die steigenden steuerlichen und sozialversicherungsrechtlichen Belastungen der Tagespflegepersonen von den Kommunen bislang nur unzureichend durch eine Erhöhung der laufenden Leistung kompensiert werden. Aus diesem Grund vereinbaren Tagespflegepersonen mit den Eltern immer häufiger zusätzliche Geldbeträge.[168] Dies ist zwar nicht verboten, allerdings wäre eine Praxis rechtswidrig, die stillschweigend davon ausgeht, dass Eltern zur Inanspruchnahme von Leistungen, die ihnen kraft Gesetzes zustehen, weitere Aufwendungen tätigen müssen.[169] Die Träger der öffentlichen Jugendhilfe sollten vielmehr die Höhe der laufenden Geldleistung anhand der Kriterien des § 23 Abs. 2 Nr. 1-4 und 2a SGB VIII schnellstmöglichst so festlegen, dass entsprechend dem Gesetzeszweck die Tagespflegetätigkeit ein existenzsicherndes Einkommen ermöglicht,[170] da ansonsten die Gefahr zunimmt, dass die mit dem KiföG verbundenen Ausbauziele nicht zeitgerecht erreicht werden.[171] Letztendlich unterliegen diese Beträge der gerichtlichen Kontrolle,[172] sodass vor allem unter Berücksichtigung der inzwischen geltenden Diskriminierungsverbote nach § 33c SGB I eine gerichtliche Korrektur möglich sein dürfte.

---

167 Diskussionspapier des Deutschen Vereins zur qualitativen, rechtlichen und finanziellen Ausgestaltung der Kindertagespflege – Ergänzung der Empfehlungen von 2005 vom 26. Februar 2008, NDV 2008, 151 ff.
168 So sehen bspw. die Rahmenbedingungen in der Kindertagespflege des Landkreises Forchheim ausdrücklich die private Zuzahlung als ergänzende Leistung der Eltern vor. Diese Rahmenbedingungen sind zu finden unter http://www.landkreis-forchheim.de/cms/_data/02._Rahmenbedingungen_in_der_Kindertagespflege.pdf, letzter Aufruf 18.08.2009. Siehe dazu auch den Zeitungsartikel von *Rasche*, Schwere Zeiten für Tagesmütter, 01.07.2008, zu finden unter http://www.faz.net/s/RubFC06D389EE76479E9E76425072B196C3/Doc~ECFF631B3C86744FD8498B0E444A4BFB6~ATpl~Ecommon~Scontent.html, letzter Aufruf 18.08.2009.
169 Ausführlich dazu Wiesner in der Vorabkommentierung zum KiföG (§ 23 SGB VIII n. F.), zu finden unter http://rsw.beck.de/rsw/upload/WiesnerSGB/90329para23_vorab_1.doc, letzter Aufruf 17.08.2009.
170 BT-Drucks. 16/9299, S. 30.
171 Diese Gefahr sieht auch Wiesner in der Vorabkommentierung zum KiföG (§ 23 SGB VIII n. F.), zu finden unter http://rsw.beck.de/rsw/upload/WiesnerSGB/90329para23_vorab_1.doc, letzter Aufruf 17.08.2009.
172 So schon zur vorherigen Gesetzesfassung Münder u. a., FK-SGB VIII (5. Aufl.), § 23 Rn. 34.

Kapitel 3: Möglichkeiten der sozialen Absicherung im geltenden Recht

b) Gewährung der Geldleistung in Abhängigkeit vom Status einer Tagespflegeperson?

Das SGB VIII beschränkt die Regelungen zur sozialen Absicherung nicht ausdrücklich auf selbständige Tagespflegepersonen. Insofern müsste die laufende Geldleistung nach § 23 Abs. 2 SGB VIII grundsätzlich unabhängig davon geleistet werden, ob eine Tagespflegeperson abhängig beschäftigt oder selbständig tätig ist. Vor allem die Erstattungsregelung bezüglich der Sozialversicherungsbeiträge lässt jedoch vermuten, dass der Gesetzgeber grundsätzlich davon ausging, dass Tagespflegepersonen als Selbständige tätig sind. Das ergibt sich zum einen daraus, dass Tagespflegepersonen, die in einem regulären Angestelltenverhältnis zu den Eltern stehen, aufgrund der Regelung des § 150 SGB VII, nach der nur Unternehmer bzw. Arbeitgeber beitragspflichtig sind, keinen Unfallversicherungsbeitrag zahlen müssen, der durch das Jugendamt erstattet werden könnte. Zum anderen sind im Fall eines regulären Angestelltenverhältnisses die Eltern als Arbeitgeber nach § 168 Abs. 1 Nr. 1 SGB VI verpflichtet, die Hälfte des Sozialversicherungsbeitrages zu zahlen. Sind Tagespflegepersonen nur geringfügig beschäftigt, haben die Eltern als Arbeitgeber gem. § 168 Abs. 1 Nr. 1 b. und c. SGB VI sogar allein 12 bzw. 5 Prozent des Arbeitsentgeltes als Sozialversicherungsbeitrag abzuführen. Insofern ergibt auch die hälftige Erstattung nachgewiesener Beiträge zu einer angemessenen Alterssicherung bei abhängig beschäftigten Tagespflegepersonen keinen Sinn.

Die Einordnung einer Tagespflegeperson als arbeitnehmerähnliche Person führt grundsätzlich zur gleichen sozialversicherungsrechtlichen Absicherung wie die Einordnung als Selbständiger. Allerdings gilt im Bereich der Unfallversicherung das Gleiche wie für abhängig Beschäftigte, wenn die Tagespflegeperson wie ein Beschäftigter i.S.v. § 2 Abs. 2 S. 1 SGB VII tätig ist,[173] da in diesem Fall die Eltern als Arbeitgeber gem. § 150 Abs. 1 S. 1 i. V. m. § 136 Abs. 3 Nr. 1 SGB VII beitragspflichtig sind.

Die Regelung zur Erstattung von Sozialversicherungsbeiträgen nach § 23 Abs. 2 Nr. 3 und 4 SGB VIII passt also nicht auf abhängig beschäftigte und nur zum Teil auf arbeitnehmerähnliche Tagespflegepersonen. Das bedeutet jedoch nicht, dass abhängig beschäftigte und arbeitnehmerähnliche Tagespflegepersonen keinen Anspruch auf die Gewährung der laufenden Geldleistung nach § 23 Abs. 2 SGB VIII haben. Vielmehr müsste auch diesen Tagespflegepersonen die Geldleistung gewährt werden, da das Gesetz diese Leistung nicht vom Status einer Tagespflegeperson abhängig macht. Dies gilt umso mehr, als seit dem Inkrafttreten des Gesetzes zur Weiterentwicklung der Kinder- und Jugendhilfe zum

---

173 Siehe dazu ausführlich Kapitel 3, B. II. 2. a).

01.10.2005[174] Eltern gem. § 90 SGB VIII grundsätzlich[175] nur noch einen pauschalierten Teilnahmebeitrag zur Kindertagespflege zu zahlen haben und nicht mehr – wie nach der bis dahin geltenden Gesetzesfassung – zu den Kosten gem. § 91 Abs. 2 S. 1 SGB VIII a. F. herangezogen werden, was in der Regel durch die §§ 92, 93 SGB VIII a. F., die für die Heranziehung auf die Zumutbarkeitsregeln der Sozialhilfe verweisen, dazu führte, dass berufstätige Eltern die Kosten der Tagespflegeperson allein zu tragen hatten.[176] Das bedeutet, dass die Eltern bei der öffentlich geförderten Tagespflege auch Tagespflegepersonen, die nach den Rechtsprechungskriterien als Arbeitnehmer einzuordnen wären, kein Entgelt zahlen und damit auch in der Regel keine Sozialversicherungsbeiträge abführen werden; dies, da die Eltern, die nur noch zur Zahlung des pauschalierten Teilnahmebeitrages verpflichtet sind, in der Regel nicht wissen werden, dass sie als Arbeitgeber zur Abführung von Sozialversicherungsbeiträgen verpflichtet sind.[177] Dadurch kommen Tagespflegepersonen in die Situation, dass sie eigentlich als abhängig Beschäftigte aufgrund Pflichtversicherung vom Sozialversicherungsschutz umfasst wären, aber weder von den Eltern noch von der Tagespflegeperson selbst Sozialversicherungsbeiträge abgeführt werden. Ähnliches gilt für Tagespflegepersonen, die als arbeitnehmerähnliche Personen anzusehen sind, da die Eltern auch in diesem Fall nicht wissen werden, dass sie für diese aufgrund des § 2 Abs. 2 S. 1 SGB VII Beiträge zur gesetzlichen Unfallversicherung abführen müssen.

Insofern ist die Regelung des § 90 SGB VIII zwar grundsätzlich zu begrüßen, da sie die Kindertagespflege zumindest in finanzieller Hinsicht der Förderung von Kindern in Tageseinrichtungen gleichstellt und die Eltern ihr Wunsch- und Wahlrecht nach § 5 SGB VIII verstärkt wahrnehmen können. In Bezug auf die soziale Absicherung von Tagespflegepersonen sorgt die Vorschrift jedoch für Verwirrung, da die Statuseinordnung als abhängig Beschäftigte gerade nicht zu einer umfassenden sozialversicherungsrechtlichen Absicherung führt. Aufgrund der Unkenntnis von Eltern und Tagespflegepersonen werden sich letztere, auch wenn sie eigentlich als abhängig Beschäftigte oder arbeitnehmerähnliche Personen tätig sind, in der Regel als Selbständige selbst versichern. Sie sind damit – genau wie die Tagespflegepersonen, die nach den Rechtsprechungskriterien als

---

174 Gesetz vom 08.09.2005, BGBl. I 2005, Nr. 57, S. 2729 ff.
175 Siehe zu der Ausnahme bei Nichterfüllung der Bedarfskriterien nach § 24 Abs. 3 SGB VIII Kapitel 3, B. I. 1. a) bb) (5).
176 Siehe dazu Kapitel 2, C. I. 6.
177 Dieser Fall kann allerdings immer nur dann eintreten, wenn für die Eltern die Bedarfskriterien nach § 24 Abs. 3 SGB VIII erfüllt sind, da aufgrund des § 24 Abs. 5 SGB VIII der Träger der öffentlichen Jugendhilfe nur in diesem Fall zur Gewährung einer laufenden Geldleistung verpflichtet ist. Siehe dazu ausführlich Kapitel 3, B. I. 1. a) bb) (5).

Selbständige anzusehen sind – angewiesen auf die Rückerstattung ihrer Unfallversicherungsbeiträge und der hälftigen Beiträge zu einer Kranken-, Pflege- und Rentenversicherung nach § 23 Abs. 2 S. 1 Nr. 3 SGB VIII.

c) Das Leitbild der selbständigen Tagespflegeperson im SGB VIII als Grund für die unzulängliche soziale Absicherung
Die eben beschriebenen Ungereimtheiten lassen sich nur dadurch erklären, dass den Regelungen zur sozialen Absicherung von Tagespflegepersonen nach § 23 Abs. 1 bis 3 i. V. m. § 24 SGB VIII das Leitbild der selbständigen Tagespflegeperson zugrunde liegt.[178] Im Bereich der öffentlich geförderten Tagespflege scheint der Gesetzgeber diese Variante nicht bedacht zu haben – obwohl er in § 22 SGB VIII die Möglichkeit der Kindertagespflege auch im Haushalt der Eltern vorgesehen hat und dies durchaus für ein abhängiges Beschäftigungsverhältnis sprechen kann.[179] Dafür spricht vor allem die Tatsache, dass die Erstattung von Sozialversicherungsbeiträgen nach § 23 Abs. 2 Nr. 3 und 4 SGB VIII auf abhängige Beschäftigungsverhältnisse nicht passt, die Gewährung der Geldleistung aber auch nicht vom Status einer Person abhängig gemacht wurde. Vielmehr scheint der Gesetzgeber nach wie vor davon auszugehen, dass abhängig beschäftigte Tagespflegepersonen durch die Eltern als Arbeitgeber sozialversicherungsrechtlich abgesichert werden, ohne die Änderungen, die sich diesbezüglich durch die Neuregelung des § 90 SGB VIII ergeben, gesehen zu haben.

Das Leitbild der selbständigen Tagespflegeperson spiegelt sich aber nicht nur in diesen Unstimmigkeiten wider, sondern auch darin, dass für die Tätigkeit als Tagespflegeperson keine klassische Berufsausbildung notwendig ist und dieses fehlende Berufsbild dazu führt, dass Tagespflegepersonen in der Regel nicht in ein Angestelltenverhältnis durch einen öffentlichen oder freien Träger der Jugendhilfe genommen werden.[180] Zwar hat der Gesetzgeber inzwischen erkannt, dass für eine Qualitätssteigerung in der Kindertagespflege eine gewisse soziale Absicherung von Tagespflegepersonen erforderlich ist.[181] Durch die Regelungen in § 23 Abs. 2 SGB VIII kann jedoch – wie oben festgestellt – nur unter bestimmten Bedingungen ein gewisser Sozialschutz erreicht werden. Aber auch der Umstand, dass das SGB VIII keinerlei Regelungen vorsieht, die Tagespflegepersonen eine Entgeltfortzahlung im Krankheits- und Urlaubsfalle gewährt, spricht letztlich für das Leitbild der selbständigen Tagespflegeperson im SGB VIII.

---

178 Zu diesem Ergebnis kommt auch der Bundesverband der Unfallkassen, siehe dazu Rundschreiben 332/2005 vom 26. Oktober 2005 des Bundesverbandes der Unfallkassen in Anlage 5.
179 Siehe dazu Kapitel 2, C. I.
180 Siehe dazu Kapitel 1, A. II. 2. a) aa).
181 So ausdrücklich die Gesetzesbegründung zum KiföG, BT-Drucks. 16/9299, S. 32.

Letztendlich ist aber auch die Motivation des Gesetzgebers bei der Gesetzesinitiative zum Tagesbetreuungsausbaugesetz nicht zu vergessen, die neben einer Qualitätssteigerung der Kindertagespflege auch immer die finanzielle Seite im Blick hatte, da mit der Gesetzesinitiative die Hoffnung verbunden war, Kinderbetreuung durch Kindertagespflege kostengünstiger gestalten zu können als durch den Ausbau von Tageseinrichtungen.[182] Wichtiger Aspekt für eine kostengünstige Gestaltung ist aber, dass Tagespflegepersonen eben nicht vom Träger der öffentlichen Jugendhilfe in ein Angestelltenverhältnis genommen werden, da die Kosten sonst mit denen für Tageseinrichtungen – abgesehen von den weiteren Kosten, die für Tageseinrichtungen entstehen, wie Bau- und Investitionskosten sowie Kosten für Organisation und Verwaltung – annähernd gleich wären. Daraus ist zu schließen, dass der Gesetzgeber die Kindertagespflege vor allem durch selbständige Tagespflegepersonen fördern wollte.

Die Tatsache, dass dem SGB VIII das Leitbild der selbständigen Tagespflegeperson zugrunde liegt, führt aber im Endeffekt gerade dazu, dass Tagespflegepersonen durch das SGB VIII keine umfassende soziale Absicherung erhalten. Die Regelungen des § 23 Abs. 1 bis 3 i. V. m. § 24 SGB VIII sind mithin für die soziale Absicherung von Tagespflegepersonen nur bedingt förderlich.

d) Bedeutung der Regelungen des SGB II
Wie schon in der Einleitung angerissen, besteht im SGB II die Möglichkeit, die soziale Absicherung von Tagespflegepersonen im unteren Einkommensbereich zumindest abzufedern. So kann eine Tagespflegeperson zusätzlich zu ihrem Einkommen aus der Tagespflegetätigkeit Arbeitslosengeld II beantragen, wenn ihr Einkommen aus der Erwerbstätigkeit zur Existenzsicherung nicht ausreicht. Wie hoch diese Unterstützung über das Arbeitslosengeld II ist, richtet sich allerdings danach, in welcher Höhe das Einkommen aus der Tagespflegetätigkeit angerechnet wird. Dies richtet sich nach § 11 SGB II. Gemäß § 11 Abs. 1 SGB II sind grundsätzlich alle Einnahmen in Geld oder Geldeswert als Einkommen zu berücksichtigen. Davon gibt es jedoch etliche Ausnahmen, die in § 11 Abs. 1, 3 und 4 SGB II festgelegt sind.

So sind nach § 11 Abs. 3 Nr. 1a) SGB II zweckbestimmte Einnahmen, die einem anderen Zweck als das Arbeitslosengeld II/Sozialgeld dienen und die Lage des Empfängers nicht so günstig beeinflussen, dass daneben Leistungen nach diesem Buch nicht gerechtfertigt wären, nicht als Einkommen zu berücksichtigen. Nach den Durchführungshinweisen der BA zu § 11 SGB II zählte zu diesen zweckbestimmten Einnahmen der Aufwendungsersatz nach § 23 Abs. 2 Nr. 1 SGB VIII bei

---
182 Siehe dazu ebenfalls Kapitel 1, A. II. 1. b) dd).

nicht gewerbsmäßiger Pflege; eine Einzelfallprüfung sollte in Abweichung dazu ab einer Betreuung von sechs Kindern erfolgen.[183] Dagegen war nach den Durchführungshinweisen der BA das Erziehungsgeld nach § 23 Abs. 2 Nr. 2 SGB VIII als Einkommen zu berücksichtigen, wenn es eine halbe monatliche Regelleistung überstieg.[184] Dies galt nach den Durchführungshinweisen der BA aber nur für das Pflegegeld, welches eine Tagespflegeperson vom Träger der öffentlichen Jugendhilfe erhielt.

Diese Praxis der BA war höchst umstritten,[185] sodass der Gesetzgeber durch das Gesetz zur Fortentwicklung der Grundsicherung für Arbeitsuchende vom 20.07.2006 den Absatz 4 in § 11 SGB II eingeführt hat.[186] Danach ist abweichend von den Absätzen 1 bis 3 der Teil des Pflegegeldes nach dem SGB VIII, der für den erzieherischen Einsatz gewährt wird, für das erste und zweite Pflegekind nicht, für das dritte Pflegekind zu 75 % und für das vierte und jedes weitere Pflegekind in voller Höhe als Einkommen zu berücksichtigen. Nach dieser Gesetzesänderung, die am 01.01.2007 in Kraft trat, soll nach dem Willen des Gesetzgebers die Einkommensanrechnung auch für Tagespflegepersonen über § 11 Abs. 4 SGB II erfolgen.[187] Problematisch an dieser Regelung ist jedoch, dass der Begriff „Pflegegeld" als solcher im SGB VIII überhaupt nicht verwendet wird, sodass sich die Frage stellt, ob § 11 Abs. 4 SGB II auf Tagespflegepersonen anwendbar ist.

Dies ist eine äußerst schwierige Rechtsfrage, die bislang nur von wenigen Gerichten[188] erörtert und wohl letztendlich höchstrichterlich entschieden werden muss. Für eine Anwendung des § 11 Abs. 4 SGB II auch auf die Tagespflege spricht vor allem, dass der Gesetzgeber – wie eben schon erwähnt – die Tagespflegepersonen ausdrücklich angesprochen hat.[189] Dagegen sprechen aller-

---

183 Durchführungshinweise der BA zu § 11 SGB II, Rn. 11.36 und 11.36d, zu finden unter http://www.tacheles-sozialhilfe.de, letzter Aufruf 07.03.2006. So auch Hengelhaupt in: Hauck/Noftz, SGB II, Stand: Grundwerk XI/04, K § 11 Rn. 228.
184 Durchführungshinweise der BA zu § 11 SGB II, Rn. 11.36d, zu finden unter http://www.tacheles-sozialhilfe.de, letzter Aufruf 07.03.2006. Zu diesem Ergebnis kommt auch das SG Hamburg in seinem Beschluss vom 07.03.2005, Az: S 51 AS 88/05 ER, mit der Begründung, dass das Erziehungsgeld „jedenfalls auch den Charakter eines Honorars trägt, angesichts dessen die Lage seiner Empfänger so günstig beeinflusst wird, dass daneben Leistungen nach dem SGB II nicht gerechtfertigt wären".
185 Vgl. dazu Steck/Kossens, NZS 2006, 462, 463, sowie Peters, NDV 2005, 316, 323.
186 Fahlbusch in: Rolfs/Giesen/Kreikebohm/Udsching, Beck'scher Online-Kommentar Sozialrecht, § 11 SGB II Rn. 27.
187 Siehe dazu BT-Drucks. 16/1410, S. 21.
188 So z. B. vom LSG Mecklenburg-Vorpommern, Beschluss vom 03.04.2008, Az: L 10 B 313/07.
189 So auch Hohm/Klaus, GK-SGB II, VI – § 11 Rn. 448; LSG Mecklenburg-Vorpommern vom 18.12.2008, Az: L 8 AS 60/08.

dings diverse Aspekte der teleologischen Auslegung. Grund dafür ist vor allem der unterschiedliche Hintergrund von Vollzeitpflege und Kindertagespflege: Bei der Vollzeitpflege, die von Pflegeeltern ausgeübt wird, steht der ehrenamtliche sozialbetreuerische Aspekt im Vordergrund und weniger eine Einkommenserzielungsabsicht. Tagespflegepersonen betreuen Kinder dagegen vorrangig, um aus der Tätigkeit Einkommen zu erzielen. Aus diesem Grund werden die beiden Tätigkeiten auch in anderen Rechtsbereichen durchaus erheblich unterschiedlich behandelt.[190] Angesichts der niedrigen Einnahmen durch die Tagespflegetätigkeit und der Tatsache, dass sich das Einkommen einer Tagespflegepersonen gem. § 23 Abs. 2 SGB VIII aus Aufwendungsersatz und Anerkennungsbeitrag für die Förderleistung zusammensetzt, ist jedoch grundsätzlich dafür zu plädieren, auch den Anerkennungsbeitrag einer Tagespflegeperson als Teil des Pflegegeldes, der für den erzieherischen Einsatz gewährt wird, nach § 11 Abs. 4 SGB II zu privilegieren.[191]

Ein weiteres Problem besteht darin, in welcher Höhe der Betrag für den erzieherischen Einsatz pro Kind und Monat zu bewerten ist. Nach der Gesetzesbegründung ist dieser nach den Empfehlungen des Deutschen Vereins für öffentliche und private Fürsorge e. V. mit 202 Euro pro Kind und Monat anzusetzen.[192] Eine solche Empfehlung gibt es jedoch nicht. Der Gesetzgeber ist hier wohl einem Missverständnis unterlegen: Die vom Gesetzgeber in Bezug genommene Empfehlung bezieht sich ausschließlich auf die Ausgestaltung der sog. Pflegegelder in der Vollzeitpflege. In seinen früheren Empfehlungen hatte der Deutsche Verein die Höhe der laufenden Geldleistungen in der Kindertagespflege zwar denen in der Vollzeitpflege angeglichen bzw. diese als Bemessungsgrundlage für die Beiträge in der Kindertagespflege genommen. Davon ist der Deutsche Verein aber bereits in seinen Empfehlungen zur Ausgestaltung der Kindertagespflege 2005 abgewichen und hat dies auch noch mal in seinem ergänzenden Diskussionspapier zur Kindertagespflege 2008 klargestellt.[193] In diesem Sinne hat auch das SG

---

190 So z. B. im Steuerrecht oder auch in der gesetzlichen Rentenversicherung; siehe zu dieser Argumentation ausführlich LSG Mecklenburg-Vorpommern, Beschluss vom 03.04.2008, Az: L 10 B 313/07.
191 Auch dies war bis zum Inkrafttreten des § 11 Abs 4 SGB II umstritten; siehe dazu bspw. Sächsisches LSG vom 28.07.2006, Az: L 3107/06 AS-ER; LSG Hamburg vom 16.05.2006, Az: L 5 B 136/05 ER AS, NDV-RD 2006, 83 ff; LSG Mecklenburg-Vorpommern vom 27.03.2006, Az: L 8 AS 2/05.
192 BT-Drucks. 16/1410, S. 21. Die BA hatte demgegenüber in ihren fachlichen Hinweisen für die Zeit seit dem 01.01.2007 einen Betrag von 209 Euro zugrunde gelegt; siehe dazu DA-BA zu § 11, Rn. 11.118.
193 So die ausdrückliche Klarstellung des Deutschen Vereins für öffentliche und private Fürsorge e. V. auf eine Anfrage meinerseits per Mail mit dem Verweis auf: Überarbeitete Empfehlungen des Deutschen Vereins zur Ausgestaltung der Kindertagespflege nach den §§ 22, 23, 24 SGB VIII v. 28.9.2005, 3.2, sowie Diskussionspapier des Deutschen Vereins zur

Hamburg[194] entschieden: Bei der Berechnung des bei mehr als zwei betreuten Kindern anzurechnenden Einkommens ist für jedes Kind derselbe, nämlich der – auf die konkrete Gruppe betreuter Kinder bezogen – durchschnittliche tatsächlich gezahlte Erziehungsgeldbetrag zu Grunde zu legen.[195]

Durch die Regelung des § 11 Abs. 4 SGB II ist zwar ein gewisser „Sockelschutz" für Tagespflegepersonen gegeben, allerdings ist dies nicht unproblematisch, da Tagespflegepersonen eigentlich so angemessen bezahlt werden sollten, dass sie nicht mehr auf die Grundsicherung nach dem SGB II angewiesen sind. Die Abfederung durch das SGB II ermöglicht es den Tagespflegepersonen also lediglich, nicht unter dem Existenzminimum leben zu müssen.

II. Möglichkeiten im Sozialversicherungsrecht

Da es in Deutschland generell für bestimmte Beschäftigungsgruppen und damit im Besonderen auch für Tagespflegepersonen in den Gemeinsamen Vorschriften für die Sozialversicherung nach dem SGB IV keine speziellen sozialversicherungsrechtlichen Regelungen bspw. in Form einer Typisierung gibt, hängt der sozialversicherungsrechtliche Schutz grundsätzlich vom jeweiligen Status der Tagespflegepersonen ab.[196] Das deutsche Sozialversicherungsrecht kennt Typisierungen allerdings insofern, als bestimmte Selbständigengruppen in der gesetzlichen Renten- und Unfallversicherung pflichtversichert sind. Für Tagespflegepersonen, die als Selbständige eingeordnet werden, könnte deshalb in Ausnahme dazu, dass vom sozialversicherungsrechtlichen Schutz grundsätzlich nur Beschäftigte i.S.v. § 7 Abs. 1 SGB IV umfasst sind, eine Versicherungspflicht nach § 2 Nr. 1 oder Nr. 2 SGB VI bzw. nach § 2 Abs. 1 Nr. 9 SGB VII in Betracht kommen.

1. Abhängig beschäftigte Tagespflegepersonen

Im Grundsatz unterliegen abhängig beschäftigte Tagespflegepersonen der Versicherungspflicht in allen Sozialversicherungszweigen. Hinsichtlich der Versicherungspflicht hat der Gesetzgeber jedoch für geringfügig Beschäftigte Ausnahme-

---

qualitativen, rechtlichen und finanziellen Ausgestaltung der Kindertagespflege – Ergänzung der Empfehlungen von 2005 v. 26.2.2008, siehe 4.
194 Urteil vom 09.04.2008, Az: S 53 AS 580/07.
195 Siehe dazu auch Brühl in: LPK-SGB II, § 11 Rn. 58; Hohm/Klaus, GK-SGB II, VI – § 11 Rn. 444 f.
196 So gibt es bspw. in Frankreich folgende Typisierung: Nach dem Code de la Securité sociale Art. L311-3 sind z. B. alle Journalisten, die auf Honorarbasis arbeiten, alle Künstler, Schauspieler und Autoren, Gepäckträger und auch Personen, die gegen Entgelt in ihrer Wohnung fremde Kinder betreuen (Art. L311-3, lit. 10°) kraft Gesetz im allgemeinen Sozialversicherungssystem, und zwar unabhängig vom Status und von der Höhe des Einkommens. Siehe dazu auch Bieback, WSI Mitteilungen 2000, 810, 812.

regelungen geschaffen. Darüber hinaus gibt es bei einem Einkommen zwischen 400,01 Euro und 800,00 Euro im Monat (sog. Gleitzone) Abweichungen bei der Beitragsberechnung.

a) „Normal" abhängig beschäftigte Tagespflegepersonen
Sind Tagespflegepersonen als Beschäftigte i.S.v. § 7 Abs. 1 SGB IV zu qualifizieren, sind sie nach § 24 Abs. 1 i. V. m. § 25 Abs. 1 SGB III in der Arbeitslosenversicherung pflichtversichert. Gemäß § 346 Abs. 1 SGB III werden die Beiträge von den versicherungspflichtig Beschäftigten und den Arbeitgebern je zur Hälfte getragen. Weiterhin sind abhängig beschäftigte Tagespflegepersonen als Angestellte nach § 5 Abs. 1 Nr. 1 SGB V in der gesetzlichen Krankenversicherung pflichtversichert. Gem. § 249 Abs. 1 SGB V werden die Beiträge je zur Hälfte von Arbeitgeber und Beschäftigtem getragen. Parallel dazu sind Tagespflegepersonen gem. § 20 Abs. 1 S. 2 Nr. 1 SGB XI in der sozialen Pflegeversicherung versicherungspflichtig, und die Beiträge werden ebenfalls je zur Hälfte von Arbeitgeber und Beschäftigten getragen, siehe § 58 Abs. 1 S. 1 SGB XI. In der gesetzlichen Rentenversicherung sind Beschäftigte i.S.v. § 7 Abs. 1 SGB IV nach § 1 S. 1 Nr. 1 SGB VI versicherungspflichtig. Auch hier werden die Beiträge gem. § 168 Abs. 1 Nr. 1 SGB VI zur Hälfte von Arbeitgeber und Versichertem gezahlt. Die Unfallversicherungspflicht ergibt sich für abhängig beschäftigte Tagespflegepersonen aus § 2 Abs. 1 Nr. 1 SGB VII. In Ausnahme zu allen anderen Sozialversicherungszweigen sind nach § 150 Abs. 1 S. 1 SGB VII jedoch allein die Unternehmer, sprich die Eltern als Arbeitgeber beitragspflichtig. Das ergibt sich daraus, dass Eltern, die eine Tagespflegeperson beschäftigen, Unternehmer i.S.v. § 136 Abs. 3 Nr. 1 SGB VII sind.[197]

Durch die Pflichtversicherung in allen Sozialversicherungszweigen kommen abhängig beschäftigte Tagespflegepersonen, die nicht i. S. d. § 8 Abs. 1 SGB IV geringfügig beschäftigt sind, in den Genuss aller Leistungen, die die einzelnen Sozialversicherungszweige bieten.

b) Geringfügig beschäftigte Tagespflegepersonen
Gemäß § 8 Abs. 1 Nr. 1 SGB IV liegt eine geringfügige Beschäftigung vor, wenn das Arbeitsentgelt aus dieser Beschäftigung regelmäßig 400 Euro im Monat nicht übersteigt.[198] Darüber hinaus liegt nach § 8 Abs. 1 Nr. 2 SGB VIII – grundsätzlich unabhängig von der Entgelthöhe – eine geringfügige Beschäftigung bei einer Be-

---

[197] Siehe dazu auch R. Schlegel in: Schulin, HS-UV, § 20 Rn. 40.
[198] Die Formulierung, dass das Arbeitsentgelt regelmäßig nicht 400,00 Euro im Monat übersteigen darf, bedeutet, dass das durchschnittliche Entgelt zählt, was z. B. bei Sonderzahlungen wie Weihnachtsgeld o. ä. eine Rolle spielen kann. Siehe dazu Knospe in: Hauck/Noftz, SGB IV, K § 8 Rn. 26.

schäftigung von bis zu zwei Monaten oder 50 Arbeitstagen vor, es sei denn, die Beschäftigung wird berufsmäßig ausgeübt und die Entgeltgrenze übersteigt 400 Euro im Monat.[199]

Nach § 8 Abs. 2 SGB VIII sind mehrere entgelt- und mehrere zeitgeringfügige Beschäftigungen bei verschiedenen Arbeitgebern – auch in Privathaushalten – zusammenzurechnen. Allerdings kann eine geringfügige Beschäftigung neben einer sozialversicherungspflichtigen Beschäftigung ausgeübt werden, ohne dass eine Zusammenrechnung erfolgt; siehe § 8 Abs. 2 S. 1 SGB IV.

In § 8a SGB IV ist die geringfügige Beschäftigung in Privathaushalten geregelt. Eine solche liegt vor, wenn sie durch einen privaten Haushalt begründet ist und die Tätigkeit sonst gewöhnlich durch Mitglieder des privaten Haushalts erledigt wird. Diese Form der geringfügigen Beschäftigung kann in der Kindertagespflege dann in Betracht kommen, wenn die Tagespflegeperson die Kinder im Haushalt der Personensorgeberechtigten betreut. In diesen Fällen erklärt § 8a SGB IV die Anwendbarkeit des § 8 SGB IV. Diese Vorschrift hat jedoch insoweit keine große eigenständige Bedeutung, als von § 8 SGB IV auch ohne den deklaratorischen Hinweis in § 8a SGB IV geringfügige Beschäftigungen in Privathaushalten umfasst sind.[200]

Bei Vorliegen der in § 8 Abs. 1 SGB IV genannten Voraussetzungen sind die Beschäftigten in fast allen Zweigen der Sozialversicherung versicherungsfrei.[201] Nach § 249b S. 1 SGB V hat jedoch der Arbeitgeber eines geringfügig Beschäftigten i.S.v. § 8 Abs. 1 Nr. 1 SGB IV einen Pauschalbeitrag von 13 % aus dieser Beschäftigung an die zuständige Einzugsstelle nach § 28i S. 5 SGB IV[202] abzufüh-

---

199 Diese Alternative der geringfügigen Beschäftigung nach § 8 Abs. 1 Nr. 2 SGB VIII dürfte auf dem Gebiet der Kindertagespflege jedoch so gut wie nicht vorkommen, weil Kindertagespflege in den meisten Fällen für einen längeren Zeitraum in Anspruch genommen wird.
200 Die Relevanz der Vorschrift beschränkt sich im Grunde nur auf die Legaldefinition der geringfügigen Beschäftigung in Privathaushalten und auf Vorschriften, die diese Gesetzesdefinition in Bezug nehmen. Siehe dazu ausführlich Knospe in: Hauck/Noftz, SGB IV, K § 8a Rn. 1-3.
201 Siehe dazu § 7 SGB V. Für die Pflegeversicherung ergibt sich die Versicherungsfreiheit aus § 20 Abs. 1 S. 1, S. 2 Nr. 1 SGB XI, § 5 Abs. 2 SGB VI, § 27 Abs. 2 S. 1 SGB III. In der Unfallversicherung sind geringfügig Beschäftigte nach § 2 Abs. 1 Nr. 1 SGB VII gesetzlich versichert, da die Unfallversicherung bei der Versicherungspflicht keine Einschränkungen oder Differenzierungen hinsichtlich der Entgelthöhe kennt. Der Grund dafür ist, dass bei einem Beschäftigungsverhältnis – unabhängig von der Entgelthöhe – Schutz gegen betriebliche Risiken bestehen soll (W. Gitter/V. Nunius in: Schulin, HS-UV, § 5 Rn. 143).
202 Nach § 28i S. 5 SGB IV ist die zuständige Einzugsstelle bei geringfügiger Beschäftigung die Deutsche Rentenversicherung Knappschaft-Bahn-See/Verwaltungsstelle Cottbus als Träger der Rentenversicherung.

ren, vorausgesetzt, der Beschäftigte ist aufgrund anderer Umstände Versicherter der gesetzlichen Krankenversicherung.[203] Für geringfügig Beschäftigte nach § 8 Abs. 1 Nr. 2 SGB IV trifft den Arbeitgeber keine Beitragspflicht. Für geringfügig Beschäftigte in Privathaushalten nach § 8a SGB IV hat der Arbeitgeber nach § 249b S. 2 SGB V einen geringeren Beitrag zu tragen, und zwar in Höhe von 5 %.[204] Für geringfügig Beschäftigte in Privathaushalten gilt die Voraussetzung, dass sie aufgrund anderer Umstände Versicherte der gesetzlichen Krankenversicherung sind, nicht.[205]

Ähnliches gilt für die Rentenversicherung. Nach § 172 Abs. 3 und 3a SGB VI hat der Arbeitgeber für Beschäftigte nach §§ 8 Abs. 1 Nr. 1, 8a SGB IV einen Beitrag von 15 % bzw. 5 % des Arbeitsentgeltes an die Bundesknappschaft zu entrichten. Die Voraussetzung, dass der Beschäftigte anderweitig Versicherter sein muss, ist in der Rentenversicherung, im Gegensatz zu den Vorschriften des SGB V, nicht zu erfüllen.

Zusätzlich muss der Arbeitgeber nach § 40a Abs. 2 EStG grundsätzlich für Beschäftigte nach §§ 8 Abs. 1 Nr. 1, 8a SGB IV eine pauschale Lohnsteuer einschließlich Solidaritätszuschlag und Kirchensteuer in Höhe von 2 % an die Bundesknappschaft[206] abführen.[207]

Hinzu kommt, dass Eltern aufgrund der Pflichtversicherung geringfügig Beschäftigter nach § 2 Abs. 1 Nr. 1 SGB VII, gem. § 150 Abs. 1 S. 1 i. V. m. § 136 Abs. 3 Nr. 1 SGB VII die Beiträge zur gesetzlichen Unfallversicherung zu tragen haben. In Privathaushalten hat der Arbeitgeber einen einheitlichen Unfallversicherungsbeitrag von 1,6 % zu zahlen.[208]

---

203 Das bedeutet, dass die Vorschrift nur für Arbeitgeber von geringfügig Beschäftigten gilt, die entweder anderweitig versicherungspflichtig, freiwillig versichert oder familienversichert sind. Siehe dazu KassKomm/Peters, § 249b SGB V Rn. 14; Knospe in: Hauck/Noftz, SGB IV, K § 8 Rn. 39; Gerlach in: Hauck/Noftz, SGB V, K § 249b Rn. 12 f.

204 Diesbezüglich zeigt sich die Relevanz der Vorschrift des § 8a SGB IV in der Kindertagespflege, da von diesem Vorteil nur Eltern profitieren, die eine Tagespflegeperson in ihrem eigenen Haushalt beschäftigen.

205 Siehe zur problematischen Seite dieses Unterschiedes zwischen S. 1 und S. 2 des § 249b SGB V Knospe in: Hauck/Noftz, SGB IV, K § 8 Rn. 41.

206 Für die Erhebung der einheitlichen Pauschalsteuer in Höhe von 2 % ist nach § 40a EStG die Bundesknappschaft/Verwaltungsstelle Cottbus zuständig.

207 Für geringfügig Beschäftigte nach § 8 Abs. 1 Nr. 2 SGB IV sieht das EStG keine Regelung vor. Die kurzzeitige Beschäftigung nach § 40a Abs. 1 EStG ist mit der geringfügigen Beschäftigung nach § 8 Abs. 1 Nr. 2 SGB IV nicht identisch.

208 Siehe dazu die Information des Bundesministeriums für Arbeit und Soziales in einer Broschüre zur geringfügigen Beschäftigung, zu finden unter http://www.bmas.de/coremedia/generator/3636/property=pdf/a630__geringfuegige__beschaeftigung__433.pdf, letzter Aufruf 22.08.2009.

Kapitel 3: Möglichkeiten der sozialen Absicherung im geltenden Recht

c) Abhängig beschäftigte Tagespflegepersonen in der Gleitzone

Eine Gleitzone nach § 20 Abs. 2 SGB IV liegt vor, wenn das aus einem Beschäftigungsverhältnis „erzielte Arbeitsentgelt zwischen 400,01 Euro und 800,00 Euro im Monat liegt und die Grenze von 800,00 Euro im Monat regelmäßig nicht überschreitet;[209] bei mehreren Beschäftigungsverhältnissen ist das insgesamt erzielte Arbeitsentgelt maßgebend."

Die Gleitzonenregelung hat zur Folge, dass für die Beitragsberechnung des Arbeitnehmeranteils[210] zur Kranken-, Pflege-, Renten- und Arbeitslosenversicherung nach § 226 Abs. 4 SGB V, § 57 Abs. 1 SGB XI i. V. m. § 226 Abs. 4 SGB V, § 163 Abs. 10 SGB VI und § 344 Abs. 4 SGB III als beitragspflichtige Einnahme nicht das tatsächlich erzielte Arbeitsentgelt, sondern ein nach einer gesetzlich vorgeschriebenen Formel zu berechnender reduzierter Betrag zugrunde gelegt wird. Durch diese Berechnung soll verhindert werden, dass Arbeitnehmer beim Überschreiten der 400-Euro-Grenze des § 8 Abs. 1 Nr. 1 SGB IV sofort mit dem vollen Beitragsanteil von ca. 21 % belastet werden.[211] So beginnt der Betragssatz für alle Sozialversicherungssysteme am Beginn der Gleitzone (400,01 Euro) bei 9 % und endet am oberen Ende der Gleitzone (800,00 Euro) beim regulären Satz von knapp 21 %.[212]

Der Arbeitgeberanteil wird von der Gleitzone dagegen nicht berührt, d. h., der Arbeitgeber hat seinen vollen Beitragsanteil von in der Regel knapp 21 % zu tragen.

---

209 Die Formulierung, dass das Arbeitsentgelt monatlich die Grenze von 800,00 Euro regelmäßig nicht überschreiten darf, bedeutet – wie auch im Rahmen der 400-Euro-Jobs –, dass das durchschnittliche Arbeitsentgelt zählt. Dies spielt z. B. eine Rolle bei Sonderzahlungen, die hierbei Berücksichtigung finden müssen. Siehe dazu Knospe in: Hauck/Noftz, SGB IV, K § 8 Rn. 26.
210 Nach § 20 Abs. 1 SGB IV werden die Beiträge zur Sozialversicherung vom Versicherten, vom Arbeitgeber und von Dritten getragen. In der Kranken-, Pflege- und Rentenversicherung sowie im Bereich der Arbeitsförderung tragen die versicherungspflichtig Beschäftigten in der Regel die Hälfte des Beitrages, die andere Hälfte trägt der Arbeitgeber. Nur im Bereich der Unfallversicherung hat allein der Arbeitgeber als Versicherter die Beiträge zu zahlen. Informativ dazu auch Udsching in: Hauck/Noftz, SGB IV, K § 20 Rn. 4 ff.
211 Bei einer vollen Beitragslast würde ein Arbeitnehmer mit brutto 500 Euro netto nicht mehr ausgezahlt bekommen als bei 400 Euro brutto. Informativ zur Gleitzone Denzler, Die Gleitzone: ein neues Rätsel der Sozialversicherung?, zu finden unter http://www.400-euro.de/400/Gleitzone.html, letzter Aufruf 20.08.2009.
212 Siehe dazu die Information des Bundesministeriums für Arbeit und Soziales in einer Broschüre zur geringfügigen Beschäftigung, zu finden unter http://www.bmas.de/coremedia/generator/3636/property=pdf/a630_geringfuegige_beschaeftigung_433.pdf, letzter Aufruf 22.08.2009.

2. Tagespflegepersonen als arbeitnehmerähnliche Personen
Wie schon oben erwähnt,[213] gibt es den Typus der arbeitnehmerähnlichen Person im Sozialversicherungsrecht nicht ausdrücklich. In § 12 Abs. 1 und 2 SGB IV sind nur Regelungen für die Unterformen Heimarbeiter und Hausgewerbetreibende vorgesehen. Tagespflegepersonen können jedoch – wie ebenfalls schon festgestellt[214] – weder als Hausgewerbetreibende noch als Heimarbeiter oder ihnen Gleichgestellte angesehen werden, sodass die Regelungen des § 12 Abs. 1 und 2 SGB IV für Tagespflegepersonen keinerlei Wirkung entfalten.

Ist eine Tagespflegeperson dem Status der arbeitnehmerähnlichen Person zuzuordnen, könnte sie jedoch nach § 2 Abs. 2 S. 1 SGB VII in der gesetzlichen Unfallversicherung pflichtversichert sein, wenn sie wie ein Beschäftigter tätig wird. Eine solche beschäftigungsähnliche Tätigkeit wird nach ständiger Rechtsprechung des BSG immer dann angenommen, wenn es sich um Tätigkeiten handelt,[215] die auch in einem Arbeitsverhältnis erbracht werden könnten und bei denen die äußeren Umstände ähnlich denen eines Beschäftigungsverhältnisses sind.[216] Die Voraussetzungen im Einzelnen für eine beschäftigungsähnliche Tätigkeit sind:

(1) die Tätigkeit hat wirtschaftlichen Wert und dient einem Unternehmen i.S.v. § 121 SGB VII, in dem der Handelnde nicht bereits als Beschäftigter i.S.v. § 1 Nr. 1 SGB VII versichert ist;
(2) die Tätigkeit entspricht dem wirklichen oder mutmaßlichen Willen des Unternehmers;
(3) die Tätigkeit kann ihrer Art nach von Arbeitnehmern verrichtet werden;
(4) die Tätigkeit wird konkret unter arbeitnehmerähnlichen Umständen vorgenommen.

Bei der Prüfung dieser Voraussetzungen kommt es nach der Rechtsprechung des BSG nicht auf die unmittelbar zum Unfall führende Tätigkeit an, sondern auf das Gesamtbild der tatsächlichen oder beabsichtigten Tätigkeit.[217]

Um feststellen zu können, ob Kindertagespflege als beschäftigungsähnliche Tätigkeit angesehen werden kann und Tagespflegepersonen damit unter die Versicherungspflicht nach § 2 Abs. 2 S. 1 SGB VII fallen, ist also mit der ständigen Rechtsprechung des BSG anhand des Gesamtbildes der Tätigkeit einer Tagespfle-

---
213 Siehe dazu Kapitel 2, B. I. 4. a).
214 Siehe oben Kapitel 3, A. II. 1. c) bb).
215 KassKomm/Ricke, § 2 SGB VII Rn. 104.
216 Siehe dazu zuletzt BSG v. 24.03.1998, Az: B 2 U 13/97 R, NJW 1999, 446, 447. Ausführlich zur diesbezüglichen Rechtsprechung des BSG Kapitel 2, B. III. 2. c).
217 Siehe dazu nur BSG v. 24.01.1991, Az: 2 RU 44/90, SozR 3-2200, § 539 Nr. 8.

geperson zu prüfen, ob die einzelnen Voraussetzungen für Tagespflegepersonen erfüllt sein können.

a) *Kindertagespflege als beschäftigungsähnliche Tätigkeit i.S.v. § 2 Abs. 2 S. 1 SGB VII*

Kindertagespflege könnte immer dann als beschäftigungsähnliche Tätigkeit in Betracht kommen, wenn Tagespflegepersonen weder als abhängig Beschäftigte noch als Selbständige tätig sind.

aa) *Wirtschaftlich wertvolle und einem Unternehmen dienende Tätigkeit*

Im Rahmen dieser Voraussetzung ist zunächst zu klären, ob der Privathaushalt Unternehmen i.S.v. § 121 SGB VII sein kann. Nach § 121 SGB VII sind Unternehmen als Betriebe, Verwaltungen, Einrichtungen und Tätigkeiten zu verstehen. Der Privathaushalt könnte dabei in die Unterkategorie der Tätigkeiten fallen. Davon sind Tätigkeiten aller Art umfasst: gewerbliche, gemeinnützige, soziale, karitative und freiberufliche, also auch Tätigkeiten privater Lebenshaltung bzw. -gestaltung.[218] Dabei ergibt sich letzteres unmittelbar aus dem Gesetz: So sieht dieses für Haushaltungen bzw. Haushaltsführende Sonderregelungen vor, z. B. in § 3 Abs. 2 Nr. 1 oder in § 4 Abs. 4 SGB VII. Daraus ergibt sich eindeutig, dass auch Privathaushalte vom Unternehmensbegriff des § 121 SGB VII umfasst sind.[219]

Weiterhin muss die Tätigkeit dem Unternehmen dienen. Dabei ist nicht jede Verrichtung, die einem Unternehmen objektiv nützlich ist, als dem Unternehmen dienlich anzusehen. Vielmehr ist auf die Handlungstendenz, die der Betroffene hat, abzustellen, d. h., eine Tätigkeit dient einem Unternehmen immer nur dann, wenn diese fremdwirtschaftlich auf die Belange des Unternehmens gerichtet ist.[220] Dies ist der Fall, wenn ein Unternehmen vorrangig und wesentlich unterstützt wird.[221] Dagegen ist bspw. beim Selbsternten gekauften Obstes[222] oder beim Besorgen von Brennholz für den eigenen Haushalt[223] von einer eigenwirtschaftlichen Tätigkeit auszugehen. Tagespflegepersonen werden ausschließlich für das „Unternehmen Privathaushalt" der Eltern des entsprechenden Kindes tätig, d. h., ihre Tätigkeit ist zweifelsfrei fremdwirtschaftlich im oben dargestellten Sinne.

---

218 KassKomm/Ricke, § 121 SGB VII Rn. 6.
219 KassKomm/Ricke, § 121 SGB VII Rn. 6. Vgl. dazu auch BSG v. 30.10.1962, Az: 2 RU 270/59, BSGE 18, 93, 94, sowie BSG v. 25.11.1992, Az: 2 RU 48/91, HV-INFO 1993, 301 ff.
220 Siehe zum Ganzen Riebel in: Hauck/Noftz, SGB VII, K § 2 Rn. 272 m. w. N.
221 BSG v. 13.10.1993, Az: 2 RU 53/92, SozSich 1994, 392 f.
222 BSG v. 28.06.1984, Az: 2 RU 63/83, BSGE 57, 91 ff.
223 LSG Rheinland-Pfalz v. 10.11.1993, Az: L 3 U 145/92, Breithaupt 1994, 1470 ff.

Außerdem muss die Tätigkeit von wirtschaftlichem Wert sein. Dies ist dann gegeben, wenn die Handlung betrieblichen Belangen dient. Insoweit ist der Versicherungsschutz für Fälle bejaht worden, in denen ein Rat erteilt,[224] Hilfe beim Manövrieren eines KfZ geleistet[225] oder nur ein Schriftstück entgegengenommen wurde.[226] Aus diesen Beispielen kann geschlossen werden, dass die Tätigkeit einer Tagespflegeperson auch den Belangen des „Unternehmens Privathaushalt" der Eltern dient, also von wirtschaftlichem Wert ist.

bb) Wirklicher oder mutmaßlicher Wille des Unternehmers
Als weitere Voraussetzung für die Annahme einer beschäftigungsähnlichen Tätigkeit i. S. d. § 2 Abs. 2 S. 1 SGB VII muss die Tätigkeit dem wirklichen oder mutmaßlichen Willen des Unternehmens entsprechen. Der wirkliche Wille ergibt sich dabei entweder aus einer ausdrücklichen Erklärung oder aus der wiederholten Duldung der Tätigkeit; nur wenn der wirkliche Wille nicht feststellbar ist, muss auf den mutmaßlichen Willen abgestellt werden.[227] Bei der Tätigkeit als Tagespflegeperson wird zwischen den Eltern und der Tagespflegeperson grundsätzlich ein Betreuungsvertrag geschlossen. Dieser enthält den ausdrücklichen Willen der Eltern, dass die Tagespflegeperson für die Betreuung ihrer Kinder tätig werden soll. Insofern ist auch diese Voraussetzung unproblematisch zu bejahen.

cc) Tätigkeit kann ihrer Art nach von Arbeitnehmern verrichtet werden
Die Tätigkeit muss ihrer Art nach von Personen verrichtet werden können, die in einem dem allgemeinen Arbeitsmarkt zugänglichen Beschäftigungsverhältnis stehen. Diese Voraussetzung ist sehr weit gefasst, da fast alle Tätigkeiten innerhalb eines Beschäftigungsverhältnisses ausgeübt werden können.[228] Hierzu zählen die Tätigkeiten nicht, die ausschließlich im Rahmen eines Ehrenamtes erbracht werden.[229]

Wie oben festgestellt,[230] kann die Tätigkeit als Tagespflegeperson durchaus im Rahmen eines Beschäftigungsverhältnisses erbracht werden – vor allem dann, wenn die Tätigkeit im Haushalt der Eltern erbracht wird, unter Umständen aber auch bei einer Tätigkeit im eigenen Haushalt oder im Haushalt eines anderen Personensorgeberechtigten. Darüber hinaus besteht grundsätzlich auch die Mög-

---

224 BSG v. 29.06.1966, Az: 2 RU 104/65, BSGE 25, 102, 104.
225 BSG v. 28.05.1957, Az: 2 RU 150/55, BSGE 5, 168, 174.
226 LSG Baden-Württemberg v. 28.10.1968, Az: L 10a Ua 814/68, Lauterbach-Kartei UV Nr. 7319 zu § 539 Abs. 2.
227 Riebel in: Hauck/Noftz, SGB VII, K § 2 Rn. 274.
228 Franke in: LPK-SGB VII, § 2 Rn. 215.
229 Riebel in: Hauck/Noftz, SGB VII, K § 2 Rn. 275; Franke in: LPK-SGB VII, § 2 Rn. 215.
230 Siehe dazu Kapitel 2, D. I.

lichkeit für Tagespflegepersonen, vom Träger der öffentlichen oder freien Jugendhilfe in ein Anstellungsverhältnis genommen zu werden.[231] Die Tätigkeit als Tagespflegeperson kann also ihrer Art nach von Arbeitnehmern verrichtet werden.

dd) Tätigkeit wird konkret unter arbeitnehmerähnlichen Umständen vorgenommen
Diese Voraussetzung verlangt weder eine persönliche oder wirtschaftliche Abhängigkeit, noch ist eine Eingliederung in das unterstützte Unternehmen erforderlich. Nach der Rechtsprechung des BSG darf die Tätigkeit aber nicht als Unternehmer oder als unternehmerähnliche Tätigkeit ausgeübt werden.[232]

Durch diese Voraussetzung sollen die Fälle ausgeschieden werden, die nach ihrem gesamten rechtlichen und tatsächlichen Erscheinungsbild – vor allem im Hinblick auf die Handlungstendenz und die Beziehungen der Beteiligten untereinander – denen der Tätigkeit eines Arbeitnehmers nicht vergleichbar sind.[233] Das gilt insbesondere für die Tätigkeiten, die ihrer Art nach eher extreme Ausnahmen einer Verrichtung durch Arbeitnehmer darstellen, was vor allem in privaten Bereichen häufig gegeben ist. Gerade in diesen Fällen ist besonders zu prüfen, ob die verrichteten Arbeiten typischerweise eher im Auftragswege vergeben werden.[234]

Für die Abgrenzung, ob eine unternehmerähnliche oder arbeitnehmerähnliche Beschäftigung vorliegt, ist vorrangig darauf abzustellen, ob die Tätigkeit als eigene Aufgabe wahrgenommen wird oder ob sie für einen fremden Haushalt ausgeübt wird.[235] Dafür hat das BSG in einem Fall, in dem es um die Betreuung eines Kindes durch die Großmutter ging, maßgeblich auf die konkrete Ausgestaltung der Betreuung abgestellt,[236] nicht aber auf das Unternehmerrisiko[237] der Großmutter. Allein die Tatsache, dass die Handlungstendenz der Großmutter nicht auf die eigenständige Erziehung des Kindes gerichtet war und das Kind nicht in den

---

231 So werden bspw. seit 01.08.2005 in Husum regelmäßig fünf Tagespflegepersonen vom Kinderschutzbund Nordfriesland regulär beschäftigt, die jeweils maximal vier Tageskinder betreuen. Siehe dazu Husumer Nachrichten vom 01.04.2005, „Tagesmütter-Projekt zur Nachahmung empfohlen".
232 Siehe dazu Franke in: LPK-SGB VII, § 2 Rn. 216 ff., sowie Riebel in: Hauck/Noftz, SGB VII, K § 2 Rn. 277 ff.
233 KassKomm/Ricke, § 2 SGB VII Rn. 108.
234 Siehe dazu ebenfalls KassKomm/Ricke, § 2 SGB VII Rn. 108.
235 Wiester in: Brackmann, Handbuch der Sozialversicherung, SGB VII, § 2 Rn. 867.
236 BSG v. 05.07.1994, Az: 2 RU 24/93, NZS 1995, 81, 82.
237 Zur Abgrenzung der Unternehmereigenschaft hat das BSG in seiner Rechtsprechung dagegen die Tragung des Unternehmerrisikos als wesentliches Charakteristikum angesehen; siehe dazu BSG, Beschluss v. 28.01.1993, Az: 2 BU 108/92, HV-INFO 1993, 1368 ff., sowie BSG v. 25.11.1992, Az: 2 RU 49/91, BB 1993, 1014 f.

Haushalt der Großmutter aufgenommen wurde, sondern weiterhin bei der Mutter wohnte, spräche schon für die Arbeitnehmerähnlichkeit der Tätigkeit.[238]

Unter Berücksichtigung dieses Urteils des BSG könnte zumindest für Tagespflegepersonen, die weder den Selbständigen zuzuordnen und damit auch nicht als Unternehmer i.S.v. § 136 Abs. 3 Nr. 1 SGB VII tätig sind,[239] noch als Beschäftigte i.S.v. § 7 Abs. 1 SGB IV tätig werden, grundsätzlich von einer arbeitnehmerähnlichen Tätigkeit auszugehen sein, da Tagespflegepersonen die Kinderbetreuung regelmäßig nicht als eigene Aufgabe wahrnehmen, sondern für einen anderen Haushalt tätig werden. Dafür spricht auch die Tatsache, dass das dem Betreuungsverhältnis zugrunde liegende Rechtsverhältnis kein Auftragsverhältnis, sondern ein Arbeits- oder Dienstverhältnis ist: Bei der Kindertagespflege handelt es sich mithin nicht um eine extreme Ausnahme im Vergleich zu einer Tätigkeit, die regelmäßig von Arbeitnehmern durchgeführt wird.

Von Unternehmerähnlichkeit wäre dagegen auszugehen, wenn der Tätigwerdende frei über die eigene Arbeitskraft, den Arbeitsort und die Arbeitszeit verfügen kann und entweder in gewisser Regelmäßigkeit und Häufigkeit tätig wird oder ein Unternehmerrisiko trägt.[240] Zwar werden Tagespflegepersonen in gewisser Regelmäßigkeit und Häufigkeit tätig und tragen, da sie ihre Dienstleistung auf dem freien Markt anbieten, auch ein gewisses Unternehmerrisiko. Die Kriterien der freien Verfügbarkeit bezüglich des Arbeitsortes und der Arbeitszeit sind dagegen für die Prüfung der Unternehmerähnlichkeit von Tagespflegepersonen ungeeignet, da sie aufgrund der Eigenart ihrer Tätigkeit Arbeitsort und Arbeitszeit vertraglich regeln müssen.[241] Lediglich hinsichtlich der freien Verfügbarkeit über die eigene Arbeitskraft ist zu vermuten, dass diese regelmäßig nicht vorliegen wird, weil Tagespflegepersonen für die Erreichung eines existenzsichernden Einkommens eine gewisse Anzahl von Kindern betreuen müssen, aber nach § 43 Abs. 3 SGB VIII bei einer Betreuung im eigenen Haushalt nur maximal fünf Kinder betreuen dürfen. Bei der Abwägung der Voraussetzungen, die für eine Un-

---

238 BSG v. 05.07.1994, Az: 2 RU 24/93, NZS 1995, 81, 82. Siehe dazu auch Wiester in: Brackmann, Handbuch der Sozialversicherung, SGB VII, § 2 Rn. 867.
239 In der Systematik des Unfallversicherungsrechtes wird grundsätzlich nicht zwischen Selbständigen und Beschäftigten, sondern zwischen Unternehmern und Beschäftigten unterschieden. Zwar wird bei der Prüfung der Unternehmereigenschaft durch die Rechtsprechung vorrangig darauf abgestellt, wer das Unternehmerrisiko trägt (siehe dazu BSG, Beschluss v. 28.01.1993, Az: 2 BU 108/92, HV-INFO 1993, 1368 ff., sowie BSG v. 25.11.1992, Az: 2 RU 49/91, BB 1993, 1014 f.). Es kommt aber auch darauf an, wem das Direktionsrecht zusteht (Watermann in: Lauterbach, UV (SGB VII), 4. Aufl., 6. Liefg., März 1998, § 136 Rn. 33 u. 51; vgl. dazu auch Keller, NZS 2001, 188, 191).
240 Keller, NZS 2001, 188, 191 f. m. w. N.
241 Siehe dazu ausführlich Kapitel 2, D. I. 3. a) und b).

ternehmerähnlichkeit zu prüfen sind, kann für Tagespflegepersonen also sowohl einiges für, aber auch einiges gegen die Unternehmerähnlichkeit der Tätigkeit sprechen.

Bei genauer Betrachtung der Voraussetzungen, die allgemein vom BSG für die Prüfung der Unternehmerähnlichkeit herangezogen werden, aber auch der Kriterien, die das BSG speziell bei der Prüfung der Tätigkeit einer Großmutter bezüglich der Betreuung ihres Enkelkindes entwickelt hat, ist allerdings festzustellen, dass weder die einen noch die anderen für die Prüfung der Unternehmerähnlichkeit der Tagespflegetätigkeit uneingeschränkt nutzbar sind. Dies ist zum einen darauf zurückzuführen, dass – wie eben schon festgestellt – die Voraussetzungen, die allgemein für eine Unternehmerähnlichkeit geprüft werden, für die Tagespflegetätigkeit nicht besonders aussagekräftig sind. Zum anderen sind die Kriterien, die das BSG speziell im Fall der Betreuung eines Kindes durch seine Großmutter verwendet hat, nicht ohne weiteres generell auf die Tagespflegetätigkeit übertragbar, da Tagespflegepersonen aufgrund des Betreuungsvertrages immer für einen anderen Haushalt tätig werden. Das vom BSG entwickelte Kriterium, ob die Tätigkeit als eigene Aufgabe wahrgenommen wird oder ob sie für einen fremden Haushalt ausgeübt wird, passt also im Grunde nur auf die verwandtschaftliche Betreuung von Kindern, da hier die Unterhaltspflicht eine maßgebliche Rolle spielt.

Da die Voraussetzung, dass die Tätigkeit konkret unter arbeitnehmerähnlichen Umständen vorgenommen wird, jedoch vor allem die Fälle ausschließen soll, die der Tätigkeit eines Arbeitnehmers nicht vergleichbar sind, was insbesondere zu bejahen ist, wenn die verrichteten Arbeiten typischerweise eher im Auftragswege vergeben werden,[242] erscheint es angebracht, auch bei der Tagespflegetätigkeit, die eben gerade nicht typischerweise aufgrund eines Auftrags nach § 662 BGB erbracht wird, grundsätzlich immer dann von einer konkreten Arbeitnehmerähnlichkeit auszugehen, wenn Tagespflegepersonen nicht eindeutig als Selbständige oder Beschäftigte tätig werden. Insofern kann auch diese Voraussetzung einer beschäftigungsähnlichen Tätigkeit nach § 2 Abs. 2 S. 1 SGB VII als erfüllt angesehen werden.

b) Rechtsfolge: Versicherungspflicht für „beschäftigtenähnliche" Tagespflegepersonen in der gesetzlichen Unfallversicherung nach § 2 Abs. 2 S. 1 SGB VII
Wie die Prüfung der einzelnen Voraussetzungen gezeigt hat, kann Kindertagespflege durchaus als beschäftigungsähnliche Tätigkeit i.S.v. § 2 Abs. 2 S. 1 SGB VII ausgeübt werden. Tagespflegepersonen, die eine solche beschäftigungsähnliche

---

242 KassKomm/Ricke, § 2 SGB VII Rn. 108.

Tätigkeit ausüben, unterliegen damit der Versicherungspflicht nach § 2 Abs. 2 S. 1 SGB VII. Beitragspflichtig sind in diesem Fall gem. § 150 Abs. 1 S. 1 i. V. m. § 136 Abs. 3 Nr. 1 SGB VII die Eltern, da Tagespflegepersonen für diese als Versicherte nach § 2 Abs. 2 S. 1 SGB VII tätig werden.[243]

3. Selbständig tätige Tagespflegepersonen

Zwar ist – wie schon erwähnt – im Grundsatz davon auszugehen, dass nur Arbeitnehmer bzw. Beschäftigte und zum Teil arbeitnehmerähnliche Personen vom Schutzbereich des Arbeits- und Sozialrechts umfasst sind. Da jedoch die Zunahme atypischer Beschäftigung in einigen Bereichen dazu geführt hat, dass bestimmte Personengruppen trotz der Einordnung als Selbständige zumindest sozialversicherungsrechtlich in den Schutz miteinbezogen sind, stellt sich auch für Tagespflegepersonen die Frage, ob sie unter Umständen als Selbständige sozialversicherungspflichtig sein können. Weiterhin gibt es in fast allen Versicherungszweigen die Möglichkeit der freiwilligen Versicherung, sodass Tagespflegepersonen auch darüber unter den Schutzbereich der verschiedenen Sozialversicherungszweige fallen könnten. In der Rentenversicherung kann darüber hinaus eine Versicherungspflicht der Tagespflegepersonen als arbeitnehmerähnliche Selbständige gem. § 2 Nr. 9 SGB VI in Betracht kommen.

a) Arbeitslosenversicherung

Seit 01.02.2006 besteht gem. § 28a SGB III die Möglichkeit einer freiwilligen Versicherung in der Arbeitslosenversicherung.[244] Gemäß § 28a Abs. 1 S. 1 SGB III besteht diese Möglichkeit nach Nr. 1 für Pflegepersonen i. S. d. § 19 SGB XI, nach Nr. 2 für Selbständige, die eine Tätigkeit mit einem Umfang von mindestens 15 Stunden wöchentlich aufnehmen und ausüben, oder nach Nr. 3 für Personen, die eine Beschäftigung in einem Staat aufnehmen und ausüben, in dem die Verordnung (EWG) Nr. 1408/71 nicht anzuwenden ist. Für Tagespflegepersonen könnte nach der enumerativen Aufzählung in Absatz 1 S. 1 die Versicherungsberechtigung Nr. 2 in Betracht kommen, wenn sie eine Tätigkeit mit einem Umfang von mindestens 15 Stunden wöchentlich aufnehmen und ausüben.

In § 28a Abs. 1 S. 2 SGB III sind dann weitere Voraussetzungen für die Weiterversicherungsberechtigung genannt: So müssen nach § 28a Abs. 1 S. 2 Nr. 1 SGB III Vorversicherungszeiten bestehen, d. h., von der Berechtigung können nur diejenigen Tagespflegepersonen Gebrauch machen, die der Versicherungsgemeinschaft innerhalb der letzten 24 Monate vor Aufnahme der selbständigen Tätigkeit

---

[243] Zuständiger Unfallversicherungsträger ist nach § 129 Abs. 1 Nr. 2 SGB VII der kommunale Unfallversicherungsträger.
[244] § 28a SGB III wurde durch Gesetz vom 23.12.2003, BGBl. I 2003, S. 2848 eingefügt.

mindestens 12 Monate[245] angehört haben. Der Versicherungsgemeinschaft hat eine Person dann angehört, wenn sie nach den §§ 24-26 SGB III versicherungspflichtig war oder eine Entgeltersatzleistung nach dem SGB III erhalten hat.

Für Tagespflegepersonen, die eine selbständige Tätigkeit aufnehmen und ausüben, ist diese Voraussetzung regelmäßig dann erfüllt, wenn sie vor Aufnahme ihrer selbständigen Tätigkeit innerhalb der letzten 24 Monate mindestens 12 Monate in einem Arbeitsverhältnis gestanden oder eine Entgeltersatzleistung, bspw. Arbeitslosengeld, bezogen haben.

Weitere Voraussetzung nach § 28a Abs. 1 S. 2 Nr. 2 SGB III ist, dass das Versicherungspflichtverhältnis bzw. die Entgeltersatzleistung nach dem SGB III unmittelbar vor Aufnahme der selbständigen Tätigkeit bestanden haben muss. Von einem unmittelbaren Anschluss in diesem Sinne ist nach der Gesetzesbegründung auszugehen, wenn eine Unterbrechung nicht mehr als einen Monat beträgt.[246] Außerdem darf der Antragsteller nach § 28a Abs. 1 S. 2 Nr. 3 SGB III neben den vorgenannten Voraussetzungen nicht anderweitig versicherungspflichtig sein. Die Voraussetzung nach Nr. 3 dürfte für Tagespflegepersonen dabei kein Problem darstellen, da eine Versicherungspflicht nach den §§ 25, 26 SGB III für Tagespflegepersonen grundsätzlich nicht in Betracht kommen wird.

Erfüllen Tagespflegepersonen, die eine selbständige Tätigkeit für mindestens 15 Stunden wöchentlich aufnehmen und ausüben, die Vorversicherungszeiten nach Absatz 1 S. 2 Nr. 1 und besteht zwischen Vorversicherungszeit und Aufnahme der selbständigen Tätigkeit keine Unterbrechung von mehr als einem Monat, können sich selbständige Tagespflegepersonen in der Arbeitslosenversicherung freiwillig weiterversichern. Gemäß § 28a Abs. 2 S. 1 SGB III beginnt das freiwillige Versicherungspflichtverhältnis mit dem Eingang des Antrags bei der Agentur für Arbeit, allerdings nur dann, wenn gleichzeitig die Voraussetzungen des Abs. 1. S. 1 erfüllt sind; die Erfüllung der Voraussetzungen nach Abs. 1 S. 2 sind dagegen in diesem Zeitpunkt nicht erforderlich.[247]

Nach § 28a Abs. 1 S. 3 SGB III muss der Antrag innerhalb einer Frist von einem Monat nach Aufnahme der selbständigen Tätigkeit gestellt werden. § 28a Abs. 2 S. 2 SGB III bestimmt, wann die freiwillige Weiterversicherungsberechtigung endet. Dies kann nach Nr. 1 der Fall sein, wenn der Versicherungsberechtigte eine

---

245 Der 12-Monatszeitraum muss dabei nicht zusammenhängend verlaufen; siehe dazu Brand in: Niesel, SGB III, § 28a Rn. 6.
246 BT-Drucks. 15/1515, S. 78.
247 Brand in: Niesel, SGB III, § 28a Rn. 10.

Entgeltersatzleistung nach dem SGB III erhält, nach Nr. 2 mit Ablauf des Tages, an dem die Voraussetzungen nach Abs. 1 S. 1 letztmals erfüllt waren, nach Nr. 3 bei Verzug des Versicherungsberechtigten mit mehr als drei Monatsbeiträgen. Gemäß § 28a Abs. 2 S. 2 Nr. 4 SGB III endet das Versicherungsverhältnis im Fall der Aufnahme einer selbständigen Tätigkeit oder bei Auslandsbeschäftigung jedoch spätestens mit Ablauf des 31.12.2010. Sinn dieser zeitlichen Begrenzung ist es, zunächst Erfahrungen im Hinblick auf die Inanspruchnahme und die damit verbundenen Risiken für die Arbeitslosenversicherung zu sammeln.[248]

§ 28a Abs. 2 S. 4 SGB III bestimmt darüber hinaus, dass die Regelungen der §§ 27, 28 SGB III über die Versicherungsfreiheit entsprechend gelten. Das bedeutet, dass diejenigen Tagespflegepersonen, die der Versicherungsfreiheit unterliegen, sich auch nicht nach § 28a SGB III freiwillig versichern können, da durch die freiwillige Weiterversicherung ein Versicherungspflichtverhältnis entsteht, das durch die Versicherungsfreiheit ausgeschlossen ist.

b) Kranken- und Pflegeversicherung
Selbständige unterliegen grundsätzlich nicht der Versicherungspflicht der gesetzlichen Krankenversicherung nach § 5 SGB V.[249] Die Versicherungspflicht in der sozialen Pflegeversicherung orientiert sich nach § 20 SGB XI an der Versicherungspflicht in der gesetzlichen Krankenversicherung. Damit fallen Selbständige regelmäßig auch aus der Versicherungspflicht in der sozialen Pflegeversicherung.

aa) Familienversicherung nach § 10 SGB V, § 25 SGB XI
Da Tagespflegepersonen jedoch einen sehr niedrigen Verdienst haben,[250] könnte für sie die Möglichkeit der Familienversicherung nach § 10 SGB V, § 25 SGB XI in Betracht kommen.[251] So sind nach § 10 Abs. 1 SGB V und angelehnt daran auch nach § 25 Abs. 1 SGB XI der Ehegatte, der Lebenspartner und die Kinder von Mitgliedern beitragsfrei[252] familienversichert, wenn diese Familienangehörigen ihren Wohnsitz oder gewöhnlichen Aufenthalt in Deutschland haben, nicht versicherungsfrei oder von der Versicherungspflicht befreit sind, nicht hauptberuflich selbständig erwerbstätig sind und kein Gesamteinkommen haben, das re-

---

248 BT-Drucks. 15/1515, S. 78.
249 Eine Ausnahme gibt es nach § 5 Abs. 1 Nr. 3 SGB V nur für Landwirte und nach § 5 Abs. 1 Nr. 4 SGB V für Künstler und Publizisten nach näherer Bestimmung des Künstlersozialversicherungsgesetzes.
250 Siehe dazu ausführlich Einleitung I. 1. a).
251 Zur Zukunft der Familienversicherung siehe Einleitung, Fn. 24.
252 Das ergibt sich aus § 3 S. 3 SGB V, §§ 1 Abs. 6 S. 3, 56 Abs. 1 SGB XI.

gelmäßig im Monat ein Siebtel der monatlichen Bezugsgröße nach § 18 SGB IV überschreitet.

(1) Wohnsitz im Inland und Nichtvorliegen von Versicherungsfreiheit bzw. keine Befreiung von der Versicherungspflicht
Die Voraussetzungen des Wohnsitzes oder gewöhnlichen Aufenthalts im Inland sowie das Nichtvorliegen der Versicherungsfreiheit i.S.v. § 6 SGB V oder einer Befreiung von der Versicherungspflicht i.S.v. § 8 SGB V, § 22 SGB XI wird Tagespflegepersonen, die als Selbständige eingeordnet werden, in der Regel keine Probleme bereiten.

(2) Gesamteinkommen von maximal 360 Euro netto
Für die Höhe des Gesamteinkommens verweisen § 10 SGB V, § 25 SGB XI auf § 18 SGB IV. Die Bezugsgröße nach § 18 SGB IV beträgt für das Jahr 2009 bundesweit[253] 2.520 Euro monatlich.[254] Ein Siebtel der Bezugsgröße sind damit 360 Euro. Fraglich ist jedoch weiter, um welches Einkommen es sich bei den 360 Euro handelt.

(a) Einkommen im Sinne des Einkommenssteuerrechts
Nach § 16 SGB IV ist das Gesamteinkommen die Summe der Einkünfte im Sinne des Einkommenssteuerrechts, das insbesondere das Arbeitsentgelt und das Arbeitseinkommen umfasst. Für eine selbständige Tätigkeit bestimmt sich das Arbeitseinkommen gem. § 15 SGB IV aus den allgemeinen Gewinnermittlungsvorschriften des Einkommenssteuerrechts. Nach § 4 Abs. 1 S. 1 EStG ist Gewinn grundsätzlich „der Unterschiedsbetrag zwischen dem Betriebsvermögen am Schluss des Wirtschaftsjahres und dem Betriebsvermögen am Schluss des vergangenen Wirtschaftsjahres, vermehrt um den Wert der Entnahmen und vermindert um den Wert der Einlagen". Für Steuerpflichtige, die nicht aufgrund gesetzlicher Vorschriften zur Buchführung verpflichtet sind, eröffnet § 4 Abs. 3 EStG eine gegenüber der Gewinnermittlung nach § 4 Abs. 1 EStG vereinfachte Form der

---

253 Zwar sehen § 18 Abs. 1 und Abs. 2 SGB IV für den Osten und Westen des Landes noch unterschiedliche Bezugsgrößen vor, durch das Gesetz zur Rechtsangleichung in der gesetzlichen Krankenversicherung vom 22.12.1999 (BGBl. I 1999, S. 2657) hat die Bezugsgröße (Ost) i.S.v. § 18 Abs. 2 SGB IV jedoch keine eigenständige Bedeutung mehr. Dies ergibt sich in der geltenden Gesetzesfassung aus § 309 Abs. 1 Nr. 1 SGB V. Siehe dazu auch Gerlach in: Hauck/Noftz, SGB V, K § 10, Rn. 89x.
254 Siehe zu den aktuellen Werten der Bezugsgröße die jeweils aktuellen Gesetzestexte, bei denen diese in der Regel in einer Fußnote festgehalten, oder es wird auf eine solche Zusammenstellung verwiesen. So bspw. in Aichberger, SGB/RVO, Nr. 4/11 Rn. 1. Die aktuellen Werte können aber auch über das Internet in Erfahrung gebracht werden, siehe dazu bspw. http://www.bmas.de/portal/28994/, letzter Aufruf 23.08.2009.

Gewinnermittlung.²⁵⁵ So ist nach § 4 Abs. 3 S. 1 EStG als Gewinn der Überschuss der Betriebseinnahmen über die Betriebsausgaben anzusetzen.

Da Tagespflegepersonen nicht zur Buchführung verpflichtet sind,²⁵⁶ kommt für sie die vereinfachte Gewinnermittlung nach § 4 Abs. 3 EStG in Betracht.²⁵⁷ Tagespflegepersonen müssen also grundsätzlich zur Gewinnermittlung die Betriebseinnahmen gegen die Betriebsausgaben rechnen:

Der Begriff der Betriebseinnahmen ist im EStG nicht definiert. Nach der Rechtsprechung des BFH sind Betriebseinnahmen alle Zugänge in Geld oder Geldeswert, die durch den Betrieb veranlasst sind.²⁵⁸ Dabei kann auch eine aus betrieblichen Gründen erlangte Schenkung zu einer Betriebseinnahme führen.²⁵⁹ Betriebseinnahmen einer Tagespflegeperson können also sowohl das Entgelt, das eine Tagespflegeperson erhält, als auch Geschenke sein, die die Eltern der Tagespflegeperson zukommen lassen, weil sie mit der Leistung der Tagespflegeperson besonders zufrieden sind; schenken Eltern einer Tagespflegeperson dagegen etwas zum Geburtstag, handelt es sich nicht um eine Betriebseinnahme, weil das Geschenk in diesem Fall durch private Umstände veranlasst und nicht aus betrieblichen Gründen übergeben wurde.²⁶⁰

Für die Betriebsausgaben enthält § 4 Abs. 4 EStG eine gesetzliche Definition. Danach sind Betriebsausgaben die Aufwendungen, die durch den Betrieb veranlasst sind. Das bedeutet, dass die Ausgaben objektiv mit dem Betrieb zusammenhängen und – soweit sie auf einer Willensentscheidung des Steuerpflichtigen beruhen – subjektiv dazu bestimmt sein müssen, dem Betrieb zu dienen.²⁶¹ Be-

---

255 Crezelius in: Kirchhof, EStG, § 4 Rn. 11.
256 Die Buchführungspflicht ergibt sich aus §§ 140, 141 AO: Da Tagespflegepersonen nach § 140 AO keine Pflicht zur Buchführung nach anderen Gesetzen als den Steuergesetzen haben und auch nicht gewerbliche Unternehmer i.S.v. § 141 AO sind (das ergibt sich aus der Abgrenzung des Gewerbebetriebes nach § 15 Abs. 1 Nr. 1 EStG und der selbständigen Tätigkeit nach § 18 EStG. So kann die Tagespflegetätigkeit als erzieherische Tätigkeit i.S.v. § 18 Abs. 1 Nr. 1 EStG angesehen werden, sodass Tagespflegepersonen nicht als gewerbliche Unternehmer zu qualifizieren sind; siehe dazu Mösbauer in: Koch/Scholtz, AO, § 141 Rn. 26, und Lambrecht in: Kirchhof, EStG, § 15 Rn. 61, sowie § 18 Rn. 85), trifft sie weder nach § 140 AO noch nach § 141 AO eine Buchführungspflicht.
257 Siehe dazu auch Vierheller in: Hessisches Tagespflegebüro (Hrsg.), Rechtsprobleme und Rechtsfragen in der Kinder-Tagespflege, S. 15 f.
258 Crezelius in: Kirchhof, EStG, § 4 Rn. 127, mit Verweis auf BFH v. 21.11.1963, Az: IV 345/61 S, BStBl. III 64, 183; BFH v. 17.04.1986, Az: IV 115/84, BStBl. II 86, 607; BFH v. 26.09.1995, Az: VIII R 35/93, BStBl. II 96, 273.
259 Siehe dazu vor allem BFH v. 21.11.1963, Az: IV 345/61 S, BStBl. III 64, 183.
260 Vierheller in: Hessisches Tagespflegebüro (Hrsg.), Rechtsprobleme und Rechtsfragen in der Kinder-Tagespflege, S. 15 f.
261 Crezelius in: Kirchhof, EStG, § 4 Rn. 135.

triebsausgaben einer Tagespflegeperson können bspw. sein: Aufwendungen für Einrichtungsgegenstände, Windeln und Pflegemittel, Verpflegung, Spielsachen, Bastelmaterial, Fachliteratur, Fortbildungskosten, Werbung, Telefongebühren, Fahrtkosten, Versicherungskosten, Beiträge zu Berufsverbänden und -vereinen und unter Umständen auch die Raummiete und Nebenkosten wie Strom, Heizung, Wasser etc., wenn es sich dabei um einen abgeschlossenen Raum handelt, der nur zur Kinderbetreuung genutzt wird.[262]

(b) Abzug einer Betriebsausgabenpauschale
Zur Vereinfachung der Gewinnermittlung bei Tagespflegepersonen gilt ab dem Veranlagungszeitraum 2009[263] Folgendes:[264] Anstelle der tatsächlichen Betriebsausgaben sind von den erzielten Einnahmen 300 € je Kind und Monat pauschal als Betriebsausgaben abzuziehen. Diese Pauschale bezieht sich auf eine Betreuungszeit von 8 Stunden und mehr pro Kind und Tag. Sie ist bei geringerer Betreuungszeit anteilig zu kürzen.[265] Findet die Betreuung im Haushalt der Per-

---

262 So auch Vierheller in: Hessisches Tagespflegebüro (Hrsg.), Rechtsprobleme und Rechtsfragen in der Kinder-Tagespflege, S. 16.
263 Vor dem Veranlagungszeitraum 2009 wurde zwischen einer Zahlung aus öffentlichen und privaten Mitteln unterschieden. Bei einer Entgeltzahlung durch die Eltern war der Abzug einer Betriebsausgabenpauschale i. H. v. 245,42 Euro pro Kind und Monat bei einer Vollzeitbetreuung vorgesehen; siehe dazu BMF-Schreiben vom 01.08.1988, VV DEU BMF 1988-08-01 IV B 4-S 2248-10/88: Einkommensteuerrechtliche Behandlung des von privater Seite gezahlten Pflegegeldes, BStBl. I 1988, S. 329. Zahlungen aus öffentlichen Mitteln waren dagegen nach § 3 Nr. 11 EStG steuerfrei gestellt; siehe dazu BMF-Schreiben v. 07.02.1990, Az: IV B 1 – S 2121 – B/90, Betr.: Einkommenssteuerrechtliche Behandlung des aus öffentlichen Kassen gezahlten Pflegegeldes und Erziehungsbeitrags (Erziehungsgeldes) für Kinder in Familienpflege, BStBl. I 1990, 109. Wegen dieser unterschiedlichen Behandlung der Zahlungen aus öffentlichen und privaten Mitteln war es strittig, inwieweit die insgesamt anfallenden Betriebsausgaben anteilig abzugsfähig sind; siehe dazu bspw. Vierheller in: Hessisches Tagespflegebüro (Hrsg.), Rechtsprobleme und Rechtsfragen in der Kindertagespflege, S. 17, sowie Schreiben der OFD Rostock v. 10.04.2002: Einkünfte aus sonstiger selbständiger Arbeit (§ 18 Abs. 1 Nr. 3, § 24 EStG); Einkommensteuerrechtliche Behandlung von Zahlungen an Tagesmütter, S 2248 – St 232.
264 Siehe dazu das BMF-Schreiben vom 17.12.2007 zur „Einkommensteuerrechtlichen Behandlung der Geldleistungen für Kinder in Kindertagespflege", BStBl. I 2008, S. 17. Bei solchen BMF-Schreiben handelt es sich um Verwaltungsvorschriften, die für die Verwaltung bindend sind, aber keine Außenwirkung entfalten. Siehe dazu bspw. BVerwG v. 08.04.1977, Az: BVerwG 3 C 6.95, BVerwGE 104, 220, 222, sowie vertiefend zu der Rechtsqualität von Verwaltungsvorschriften Maurer, Allgemeines Verwaltungsrecht, § 24. Nach dem BFH obliegt den Gerichten allerdings die Pflicht, durch Verwaltungsvorschriften geschaffene Betriebsausgaben- oder Werbungskostenpauschalen aus Gründen der Gleichbehandlung zu beachten; siehe dazu BFH v. 07.12.2007, Az: XI B 61/07.
265 Zur anteiligen Betriebsausgabenpauschale bei geringerer Wochenarbeitszeit siehe die Berechnung des Deutschen Vereins für öffentliche und private Fürsorge e. V., Tipps und Informationen zur Besteuerung des Einkommens für Tagespflegepersonen und die sozialversicherungsrechtlichen Auswirkungen ab 2009, S. 9, zu finden unter http://www.derparitaetische.de/uploads/tx-pdforder/tagesmutter_web.pdf, letzter Aufruf 22.03.2009.

sonensorgeberechtigten oder in unentgeltlich zur Verfügung gestellten Räumlichkeiten als selbständige Tätigkeit statt, kann die Betriebsausgabenpauschale nicht abgezogen werden. Die Betriebsausgabenpauschale darf nur bis zur Höhe der Betriebseinnahmen abgezogen werden.

Tagespflegepersonen können allerdings auch die tatsächlichen Aufwendungen nachweisen. Dazu gehören zum Beispiel tätigkeitsbezogene Aufwendungen für Nahrungsmittel, Ausstattungsgegenstände (Mobiliar), Beschäftigungsmaterialien, Fachliteratur und Hygieneartikel, Miete und Betriebskosten der zur Kinderbetreuung genutzten Räumlichkeiten, Kommunikationskosten, Weiterbildungskosten, Beiträge für Versicherungen, soweit diese unmittelbar mit der Tätigkeit im Zusammenhang stehen, Fahrtkosten, und Aufwendungen für die Freizeitgestaltung.[266]

Durch das Kinderförderungsgesetz wurde § 3 Nr. 9 EStG neu gefasst. Danach sind die vom Träger der Jugendhilfe geleisteten Erstattungen zur Unfallversicherung und Altersvorsorge nach § 39 Abs. 4 Satz 2 SGB VIII (Bereitschaftspflege) und die Erstattungen für Beiträge zu einer Unfallversicherung sowie die hälftigen Erstattungen zur Alterssicherung und zu einer angemessenen Kranken- und Pflegeversicherung nach § 23 Abs. 2 Satz 1 Nr. 3 und 4 SGB VIII steuerfrei.[267]

(3) Keine hauptberuflich selbständige Tätigkeit
Schließlich dürfen Tagespflegepersonen in ihrer Tätigkeit nicht hauptberuflich selbständig erwerbstätig sein.

Nach der Gesetzesbegründung zu § 5 Abs. 5 SGB V ist eine selbständige Tätigkeit als hauptberuflich anzusehen, wenn sie von der wirtschaftlichen Bedeutung und

---

[266] So ebenfalls das BMF-Schreiben vom 17.12.2007, BStBl. I 2008, S. 17.
[267] Bis zum Veranlagungszeitraum 2009 waren die Erstattungen nach § 23 Abs. 2 S. 1 Nr. 3 und Nr. 4 SGB VIII als steuerpflichtige Einnahmen aus freiberuflicher Tätigkeit i. S. d. § 18 Abs. 1 Nr. 1 EStG qualifiziert worden; siehe dazu BMF-Schreiben vom 17.12.2007, BStBl. I 2008, S. 17. Aufgrund des Gesetzeszwecks, dass Tagespflegepersonen in ihrer sozialen Absicherung Arbeitnehmern angenähert werden sollen, hat es der Gesetzgeber als notwendig erachtet, diese Erstattungen nach § 3 Nr. 9 EStG steuerfrei zu stellen. Der ursprüngliche Gesetzentwurf (BT-Drucks. 16/9299) hatte dies allerdings noch nicht vorgesehen. Diese Änderung beruht vielmehr auf der Beschlussempfehlung und dem Bericht des Ausschusses für Familie, Senioren, Frauen und Jugend (13. Ausschuss); siehe dazu BT-Drucks. 16/10357, S. 35. Im BMF-Schreiben vom 17.12.2008 wurden deshalb auch die in den Schreiben des Bundesministeriums der Finanzen vom 20.11.2007 (BStBl. I, S. 824) und vom 17.12.2007 (BStBl I 2008, S. 17) diesbezüglich vertretenen und auf der bisherigen Rechtslage beruhenden Aussagen aufgehoben; siehe dazu BMF-Schreiben vom 17.12.2008, IV C 3 – S 2342/07/0001 – (2008/0717964) –, zu finden unter http://www.bundesfinanzministerium.de/nn_58004/DE/BMF__Startseite/Aktuelles/BMF__Schreiben/Veroffentlichungen__zu__Steuerarten/einkommensteuer/123.html, letzter Aufruf 23.08.2009.

dem zeitlichen Aufwand her die übrigen Erwerbstätigkeiten zusammen deutlich übersteigt und den Mittelpunkt der Erwerbstätigkeit darstellt.[268] Als weitere Kriterien für eine hauptberuflich selbständige Erwerbstätigkeit werden die Anzeige bzw. Genehmigung eines Gewerbes gem. §§ 14 ff. GewO, die Beschäftigung von Arbeitnehmern im Betrieb oder der zeitliche Umfang der selbständigen Tätigkeit angesehen.[269]

Die Definition der Gesetzesbegründung ist schwer handhabbar. Unter Zugrundelegung dieser Kriterien könnte für Tagespflegepersonen, die acht Stunden täglich Kinder betreuen und sonst keiner weiteren Erwerbstätigkeit nachgehen, die Tagespflegetätigkeit also den Mittelpunkt ihrer Erwerbstätigkeit darstellt, durchaus eine hauptberuflich selbständige Erwerbstätigkeit angenommen werden. Allerdings passt diese Definition auf die Tagespflegetätigkeit nur teilweise, weil Tagespflegepersonen in der Regel nur einer Erwerbstätigkeit nachgehen, d. h., es gibt keine übrigen Erwerbstätigkeiten, von denen die Tagespflegetätigkeit abgegrenzt werden müsste. Auch die weiteren, von der Literatur ins Feld geführten Kriterien sind nur beschränkt anwendbar, weil Tagespflegepersonen regelmäßig kein Gewerbe anmelden und auch keine Arbeitnehmer beschäftigen; lediglich der zeitliche Umfang könnte für eine Hauptberuflichkeit sprechen.

Um feststellen zu können, wann von einer Hauptberuflichkeit auszugehen ist, ist nach Ansicht der Spitzenverbände der Kranken- und Rentenversicherungsträger[270] bei einer Beschäftigung, die mindestens 18 Stunden wöchentlich ausgeübt wird, grundsätzlich von einer hauptberuflich selbständigen Tätigkeit auszugehen; bei geringerem Zeitaufwand als 18 Stunden wöchentlich sei die Annahme einer hauptberuflichen Tätigkeit allerdings dann nicht ausgeschlossen, wenn die daraus erzielten Einnahmen die Hauptquelle zur Bestreitung des Lebensunterhaltes bilden. Speziell für die Tagespflegetätigkeit haben sich die Spitzenverbände der Krankenkassen jedoch bei einer Besprechung am 31.03.2004 darauf geeinigt, dass bei einer Betreuung von bis zu fünf Kindern ohne nähere Prüfung unterstellt

---

268 BT-Drucks. 11/2237, S. 159 f.
269 Gerlach in: Hauck/Noftz, SGB V, K § 10 Rn. 69; Bloch in: Schulin, HS-KV, § 16 Rn. 145 m. w. N.
270 Siehe dazu bspw. das Gemeinsame Rundschreiben der Spitzenverbände der Krankenkassen vom 12.6.2003 zur Kranken- und Pflegeversicherung der Studenten, Praktikanten ohne Arbeitsentgelt, der zur Berufsausbildung Beschäftigten ohne Arbeitsentgelt und der Auszubildenden des Zweiten Bildungsweges, zu finden unter http://www.studentenwerk-oldenburg.de/soziales/gkv_rundschreiben.pdf, S. 27, letzter Aufruf 23.02.2006, oder das Gemeinsame Rundschreiben der Kranken- und Rentenversicherungsträger vom 1.10.2005 zur Krankenversicherung und Pflegeversicherung der Rentner, zu finden unter http://www.vdak.de/versicherte/Mitgliedschafts-Beitragsrecht/versorgungsbezuege/kvdr_rundschreiben_01102005.pdf, S. 35 f., letzter Aufruf 26.04.2006.

B. Sozialrecht

werden kann, dass die Pflege nicht erwerbsmäßig betrieben wird.[271] Wie schon oben ausführlich dargelegt,[272] sollte diese Abgrenzung nach Auffassung der Spitzenverbände jedoch in Anlehnung an die einkommensteuerrechtlichen Grundsätze[273] nur dann gelten, wenn die Tagespflegeperson ausschließlich Gelder aus öffentlichen Mitteln erlangt.[274]

Diese von den Spitzenverbänden der Krankenkassen empfohlene Abgrenzung der hauptberuflich selbständigen Tätigkeit in Abhängigkeit von der Art der Bezahlung einer Tagespflegeperson begegnete jedoch erheblichen rechtlichen Bedenken. Zwar sind gem. § 16 SGB IV im Rahmen der Bestimmung des Gesamteinkommens nach § 10 Abs. 1 Nr. 5 SGB V die einkommensteuerrechtlichen Regelungen anzuwenden, sodass es nicht gänzlich fern lag, sich auch im Rahmen der Sozialversicherung an die einkommensteuerrechtlichen Grundsätze anzulehnen. Bei genauerer Betrachtung zeigte sich jedoch, dass eine Übertragung der einkommensteuerrechtlichen Grundsätze auf das Sozialversicherungsrecht[275] zu Widersprüchen und nicht zu rechtfertigenden Ungleichbehandlungen führte. So kam es schon bei der Prüfung, ob die Zahlungen nach § 23 Abs. 2 SGB VIII die Voraussetzungen des § 3 Nr. 11 EStG a. F. erfüllen, zu Ungereimtheiten. Nach § 3 Nr. 11 EStG a. F. waren Bezüge aus öffentlichen Mitteln steuerfrei. Aus diesem Grund konnten grundsätzlich auch nur diejenigen Zahlungen Steuerfreiheit erlangen, die Tagespflegepersonen vom Träger der öffentlichen Jugendhilfe erlangen. Zusätzlich wurde in der verwaltungsrechtlichen Praxis aber noch verlangt, dass eine Tagespflegeperson nicht erwerbsmäßig tätig ist, d. h., die Nichterwerbsmäßigkeit stellte eine Voraussetzung für die Steuerfreiheit dar.[276] Bei der von den Spitzenverbänden der Krankenkassen empfohlenen Abgrenzung kam es damit auf der einen Seite bei der Frage, ob die Gelder nach § 23 Abs. 2 SGB VIII i.S.v. § 3 Nr. 11 EStG steuerfrei seien, auf die Nichterwerbsmäßigkeit der Tätigkeit als Voraussetzung für die Steuerfreiheit an, und auf der anderen Seite wurde

---

271 Siehe dazu die Niederschrift über die Besprechung des Arbeitskreises „Versicherung und Beiträge der Spitzenverbände der Krankenkassen", unveröffentlicht, hier zu finden im Anhang, Anlage 3.
272 Siehe dazu Kapitel 2, C. II. 2. b) aa) (3).
273 Die entsprechenden Grundsätze sind im BMF-Schreiben v. 07.02.1990, Az: IV B 1 – S 2121 – 5/90, BStBl. I 1990, 109, niedergelegt.
274 Gemeinsames Rundschreiben der Spitzenverbände der Krankenkassen vom 08.11.2005 mit dem Titel: „Gesamteinkommen", zu finden unter http://www.vdak.de/versicherte/Leistungen/gesamteinkommen/gr_gesamteinkommen_08112005.pdf, letzter Aufruf 26.04.2006.
275 Das gilt nicht nur für das Krankenversicherungsrecht, sondern auch für das Rentenversicherungsrecht. Siehe dazu Kapitel 3, B. II. 3. a) cc) (1) (c).
276 Diese Voraussetzung wird ebenfalls in dem BMF-Schreiben v. 07.02.1990, Az: IV B 1 – S 2121 – 5/90, BStBl. I 1990, 109 bestimmt, an das sich die Sozialversicherungsträger anlehnen.

die Nichterwerbsmäßigkeit zur Rechtsfolge der Zahlung öffentlicher und damit steuerfreier Gelder erklärt. Dies war nicht nachvollziehbar; vielmehr „biss" sich hier sprichwörtlich „die Katze in den Schwanz".

Zudem stellte sich die Frage, warum die Art der Tätigkeit – haupt- oder nebenberuflich – von der Art und Weise der Entgeltzahlung abhängig sein sollte. Dafür war kein sachlicher Grund ersichtlich. Vielmehr führte diese Art der Abgrenzung zu Ungleichbehandlungen, da im Grunde nur für (verheiratete) Tagespflegepersonen, die Gelder aus öffentlichen Mitteln erhielten, die Möglichkeit der kostenneutralen Familienversicherung offenstand. Für privat finanzierte Tagespflegepersonen kam die Familienversicherung dagegen nur in Betracht, wenn sie nach den allgemeinen Grundsätzen zur Bestimmung der hauptberuflich selbständigen Tätigkeit nicht mehr als 18 Stunden wöchentlich tätig waren, das daraus bezogene Entgelt nicht die Hauptquelle zur Bestreitung des Lebensunterhalts bildete und ihr Gesamteinkommen nach Abzug der Betriebskostenpauschale ein Siebtel der Bezugsgröße monatlich nicht überstieg. Erfüllte eine privat finanzierte Tagespflegeperson diese Voraussetzungen nicht, war also von einer hauptberuflich selbständigen Tätigkeit auszugehen, was in den Fällen, in denen sich eine Tagespflegeperson nach § 9 SGB V freiwillig versicherte, gem. § 240 Abs. 4 S. 2 SGB V zu hohen Beiträgen führte,[277] ohne dafür mehr Leistungen zu erhalten.[278] Eine derartige Benachteiligung privat finanzierter Tagespflegepersonen wäre aber nur dann gerechtfertigt gewesen, wenn Tagespflegepersonen, die privat bezahlt wurden, ein entsprechend höheres Entgelt erhielten als Tagespflegepersonen, die Gelder aus öffentlichen Mitteln bezogen. Wie sich aus empirischen Studien ergibt, sind die privaten Stundensätze jedoch in der Regel nicht höher als die Stundensätze, die von den Jugendämtern angesetzt werden.[279] Eine Rechtfertigung war also nicht ersichtlich.

Darüber hinaus bereitete die von den Spitzenverbänden der Krankenkassen vertretene Auffassung dann Probleme, wenn Tagespflegepersonen sowohl Kinder betreuen, für die sie – ganz oder teilweise – Gelder aus öffentlichen Mitteln bezogen, als auch Kinder, für die sie ganz oder teilweise ein Entgelt von den Eltern erhielten. An diese Fallkonstellationen schienen die Spitzenverbände der Krankenkassen nicht gedacht zu haben, da in ihrem Rundschreiben mit dem Titel: „Gesamteinkommen" hierzu nichts ausgeführt wurde. Solche Ausführungen

---

277 Siehe dazu in der Einleitung unter I. 2. b) aa).
278 In der Rentenversicherung führen dagegen höhere Beiträge auch zu höheren Leistungen; siehe dazu Kapitel 3, B. II. 3. a) cc) (1) (c) (bb).
279 Siehe zu den Stundensätzen bei privater und öffentlicher Bezahlung Jurczyk/Rauschenbach/Tietze/Keimeleder/Schneider/Schumann/Stempinski/Weiß/Zehnbauer, Von der Tagespflege zur Familientagesbetreuung, S. 280.

wären aber notwendig gewesen, da zwar bezüglich der Bestimmung des Einkommens i. R. v. § 240 Abs. 4 S. 2 u. § 10 Abs. 1 S. 1 Nr. 5 SGB V die bezogenen Gelder unterschiedlich behandelt werden können, für die Bestimmung der Versicherungspflicht nach § 5 Abs. 5 SGB V bzw. die Möglichkeit der Familienversicherung nach § 10 SGB V bereiteten die Fälle der „Mischbeziehung" von Geldern jedoch Schwierigkeiten, da die Versicherungspflicht nach § 5 Abs. 5 SGB V bzw. die Versicherungsmöglichkeit nach § 10 SGB V nur einheitlich mit „Ja" oder „Nein" beantwortet werden kann. Erhielt also eine Tagespflegeperson für ihre Tätigkeit sowohl öffentliche als auch private Gelder, musste entweder auf die Grundsätze abgestellt werden, die die Spitzenverbände der Krankenkassen für den Bezug von öffentlichen Pflegegeldern aufgestellt hatten, oder auf die allgemeinen Grundsätze zur Bestimmung einer hauptberuflich selbständigen Tätigkeit.

Im Ergebnis ist folglich festzustellen, dass die Beurteilung der Frage, ob eine Tagespflegeperson hauptberuflich selbständig erwerbstätig ist, nicht davon abhängig gemacht werden kann, woher die Tagespflegeperson ihr Entgelt bezieht. Vielmehr ist bei der Feststellung der hauptberuflich selbständigen Erwerbstätigkeit eine einheitliche Behandlung von Tagespflegepersonen geboten. Das bedeutet, dass für alle Tagespflegepersonen entweder auf die Anzahl der betreuten Kinder abgestellt werden muss oder auf die allgemeinen Grundsätze zurückzugreifen ist, die aus dem zeitlichen Umfang der Tätigkeit bzw. der Höhe des Entgelts im Verhältnis zu anderen Tätigkeiten folgt.

Die oben[280] ausführlich dargestellte spezielle Problematik von selbständigen Tagespflegepersonen, die sich aus dem niedrigen Stundensatz im Verhältnis zu hohen Sozialversicherungsbeiträgen ergibt, spricht dafür, die Abgrenzung anhand der betreuten Kinder vorzunehmen. Bei der von den Spitzenverbänden der Krankenkassen angesetzten Zahl von fünf Kindern und dem niedrigen Stundensatz, den eine Tagespflegeperson pro Kind erhält, kann in der Regel keine Existenzsicherung erreicht werden. Insofern ist es nur folgerichtig, bei einer Betreuung von bis zu fünf Kindern auch keine hauptberuflich selbständige Tätigkeit anzunehmen und Tagespflegepersonen dadurch die Möglichkeit der Familienversicherung nach § 10 SGB V zu eröffnen.

Da eine Tagespflegeperson nach § 43 Abs. 3 SGB VIII nicht mehr als fünf Kinder betreuen darf, wenn sie Kinder außerhalb des Elternhauses betreut, und eine Betreuung von mehr als fünf Kindern in einem Elternhaushalt eher die absolute Ausnahme sein dürfte, wäre bei Anwendung dieser Abgrenzungsalternative die Voraussetzung der nicht hauptberuflich selbständig ausgeübten Erwerbstätigkeit

---

280 Siehe dazu ausführlich in der Einleitung.

für Tagespflegepersonen regelmäßig erfüllt, sodass es gleichzeitig zu einer Verwaltungsvereinfachung käme. Dieser Umstand spricht ebenfalls dafür, nicht auf die allgemeinen Grundsätze zur Bestimmung einer hauptberuflich selbständigen Tätigkeit, sondern auf die Zahl der betreuten Kinder abzustellen.[281]

Wie schon oben ausführlich dargelegt,[282] wurde durch das KiföG diese unglückliche Abgrenzung und Unterscheidung zwischen privaten und öffentlichen Geldern vorerst aufgelöst, indem in § 10 Abs. 1 S. 3 und § 240 Abs. 4 S. 5 SGB V zeitlich befristet bis zum 31.12.2013 festgelegt wurde, dass eine hauptberufliche selbständige Tätigkeit bei Tagespflegepersonen dann nicht anzunehmen ist, wenn sie bis zu fünf gleichzeitig anwesende, fremde Kinder betreuen. Da auch im Einkommensteuerrecht die Unterscheidung zwischen Zahlungen aus öffentlichen und privaten Mitteln aufgegeben wurde und Tagespflegepersonen mit dem Abschluss der Ausbauphase der Kindertagesbetreuung zum 31.07.2013 von dem erzielten Arbeitseinkommen mit anderen Selbständigen vergleichbar sein sollen,[283] ist mit Ablauf der Befristung zum 31.12.2013 davon auszugehen, dass die Abgrenzung, ob eine hauptberuflich selbständige Erwerbstätigkeit ausgeübt wird, nur noch anhand der allgemeinen Grundsätze – also in zeitlicher Sicht ab einer Arbeitszeit von 18 Stunden wöchentlich – von den Krankenkassen vorgenommen werden wird.

bb) Freiwillige Versicherung nach § 9 SGB V
Für die Tagespflegepersonen, für die aufgrund der derzeitigen Praxis der Sozialversicherungsträger oder aufgrund dessen, dass sie nicht verheiratet sind bzw. in einer Lebenspartnerschaft leben, die Möglichkeit der Familienversicherung nach § 10 SGB V, § 25 SGB XI nicht besteht, kann eine freiwillige Versicherung nach § 9 SGB V in Betracht kommen.

Die freiwillige Versicherung nach § 9 SGB V unterliegt aber einigen Zugangsbeschränkungen. Dabei werden für Tagespflegepersonen vor allem § 9 Abs. 1 Nr. 1 und Nr. 2 SGB V eine Rolle spielen, nach denen für Personen, die als Mitglieder aus der Versicherungspflicht ausgeschieden sind oder für Personen, deren Versicherung nach § 10 erlischt, die Möglichkeit der freiwilligen Versicherung besteht,

---

281 Die Abgrenzung anhand der fünf Kinder ist in der Zusammenschau mit § 43 Abs. 3 SGB VIII eigentlich sinnlos, da diesbezüglich alle Tagespflegepersonen nicht als hauptberuflich selbständig angesehen werden können. Da die Spitzenverbände der Krankenkassen aber bislang nur den Vorstoß gewagt haben, in Anlehnung an die einkommensteuerrechtlichen Grundsätze auf die Anzahl der betreuten Kinder abzustellen und die Vorschrift des § 43 Abs. 3 SGB VIII auch noch recht jung ist, soll hier ebenfalls nur auf die Abgrenzung anhand der Kinderzahl als mögliche Abgrenzungsvariante eingegangen werden.
282 Siehe dazu Kapitel 2, C. II. 2. b) aa) (3).
283 Vgl. dazu BT-Drucks. 16/10357, S. 34.

wenn sie eine gewisse Vorversicherungszeit erfüllt haben. Diese Vorversicherungszeit ist nach § 9 Abs. 1 Nr. 1 SGB V erfüllt, wenn die entsprechende Person in den letzten fünf Jahren vor dem Ausscheiden mindestens vierundzwanzig Monate oder unmittelbar vor dem Ausscheiden ununterbrochen mindestens zwölf Monate versichert war. Tagespflegepersonen müssten also, wenn sie sich freiwillig nach § 9 SGB V versichern wollen, die Vorversicherungszeit nach § 9 Abs. 1 Nr. 1 SGB V erfüllt haben, was insbesondere dann in Betracht kommt, wenn sie vor Aufnahme ihrer Tätigkeit als selbständige Tagespflegeperson in den letzten fünf Jahren für mindestens zwei Jahre in einer abhängigen Beschäftigung[284] standen oder arbeitslos[285] waren.

Nach § 20 Abs. 3 SGB XI sind freiwillige Mitglieder der gesetzlichen Krankenversicherung pflichtversichert in der sozialen Pflegeversicherung.

c) Rentenversicherung
aa) Pflichtversicherung nach § 2 S. 1 Nr. 1 oder Nr. 2 SGB VI
Tagespflegepersonen könnten, wenn sie den Selbständigen zugeordnet werden, der Versicherungspflicht nach § 2 S. 1 Nr. 1 oder Nr. 2 SGB VI unterliegen.

(1) Tagespflegepersonen als Erzieher i. S. d. § 2 S. 1 Nr. 1 SGB VI
Nach § 2 S. 1 Nr. 1 SGB VI sind selbständig tätige Lehrer und Erzieher, die im Zusammenhang mit ihrer selbständigen Tätigkeit keinen versicherungspflichtigen Arbeitnehmer beschäftigen, versicherungspflichtig. Tagespflegepersonen arbeiten in der Regel allein, da sie nach § 43 Abs. 3 SGB VIII grundsätzlich nicht mehr als fünf Kinder betreuen dürfen und so wenig verdienen, dass sie regelmäßig gar nicht in der Lage sind, eine andere Person zu beschäftigen. Damit ist diese Voraussetzung bei Tagespflegepersonen regelmäßig erfüllt.

Fraglich ist jedoch, ob Tagespflegepersonen „Erzieher" i.S.v. § 2 S. 1 Nr. 1 SGB VI sind. Erzieher sind selbständig Tätige, die pädagogisch arbeiten, ohne Lehrer zu sein.[286] Unter Lehrern in diesem Sinne sind dabei selbständig Tätige zu verstehen, die im Rahmen einer Aus- oder Fortbildung durch theoretischen oder praktischen Unterricht Kenntnisse, Fähigkeiten oder Erfahrungen vermitteln.[287] Tagespflegepersonen werden nicht im Rahmen einer Aus- oder Fortbildung tätig, sind mithin keine Lehrer. Sie sollen gem. dem Förderauftrag nach § 22 Abs. 3 SGB VIII

---

284 In diesem Fall würde Versicherungspflicht nach § 5 Abs. 1 Nr. 1 SGB V bestanden haben.
285 Bei Arbeitslosigkeit besteht Versicherungspflicht nach § 5 Abs. 1 Nr. 2 SGB V.
286 Fichte in: Hauck/Noftz, SGB VI, K § 2 Rn. 39.
287 Ebenfalls Fichte in: Hauck/Noftz, SGB VI, K § 2 Rn. 38 mit Verweis auf BSG v. 12.10.2000, Az: B 12 RA 2/99.

aber Kinder bilden und erziehen. Insofern könnte also durchaus eine Tätigkeit als Erzieher in Betracht kommen.

Da Erzieher – soweit sie nicht ausnahmsweise einen versicherungspflichtigen Arbeitnehmer beschäftigen – allein auf den Einsatz ihrer eigenen Arbeitskraft angewiesen sind, werden sie rentenversicherungsrechtlich als schutzbedürftig angesehen,[288] sodass sie von der Versicherungspflicht nach § 2 S. 1 Nr. 1 SGB VI erfasst sind. Aus diesem Grund ist die Versicherungspflicht nach der Rechtsprechung des BSG „weder davon abhängig, ob eine besondere pädagogische Ausbildung durchlaufen wurde, noch ob es ein etwa durch Ausbildungsordnungen geregeltes Berufsbild gibt, noch kommt es darauf an, ob die Erwerbstätigkeit innerhalb eines eigenen Betriebes ausgeübt wird".[289] Die Tatsache, dass Tagespflegepersonen keine pädagogische Ausbildung absolvieren müssen und kein anerkanntes Berufsbild haben, steht der Einordnung als Erzieher also nicht entgegen.

Gleichwohl wurde der Begriff des Erziehers in der sozialversicherungsrechtlichen Judikatur in Anlehnung an die steuerrechtliche Judikatur zum Erzieherbegriff in der Vergangenheit häufig eingeschränkt. So wurde der Begriff der Erziehung trotz des einheitlichen Lebensvorgangs von Unterbringung, Verköstigung, Beaufsichtigung sowie sonstiger Betreuung abgespalten und der Begriff der Erziehung nur dann bejaht, wenn der Schwerpunkt der Betätigung auf der erzieherischen Komponente beruhte.[290] Bei Tagespflegepersonen, die ausschließlich Kinder im Kleinkindalter betreuen, wurde damit der Schwerpunkt der Tätigkeit in der reinen Beaufsichtigung während der Abwesenheit der Eltern und in der Befriedigung von Primärbedürfnissen gesehen, und nicht die Förderung der Persönlichkeitsentwicklung, die Bildung des Charakters und die Sozialisation der Kinder in den Vordergrund gestellt und demzufolge eine Tätigkeit als „Erzieherin" abgelehnt.[291]

In seiner jüngsten Entscheidung zur Rentenversicherungspflicht einer Tagespflegeperson hat sich das BSG jedoch ausdrücklich von diesem eingeschränkten Erziehungsbegriff der steuerrechtlichen Judikatur distanziert. So führt das BSG aus, dass die steuerrechtliche Abspaltung der Erziehung von Unterbringung, Verköstigung, Beaufsichtigung und sonstiger Betreuung in Bezug auf die Versi-

---

288 BSG v. 22.06.2005, Az: B 12 RA 12/04 R, SGb 2005, 447 (Kurzwiedergabe).
289 Siehe dazu ebenfalls BSG v. 22.06.2005, Az: B 12 RA 12/04 R, SGb 2005, 447 (Kurzwiedergabe), mit Verweis auf BSG v. 12.10.2000, Az: B 12 RA 2/99.
290 BFH v. 17.05.1990, Az: IV R 14/87, BFHE 161, 361, sowie BFH v. 19.06.1997, Az: IV R 26/96, BFHE 183, 488, sowie bspw. LSG Baden-Württemberg v. 22.06.2004, Az: L 13 RA 213/04, und SG Mannheim v. 12.12.2003, Az: S 4 RA 2424/03.
291 Siehe dazu vor allem LSG Baden-Württemberg v. 22.06.2004, Az: L 13 RA 213/04.

cherungspflicht nach § 2 S. 1 Nr. 1 SGB VI ohne Bedeutung sei, da sich die Rechtsprechung des BFH erkennbar an Differenzierungsbedürfnissen orientiert, „die sich isoliert im Zusammenhang besonderer steuerrechtlicher Problemlagen wie der Abgrenzung gewerblicher von selbständiger freiberuflicher Tätigkeit zur Bestimmung der Einkommensart oder der Festlegung des Umfangs der Einkommensteuer- bzw. der Umsatzsteuerpflicht ergeben".[292] Insofern genüge es den Anforderungen des Begriffs des Erziehers, wenn eine Tagespflegeperson ständig wechselnde Kinder bis zum Kindergartenalter betreut, d. h. sie beaufsichtigt und ihre Primärbedürfnisse wie Schlafen, Spielen, Essen etc. erfüllt; der Erziehung diene also jegliches Verhalten, „das Eltern selbst zur Förderung eines der vorstehend genannten Aspekte der Entwicklung ihres Kindes erbringen und nunmehr teilweise durch Dritte erbringen lassen", da nahezu jede längere Beschäftigung mit Kindern zugleich deren Erziehung zum Gegenstand habe.[293]

Der Ansicht des BSG ist in Bezug auf die Einordnung einer Tagespflegeperson als Erzieher i.S.v. § 2 S. 1 Nr. 1 SGB VI uneingeschränkt zu folgen. Dies ergibt sich zum einen daraus, dass für eine Einengung des Begriffes der Erziehung im Sinne der steuerrechtlichen Rechtsprechung kein Grund ersichtlich ist. Die Schutzbedürftigkeit einer Tagespflegeperson im rentenversicherungsrechtlichen Sinne besteht unabhängig davon, ob bei ihrer Tätigkeit der Schwerpunkt auf der Erziehung oder der sonstigen Betreuung des Kindes liegt. Zum anderen spricht aber auch die Neufassung des § 22 Abs. 3 SGB VIII durch das Tagesbetreuungsausbaugesetz dafür, Tagespflegepersonen als Erzieher i.S.v. § 2 S. 1 Nr. 1 SGB VI anzusehen, da der Förderauftrag nach § 22 Abs. 3 SGB VIII ausdrücklich die Erziehung und Bildung umfasst und Kindertagespflege nach Intention des Gesetzgebers gerade für Kinder unter drei Jahren angeboten werden soll, bei denen der Schwerpunkt der Betreuung mehr auf der Erfüllung der Primärbedürfnisse als auf der Erziehung und Bildung liegt.

Tagespflegepersonen sind also als „Erzieher" i.S.v. § 2 S. 1 Nr. 1 SGB VI anzusehen.

(2) Tagespflegepersonen als Säuglings- oder Kinderpfleger i.S.v. § 2 S. 1 Nr. 2 SGB VI
Gemäß § 2 S. 1 Nr. 2 SGB VI sind selbständig tätige Pflegepersonen, die in der Kranken-, Wochen-, Säuglings- oder Kinderpflege tätig sind und im Zusammen-

---
292 BSG v. 22.06.2005, Az: B 12 RA 12/04 R, SGb 2005, 447 (Kurzwiedergabe).
293 So ebenfalls das BSG v. 22.06.2005, Az: B 12 RA 12/04 R, SGb 2005, 447 (Kurzwiedergabe), sowie auch SG Lüneburg v. 09.03.2004, Az: S 14 RA 185/02.

hang mit ihrer selbständigen Tätigkeit keinen versicherungspflichtigen Arbeitnehmer beschäftigten, versicherungspflichtig.

Wie eben schon bei der Prüfung des Versicherungspflichttatbestandes nach § 2 S. 1 Nr. 1 SGB VI festgestellt, beschäftigen Tagespflegepersonen in der Regel keinen versicherungspflichtigen Arbeitnehmer. Deshalb ist im Folgenden zu prüfen, ob Tagespflegepersonen über ihre Eigenschaft als Erzieher i.S.v. § 2 S. 1 Nr. 1 SGB VI hinaus auch als in der Säuglings- oder Kinderpflege tätig i.S.v. § 2 S. 1 Nr. 2 SGB VI anzusehen sind.

Der Begriff der Pflegeperson i.S.v. § 2 S. 1 Nr. 2 SGB VI wird von der Rechtsprechung sehr restriktiv ausgelegt. So gehören nach ständiger Rechtsprechung des BSG zu den Pflegepersonen lediglich all die selbständig Tätigen, die grundsätzlich auf ärztliche Anordnung Kranke, Wöchnerinnen, Säuglinge oder Kinder pflegerisch betreuen, um ihre Genesung oder ihr Gedeihen zu fördern.[294] Voraussetzung ist also ein Tätigwerden aufgrund ärztlicher Verordnung. Folglich fallen Tagespflegepersonen nicht unter den Begriff des Kinder- oder Säuglingspflegers i.S.v. § 2 S. 1 Nr. 2 SGB VI.[295]

(3) Erwerbsmäßige Tätigkeit
Voraussetzung für eine Versicherungspflicht nach § 2 S. 1 Nr. 1 SGB VI ist darüber hinaus eine selbständige Tätigkeit. Im Rentenversicherungsrecht ist der Begriff der selbständigen Tätigkeit unter Berücksichtigung der Teleologie der jeweiligen Norm auszulegen.[296] Das bedeutet, dass der Begriff der selbständigen Tätigkeit i.S.v. § 2 SGB VI weiter auszulegen ist als bei der Statusbestimmung der Selbständigkeit, da § 2 SGB VI nicht nur an den Status der Selbständigkeit, sondern auch an die Tätigkeit anknüpft.[297] Eine selbständige Tätigkeit i.S.v. § 2 SGB VI liegt vor, wenn eine selbständige Arbeitsleistung erbracht wird, die nicht nur vorüberge-

---

294 Siehe dazu Fichte in: Hauck/Noftz, SGB VI, K § 2 Rn. 45 m. w. N., sowie BSG v. 22.06.2005, Az: B 12 RA 12/04 R, SGb 2005, 447 (Kurzwiedergabe), m. w. N.
295 So aber die Ansicht der BfA vor der neuesten Entscheidung des BSG v. 22.06.2005, Az: B 12 RA 12/04 R, SGb 2005, 447 (Kurzwiedergabe), die eine Versicherungspflicht für Tagespflegepersonen nach § 2 S. 1 Nr. 2 SGB VI in Betracht gezogen hatte, da bei der Betreuung von Kindern unter drei Jahren eher die Pflege und nicht die Erziehung im Vordergrund steht. Nach der besagten Entscheidung des BSG v. 22.06.2005 hatte die BfA diese Rechtsauffassung jedoch ausdrücklich aufgehoben; siehe dazu Rechtshandbuch SGB VI der BfA, Anlage 1 zu § 2 SGB VI, S. 1 u. 10, Stand: 13.10.2005, zu finden unter http://rvliteratur.bfa.de/xtention_index.htm, letzter Aufruf 14.03.2006.
296 Fichte in: Hauck/Noftz, SGB VI, K § 2 Rn. 30.
297 Ebenfalls Fichte in: Hauck/Noftz, SGB VI, K § 2 Rn. 34, sowie KassKomm/Gürtner, § 2 SGB VI Rn. 6.

hend ausgeübt wird und dazu dient, Arbeitseinkommen i.S.v. § 15 SGB IV zu erzielen, die also erwerbsmäßig, d. h. mit Gewinnerzielungsabsicht erfolgt.[298]

Nach der ständigen Rechtsprechung des BSG ist die Gewinnerzielungsabsicht dabei als konstitutives Merkmal selbständiger Tätigkeit im sozialversicherungsrechtlichen Sinne anzusehen, um irrelevante Beschäftigungen, wie z. B. Liebhabereien, auszugrenzen.[299] Insofern strahle das Merkmal der Gewinnerzielungsabsicht über § 15 Abs. 1 S. 2 SGB IV aus dem Steuerrecht, wo es allen Arten von Einkünften immanent ist, in das Sozialrecht hinein.[300] Dadurch wird der Fall vermieden, dass eine Tätigkeit zwar sozialversicherungsrechtlich als selbständig angesehen wird, das hieraus erzielte Entgelt aber nicht als Arbeitseinkommen zu werten ist.[301] Ein solcher Fall wäre insofern problematisch, als das Arbeitseinkommen sowohl für die Beurteilung des versicherungsrechtlichen Status[302] als auch für die Bemessung der Beiträge[303] eine wesentliche Rolle spielt.[304]

Für die Versicherungspflicht einer Tagespflegeperson nach § 2 SGB VI, die vom Status her als Selbständige eingeordnet wird, muss als zusätzliche Voraussetzung also noch hinzukommen, dass sie nicht nur vorübergehend tätig ist und mit Gewinnerzielungsabsicht, also erwerbsmäßig handelt. Eine vorübergehende Tätigkeit, d. h. eine bloß gelegentliche[305] Betreuung von Kindern dürfte bei den meisten Tagespflegepersonen i.S.v. § 22 SGB VIII nicht vorliegen. Fraglich ist dagegen, ob Tagespflegepersonen mit Gewinnerzielungsabsicht tätig werden.

Nach Auffassung der Deutschen Rentenversicherung Bund[306] war in Anlehnung an die einkommenssteuerrechtliche Behandlung des aus öffentlichen Kassen gezahlten Pflegegeldes und Erziehungsbeitrages für Kinder in Familienpflege[307] bei einer Betreuung von bis zu fünf Kindern durch die Tagespflegeperson ohne nähere Prüfung zu unterstellen, dass diese Betreuung nicht erwerbsmäßig betrieben wird und dementsprechend auch keine Rentenversicherungspflicht als selbstän-

---

298 Siehe dazu ebenfalls Fichte in: Hauck/Noftz, SGB VI, K § 2 Rn. 30 und 36, sowie KassKomm/Gürtner, § 2 SGB VI Rn. 6.
299 Siehe dazu BSG v. 19.12.1961, Az: 7 Rar 19/60, BSGE 16, 56, 59.
300 Fichte in: Hauck/Noftz, SGB VI, K § 2 Rn. 37.
301 Ebenfalls Fichte in: Hauck/Noftz, SGB VI, K § 2 Rn. 37.
302 So bspw. i. R. d. § 5 Abs. 5 SGB V, sowie i. R. d. § 5 Abs. 2 S. 1 Nr. 2 SGB VI.
303 Vgl. etwa § 226 Abs. 1 S. 1 Nr. 4 SGB V oder § 165 Abs. 1 SGB VI.
304 Siehe dazu Klattenhoff in: Hauck/Noftz, SGB IV, K § 15 Rn. 3.
305 Siehe zur Frage, wann eine Tätigkeit nur vorübergehend ausgeübt wird, eingehend BSG v. 25.02.1997, Az: 12 RK 33/96, SozR 3-2200 § 1227 Nr. 8.
306 Siehe dazu Kapitel 1, B. II. 2. b) aa) (2).
307 Siehe dazu BMF-Schreiben v. 07.02.1990, Az: IV B 1 – S 2121 – 5/90, BStBl. I 1990, 109.

dig Tätige besteht. Von einer solchen Pauschalbeurteilung sei nur dann auszugehen, wenn die Tagespflegeperson als Anspruchsberechtigte nach § 23 Abs. 3 SGB VIII ausschließlich[308] Pflege- und Erziehungsgeld aus öffentlichen Kassen erhalte, welches gem. § 3 Nr. 11 EStG steuerfrei sei. Dieser Rechtsauffassung hatte sich sowohl die Bundesregierung[309] als auch – zumindest teilweise – das BSG in seiner jüngsten Entscheidung zur Rentenversicherungspflicht von Tagespflegepersonen[310] angeschlossen.

Nach dem Rundschreiben des Bundesministeriums der Finanzen vom 17.12.2007 zur „Einkommensteuerrechtlichen Behandlung der Geldleistungen für Kinder in Kindertagespflege" werden jedoch ab dem 01.01.2009 alle Einkünfte aus der öffentlich geförderten Kindertagespflege als Einnahmen aus selbständiger Tätigkeit i.S.v. § 18 Abs. 1 Nr. 1 EStG behandelt, wenn die Tagespflegeperson Kinder verschiedener Personensorgeberechtigter im eigenen Haushalt, im Haushalt des Personenberechtigten oder in anderen Räumen betreut.[311] Insofern ist die bisher von der Deutschen Rentenversicherung Bund vorgenommene Abgrenzung für die Erwerbsmäßigkeit anhand der Unterscheidung zwischen Geldern aus öffentlichen oder privaten Mitteln hinfällig geworden.[312] Eine Gewinnerzielungsabsicht ist also regelmäßig zu bejahen.[313]

---

308 Im Gegensatz zu den Spitzenverbänden der Krankenkassen (siehe dazu Kapitel 3, B. II. 3. a) bb) (1) (c)) hatte die BfA bei der Aufstellung ihrer Grundsätze an den Fall einer „Mischbeziehung" von Geldern gedacht und eine Erwerbsmäßigkeit nur dann ausgeschlossen, wenn eine Tagespflegeperson ausschließlich Gelder aus öffentlichen Mitteln erhielt.
309 Das ergibt sich aus dem Antwortschreiben des Bundesministeriums für Gesundheit und soziale Sicherung zur Rentenversicherungspflicht von Tagespflegepersonen an den Tagesmütter-Bundesverband vom 17.06.2003 sowie aus der Beschlussempfehlung des Petitionsausschusses des Deutschen Bundestages zur Rentenversicherungspflicht für Tagespflegepersonen vom 06.04.2005, beides zu finden unter http://www.tagesmuetter-bundesverband.de/webdateien/ind/info.html, letzter Aufruf 14.03.2006.
310 BSG v. 22.06.2005, Az: B 12 RA 12/04 R, SGb 2005, 447 (Kurzwiedergabe). Das BSG hat zu dieser Frage zwar nicht ausdrücklich Stellung genommen, hat aber erklärt, dass ein „ausschließlicher oder überwiegender Bezug von gemäß § 3 Nr. 11 Einkommensteuergesetz steuerfreien Leistungen des Jugendamtes bzw. ein bloßer Aufwendungs- und Kostenersatz (...) die erforderliche Gewinnerzielungsabsicht entfallen lassen könnte".
311 BStBl. I 2008, S. 17.
312 Die ursprüngliche Auffassung der Deutschen Rentenversicherung Bund war rechtlich höchst problematisch: Die enge Anknüpfung an das Einkommensteuerrecht führte zu Ungleichbehandlungen, da so nur die Tagespflegepersonen unter den Schutzbereich der gesetzlichen Rentenversicherung fielen, die Gelder aus privaten Mitteln bezogen. Für eine solche Ungleichbehandlung war aber kein sachlicher Rechtfertigungsgrund ersichtlich. Vgl. dazu bspw. SG Mannheim v. 12.12.2003, Az: S 4 RA 2424/03.
313 Nach der früheren Auffassung konnte dagegen bei den Tagespflegepersonen, die Gelder aus öffentlichen Mitteln erhielten, keine Gewinnerzielungsabsicht bejaht werden, da Gewinnerzielungsabsicht sozialversicherungsrechtlich als Absicht verstanden wurde, Arbeitseinkommen i.S.v. § 15 SGB IV zu erzielen, und § 15 SGB IV auf das Einkommensteuer-

bb) Freiwillige Versicherung nach § 7 SGB VI

Da Tagespflegepersonen – wie eben festgestellt – regelmäßig der Pflichtversicherung nach § 2 S. 1 Nr. 1 SGB VI unterliegen, kommt eine freiwillige Versicherung nach § 7 SGB VI grundsätzlich nicht in Betracht.

Sind Tagespflegepersonen aber nur geringfügig selbständig tätig nach § 8 Abs. 3 SGB IV bzw. § 8a SGB IV i. V. m. § 8 Abs. 1 und 2 SGB IV, können sie sich gem. § 7 Abs. 2 S. 2 SGB VI freiwillig versichern, ohne dass die sonst geltende Voraussetzung der Erfüllung der allgemeinen Wartezeit i.S.v. § 7 Abs. 2 S. 1 SGB VI erfüllt sein muss.

cc) Tagespflegepersonen als arbeitnehmerähnliche Selbständige

Tagespflegepersonen, die grundsätzlich dem Status der Selbständigen zuzuordnen sind, könnten im Recht der gesetzlichen Rentenversicherung einen Sonderstatus besitzen, wenn sie i.S.v. § 2 S. 1 Nr. 9 SGB VI im Zusammenhang mit ihrer selbständigen Tätigkeit regelmäßig keinen versicherungspflichtigen Arbeitnehmer beschäftigen, dessen Arbeitsentgelt aus diesem Beschäftigungsverhältnis regelmäßig 400 Euro im Monat übersteigt, und wenn sie auf Dauer und im Wesentlichen nur für einen Auftraggeber tätig sind. Personen, die diese Voraussetzungen erfüllen, werden auch als arbeitnehmerähnliche Selbständige bezeichnet.[314]

Tagespflegepersonen werden in der Regel alleine arbeiten, da sie, wenn sie Kinder außerhalb des Elternhaushaltes betreuen, nach § 43 Abs. 1 und Abs. 3 SGB VIII maximal fünf Kinder betreuen dürfen. Sollten sie ausnahmsweise einen versicherungspflichtigen Arbeitnehmer beschäftigen, wird dieser schon wegen des geringen Verdienstes einer Tagespflegeperson höchstens Hilfsarbeiten erledigen und damit grundsätzlich auch nicht über die 400-Euro-Grenze gelangen. Die erste Voraussetzungen des § 2 S. 1 Nr. 9 SGB VI wird daher bei Tagespflegepersonen regelmäßig erfüllt sein.

Schwierigkeiten bereitet dagegen die zweite Voraussetzung, dass die Tagespflegeperson auf Dauer und im Wesentlichen nur für einen Auftraggeber tätig sein darf.

---

recht verweist; KassKomm/Gürtner, § 2 SGB VI Rn. 6. Aus diesem Grund war es geboten, die ungeschriebene Voraussetzung der Gewinnerzielungsabsicht für eine Versicherungspflicht nach § 2 SGB VI so zu verstehen, dass es sich bei dieser um eine „Einkunfts"-Erzielungsabsicht in dem Sinne handelt, dass die betreffende Person Einkünfte i.S.v. §§ 13 bis 18 EStG zu erlangen sucht; so z. B. das LSG Baden-Württemberg v. 22.06.2004, Az: L 13 RA 213/04. Nur durch eine solche Handhabung konnten die oben beschriebenen Ungleichbehandlungen verhindert werden.

314 Dieser Begriff wurde vom Gesetzgeber in der Gesetzesbegründung geprägt; siehe dazu BT-Drucks. 14/45, S. 15 u. 20, und ist in der rechtswissenschaftlichen Literatur gängig; siehe dazu bspw. Schulin/Igl, Sozialrecht, Rn. 546. Siehe dazu auch Kapitel 2, B. I. 4. b).

Kapitel 3: Möglichkeiten der sozialen Absicherung im geltenden Recht

Wie schon bei der Frage dargelegt, ob Tagespflegepersonen als Arbeitnehmer oder arbeitnehmerähnliche Personen qualifiziert werden können,[315] ist diese Voraussetzung im Rahmen der Tagespflegetätigkeit für die Feststellung persönlicher und wirtschaftlicher Abhängigkeit ungeeignet, da Tagespflegepersonen – abgesehen von den selteneren Fällen, in denen sie nur Kinder eines Elternpaares betreuen[316] oder in denen sich die Eltern zu einer GbR zusammengeschlossen haben – in der Regel für mehrere Kinder mehrerer Elternpaare die Förderungsleistungen erbringen. Dies sagt aber nichts über ihre persönliche oder wirtschaftliche Abhängigkeit aus, da sie auch von mehreren Eltern als „Auftraggeber" persönlich oder aber zumindest wirtschaftlich abhängig sein können.[317] Insofern bereitet das Kriterium des § 2 S. 1 Nr. 9 lit. b) SGB VI vergleichbare Schwierigkeiten wie die Einordnung von Tagespflegepersonen unter die Kriterien der Rechtsprechung zur Abgrenzung der Arbeitnehmer bzw. Beschäftigten und arbeitnehmerähnlichen Personen vom Selbständigen.

Damit bietet § 2 S. 1 Nr. 9 SGB VI nur in seltenen Fällen eine zusätzliche Option für Tagespflegepersonen. Beim Tätigwerden für nur eine Familie entspricht das Tagespflegeverhältnis weitestgehend dem Normalarbeitsverhältnis, sodass Tagespflegepersonen in diesem Fall regelmäßig den abhängig Beschäftigten zuzuordnen sind; dies dürfte in der Praxis – wie schon mehrfach erwähnt – jedoch eher die Ausnahme sein.[318] Sind Tagespflegepersonen dagegen für mehrere Familien tätig, spricht dies zwar nicht unbedingt gegen eine wirtschaftliche und unter Umständen sogar nicht gegen eine persönliche Abhängigkeit. Der Gesetzestext des § 2 S. 1 Nr. 9 SGB VI macht die wesentliche Tätigkeit für einen Auftraggeber aber ausdrücklich zur Voraussetzung, ohne auf weitere Kriterien einer Arbeitnehmerähnlichkeit abzustellen, sodass für die Versicherungspflicht von Tagespflegepersonen nach § 2 S. 1 Nr. 9 SGB VI im Grunde kein Raum bleibt, selbst wenn sie im weiteren Sinne als wirtschaftlich abhängig angesehen werden können.

d) Unfallversicherung
Für Tagespflegepersonen, die als Selbständige eingeordnet werden, könnte in der Unfallversicherung eine Versicherungspflicht nach § 2 Abs. 1 Nr. 9 SGB VII in Betracht kommen.

Gem. § 2 Abs. 1 Nr. 9 SGB VII sind Personen, die selbständig oder unentgeltlich, insbesondere ehrenamtlich im Gesundheitswesen oder in der Wohlfahrtspflege

---
315 Kapitel 2, C. I. 2. und II. 3.
316 Siehe dazu ausführlich Kapitel 1, A. II. 2. c) aa) und bb).
317 Zu diesem Ergebnis siehe Kapitel 2, D.
318 Dazu ebenfalls Kapitel 2, C. D.

tätig sind, kraft Gesetzes versichert. Für Tagespflegepersonen, die den Selbständigen zugeordnet werden, könnte demnach also eine Pflichtversicherung in der gesetzlichen Unfallversicherung in Betracht kommen, wenn ihre Arbeit als eine Tätigkeit im Gesundheitswesen oder in der Wohlfahrtspflege zu qualifizieren ist.

aa) Gesundheitswesen
Der Begriff des Gesundheitswesens umfasst zunächst alle Einrichtungen und Tätigkeiten, die die Beseitigung oder Besserung eines krankhaften Zustandes oder die Pflege eines pflegebedürftigen Menschen bezwecken, ferner diejenigen, die den Zweck verfolgen, die Gesundheit des einzelnen oder der Allgemeinheit vor unmittelbar drohenden Gefahren zu schützen, d. h. einer unmittelbar drohenden oder nach Lage des Falles in absehbarer Zeit zu erwartenden Schädigung der Gesundheit vorzubeugen.[319] Dabei muss es sich allerdings um Einrichtungen und Tätigkeiten handeln, bei denen die Wahrung der Gesundheit den Hauptzweck bildet,[320] d. h. es genügt nicht, wenn ein gesundheitsfördernder oder krankheitsverhütender Erfolg lediglich eine zwar praktisch bedeutsame, aber doch nur nebenher erzielte Begleiterscheinung ist.[321]

Zwar umfasst der Förderungsauftrag der Kindertagespflege nach § 22 Abs. 3 SGB VIII neben der Erziehung und Bildung auch die Betreuung des Kindes und soll sich auf die soziale, emotionale, körperliche und geistige Entwicklung des Kindes beziehen, sodass eine Tagespflegeperson also auch in gewisser Weise pflegerisch und in Bezug auf die körperliche und geistige Gesundheit des Kindes tätig wird. Die Tätigkeit in der Kindertagespflege verfolgt aber nicht den Hauptzweck, Kinder vor gesundheitlichen Gefahren zu schützen. Daher ist die Tätigkeit der Kindertagespflege auch nicht dem Gesundheitswesen zuzurechnen.

bb) Wohlfahrtspflege
Der Begriff der Wohlfahrtspflege ist sozialgesetzlich nicht definiert. In Art. 9 Nr. 1 der Weimarer Reichsverfassung war die Wohlfahrtspflege noch ausdrücklich erwähnt. Heute ist sie in Art. 74 Nr. 7 GG von der „öffentlichen Fürsorge" mitumfasst.[322] Das BSG hat den Begriff der Wohlfahrtspflege anfänglich sowohl i. S. der

---

319 Wiester in: Brackmann, Handbuch der Sozialversicherung, SGB VII, § 2 Rn. 534; Schwerdtfeger in: Lauterbach, UV (SGB VII), 4. Aufl., 20. Liefg., Oktober 2003, § 2 Rn. 331 – jeweils mit Verweis auf BSG v. 27.10.1961, Az: 2 RU 115/60, BSGE 15, 190, 192.
320 BSG v. 27.10.1961, Az: 2 RU 115/60, BSGE 15, 190, 192.
321 Wiester in: Brackmann, Handbuch der Sozialversicherung, SGB VII, § 2 Rn. 534; Schwerdtfeger in: Lauterbach, UV (SGB VII), 4. Aufl., 20. Liefg., Oktober 2003, § 2 Rn. 331.
322 Siehe dazu R. Schlegel in: Schulin, HS-UV, § 17 Rn. 8; Schwerdtfeger in: Lauterbach, UV (SGB VII), 4. Aufl., 20. Liefg., Oktober 2003, § 2 Rn. 336. Ausführlich zum Begriff der öffentlichen Fürsorge des Art. 74 Nr. 7 GG Maunz in: Maunz-Dürig, Grundgesetz Kommentar, Art. 74 Rn. 106 ff.

BKVO als auch i. S. d. § 2 Abs. 1 Nr. 9 SGB VII wenig konkret als „eine planmäßige, zum Wohle der Allgemeinheit und nicht des Erwerbs wegen ausgeübte, unmittelbare, vorbeugende oder abhelfende Hilfeleistung für gesundheitlich, sittlich oder wirtschaftlich gefährdete oder Not leidende Menschen" definiert.[323] Aus der Analyse der einzelnen Judikate ist erkennbar, dass Wohlfahrtspflege in zweierlei Hinsicht zu verstehen war: Zum einen zählten diejenigen Einrichtungen und Organisationen zur Wohlfahrtspflege, die sich als Nachfolgeorganisationen der im ausgehenden 19. Jahrhundert entstandenen klassischen Arbeiterwohlfahrt verstanden. Zum anderen wurden aber auch diejenigen Einrichtungen als vom Begriff der Wohlfahrtspflege umfasst angesehen, die „Wohlfahrt" und damit ihren Hauptzweck in ihrem Namen tragen, wie die Landeswohlfahrtsverbände mit ihren Zuständigkeiten im Recht der Jugend- und Sozialhilfe einschließlich der Altenhilfe oder die Caritas.[324]

In jüngerer Zeit war die Rechtsprechung allerdings dazu übergegangen, sich bezüglich der inhaltlichen Umschreibung des Begriffes i. S. d. § 2 Abs. 1 Nr. 9 SGB VII an das Sozialhilferecht anzulehnen.[325] Durch das BSHG[326] hatte der Begriff der Wohlfahrtspflege eine gesetzliche Konkretisierung erfahren, allerdings ohne ausdrücklich erwähnt zu werden. Nach der heute geltenden Gesetzesfassung fallen im Sozialhilferecht vor allem die Altenhilfe nach § 71 SGB XII und die Pflege Kranker oder Behinderter nach §§ 61, 63 SGB XII unter den Begriff der Wohlfahrtspflege.

Dieser Konkretisierung durch das BSHG bzw. durch das nunmehr geltende SGB XII ist bei der Auslegung des Begriffes der Wohlfahrtspflege Rechnung zu tragen.[327] Dies ergibt sich daraus, dass sich § 2 Abs. 1 Nr. 9 SGB VII im Gegensatz zum Berufskrankheitenrecht, in dem der Begriff der Wohlfahrtspflege eingeengt und vorgeprägt ist, auf den allgemeinen Begriff der Wohlfahrtspflege bezieht.[328] Demnach ist vom Begriff der Wohlfahrtspflege in § 2 Abs. 1 Nr. 9 SGB VII auch

---

323 Siehe dazu vor allem BSGE 6, 74, 77; 15, 116, 117; 15, 190, 191, 18, 133, 134.
324 R. Schlegel in: Schulin, HS-UV, § 17 Rn. 8 m. w. N.
325 BSG v. 26.06.1985, Az: 2 RU 79/84, BSGE 58, 210, 212.
326 BSHG in der Fassung der Bekanntmachung v. 23.03.1994, BGBl. I 1994, 646. Das Sozialhilferecht wurde durch Art. 1 des „Gesetzes zur Einordnung des Sozialhilferechts in das Sozialgesetzbuch" vom 27.12.2003, BGBl. I 2003, 3022, als 12. Buch in das Sozialgesetzbuch eingegliedert. Dadurch wurde das BSHG nach über 40 Jahren ersetzt. Siehe zur Gesetzgebungsgeschichte des Sozialhilferechts Münder in: LPK-SGB XII, Einleitung, Rn. 1 ff.
327 Wiester in: Brackmann, Handbuch der Sozialversicherung, SGB VII, § 2 Rn. 540; Schwerdtfeger in: Lauterbach, UV (SGB VII), 4. Aufl., 20. Liefg., Oktober 2003, § 2 Rn. 337.
328 Siehe dazu Wiester in: Brackmann, Handbuch der Sozialversicherung, SGB VII, § 2 Rn. 539.

die Pflege eines kranken oder alten Menschen ohne Bezug zu einer entsprechenden Organisation oder Einrichtung erfasst.[329]

Da der Begriff der Wohlfahrtspflege nunmehr also auch Tätigkeiten umfasst, die keinen Bezug zu einer entsprechenden Organisation oder Einrichtung aufweisen, ist zu überlegen, ob auch die Kindertagespflege der Wohlfahrtspflege zugerechnet werden kann. Zwar ist die Kindertagespflege kein Regelungsgebiet der Sozialhilfe, das Kinder- und Jugendhilferecht gehört jedoch genau wie die Sozialhilfe zur öffentlichen Fürsorge i. S. d. Art. 74 Nr. 7 GG.[330] So zählten – wie bereits erwähnt – auch schon nach der früheren Rechtsprechung des BSG die Landeswohlfahrtsverbände, die sich der Jugendhilfe widmeten, zur Wohlfahrtspflege i. S. d. § 2 Abs. 1 Nr. 9 SGB VII. Insofern spricht viel dafür, auch die selbständige Kindertagespflege dem Begriff der Wohlfahrtspflege zuzurechnen.[331]

Dagegen könnte allerdings sprechen, dass nach der Rechtsprechung des BSG Voraussetzung für den Begriff der Wohlfahrtspflege ist, dass die Hilfe zum Wohle der Allgemeinheit und nicht des Erwerbs wegen ausgeführt wird. Tagespflegepersonen werden in der Regel aber tätig, um ihren Lebensunterhalt zu verdienen.[332] In diesem Sinne definiert auch das Steuerrecht den Begriff der Wohlfahrtspflege: Nach § 66 Abs. 2 S. 1 AO wird die Wohlfahrtspflege als planmäßige, zum Wohl der Allgemeinheit und nicht des Erwerbs wegen ausgeübte Sorge für notleidende oder gefährdete Mitmenschen definiert. Da der Gesetzgeber in § 2 Abs. 1 Nr. 9 SGB VII aber ausdrücklich auch selbständig Tätige mit aufgenommen hat, kommt es nicht darauf an, ob eine Person auch zum Zwecke des Entgelterwerbs der Tätigkeit nachgeht; wesentlich ist vielmehr ein Bezug zum öffentlichen Interesse, gleichgültig, ob diese Tätigkeit mehreren oder nur einem einzelnen dient.[333]

Tagespflegepersonen arbeiten zwar in der Regel, um sich ihren Lebensunterhalt zu verdienen, sie werden aber auch im Sinne der Kinder- und Jugendhilfe tätig, indem sie den Förderungsauftrag i.S.v. § 22 Abs. 3 SGB VIII zu erfüllen haben. Insofern erbringen sie ihre Tätigkeit (auch) zum Wohle der Allgemeinheit.[334] Die

---

329 Wiester in: Brackmann, Handbuch der Sozialversicherung, SGB VII, § 2 Rn. 539 m. w. N.
330 Siehe dazu Maunz in: Maunz-Dürig, Grundgesetz Kommentar, Art. 74 Rn. 106 ff.
331 So auch Wiester in: Brackmann, Handbuch der Sozialversicherung, SGB VII, § 2 Rn. 540a, und die Praxis der Unfallversicherungsträger, siehe dazu ausführlich Kapitel 2, C. II. 2. b) aa) (4).
332 Siehe dazu Einleitung, I. 3.
333 Wiester in: Brackmann, Handbuch der Sozialversicherung, SGB VII, § 2 Rn. 527.
334 Für eine solche Auslegung spricht auch das oben festgestellte Ergebnis, dass im Kranken- und Pflegeversicherungsrecht sowie in der Rentenversicherung bei Tagespflegepersonen, die bis zu fünf Kinder betreuen, nicht von einer erwerbsmäßigen Tätigkeit ausgegangen werden sollte. Siehe dazu Kapitel 3, B. II. 3. a) bb) (1) (c) und cc) (1) (c).

Tätigkeit der Kindertagespflege steht also nicht im Widerspruch zur Definition durch das BSG und zur gesetzlichen Definition des § 66 Abs. 2 S. 1 AO. Demzufolge steht einer Zurechnung der Kindertagespflegetätigkeit unter den Begriff der Wohlfahrtspflege nichts im Wege.

cc) Ergebnis
Tagespflegepersonen, die den Selbständigen zuzuordnen sind, unterliegen folglich der Versicherungspflicht nach § 2 Abs. 1 Nr. 9 SGB VII.[335] Gemäß § 150 Abs. 1 S. 2 SGB VII sind die Tagespflegepersonen als selbständig Tätige selbst beitragspflichtig.

4. Der Sonderfall der Tätigkeit als Tagespflegeperson während Arbeitslosigkeit oder Hilfsbedürftigkeit
Ist eine Tagespflegeperson neben ihrer Tätigkeit arbeitslos i.S.v. § 119 SGB III und erhält Arbeitslosengeld nach den Voraussetzungen der §§ 117, 118 SGB III, ist sie gem. § 5 Abs. 1 Nr. 2 SGB V in der gesetzlichen Krankenversicherung, gem. § 3 S. 1 Nr. 3 SGB VI in der gesetzlichen Rentenversicherung und gem. § 20 Abs. 1 Nr. 2 SGB XI in der sozialen Pflegeversicherung pflichtversichert. Die Beiträge sind dabei nicht vom Arbeitslosen zu tragen, sondern nach § 251 Abs. 4a SGB V und nach § 59 Abs. 1 i. V. m. § 251 Abs. 4a SGB V im Rahmen der Kranken- und Pflegeversicherung von der Bundesagentur für Arbeit; nach § 176 Abs. 2 SGB VI kann die Bundesagentur für Arbeit und der zuständige Träger der Rentenversicherung das Nähere über Zahlung und Abrechnung der Beiträge durch Vereinbarung regeln.

Voraussetzung dafür ist jedoch nach § 119 Abs. 1 SGB III, dass die betreffende Person nicht in einem Beschäftigungsverhältnis steht, sich bemüht, ihre Beschäftigungslosigkeit zu beenden und den Vermittlungsbemühungen der Agentur für Arbeit zur Verfügung steht. Nach § 119 Abs. 3 SGB III schließt die Ausübung einer Beschäftigung, selbständigen Tätigkeit oder Tätigkeit als mithelfender Familienangehöriger die Beschäftigungslosigkeit nicht aus, wenn die Arbeits- oder Tätigkeitszeit weniger als 15 Stunden wöchentlich umfasst. Übt also eine Tagespflegeperson ihre Tätigkeit während der Arbeitslosigkeit aus, ist sie unabhängig vom Status, in dem sie ihrer Tätigkeit nachgeht, als Arbeitslose solange partiell

---

335 Dieses Ergebnis ist insoweit problematisch, als Tagespflegepersonen bei wahrheitsgemäßen Angaben über den Beginn ihrer Tätigkeit grundsätzlich mit Beitragsnachforderungen rechnen müssten. Anlässlich eines – auf Anraten des Bundesministeriums für Arbeit und Soziales – stattgefundenen Gesprächs zwischen dem Tagesmütter-Bundesverband und der BGS hatte sich die BGW jedoch bereit erklärt, auf die rückwirkende Beitragserhebung für die Jahre 2000 bis 2004 im Wege des Erlasses zu verzichten. Voraussetzung war allerdings, dass die Anmeldung bei der BGW spätestens bis zum 30.06.2006 erfolgte. Bereits erfolgte Zahlungen vor dem 01.01.2005 sollten erstattet werden. Siehe zu dieser Information unter http://www.tagespflege-vierheller.de unter Aktuelles, letzter Aufruf 28.04.2006.

sozialversicherungsrechtlich abgesichert, wie sie nicht 15 Stunden wöchentlich und mehr in der Kindertagespflege tätig wird.[336]

Ist eine Tagespflegeperson hilfebedürftig i.S.v. § 9 SGB II und erwerbsfähig nach § 8 SGB II, d. h., ist sie prinzipiell in der Lage, drei Stunden täglich erwerbstätig zu sein und erhält Arbeitslosengeld II nach §§ 19, 20 SGB II, ist sie ebenfalls in der Kranken-, Renten- und Pflegeversicherung nach § 5 Abs. 1 Nr. 2a SGB V, § 3 S. 1 Nr. 3a SGB VI, § 20 Abs. 1 Nr. 2a SGB XI pflichtversichert. Die Beiträge zur gesetzlichen Kranken- und Pflegeversicherung, die sich an der Höhe des Arbeitslosengeld II orientieren, werden gem. § 251 Abs. 4 SGB V sowie gem. § 59 Abs. 1 SGB XI i. V. m. § 251 Abs. 4 SGB V vom Bund getragen. Im Rahmen der gesetzlichen Rentenversicherung kommt ebenfalls § 176 Abs. 2 SGB VI zum Tragen, d. h., die betreffende Person muss auch in diesem Sozialversicherungsbereich keine Beiträge abführen. Erhält sie dagegen Hilfe zum Lebensunterhalt nach den §§ 27 ff. SGB XII, da sie nicht erwerbsfähig i.S.v. § 8 SGB II, aber hilfebedürftig ist,[337] ist sie als Bezieherin dieser Sozialleistung zwar nicht wie die Bezieher von Arbeitslosengeld II in den Sozialversicherungszweigen versicherungspflichtig, nach § 32 SGB XII können bzw. müssen jedoch die Beiträge zur freiwilligen gesetzlichen Krankenversicherung oder sonstigen freiwilligen Krankenversicherung und Pflegeversicherung vom zuständigen Sozialleistungsträger übernommen werden. Gemäß § 33 SGB XII können auch die Kosten für eine Altersvorsorge übernommen werden.

Tagespflegepersonen, die neben ihrer Tätigkeit als arbeitslos i.S.v. § 119 SGB III oder hilfsbedürftig nach den Regelungen des SGB II bzw. SGB XII anzusehen sind, erhalten durch die eben dargestellten Regelungen – unabhängig vom Status in ihrer Tätigkeit als Tagespflegeperson – einen gewissen sozialversicherungsrechtlichen Schutz.[338] Da dieser sich aber im Bereich der Rentenversicherung an

---

336 Bemerkenswert ist in diesem Zusammenhang ein Urteil des BSG v. 16.09.1999, Az: B 7 AL 80/98 R, SozR 3-4100 § 101 Nr. 10, in dem der 7. Senat bei einer Tagespflegeperson, die ihrer Tätigkeit während ihrer Arbeitslosigkeit nachging, eine negative Statusfeststellung in dem Sinne vorgenommen hat, dass er die Tagespflegeperson weder als abhängig Beschäftigte noch als Selbständige qualifiziert hat. Eine positive Statusfeststellung blieb er jedoch schuldig. Die Einschätzung, dass die Tagespflegeperson weder das eine noch das andere war, diente nur der Feststellung, dass die Tagespflegeperson arbeitslos war.
337 Das ergibt sich aus § 19 Abs. 1 S. 1 SGB XII. Ob eine Person Leistungen nach dem SGB II oder nach dem SGB XII erhält, richtet sich danach, ob der Hilfebedürftige erwerbsfähig i.S.v. § 8 SGB II ist oder nicht. Siehe dazu Valgolio in: Hauck/Noftz, SGB II, K § 8 Rn. 2.
338 Arbeitslosengeld- und Arbeitslosengeld-II-Empfänger sind lediglich nicht vom Unfallversicherungsschutz erfasst. Dies ist darauf zurückzuführen, dass die gesetzliche Unfallversicherung vor den Folgen von Arbeitsunfällen und Berufskrankheiten schützen soll, sodass im Grunde nur Personen vom Unfallversicherungsschutz erfasst sind, die einer Erwerbstätigkeit nachgehen. Siehe dazu ausführlich Schulin/Igl, Sozialrecht, Rn. 399 ff.

den eher niedrigen Sozialleistungen orientiert, ist der daraus resultierende Anspruch ebenfalls als gering einzuschätzen. Lediglich der Schutz durch die gesetzliche Kranken- und Pflegeversicherung kann von den Tagespflegepersonen durch die Pflichtversicherung, der sie als Bezieher der aufgeführten Sozialleistungen in diesen Sozialversicherungszweigen unterliegen, vollumfänglich in Anspruch genommen werden.

C. Zusammenfassung

Wie die vorstehenden Ausführungen zeigen, führt der Status einer Tagespflegeperson zu einer sehr unterschiedlichen sozialen Absicherung. So ist festzustellen, dass Tagespflegepersonen, die als abhängig beschäftigt eingeordnet werden, grundsätzlich arbeits- als auch sozialversicherungsrechtlich dem vollumfänglichen Schutz dieser Rechtsgebiete unterliegen. Da jedoch in Deutschland bislang nur vereinzelt Anstellungsverhältnisse von Tagespflegepersonen bei Jugendhilfeträgern existieren[339] und Arbeitsverhältnisse bei den Eltern wegen der hohen finanziellen Belastung der Privathaushalte in der Mehrzahl als geringfügige Beschäftigungsverhältnisse ausgestaltet sein dürften,[340] ist eine soziale Absicherung über ein abhängiges Beschäftigungsverhältnis, welches zu einer Existenzsicherung führt, eher die Ausnahme.

Wegen der schwierigen Abgrenzung zwischen Arbeitnehmern und Selbständigen ist es auch möglich, dass Tagespflegepersonen formal als Selbständige bei den Eltern tätig werden, materiell-rechtlich gesehen aber eigentlich abhängig beschäftigt sind, da keine der Vertragsparteien weiß, dass das der Tätigkeit der Tagespflegeperson zugrunde liegende Vertragsverhältnis als Anstellungsverhältnis zu qualifizieren ist. Diese Variante könnte durch die neue Finanzierungsregelung des § 90 SGB VIII, nach der Eltern grundsätzlich nur noch einen pauschalierten Teilnahmebeitrag zu leisten haben, noch verstärkt werden, da die Eltern dadurch davon ausgehen können, dass das Jugendamt die Kosten für die Tagespflegeperson übernimmt.

---

339 Bspw. in Husum, siehe dazu Husumer Nachrichten vom 01.04.2005, „Tagesmütter-Projekt zur Nachahmung empfohlen". In Husum werden die Tagespflegepersonen in Anlehnung an den TVöD (früher BAT VI) bezahlt. Die Modalitäten der Bezahlung der angestellten Tagespflegepersonen wurden am 13.10.2005 telefonisch bei Herrn Gregor Crone vom Kinderschutzbund Nordfriesland erfragt.
340 Abgesehen davon wird wohl ein Großteil der Kindertagespflege noch im Sektor der Schwarzarbeit zu finden sein, da die Abgaben, die die Eltern im Falle eines Anstellungsverhältnisses leisten müssen, auch bei einer geringfügigen Beschäftigung einer Tagespflegeperson oftmals noch zu hoch sein könnten.

C. Zusammenfassung

Werden Tagespflegepersonen als arbeitnehmerähnliche Personen qualifiziert, finden auf sie von den arbeitsschutzrechtlichen Regelungen lediglich die Schutzregelungen des Bundesurlaubsgesetzes und des Beschäftigtenschutzgesetzes Anwendung. Darüber hinaus könnten arbeitnehmerähnliche Vertragsverhältnisse von Tagespflegepersonen über eine zivilrechtliche Inhaltskontrolle überprüfbar sein. Im Sozialversicherungsrecht können arbeitnehmerähnliche Tagespflegepersonen als beschäftigungsähnliche Personen über § 2 Abs. 2 S. 1 SGB VII in der gesetzlichen Unfallversicherung pflichtversichert sein.

Die meisten Tagespflegepersonen werden in Deutschland als Selbständige tätig, zum einen, weil sie von der Praxis als solche eingeordnet werden, zum anderen, weil – wie schon eben erwähnt – häufig weder sie noch die Eltern als potenzielle Arbeitgeber wissen, dass die Tagespflegeperson aufgrund der Rechtsprechungskriterien zur Abgrenzung des Arbeitnehmers vom Selbständigen eigentlich als abhängig beschäftigt angesehen werden kann. Gerade für selbständige Tagespflegepersonen existiert aber nur ein partieller Sozialschutz. So sind Selbständige vom arbeitsrechtlichen Schutz nicht umfasst. Sozialversicherungsrechtlich ergibt sich dagegen ein recht differenziertes Bild: In der Kranken- und Pflegeversicherung besteht die Möglichkeit der Familienversicherung nach § 10 SGB V, § 25 SGB XI bis zum einem Gesamteinkommen von 360 Euro, und ansonsten die freiwillige Versicherung nach § 9 SGB V, § 20 Abs. 3 SGB XI, die allerdings an einige Voraussetzungen gebunden ist. Das bedeutet, dass sich nicht jede Tagespflegeperson in der gesetzlichen Kranken- und Pflegeversicherung versichern kann. In der gesetzlichen Unfallversicherung sind Tagespflegepersonen dagegen generell als Selbständige, die in der Wohlfahrtspflege tätig sind, pflichtversichert, nach § 2 Abs. 1 Nr. 9 SGB VII. Rentenversicherungsrechtlich kommt für Tagespflegepersonen eine Versicherungspflicht als Erzieher i.S.v. § 2 S. 1 Nr. 1 SGB VI in Betracht. Darüber hinaus besteht seit 01.02.2006 nach § 28a SGB III unter bestimmten Voraussetzungen die Möglichkeit einer freiwilligen Weiterversicherung in der Arbeitslosenversicherung.

So besteht für selbständige Tagespflegepersonen zwar unter bestimmten Voraussetzungen in jedem Versicherungszweig die Möglichkeit der Sozialversicherung. Durch die jetzige Praxis der Sozialversicherungsträger können sich Tagespflegepersonen in der Kranken- und Pflegeversicherung aber nur dann kostenneutral familienversichern, wenn sie ein Entgelt von bis zu 360 Euro erhalten. Darüber hinaus werden selbständige Tagespflegepersonen zwar momentan grundsätzlich nicht als hauptberuflich erwerbstätig angesehen, mit Ablauf der Ausbauphase zum 01.08.2013 besteht allerdings die Gefahr, dass Tagespflegepersonen, wenn sie mehr als 18 Stunden wöchentlich tätig werden, von den Krankenkassen als hauptberuflich erwerbstätig eingestuft werden, sodass sie sehr hohe Beiträge abführen müssen. Für die Rentenversicherung ist zur Zeit ein Mindestbetrag von 78 Euro monatlich abzuführen. Die Beiträge zur Pflege-, Unfall- und Arbeitslosenversicherung sind zwar im Vergleich dazu nicht so erheblich. Da Selbständige ihre Sozialversicherungsbeiträge aber grundsätzlich allein zu tragen haben, stehen die den selbständigen Tagespflegepersonen derzeitigen Möglichkeiten, sich in allen Sozialversicherungszweigen abzusichern, in keinem Verhältnis zu ihrem niedrigen Verdienst.[341] Hinzu kommt, dass einige Sozialversicherungsregelungen – wie die freiwillige Weiterversicherung in der Arbeitslosenversicherung – zeitlich begrenzt sind.

Zur Abfederung dieses Problems – niedriger Verdienst kontra hohe Sozialversicherungsbeiträge – hat der Gesetzgeber in dem zum 01.01.2005 neu gefassten § 23 Abs. 2 Nr. 3 SGB VIII die Erstattung nachgewiesener Aufwendungen für Beiträge zu einer Unfallversicherung sowie die hälftige Erstattung nachgewiesener Aufwendungen zu einer angemessenen Alterssicherung vorgesehen. Darüber hinaus hat der Gesetzgeber mit dem KiföG auch die hälftige Erstattung nachgewiesener Aufwendungen für eine Kranken- und Pflegeversicherung eingeführt. Diese Regelung gilt allerdings nur dann uneingeschränkt, wenn eine Tagespflegeperson die Voraussetzungen des § 23 Abs. 1 bis 3 i. V. m. § 24 SGB VIII erfüllt. Unter den in § 23 Abs. 1 bis 3 i. V. m. § 24 SGB VIII aufgeführten Voraussetzungen hat eine Tagespflegeperson darüber hinaus auch einen Anspruch gegen den Träger der öffentlichen Jugendhilfe auf Zahlung einer Geldleistung, die einen Aufwendungsersatz und Erziehungsbeitrag umfasst. Dies führt zwar schon zu einer gewissen sozialen Sicherheit von Tagespflegepersonen. Da den Regelungen des § 23 Abs. 1 bis 3 i. V. m. § 24 SGB VIII aber das Leitbild der selbständigen Tagespflegeperson zugrunde liegt, wird die Geldleistung – ohne, dass dies im Gesetz ausdrücklich festgeschrieben wäre – im Grunde nur an Tagespflegepersonen gezahlt, die als Selbständige qualifiziert werden. Hinzu kommt, dass das SGB VIII keine Regelungen für eine Entgeltfortzahlung im Krankheits- und Urlaubsfalle vorsieht. Die Regelungen des SGB VIII tragen also auch nur in einem beschränkten Maße zur sozialen Absicherung von Tagespflegepersonen bei.

---

341 Siehe zu dieser Problematik Einleitung, I. 2.-4.

Kapitel 4:

Lösungsvorschläge

Wie die vorangegangenen Untersuchungen gezeigt haben, ist die soziale Absicherung von Tagespflegepersonen in Deutschland höchst problematisch. Dies ist zum einen darauf zurückzuführen, dass die soziale Sicherung vom Status einer Person abhängt. Danach kommen nur abhängig beschäftigte Tagespflegepersonen in den Genuss eines vollumfänglichen Sozialschutzes. Da Tagespflegepersonen aber unter die Gruppe der atypisch Beschäftigten zu zählen sind und nur unter enormen Schwierigkeiten als abhängig beschäftigt oder selbständig qualifiziert werden können, herrscht in der Verwaltungs- und Gerichtspraxis große Unsicherheit, welchem Status sie zuzuordnen sind. Nach den Rechtsprechungskriterien, die sich nach wie vor am Normalarbeitsverhältnis orientieren, werden Tagespflegepersonen von der Praxis in der Regel als selbständig eingestuft, was zu einem sehr unzureichenden Sozialschutz führt. Der Grund dafür liegt darin, dass Selbständige arbeitsrechtlich überhaupt nicht und sozialversicherungsrechtlich nur zum Teil von den entsprechenden Schutzregelungen umfasst sind.

Zum anderen erhalten Tagespflegepersonen, da sie kein anerkanntes Berufsbild haben, einen sehr niedrigen Stundensatz, der einen geringen Verdienst zur Folge hat. Werden sie als Selbständige klassifiziert, müssen sie sich selbst gegen die Risiken des Lebens absichern, was bei ihrem geringen Verdienst häufig nicht möglich ist. Tagespflegepersonen sind also unabhängig von ihrem Status als schutzbedürftig anzusehen, sodass ihre soziale Absicherung dringend geboten ist – nicht nur wegen der prekären Situation für die Tagespflegepersonen selbst, sondern auch in Bezug auf die Qualität der Kindertagespflege.

Für die Lösung dieses Problems bieten sich grundsätzlich zwei Wege an. Die eine Möglichkeit besteht darin, für Tagespflegepersonen Anstellungsvarianten zu finden, sodass sie als abhängig Beschäftigte unter den Schutz des Arbeits- und Sozialrechts fallen. Die andere Variante löst sich gänzlich vom Statusgedanken und zeigt für Tagespflegepersonen – unabhängig von ihrem Status – Möglichkeiten zur sozialen Absicherung auf.

A. Lösungsmöglichkeit im geltenden Recht über Anstellung von Tagespflegepersonen durch Kommunen oder andere Träger

Da Tagespflegepersonen nach der geltenden Rechtslage nur dann umfänglich vom arbeits- und sozialversicherungsrechtlichen Schutz umfasst sind, wenn sie als Arbeitnehmer im arbeitsrechtlichen bzw. Beschäftigte im Sinne von § 7 SGB IV zu qualifizieren sind, kann eine umfassende soziale Absicherung für Tagespflegepersonen im Grunde nur dann erreicht werden, wenn sie in einem regulären Anstellungsverhältnis stehen. Als Arbeitgeber könnten hier vor allem die Kommunen, andere Träger der öffentlichen Jugendhilfe oder gewerbliche Träger in Betracht kommen.[1]

Um diese Variante für Deutschland prüfen zu können, soll zunächst untersucht werden, welchen Stellenwert Kindertagespflege in anderen europäischen Ländern genießt und ob eine Anstellung von Tagespflegepersonen durch Kommunen oder andere Träger in anderen europäischen Ländern praktiziert wird. Anschließend ist zu klären, ob und inwieweit ein Anstellungsverhältnis für Tagespflegepersonen in Deutschland realisiert werden könnte.

I. Ein Blick über die Grenzen

Ein Blick über die Grenzen zeigt, dass die Kindertagespflege in den verschiedenen europäischen Ländern einen unterschiedlichen Stellenwert hat. Dies hängt damit zusammen, dass in einigen Ländern weitestgehend der Staat die Verantwortung für die Bildung der Kinder übernimmt und in anderen Ländern die gesamte Verantwortung für die Kinder von den Eltern übernommen werden muss. Dabei ist der unterschiedliche Stellenwert auf die unterschiedlichen Traditionen der verschiedenen Länder zurückzuführen.[2]

So ist Großbritannien ein Beispiel für eine streng konservative Weltanschauung. Traditionell sind Konservative der Auffassung, dass die Eltern die gesamte Verantwortung für ihre Kinder zu tragen haben und die Mütter daher zu Hause bleiben und sich um die Kinder kümmern sollen. Daher gibt es in England auch keine staatlich geförderte Kindertagespflege. Vielmehr sind hier praktisch alle Tagespflegepersonen selbständig. Es gibt lediglich ein Gesetz, das die Anzahl der Tageskinder in jedem Haushalt begrenzt, und die Tagespflegepersonen müssen sich – gegen Gebühr – von den örtlichen Behörden registrieren lassen.[3]

Belgien ist dagegen ein Beispiel für eine liberale Weltanschauung. Die Liberalen legen großen Wert auf Bildung. So sind in Belgien die Schulen alle kostenfrei, und es gehen fast alle Kinder ab dem Alter von zweieinhalb Jahren in die Vorschule. Bis zu diesem Alter stehen den Eltern verschiedene Wahlmöglichkeiten für die Betreuung ihrer Kinder zur Verfügung. So wird Familientagespflege von

---

1   Ein reguläres Anstellungsverhältnis zu den Eltern stellt dagegen keine Alternative dar, da – wie aufgezeigt – Eltern in der Regel entweder häufig nicht über ausreichende finanzielle Mittel verfügen, um eine Tagespflegeperson angemessen zu bezahlen, oder die Beschäftigung nur auf geringfügiger Basis erfolgt.
2   Karlsson, Pflegekinder 2002, S. 35 ff.
3   Siehe dazu ebenfalls Karlsson, Pflegekinder 2002, S. 35 ff.

christlichen oder politischen Organisationen oder von den Kommunen angeboten. Tagespflegepersonen können aber auch selbständig tätig werden, wofür sie allerdings eine Art Lizenz der staatlichen Behörden benötigen. Die Tagespflegepersonen, die über die Verbände oder Kommunen arbeiten, werden allerdings nicht wie Angestellte behandelt, sondern eher wie ehrenamtliche Mitarbeiter, sodass sie nur eine geringe Entschädigung für ihre Tätigkeit erhalten.[4]

Indessen ist Dänemark beispielhaft für einen „sozialdemokratischen" Weg.[5] Für Sozialdemokraten hat die Chancengleichheit für alle Bürger eine hohe Bedeutung. Aus diesem Grund wird das Wohlergehen der Kinder als Aufgabe der Behörden angesehen. Die dänische Regierung gewährt deshalb den Kommunen beträchtliche staatliche Fördergelder, damit diese eine qualitativ hochwertige Kinderbetreuung organisieren können. Tagespflegepersonen werden auf monatlicher Basis von den Kommunen angestellt. Sie haben damit Anspruch auf Sozialleistungen, bezahlten Urlaub und Rente. Zwar können Tagespflegepersonen in Dänemark auch selbständig tätig sein, doch muss dies von den Kommunen genehmigt werden. Die angestellten Tagespflegepersonen gehören einer großen Gewerkschaft an, die als starke Lobby auftritt. Das hat unter anderem dazu geführt, dass Vergütung und Arbeitszeitregelungen von Tagespflegepersonen tarifvertraglich geregelt sind.[6]

Mittelwege haben bspw. Frankreich und Österreich eingeschlagen. So könne Eltern in Frankreich für die Inanspruchnahme von Tagesmüttern bzw. Kinderfrauen eine staatliche Beihilfe erhalten, die aus einem Zuschuss und der Übernahme der Sozialversicherungsbeiträge durch die Familienkasse besteht, wenn ihr Kind unter sechs Jahre alt und die Tagespflegeperson staatlich anerkannt ist. Voraussetzung für die Gewährung des Zuschusses ist, dass der Tagespflegeperson ein Lohn gezahlt wird, der pro Kind und Betreuungstag das Fünffache des gesetzlichen Mindeststundensatzes, d. h. 35,95 Euro, nicht übersteigt.[7] Sozialversicherungs-

---

4   Karlsson, Pflegekinder 2002, S. 35 ff.
5   Ausführlich zu familienpolitischen Reformen in Skandinavien Ellingsæter / Leira, WSI-Mitteilungen 10/2007, S. 546 ff.
6   Karlsson, Pflegekinder 2002, S. 35 ff.; Vierheller, Tagesmütter im Anstellungsverhältnis bei einem Träger – eine Variante mit Entwicklungsperspektiven für die Tagespflege in Deutschland?, Eine Expertise im Auftrag des DJI München, März 2004, S. 2 (unveröff.); Blum, Staatliche und nicht-staatliche infrastrukturelle Maßnahmen zur Förderung einer familien- und kinderfreundlichen Lebenswelt in Dänemark, Frankreich und den Niederlanden, S. 8, zu finden unter http://webarchiv.bundestag.de/archive/2006/1206/bic/analysen/2003/2003_12_12_kinder.pdf, letzter Aufruf 22.08.2009. Ausführlich zur Tagespflege in Dänemark auch Bock-Famulla in: Diller / Jurczyk / Rauschenbach, Tagespflege zwischen Markt und Familie, S. 91 ff.
7   Blum, Staatliche und nicht-staatliche infrastrukturelle Maßnahmen zur Förderung einer familien- und kinderfreundlichen Lebenswelt in Dänemark, Frankreich und den Nieder-

rechtlich sind Tagespflegepersonen, die gegen Entgelt in ihrer Wohnung fremde Kinder betreuen, ins allgemeine Sozialversicherungssystem integriert, und zwar unabhängig davon, ob sie abhängig beschäftigt oder selbständig sind und wie hoch ihr Einkommen ist.[8]

In Österreich wird etwa die Hälfte aller Tagespflegepersonen aufgrund eines sozialversicherungspflichtigen Dienstverhältnisses zu einem anerkannten freien Jugendwohlfahrtsträger tätig. Diese Tagespflegepersonen haben neben einem Anspruch auf ein adäquates Gehalt Ansprüche auf bezahlten Urlaub, auf Urlaubs- und Weihnachtsgeld, auf Lohnfortzahlung im Krankheitsfall sowie auf Sozialversicherung. In Bezug auf das Gehalt galt in Österreich bereits seit 1991 für Tagespflegepersonen, die bei einem Verein angestellt sind, bundesweit ein Mindestlohntarif, der vom Bundeseinigungsamt festgesetzt und regelmäßig angepasst wurde. Zum 01.07.2004 ist nach langjährigen Verhandlungen ein Kollektivvertrag in Kraft getreten, der spezielle Regelungen zur Arbeitszeit enthält und angestellte Tagespflegepersonen in Vergütungsgruppen gliedert.[9]

II. Die Möglichkeit der Anstellung von Tagespflegepersonen bei einem Träger in Deutschland

1. Konservativ, liberal oder sozialdemokratisch – Der Weg Deutschlands in der Kindertagespflege

Im Vergleich mit den anderen europäischen Ländern lässt sich feststellen, dass Deutschland in der Vergangenheit – zumindest in Bezug auf die Kindertagespflege – eher der konservativen Anschauung zuneigte. So betonte die Bundesministerin für Frauen und Jugend auf dem Bundesfachkongress zur Kinderbetreuung in Tagespflege am 24.01.1994 ausdrücklich die ablehnende Position der deutschen Regierung gegen das Berufsbild einer Tagesmutter mit der Begründung, dass die Einführung des Berufs „Tagesmutter" der Tagespflege den Charakter der Hilfe von Familie zu Familie nehmen würde.[10] Insofern war die Kindertagespflege in Deutschland lange Zeit irgendwo zwischen Beruf und Ehrenamt angesiedelt.[11]

---

landen, S. 13, zu finden unter http://webarchiv.bundestag.de/archive/2006/1206/bic/analysen/2003/2003_12_12_kinder.pdf, letzter Aufruf 22.08.2009.
8 Siehe dazu Code de la sécurité sociale Art. L 311-3 lit. 10. Vgl. dazu auch Bieback, WSI Mitteilungen 2000, 810, 812.
9 Siehe zum Ganzen Vierheller, Tagesmütter im Anstellungsverhältnis bei einem Träger – eine Variante mit Entwicklungsperspektiven für die Tagespflege in Deutschland?, Eine Expertise im Auftrag des DJI München, März 2004, S. 1, 2 f. u. 6 (unveröff.), sowie ausführlich Lutter in: Diller / Jurczyk / Rauschenbach, Tagespflege zwischen Markt und Familie, S. 71 ff.
10 Blüml in: BMFSFJ, Tagesmütter-Handbuch, S. 594 f. m. w. N.
11 Siehe dazu auch Vierheller, Tagesmütter im Anstellungsverhältnis bei einem Träger – eine Variante mit Entwicklungsperspektiven für die Tagespflege in Deutschland?, Eine Expertise

Sowohl die Regelungssystematik im SGB VIII als auch die Realität der Kinderbetreuung ging von einem qualitativen Gefälle zwischen der Förderung in Tageseinrichtungen und der Förderung in Tagespflege aus.[12] Dieses Gefälle wollte der Gesetzgeber zwar durch die Gesetzesinitiative zum Tagesbetreuungsausbaugesetz aufheben, indem er in § 22 SGB VIII die Grundsätze der Förderung auch auf die Kindertagespflege ausgeweitet hat und durch das Bundesrecht Qualitätsanforderungen an Tagespflegepersonen regelt.[13] Da die Förderung in Tageseinrichtungen von professionalisierten Fachkräften ausgeführt wird und für Kinder ab drei Jahren ein Rechtsanspruch auf einen Kindergartenplatz vorgesehen ist, Tagespflege dagegen als nichtprofessionelle Form der Kinderbetreuung durchgeführt wird und für diese Form der Kinderbetreuung auch kein Rechtsanspruch, sondern lediglich für Kinder unter drei Jahren eine konkretisierte Vorhaltepflicht des Jugendhilfeträgers normiert wurde, konnte das Gefälle zwischen einer Betreuung in einer Tageseinrichtung und einer Betreuung in der Kindertagespflege zwar verringert, aber nicht beseitigt werden.

Das Tagesbetreuungsausbaugesetz enthält allerdings schon erhebliche Verbesserungen für die Kindertagespflege, sodass sich Deutschland durch diese Gesetzesinitiative zumindest theoretisch von der konservativen Ansicht verabschiedet zu haben scheint und wohl eher der liberalen Anschauung zustrebt. Dies wird besonders deutlich in der Begründung des Gesetzgebers, warum für Kinder unter drei Jahren kein Rechtsanspruch eingeführt worden ist. Dazu führt der Gesetzgeber aus: „Zwar wird die grundsätzliche Bedeutung der Tagesbetreuung für die Bildung und Persönlichkeitsentwicklung aller Kinder (auch im Alter unter drei Jahren) nicht verkannt. Dennoch erscheint es weder sachgerecht noch geboten, im Hinblick auf das Kindeswohl der Förderung von Kindern in Tageseinrichtungen einen Vorrang bzw. eine Präferenz vor der Förderung von Kindern durch die Eltern einzuräumen. Diese haben nicht nur einen von der Verfassung vorgegebenen eigenständigen Erziehungsauftrag. Wissenschaftliche Studien sowie die Erfahrung der Praxis bestätigen darüber hinaus, dass gerade die frühe Förderung im Elternhaus prägend für die Gesamtentwicklung des Kindes ist und die Grundlage für die Förderung in Tageseinrichtungen und in Kindertagespflege bzw. den Erziehungsauftrag der Schule bildet. Diese Förderung kann durch Tageseinrichtungen oder Kindertagespflege nicht ersetzt, sondern nur unterstützt und ergänzt werden."[14] In diesem Sinne hat der Gesetzgeber durch das Tagesbetreuungsausbaugesetz und auch durch das darauf folgende Gesetz zur Weiterentwicklung

---

im Auftrag des DJI München, März 2004, S. 3.
12 Siehe dazu eingehend Wiesner in: Diller / Jurczyk / Rauschenbach, Tagespflege zwischen Markt und Familie, S. 111, 125 f.
13 Eingehend dazu die Gesetzesbegründung, BT-Drucks. 15/3676, S. 2, 24 f., 31, 33.
14 BT-Drucks. 15/3676, S. 34.

der Kinder- und Jugendhilfe die Betreuungsmöglichkeiten für Kinder unter drei Jahren und auch die Wahlmöglichkeiten der Eltern erweitert, ist aber über die Konkretisierung der Vorhaltepflicht des Jugendhilfeträgers in § 24 Abs. 3 SGB VIII nicht hinausgegangen.

Vom sozialdemokratischen dänischen Weg scheint Deutschland dagegen noch meilenweit entfernt zu sein. So geht das SGB VIII nach wie vor vom Leitbild der selbständigen Tagespflegeperson aus,[15] d. h., in Deutschland wird die Anstellungsvariante zu einem Träger der Jugendhilfe vom Gesetzgeber noch gar nicht in Betracht gezogen. Der Grund dafür könnte zum einen in dem vom Gesetzgeber hervorgehobenen Vorrang der elterlichen Erziehung gesehen werden, mit der Folge, dass der Gesetzgeber für eine Anstellungsvariante keinen Bedarf sieht. Zum anderen dürfte der Kostenaspekt eine große Rolle spielen: So belaufen sich die Kosten eines Betreuungsplatzes in Kindertagespflege nach der derzeitigen Rechtslage und unter Zugrundelegung eines Stundensatzes von drei Euro pro Kind und einer täglichen Betreuungszeit von acht Stunden auf 596 Euro monatlich.[16] Würde die Tagespflegeperson dagegen vom Träger der öffentlichen Jugendhilfe in ein reguläres Anstellungsverhältnis genommen, würde er neben dem Arbeitsentgelt zusätzlich noch die damit verbundenen Lohnnebenkosten und auch andere Organisationskosten erbringen müssen, was zu einer erheblichen Kostensteigerung führen würde.[17]

2. Möglichkeiten der Anstellungsvariante nach geltendem Recht
Darüber hinaus stellt sich die Frage, ob bei der gegenwärtigen Rechtslage eine Anstellung über einen Träger der Jugendhilfe[18] überhaupt möglich wäre. Für die

---

15 Siehe dazu Kapitel 3, B. I. 2. b) und c).
16 Siehe dazu BT-Drucks. 15/3676, S. 45 f.
17 Die Kostenbeteiligung der Eltern nach § 90 SGB VIII kann die Anstellungsvariante ebenfalls nicht abfedern, da die Kosten mit denen für Tageseinrichtungen in der Regel gleichlaufend sein dürften und dementsprechend niedrig sind.
18 Hier soll nur die Möglichkeit der Anstellung über einen Träger der Jugendhilfe untersucht werden, da diese – was auch die Organisation der Kindertagespflege in anderen europäischen Ländern zeigt – am naheliegendsten ist. Abgesehen von der Anstellungsvariante über gewerbliche Träger könnte eine weitere Möglichkeit der Anstellung von Kindertagespflegepersonen die Gründung von Genossenschaften ähnlich den Assistenzgenossenschaften sein (der Gesetzgeber hat die Möglichkeit solcher Zusammenschlüsse – wie sich aus § 25 SGB VIII ergibt – zumindest gesehen; siehe dazu auch Busch in: jurisPK-Vereinbarkeit von Familie und Beruf, § 25 SGB VIII). Assistenzgenossenschaften existieren in Deutschland für die Organisation persönlicher Assistenz für Behinderte; sie bestehen aus aus Assistenten und Assistenznehmern. Voraussetzung für die Mitgliedschaft ist der Erwerb von Genossenschaftsanteilen, wobei auch Personen die Mitgliedschaft erwerben können, die zu Beginn der Mitgliedschaft noch keine Assistenzleistungen beanspruchen wollen. Die Assistenzgenossenschaft fungiert als Arbeitgeber von Assistenten, d. h., die Assistenten werden von der Genossenschaft eingestellt, sodass diese Assistenten den vollen arbeits-

A. Lösungsmöglichkeiten im geltenden Recht

Prüfung dieser Frage sind zunächst die Regelungen des SGB VIII heranzuziehen. Nach § 23 Abs. 1 und 2 SGB VIII hat der Jugendhilfeträger der Tagespflegeperson unter den Voraussetzungen des § 24 SGB VIII eine laufende Geldleistung zu erbringen. Dabei ergibt sich aus dem Gesetzestext nicht ausdrücklich, dass diese Leistung nur an selbständige Tagespflegepersonen erbracht werden muss, sodass der Jugendhilfeträger grundsätzlich – unabhängig vom Status der Tagespflegeperson – die Geldleistung zu erbringen hat.[19] Das bedeutet, dass es unter Umständen bei einer Anstellung durch einen Träger der Jugendhilfe zu Doppelbezahlungen kommen könnte. Dieses Problem könnte jedoch durch vertragliche Vereinbarungen vermieden werden, indem Zahlungen des Jugendamtes insofern berücksichtigt werden, als der Anspruch der Tagespflegeperson auf ein Arbeitsentgelt in Höhe der Jugendamtszahlungen verringert wird.[20] Die einschlägigen Regelungen des SGB VIII stehen einem Anstellungsverhältnis zu einem Träger der Jugendhil-

---

und sozialrechtlichen Schutz genießen. Weiterhin übernimmt die Assistenzgenossenschaft die Abrechnung mit den Kostenträgern und die Verwaltung der Arbeitsverhältnisse (zu den Assistenzgenossenschaften siehe unter http://www.forsea.de/projekte/20_jahre_assistenz/ Assistenzgenossenschaften.shtml, letzter Aufruf 13.04.2006). Lediglich die Bezahlung erfolgt durch die Assistenznehmer mithilfe ihres persönlichen Budgets nach § 17 Abs. 2 SGB IX, §§ 57, 61 Abs. 2 S. 3 u. 4 SGB XII. Übertragen auf die Kindertagespflege würde dies bedeuten, dass sich mehrere Eltern und Kindertagespflegepersonen zu einer Genossenschaft zusammenschließen könnten, wobei dann die Anstellung von Kindertagespflegepersonen über die „Kindertagespflegegenossenschaft" erfolgen würde. Diese Idee begegnet jedoch vor allem praktischen Bedenken: Im Unterschied zu den Assistenznehmern haben Eltern kein persönliches Budget, mit dem sie die Tagespflegeperson bezahlen könnten. Das bedeutet, dass eine Tagespflegeperson bei mehreren Eltern tätig sein müsste, um auf eine existenzsichernde Bezahlung zu kommen. Dies mag zwar für eine gewisse Zeit der Fall sein. Im Gegensatz zur persönlichen Assistenz, die im Grundsatz auf Dauer angelegt ist, wird Kinderbetreuung durch eine Tagespflegeperson aber nur für eine begrenzte Anzahl von Jahren benötigt, weil das Kind irgendwann aus dem betreuungsfähigen Alter herauswächst oder weil die Eltern einen Kindergartenplatz erhalten, der für sie kostengünstiger ist. Damit sind aber die konstante Auslastung einer Tagespflegeperson und damit auch eine regelmäßig gleich hohe Bezahlung eher die Ausnahme, sodass das Modell einer Genossenschaft schon aus diesen Gründen nicht sonderlich attraktiv ist. Darüber hinaus ist anzunehmen, dass Eltern, die eine Kinderbetreuung suchen, in der Regel nicht die Zeit haben werden, sich ehrenamtlich in einer Genossenschaft zu betätigen, um die Anstellungsverhältnisse von Kindertagespflegepersonen zu organisieren bzw. Kindertagespflegepersonen zu vermitteln. Dies dürfte ein weiterer Grund dafür sein, dass die Gründung von „Kindertagespflegegenossenschaften" in der Praxis eher nicht in Betracht kommen wird.

19 Siehe dazu ebenfalls Kapitel 3, B. I. 2. b). Bei einem regulären Anstellungsverhältnis zu einem Träger der Jugendhilfe könnte es sich dabei allerdings höchstens um die Zahlung des Erziehungsbeitrags i. S. v. § 23 Abs. 2 Nr. 2 SGB VIII handeln, da solche Tagespflegepersonen weder Aufwendungen tätigen noch Sozialversicherungsbeiträge ersetzt bekommen müssten.

20 So in Ansätzen auch Vierheller, Tagesmütter im Anstellungsverhältnis bei einem Träger – eine Variante mit Entwicklungsperspektiven für die Tagespflege in Deutschland?, Eine Expertise im Auftrag des DJI München, März 2004, S. 6 f. (unveröff.).

Kapitel 4: Lösungsvorschläge

fe bzw. zu den Kommunen also nicht entgegen.[21] Auch der Verfassungsvorrang der elterlichen Erziehung spricht nicht gegen ein Anstellungsverhältnis von Tagespflegepersonen zu einem Träger der Jugendhilfe, da ein Anstellungsverhältnis weder das Recht der Eltern noch ihre Pflicht zur Erziehung einschränkt. Durch ein reguläres Anstellungsverhältnis würde Eltern lediglich mehr Möglichkeiten für eine qualitativ hochwertige Betreuung ihrer Kinder eingeräumt werden.

Mithin ist kein rechtlicher Grund ersichtlich, warum Tagespflegepersonen nicht von einem Träger der Jugendhilfe bzw. den Kommunen in ein reguläres Anstellungsverhältnis genommen werden könnten.

3. Schaffung von Rahmenbedingungen für die Anstellungsvariante
Sollte sich die Anstellungsvariante in Deutschland durchsetzen, müssten jedoch hinsichtlich der Arbeitszeit und der Vergütung von angestellten Tagespflegepersonen Rahmenbedingungen geschaffen werden.

Die Notwendigkeit von Rahmenbedingungen hinsichtlich der Arbeitszeit ergibt sich daraus, dass Kindertagespflege, die sich u. a. durch Flexibilität in den Betreuungszeiten auszeichnet, nicht immer unter den Rahmen des Arbeitszeitgesetzes passt. Als Schutzgesetz würde aber auch für Tagespflegepersonen gelten, wenn sie bei einem Träger der Jugendhilfe angestellt sind: Nach § 3 ArbZG darf die werktägliche Arbeitszeit der Arbeitnehmer acht Stunden nicht überschreiten und nur ausnahmsweise auf zehn Stunden verlängert werden, wenn diese Verlängerung innerhalb von sechs Monaten oder 24 Wochen im Durchschnitt acht Stunden werktäglich nicht überschreitet. Diese Vorgaben können in der Kindertagespflege dann nicht eingehalten werden, wenn Kinder nicht nur zu unterschiedlichen Zeiten, sondern auch über die durchschnittliche Anzahl von täglich 8 Stunden hinaus betreut werden müssen.[22] Für solche Fälle sieht § 7 ArbZG vor, dass in einem Tarifvertrag oder aufgrund eines Tarifvertrags in einer Betriebs- oder Dienstvereinbarung abweichend von § 3 Regelungen getroffen werden können. Das bedeutet, dass sich entweder eine Gewerkschaft oder ein für diese Tagespflegepersonen zuständiger Personalrat darum kümmern müsste, adäquate Regelungen zu schaffen.

---

21 Im Sinne einer Klarstellung wäre es bezüglich der Anstellungsvariante jedoch sinnvoll, den § 23 SGB VIII dahingehend zu ändern, dass nur selbständigen Tagespflegepersonen die Geldleistung zukommt.
22 Siehe dazu auch Vierheller, Tagesmütter im Anstellungsverhältnis bei einem Träger – eine Variante mit Entwicklungsperspektiven für die Tagespflege in Deutschland?, Eine Expertise im Auftrag des DJI München, März 2004, S. 7 (unveröff.).

Aber auch hinsichtlich einer adäquaten Vergütung sind Regelungen erforderlich, um die Qualität der Kindertagespflege sicherzustellen. Für die Angestelltenverhältnisse im öffentlichen Dienst des Bundes und der Kommunen gilt grundsätzlich der Tarifvertrag öffentlicher Dienst (TVöD). Das bedeutet, dass Tagespflegepersonen, die von Kommunen eingestellt werden würden, nach TVöD bezahlt werden müssten. Aber auch die anderen Träger der Jugendhilfe könnten sich am TVöD orientieren. Für eine korrekte Eingruppierung sollten spezielle Regelungen für Tagespflegepersonen aufgenommen werden.[23]

4. Finanzierungsmöglichkeiten
Gegen die Möglichkeit, Tagespflegepersonen durch einen Träger der öffentlichen Jugendhilfe in ein Anstellungsverhältnis zu nehmen, spricht jedoch vor allem der Kostenaspekt. Dies hat die Gesetzesinitiative zur Aufwertung der Kindertagespflege durch das Tagesbetreuungsgesetz deutlich gemacht, da der Gesetzgeber offensichtlich mit dieser Aufwertung auch die Hoffnung verbunden hat, Kinderbetreuung kostengünstig auszubauen.[24] Das zeigt sich nicht zuletzt in der Rechtssystematik des SGB VIII, der das Leitbild der selbständigen Tagespflegeperson zugrunde liegt.[25]

Das Gesetzesziel, die Kindertagespflege qualitativ aufzuwerten, kann aber nur erreicht werden, wenn investiert wird. Sind Tagespflegepersonen dagegen unqualifiziert und sozial nicht abgesichert, wird sich die Kindertagespflege immer auf niedrigerem Qualitätsniveau im Vergleich zu den Tageseinrichtungen bewegen und häufig im „schwarzen" bzw. „grauen" Arbeitsmarkt angesiedelt sein. Insofern handelt es sich bei den Kosten für den Ausbau der Kindertagespflege um Zukunftsinvestitionen, die der Staat tätigen muss, wenn er sein Gesetzesziel erreichen möchte. Für eine Sicherung hoher Qualität wäre das Anstellungsverhältnis von Tagespflegepersonen bei einem Träger der Jugendhilfe bzw. den Kommunen ein gut geeignetes Instrument.

---

23 Der Kinderschutzbund Nordfriesland geht hinsichtlich der Vergütung seiner angestellten Tagespflegepersonen einen anderen Weg. Nach telefonischer Auskunft von Gregor Crone vom Kinderschutzbund Nordfriesland am 13.10.2005 werden die dort angestellten Tagespflegepersonen nicht nach Tarif bezahlt, vielmehr lehnt sich die Vergütung der Höhe nach an BAT VI an: Der Arbeitsvertrag sieht eine Vergütung nach Leistung vor. Monatlich wird von einem Grundgehalt von 2.200 Euro brutto zzgl. einer Pauschale i. H. v. 150 Euro für Miete und Strom ausgegangen, was für eine volle Stelle, d. h. bei einer Betreuung von vier Tageskindern an fünf Werktagen in der Woche für 10 Stunden, gezahlt werden würde. Die Tagespflegepersonen erhalten monatlich einen Abschlag von diesem angesetzten Gehalt, und alle drei Monate wird die konkret geleistete Stundenzahl abgerechnet, die sich daran orientiert, wie viele Stunden die Eltern beim Kinderschutzbund gebucht hatten.
24 Siehe dazu Kapitel 1, A. II. 1. b) dd).
25 Dazu Kapitel 3, B. I. 2. b) und c).

Hinsichtlich der Finanzierung der Anstellungsverhältnisse von Tagespflegepersonen könnte sich an das in Österreich praktizierte Modell angelehnt werden. Dort werden die Kosten durch Beiträge der Eltern, Leistungen der Kommunen und Leistungen des Bundes gedeckt.[26] Übertragen auf Deutschland könnte ein Finanzierungsmodell folgendermaßen aussehen: Da Eltern in der Regel keinen großen finanziellen Spielraum haben, um relativ viel Geld in die Kinderbetreuung zu stecken, und um der Gleichrangigkeit von Kinderbetreuung in Tageseinrichtungen und in der Kindertagespflege Rechnung zu tragen, sollte an der jetzigen Regelung eines pauschalierten Teilnahmebeitrags – vergleichbar dem zu den Tageseinrichtungen – gem. § 90 SGB VIII festgehalten werden. Fraglich ist, mit welchem Anteil die Kommunen an der Finanzierung angestellter Tagespflegepersonen beteiligt werden sollten. Da nach § 85 Abs. 1 SGB VIII die örtlichen Träger für die Gewährung von Leistungen sachlich zuständig sind, sind bislang die Kommunen die Hauptquelle für die Gewährung der Geldleistung nach § 23 Abs. 1 und 2 SGB VIII. Insofern ist zu überlegen, ob die Kommunen auch bei einer Anstellung von Tagespflegepersonen den Anteil übernehmen sollten, den sie im Moment nach § 23 Abs. 1 und 2 SGB VIII zu tragen haben. Das würde dazu führen, dass die Kommunen bei einer Anstellungsvariante finanziell nicht mehr belastet wären als nach geltendem Recht, was eine größere Akzeptanz für diese Möglichkeit bei den Kommunen auslösen könnte. Darüber hinaus könnten auf Länderebene bundesweit Ausführungsbestimmungen getroffen werden, inwieweit die Kommunen über Landesmittel für die Finanzierung verfügen dürfen.

Der Bund wird schließlich den Hauptteil der Finanzierung von angestellten Tagespflegepersonen tragen müssen. Zwar liegt die unmittelbare Zuständigkeit für die Bereitstellung von Mitteln für die Kinderbetreuung nicht beim Bund. Für die Realisierung des Tagesbetreuungsausbaugesetzes in Bezug auf den Ausbau der Kindertagespflege hat der Bund zur Finanzierung aber schon insofern beigetragen, als er sich stärker an den Kosten des Arbeitslosengeldes II beteiligt, sodass die Kommunen jährlich um insgesamt 2,5 Mrd. Euro entlastet werden.[27] Mit dem KiföG hat der Bundesgesetzgeber das Finanzausgleichsgesetz zu Lasten des Bundes geändert, mit dem Ziel, den Ländern diese Finanzmittel zur weiteren Aufgabenerfüllung zur Verfügung zu stellen.[28] Damit können die Länder den Trägern der öffentlichen Jugendhilfe für den Betrieb der Tageseinrichtungen sowie für die laufende Finanzierung der Kindertagespflege einen entsprechenden Betrag zur Verfügung stellen.[29] Darüber hinaus wurde mit dem KiföG das Gesetz über Fi-

---

26 Siehe ausführlich zur Finanzierung in Österreich Lutter in: Diller / Jurczyk / Rauschenbach, Tagespflege zwischen Markt und Familie, S. 71, 82 f.
27 Siehe dazu BT-Drucks. 15/3676, S. 5 u. 45.
28 BT-Drucks. 16/9299, S. 4.
29 BT-Drucks. 16/9299, S. 53.

nanzhilfen des Bundes zum Ausbau der Tagesbetreuung für Kinder erlassen und rückwirkend zum 01.01.2008 in Kraft gesetzt. Nach § 1 Abs. 1 dieses Gesetzes gewährt das Bundessondervermögen „Kinderbetreuungsausbau" den Ländern in den Jahren 2008 bis 2013 nach Art. 104b GG Finanzhilfen für Investitionen der Länder, Gemeinden und Gemeindeverbände zu Tageseinrichtungen und zur Tagespflege für Kinder unter drei Jahren. Die Finanzhilfen des Bundes betragen insgesamt bis zu 2,15 Milliarden Euro und sind in abfallenden Jahresbeträgen zu gestalten.

Diese direkte Unterstützung des Bundes sollte auch bei einer Anstellungsvariante von Tagespflegepersonen greifen, nicht zuletzt, weil der Bundesgesetzgeber durch die Gesetzesinitiative zum Tagesbetreuungsausbaugesetz den Anlass zum Ausbau der Kindertagespflege gegeben hat und davon letztlich auch profitiert. Als finanzierende Ministerien würden sich das Bundesministerium für Arbeit und Soziales und das Bundesministerium für Familie, Senioren, Frauen und Jugend anbieten: So könnten vom Bundesministerium für Arbeit und Soziales Gelder zur Verfügung gestellt werden, weil die Anstellungsvariante zusätzliche und qualifizierte Kinderbetreuungsplätze schafft. Das würde dazu führen, dass mehr Eltern – insbesondere Mütter – dem Arbeitsmarkt zur Verfügung stehen. Dieser Zusammenhang zwischen dem Arbeitsmarktverhalten von Müttern und der Kinderbetreuung wurde schon in der Agenda 2010 erkannt und deshalb ausdrücklich als einer der 15 Eckpunkte des Hartz-Konzeptes benannt, welches die Grundlage für den Erlass der insgesamt vier Gesetze für moderne Dienstleistungen am Arbeitsmarkt war. Darüber hinaus bietet die Anstellungsvariante neue Arbeitsplätze, die sich gut mit der Familienarbeit vereinbaren lassen, was ebenfalls für das Bundesarbeitsministerium einen Grund darstellen könnte, Mittel als Arbeitsförderungsmaßnahmen für Frauenarbeitsplätze zur Verfügung zu stellen. Da die Anstellungsvariante zudem insgesamt eine bessere Vereinbarkeit von Familie und Beruf ermöglicht, wäre auch das Bundesministerium für Familie, Senioren, Frauen und Jugend gehalten, entsprechende finanzielle Unterstützung zu leisten.

Unter Umständen könnten auch Fördermittel von in der Region des Trägers ansässigen Firmen angeworben werden, da sich die Firmen durch die Förderung eines qualitativ hochwertigen Kinderbetreuungsangebots die Ressourcen gut ausgebildeter Mütter erschließen könnten.

Der Vorteil, der sich für Bund, Länder und Kommunen aus einer Anstellungsvariante ergibt, ist, dass durch das Angebot an regulären Anstellungsverhältnissen ein guter Anreiz geschaffen wird, die bisher vielmals in der Illegalität des „schwarzen" bzw. „grauen" Marktes bestehenden Tagespflegeverhältnisse[30] zu legalisieren. Darüber hinaus fließen dem Staat durch die Schaffung von Anstellungsverhältnissen zusätzliche Steuergelder zu. Das bedeutet, dass auf Bund, Länder und Kommunen durch die Anstellungsvariante nicht nur Kosten zukommen, sondern gleichzeitig auch Mittel zurückfließen. Hinzu kommt, dass arbeitsmarktpolitisch und in Bezug auf die Aufwertung der Kindertagespflege als Mittel für den Ausbau der Kinderbetreuung viele Vorteile zu verzeichnen sind, die durchaus für die Realisierung der Anstellungsvariante trotz der damit verbundenen Kosten sprechen können.[31]

5. Ergebnis

Die Anstellungsvariante ist im geltenden Recht die einzige Möglichkeit, Tagespflegepersonen vollumfänglich sozial abzusichern. Dies würde für Bund, Länder und Kommunen jedoch eine Kostensteigerung bedeuten, was der Gesetzgeber – wie aus der Gesetzesinitiative zum Tagesbetreuungsgesetz erkennbar – offensichtlich nicht wollte. Es gibt aber auch staatlicherseits viele Gründe, trotz der größeren Kosten die Anstellungsvariante zu überdenken: So ist Kindertagespflege auch mit der Anstellungsvariante immer noch billiger als der Ausbau von Kindertageseinrichtungsplätzen, da für Tagespflegepersonen keine Räumlichkeiten gestellt werden müssen, sodass diesbezüglich keine Betriebskosten entstehen. Die Anstellungsvariante stellt also durchaus eine realistische Lösungsmöglichkeit für die Problematik der sozialen Absicherung von Tagespflegepersonen dar.

B. Lösungsmöglichkeiten ohne Zugrundelegung des Status der Tagespflegeperson

Daneben ist wegen der Ungeeignetheit der Statusbestimmung von Tagespflegepersonen – zum einen aufgrund der schwierigen Einordnung der Tätigkeit als atypische Beschäftigung, zum anderen, weil auch Tagespflegepersonen, wenn sie als selbständig qualifiziert werden, schutzbedürftig im arbeits- und sozialrechtlichen Sinne sind – zu überlegen, ob auf die Statusbestimmung von Tages-

---

30 Vgl. dazu Jurczyk / Rauschenbach / Tietze / Keimeleder / Schneider / Schumann / Stempinski / Weiß / Zehnbauer, Von der Tagespflege zur Familientagesbetreuung, S. 65 mit Fn. 17. Nach Schätzungen des BMFSFJ arbeiten in Deutschland insgesamt ca. 100.000 Tagesmütter auf dem „grauen Markt", siehe FAZ, Qualitätsmängel in der Tagespflege, Artikel vom 26.11.2004.
31 So im Ergebnis auch Vierheller, Tagesmütter im Anstellungsverhältnis bei einem Träger – eine Variante mit Entwicklungsperspektiven für die Tagespflege in Deutschland?, Eine Expertise im Auftrag des DJI München, März 2004, S. 23 f. (unveröff.).

pflegepersonen verzichtet werden sollte, um statt dessen der Rechtsunsicherheit in der Praxis zu begegnen und der Schutzbedürftigkeit Rechnung zu tragen.

I. Vertragstypenabgrenzung

Dafür ist zunächst zu überlegen, ob statt einer Statusbestimmung eine Vertragstypenabgrenzung der Schutzbedürftigkeit von Tagespflegepersonen Rechnung tragen kann.

1. Überlegungen in der Literatur

In der arbeitsrechtlichen Literatur wird vereinzelt dafür plädiert, den Arbeitsvertrag nicht anhand des Begriffs des Arbeitnehmers bzw. seines Gegenstücks, des Selbständigen, zu charakterisieren, sondern anhand des Vertragstyps als solchen.

a) Die Abgrenzung von Arbeits- und freiem Dienstvertrag über die Leitungsmacht des Arbeitgebers

So hat zuletzt *Maschmann*[32] die „personenbezogene" Abgrenzung zwischen Arbeitnehmern und Selbständigen als unangemessenes Statusdenken bezeichnet: Das Arbeitsrecht sei weder ein Statusrecht für bestimmte Personen, Tätigkeiten oder Berufe, noch sei es ein Sonderrecht für alle wirtschaftlich abhängigen und sozial schutzbedürftigen Dienstnehmer.[33]

Zur Begründung seiner Auffassung führt Maschmann an, dass die in Rechtsprechung und Literatur bislang erfolgte Abgrenzung des Arbeitsvertrages von anderen Dienstleistungsverhältnissen über den Begriff des Arbeitnehmers nicht in der Lage ist, die in neuerer Zeit aufgrund der Zunahme atypischer Beschäftigung vermehrt auftauchenden Grenzfälle sicher zu erfassen. Außerdem käme es durch die Abgrenzung im Einzelfall anhand der von der Rechtsprechung entwickelten Abgrenzungskriterien, die darüber hinaus an mangelnder Trennschärfe litten, zu Rechtsungleichheit und -unsicherheit, was nicht vertretbar sei. An der neueren Lehre, die den Arbeitnehmer als striktes Gegenbild zum Selbständigen definiert, kritisiert er darüber hinaus, dass damit die vom Gesetzgeber vorgegebene Dreiteilung der Dienstnehmerschaft in Arbeitnehmer, Arbeitnehmerähnliche und „echte" Selbständige überspielt würde und dass der Arbeitnehmer als Gegenbild zum Selbständigen nur als vertragstypunspezifischer Statusbegriff eingeführt

---
32 Maschmann, Arbeitsverträge und Verträge mit Selbständigen.
33 Siehe dazu Maschmann, Arbeitsverträge und Verträge mit Selbständigen, S. 33.

werde, was weder vom theoretischen Ansatz noch von der praktischen Durchführung her überzeuge.[34]

Aus diesen Gründen sei nach *Maschmann* der Anwendungsbereich arbeitsrechtlicher Vorschriften nicht subjektiv über den „Status der Vertragsparteien", sondern objektiv anhand des Arbeitsvertrags selbst und der ihn kennzeichnenden Pflichtenstrukturen zu ermitteln.[35] Zur Abgrenzung des Arbeitsvertrages von den anderen Dienstleistungsverhältnissen schlägt *Maschmann* vor, daran anzuknüpfen, in welchen Formen ein arbeitsteilig organisierter Leistungsprozess gesteuert wird und damit im Arbeitsvertrag diejenige Vertragsart zu sehen, mit der das für die Fremdsteuerung notwendige Über-/Unterordnungsverhältnis bzw. die Leitungsmacht des Arbeitgebers durch Vertrag anerkannt wird: Das Wesensmerkmal des Arbeitsvertrags bestehe in nichts anderem als der vertraglichen Einräumung fremder Leitungsmacht, die sich in dem spezifisch arbeitsvertraglichen Leitungsrecht manifestiere.[36] Das Leitungsrecht des Arbeitgebers versteht er dabei nicht im Sinne des Weisungsrechts, wie es die h. M. in Rechtsprechung und Literatur im Rahmen ihrer Unterscheidung zwischen Arbeitnehmern und Selbständigen verwendet, sondern in einem viel engeren Sinne: Nach Rechtsprechung und h. L. wird das Weisungsrecht als eine Art „Konkretisierungskompetenz" verstanden, die der näheren Bestimmung der Leistungspflicht des Arbeitnehmers dient. Das Leitungsrecht nach *Maschmann* dient dagegen dazu, jeden bei der arbeitsteiligen Leistungserstellung auftretenden Koordinierungskonflikt einseitig durch Anordnung zu lösen. Dieses Recht beruht auf der arbeitsvertraglichen Einräumung desgleichen, sodass es bezüglich der Arbeitskraft zu einer Unterwerfung des Arbeitnehmers kommt.[37]

Dem Ansatz von *Maschmann* ist insoweit zu folgen, als die bislang in Rechtsprechung und Literatur angewandte Abgrenzung anhand des Status einer Person gerade in den Grenzfällen der atypischen Beschäftigung, insbesondere bei den sog. abhängigen Selbständigen, für die Feststellung, ob Arbeitsrecht zur Anwendung kommen muss, weitestgehend ungeeignet ist. Insofern muss die Abgrenzung des Arbeitsvertrages von den übrigen Dienstleistungsverhältnissen über den Arbeitsvertrag selbst, also arbeitsorganisatorisch erfolgen.[38] Jedoch erweist sich die konkrete Abgrenzung des Arbeitsvertrages von den anderen Dienstleistungsverhält-

---

34 Maschmann, Arbeitsverträge und Verträge mit Selbständigen, S. 106 ff.
35 Maschmann, Arbeitsverträge und Verträge mit Selbständigen, S. 108 f.
36 Maschmann, Arbeitsverträge und Verträge mit Selbständigen, S. 170 f.
37 Maschmann, Arbeitsverträge und Verträge mit Selbständigen, S. 174 ff.
38 Die Notwendigkeit der Berücksichtigung des arbeitsorganisatorischen Aspekts wurde auch von Schwarze, ZfA 2005, S. 81 ff. gesehen, der die Vertragstheorie jedoch in Zusammenhang mit dem Arbeitnehmerbegriff bringt. Siehe dazu Kapitel 2, B. IV. 1. d).

B. Lösungsmöglichkeiten ohne Zugrundelegung des Status der Tagespflegeperson

nissen über die Leitungsmacht des Arbeitgebers im engeren Sinne als verfehlt, da damit im Grunde auf das Kriterium der „Gehorsamspflicht" zurückgegriffen wird, das schon von *Hueck*[39] in seinem Lehrbuch des Arbeitsrechts als maßgeblich angesehen wurde und das in der Literatur zu Recht abgelehnt worden ist.[40] So geht die Definition des Arbeitsverhältnisses als Befehls-Gehorsams-Verhältnis vor allem aus systematischen Gründen fehl, weil sie antivertraglich und institutionell ist und damit dem Wesen des Arbeitsvertrags als Privatrechtsvertrag widerspricht.[41] In privatrechtlichen Verträgen, die auf dem Grundsatz der Privatautonomie aufbauen, existieren zur inhaltlichen Gestaltung des Vertrages aber nur Gestaltungsrechte, sodass auch das Weisungsrecht des Arbeitgebers nur als ein solches angesehen werden kann. Diesen Gestaltungsrechten können aber auf der Gegenseite keine Pflichten gegenüberstehen. Die Arbeitspflicht des Arbeitnehmers, die durch den Arbeitsvertrag begründet wird, kann demzufolge durch die Weisungen des Arbeitgebers nur konkretisiert werden. Dafür spricht auch die Rechtsfolge der Verletzung der Arbeitspflicht, die zur Nicht- oder Schlechterfüllung der Arbeitsleistung, nicht aber zur Verletzung der Gehorsamspflicht führt.[42]

Der arbeitsorganisatorische Ansatz von *Maschmann* ist damit zwar vom Grundsatz her zu begrüßen, da er eine Alternative zur Statusabgrenzung darstellen könnte. Die konkret von ihm vorgeschlagene Abgrenzung des Arbeitsvertrages von den übrigen Dienstleistungsverhältnissen über die Leitungsmacht des Arbeitgebers im engeren Sinne widerspricht jedoch der Systematik des Arbeitsrechts als Teil des Privatrechts, da die von *Maschmann* favorisierte, disziplinarisch orientierte Rechtsform des Arbeitsvertrages im Privatrecht nicht möglich ist.[43]

b) Die Abgrenzung des Arbeitsvertrages als Organisationsvertrag vom freien Dienstvertrag als Austauschvertrag
Den arbeitsorganisatorischen Ansatz hat auch Kohte schon in seiner Habilitationsschrift „Betrieb und Unternehmen unter dem Leitbild des Organisationsvertrags" aus dem Jahre 1987 angeregt. Seine damalige Feststellung, dass die Organisationsvertraglichkeit des Arbeitsverhältnisses in der arbeitsrechtlichen Praxis bisher nur vereinzelt herausgestellt wird, hat allerdings bis heute Gültigkeit.[44]

---

39 Hueck / Nipperdey, Arbeitsrecht I, S. 41.
40 Siehe dazu bspw. MünchArbR / Richardi, § 12 Rn. 51; Zöllner / Loritz, Arbeitsrecht, S. 179, sowie Birk, Die arbeitsrechtliche Leitungsmacht, S. 89 f.
41 Siehe dazu vor allem Kohte, Betrieb und Unternehmen unter dem Leitbild des Organisationsvertrags, S. 313.
42 Vgl. dazu insbesondere auch Zöllner / Loritz, Arbeitsrecht, S. 179.
43 Vgl. dazu auch Kohte, Betrieb und Unternehmen unter dem Leitbild des Organisationsvertrags, S. 313.
44 Kohte, Betrieb und Unternehmen unter dem Leitbild des Organisationsvertrags, S. 340.

Kapitel 4: Lösungsvorschläge

Kohte hat in seiner Arbeit zunächst dargelegt, dass Organisation kein maschinenähnliches Instrument bzw. statisches Normensystem, sondern ein dynamisches Beziehungsnetz zwischen Personen oder, anders ausgedrückt, ein dynamisches System von Interaktionen darstellt.[45] Arbeitsrechtlich bedeutet dies, dass Organisation nicht nur den Leitungsapparat, sondern alle Arbeitnehmer bezüglich der Aufbau- und Ablauforganisation umfasst.[46] Die Merkmale der in diesem Sinne verstandenen Organisation bestehen in einer relativen Verselbständigung gegenüber der Umwelt und den sie tragenden Personen sowie darin, dass sie auf Kontinuität angelegt ist.[47]

In Anlehnung an diese Definition der Organisation und die neuere Vertragslehre, nach der klassisches Vertragsrecht immer dann in Betracht kommt, wenn Freiheit und Gleichheit der Beteiligten gegeben ist, sodass bei Nichtvorliegen dieser Voraussetzungen für ein einheitliches Vertragsrecht geeignete organisationsvertragliche Grundsätze herausgebildet werden müssten,[48] entwickelt *Kohte* dann das Leitbild des Organisationsvertrages: „Charakteristisch ist die Offenheit eines solchen Vertrags, in dem die Leistungen der Beteiligten nicht abschließend bestimmbar und messbar sind. Daraus folgt notwendigerweise das Erfordernis einer Planung zwischen den Beteiligten und einer Einigung über entsprechende Verfahren, sodass eine gewisse Stabilisierung der vertraglichen Beziehungen angestrebt bzw. mit Hilfe unabdingbarer Schutzrechte für die als schwächer eingeschätzte Partei erreicht wird. Mit diesen Elementen sind wesentliche Merkmale des Organisationsvertrages umrissen, der durch Offenheit und Konkretisierungsbedürftigkeit der vertraglichen Regelung, den gestreckten Tatbestand von vertraglicher Regelung und Aufbau organisatorischer Beziehungen sowie die Notwendigkeit prozeduraler, auf Stabilisierung angelegter Regelungen gekennzeichnet ist."[49]

Der soeben beschriebene Organisationsvertrag bildet nach *Kohte* einen der beiden Pole einer umfassenden Skala vertraglicher Regelungsmöglichkeiten. Den anderen Pol stellt der sog. Austauschvertrag dar. Ist in einem Fall also ein bestimmter Vertrag seiner Art nach zu bestimmen, muss nach *Kohte* danach abgegrenzt werden, ob dieser Vertrag dem Organisationsvertrag oder dem Austauschvertrag näher steht. Für den organisationsvertraglichen Teil der Skala vertraglicher Regelungsmöglichkeiten sei kennzeichnend, dass die Beziehungsorientierung gegen-

---

45 Kohte, Betrieb und Unternehmen unter dem Leitbild des Organisationsvertrags, S. 94 ff., 101.
46 Kohte, Betrieb und Unternehmen unter dem Leitbild des Organisationsvertrags, S. 98.
47 Kohte, Betrieb und Unternehmen unter dem Leitbild des Organisationsvertrags, S. 99 ff.
48 Kohte, Betrieb und Unternehmen unter dem Leitbild des Organisationsvertrags, S. 112.
49 So Kohte, Betrieb und Unternehmen unter dem Leitbild des Organisationsvertrags, S. 118.

B. Lösungsmöglichkeiten ohne Zugrundelegung des Status der Tagespflegeperson

über der Austauschorientierung überwiegt. Mit diesem Merkmal könnten bspw. dauerhafte Lieferbeziehungen, Mietverträge, einfache Unternehmenspachtverträge, die typische stille Gesellschaft und Gelegenheitsgesellschaften dem austauschbezogenen Pol zugewiesen werden, während die Organisationsverträge des Konzernrechts, Kapital-, Personenhandels- und einfache unternehmenstragende Gesellschaften sowie Arbeitsverträge und möglicherweise auch bestimmte Absatzmittlungsverträge dem organisationsbezogenen Pol zugeordnet werden könnten. Vereinfacht gesagt seien Organisationsverträge solche, in denen relationale Elemente gegenüber der einfachen Transaktion überwiegen.[50]

Bei dieser Abgrenzung des Organisationsvertrages vom Austauschvertrag stützt sich *Kohte* auf die von *Macneil*[51] entwickelte Vertragslehre. *Macneil* hat die Zuordnung der jeweiligen vertraglichen Beziehungen auf der Skala nicht anhand eines einzigen, sonder mittels eines Bündels von Kriterien vorgenommen, die in der Tabelle auf den nachfolgenden Seiten zusammengeführt sind.[52]

---

50 Kohte, Betrieb und Unternehmen unter dem Leitbild des Organisationsvertrags, S. 118 f.
51 Der amerikanische Jurist Ian R. Macneil hat in einer Reihe grundsätzlicher Arbeiten Umrisse einer allgemeinen Vertragslehre entwickelt, die vor allem auf den Kategorien der Transaktion und der Relation aufbaut. Als Beispiel sei hier nur sein Aufsatz „Contracts: Adjustment of long-term economic relations under classical, neoclassical, and relational contract law" in Northwestern University Law Review Bd. 72 (1978), 854 ff. genannt.
52 Tabelle nach Macneil, Northwestern University Law Review Bd. 72 (1978), 854, 902 ff., in deutscher Übersetzung von Kohte, Betrieb und Unternehmen unter dem Leitbild des Organisationsvertrags, S. 120 ff.

Austauschbezogene und organisationsbezogene Linien			
	Begriff	Äußerster austauschbezogener Pol	Äußerster organisationsbezogener Pol
1.	die Beziehung als solche	nichtprimär	Primär
A.	Persönliche Beteiligung (Betroffenheit)	ausschnittartig, begrenzt, nicht singulär, übertragbar	ganze Person, nicht begrenzt, singulär, nicht übertragbar
B.	Arten der Kommunikation	begrenzt, sprachlich, formal	umfassend, tief, nicht auf Sprache beschränkt, informell zusätzlich oder anstelle formaler Kommunikation
C.	Hauptinhalt der Befriedigung	einfach, in Geld ausdrückbar, nur wirtschaftlicher Austausch	zusätzlich zur wirtschaftlichen Befriedigung ist komplexe, persönliche, nichtwirtschaftliche Befriedigung von hoher Bedeutung, sozialer Austausch, Nicht-Austausch
2.	Messbarkeit und tatsächliche Messung von Austausch und anderen Faktoren	eine Seite des Austauschs ist Geld; die andere ist leicht in Geld ausdrückbar; beide werden tatsächlich gemessen; keine anderen Aspekte	beide Tauschseiten und andere Faktoren sind relativ schwierig in Geld auszudrücken oder auf andere Weise zu messen und die Parteien messen sie weder noch drücken sie sie in Geldwert aus
3.	Grundlegende Quellen der sozioökonomischen Unterstützung	abgesehen vom Austauschinteresse selbst, außerhalb der Transaktion	Bestandteil der Beziehung, ebenso wie externe Quellen
4.	Dauer	kurzer Prozess der Übereinstimmung, kurze Zeit zwischen Übereinstimmung (Einigung) und Erfüllung; kurze Zeitdauer der Erfüllung	auf lange Zeit angelegt; kein abgegrenzter Anfang; kein Ende weder der Beziehung noch der Erfüllung, außer vielleicht wegen Todes der Parteien
5.	Anfang und Beendigung	genauer Beginn durch eindeutige Einigung; genaues Ende durch eindeutige Erfüllung	sofern überhaupt Anfang und Ende der Beziehung vorliegen, vollziehen sie sich schrittweise; individueller Eintritt wie Austritt erfolgen oft schrittweise, nicht selten durch Geburt bzw. Tod
6.	Planung		
A.	Ursprünglicher Planungsmittelpunkt	Inhalt des Austauschs	Strukturen und Prozesse der Beziehung; Planung des Inhalts des Austauschs nur für die Anfangszeit
B.	Vollständigkeit und Bestimmtheit		

(1)	möglich, wenn Planung erfolgt	kann sehr vollständig und bestimmt sein; nur entfernte Möglichkeiten (wenn überhaupt) übersteigen vernünftiges Planungsvermögen	begrenzte bestimmte Planung des Inhalts möglich; umfassende bestimmte Planung der Strukturen und Verfahren möglich
(2)	Vollzug der tatsächlichen Planung	sehr vollständig und bestimmt; nur das praktisch nicht Planbare (ein kleiner Teil) bleibt ungeplant	begrenzte, bestimmte Planung des Inhalts wird durchgeführt; umfassende Planung der Strukturen kann, muss aber nicht erfolgen
C.	Ursprünge und Formen gemeinsamer Planung		
(1)	Verhandlung und Beitritt	bestimmte Einigung über den Preis eines einseitig vom Verkäufer produzierten Gutes; falls überhaupt, dann kurze Preisverhandlungen	Beitritt ohne Verhandlungen unwahrscheinlich außer bei Eintritt neuer Mitglieder in eine bestehende Organisation; sonst umfangreiche gemeinsame Planung, die unmerklich in eine funktionierende Organisation übergeht; ein gemeinsames, kreatives Werk
(2)	Stillschweigende Annahme	unvermeidbar vorhanden; aber notwendigerweise beziehungsimmanent und nicht austauschorientiert	anerkannter Aspekt der organisatorischen Planung, ohne den die Organisation nicht überleben kann
(3)	Quellen und Formen nachvertraglicher Planung	keine nach Vertragsbeginn erfolgende Planung	der Betrieb der Organisation selbst ist die Hauptquelle weiterer Planung, die normalerweise umfangreich ist; kann, muss aber nicht umfangreiche ausdrückliche weitere Planung sein
D.	Verbindlichkeit der Planung	Planung ist vollkommen verbindlich	Planung kann verbindlich sein, aber oft ist sie teilweise oder insgesamt durch einen gewissen Grad an Vorläufigkeit charakterisiert
E.	Interessenkonflikt bei der Planung	Planung des Unternehmens kann nur durch teilweise Nullsummen-Verteilungsplanung ausgedrückt werden; folglich ist jede gemeinsame Planung konfliktgeladen	Planung des Unternehmens kann wenigstens teilweise von der Verteilungsplanung abgetrennt werden und ist daher weniger konfliktträchtig; die Verschmelzung der nichtverteilenden Unternehmensplanung mit der Verteilungsplanung kann in Formen erfolgen, die den Konflikt dämpfen und nichtzerstörende Formen des Umgangs mit dem Konflikt ermöglichen

7.	Zukünftige Zusammenarbeit, die nach der nachvertraglichen Planung und der tatsächlichen Erfüllung erwartet wird	fast nicht verlangt	Erfolg der Beziehung hängt völlig von der weiteren Zusammenarbeit sowohl bei der Erfüllung als auch der weiteren Planung ab
8.	Vorkommen von Vor- und Nachteilen	Verlagerung oder andere bestimmte Zuteilung der jeweiligen einzelnen Vor- und Nachteile der einen Partei auf die andere	nichtgetrenntes Teilhaben der Vor- und Nachteile
9.	Übernommene Verpflichtungen		
A.	Quellen des Inhalts	offen ausgedrückte, mitgeteilte und ausgetauschte Versprechen der Parteien	aus der Beziehung selbst werden Pflichten entwickelt, die offen ausgedrückte, mitgeteilte und ausgetauschte Versprechen der Parteien beinhalten können, aber nicht müssen
B.	Quellen der Verpflichtungen	extern für die Parteien und die Transaktion, ausgenommen der Anstoß durch das Manifestieren der Einigung	sowohl extern als auch der Beziehung innewohnend; ebenso wie die Quellen des Inhalts der Pflichten und deren Verhältnis zum internen Element
C.	Bestimmtheit der Pflichten und Sanktionen	bestimmte Regelung und Rechte, konkret anwendbar und basierend auf den Versprechen; in Geld ausdrückbar oder in Geld ausgedrückt (entweder durch gegenseitige Planung der Parteien, d. h. durch Versprechen, oder auf andere Weise, d. h. durch Regeln)	unbestimmt, nicht messbar, sei es, dass sie auf Üblichkeit, auf allgemeinen Prinzipien oder auf Internalisierung beruhen, die alle aus der Beziehung bzw. teilweise aus externen Quellen entstehen – es sei denn, eine Pflichtverletzung führt zur Beendigung, dann können die Pflichten austauschbezogen werden
10.	Übertragbarkeit	völlig übertragbar mit der einzigen Ausnahme der letztendlichen Verantwortlichkeit der Verpflichteten für Nichterfüllung	Übertragung ist wahrscheinlich unwirtschaftlich und nur schwierig zu erreichen, auch wenn sie nicht unmöglich ist
11.	Anzahl der Teilnehmer	Zwei	Möglicherweise nur zwei; aber wahrscheinlich mehr als zwei und oft eine große Zahl

B. Lösungsmöglichkeiten ohne Zugrundelegung des Status der Tagespflegeperson

12.	Austausch oder Beziehung aus der Sicht der Beteiligten		
A.	Anerkennung des Austauschs	Hoch	niedrig oder vielleicht überhaupt nicht
B.	Altruistisches Verhalten	weder erwartet noch vorkommend	wichtige Erwartung, dass dieses Verhalten vorkommt
C.	Bedeutung der Zeit	Vergegenwärtigung der Zukunft (wird auf den Punkt gebracht)	Verlängerung der Gegenwart in die Zukunft, d. h., in ihrem Umfang werden Vergangenheit, Gegenwart und Zukunft als getrennt angesehen; die Gegenwart wird in zeitlichen Kategorien der Planung und Vorbereitung für eine noch nicht eingetretene Zukunft wahrgenommen
D.	Erwartungen über Konflikte bei der Erfüllung bzw. zwischen den Beteiligten	nicht erwartet, vielleicht außer eingeplanten Konflikten; falls sie eintreten, wird erwartet, dass sie mit festen Regeln gemeistert werden können	Möglichkeit von Konflikten wird als normaler Teil der Beziehung vorausgesehen; durch Kooperation oder andere reparierende Techniken muss mit ihnen umgegangen werden

Die von *Macneil* entwickelten Kriterien zeigen, dass zwar weder der Arbeitsvertrag noch der freie Dienstvertrag Prototypen des Organisations- bzw. Austauschvertrages sind. Der Arbeitsvertrag enthält aber viele Elemente, die in der Skala des äußerst organisationsbezogenen Pols auftauchen. Ebenso entsprechen viele Elemente des freien Dienstvertrages dem äußerst austauschbezogenen Pol. Zwar kann auch ein freier Dienstvertrag – genau wie ein Arbeitsvertrag – auf Dauer angelegt sein, genau wie ein Arbeitsvertrag nur auf eine bestimmte Zeit abgeschlossen sein kann. Insofern können sich die Kriterien des Beginns, der Dauer und des Endes beim freien Dienstvertrag und beim Arbeitsvertrag überschneiden. Das Merkmal der Kontinuität für sich allein spricht aber – wie auch die zahlreichen anderen Kriterien zeigen – nicht für die Annahme eines Organisationsvertrages.[53] Vielmehr ist abzuwägen, ob die relationalen Elemente oder die transaktionellen Elemente überwiegen. In diesem Sinne sind nach der von *Macneil* entwickelten Skala Arbeitsverträge als Organisationsverträge anzusehen, da bei diesen die

---

53 Siehe dazu auch Kohte, Betrieb und Unternehmen unter dem Leitbild des Organisationsvertrags, S. 118 f.

Kapitel 4: Lösungsvorschläge

relationalen Elemente gegenüber der einfachen Transaktion überwiegen.[54] Der freie Dienstvertrag enthält dagegen überwiegend transaktionelle Elemente, sodass er dem Austauschvertrag näher steht.

Der von *Kohte* vorgeschlagene Weg, den Arbeitsvertrag auf der Grundlage der von *Macneil* entwickelten Vertragslehre vom freien Dienstvertrag abzugrenzen, hat den Vorteil, dass unabhängig von einer Statusfeststellung anhand einer Vielzahl von Kriterien sehr differenziert bestimmt werden kann, ob ein Vertrag mehr organisationsvertraglich oder eher austauschvertraglich konzipiert ist. Dies ermöglicht im Einzelfall eine ziemlich genaue Zuordnung zum Vertragstypus des Arbeits- oder freien Dienstvertrages, wodurch gleichzeitig auch eine relativ große Rechtssicherheit erreicht wird, da die Kriterien so genau und abgestuft bestimmt sind, dass es von Fall zu Fall nicht zu einer wesentlich unterschiedlichen Gewichtung der einzelnen Merkmale kommen kann.

2. Zusammenhang zwischen der Einordnung des Arbeitsvertrages als Organisationsvertrag und den Schutzzwecken von Arbeits- und Sozialrecht
Der Ansatz von *Kohte* zur Abgrenzung des Arbeitsvertrages vom freien Dienstvertrag ist allerdings nur dann praktikabel, wenn er den Schutzzwecken von Arbeits- und Sozialrecht Rechnung trägt. Das bedeutet, dass die Berücksichtigung des organisationsvertraglichen Aspektes eines Arbeitsvertrages zu einem sinnvollen Zusammenhang zwischen Tatbestand und Rechtsfolgen führen muss. Oder anders ausgedrückt: Die Abgrenzung des Arbeitsvertrages als Organisationsvertrag vom freien Dienstvertrag als Austauschvertrag muss zur Folge haben, dass die Anwendung des Arbeitsrechts Rechtsfolge der Organisationsvertraglichkeit des Arbeitsvertrages ist.

Das Arbeitsrecht enthält zwingende Regelungen, die den Arbeitnehmer vor der Vertragsfreiheit schützen.[55] Der Grund dafür besteht darin, dass sich bei einem Arbeitsvertrag nicht zwei Beteiligte gegenüberstehen, die in gleichem Maße frei sind, sondern dass es durch die Zurverfügungstellung der eigenen Arbeitskraft durch den Arbeitnehmer zu einem Machtungleichgewicht zwischen den Vertragsparteien kommt, das durch die zwingenden arbeitsrechtlichen Regelungen ausgeglichen werden soll.[56]

---

54 So auch Kohte, Betrieb und Unternehmen unter dem Leitbild des Organisationsvertrags, S. 107 und 118 f.
55 Siehe dazu auch Schwarze, ZfA 2005, 81.
56 So ebenfalls Schwarze, ZfA 2005, 81, 86, sowie ausführlich zu den Schutzzwecken von Arbeits- und Sozialrecht Kapitel 2, A. II.

B. Lösungsmöglichkeiten ohne Zugrundelegung des Status der Tagespflegeperson

Das spezifische Machtgefüge zwischen den Beteiligten ist typisch für einen Organisationsvertrag. Grund dafür sind die diesem innewohnenden schrittweise entstehenden Beziehungen zwischen den Beteiligten.[57] Dies manifestiert sich z. B. in den Kriterien der von Macneil entwickelten Skala, die die Beziehung als solche kennzeichnen oder die die Messbarkeit und Bestimmtheit des Vertragsinhalts beschreiben: Beim Organisationsvertrag ist die ganze Person singulär, unbegrenzt beteiligt, und die Aufgaben sind nicht übertragbar; die Kommunikation ist nicht auf Sprache begrenzt; informell und zusätzlich zur wirtschaftlichen Befriedigung ist die komplexe, persönliche, nichtwirtschaftliche Befriedigung genau wie der soziale Austausch von hoher Bedeutung. Darüber hinaus kann der Vertragsinhalt eines Organisationsvertrages nur unter Schwierigkeiten gemessen oder bestimmt werden, da es beim Organisationsvertrag um die Abwicklung persönlicher Beziehungen geht, die bei Vertragsschluss nur in Grundzügen planbar sind. Aber auch die Kriterien des Beginns, der Dauer und des Endes der Vertragsbeziehung sowie der Planung des Vertrages sprechen für ein spezifisches Machtgefüge zwischen den Beteiligten.[58]

Dagegen wird das Machtproblem im klassischen punktuellen Austauschvertrag weitgehend ausgeblendet: Die Beteiligten werden als Freie und Gleiche angesehen, die bei Leistungsstörungen grundsätzlich die gleichen rechtlichen Instrumente einsetzen können. Diese Tatsache spiegelt sich ebenfalls in den Kriterien der Skala wieder: So ist die persönliche Beziehung zwischen den Beteiligten beim Austauschvertrag nur begrenzt, ausschnittartig und in der Regel übertragbar; die Kommunikation ist ebenfalls begrenzt und formal. Weiterhin ist der punktuelle Austausch dadurch gekennzeichnet, dass der Inhalt der jeweiligen Verpflichtungen genau messbar und genau bestimmt sein muss.[59]

Während beim Austauschvertrag also die gegenseitigen Sphären klar abgegrenzt sind, ist der Organisationsvertrag durch gegenseitige Abhängigkeit, zukünftige Kooperation und Solidarität gekennzeichnet.[60] Insofern stellt sich der Arbeitsvertrag auch aus Machtgesichtspunkten als Unterfall des Organisationsvertrages dar. Darüber hinaus ist festzustellen, dass gerade die organisationsvertraglichen Aspekte eines Arbeitsvertrages kennzeichnend für das Machtungleichgewicht im Arbeitsverhältnis sind. Die Berücksichtigung des organisationsvertraglichen Aspektes führt mithin dazu, dass Tatbestand und Rechtsfolge in einem sinnvol-

---

57 Kohte, Betrieb und Unternehmen unter dem Leitbild des Organisationsvertrags, S. 108.
58 Siehe dazu ausführlich auch Kohte, Betrieb und Unternehmen unter dem Leitbild des Organisationsvertrags, S. 107 f.
59 So ebenfalls Kohte, Betrieb und Unternehmen unter dem Leitbild des Organisationsvertrags, S. 107 f.
60 Kohte, Betrieb und Unternehmen unter dem Leitbild des Organisationsvertrags, S. 107.

len Zusammenhang stehen, d. h., die Anwendung zwingenden Arbeitsrechts ist Rechtsfolge der Organisationsvertraglichkeit des Arbeitsverhältnisses.

Die von *Kohte* vorgeschlagene Abgrenzung des Arbeitsvertrages vom freien Dienstvertrag über die von *Macneil* entwickelte Skala der organisations- und austauschbezogenen Pole ermöglicht also eine abgestufte und differenzierte Vertragstypbestimmung, bei der Tatbestand und Rechtsfolgen in dem erforderlichen Zusammenhang stehen. Durch diese Unabhängigkeit vom Statusdenken können auch atypische Beschäftigungsverhältnisse in all ihren Formen kategorisiert werden. Aus diesen Gründen ist auch für die Einordnung des Betreuungsvertrages zwischen einer Tagespflegeperson und den Eltern des zu betreuenden Kindes darauf abzustellen, ob dieser Vertrag dem organisationsbezogenen oder austauschbezogenen Pol näher steht, um ihn als Arbeits- oder freien Dienstvertrag[61] zu klassifizieren.

3. Die Einordnung des Tagespflegevertrages zwischen Tagespflegeperson und Eltern aus organisationsvertraglicher Sicht
Für die Feststellung, ob der Tagespflegevertrag zwischen Tagespflegeperson und Eltern Arbeits- oder freier Dienstvertrag ist, ist also anhand der von *Macneil* entwickelten und in der vorstehenden Tabelle zusammengefassten Kriterien zu bestimmen, ob das Vertragsverhältnis eher organisations- oder austauschbezogen ist.

a) Die Beziehung zwischen den Beteiligten als solche
Zunächst ist zu bestimmen, ob die Beziehung zwischen Eltern und Tagespflegeperson primär oder nicht primär ist: Ist die Beziehung primär, spricht dies für einen Organisationsbezug, spielt sie dagegen keine primäre Rolle, spricht dies mehr für ein Austauschverhältnis. Zur Feststellung dieses Kriteriums sind die persönliche Beteiligung, die Art der Kommunikation und der Hauptinhalt der Befriedigung zu bestimmen. Typisch für den Tagespflegevertrag ist, dass die Tagespflegeperson eine äußerst persönliche Dienstleistung erbringt, sodass sie von ihrer ganzen Person mit ihrer ganzen Arbeitskraft gefordert ist und die Betreuung des Kindes auch nicht auf andere übertragen kann. Dies deshalb, weil die Eltern die persönliche Eignung der Tagespflegeperson feststellen und nur in diesem Fall einen Vertrag mit dieser bestimmten Tagespflegeperson abschließen werden. Die Kommunikation zwischen den Eltern und der Tagespflegeperson ist auch nicht

---

61 Die Zuordnung zum organisationsbezogenen Pol bedeutet zwar nicht grundsätzlich, dass es sich bei einem Vertrag um einen Arbeitsvertrag handeln muss. Vielmehr gibt es mehrere Typen von Organisationsverträgen. Da für den Tagespflegevertrag vom Typ her aber nur ein Arbeits- oder freier Dienstvertrag in Betracht kommt, führt die Nähe zum organisationsbezogenen Pol dazu, dass der Tagespflegevertrag als Arbeitsvertrag einzuordnen wäre.

sprachlich formal begrenzt, sondern informell, d. h., die Eltern werden sehr genau auf die konkludenten und körpersprachlichen Signale der Tagespflegeperson achten, damit sie sicher sein können, dass ihr Kind „in guten Händen" ist. Die informelle Kommunikation bildet also einen wichtigen Bestandteil des Tagespflegevertrages. Weiterhin ist zusätzlich zur wirtschaftlichen Befriedigung die persönliche Befriedigung und der soziale Austausch von hoher Bedeutung für das Tagespflegeverhältnis – und zwar für beide Vertragsparteien.

Bezüglich des Kriteriums der Beziehung zwischen den Beteiligten als solche steht demnach der Tagespflegevertrag dem äußerst organisationsbezogenen Pol sehr nahe.

b) Messbarkeit und tatsächliche Messung von Austausch und anderen Faktoren
Weiteres Kriterium ist die Messbarkeit des Vertragsinhalts. So sind beim Organisationsvertrag beide Tauschseiten und andere Faktoren relativ schwierig in Geld auszudrücken bzw. zu messen; beim Austauchvertrag besteht der Austausch dagegen im Grunde in Geld und ist auch daran messbar. Da es beim Tagespflegevertrag um die Abwicklung persönlicher Beziehungen geht, ist die Dienstleistung der Kinderbetreuung bzw. -förderung schwierig in Geld auszudrücken. Zwar erhält die Tagespflegeperson von den Eltern als Gegenleistung der Betreuung ein Entgelt; dies sagt aber noch nichts darüber aus, ob das Entgelt die Leistung der Kinderbetreuung adäquat honoriert. Die Förderung eines Kindes in Tagespflege ist vielmehr eine so komplexe Leistung, dass sie im Grunde nicht in Geld aufgewogen werden kann. Damit spricht auch dieses Kriterium für den organisationsbezogenen Pol.

c) Grundlegende Quellen der sozioökonomischen Unterstützung
Für den organisationsbezogenen Pol müssten die grundlegenden Quellen der sozioökonomischen Unterstützung Bestandteil des Tagespflegeverhältnisses sein. Dies ist im Wesentlichen der Fall, da die gegenseitige Unterstützung Grundvoraussetzung für ein Tagespflegeverhältnis ist. Insofern kann auch diesbezüglich die Nähe zum organisationsbezogenen Pol konstatiert werden.

d) Beginn, Dauer und Ende der Beziehung
Das Tagespflegeverhältnis ist in der Regel auf Dauer angelegt, da eine qualitativ hochwertige Förderung von Kindern nur durch Kontinuität der Beziehung erreicht werden kann. Dies spricht auf jeden Fall für den organisationsbezogenen Pol. Anfang und Ende der Vertragsbeziehung werden zwar vertraglich festgelegt, da Kinder nur für eine bestimmte Zeit die Betreuung in Kindertagespflege benötigen; bevor jedoch ein Tagespflegevertrag geschlossen wird, ist es notwendig,

dass eine gewisse Probezeit absolviert wird, da erst getestet werden muss, inwieweit die Tagespflegeperson mit dem Kind bzw. das Kind mit der Tagespflegeperson zurechtkommt. Der Beginn des Tagespflegeverhältnisses wird also in der Regel schon vor dem eigentlichen Vertragsschluss stehen, und auch das Ende wird nicht durch eindeutige Erfüllung ausgelöst, sondern durch Zeitablauf oder durch Kündigung, wenn sich bspw. herausstellt, dass die Tagespflegeperson für das Kind ungeeignet ist.

Folglich ist auch in Bezug auf dieses Kriterium eine größere Nähe zum organisationsbezogenen Pol festzustellen.

e) Die Planung der Vertragsbeziehung
Die Planung der Vertragsbeziehung ist ein weiteres zu prüfendes Kriterium. Dafür hat *Macneil* eine Reihe an Unterkriterien entwickelt.

aa) Ursprünglicher Planungsmittelpunkt
Das erste Untermerkmal betrifft den ursprünglichen Planungsmittelpunkt. Dieser stellt beim äußersten austauschbezogenen Pol den eigentlichen Inhalt des Austauschs dar; beim äußersten organisationsbezogenen Pol werden dagegen die Strukturen und Prozesse der Beziehung geplant, und eine Planung des Inhalts des Austauschs geschieht nur für die Anfangszeit. Der Tagespflegevertrag selbst muss jedenfalls Regelungen enthalten, die den Inhalt des Austauschs betreffen, so vor allem, welches Kind wie lange und für welches Betreuungsgeld betreut werden soll. Dies gilt auch nicht nur für die Anfangszeit, sondern für die Gesamtzeit des Betreuungsverhältnisses.

Darüber hinaus kann der Tagespflegevertrag aber auch Regelungen enthalten, die die Strukturen und Prozesse der Beziehung anbelangen. So zeigen auch die im Anhang abgedruckten Vertragsmuster, dass solche Regelungen im Tagespflegevertrag enthalten sein können. Das betrifft bspw. die Festlegung von Erziehungsgrundsätzen, die Regelung der Zusammenarbeit zwischen Eltern und Tagespflegeperson oder auch die Schweigepflicht.[62] Aber selbst wenn solche Regelungen, die die Strukturen und Prozesse der Beziehung betreffen, nicht ausdrücklich im Vertrag festgeschrieben wurden, wird die inhaltliche Ausgestaltung der Betreuung des Kindes zwischen Eltern und Tagespflegeperson mündlich vereinbart werden. Einige Grundsätze der Erziehung werden darüber hinaus auch

---

62 Siehe dazu Vertragsformular des Tagesmütter-Bundesverbandes, §§ 2, 12 und 14, siehe Anlage 1, S. 9 f., 14, 15, sowie auch das Vertragsmuster Tagespflege, das vom Jugendamt Wolfratshausen in Zusammenarbeit mit Christine Krumbiegel, die in Wolfratshausen Tagespflegepersonen betreut, erarbeitet wurde; siehe Anlage 2.

B. Lösungsmöglichkeiten ohne Zugrundelegung des Status der Tagespflegeperson

in konkludenter Übereinstimmung ausgeübt werden, so z. B. der Grundsatz der gewaltlosen Erziehung.

Insofern ist festzustellen, dass im Tagespflegevertrag zwar auch Regelungen bzgl. des Austauschs enthalten sind, die nicht nur für die Anfangszeit gelten, typisch für das Tagespflegeverhältnis ist jedoch vor allem eine Planung der Beziehung zwischen den Beteiligten, da Tagespflege ein äußerst persönliche Dienstleistung ist. Aus diesem Grund ist das Tagespflegeverhältnis auch in Bezug auf das Untermerkmal des ursprünglichen Planungsmittelpunktes eher dem organisationsbezogenen Pol zuzuordnen.

bb) Vollständigkeit und Bestimmtheit der Planung
Als zweites Untermerkmal führt *Macneil* in seiner Tabelle die Vollständigkeit und Bestimmtheit der Planung auf. Das Typische für den organisationsbezogenen Pol besteht dabei darin, dass der Inhalt der Beziehung nicht konkret geplant werden kann – wie dies aber regelmäßig beim äußersten austauschbezogenen Pol anzutreffen ist –, sondern im Grunde nur die Strukturen und Prozesse der Beziehung. Das Tagespflegeverhältnis zeichnet sich dadurch aus, dass die Tagespflegeperson – schon wegen der geringen Kinderzahl – sehr individuell mit dem Kind umgehen und auf seine täglich verschiedenen Bedürfnisse eingehen kann. Das bedeutet, dass die Betreuung als solche konkret gar nicht geplant werden kann, da weder Tagespflegeperson noch Eltern wissen, ob das Kind bspw. an dem jeweiligen Tag gerade Lust hat, zu malen oder zu spielen oder einfach nur Bücher anzuschauen. Insofern können zwischen den Eltern und der Tagespflegeperson nur die Grundstrukturen der Betreuung geplant werden, z. B., dass das Kind zu einer bestimmten Zeit essen oder schlafen soll, jeden Tag ein Ausflug an die frische Luft unternommen – soweit es das Wetter zulässt – und für die Förderung des Kindes bestimmte Beschäftigungsmöglichkeiten angeboten werden sollen.

Das Tagespflegeverhältnis ist also auch in Bezug auf dieses Untermerkmal stark organisationsbezogen.

cc) Ursprünge und Formen gemeinsamer Planung
Kennzeichnend für das dritte Untermerkmal – Ursprünge und Formen gemeinsamer Planung – ist beim äußerst organisationsbezogenen Pol, dass die Beziehung unter umfangreichen Verhandlungen beginnt und dass der Betrieb der Organisation die Hauptquelle weiterer Planungen ist. Der äußerst austauschbezogene Pol ist dagegen dadurch gekennzeichnet, dass bei ihm, wenn überhaupt, nur kurze Preisverhandlungen stattfinden und nach Vertragsbeginn keinerlei weitere Planung erfolgt. Für das Zustandekommen des Tagespflegevertrages sind umfang-

reichere Verhandlungen zwischen den Vertragsparteien unumgänglich, da nur so festgestellt werden kann, ob die Tagespflegeperson für das bestimmte Kind geeignet ist.[63] Das Tagespflegeverhältnis wird also regelmäßig nicht ad hoc geschlossen, sondern ihm geht gewöhnlich sogar eine gewisse Probezeit voraus.[64] Weiterhin ist es dem Tagespflegeverhältnis wesensimmanent, dass die Strukturen und Prozesse immer wieder neu geplant werden müssen, zum einen, weil das Kind heranwächst und damit eine andere Förderung benötigt als noch vor einem halben Jahr, zum anderen bspw. bei bestimmten Umständen wie auftauchenden Allergien oder auch nur kleinen Erkältungen, die es notwendig machen, dass die Tagespflegeperson sich an bestimmte Verhaltensregeln hält, die sonst nicht notwendig sind. Folglich ist das Tagespflegeverhältnis auch in Bezug auf dieses Untermerkmal als organisationsbezogen einzuschätzen.

dd) Verbindlichkeit der Planung
Aus dem eben subsumierten Untermerkmal der Formen gemeinsamer Planung ergibt sich auch die Verbindlichkeit der Planung. Diese ist bei Tagespflegeverhältnissen zwar in den Grundstrukturen im Großen und Ganzen recht verbindlich, wie schon eben erwähnt, allerdings können einige Lebensumstände eintreten, die eine geänderte Planung erforderlich machen, sodass die Planung im Tagespflegeverhältnis durch einen gewissen Grad an Vorläufigkeit gekennzeichnet ist. Dies ist typisch für den organisationsbezogenen Pol.

ee) Interessenkonflikt bei der Planung
Da es sich beim Tagespflegeverhältnis um eine äußerst persönliche Dienstleistung handelt, sind Interessenkonflikte in der Regel unvermeidbar. Bei der Planung selbst dürften jedoch nicht allzu viele Interessenkonflikte auftauchen, da sich die Tagespflegeperson schon wegen der geringen Kinderzahl weitestgehend nach den Wünschen der Eltern richten kann. Sollte es trotzdem zu einem Interessenkonflikt kommen, bspw. weil die Tagespflegeperson mehrere Kinder mehrerer Elternteile betreut und die Eltern gegensätzliche Leistungen von der Tagespflegeperson verlangen, die diese sprichwörtlich „nicht unter einen Hut bekommt", ist die Kommunikation ein wesentliches Mittel zur Beseitigung des Konflikts, welches auch regelmäßig zum Erfolg führen dürfte, wenn die Eltern bislang mit der Tagespflegeperson zufrieden waren. Ein Interessenkonflikt bei der Planung wird

---

63 Dies gilt auch dann, wenn das zuständige Jugendamt die Geeignetheit der Tagespflegeperson gem. § 23 Abs. 3 bzw. § 43 Abs. 2 SGB VIII festgestellt hat, da dies noch nichts darüber aussagt, ob die Eltern die bestimmte Tagespflegeperson als passend für die Betreuung ihres Kindes ansehen.
64 Siehe dazu das Vertragsformular des Tagesmütter-Bundesverbandes im Anhang, Anlage 1, S. 6 ff., das sogar für die Kontakt- und Eingewöhnungsphase gesonderte Regelungen vorsieht,

also in der Regel nicht zur Beendigung des Tagespflegeverhältnisses führen, sodass das Tagespflegeverhältnis auch in diesem Punkt dem organisationsbezogenen Pol nahe steht.

f) Zukünftige Zusammenarbeit
Beim organisationsbezogenen Pol hängt der Erfolg der Beziehung fast vollständig von der weiteren Zusammenarbeit sowohl bei der Erfüllung als auch bei der weiteren Planung ab; beim austauschbezogenen Pol spielt die zukünftige Zusammenarbeit dagegen so gut wie keine Rolle. Wie auch schon aus den vorangegangenen Kriterien ersichtlich, ist das Tagespflegeverhältnis ein sehr persönliches Verhältnis, dessen Erfolg zwangsläufig von einer guten Zusammenarbeit bei Erfüllung und weiterer Planung abhängt. Auch insofern ist das Tagespflegeverhältnis in hohem Maße organisationsbezogen.

g) Verteilung der Vor- und Nachteile
Typisch für organisationsbezogene Verträge ist das gemeinsame Teilhaben an Vor- und Nachteilen. Auch dieses Kriterium ist beim Tagespflegeverhältnis uneingeschränkt zu bejahen, da gerade bei persönlichen Dienstleistungen die Vor- und Nachteile nicht auf eine Partei verlagert werden können.

h) Übernommene Verpflichtungen
In einem organisationsbezogenen Vertragsverhältnis entwickeln sich die gegenseitigen Pflichten aus der Beziehung selbst, im austauschbezogenen Vertragsverhältnis versprechen sich die Parteien dagegen bei Vertragsschluss bestimmte Leistungen. Beim Tagespflegevertrag sind zwar die gegenseitigen Grundpflichten ausdrücklich festgelegt – wie die Betreuung des Kindes gegen ein bestimmtes Entgelt – die inhaltliche Ausgestaltung der Betreuung entwickelt sich aber erst mit dem gegenseitigen Kennenlernen von Tagespflegeperson und Kind bzw. den Eltern. Das Tagespflegeverhältnis weist folglich auch bezüglich dieses Kriteriums einen Organisationsbezug auf.

Weiterhin sind die Quellen der Verpflichtungen beim organisationsbezogenen Pol sowohl extern als auch intern zu finden. Das Austauschverhältnis beruht dagegen fast ausnahmslos auf externen Quellen. Als externe Quelle kommen für das Tagespflegeverhältnis die Regeln des BGB zum Tragen, insbesondere die Regelungen zum Dienstvertrag gem. §§ 611 ff. BGB. Die speziellen Verpflichtungen im Tagespflegeverhältnis werden jedoch im Tagespflegevertrag selbst festgelegt oder ergeben sich aus der Durchführung des Tagespflegeverhältnisses. Insofern beruht das Tagespflegeverhältnis sowohl auf externen als auch auf internen

Quellen, sodass auch diesbezüglich eine Nähe zum organisationsbezogenen Pol gegeben ist.

Darüber hinaus sind die übernommenen Verpflichtungen an der Bestimmtheit der Pflichten und Sanktionen zu messen. So gibt es im Austauschverhältnis bestimmte Regeln und Rechte, die konkret umsetzbar und in Geld ausdrückbar sind. Dagegen sind die Pflichten im Organisationsvertrag eher unbestimmt und nicht messbar, da sie auf Üblichkeit, auf allgemeinen Prinzipien oder auf Internalisierung beruhen, die zum Großteil aus der Beziehung selbst entstehen. Die persönliche Dienstleistung im Tagespflegeverhältnis wird zwar durch ein Entgelt honoriert; welchen konkreten Wert diese Dienstleistung hat ist jedoch unbestimmt. Die Pflichten einer Tagespflegeperson können ebenfalls nur in groben Umrissen bestimmt werden, da sich die konkrete inhaltliche Gestaltung der Tagespflegetätigkeit nach den Befindlichkeiten der Kinder richten muss. Der Tagespflegevertrag sieht dementsprechend in der Regel auch keinerlei Sanktionen vor, die auf eine Pflichtverletzung folgen könnten. Der Organisationsbezug des Tagespflegeverhältnisses ist mithin auch bei diesem Kriterium zu bejahen.

i) Übertragbarkeit der Verpflichtungen
Organisationsverträge können in den meisten Fällen nur höchstpersönlich erfüllt werden, d. h., die Übertragung der Verpflichtungen ist zwar nicht unmöglich, aber schwierig. Das trifft auch auf das Tagespflegeverhältnis zu, da Eltern mit einer bestimmten Tagespflegeperson einen Vertrag schließen, die für ihr Kind geeignet ist und zu der das Kind ein Vertrauensverhältnis aufbaut. Zwar wird sich die Tagespflegeperson in Ausnahmefällen vertreten lassen, Bezugsperson ist aber die Tagespflegeperson, mit der der Vertrag geschlossen wurde, d. h., die Leistungserfüllung ist nur sehr eingeschränkt übertragbar.

k) Anzahl der Teilnehmer
In der Regel werden Organisationsverträge zwischen mehreren Beteiligten geschlossen; Austauschverträge haben dagegen nur zwei Teilnehmer. Der Tagespflegevertrag wird zwischen den Eltern und der Tagespflegeperson geschlossen. Insofern sind auch beim Tagespflegevertrag im Grunde nur zwei Teilnehmer zu verzeichnen. Da es aber um die Betreuung des Kindes der Eltern geht, könnte auch von mindestens drei Teilnehmern ausgegangen werden. Bezüglich dieses Kriteriums ist es eher schwierig, eine Nähe zu dem einen oder anderen Pol festzustellen; es ist aber auch nur in geringem Maße aussagekräftig, da sowohl der Austauschvertrag als auch der Organisationsvertrag von lediglich zwei Vertragsparteien geschlossen werden kann.

B. Lösungsmöglichkeiten ohne Zugrundelegung des Status der Tagespflegeperson

l) Austausch oder Beziehung aus Sicht der Beteiligten

Als letztes Kriterium führt *Macneil* die Sicht der Beteiligten ins Feld. So ist es charakteristisch für den austauschbezogenen Pol, dass die Anerkennung des Austauschs selbst sehr hoch, beim organisationsbezogenen Pol dagegen niedrig ist oder überhaupt nicht existent. Dagegen wird beim Austauschverhältnis kein altruistisches Verhalten erwartet, im Organisationsverhältnis aber schon. Im Tagespflegeverhältnis erfolgt zwar ein Austausch – Kinderbetreuung gegen Geld –, dies wird aber höchstens insoweit honoriert, als die Tagespflegeperson mit pünktlicher Zahlung durch die Eltern zufrieden ist. Vielmehr werden die Eltern hohe Erwartungen daran haben, dass die Tagespflegeperson die Betreuung ihres Kindes weitestgehend in selbstloser, uneigennütziger und aufopfernder Weise vornimmt. Die Erwartung an ein altruistisches Verhalten ist im Tagespflegeverhältnis also relativ hoch.

Weiterhin ist die Bedeutung der Zeit aus der Sicht der Beteiligten von Bedeutung. Der Austauschvertrag ist ergebnisorientiert, oder – wie *Macneil* dies in seinen Kriterien beschreibt – die Zukunft wird beim Austauschvertrag auf den Punkt gebracht. Ein Organisationsvertrag beinhaltet dagegen die Planung in die Zukunft hinein. Da ein Tagespflegeverhältnis in der Regel auf eine bestimmte Dauer angelegt ist, wird also immer in die Zukunft hinein geplant, sodass auch diesbezüglich von einer Nähe zum organisationsbezogenen Pol auszugehen ist.

Schließlich spielen die Erwartungen bezüglich Konflikten bei der Erfüllung bzw. zwischen den Beteiligten eine große Rolle. Der austauschbezogene Pol ist dadurch gekennzeichnet, dass die Beteiligten im Grunde keine Konflikte erwarten. Tauchen sie dennoch auf, können sie durch feste Regeln gemeistert werden. Beim organisationsbezogenen Pol werden Konflikte von den Beteiligten dagegen erwartet. Diese können in der Regel nicht durch feste Regelungen beseitigt werden, sondern sie müssen auf eine speziell auf den Einzelfall abgestimmte Weise gelöst werden. Wie schon oben festgestellt, werden Interessenkonflikte im Tagespflegeverhältnis aufgrund der Erbringung einer äußerst persönlichen Dienstleistung unvermeidbar sein und damit auch von den Beteiligten vorausgesehen werden. Zur Lösung solcher Konflikte sieht weder das geltende Gesetzesrecht noch der Tagespflegevertrag bestimmte Regelungen vor. Vielmehr müssen diese Konflikte durch Kommunikation und Kooperation zwischen den Eltern und der Tagespflegeperson geregelt werden. Damit weist das Tagespflegeverhältnis auch in dieser Hinsicht einen hohen Organisationsbezug auf.

m) Ergebnis
Die Prüfung der einzelnen Kriterien ergibt, dass das Tagespflegeverhältnis zwischen der Tagespflegeperson und den Eltern eine starke Nähe zum organisationsbezogenen Pol aufweist. Daraus folgt, dass der Tagespflegevertrag als Arbeitsvertrag qualifiziert werden kann.

4. Auswirkung der Einordnung des Tagespflegevertrages als Organisationsvertrag auf das Arbeits- und Sozialversicherungsrecht
Die Klassifizierung des Tagespflegevertrags als Organisationsvertrag und damit als Arbeitsvertrag hat grundsätzlich zur Folge, dass die zwingenden Regelungen des Arbeitsrechts auf das Tagespflegeverhältnis zwischen Tagespflegeperson und Eltern Anwendung finden müssen. Sozialversicherungsrechtlich bedeutet das, dass Tagespflegepersonen in allen Sozialversicherungszweigen versicherungspflichtig wären, wofür die Eltern zum Teil ganz, zum Teil hälftig Beiträge abführen müssten.

Die arbeits- und sozialversicherungsrechtliche Absicherung von Tagespflegepersonen könnte aber nur dann erreicht werden, wenn auch die Verwaltungspraxis nach der hier vorgenommenen Methode die Abgrenzung des Arbeitsvertrages vom freien Dienstvertrag und damit die Bestimmung, ob eine Person abhängig beschäftigt oder selbständig tätig ist, vornimmt. Solange in der Verwaltungspraxis jedoch mit dem Statusgedanken gearbeitet wird, gehen Verwaltungspraxis, Tagespflegepersonen und auch die Eltern in den meisten Fällen davon aus, dass die Tagespflegepersonen als Selbständige tätig werden, sodass eben gerade keine soziale Absicherung der Tagespflegeperson – weder im arbeits- noch im sozialversicherungsrechtlichen Sinne – erfolgt. Das bedeutet, dass Tagespflegepersonen aufgrund der vorgenommen Abgrenzung zwar als abhängig Beschäftigte zu qualifizieren wären, die Schutzregelungen des Arbeits- und Sozialrecht aber trotzdem nicht zum Tragen kämen. Aus diesem Grund könnte die für Tagespflegepersonen vornehmlich wichtige arbeitsrechtliche Absicherung in Form von Entgeltfortzahlung im Krankheits- und Urlaubsfall nur dadurch erreicht werden, dass im Tagespflegevertrag eine Regelung installiert wird, die dieses Recht festschreibt.[65] Aus Sicht der bisherigen Praxis würde es sich bei diesem Recht um ein konstitutives handeln, da Verträge mit Selbständigen solche Rechte grundsätzlich nicht vorsehen. Aus organisationsvertraglicher Sicht ist dieses Recht jedoch rein

---

65 So enthält das Vertragsmuster Tagespflege, das in Zusammenarbeit zwischen dem Jugendamt Wolfratshausen und Christine Krumbiegel, die in Wolfratshausen Tagespflegepersonen betreut, erarbeitet wurde, die Möglichkeit einer solchen Vereinbarung; siehe Anlage 2. Vgl. auch das Vertragsformular des Tagesmütter-Bundesverbandes unter § 10 Abs. 8; siehe Anlage 1, 13 f.

deklaratorisch zu verstehen, da aufgrund der Zuordnung des Tagespflegevertrages als Arbeitsvertrag diese Rechte – zumindest theoretisch – ohnehin bestehen. Die sozialversicherungsrechtliche Absicherung könnte dagegen nicht vertraglich festgelegt werden, da Versicherungspflicht kraft Gesetzes entsteht. Das bedeutet, dass es trotz der hier vorgenommenen Einordnung des Tagespflegevertrags als Arbeitsvertrag durch die derzeitige Verwaltungspraxis, die auf den Status der Erwerbstätigen abstellt, dazu kommt, dass – auch über eine zusätzliche Festschreibung im Tagespflegevertrag – kein Versicherungsschutz für Tagespflegepersonen als abhängig Beschäftigte erreicht werden kann.

Zudem ist für die sozialversicherungsrechtliche Praxis zu bedenken, dass die Vertragstypenabgrenzung zwar eine recht genaue Zuordnung zum Vertragstypus Arbeits- bzw. freier Dienstvertrag und damit auch zu den herkömmlichen Statusformen des abhängig Beschäftigten bzw. Selbständigen ermöglicht, aber doch einen enormen Arbeitsaufwand für die Sozialversicherungsträger bedeuten würde, da diese in jedem Fall die Vertragstypenabgrenzung vornehmen müssten.

Insofern stellt sich die Frage, ob im Sozialrecht explizite Regelungen geschaffen werden sollten, die die soziale Absicherung von Tagespflegepersonen sicherstellen.

II. Änderungsoptionen für das Sozialrecht

Sozialrechtlich sind zwei Lösungswege für die Problematik der sozialen Absicherung von Tagespflegepersonen denkbar. Dabei ist zum einen eine sozialversicherungsrechtliche Absicherung über Gesetzesänderungen in Betracht zu ziehen. Zum anderen sollte aber auch über eine Gesetzesänderung des SGB VIII nachgedacht werden: So wäre zu überlegen, ob die Zahlung einer laufenden Geldleistung ausdrücklich im SGB VIII an alle Tagespflegepersonen – unabhängig von ihrem Status – vorgesehen sein sollte, die über die jetzige Gesetzesfassung hinaus nicht nur einen Aufwendungsersatz und Erziehungsbeitrag, sondern auch eine Entgeltfortzahlung im Krankheits- und Urlaubsfall beinhaltet. Durch eine solche Regelung könnte eine soziale Absicherung von Tagespflegepersonen erreicht werden, ohne dass diese auf einen Arbeitsvertrag mit den Eltern oder mit einer anderen Institution angewiesen wären.

1. Entwicklung einer Regelung zur Gewährung einer laufenden Geldleistung am Vorbild der derzeitigen Regelung des § 23 Abs. 1, Abs. 2 SGB VIII
Bevor auf die sozialversicherungsrechtliche Absicherung von Tagespflegepersonen eingegangen werden soll, soll zunächst eine Regelung zur Gewährung einer

Kapitel 4: Lösungsvorschläge

laufenden Geldleistung für alle Tagespflegepersonen – unabhängig von ihrem arbeits- und sozialrechtlichen Status – am Vorbild der derzeitigen Regelung des § 23 Abs. 1 und 2 SGB VIII entwickelt werden, da sich aus dieser auch sozialversicherungsrechtliche Konsequenzen ergeben könnten.

Eine solche Regelung müsste – wie auch schon die derzeitige Regelung zur Gewährung einer Geldleistung – im SGB VIII verankert sein. Anders als die derzeitige Regelung sollte sie jedoch zum einen von der sozialversicherungsrechtlichen Absicherung getrennt formuliert und zum anderen ausdrücklich für alle Tagespflegepersonen festgeschrieben werden. Darüber hinaus sollte eine Entgeltfortzahlung im Krankheits- und Urlaubsfall vorgesehen sein.

In diesem Sinne sollte § 23 Abs. 1 SGB VIII folgende Fassung erhalten:

„Die Förderung in Kindertagespflege nach Maßgabe von § 24 umfasst die Vermittlung des Kindes zu einer geeigneten Tagespflegeperson, soweit diese nicht von der erziehungsberechtigten Person nachgewiesen wird, deren fachliche Beratung, Begleitung und weitere Qualifizierung sowie die Gewährung einer laufenden Geldleistung und Leistungen zur sozialen Sicherung nach § 23a[66]."

Konkret für die Gewährung der laufenden Geldleistung könnte § 23 Abs. 2 SGB VIII dann wie folgt gefasst sein:

„Die laufende Geldleistung nach Absatz 1, die unabhängig davon zu erbringen ist, ob eine Tagespflegeperson abhängig beschäftigt oder selbständig tätig ist, umfasst
1. die Erstattung angemessener Kosten, die der Tagespflegeperson für den Sachaufwand entstehen, und
2. einen angemessenen Beitrag zur Anerkennung ihrer Förderungsleistung.

Die laufende Geldleistung ist auch dann zu erbringen, wenn die Tagespflegeperson wegen Krankheit oder Urlaub verhindert ist, ihrer Tätigkeit nachzugehen.[67] Die Höhe der laufenden Geldleistung wird vom Träger der öffentlichen Jugendhilfe festgelegt, soweit Landesrecht nicht etwas anderes bestimmt. Über

---

66 Zu dem hier vorgeschlagenen § 23a siehe Kapitel 4, B. II. 2. c) bb) (5).
67 Die hier vorgeschlagene Entgeltfortzahlung im Krankheits- und Urlaubsfall beschränkt sich nicht nur auf die Erziehungskosten, sondern bezieht auch den Aufwendungsersatz mit ein, da eine Tagespflegeperson, die krank ist oder Urlaub hat, trotzdem laufende Aufwendungen wie bspw. Mietzahlungen hat, wenn sie extra Räumlichkeiten oder eine größere Wohnung angemietet hat.

B. Lösungsmöglichkeiten ohne Zugrundelegung des Status der Tagespflegeperson

die Gewährung einer Geldleistung an unterhaltspflichtige Personen entscheidet der Träger der öffentlichen Jugendhilfe nach pflichtgemäßem Ermessen."

Eine solche Regelung der Gewährung einer laufenden Geldleistung hätte mehrere Vorteile: Zum einen würden alle geeigneten Tagespflegepersonen den Anspruch auf Geldleistung geltend machen können, ohne dass sie Gefahr laufen würden, vom Träger der öffentlichen Jugendhilfe darauf verwiesen zu werden, dass sie – wenn sie nach Meinung des Trägers der öffentlichen Jugendhilfe in einem Anstellungsverhältnis zu den Eltern stehen – einen Entgeltanspruch gegen die Eltern haben und damit für die Gewährung einer Geldleistung durch den öffentlichen Jugendhilfeträger kein Raum bliebe. Zwar schreibt auch die derzeitige Gesetzesfassung nicht eindeutig vor, dass nur selbständigen Tagespflegepersonen die Geldleistung zu erbringen ist. Insofern ist die laufende Geldleistung grundsätzlich auch an abhängig beschäftigte Tagespflegepersonen zu erbringen.[68] Da ein Anstellungsverhältnis aber einen Anspruch auf Arbeitsentgelt beinhaltet, die Tagespflegeperson mithin einen Anspruch sowohl gegen die Eltern als Arbeitgeber als auch gegen den Träger der öffentlichen Jugendhilfe hätte, scheint eine rechtliche Klarstellung angebracht, damit es zu einer einheitlichen Verfahrenspraxis kommt.[69] Dies hätte den zusätzlichen Vorteil, dass auch die Eltern entlastet wären und somit auch die Regelung des § 90 SGB VIII – die Zahlung eines Teilnahmebeitrages – nicht mehr im Widerspruch zu den Regelungen der §§ 23, 24 SGB VIII stehen würde.[70] Ist eine Tagespflegeperson dagegen bei einem freien Träger angestellt, wie dies bspw. in Husum praktiziert wird, müsste der Anspruch auf die Geldleistung von der Tagespflegeperson an den freien Träger abgetreten werden, sodass es nicht zu einer Doppelzahlung kommt.

Zum anderen ist die Klarstellung, dass die laufende Geldleistung an alle geeigneten Tagespflegepersonen – unabhängig von ihrem arbeits- bzw. sozialrechtlichen Status – zu erbringen ist, weitergehender als eine Regelung, die besagen würde, dass die laufende Geldleistung sowohl an Tagespflegepersonen, die Kinder im eigenen Haushalt bzw. in anderen geeigneten Räumen betreuen, als auch an solche, die im Haushalt der Personensorgeberechtigten betreuen, zu zahlen ist. Die Betreuung von Kindern im Haushalt der Personensorgeberechtigten kann

---

68 Siehe dazu Kapitel 3, B. I. 2. b).
69 Eine ähnliche Klarstellung enthält § 17 Abs. 3 KitaG Berlin, wonach Tagespflegepersonen bei der Betreuung des Kindes im Haushalt des Personensorgeberechtigten nur das Erziehungsgeld erhalten. Wie in der Arbeit aufgezeigt wurde, kommt aber gerade bei Tagespflegepersonen, die im Haushalt der Eltern tätig werden, ein Anstellungsverhältnis in Betracht. Das Berliner Landesrecht sieht also ausdrücklich auch für diese Tagespflegepersonen die Zahlung des Erziehungsgeldes vor.
70 Siehe zu dieser momentan widersprüchlichen Situation eingehend Kapitel 3, B. I. 2. b) und c).

Kapitel 4: Lösungsvorschläge

zwar für eine abhängige Beschäftigung sprechen, muss es aber nicht, genau wie eine Betreuung von Kindern im Haushalt der Tagespflegeperson als abhängige Beschäftigung oder selbständige Tätigkeit durchgeführt werden kann. Nur durch die ausdrückliche Klarstellung, dass die Leistung unabhängig vom Status der Tagespflegeperson zu erbringen ist, kann verhindert werden, dass es in Einzelfällen zu einer langwierigen und im Einzelnen rechtsunheitlichen Prüfung der Verwaltung kommt, ob die Tagespflegeperson nicht einen – eventuell vorrangigen – Anspruch gegen die Eltern als Arbeitgeber geltend machen kann.

Darüber hinaus ermöglicht die hier vorgeschlagene Regelung zur Gewährung einer laufenden Geldleistung, dass geeignete Tagespflegepersonen für ihre Tätigkeit ein regelmäßiges Entgelt erhalten, das vom Träger der öffentlichen Jugendhilfe festgelegt wird und berechenbar ist, was bei einer Entgeltzahlung durch die Eltern nicht unbedingt der Fall sein muss, sei es, weil die Eltern nicht regelmäßig zahlen, sei es, weil sie nur ein sehr gering bemessenes Entgelt erbringen. Schon dadurch kann eine gewisse soziale Absicherung von Tagespflegepersonen erreicht werden. Zudem gewährleistet die Regelung der Fortzahlung der laufenden Geldleistung im Krankheits- und Urlaubsfall eine zusätzliche Absicherung, die der Schutzbedürftigkeit von Tagespflegepersonen Rechnung trägt.

2. Entwicklung sozialversicherungsrechtlicher Regelungen
Für eine sozialversicherungsrechtliche Absicherung von Tagespflegepersonen würde es sich anbieten, Vorschriften zu schaffen, die diese Berufs- bzw. Personengruppe unter sozialversicherungsrechtlichen Schutz stellen, ohne dass in jedem Einzelfall auf den Status einer Tagespflegeperson abgestellt werden muss. Im geltenden Sozialversicherungsrecht bestehen zwar schon jetzt Möglichkeiten, Tagespflegepersonen sozial abzusichern; nach der derzeitigen Gesetzeslage und Praxis der Sozialversicherungsträger ist diese Möglichkeit aber begrenzt.[71]

In anderen europäischen Ländern gibt es zum Teil eine Absicherung bestimmter Personen- oder Berufsgruppen. So legt bspw. im britischen Sozialversicherungssystem eine Verordnung der Regierung bestimmte Personengruppen fest, bei denen es sich automatisch um abhängig Beschäftigte handelt.[72] Im französischen Code de la sécurité sociale, Art. L 311-3 ist vorgesehen, dass z. B. alle Journalisten, die auf Honorarbasis arbeiten, alle Künstler, Schauspieler und Autoren, Gepäckträger und Personen, die gegen Entgelt in ihrer Wohnung fremde Kinder betreuen etc., im allgemeinen Sozialversicherungssystem versichert sind, ohne

---
71 Siehe dazu eingehend Kapitel 3, B. II.
72 So z. B. Reinigungskräfte, Lektoren, Lehrer, Geistliche usw. Siehe dazu Bieback, WSI Mitteilungen 2000, 810, 812.

dass es darauf ankommt, ob diese Personengruppen abhängig beschäftigt oder selbständig tätig sind und wie hoch ihr Einkommen ist.[73]

Aber auch in Deutschland existieren im Sozialversicherungsrecht vereinzelt Typisierungen bzw. Pauschalierungen. So gibt es bislang drei Gesetzesvarianten, durch die bestimmte Personen- bzw. Berufsgruppen ganz oder zumindest zum Großteil ins Sozialversicherungssystem integriert werden. Da ist zunächst § 12 SGB IV zu nennen, der Hausgewerbetreibende als Selbständige und Heimarbeiter als Beschäftigte definiert. Eine spezielle Regelung zur sozialversicherungsrechtlichen Absicherung einer bestimmten Berufsgruppe – der Pflegepersonen i. S. d. § 19 SGB XI – ist in § 44 SGB XI verankert. Für Künstler und Publizisten wurde 1983 das Künstlersozialversicherungsgesetz erlassen, welches die soziale Absicherung dieser Personen- bzw. Berufsgruppe sichern soll.

a) Die Notwendigkeit generalisierender, typisierender und verwaltungsmäßig leicht handhabbarer Regelungen im Sozialrecht
Das führt vorab zu der Frage, inwieweit ein solches System der Typenbildung im Sozialversicherungsrecht zulässig ist, da Typenbildungen bzw. Pauschalierungen immer die Gefahr in sich bergen, gegen das verfassungsmäßige Gebot der Gleichbehandlung zu verstoßen.

Dem Sozialversicherungsrecht ist es aufgrund seiner Aufgabe, schutzbedürftigen Personen einen Mindestschutz sozialer Sicherung zu gewährleisten, immanent, in Massen erscheinende, häufig gleiche oder ähnliche Tatbestände zu erfassen und zu kontrollieren.[74] Diese Struktur des Sozialversicherungssystems hat sowohl bei den Sozialversicherungsträgern als auch bei den Sozialgerichten und in der sozialrechtlichen Literatur zu Überlegungen geführt, wie diesem Phänomen Rechnung zu tragen ist: So werden in der sozialgerichtlichen Praxis schon seit Jahrzehnten unbestimmte Rechtsbegriffe quantifiziert, d. h., das, „was das Gesetz nur unbestimmt mit Worten festgelegt hat, wird für den praktischen Gebrauch in der Weise präzisiert, dass dafür eine in Zahlen festzulegende Größe angegeben wird, wobei es sich regelmäßig und geradezu typischerweise um ‚gegriffene Größen' handelt, denen in aller Regel kein ausreichendes Erfahrungsmaterial zugrunde liegt".[75] Beispielhaft für die Anerkennung der Quantifizierung unbe-

---

73 Siehe dazu ebenfalls Bieback, WSI Mitteilungen 2000, 810, 812.
74 Siehe dazu Kohte, JuS 1984, 509, 515, der darauf hinweist, dass die Quantifizierung unbestimmter Rechtsbegriffe nicht nur im Sozialrecht, sondern auch im Mietrecht zu finden ist und darüber hinaus auch im BGB zur Bestimmung des wucherähnlichen Rechtsgeschäfts Anwendung finden kann. Siehe auch Haueisen, NJW 1973, 641, 643.
75 Diederichsen, SGb 1982, 89, 91. Ecker, SGb 1970, 401 ff. hat diese im Sozialrecht typische Regelungsstruktur wohl als Erster in das allgemeine Bewusstsein gehoben; von Hau-

Kapitel 4: Lösungsvorschläge

stimmter Rechtsbegriffe sei ein Urteil des BSG vom 16.11.1972[76] genannt, in dem es heißt, dass es der Senat nicht verkenne, dass in der gesetzlichen Rentenversicherung massenweise auftretende Sachverhalte für die Rechtsprechung Anlass sein können, sowohl zur Erleichterung der praktischen Rechtsanwendung als auch aus Gründen der Rechtssicherheit Maßstäbe mit festen Zeit- und Zahlenbegriffen zu entwickeln.

Über die Quantifizierung unbestimmter Rechtsbegriffe hinaus haben aber sowohl die Sozialversicherungsträger[77] als auch die Sozialgerichte und – wie schon erwähnt – der Sozialgesetzgeber[78] Typisierungen bzw. Pauschalierungen vorgenommen. Beispielhaft dafür ist – aus jüngerer Zeit – zum einen das Urteil des 2. Senats des BSG v. 07.09.2004[79] zu der Frage, inwieweit eine Pflegeperson i. S. v. § 19 SGB XI unter den Schutz der Unfallversicherung fällt, wenn sie die pflegebedürftige Person nicht die nach § 19 S. 2 SGB XI erforderlichen 14 Stunden wöchentlich pflegt. Das BSG hat in diesem Fall entschieden, dass dieser Umstand einer Versicherung nach § 2 Abs. 1 Nr. 17 SGB VII nicht im Wege steht, da der 2. Senat eine funktionale Auslegung des § 19 SGB XI vorgenommen hat, die zu einer Typisierung der Pflegeperson in dem Sinne führt, dass darunter alle Personen zu verstehen sind, die die Voraussetzungen des § 19 S. 1 SGB XI erfüllen.

Zum anderen hat der 12. Senat des BSG anlässlich einer Entscheidung zur Rentenversicherungspflicht von selbständigen Lehrern erst wieder betont, dass die Schutzbedürftigkeit der in § 2 Satz 1 Nr. 1 SGB VI genannten Selbständigen in „einer generalisierenden, typisierenden und verwaltungsmäßig leicht feststellbaren Weise sachgerecht davon abhängig gemacht (werden kann), dass kein Arbeitnehmer beschäftigt wird".[80]

Aufgrund der durch die Typisierungen bzw. Pauschalierungen bestehenden Möglichkeit der Ungleichbehandlung hatte sich das Bundesverfassungsgericht in mehreren Fällen mit der Zulässigkeit von Typisierungen im Sozialrecht zu befas-

---

eisen, NJW 1973, 641 ff. ist sie mit zahlreichen Beispielen aus der Praxis des BSG belegt worden.
76 Az: 11 RA 168/72, NJW 1973, 671 f.
77 Siehe dazu insbesondere die Gemeinsame Verlautbarung der Spitzenorganisation der Sozialversicherung vom 05.07.2005, zu finden unter http://www.deutsche-rentenversicherung-bund.de/nn_7130/SharedDocs/de/Inhalt/02__Rente/02__vor__der__rente/03__statusfeststellung/anlage4__katalog_berufsgruppen_abgrenzung_pdf.html, letzter Aufruf 07.08.2009.
78 Siehe dazu § 12 SGB IV, § 44 SGB XI sowie das KSVG.
79 Az: B 2 U 46/03 R, NJW 2005, 1148 ff.
80 BSG v. 23.11.2005, Az: B 12 RA 5/03 R, SozR 4-2600 § 231 Nr 1, mit Verweis auf BSG v. 30.01.1997, Az: 12 RK 31/96, SozR 3-2600 § 2 Nr. 2.

B. Lösungsmöglichkeiten ohne Zugrundelegung des Status der Tagespflegeperson

sen. Dabei hat es entschieden, dass ein solches System der Typenbildung im Sozialversicherungsrecht immer dann gerechtfertigt ist, wenn dies für die Ordnung von Massenerscheinungen notwendig ist:[81] Obwohl sich aus der Typisierung im Einzelfall Härten ergeben können, ist dies vom Bundesverfassungsgericht im Grundsatz als unbedenklich angesehen worden, da durch die Typisierung an sich differenzierungsbedürftige Sachverhalte um der Einfachheit und Leichtigkeit des Vollzugs willen gleichbehandelt werden.[82]

Aus all dem folgt, dass es grundsätzlich möglich und auch zulässig ist, für Tagespflegepersonen sozialversicherungsrechtliche Regelungen zu schaffen, die nur für die Personengruppe der Tagespflegepersonen Geltung erlangen.

b) Typisierende Regelungen des deutschen Sozialversicherungsrechts als Vorbilder einer entsprechenden Regelung für Tagespflegepersonen
Im Folgenden sollen die Möglichkeiten, die sich für Tagespflegepersonen im deutschen Sozialversicherungsrecht auftun könnten, vorgestellt werden. Dafür sind zunächst die oben schon kurz aufgeführten Regelungen des § 12 SGB IV, § 44 SGB XI sowie auf die in § 44 SGB XI verwiesenen Regelungen in den einzelnen Sozialversicherungszweigen und das Künstlersozialversicherung als Möglichkeiten typisierender Sozialgesetzgebung darzustellen.

aa) § 12 SGB IV
§ 12 Abs. 1 und 2 SGB IV enthält – in Anlehnung an das Heimarbeitsgesetz – die Begriffsbestimmungen der Hausgewerbetreibenden und Heimarbeiter und definiert Hausgewerbetreibende darüber hinaus als Selbständige und Heimarbeiter als Beschäftigte i. S. v. § 7 Abs. 1 SGB IV. Damit schafft § 12 SGB IV eine Fiktion, die eine Statusbestimmung von Personen, die als Heimarbeiter, ihnen Gleichgestellte oder als Hausgewerbetreibende tätig werden, unnötig macht.

---

81 Siehe dazu nur BVerfG v. 24.07.1963, Az: 1 BvL 30/57, 11/61, BVerfGE 17, 1, 23. An dieser Voraussetzung wird der strukturelle Unterschied zwischen Sozialrechts und Arbeitsrecht besonders deutlich: Im Arbeitsrecht kommt es in Bezug auf den Status einer Person immer nur auf den Einzelfall an, da hier der Grundsatz der Privatautonomie herrscht und nur Tarifverträge typisieren. Insofern geht es immer nur um die Anwendung arbeitsrechtlicher Regelungen zwischen den Vertragsparteien, wobei aufgrund der Individualität des Arbeits- oder Dienstverhältnisses Gerichtsurteile im Grunde keine Präzedenzwirkung auf andere Arbeits- oder Vertragsverhältnisse haben. Die sozialversicherungsrechtliche Verwaltung muss dagegen massenhaft Bescheide aufgrund ähnlicher Sachverhalte erlassen und sich wegen der einfacheren Handhabung und im Interesse einer größeren Rechtssicherheit an Urteilen der Gerichte orientieren.
82 BVerfG v. 24.07.1963, Az: 1 BvL 30/57, 11/61, BVerfGE 17, 1, 23. Ausführlich zur Typisierung im Sozialversicherungsrecht Isensee in: Die Rolle des Beitrags in der sozialen Sicherung, 461, 470 ff., sowie ansatzweise auch Bieback, WSI Mitteilungen 2000, 810, 812.

Kapitel 4: Lösungsvorschläge

Die Bestimmung in § 12 Abs. 1 und 2 SGB IV, die Hausgewerbetreibende als Selbständige und Heimarbeiter als Beschäftigte erklärt, bewirkt, dass Heimarbeiter als Beschäftigte i. S. v. § 7 Abs. 1 SGB IV vom Sozialversicherungsschutz vollumfänglich umfasst sind, Hausgewerbetreibende als Selbständige sich dagegen grundsätzlich selbst gegen die Risiken des Lebens absichern müssen.

Die Regelung des § 12 SGB IV ist damit der Regelung vergleichbar, die im englischen Sozialversicherungsrecht bestimmte Berufsgruppen als Beschäftigte erklärt und sie dadurch ins Sozialversicherungssystem integriert. Im Unterschied zu der Regelung des englischen Sozialversicherungsrechtes umfasst § 12 SGB IV aber nicht eine bestimmte Berufsgruppe, sondern erfasst bestimmte Personen, die unter die Definition der Heimarbeiter, der ihnen Gleichgestellten oder der Hausgewerbetreibenden zu subsumieren sind.

bb) § 44 SGB XI und die entsprechenden Regelungen in den einzelnen Sozialversicherungszweigen

Bisher enthält das deutsche Sozialversicherungsrecht nur eine spezielle Regelung zu einer umfassenderen sozialversicherungsrechtlichen Absicherung einer bestimmten Berufsgruppe. Es handelt sich dabei um Pflegepersonen i. S. v. § 19 SGB XI. Nach § 44 Abs. 1 SGB XI sind für Pflegepersonen Leistungen zur sozialen Absicherung vorgesehen: Danach gilt für die gesetzliche Rentenversicherung, dass die Träger der sozialen Pflegeversicherung bzw. die privaten Versicherungsunternehmen, bei denen der zu Pflegende eine private Pflege-Pflichtversicherung durchführt, Beiträge an den zuständigen Träger der gesetzlichen Rentenversicherung entrichtet. Im Übrigen wird auf die §§ 3, 137, 166 und 170 SGB VI verwiesen. Darüber hinaus sind Pflegepersonen nach Maßgabe der §§ 2, 4, 105, 106, 129, 185 SGB VII in den Versicherungsschutz der gesetzlichen Unfallversicherung einbezogen und sie können, wenn sie nach der Pflegetätigkeit ins Erwerbsleben zurückkehren wollen, bei beruflicher Weiterbildung nach Maßgabe des SGB III bei Vorliegen der dort genannten Voraussetzungen gefördert werden. § 44 SGB XI enthält damit einen partiellen sozialversicherungsrechtlichen Schutz, der vor allem renten- und unfallversicherungsrechtlich dem eines Arbeitnehmers gleichsteht. Den Schutz des SGB III können Pflegepersonen teilweise in Anspruch nehmen. Lediglich ein Schutz in der gesetzlichen Krankenversicherung ist für Pflegepersonen nicht vorgesehen.

Von seiner systematischen Stellung her ist § 44 Abs. 1 SGB XI allerdings keine konstitutive Norm, sondern sie hat ausnahmslos deklaratorischen Charakter.[83]

---

83 Bei § 44 SGB XI handelt es sich dem Wortlaut und der Gesetzesbegründung nach um eine Einweisungsnorm, die die Aufgabe hat, dem Bürger den Zugang zum Sozialrecht

B. Lösungsmöglichkeiten ohne Zugrundelegung des Status der Tagespflegeperson

Dies ist darauf zurückzuführen, dass die speziellen Regelungen zur sozialversicherungsrechtlichen Absicherung von Pflegepersonen im Renten- und Unfallversicherungsrecht in diesen Rechtszweigen enthalten sind. Der Verweis in § 44 Abs. 1 S. 7 SGB VI bedeutet, dass Pflegepersonen, die nach ihrer Pflegetätigkeit ins Erwerbsleben zurückkehren möchten, nach § 20 SGB III Berufsrückkehrer sein können, die berechtigt sind, gem. §§ 78, 153 SGB III Unterhaltsgeld zur Förderung der beruflichen Weiterbildung in Anspruch zu nehmen.[84] Darüber hinaus besteht seit 01.02.2006 nach § 28a Abs. 1 S. 1 Nr. 1 SGB III explizit für Pflegepersonen die Möglichkeit, sich freiwillig weiterzuversichern, wobei das Versicherungspflichtverhältnis für diesen Personenkreis nicht am 31.12.2010 endet, also zeitlich unbegrenzt ist. Für diese Versicherungsmöglichkeit enthält § 44 SGB XI allerdings keinen Verweis, was sicherlich auf ein redaktionelles Versehen des Gesetzgebers zurückzuführen ist. Der fehlende Verweis ist allerdings unschädlich, da § 28a Abs. 1 S. 1 Nr. 1 SGB III aufgrund der bloßen Deklarationsfunktion des § 44 Abs. 1 SGB XI auch ohne diesen wirksam ist.[85]

Die speziellen Regelungen im Rentenversicherungsrecht zur sozialversicherungsrechtlichen Absicherung von Pflegepersonen sehen Folgendes vor: Nach § 3 S. 1 Nr. 1 lit. a SGB VI sind Personen in der Zeit, in der sie einen Pflegebedürftigen i. S. d. § 14 SGB XI nicht erwerbsmäßig wenigstens 14 Stunden wöchentlich in seiner häuslichen Umgebung pflegen, versicherungspflichtig, wenn der Pflegebedürftige Anspruch auf Leistungen aus der sozialen oder einer privaten Pflegeversicherung hat. § 166 Abs. 2 SGB VI bestimmt, was als beitragspflichtige Einnahmen bei nicht erwerbsmäßig tätigen Pflegepersonen anzusehen ist, und nach § 170 Abs. 1 Nr. 6 SGB XI haben nur die dort genannten Stellen für den Beitrag der Pflegeperson zur Rentenversicherung aufzukommen; die Pflegeperson selbst oder der Pflegebedürftige haben keinen Beitragsanteil zu leisten.[86]

---

zu erleichtern und Nachteile des gegliederten Sozialversicherungsrechtes auszugleichen. Siehe dazu Tofall, Soziale Sicherung der Pflegeperson, S. 4 m. w. N., sowie Mühlenbruch in: Hauck / Noftz, SGB XI, K § 44 Rn. 1.

84 Da § 20 SGB III aber nur die Pflege von Angehörigen vorsieht, ist es umstritten, ob alle Pflegepersonen i. S. v. § 19 SGB XI Leistungen nach dem SGB III erhalten sollen oder nur solche, die Angehörige pflegen. Siehe dazu Timme in: Hauck / Noftz, SGB III, K § 20 Rn. 11 f.

85 Anspruchsbegründend und verfahrenswesentlich sind also ausschließlich die Regelungen im Renten- und Unfallversicherungsrecht und die des SGB III. Insofern ist die Regelung des § 44 Abs. 1 SGB XI eigentlich überflüssig; siehe dazu auch Mühlenbruch in: Hauck / Noftz, SGB XI, K § 44 Rn. 1. Tofall hält die systematische Stellung des § 44 SGB XI zwar für „unglücklich und irreführend", versteht ihn jedoch als Ausdruck des Sachzusammenhangs zwischen Pflegebedürftigkeit und Pflegetätigkeit der Pflegeperson. Siehe dazu ausführlich Tofall, Soziale Sicherung der Pflegeperson, S. 4, 11 f.

86 Siehe dazu auch Tofall, Soziale Sicherung der Pflegeperson, S. 122 f.

Kapitel 4: Lösungsvorschläge

Gemäß § 2 Abs. 1 Nr. 17 SGB VII sind Pflegepersonen i. S. v. § 19 SGB XI in der gesetzlichen Unfallversicherung pflichtversichert. Der Verweis in § 44 Abs. 1 S. 6 SGB XI auf § 4 SGB VII läuft dagegen leer, da sich die nach § 4 Abs. 4 SGB VII vorgesehene Versicherungsfreiheit Angehöriger nur auf eine Versicherung nach § 2 Abs. 2 SGB VII und damit nur auf Personen bezieht, die wie Versicherte nach § 2 Abs. 1 Nr. 1 SGB VII tätig werden. Das bedeutet, dass Pflegepersonen, die nach § 2 Abs. 1 Nr. 17 SGB VII pflichtversichert sind, auch als Angehörige nicht nach § 4 Abs. 4 SGB VII versicherungsfrei sind.[87] Gemäß § 129 Abs. 1 Nr. 7 SGB VII sind die Unfallversicherungsträger im kommunalen Bereich zuständig für Pflegepersonen, die nach § 2 Abs. 1 Nr. 17 versichert sind, und gem. § 185 Abs. 2 S. 1 SGB VII werden Beiträge für diese Pflegepersonen nicht erhoben. Darüber hinaus sieht § 106 Abs. 2 SGB VII für nach § 2 Abs. 1 Nr. 17 versicherte Pflegepersonen die entsprechende Anwendbarkeit der haftungsbeschränkenden Regelungen §§ 104, 105 SGB VII vor.

Wie schon erwähnt, gibt es für Pflegepersonen seit 01.02.2006 gem. § 28a Abs. 1 S. 1 Nr. 1 SGB III die Möglichkeit der freiwilligen Weiterversicherung. Die in § 28a Abs. 1 S. 2 SGB III genannten Voraussetzungen dafür sind die gleichen wie auch für die anderen in § 28a Abs. 1 S. 1 SGB III genannten Versicherungsberechtigen. Auch die übrigen in § 28a enthaltenen Regelungen gelten – mit Ausnahme der zeitlichen Begrenzung des Versicherungspflichtverhältnisses zum 31.12.2010 – für Tagespflegepersonen genauso wie für die anderen Versicherungsberechtigten, sodass dazu auf die obigen Ausführungen zur Möglichkeit der freiwilligen Versicherung selbständiger Tagespflegepersonen in der Arbeitslosenversicherung verwiesen werden kann.[88] § 44 Abs. 2 SGB XI räumt Pflichtmitgliedern berufsständischer Versorgungswerke die Möglichkeit ein, bei Übernahme einer Pflegetätigkeit ihre berufsständische Alterssicherung beibehalten zu können. In diesem Fall werden die nach § 44 Abs. 1 S. 1 und 2 SGB XI zu entrichtenden Beiträge zu einer Alterssicherung auf Antrag an die berufsständische Versorgungseinrichtung gezahlt.

In § 44 Abs. 3 und 4 SGB XI wird das Meldeverfahren geregelt, nach dem die Pflegekasse bzw. das private Versicherungsunternehmen die in der Renten- und Unfallversicherung zu versichernde Pflegeperson den zuständigen Renten- und Unfallversicherungsträgern zu melden hat. Dabei hat die Meldung die Versicherungsnummer, soweit bekannt, den Familien- und Vornamen, das Geburtsdatum, die Staatsangehörigkeit, die Anschrift, Beginn und Ende der Pflegetätigkeit, die Pflegestufe des Pflegebedürftigen und die unter Berücksichtigung des Umfangs

---

87 Gallon in: LPK-SGB XI, § 44 Rn. 68; Tofall, Soziale Sicherung der Pflegeperson, S. 145 f.
88 Siehe dazu Kapitel 3, B. II. 3. a) aa).

B. Lösungsmöglichkeiten ohne Zugrundelegung des Status der Tagespflegeperson

der Pflegetätigkeit nach § 166 SGB VI maßgeblichen beitragspflichtigen Einnahmen der Pflegeperson zu beinhalten.

cc) Künstlersozialversicherungsgesetz

Das seit 1983 geltende Künstlersozialversicherungsgesetz (KSVG) bezieht gem. § 1 KSVG alle selbständigen Künstler und Publizisten in den Kreis der Pflichtversicherten der gesetzlichen Krankenversicherung, der gesetzlichen Rentenversicherung und der sozialen Pflegeversicherung mit ein, wobei sie nach §§ 14 ff. KSVG nur die Hälfte der Beiträge zu erbringen haben, die andere Hälfte wird durch die Künstlersozialabgabe gem. §§ 23 bis 26 und durch eines Zuschuss des Bundes gem. § 34 erbracht. Diese Pflichtversicherung von selbständigen Künstlern und Publizisten ist in Deutschland einzigartig, da Selbständige sonst regelmäßig nur gar keinen oder nur einen teilweisen Schutz in der gesetzlichen Sozialversicherung genießen und darüber hinaus ihre Beiträge allein zu tragen haben. Das KSVG hebt selbständige Künstler und Publizisten durch die Pflichtversicherung in fast allen Sozialversicherungszweigen[89] und die nur hälftige Beitragszahlung deutlich aus dem Kreis anderer Selbständiger heraus, indem diese Personengruppe im Grunde den Arbeitnehmern gleichgestellt wird. Grund dafür war die Erkenntnis des Gesetzgebers, dass diese Personengruppe in hohem Maße sozial schutzbedürftig ist.[90] Die Regelung in einem besonderen Gesetz hängt vor allem mit der Finanzierung der weiteren Beitragshälfte – des „Quasi-Arbeitgeberbeitrages" zusammen, da die entsprechende Regelung dem Recht der Sozialversicherung wesensfremd ist.[91]

Voraussetzung für eine Versicherungspflicht in der gesetzlichen Kranken-, Renten- und sozialen Pflegeversicherung ist die konkrete Schutzbedürftigkeit der jeweiligen Person: So unterliegen nach § 1 KSVG selbständige Künstler und Publizisten nur dann der Versicherung in den genannten Versicherungszweigen, wenn sie die künstlerische oder publizistische Tätigkeit erwerbsmäßig und nicht nur vorübergehend ausüben und im Zusammenhang mit ihrer Tätigkeit nicht mehr als einen Arbeitnehmer beschäftigen, es sei denn, die Beschäftigung erfolgt zur Berufsausbildung oder ist geringfügig i. S. d. § 8 SGB IV. § 2 KSVG definiert darüber hinaus, wer als Künstler und als Publizist im Sinne des KSVG anzusehen ist. §§ 3 bis 5 KSVG enthalten die Tatbestände der Versicherungsfreiheit. So ist nach § 3 KSVG versicherungsfrei, wer im Kalenderjahr aus seiner selbständigen künstlerischen oder publizistischen Tätigkeit voraussichtlich ein Arbeitseinkommen erzielt, das 3.900 Euro nicht übersteigt. Weiterhin enthält § 4 KSVG Tatbestände

---
89 Ausnahme: Gesetzliche Unfallversicherung.
90 Siehe dazu ausführlich Finke in: Finke / Brachmann / Nordhausen, KSVG, Einf. Rn. 11.
91 Finke in: Finke / Brachmann / Nordhausen, KSVG, Einf Rn. 5.

der Versicherungsfreiheit in der gesetzlichen Rentenversicherung und § 5 KSVG Tatbestände der Versicherungsfreiheit in der gesetzlichen Krankenversicherung. Darüber hinaus sehen die §§ 6 bis 7a KSVG die Möglichkeit der Befreiung von der Krankenversicherungspflicht für Berufsanfänger und solche Künstler und Publizisten auf Antrag vor, die in drei aufeinander folgenden Jahren ein Arbeitseinkommen erzielt haben, das über der Summe der nach § 6 Abs. 6 SGB V festgelegten Jahresarbeitsentgeltgrenze liegt, wobei nach § 6 KSVG für Berufsanfänger ein gleichwertiger Versicherungsschutz in einer privaten Krankenversicherung verlangt wird. § 9 KSVG sieht ein gesondertes Kündigungsrecht für die Künstler und Publizisten vor, die nach dem KSVG versicherungspflichtig werden, bislang aber privat krankenversichert waren.

Nach §§ 10 und 10a KSVG können selbständige Künstler und Publizisten, die versicherungsfrei oder von der Versicherungspflicht befreit sind und in der gesetzlichen Krankenversicherung freiwillig bzw. in einer Pflegeversicherung oder in einer privaten Kranken- oder Pflegeversicherung versichert sind, einen Betragszuschuss der Künstlersozialkasse in Höhe der Hälfte des Beitrages, der im Falle der Versicherungspflicht zu zahlen wäre, beantragen.

Wie schon oben erwähnt, wird gem. der §§ 14 ff. KSVG die Hälfte der Beiträge von den Versicherten getragen, die andere Hälfte setzt sich aus der Künstlersozialabgabe gem. §§ 23 ff. KSVG und dem Zuschuss des Bundes gem. § 34 KSVG zusammen: Gemäß § 24 KSVG sind die Verwerter von Kunst und Publizistik zur Zahlung der Künstlersozialabgabe verpflichtet. In §§ 25, 26 KSVG ist die Höhe der Künstlersozialabgabe, die sich nach einem jährlich neu festzusetzenden Prozentsatz bestimmt, festgelegt. Durch die Künstlersozialabgabe-Verordnung 2006 vom 26.08.2005 ist der Prozentsatz der Künstlersozialabgabe auf 5,5 % festgeschrieben worden.[92] Nach § 34 Abs. 1 KSVG beträgt der Zuschuss des Bundes pro Kalenderjahr 20 % der Ausgaben der Künstlersozialkasse.

Gemäß § 37 Abs. 1 KSVG führt die Unfallkasse des Bundes das KSVG im Auftrag des Bundes als Künstlersozialkasse durch. Die Künstlersozialkasse erfasst den Kreis der versicherungspflichtigen Personen und der zur Künstlersozialabgabe verpflichteten Unternehmer. Weiterhin fordert sie die Beitragsanteile der Versicherten und die Künstlersozialabgabe ein und nimmt den Bundeszuschuss entgegen, woraus sie dann die Beiträge an die zuständigen Versicherungsträger zahlt, §§ 37 ff. KSVG. Nach § 34 Abs. 2 KSVG trägt der Bund die Verwaltungskosten der Künstlersozialkasse. Die Künstlersozialkasse selbst ist kein Versiche-

---

92 Siehe zu den aktuellen Abgabesätzen http://www.kuenstlersozialkasse.de/wDeutsch/ksk_in_zahlen/beitraege/abgabesaetze.php, letzter Aufruf 23.08.2009.

B. Lösungsmöglichkeiten ohne Zugrundelegung des Status der Tagespflegeperson

rungsträger, sondern eine Art Einzugsstelle.[93] Zuständiger Versicherungsträger für die gesetzliche Krankenversicherung ist nach § 173 SGB V die Ortskrankenkasse des Beschäftigungs- oder Wohnortes bzw. auf Wunsch eine Ersatzkasse. Für den Bereich der gesetzlichen Rentenversicherung ergibt sich die Zuständigkeit der Bundesversicherungsanstalt für Angestellte aus § 134 Nr. 5 SGB VI.

Neben den speziellen Regelungen im KSVG zur Versicherungspflicht und zum Verfahren der Sozialversicherung in Bezug auf Beitragstragung und Zuständigkeit etc. sind auch in den einzelnen Sozialversicherungszweigen Regelungen zur Versicherungspflicht der Künstler und Publizisten enthalten. So sind diese vom Versicherungspflichtkatalog der §§ 5 Abs. 1 Nr. 4 SGB V, 20 Abs. 1 S. 2 Nr. 4 SGB XI und des § 2 S. 1 Nr. 5 SGB VI umfasst. Im Gegensatz zu den Regelungen, die in den einzelnen Sozialversicherungszweigen für Pflegepersonen verankert sind, verweisen die Regelungen für Künstler und Publizisten im Kranken- und Rentenversicherungsrecht jedoch auf das KSVG, sodass den Regelungen zur Versicherungspflicht in den einzelnen Versicherungszweigen hier nur eine deklaratorische Wirkung zukommt. Darüber hinaus sind in den einzelnen Versicherungszweigen Regelungen zur Höhe der beitragspflichtigen Einnahmen, zur Beitragstragung und zur Zuständigkeit der Versicherungsträger zu finden.

Eine Sonderregelung für Künstler und Publizisten enthält § 175 SGB VI, nach dem die Künstlersozialkasse für nachgewiesene Zeiten des Bezugs von Krankengeld, Verletztengeld, Versorgungskrankengeld, Übergangsgeld und Mutterschaftsgeld sowie für nachgewiesene Anrechnungszeiten keine Beiträge zahlt und die Künstlersozialkasse nur insoweit zur Zahlung von Beiträgen verpflichtet ist, als die Künstler und Publizisten ihren Beitragsanteil zur Rentenversicherung nach dem Künstlersozialversicherungsgesetz an die Künstlersozialkasse gezahlt haben.

c) *Umsetzungsidee*
Aus diesen drei – eben vorgestellten – Gesetzesvarianten zur Integration bestimmter Personen, die nicht als Beschäftigte vom Schutz des Sozialversicherungssystems umfasst, aber dennoch als schutzbedürftig eingestuft werden, könnten sich Anregungen für eine Regelung zur sozialversicherungsrechtlichen Absicherung von Tagespflegepersonen gewinnen lassen.

aa) *Übertragbarkeit der Gesetzesvarianten auf eine Regelung zur sozialversicherungsrechtlichen Absicherung von Tagespflegepersonen*
Eine gesetzliche Fiktion im SGB IV für Tagespflegepersonen zu schaffen – vergleichbar der Regelung des § 12 Abs. 2 SGB IV in dem Sinne, dass Tagespfle-

---
93 Finke in: Finke / Brachmann / Nordhausen, KSVG, Einf. Rn. 37.

Kapitel 4: Lösungsvorschläge

gepersonen als Beschäftigte gelten –, erscheint wenig geeignet, da es sich bei Tagespflegepersonen zum einen nur um eine Berufsgruppe, nicht aber um eine Personengruppe wie die der Heimarbeiter handelt, sodass eine Fiktion am Beispiel des § 12 Abs. 2 SGB IV zumindest nicht systemimmanent wäre.[94] Zum anderen würde eine Fiktion, dass Tagespflegepersonen als Beschäftige gelten, dazu führen, dass die Eltern als potenzielle Vertragspartner zur Abführung der hälftigen Sozialversicherungsbeiträge verpflichtet wären, was von diesen aber im Großteil nicht geleistet werden kann oder gewollt wird, sodass es durch eine solche Regelung mit hoher Wahrscheinlichkeit zum Anstieg von Schwarzarbeit im Bereich der Kindertagespflege kommen würde.

Ebenfalls unangebracht erscheint ein eigenes Gesetz zur sozialversicherungsrechtlichen Absicherung von Tagespflegepersonen ähnlich dem des Künstlersozialversicherungsgesetzes, da das KSVG Regelungen für eine bestimmte Personengruppe enthält, für die spezielle Finanzierungsregelungen und eine besondere Einzugsstelle geschaffen wurden. Für die Berufsgruppe der Tagespflegepersonen stünde ein solches Gesetz kaum im Verhältnis von Aufwand und Kosten, d. h., die Schaffung eines Gesetzes, welches für Tagespflegepersonen die hälftige Tragung der Beiträge von einer anderen Stelle als den Tagespflegepersonen selbst vorsieht, wäre im Großen und Ganzen unpraktikabel.

Als brauchbarer Ansatzpunkt erweist sich dagegen die Regelung des § 44 SGB XI in Verbindung mit den entsprechenden speziellen Regelungen in der gesetzlichen Unfall- und Rentenversicherung sowie im Recht der Arbeitsförderung. Das ergibt sich vor allem daraus, dass Tagespflegepersonen und Pflegepersonen einige Gemeinsamkeiten aufweisen: So handelt es sich sowohl bei Tagespflegepersonen als auch bei Pflegepersonen lediglich um eine Berufs- und nicht um eine Personengruppe, die verschiedene Berufsgruppen umfassen kann. Darüber hinaus sind Tagespflegepersonen und Pflegepersonen als Sozialleistungsmittler einzustufen, die einer atypischen Beschäftigung im Sozialleistungsbereich nachgehen.[95] Insofern sind sie auch vergleichbar schutzbedürftig.

bb) Gesetzesvorschläge
Zur sozialversicherungsrechtlichen Absicherung von Tagespflegepersonen sind also in Anlehnung an § 44 SGB XI i. V. mit den in den speziellen Sozialversicherungszweigen verankerten Regelungen zur sozialversicherungsrechtlichen

---

94 Etwas anderes würde gelten, wenn – wie im englischen Sozialversicherungsrecht – schon verschiedene Personengruppen im SGB IV verankert wären, für die eine gesetzliche Fiktion gilt.
95 Siehe dazu ausführlich Kapitel 1, B. II. 1. b) und c).

B. Lösungsmöglichkeiten ohne Zugrundelegung des Status der Tagespflegeperson

Absicherung von Pflegepersonen Regelungen zu entwickeln, die den Schutzbedürfnissen dieses Personenkreises Rechnung tragen.

Dabei kommt der Verankerung der Tagespflegepersonen unter den versicherungspflichtigen Personenkreis der einzelnen Sozialversicherungszweige besondere Bedeutung zu. Über die bislang praktizierte Absicherung von Pflegepersonen hinaus sollten die Regelungen zur sozialversicherungsrechtlichen Absicherung von Tagespflegepersonen aber auch eine Absicherung in der gesetzlichen Kranken- und Pflegeversicherung vorsehen.[96] Darüber hinaus ist zu überlegen, ob auch im Recht der Arbeitsförderung für Tagespflegepersonen Regelungen geschaffen werden könnten. Im Interesse der Übersichtlichkeit sollte im SGB VIII eine Regelung geschaffen werden, die – ähnlich dem § 44 SGB XI – auf die einschlägigen Normen der einzelnen Versicherungszweige verweist und das Meldeverfahren regelt; außerdem ist eine Regelung ähnlich dem § 44 Abs. 2 SGB XI für den Fall anzudenken, dass Tagespflegepersonen in einer berufsständischen Versorgungseinrichtung einer Pflichtmitgliedschaft unterliegen.

(1) Verankerung gesetzlicher Regelungen im SGB VI
Im Recht der gesetzlichen Rentenversicherung könnte für Tagespflegepersonen eine Versicherungspflicht für sonstige Versicherte in § 3 S. 1 Nr. 1 lit. b SGB VI geregelt werden. Zwar ist es auch schon nach geltendem Recht möglich, selbständige Tagespflegepersonen regelmäßig unter die Versicherungspflicht des § 2 S. 1 Nr. 1 SGB VI fallen zu lassen. Dafür ist aber eine vorherige Statusbestimmung notwendig.

Nr. 1 lit. b bietet sich an, da in lit. a die Versicherungspflicht von Pflegepersonen geregelt ist, die – wie oben festgestellt – von ihrer Tätigkeit und ihrer Schutzbedürftigkeit Tagespflegepersonen vergleichbar sind. Die Regelung für eine Versicherungspflicht könnte folgendermaßen aussehen:

„**§ 3 Sonstige Versicherte**. (Satz 1) Versicherungspflichtig sind Personen in der Zeit,
1 b. in der sie Kinder in Tagespflege nach den Vorschriften der §§ 22 bis 24, 43 SGB VIII (Tagespflegepersonen) fördern."

---

96 Eine solche Regelung wäre auch für Pflegepersonen zu überlegen, da gerade die Beiträge zur gesetzlichen Krankenversicherung relativ hoch sind und von Pflegepersonen, die genau wie Tagespflegepersonen – wenn überhaupt – nur ein sehr geringes Entgelt beziehen, nur unter Schwierigkeiten aufgebracht werden können. Vgl. dazu auch Gallon in: LPK-SGB XI, § 44 Rn. 7.

Kapitel 4: Lösungsvorschläge

Als beitragspflichtige Einnahmen von Tagespflegepersonen sollte das tatsächlich erlangte Arbeitseinkommen i. S. v. § 15 SGB IV angesetzt werden. Da dies aufgrund wechselnder Kinderzahl jedoch häufig schwer bestimmbar sein dürfte, sollte ein Zwölftel des durchschnittlich zu erwartenden Jahreseinkommens für die monatliche Beitragshöhe ausschlaggebend sein. Darüber hinaus sollte auch für Tagespflegepersonen ein Mindestbetrag von 400 Euro als beitragspflichtige Einnahme angesetzt werden. Die 400-Euro-Grenze sollte nicht unterschritten werden, da sie grundsätzlich als Mindestbeitragsbemessungsgrundlage im SGB VI festgeschrieben ist, §§ 165 Abs. 1 S. 1 Nr. 1, 167 SGB VI, und auch für Arbeitslosengeld-II-Empfänger dieser Mindestbetrag angesetzt wird, § 166 Abs. 1 Nr. 2 lit. a SGB VI. Eine entsprechende Regelung könnte in § 166 Abs. 3 SGB VI in folgender Weise verankert werden:

„§ 166 **Beitragspflichtige Einnahmen sonstiger Versicherter**.
(3) Beitragspflichtige Einnahmen bei Tagespflegepersonen i. S. v. § 3 S. 1 Nr. 1 lit. b SGB VI sind ein Zwölftel des zu erwartenden Jahreseinkommens, mindestens jedoch ein Betrag von 400 Euro."

Fraglich ist schließlich, von wem die Beiträge zur Rentenversicherung getragen werden sollten. Für Pflegepersonen werden die Beiträge gänzlich von der Pflegekasse bzw. von einem privaten Versicherungsunternehmen getragen. Eine volle Übernahme der Beiträge zur gesetzlichen Rentenversicherung ist aber bei Tagespflegepersonen nicht erforderlich, da sie im Gegensatz zu Pflegepersonen erwerbstätig sein dürfen und dadurch auch die Chance haben, mehr Geld zu verdienen. Insofern scheint eher die hälftige Tragung der Beiträge von ihnen selbst und die hälftige Tragung durch eine andere Stelle – ähnlich den abhängig Beschäftigten bzw. den selbständigen Künstlern und Publizisten i. S. d. Künstlersozialversicherungsgesetzes – angebracht zu sein. In diesem Sinne sieht auch die derzeitige Regelung des § 23 Abs. 2 Nr. 3 SGB VIII die hälftige Erstattung nachgewiesener Aufwendungen zu einer angemessenen Alterssicherung vor: Nach dieser Regelung werden die Beiträge zu einer angemessenen Alterssicherung im Ergebnis zur Hälfte von den Tagespflegepersonen, zur Hälfte vom Träger der öffentlichen Jugendhilfe[97] getragen.

---

97 Nach § 69 Abs. 1 SGB VIII sind Träger der öffentlichen Jugendhilfe die örtlichen und überörtlichen Träger; örtliche Träger sind die Kreise und kreisfreien Städte. Gemäß § 85 SGB VIII sind grundsätzlich die örtlichen Träger für die Gewährung von Leistungen und die Erfüllung anderer Aufgaben sachlich zuständig, wenn sich nicht aus § 85 Abs. 2 SGB VIII etwas anderes ergibt. Da sich aus § 85 Abs. 2 SGB VIII für die Gewährung der laufenden Geldleistung keine Sonderzuständigkeit der überörtlichen Träger ergibt, sind also die örtlichen Träger und damit im Endeffekt die Kommunen zur Zahlung der Geldleistung verpflichtet.

B. Lösungsmöglichkeiten ohne Zugrundelegung des Status der Tagespflegeperson

In Anlehnung an die derzeit geltende Erstattungsregelung des § 23 Abs. 2 Nr. 3 SGB VIII könnte in § 170 Abs. 1 Nr. 7 SGB VI folgende Regelung geschaffen werden:

„**§ 170 Beitragstragung bei sonstigen Versicherten.**
(1) Die Beiträge werden getragen …
7. bei Tagespflegepersonen i. S. v. § 3 S. 1 Nr. 1 lit. b SGB VI je zur Hälfte von den Tagespflegepersonen und dem Träger der öffentlichen Jugendhilfe."

Weiterhin sollte eine Regelung zur Beitragszahlung ins SGB VI aufgenommen werden. Eine solche könnte unter § 176b SGB VI im Anschluss an die Regelung der Beitragszahlung und Abrechnung bei Pflegepersonen stationiert werden. In dieser Regelung könnte festgelegt werden, dass die Träger der öffentlichen Jugendhilfe die Beiträge zur Rentenversicherung zahlen. Das bedeutet, dass die Tagespflegepersonen zwar grundsätzlich die Hälfte der Beiträge zu tragen haben, sie aber nicht direkt an den Rentenversicherungsträger abführen, sondern an den Träger der Jugendhilfe.[98] In Anlehnung an § 175 Abs. 2 SGB VI sollte weiterhin geregelt sein, dass die Träger der Jugendhilfe nur insoweit zur Zahlung des Beitrages verpflichtet sind, als die Tagespflegepersonen ihren Beitragsanteil an den zuständigen Träger der öffentlichen Jugendhilfe gezahlt haben.

Eine solche Regelung könnte mithin dergestalt formuliert sein:

„**§ 176b Beitragszahlung bei Tagespflegepersonen.**
(1) Zur Beitragszahlung für Tagespflegepersonen i. S. d. § 3 S. 1 Nr. 1 lit. b SGB VI sind die Träger der öffentlichen Jugendhilfe verpflichtet.
(2) Die Träger der öffentlichen Jugendhilfe sind nur insoweit zur Beitragszahlung verpflichtet, als die Tagespflegepersonen ihren Beitragsanteil zur Rentenversicherung an den Träger der öffentlichen Jugendhilfe abgeführt haben."

(2) Verankerung gesetzlicher Regelungen im SGB VII
Zwar stehen Tagespflegepersonen schon nach geltendem Recht unter dem Schutz der Unfallversicherung, da sie entweder als Beschäftigte gem. § 2 Abs. 1 Nr. 1 SGB VII, als beschäftigtenähnliche Personen nach § 2 Abs. 2 SGB VII oder als Selbständige gem. § 2 Abs. 1 Nr. 9 SGB VII pflichtversichert sind.[99] Die bislang geltenden Regelungen erfordern aber eine Statusabgrenzung, da der Status als

---

98 Wie die Zahlung der Beiträge zwischen Tagespflegeperson und Träger der öffentlichen Jugendhilfe zu erfolgen hat, ist im SGB VIII zu regeln; siehe dazu Kapitel 4, B. II. 2. c) bb) (5).
99 Siehe dazu ausführlich Kapitel 3, B. II. 1., 2. und 3. a) dd).

Kapitel 4: Lösungsvorschläge

Beschäftigter bzw. Beschäftigtenähnlicher oder Selbständiger eine unterschiedliche Zuständigkeit der Unfallversicherungsträger nach sich zieht. Zudem werden Tagespflegepersonen im Versicherungspflichtkatalog des § 2 SGB VII nicht ausdrücklich angeführt, sodass vor allem die Subsumtion der selbständigen Tagespflegepersonen unter § 2 Abs. 1 Nr. 9 SGB VII in der Praxis zu Rechtsunsicherheiten und Schwierigkeiten führt. Aus diesem Grund sollte auch im Recht der gesetzlichen Unfallversicherung eine ausdrückliche Integration von Tagespflegepersonen unter den versicherungspflichtigen Personenkreis erfolgen – und zwar unabhängig von ihrem Status.[100]

So könnte die Versicherungspflicht von Tagespflegepersonen unter § 2 Abs. 1 Nr. 18 SGB VII wie folgt festgeschrieben werden:

„§ 2 **Versicherung kraft Gesetzes**. (1) Kraft Gesetzes sind versichert ...
18. geeignete Tagespflegepersonen i. S. v. § 23 Abs. 3 SGB VIII."

Eine solche Regelung würde Tagespflegepersonen unabhängig von ihrem Status in die Versicherungspflicht der gesetzlichen Unfallversicherung integrieren, da diese nur die Geeignetheit von Tagespflegepersonen als Voraussetzung enthält. Weiterhin würde es sich anbieten, für Tagespflegepersonen die Zuständigkeit der Unfallversicherungsträger im kommunalen Bereich festzulegen.[101] Dies hätte den Vorteil, dass es zu einer einheitlichen Zuständigkeit der kommunalen Unfallversicherungsträger für die Tagespflegepersonen und den von ihnen betreuten Kindern kommen würde, was auch im Hinblick auf die Prävention von Vorteil wäre. Eine solche Regelung könnte in § 129 Abs. 1 Nr. 8 SGB VII verankert werden:

„§ 129 **Zuständigkeit der Unfallversicherungsträger im kommunalen Bereich**.
(1) Die Unfallversicherungsträger im kommunalen Bereich sind zuständig ...
8. für Tagespflegepersonen, die nach § 2 Abs. 1 Nr. 18 versichert sind."

Darüber hinaus sollte in § 185 Abs. 2 S. 1 SGB VII die Beitragsfreiheit auch für Tagespflegepersonen festgeschrieben werden. Durch eine solche Regelung würde gem. § 185 Abs. 2 S. 2 SGB VII auch die Beitragszuständigkeit für die Kom-

---

100 Eine solche Gesetzesinitiative hatte auch der Ausschuss „Rechtsfragen" des Bundesverbandes der Unfallkassen in seiner Sitzung vom 06./07.10.2004 angeregt, in der Sitzung vom 06./07.10.2005 wurde daran jedoch nicht mehr festgehalten. Siehe dazu eingehend Kapitel 1, B. II. 2. b) aa) (4).
101 So auch die Idee des Ausschusses „Rechtsfragen" des Bundesverbandes der Unfallkassen in der Sitzung vom 06./07.10.2004 (Niederschrift unveröff.); siehe dazu Kapitel 1, B. II. 2. b) aa) (4).

B. Lösungsmöglichkeiten ohne Zugrundelegung des Status der Tagespflegeperson

munen gesetzlich festgeschrieben sein.[102] In diesem Sinne hatte der Gesetzgeber schon bei der derzeitigen Erstattungsregelung des § 23 Abs. 2 Nr. 3 SGB VIII im Grunde die Beitragstragung durch die Träger der öffentlichen Jugendhilfe im Blick gehabt.

§ 185 Abs. 2 S. 1 SGB VII könnte folglich folgendermaßen formuliert werden:

„**§ 185 Gemeindeunfallversicherungsverbände, Unfallkassen der Länder und Gemeinden, gemeinsame Unfallkassen, Feuerwehr-Unfallkassen.**
(2) Für Versicherte nach § 128 Abs. 1 Nr. 2 bis 9 und § 129 Abs. 1 Nr. 3 bis 8 werden Beiträge nicht erhoben."

(3) Verankerung gesetzlicher Regelungen im SGB V und SGB XI
In der gesetzlichen Kranken- und Pflegeversicherung sind bislang nur wenige Personengruppen, die einer selbständigen Tätigkeit nachgehen (können) und als schutzbedürftig angesehen werden, in die Versicherungspflicht dieses Versicherungssystems integriert. So sind nach § 5 Abs. 1 Nr. 3 SGB V lediglich Landwirte und nach § 5 Abs. 1 Nr. 4 Künstler und Publizisten von der Versicherungspflicht umfasst. Darüber hinaus stellt § 5 Abs. 5 SGB V klar, dass nach Absatz 1 Nr. 1 oder 5 bis 12 nicht versicherungspflichtig ist, wer hauptberuflich selbständig erwerbstätig ist. Für Pflegepersonen hat der Gesetzgeber wohl keinen Bedarf an einer spezialgesetzlichen Einbeziehung in Kranken- und Pflegeversicherung gesehen, sodass dieser Bereich auch in § 44 SGB XI ausgeklammert wurde.[103]

Wie oben festgestellt, handelt es sich bei der Berufsgruppe der Tagespflegepersonen jedoch um einen Personengruppe, die im sozialversicherungsrechtlichen Sinne schutzbedürftig ist. Die im geltenden Recht für selbständige Tagespflegepersonen bestehenden Möglichkeiten, sich in der gesetzlichen Krankenversicherung zu versichern, scheitern unter Umständen daran, dass Tagespflegepersonen nicht verheiratet sind und damit nicht familienversichert werden können, oder weil ihr Entgelt über der jetzigen Grenze von 345 Euro gem. § 10 Abs. 1 S. 1 Nr. 5 SGB V liegt, aber trotzdem so gering ist, dass für sie die Leistung der Beiträge, die sie als Selbständige selbst zu tragen haben, nur unter erheblichen Schwierigkeiten möglich ist. Darüber hinaus unterliegt auch die freiwillige Versicherung nach § 9

---

102 So ebenfalls der Vorschlag des Ausschusses „Rechtsfragen" des Bundesverbandes der Unfallkassen in der Sitzung vom 06./07.10.2004 (Niederschrift unveröff.); siehe dazu Kapitel 1, B. II. 2. b) aa) (4).
103 Ob für Pflegepersonen i. S. v. § 19 SGB XI kein Bedarf an spezialgesetzlichen Regelungen im Kranken- und Pflegeversicherungsrecht besteht, ist in der Literatur umstritten. Bejaht wird dies bspw. von Tofall, Soziale Sicherung der Pflegeperson, S. 152. Kritisch dagegen z. B. Gallon in: LPK-SGB XI, § 44 Rn. 7.

SGB V bestimmten Voraussetzungen, sodass nicht allen Tagespflegepersonen der Weg in die gesetzliche Kranken- bzw. Pflegeversicherung offen steht.[104]

Aus diesem Grund sollten auch für Tagespflegepersonen spezialgesetzliche Regelungen zur Absicherung in der gesetzlichen Kranken- und Pflegeversicherung geschaffen werden. Eine Versicherungspflicht könnte für Tagespflegepersonen in § 5 Abs. 1 Nr. 13 SGB V und parallel dazu in § 20 Abs. 1 S. 2 Nr. 12 SGB XI begründet werden:

„§ 5 **Versicherungspflicht**. (1) Versicherungspflichtig sind ...
13. geeignete Tagespflegepersonen i. S. v. § 23 Abs. 3 SGB VIII." (wortgleich in § 20 Abs. 1 S. 2 Nr. 12 SGB XI)

Der Ausschluss der Versicherungspflicht in § 5 Abs. 5 SGB V müsste nach der im SGB V angelegten Systematik dann auch für Tagespflegepersonen gelten, d. h., § 5 Abs. 5 SGB V müsste die Versicherungstatbestände nach Absatz 1 Nr. 1 oder 5 bis 13 umfassen. Dies dürfte der generellen Versicherungspflicht von Tagespflegepersonen aber nicht im Wege stehen, solange die Praxis der Krankenversicherungsträger eine hauptberuflich selbständige Tätigkeit erst ab einer Betreuung von sechs Kindern annimmt, was nach der Neufassung des § 43 SGB VIII ja im Grunde ausgeschlossen ist.[105]

Wegen der ausdrücklichen Einbeziehung in den versicherungspflichtigen Personenkreis müsste weiterhin eine Regelung der Höhe der beitragspflichtigen Einnahmen geschaffen werden. In Anlehnung daran, dass Tagespflegepersonen den abhängig Beschäftigten gleichgestellt werden sollten, wäre eine einfache Regelung, die das Arbeitseinkommen i. S. v. § 15 SGB IV als Bemessungsgrundlage ansetzt, zu empfehlen. Da das Entgelt von Tagespflegepersonen in der Höhe jedoch variieren kann, wenn sich die Anzahl der zu betreuenden Kinder ändert, sollte auch – wie bereits im Rentenversicherungsrecht – im Bereich des Kranken- und Pflegeversicherungsrechts ein Zwölftel des durchschnittlich zu erwartenden Jahreseinkommens für die monatliche Beitragshöhe ausschlaggebend sein.

Eine entsprechende Regelung könnte in § 232b SGB V gefasst werden, da § 232 SGB V die beitragspflichtigen Einnahmen unständig Beschäftigter regelt und Tagespflegepersonen zwar nicht unständig beschäftigt sind, diesen Personen aber insofern ähneln, als ihr Einkommen unständig sein kann. § 232b SGB V könnte wie folgt gefasst werden:

---

104 Siehe dazu ausführlich Kapitel 3, B. II. 3. a) bb).
105 Siehe dazu Kapitel 1, B. II. 2. b) aa) (3) und Kapitel 3, B. II. 3. a) bb) (1) (c).

B. Lösungsmöglichkeiten ohne Zugrundelegung des Status der Tagespflegeperson

„**§ 232b. Beitragspflichtige Einnahmen von Tagespflegepersonen.**
Als beitragspflichtige Einnahmen von nach § 5 Abs. 1 Nr. 13 versicherungspflichtigen Tagespflegepersonen sind ein Zwölftel des zu erwartenden Jahreseinkommens anzusetzen."[106]

Eine spezielle Regelung zum Beitragssatz ist für Tagespflegepersonen dagegen unnötig, da sie sozialversicherungsrechtlich den abhängig Beschäftigten gleichgestellt werden sollen, d. h., sie unterliegen dem allgemeinen Beitragssatz nach § 241 SGB V.

Erforderlich ist aber eine Regelung zur Tragung der Beiträge. Dabei sollte wegen der angestrebten Gleichstellung mit abhängig Beschäftigten die Hälfte von den Tagespflegepersonen, die andere Hälfte – wie auch jetzt nach der geltenden Gesetzesfassung des § 23 Abs. 2 S. 1 Nr. 4 SGB VIII – vom Träger der öffentlichen Jugendhilfe getragen werden. Aus diesem Grund bietet sich folgende Regelung an, die systematisch in § 251a SGB V verankert werden könnte:[107]

„**§ 251a Tragung der Beiträge bei Tagespflegepersonen.**
Die nach § 5 Abs. 1 Nr. 13 versicherungspflichtigen Tagespflegepersonen und der Träger der öffentlichen Jugendhilfe tragen die nach dem zu erwartenden Jahresarbeitsentgelt in Höhe eines Zwölftels zu bemessenden Beiträge jeweils zur Hälfte."

In entsprechender Weise sollte auch eine Änderung des § 59 Abs. 1 SGB XI vorgenommen werden, d. h., diese Regelung sollte sich auf alle nach § 20 Abs. 1 S. 2 Nr. 2 bis 12 versicherten Mitglieder beziehen, und der Verweis zur Tragung der Beiträge sollte auch § 251a SGB V umfassen.

Darüber hinaus sollte im SGB V eine spezielle Regelung zur Beitragszahlung verankert werden. Wie auch schon im Rentenversicherungsrecht wäre eine Regelung angebracht, die bestimmt, dass der Träger der öffentlichen Jugendhilfe zur Zahlung der Beiträge verpflichtet ist. Eine solche Regelung wäre zweckmäßig, um die Abführung der Sozialversicherungsbeiträge zu bündeln. Das bedeutet,

---

[106] Eine entsprechende spezielle Regelung im SGB XI ist nicht erforderlich, da § 57 SGB XI in der jetzigen Fassung auch auf § 232b SGB V verweisen würde.
[107] Die hier vorgeschlagene systematische Stellung einer Regelung zur Beitragstragung für Tagespflegepersonen ergibt sich einerseits daraus, dass § 251 die Tragung der Beiträge durch Dritte beinhaltet und auch für Tagespflegepersonen die Beiträge zur Hälfte von einem Dritten getragen werden sollen. Anderseits ist § 251 der letzte Paragraph unter dem Titel „Tragung der Beiträge", sodass sich die Stellung einer Regelung für Tagespflegepersonen auch aus diesem Grund anbietet.

Kapitel 4: Lösungsvorschläge

dass die Träger der öffentlichen Jugendhilfe dafür sorgen müssten, dass die Tagespflegeperson und der Bund die Beiträge zur Kranken- und Pflegeversicherung an sie abführen, und beide, die Tagespflegepersonen und der Bund, müssten die Beiträge dann an die Kranken- bzw. Pflegeversicherung weiterleiten.[108]

Für die systematische Stellung einer solchen Regelung könnte ein § 254a SGB V geschaffen werden, da §§ 253 und 254 abweichende Regelungen zur Beitragszahlung für besondere Personengruppen enthalten und sich insofern die Sonderregelung für Tagespflegeperson an diese abweichenden Regelungen anschließen müsste. § 254a SGB V könnte wie folgt formuliert sein:

„**§ 254a Beitragszahlung für Tagespflegepersonen**.
(1) Zur Zahlung der Beiträge von nach § 5 Abs. 1 Nr. 13 versicherungspflichtigen Tagespflegepersonen sind die Träger der öffentlichen Jugendhilfe verpflichtet."

In Anlehnung an die oben vorgeschlagene Regelung des § 176b SGB VI sollte die Regelung § 254a SGB V jedoch auch noch folgende Ausnahmevorschrift enthalten, die in Absatz 2 festgeschrieben werden könnte:

„(2) Die Träger der öffentlichen Jugendhilfe sind nur insoweit zur Beitragszahlung verpflichtet, als die Tagespflegepersonen ihren Beitragsanteil zur Rentenversicherung an den Träger der öffentlichen Jugendhilfe abgeführt haben."[109]

(4) Verankerung gesetzlicher Regelungen im SGB III
Im Recht der Arbeitsförderung ist vorab zu prüfen, ob auch Tagespflegepersonen – wie den Pflegepersonen i. S. d. § 19 SGB XI – nach geltendem Recht Leistungen zur Förderung der beruflichen Weiterbildung zustehen könnten. Das wäre dann der Fall, wenn auch Tagespflegepersonen als Berufsrückkehrer i. S. d. § 20 SGB III anzusehen sind. Nach der Definition des § 20 SGB III sind Berufsrückkehrer Frauen und Männer, die ihre Erwerbstätigkeit oder Arbeitslosigkeit oder eine betriebliche Berufsausbildung wegen der Betreuung und Erziehung von aufsichtsbedürftigen Kindern oder der Betreuung pflegebedürftiger Angehöriger unterbrochen haben und in angemessener Zeit danach in die Erwerbstätigkeit zurückkehren wollen. Da § 20 SGB III nur von aufsichtsbedürftigen Kindern spricht, könnte auch die Betreuung von fremden Kindern und damit auch Tages-

---

108 Zum Verfahren der Beitragszahlung an die Träger der öffentlichen Jugendhilfe sollte eine Regelung im SGB VIII geschaffen werden. Siehe dazu Kapitel 4, B. II. 2. c) bb) (5).
109 Eine entsprechende spezielle Regelung im SGB XI ist nicht erforderlich, da § 60 Abs. 1 S. 2 SGB XI in der jetzigen Fassung auch auf § 254a SGB V verweisen würde.

B. Lösungsmöglichkeiten ohne Zugrundelegung des Status der Tagespflegeperson

pflegepersonen als Berufsrückkehrer in Betracht zu ziehen sein. So wird auch in der Kommentarliteratur grundsätzlich davon ausgegangen, dass § 20 SGB III kein besonderes Verhältnis zu dem betreuten Kind erfordert, sodass als Kinder i. S. v. § 20 SGB III nicht nur die eigenen Kinder und Kinder i. S. v. § 2 Abs. 1 BKGG anzusehen wären, sondern sämtliche Kinder, die betreut und erzogen werden und aufsichtsbedürftig sind.[110] Für Tagespflegepersonen wird von diesen Autoren jedoch trotzdem kein Anwendungsbereich des § 20 SGB III anerkannt, da sie aus dem Erfordernis der Erziehung folgern, dass die Betreuungstätigkeit einer Tagespflegeperson nicht ausreichen würde.[111] Dem ist aber insofern zu widersprechen, als sowohl der Förderungsauftrag des § 22 Abs. 3 SGB VIII die Erziehung umfasst als auch die neueste Rechtsprechung des BSG zur Versicherungspflicht von Tagespflegepersonen in der Rentenversicherung davon ausgeht, dass Tagespflegepersonen als Erzieher i. S. v. § 2 S. 1 Nr. 1 SGB VI anzusehen sind.[112] Das bedeutet, dass nach dem Wortlaut des § 20 SGB III im Grunde auch Tagespflegepersonen als Berufsrückkehrer angesehen werden könnten.

Eine teleologische Auslegung der Norm führt dagegen zu dem Ergebnis, dass als Kinder i. S. v. § 20 SGB III eigentlich nur eigene Kinder und Kinder i. S. v. § 2 Abs. 1 BKGG in Betracht kommen. Das ergibt sich daraus, dass auch die Pflege auf Angehörige beschränkt ist,[113] sodass § 20 SGB III einen starken unterhaltsrechtlichen Bezug aufweist. Über § 20 SGB III ist also keine allgemeingültige Aussage dahingehend zu treffen, ob Tagespflegepersonen als Berufsrückkehrer anzusehen sind oder nicht. Zwar könnte der § 20 SGB III in diesem Sinne – wie eben aufgezeigt – ausgelegt werden, ob dies in der Praxis jedoch auch so gesehen wird, ist eher zweifelhaft, schon wegen der verschiedenen Auslegungsmöglichkeiten.

Darüber hinaus stellt sich die Frage, ob eine Subsumtion der Tagespflegepersonen unter den Begriff der Berufsrückkehrer für ihre soziale Situation sinnvoll wäre. Eine solche Subsumtion würde zwar dazu führen, dass Tagespflegepersonen, die nach ihrer Tagespflegetätigkeit wieder in die Erwerbstätigkeit zurückkehren wollen, gewisse Leistungen zustehen. Zum einen würde dies aber nur diejenigen Tagespflegepersonen betreffen, die die Tagespflegetätigkeit lediglich

---
110 Timme in: Hauck / Noftz, SGB III, K § 20 Rn. 5, sowie Niesel in: Niesel, SGB III, § 20 Rn. 2.
111 Siehe dazu ebenfalls Timme in: Hauck / Noftz, SGB III, K § 20 Rn. 6, sowie Niesel in: Niesel, SGB III, § 20 Rn. 2.
112 Siehe dazu BSG v. 22.06.2005, Az: B 12 RA 12/04 R.
113 Es ist jedoch auch i. R. v. § 44 SGB XI umstritten, ob § 20 SGB III eng oder weit auszulegen ist, d. h., ob nicht auch Pflegepersonen, die keinen Angehörigen pflegen, i. R. v. § 44 SGB XI als Berufsrückkehrer i. S. v. § 20 SGB III angesehen werden müssten; siehe dazu Timme in: Hauck / Noftz, SGB III, K § 20 Rn. 11 f.

Kapitel 4: Lösungsvorschläge

vorübergehend ausführen. Das bedeutet, dass im Grunde nur diejenigen Tagespflegepersonen Förderungsleistungen nach dem SGB III erhalten, die in der Tagespflegetätigkeit keine Perspektive sehen. Dies würde aber dem Gesetzesziel des Tagesbetreuungsausbaugesetzes und des Gesetzes zur Weiterentwicklung der Kinder- und Jugendhilfe entgegenstehen, da diese beiden Gesetze den Ausbau der Kindertagespflege und damit auch die langfristige Tätigkeit in der Kindertagespflege zum Ziel haben, da nur eine langfristige Tätigkeit die Qualität in der Kindertagespflege sichern kann. Zum anderen würde eine solche Subsumtion auch bedeuten, dass die Tagespflegetätigkeit keine Erwerbstätigkeit ist, da § 20 SGB III ja die Rückkehr in die Erwerbstätigkeit voraussetzt. Wie die Untersuchungen der Arbeit gezeigt haben, ist die Tagespflegetätigkeit aber als Erwerbstätigkeit anzusehen, sodass auch in diesem Sinne Widersprüchlichkeiten zu verzeichnen sind. Eine Subsumtion der Tagespflegepersonen unter den Begriff der Berufsrückkehrer erscheint also nicht besonders tragfähig.

Die generelle Schutzbedürftigkeit von Tagespflegepersonen macht es jedoch auch im Recht der Arbeitsförderung notwendig, sie in den Schutzbereich dieses Sozialrechtszweiges zu integrieren. Zwar besteht seit 01.02.2006 auch für selbständige Tagespflegepersonen die Möglichkeit der freiwilligen Weiterversicherung nach § 28a SGB III, diese ist jedoch zum einen bis zum 31.12.2010 zeitlich begrenzt und zum anderen an bestimmte Voraussetzungen geknüpft, die nicht von jeder Tagespflegeperson erfüllt werden können. Um die zeitliche Begrenzung aufzuheben, könnte zwar überlegt werden, ob auch für Tagespflegepersonen eine explizite Regelung wie für Pflegepersonen in § 28a SGB III geschaffen werden sollte. Dies würde aber nicht ausreichen, um der Schutzbedürftigkeit von Tagespflegepersonen angemessen Rechnung zu tragen.[114] Insofern sollten Tagespflegepersonen wie Arbeitnehmer versicherungspflichtig sein.

Da vom Schutzbereich des SGB III grundsätzlich nur diejenigen umfasst sind, die vor der Arbeitslosigkeit als Arbeitnehmer tätig waren, sind im Wesentlichen auch nur Arbeitnehmer gem. § 24 SGB III versicherungspflichtig. Aus diesem Grund wurde auch in § 13 SGB III eine Fiktion für Heimarbeiter geschaffen: Danach sind Heimarbeiter als Arbeitnehmer anzusehen. Diese Regelung entspricht § 12 Abs. 2 SGB IV, abgesehen davon, dass die Begriffsbestimmung in § 13 SGB III

---

114 Ob die Regelung des § 28a Abs. 1 S. 1 Nr. 1 SGB III ausreicht, um der Schutzbedürftigkeit von Pflegepersonen ausreichend Rechnung zu tragen, erscheint ebenfalls fragwürdig, muss hier aber dahingestellt bleiben.

B. Lösungsmöglichkeiten ohne Zugrundelegung des Status der Tagespflegeperson

ausschließlich für das Recht der Arbeitsförderung gilt, § 12 Abs. 2 SGB IV dagegen für alle Sozialversicherungszweige.[115]

Die Systematik des SGB III erfordert mithin, dass auch für Tagespflegepersonen eine Fiktion geschaffen wird, die sie zu Arbeitnehmern erklärt. Zwar ist die Berufsgruppe der Tagespflegepersonen nicht mit der Personengruppe der Heimarbeiter vergleichbar, da die Gruppe der Heimarbeiter mehrere Berufsgruppen umfasst, sodass auch eine Verankerung – ähnlich dem § 12 Abs. 2 SGB IV – im SGB IV nicht systemimmanent wäre.[116] Für den Bereich des SGB III ist aber keine andere Möglichkeit ersichtlich, Tagespflegepersonen unter den Schutzbereich der Arbeitsförderung zu stellen. Eine Fiktion ähnlich dem § 13 SGB III wäre zwar ebenfalls insofern systemfremd, als vom Schutzbereich des SGB III bislang keine speziellen Berufsgruppen umfasst sind. Aufgrund der Zunahme atypischer Beschäftigung gibt es in jüngerer Zeit aber immer mehr Berufsgruppen, die ebenso wie die Tagespflegepersonen des Schutzes der Arbeitsförderung bedürfen, sodass eine Öffnung des SGB III auch auf bestimmte Berufsgruppen angezeigt ist. Für Tagespflegepersonen könnte in diesem Sinne eine Regelung in § 13a SGB III geschaffen werden, die folgendermaßen formuliert sein könnte:

> „**§ 13a Tagespflegepersonen.** Arbeitnehmer im Sinne dieses Buches sind auch geeignete Tagespflegepersonen i. S. v. § 23 Abs. 3 SGB VIII."

Durch diese Fiktion bedarf es auch keiner weiteren Regelung bezüglich der Versicherungspflicht von Tagespflegepersonen. Zu regeln wäre aber die Höhe der beitragspflichtigen Einnahmen, da Tagespflegepersonen aufgrund wechselnder Kinderzahl häufig kein konstantes Entgelt erhalten. Darüber hinaus müssten Regelungen zur Beitragstragung und -zahlung für Tagespflegepersonen geschaffen werden.

Für die Höhe der beitragspflichtigen Einnahmen könnte in dem momentan vakanten § 343 eine Regelung mit folgendem Inhalt verankert werden:

> „**§ 343 Beitragspflichtige Einnahmen von Tagespflegepersonen.**
> Als beitragspflichtige Einnahmen von geeigneten Tagespflegepersonen i. S. v. § 13a sind ein Zwölftel des zu erwartenden Jahreseinkommens anzusetzen."

---

115 Insofern ist die Arbeitslosenversicherung auch keine Sozialversicherung im eigentlichen Sinne, da das SGB IV die Gemeinsamen Vorschriften für die Sozialversicherung beinhaltet und sich dabei nur auf die folgenden Bücher des SGB V, SGB VI, SGB VII und SGB XI bezieht.
116 Siehe dazu Kapitel 4, B. II. 2. c) aa).

Kapitel 4: Lösungsvorschläge

Eine solche Regelung würde mit den oben vorgeschlagenen Regelungen zur Beitragshöhe im Renten- und Kranken- bzw. Pflegeversicherungsrecht konform laufen.

In Bezug auf die Beitragstragung könnte in § 346a eine Regelung festgeschrieben werden. Diese sollte wegen der angestrebten Gleichstellung mit abhängig Beschäftigten vorsehen, dass die Hälfte von den Tagespflegepersonen, die andere Hälfte von einer anderen Stelle getragen wird. Als andere Stelle könnte das Land in Betracht kommen, da auch dieses einen Beitrag zur Förderung der Kindertagespflege beisteuern sollte und die Beiträge zur Arbeitslosenversicherung nicht so hoch sind wie die zur Kranken- und Pflegeversicherung, d. h., das Verhältnis der Beteiligung zwischen dem Bund, der die Hälfte der Beiträge zur Kranken- und Pflegeversicherung übernehmen sollte, und den in der Regel finanzschwächeren Ländern wäre gewahrt, ebenso wie das Verhältnis der Verantwortlichkeit bezüglich des Ausbaus der Kindertagespflege.[117]

Neben der schon oben vorgeschlagenen Möglichkeit, auf Länderebene bundesweit Ausführungsbestimmungen zu schaffen, inwieweit die Kommunen über Landesmittel für die Finanzierung verfügen können,118 könnte das Land auch direkt in Anspruch genommen werden. Insofern könnte die Regelung zur Beitragstragung in § 346a folgenden Inhalt haben:

„§ 346a **Beitragstragung bei Tagespflegepersonen**.
Tagespflegepersonen i. S. v. § 13a und das Land, in dem die jeweilige Tagespflegeperson tätig wird, tragen die nach dem zu erwartenden Jahresarbeitsentgelt in Höhe eines Zwölftels zu bemessenden Monatsbeiträge jeweils zur Hälfte."

Eine Regelung zur Beitragszahlung könnte in § 348a SGB III verankert werden, da § 348 die Beitragszahlung für Beschäftigte regelt und Tagespflegepersonen durch die Fiktion in § 13a SGB III als solche gelten. In Anlehnung an die oben vorgeschlagenen Regelungen zur Beitragszahlung in § 176b SGB VI und § 254a

---

117 Die Kommunen tragen die Hauptverantwortung für den Ausbau der Kindertagespflege vor Ort, da sie Träger der öffentlichen Jugendhilfe sind. Insofern sollten sie die Hälfte der Beiträge zur Rentenversicherung und die Unfallversicherungsbeiträge übernehmen. Dem Land steht das Recht zur inhaltlichen Ausgestaltung der Kinderbetreuung zu, sodass sie ebenfalls einen Beitrag zur sozialen Absicherung von Tagespflegepersonen leisten sollten. Der Bund, dem die Rahmenkompetenz bei der Gesetzgebung zukommt und der die Förderung der Kindertagespflege gesetzlich festgeschrieben hat, sollte – wie schon erwähnt – ebenso in die Pflicht genommen werden. Siehe zur Finanzierung eines Anstellungsverhältnisses von Tagespflegepersonen Kapitel 4, A. II. 4.
118 Siehe dazu ebenfalls Kapitel 4, A. II. 4.

B. Lösungsmöglichkeiten ohne Zugrundelegung des Status der Tagespflegeperson

SGB V könnte eine Regelung zur Beitragszahlung in § 348a SGB III wie folgt aussehen:

„**§ 348a Beitragszahlung für Tagespflegepersonen**.
(1) Zur Zahlung der Beiträge von nach § 5 Abs. 1 Nr. 13 versicherungspflichtigen Tagespflegepersonen sind die Träger der öffentlichen Jugendhilfe verpflichtet.
(2) Die Träger der öffentlichen Jugendhilfe sind nur insoweit zur Beitragszahlung verpflichtet, als die Tagespflegepersonen ihren Beitragsanteil zur Rentenversicherung an den Träger der öffentlichen Jugendhilfe abgeführt haben."

(5) Verankerung gesetzlicher Regelungen im SGB VIII
Wie oben schon erwähnt, sollte im SGB VIII über die speziellen Regelungen in den einzelnen Sozialversicherungszweigen und dem SGB III hinaus eine Vorschrift geschaffen werden, die die Leistungen zur sozialen Sicherung von Tagespflegepersonen gebündelt aufführt und die konkreten Verfahrensvorschriften beinhaltet. Eine solche Regelung könnte – wie auch § 44 SGB XI – zum Teil als Einweisungs- bzw. Verweisungsvorschrift, zum Teil aber auch als konstitutive Norm formuliert werden. Rein systematisch würde eine solche Regelung in § 23 SGB VIII gehören. Da diese jedoch – ähnlich wie § 44 SGB XI – recht umfangreich ausfällt, bietet es sich eher an, einen § 23a SGB VIII zu schaffen und dort die Leistungen zur sozialen Sicherung von Tagespflegepersonen festzuschreiben.

In § 23a Abs. 1 SGB VIII sollten die Verweisungen auf die einschlägigen Normen in den einzelnen Versicherungszweigen bzw. im SGB III geregelt werden.

Absatz 2 könnte die Träger der öffentlichen Jugendhilfe als Einzugsstelle festschreiben. Eine solche Regelung böte sich an, weil die Träger der öffentlichen Jugendhilfe die laufende Geldleistung an die Tagespflegepersonen zu gewähren haben und – nach den hier vorgeschlagenen Regelungen – auch die Hälfte des Rentenversicherungsbeitrages und den vollen Unfallversicherungsbeitrag zahlen müssten, sodass sie die Sozialversicherungsbeiträge auch bündeln und an die zuständigen Sozialversicherungsträger abführen könnten. In diesem Sinne wurde oben auch vorgeschlagen, die Regelungen in den einzelnen Versicherungszweigen zur Beitragszahlung so auszugestalten, dass die Träger der öffentlichen Jugendhilfe zur Beitragszahlung verpflichtet sind. Als Einzugsstelle könnte der Träger der öffentlichen Jugendhilfe von der von ihm zu gewährenden Geldleistung an die Tagespflegepersonen den monatlichen Beitragsanteil abziehen, den die Tagespflegepersonen selbst zu erbringen haben. Dadurch käme es zu einer recht einfachen Verwaltungshandhabung, da die Träger der öffentlichen Jugendhilfe

Kapitel 4: Lösungsvorschläge

die Beiträge von den Tagespflegepersonen nicht extra einfordern müssten. Zusätzlich hätte der Träger der öffentlichen Jugendhilfe dafür zu sorgen, dass vom Bund und vom Land die entsprechenden Beitragshälften an ihn abgeführt würden. Hinsichtlich der Ausgestaltung dieser Regelung sollte sich an §§ 28i und k SGB IV orientiert werden. Für das konkrete Verfahren des Einzugs der Sozialversicherungsbeiträge könnte § 23a Abs. 2 SGB VIII die Möglichkeit einer Verordnungsermächtigung für das zuständige Bundesministerium für Familie, Senioren, Frauen und Jugend vorsehen.

In § 23a Abs. 3 SGB VIII sollte – ebenso wie in § 44 Abs. 2 SGB XI – eine Ausnahmeregelung für die Tagespflegepersonen geschaffen werden, die in einer berufsständischen Versorgungseinrichtung rentenversichert sind. Dieser Fall kann bei Tagespflegepersonen bspw. dann eintreten, wenn die Tagespflegetätigkeit nur vorübergehend ausgeübt wird, die Tagespflegeperson aber in ihrer eigentlichen Berufstätigkeit verbeamtet ist.

Absatz 4 sollte das Meldeverfahren – ähnlich wie § 44 Abs. 3 SGB XI – beinhalten. Ein solches Meldeverfahren dient dazu, die Durchführung der einzelnen Sozialversicherungen bei den verschiedenen Sozialversicherungsträgern zu unterstützen.

In diesem Sinne könnte § 23a SGB VIII folgendermaßen ausgestaltet sein:

§ 23a Leistungen zur sozialen Sicherung der Tagespflegepersonen.
(1) Geeignete Tagespflegepersonen i. S. v. § 23 Abs. 3 SGB VIII werden in der gesetzlichen Renten-, Kranken- und Unfallversicherung sowie in der sozialen Pflegeversicherung und im Recht der Arbeitsförderung pflichtversichert. Näheres regeln die §§ 3 S. 1 Nr. 1 lit. b, 166 Abs. 3, 170 Abs. 1 Nr. 7, 176b SGB VI, §§ 2 Abs. 1 Nr. 18, 129 Abs. 1 Nr. 8, 185 Abs. 2 SGB VII, §§ 5 Abs. 1 Nr. 13 und Abs. 5, 232b, 251a, 254a SGB V und §§ 20 Abs. 1 S. 2 Nr. 12, 59 Abs. 1 SGB XI sowie §§ 13a, 343, 346a, 348a SGB III.

(2) Zuständige Einzugsstelle für die Sozialversicherungsbeiträge von Tagespflegepersonen ist der Träger der öffentlichen Jugendhilfe, in dessen Zuständigkeitsbereich die Tagespflegeperson tätig wird. Der Träger der öffentlichen Jugendhilfe ist verpflichtet, die gezahlten Sozialversicherungsbeiträge an die zuständigen Träger der Kranken-, Renten-, Unfall- und Pflegeversicherung sowie der Bundesagentur für Arbeit einschließlich Zinsen auf Beiträge und Säumniszuschläge arbeitstäglich weiterzuleiten. Das Bundesministerium für Familie, Senioren, Frauen und Jugend wird ermächtigt, durch Rechtsverord-

nung mit Zustimmung des Bundesrates das Verfahren für den Einzug der Beiträge zu regeln.

(3) Für Tagespflegepersonen, die wegen einer Pflichtmitgliedschaft in einer berufsständischen Versorgungseinrichtung auch während der Tagespflegetätigkeit von der Versicherungspflicht in der gesetzlichen Rentenversicherung befreit sind oder befreit wären, wenn sie in der gesetzlichen Rentenversicherung versicherungspflichtig wären und einen Befreiungsantrag gestellt hätten, werden die vom Träger der öffentlichen Jugendhilfe zu tragenden Beiträge auf Antrag an die berufsständische Versorgungseinrichtung gezahlt.

(4) Die Träger der öffentlichen Jugendhilfe haben die in der Renten-, Kranken-, Unfall- und Pflegeversicherung sowie im Recht der Arbeitsförderung zu versichernden Tagespflegepersonen den jeweils zuständigen Sozialversicherungsträgern zu melden. Die Meldung für die Tagespflegeperson enthält:

1. ihre Versicherungsnummer, soweit bekannt,
2. ihren Familien- und Geburtsnamen,
3. ihr Geburtsdatum,
4. ihre Staatsangehörigkeit,
5. ihre Anschrift,
6. Beginn und Ende der Tagespflegetätigkeit und
7. das zu erwartende Jahreseinkommen als Grundlage für die Bemessung der beitragspflichtigen Einnahmen.

III. Zwischenergebnis

Wie aufgezeigt, gibt es zwei Möglichkeiten, Tagespflegepersonen sozial abzusichern, ohne dass es auf ihren arbeits- bzw. sozialrechtlichen Status ankäme. So könnten Tagespflegepersonen über die Klassifizierung des Betreuungsvertrages zwischen Eltern und Tagespflegeperson als Organisationsvertrag und damit als Arbeitsvertrag als abhängig Beschäftigte angesehen werden, sodass ihnen theoretisch der Schutz des Arbeits- und Sozialrechts vollumfänglich zugute käme. Da eine solche Vertragstypenabgrenzung in der Praxis aber bislang nicht durchgeführt wird, kämen für Tagespflegepersonen – trotz der theoretischen Qualifizierung als abhängig Beschäftigte – die Schutzregelungen des Arbeits- und Sozialrechts nicht zum Tragen. Insofern ist die Vertragstypenabgrenzung zwar ein Vorschlag, den die Praxis kritisch überdenken sollte. Im gegenwärtigen Recht müssen aber zusätzliche Lösungsmöglichkeiten gesucht werden.

Kapitel 4: Lösungsvorschläge

Eine solche zusätzliche Möglichkeit wäre, Gesetzesänderungen im Sozialrecht vorzunehmen. Einerseits käme dabei eine Regelung in Betracht, die für Tagespflegepersonen – unabhängig von ihrem arbeits- und sozialrechtlichen Status – ausdrücklich die Gewährung der laufenden Geldleistung vorsieht, und die auch eine Entgeltfortzahlung im Krankheits- und Urlaubsfall bestimmt. Andererseits wäre eine sozialversicherungsrechtliche Lösung anzudenken. Dafür könnten sowohl in den einzelnen Versicherungszweigen als auch im SGB VIII entsprechende Regelungen geschaffen werden. In Anbetracht der Schutzbedürftigkeit von Tagespflegepersonen sollten diese jedoch nur zur hälftigen Tragung der Sozialversicherungsbeiträge verpflichtet sein. Die Schaffung solcher sozialversicherungsrechtlicher Vorschriften wiederum hätte jedoch den Nachteil, dass auf den Staat in etwa die gleichen finanziellen Kosten zukommen würden wie bei der Anstellungsvariante, sodass auch eine diesbezügliche Gesetzesänderung eher in weiterer Ferne scheint.

Trotz dieser hier vorgeschlagenen Gesetzesänderungen im Sozialrecht ist ein zusätzlicher „Sockelschutz" durch das SGB II[119] solange erforderlich, wie Tagespflegepersonen nur ein geringes Entgelt für ihre Tätigkeit erhalten. Dieser „Sockelschutz" ist zwar durchaus auch problematisch, da es zum einen eigentlich nicht Aufgabe der Grundsicherungsträger sein kann, indirekt die unzureichende Betreuungssituation in Deutschland zu subventionieren bzw. die geringe Bezahlung von Tagespflegepersonen durch eine Privilegierung der Einnahmen nach § 11 Abs. 4 SGB II auszugleichen;[120] zum anderen lässt die Privilegierung der Einnahmen nach § 11 Abs. 4 SGB II die Tätigkeit von Tagespflegepersonen wieder einmal eher als „karitativ" erscheinen,[121] sodass dies den Gesetzeszielen des Tagesbetreuungsausbaugesetzes und den darauf aufbauenden Gesetzen, die Tagespflegetätigkeit als Berufsbild anzuerkennen, widerspricht. Auf der anderen Seite ist der „Sockelschutz" nach dem SGB II und dem SGB III aber geeignet, die „Grauzone" einzuschränken, weil sie zahlreichen Tagespflegepersonen die Möglichkeit gibt, diese Einnahmen ohne sozialrechtliche Nachteile offenzulegen. Insofern ist an dieser Stelle noch einmal ausdrücklich dafür zu plädieren, den Forderungen des § 23 Abs. 2a SGB VIII nach einer leistungsgerechten Ausgestaltung der Bezahlung von Tagespflegepersonen in der Praxis so schnell wie

---

119 Siehe dazu Kap. 3, B. I. 2. d).
120 So auch das LSG Mecklenburg-Vorpommern, Beschluss v. 03.04.2008, Az: L 10 B 313/07.
121 So sieht dies im Ergebnis das LSG Mecklenburg-Vorpommern v. 18.12.2008, Az: L 8 AS 60/08, Rn. 77, welches eine Privilegierung der Zahlungen einer Tagespflegeperson nach § 11 Abs. 4 SGB II unter anderem damit begründet, dass bei Tagespflegepersonen keine erwerbswirtschaftliche Tätigkeit vorliegt.

möglich Rechnung zu tragen, damit eine zusätzliche Abfederung durch die Kommunen oder die Bundesagentur für Arbeit unnötig wird.

C. Ergebnis

Es zeigt sich also, dass in Deutschland mehrere Lösungswege für die Problematik der sozialen Absicherung von Tagespflegepersonen denkbar sind. Zum einen könnten Tagespflegepersonen von Trägern der Jugendhilfe oder den Kommunen in ein reguläres Anstellungsverhältnis genommen werden. Zum anderen wäre es aber auch möglich, über eine Vertragstypenabgrenzung Tagespflegepersonen als abhängig Beschäftigte zu qualifizieren. Darüber hinaus ist ein eigenständiger Weg im Sozialrecht denkbar.

Die Anstellungsvariante stößt auf den Widerstand, dass damit erhebliche Kosten verbunden sind, so dass diese Variante für den Gesetzgeber wohl eher keine Alternative darstellt. Dies macht die Gesetzesinitiative zum Tagesbetreuungsausbaugesetz deutlich, in der unter anderem der Ausbau der Kindertagespflege betrieben wurde, um Kosten zu sparen.

Die Qualifizierung von Tagespflegeverträgen als Organisations- und damit als Arbeitsverträge birgt die Schwierigkeit, dass Tagespflegepersonen damit zwar theoretisch als abhängig Beschäftigte bzw. Arbeitnehmer zu qualifizieren sind, in der Praxis diese Abgrenzung aber bislang nicht durchgeführt wird, sodass Tagespflegepersonen praktisch nicht vom Schutz des Arbeits- und Sozialrechts umfasst sind.

Die eigenständige Lösung im Sozialrecht, die durch Gesetzesänderungen für alle Tagespflegepersonen – unabhängig von ihrem Status – eine vollumfängliche soziale Absicherung vorsieht, begegnet zumindest in sozialversicherungsrechtlicher Hinsicht ebenfalls wie die Anstellungsvariante dem Problem, dass die Sozialversicherungsbeiträge in der Regel zur Hälfte von Bund, Ländern und Kommunen getragen werden müssten, was dieser momentan wohl eher nicht zu leisten bereit ist. Das Gesetzesziel des Tagesbetreuungsausbaugesetzes, des Gesetzes zur Weiterentwicklung der Kinder- und Jugendhilfe und des Kinderförderungsgesetzes, welches unter anderem darin besteht, die Kinderbetreuung durch eine qualitative Aufwertung der Kindertagespflege auszubauen,[122] macht es jedoch erforderlich, dass Tagespflegepersonen sozial abgesichert sind, da sonst die Erbringung qualitativ hochwertiger Leistungen zumindest erheblich erschwert

---
122 Siehe dazu BT-Drucks. 15/3676, S. 2.

wird. Dafür sollten auch staatlicherseits Finanzmittel investiert werden, die über die Kostenplanung der beiden Gesetze hinausgehen, da die Gesetzesziele ohne eine bessere soziale Absicherung von Tagespflegepersonen in großen Teilen nicht zu verwirklichen sein dürften.

Ergebnisse der Arbeit

Tagespflegepersonen werden in der Praxis regelmäßig als Selbständige eingestuft. Da sie aber in der Regel ein sehr geringes Entgelt für ihre Tätigkeit erhalten, sind sie selbst nicht in der Lage, sich gegen die Risiken des Lebens abzusichern – dies müssten sie aber als Selbständige nach der geltenden Rechtslage tun. Im Gegensatz dazu stehen die Gesetzesziele des Tagesbetreuungsausbaugesetzes, des Gesetzes zur Weiterentwicklung der Kinder- und Jugendhilfe und des Kinderförderungsgesetzes, welche unter anderem vorsehen, die Kinderbetreuung durch eine qualitative Aufwertung der Kindertagespflege auszubauen. Für die Erreichung dieses Gesetzeszieles ist aber eine angemessene soziale Absicherung der in der Kindertagespflege tätigen Tagespflegepersonen notwendig. Gerade diese wurde aber durch die Gesetzesinitiativen (noch) nicht erreicht, sodass sich die Situation der Tagespflegepersonen als problematisch erweist; und das dürfte sich auch auf die Qualität der Kindertagespflege auswirken. Die Problematik der sozialen Absicherung von Tagespflegepersonen wurde in der vorliegenden Arbeit untersucht. Zudem wurde versucht, Lösungsansätze anzubieten. Die Ergebnisse der Untersuchung können folgendermaßen zusammengefasst werden:

1. Die Tagespflegetätigkeit ist eine Tätigkeit, die nicht im Rahmen des Normalarbeitsverhältnisses erbracht wird, sondern sie ist eine Untergruppe der atypischen Beschäftigung. Das hat zur Folge, dass Tagespflegepersonen nur unter erheblichen Schwierigkeiten dem Status des Arbeitnehmers bzw. Beschäftigten oder des Selbständigen zugeordnet werden können.

2. Die Prüfung des Status von Tagespflegepersonen hat gezeigt, dass die Kriterien, die in Rechtsprechung und Verwaltungspraxis zur Abgrenzung des Arbeitnehmers bzw. der arbeitnehmerähnlichen Person vom Selbständigen angewandt werden, für die Statusbestimmung von Tagespflegepersonen weitestgehend ungeeignet sind.

3. Die Untersuchung der Möglichkeiten der sozialen Absicherung von Tagespflegepersonen unter Zugrundelegung der im geltenden Recht existierenden Statusformen führt zu dem Ergebnis, dass der jeweilige Status zu einer sehr unterschiedlichen sozialen Absicherung führt. So unterliegen Tagespflegepersonen, die als abhängig beschäftigt anzusehen sind, vollumfänglich dem Schutz des Arbeits- und Sozialrechts. Dieser kommt jedoch nur in sehr geringem Maße zum Tragen, da ein reguläres Anstellungsverhältnis zu einem Träger der Jugendhilfe in Deutschland bislang die absolute Ausnahme bildet und Eltern und Tagespflegeperson häufig nicht wissen, dass ihr Vertragsverhältnis als abhängiges Beschäftigungsverhältnis angesehen werden könnte. Tagespflegepersonen, die als Selbständige eingeordnet werden, sind dagegen arbeitsrecht-

lich überhaupt nicht abgesichert und sozialversicherungsrechtlich nur partiell versicherungspflichtig. Zwar können sich selbständige Tagespflegepersonen in einzelnen Versicherungszweigen unter bestimmten Voraussetzungen freiwillig versichern; da sie aber die Beitragslast selbst zu tragen haben, ist ihnen eine solche Absicherung häufig schon finanziell nicht möglich. In § 23 Abs. 2 S. 1 Nr. 3 und 4 SGB VIII ist immerhin die hälftige Erstattung der Renten-, Kranken- und Pflegeversicherungsbeiträge und die Erstattung des Beitrags zu einer Unfallversicherung vorgesehen. Diese Regelung wie auch die anderen Regelungen in § 23 SGB VIII, die zu einer gewissen sozialen Sicherung von Tagespflegepersonen beitragen sollen, reichen aber nicht aus, um Tagespflegepersonen in angemessener Weise sozial abzusichern.

4. Für die Lösung der Problematik der sozialen Absicherung von Tagespflegepersonen bieten sich mehrere Wege an. Wegen der Abhängigkeit der sozialen Sicherung vom Arbeitnehmer- bzw. Beschäftigtenstatus sollten Tagespflegepersonen vermehrt von Trägern der Jugendhilfe in ein Anstellungsverhältnis genommen werden. Weiterhin ergibt sich auch aus einer Vertragstypenabgrenzung, dass das Betreuungsverhältnis zwischen Eltern und Tagespflegeperson grundsätzlich als Arbeitsverhältnis zu qualifizieren ist. Dadurch wären Eltern jedoch zu sehr in die finanzielle Pflicht genommen, sodass es mit hoher Wahrscheinlichkeit zu einer Zunahme von Schwarzarbeit käme. Deshalb sollte überlegt werden, ob nicht im SGB VIII und in den einzelnen Sozialversicherungszweigen Gesetze verankert werden, die Tagespflegepersonen – unabhängig von ihrem Status – eine umfassende soziale Absicherung gewährleisten. Durch diese Variante würden zwar auf Bund, Länder und Kommunen – wie bei der Anstellungsmöglichkeit – einige Mehrkosten zukommen. Diese sollten jedoch im Interesse einer Aufwertung der Kindertagespflege investiert werden.

Literaturverzeichnis

Appel, Clemens/ Frantzioch, Petra: Sozialer Schutz in der Selbständigkeit, AuR 1998, S. 93-97

Bauer, Jobst-Hubertus: Ein Vorschlag für ein modernes und soziales Kündigungsschutzrecht, NZA 2002, S. 529-533

Bauer, Jobst-Hubertus/Krieger, Steffen: Freistellungsvereinbarungen: Neue sozialversicherungsrechtliche Spielregeln – Rechtsfolgen, Kritik, Alternativen, DB 2005, S. 2242-2245

Bauschke, Hans-Joachim: Auf dem Weg zu einem neuen Arbeitnehmerbegriff: Anmerkungen zu neueren arbeitsrechtlichen Phänomena, RdA 1994, S. 209-215

Becker, Friedrich/Hillebrecht, Wilfried (Mitbegr.): Gemeinschaftskommentar zum Kündigungsschutzgesetz und zu sonstigen kündigungsschutzrechtlichen Vorschriften, 8. Aufl., München 2007 (zitiert als: KR-Bearbeiter)

Betzelt, Sigrid/Fachinger, Uwe: Jenseits des „Normalunternehmers": Selbständige Erwerbsformen und ihre soziale Absicherung – Problemaufriss und Handlungsoptionen, ZSR 2004, S. 123-343

Bieback, Karl-Jürgen: Soziale Absicherung neuer Selbständiger, WSI Mitteilungen 2000, S. 810-817

Birk, Rolf: Die arbeitsrechtliche Leitungsmacht, Köln 1973

Blum, Barbara: Staatliche und nicht-staatliche infrastrukturelle Maßnahmen zur Förderung einer familien- und kinderfreundlichen Lebenswelt in Dänemark, Frankreich und den Niederlanden. Veröffentlichung der Wissenschaftlichen Dienste des Deutschen Bundestages vom 12. Dezember 2003, zu finden unter http://webarchiv.bundestag.de/archive/2006/1206/bic/analysen/2003/2003_12_12_kinder.pdf, letzter Aufruf 22.08.2009

Bögenhold, Dieter/Leicht, René: „Neue Selbständigkeit" und Entrepreneurship: Moderne Vokabeln und damit verbundene Hoffnungen und Irrtümer, WSI Mitteilungen 2000, S. 779-787

Bordewin, Arno/Brandt, Jürgen: Kommentar zum Einkommensteuergesetz, EStG, Bd. 1, Loseblatt-Ausg., Stand: 307. Aktualisierung, Juli 2009

Brackmann, Kurt: Handbuch der Sozialversicherung, Band 2, Gesetzliche Unfallversicherung, Sankt Augustin, Stand: Januar 2004 (zitiert als: Bearbeiter in: Brackmann, Handbuch der Sozialversicherung, SGB VII)

Buchner, Herbert: Das Recht der Arbeitnehmer, der Arbeitnehmerähnlichen und der Selbständigen – jedem das Gleiche oder jedem das Seine?, NZA 1998, S. 1144-1153

Büchel, Felix/Spieß, C. Katharina: Form der Kinderbetreuung und Arbeitsmarktverhalten von Müttern in West- und Ostdeutschland [Hrsg.: Bundesministerium für Familie, Senioren, Frauen und Jugend], Stuttgart 2002, zu finden unter http://www.bmfsfj.de/Politikbereiche/kinder-und-jugend,did=5300.html, letzter Aufruf 01.08.2009

Buhl, Hans-Jürgen: Zur Problematik des Arbeitnehmerbegriffs, Diss., Göttingen 1978

Bundesministerium für Arbeit und Soziales: Geringfügige Beschäftigung und Beschäftigung in der Gleitzone, Stand: Januar 2009, zu finden unter http://www.bmas.de/coremedia/generator/3636/property=pdf/a630__geringfuegige__beschaeftigung__433.pdf; letzter Aufruf 22.08.2009.

Bundesministerium für Familie, Senioren, Frauen und Jugend (Hrsg.): Kinderbetreuung in Tagespflege: Tagesmütter-Handbuch, Stuttgart 1996 (zitiert als: Bearbeiter in: BMFSFJ, Tagesmütter-Handbuch)

Bundesministerium für Familie, Senioren, Frauen und Jugend (Hrsg.): Nationaler Aktionsplan. Für ein kindergerechtes Deutschland 2005-2010, unter http://www.bmfsfj.de/bmfsfj/generator/BMFSFJ/Publikationen/publikationen,did=24892.html, letzter Aufruf 22.08.2009, (zitiert als: BMFSFJ, Nationaler Aktionsplan)

Bundesministerium für Familie, Senioren, Frauen und Jugend (Hrsg.): Elterngeld und Elternzeit, zu finden unter http://www.bmfsfj.de/bmfsfj/generator/BMFSFJ/Service/Publikationen/publikationen,did=89272.html, letzter Aufruf 22.08.2009

Bundesministerium für Familie, Senioren, Frauen und Jugend (Hrsg.): Leitfaden „Betrieblich unterstützte Kinderbetreuung", zu finden unter: http://www.bmfsfj.de/Kategorien/Publikationen/Publikationen,did=5806.html, letzter Aufruf 22.08.2009

Bundesministerium für Familie, Senioren, Frauen und Jugend (Hrsg.): OECD Early Childhood Policy Review 2002-2004. Hintergrundbericht Deutschland, Fassung 22.11.2004, zu finden unter http://www.bmfsfj.de/RedaktionBMFSFJ/Abteilung5/Pdf-Anlagen/oecd-hintergrundbericht,property=pdf.pdf, letzter Aufruf 01.08.2009 (zitiert als: DJI in: BMFSFJ, OECD Early Childhood Policy Review 2002-2004. Hintergrundbericht Deutschland, Fassung 22.11.2004)

Busch, Dörte: Kommentierung zu § 23 SGB VIII, in: jurisPK-Vereinbarkeit von Familie und Beruf

Busch, Ralf: Vorschläge zur Reform des Arbeitsrechts, BB 2003, S. 470-476

Buschmann, Gerhard: Anerkennung von Arbeitszeiten im Ghetto Lodz als Beitragszeiten, SGB 1998, S. 319-320

Däubler, Wolfgang: Die Zukunft des Arbeitsrechts, AuR 2005, S. 1-7

Däubler, Wolfgang: Arbeitnehmerähnliche Personen im Arbeits- und Sozialrecht und im EG-Recht, ZIAS 2000, S. 326-335

Däubler, Wolfgang: Das Arbeitsrecht 2: Leitfaden für Arbeitnehmer, 11., vollständig überarbeitete Auflage, Reinbek bei Hamburg 1998

Däubler, Wolfgang: Perspektiven des Normalarbeitsverhältnisses, AuR 1988, S. 302-308

Degener, Theresia: Das ambulante Pflegerechtsverhältnis als Modell eines Sozialrechtsverhältnisses, Frankfurt am Main 1994

Denzler, Erwin: Die Gleitzone: ein neues Rätsel der Sozialversicherung?, zu finden unter http://www.400-euro.de/400/Gleitzone.html, letzter Aufruf 01.08.2009

Deutsche Rentenversicherung Bund (Hrsg.): Kommentar zum Vierten Buch Sozialgesetzbuch (SGB IV), Gemeinsame Vorschriften für die Sozialversicherung, 16. Aufl., Stand: Januar 2006 (zitiert als: Deutsche Rentenversicherung Bund, SGB IV)

Deutsches Jugendinstitut (Hrsg.): Zahlenspiegel. Daten zu Tageseinrichtungen für Kinder. Kindertageseinrichtungen in Stadtteilen mit besonderem Entwicklungsbedarf. München 2002 (zitiert als: DJI, Zahlenspiegel)

Deutsches Jugendinstitut (Hrsg.): Kinderbetreuung in Tagespflege. Auf- und Ausbau eines qualifizierten Angebots. Beispiele guter Praxis – Modellprofile, 2005, zu finden unter http://www.dji.de, letzter Aufruf 22.08.2009, (zitiert als: Bearbeiter in: DJI, Kinderbetreuung in Tagespflege)

Deutsches Institut für Jugendhilfe und Familienrecht e. V.: Ersatz von Aufwendungen für selbstbeschaffte Leistungen nach dem SGB VIII: Stellungnahme der Ständigen Fachkonferenz 1 „Grund- und Strukturfragen des Jugendrechts" der Deutschen Instituts für Jugendhilfe und Familienrecht e. V., JAmt 2002, S. 498-500

Diederichsen, Uwe: Zur Begriffstechnik richterlicher Rechtsfortbildung in der sozialgerichtlichen Rechtsprechung, SGB 1982, S. 89-94

Dieterich, Thomas/Hanau, Peter/Schaub, Günter/Müller-Glöge, Rudi (Hrsg.)/Preis, Ulrich (Hrsg.)/Schmidt, Ingrid (Hrsg.): Erfurter Kommentar zum Arbeitsrecht, 9., neu bearb. Aufl., 2009 (zitiert als: ErfK/Bearbeiter)

Dietrich, Hans: Empirische Befunde zur „Scheinselbständigkeit". Ergebnisse des IAB-Projekts 4-448 „Freie Mitarbeiter und selbständige Einzelunternehmer mit persönlicher und wirtschaftlicher Abhängigkeit" (erschienen als Forschungsbericht 262a, herausgegeben vom Bundesministerium für Arbeit und Sozialordnung), Bonn 1996

Diller, Angelika/Jurczyk, Karin/Rauschenbach, Thomas (Hrsg.): Tagespflege zwischen Markt und Familie. Neue Herausforderungen und Perspektiven, München 2005 (zitiert als: Bearbeiter in: Diller / Jurczyk / Rauschenbach, Tagespflege zwischen Markt und Familie)

Dräther, Hendrik/Rothgang, Heinz: Die Familienversicherung für Ehepaare in der Gesetzlichen Krankenversicherung: Problemanalyse und Lösungsvorschläge, ZeS-Arbeitspapier Nr. 9/2004, zu finden unter http://www.wido.de/fileadmin/

wido/downloads/pdf_gesundheitssystem/wido_ges_zeS_ap_fami_0904.pdf, letzter Aufruf 01.08.2009

Ecker, Walther: Wege richterlicher Rechtsgewinnung, SGB 1970, S. 401-408

Eichenhofer, Eberhard: Sozialrecht, 4., bearb. Aufl., Tübingen 2003

Eichenhofer, Eberhard: Empfiehlt es sich, die rechtliche Ordnung finanzieller Solidarität zwischen Verwandten in den Bereichen des Unterhaltsrechts, des Pflichtteilsrechts, des Sozialhilferechts und des Sozialversicherungsrechts neu zu gestalten?, in: Ständige Deputation des Deutschen Juristentages. Verhandlungen des 64. Deutschen Juristentages, Band I Gutachten Teil B, München 2002 (zitiert als: Eichenhofer, Sozialrechtliches Teilgutachten für den 64. Deutschen Juristentag)

Von Einem, Hans Jörg: „Abhängige Selbständigkeit": Handlungsbedarf für den Gesetzgeber?, in: BB 1994, S. 60-64

Ellingsæter, Anne Lise/Leira: Arnlaug, Familienpolitische Reformen in Skandinavien – Gleichberechtigung der Geschlechter und Wahlfreiheit der Eltern, in: WSI-Mitteilungen 10/2007, 546 ff.

Engelen-Kefer, Ursula/Schoden, Michael/Zachert, Ulrich (Hrsg.): Arbeitsrecht in der Bewährung: Festschrift für Karl Kehrmann zum 65. Geburtstag, Köln 1997 (zitiert als Bearbeiter in: Engelen-Kefer/Schoden/Zachert, Festschrift für Karl Kehrmann zum 65. Geburtstag)

Fieseler, Gerhard: Kinder- und Jugendhilferecht: GK-SGB VIII, 35. AL Juli 2009, Neuwied 2005.

Finke, Hugo/Brachmann, Wolfgang/ Nordhausen, Willy (Hrsg.): Künstlersozialversicherungsgesetz. Gesetz über die Sozialversicherung der selbständigen Künstler und Publizisten, 3. völlig neu bearbeitete Auflage, München 2004 (zitiert als: Bearbeiter in: Finke / Brachmann / Nordhausen, KSVG)

Fischer, Lothar: Differenzierte Betrachtung der Selbstbeschaffung bei Leistungen der Tagesbetreuung (§§ 22 bis 24 SGB VIII) und anderen Leistungen der Jugendhilfe?, JAmt 2002, S. 492-495

Franke, Edgar: Gesetzliche Unfallversicherung, Lehr- und Praxiskommentar (LPK - SGB VII), 2. Aufl., Baden-Baden 2007 (zitiert als: Bearbeiter in: LPK-SGB VII)

Frantzioch, Petra: Abhängige Selbständigkeit im Arbeitsrecht. Eine Untersuchung der rechtlichen Stellung von Selbständigen in persönlicher oder wirtschaftlicher Abhängigkeit, Berlin 2000

Gather, Claudia/Geissler, Birgit/ Rerrich, Maria S.: Weltmarkt Privathaushalt. Bezahlte Haushaltsarbeit im globalen Wandel, Münster 2002

Gottschall, Karin/Voß, G. Günter (Hrsg.): Entgrenzung von Arbeit und Leben. Zum Wandel der Beziehung von Erwerbstätigkeit und Privatsphäre im Alltag, 2. Aufl., München 2005 (zitiert als: Bearbeiter in: Gottschall/Voß, Entgrenzung von Arbeit und Leben)

Griebeling, Gert: Der Arbeitnehmerbegriff und das Problem der „Scheinselbständigkeit", RdA 1998, S. 208-216

Grube, Christian: Systemversagen im Sozialleistungsrecht und Kostenerstattung für die selbstbeschaffte Jugendhilfeleistung, JAmt 2002, S. 490-492

Günther-Gräff, Eva: Kündigung und Kündigungsschutz von Absatzmittlungsverträgen: dargestellt am Beispiel des Handelsvertreters, des Vertragshändlers und des Franchisenehmers, Frankfurt am Main 1999

Hajen, Leonhard: Persönliche Budgets in der Behindertenpolitik, NDV 2001, S. 66-75

Hank, Karsten/Tillmann, Katja/Wagner, Gert G.: Außerhäusliche Kinderbetreuung in Ostdeutschland vor und nach der Wiedervereinigung. Ein Vergleich mit Westdeutsch land in den Jahren 1990 – 1999, in: Zeitschrift für Bevölkerungswissenschaft 2001, S. 55-65

Hauck, Karl/Noftz, Wolfgang: Sozialgesetzbuch, SGB I, Allgemeiner Teil, Kommentar, Berlin, Loseblatt-Ausg., Stand: 30. Ergänzungsliefg. April 2009 (zitiert als: Bearbeiter in: Hauck/Noftz, SGB I)

Hauck, Karl/Noftz, Wolfgang: Sozialgesetzbuch, SGB II, Grundsicherung für Arbeitsuchende, Kommentar, Berlin, Loseblatt-Ausg., Stand: 26. Ergänzungsliefg. Juli 2009 (zitiert als: Bearbeiter in: Hauck / Noftz, SGB II)

Hauck, Karl/Noftz, Wolfgang: Sozialgesetzbuch, SGB III, Arbeitsförderung, Kommentar, Berlin, Loseblatt-Ausg., Stand: Ergänzungslieferg. 06/09. Juli 2009 (zitiert als: Bearbeiter in: Hauck / Noftz, SGB III)

Hauck, Karl/ Noftz, Wolfgang: Sozialgesetzbuch, SGB IV, Gemeinsame Vorschriften für die Sozialversicherung, Kommentar, Berlin, Loseblatt-Ausg., Stand: Lieferg. 01/09, VIII/09 (zitiert als: Bearbeiter in: Hauck / Noftz, SGB IV)

Hauck, Karl/Noftz, Wolfgang: Sozialgesetzbuch, SGB V, Gesetzliche Krankenversicherung, Kommentar, Berlin, Loseblatt-Ausg., Stand: Ergänzungsliefg. 7/09, Juli 2009 (zitiert als: Bearbeiter in: Hauck / Noftz, SGB V)

Hauck, Karl/Noftz, Wolfgang: Sozialgesetzbuch, SGB VI, Gesetzliche Rentenversicherung einschließlich Übergangsrecht für das Beitrittsgebiet, Kommentar, Berlin, Loseblatt-Ausg., Stand: Ergänzungsliefg. 4/09, Juli 2009 (zitiert als: Bearbeiter in: Hauck / Noftz, SGB VI)

Hauck, Karl/Noftz, Wolfgang: Sozialgesetzbuch, SGB VII, Gesetzliche Unfallversicherung, Kommentar, Berlin, Loseblatt-Ausg., Stand: 40. Ergänzungsliefg. 04/09 (zitiert als: Bearbeiter in: Hauck / Noftz, SGB VII)

Hauck, Karl/Noftz, Wolfgang: Sozialgesetzbuch, SGB VIII, Kinder- und Jugendhilfe, Kommentar, Berlin, Loseblatt-Ausg., Stand: 43. Ergänzungsliefg. Juni 2009 (zitiert als: Bearbeiter in: Hauck / Noftz, SGB VIII)

Hauck, Karl/Noftz, Wolfgang: Sozialgesetzbuch, SGB IX, Rehabilitation und Teilhabe behinderter Menschen, Kommentar, Berlin, Loseblatt-Ausg., Stand: 18. Ergänzungsliefg. VII/08 (zitiert als: Bearbeiter in: Hauck / Noftz, SGB IX)

Hauck, Karl/Noftz, Wolfgang: Sozialgesetzbuch, SGB XI, Soziale Pflegeversicherung, Kommentar, Berlin, Loseblatt-Ausg., Stand: 32. Ergänzungsliefg. Mai 2009 (zitiert als: Bearbeiter in: Hauck / Noftz, SGB XI)

Hauck, Karl/Noftz, Wolfgang: Sozialgesetzbuch, SGB XII, Sozialhilfe, Kommentar, Berlin, Loseblatt-Ausg., Stand: 16. Ergänzungsliefg. März 2009 (zitiert als: Bearbeiter in: Hauck / Noftz, SGB XII)

Haueisen, Fritz: Zahlenmäßige Konkretisierung („Quantifizierung") unbestimmter Rechtsbegriffe – Unter besonderer Berücksichtigung der Rechtsprechung des Sozialgerichts, NJW 1973, S. 641-645

Henrici, Horst: Der rechtliche Schutz für Scheinselbständige. Eine Untersuchung unter besonderer Berücksichtigung des Verlagsbereiches, Taunusstein 2002

Henssler, Martin/Olbing, Klaus/Reinecke, Gerhard/Voelzke, Thomas: Das arbeits- und sozialrechtliche Korrekturgesetz und die Scheinselbständigkeit: Auswirkungen auf Rechtsverhältnisse vor allem von freien Mitarbeitern und Franchisenehmern, Köln 1999

Hessisches Tagespflegebüro (Hrsg.): Iris Vierheller: Rechtsprobleme und Rechtsfragen – Kinderbetreuung in Tagespflege, 4. akt. Aufl., Maintal 2004 (zitiert als: Vierheller in: Hessisches Tagespflegebüro (Hrsg.), Rechtsprobleme und Rechtsfragen in der Kinder-Tagespflege; als Reader nur über das Hessische Tagespflegebüro zu beziehen, siehe unter http://www.hessisches-tagespflegebuero.de, letzter Aufruf 01.08.2009)

Hilger, Marie Luise: Zum „Arbeitnehmer-Begriff", RdA 1989, S. 1-7

Hohm, Karl-Heinz: SGB II – Gemeinschaftskommentar zum SGB II, Grundsicherung für Arbeitsuchende, Stand: April 2009, 9. Aktualisierungslieferung (zitiert als: Hohm/Klaus, GK-SGB II)

Horenkamp, Dieter: Arbeitslose machen sich selbständig. Tagesmutter-Ich-AG: Top oder Flop?, ZeT 5/2004, S. 12-13

Hromadka, Wolfgang: Kündigungsschutz und Unternehmerfreiheit, AuA 2002, S. 261-266

Hromadka, Wolfgang: Zur Begriffsbestimmung des Arbeitnehmers – Unter besonderer Berücksichtigung der neueren Gesetzentwürfe, DB 1998, S. 195-201

Hromadka, Wolfgang: Arbeitnehmerbegriff und Arbeitsrecht: Zur Diskussion um die „neue Selbständigkeit", NZA 1997, S. 569-580

Hromadka, Wolfgang: Arbeitnehmerähnliche Personen. Rechtsgeschichtliche, dogmatische und rechtspolitische Überlegungen, NZA 1997, S. 1249-1256

Hubert, Brünhild: Tagespflege in Ost und West – zwei Welten? Große Unterschiede in derselben Form der Betreuung, ZeT 5/2003, S. 16-17

Hueck, Alfred/Nipperdey, Hans Carl: Lehrbuch des Arbeitsrechts, Band I, 7. Aufl., Berlin und Frankfurt / M. 1963 (zitiert als: Hueck / Nipperdey, Arbeitsrecht I)

Jurczyk, Karin/Rauschenbach, Thomas/Tietze, Wolfgang/Keimeleder, Lis/Schneider, Cornelia/Schumann, Marianne/Stempinski, Susanne/Weiß, Karin/Zehnbauer, Anne: Von der Tagespflege zur Familientagesbetreuung: Zur Zukunft öffentlich regulierter Kinderbetreuung im Privathaushalt. Gutachten im Auftrag und mit Mitteln des Bundesministeriums für Familie, Senioren, Frauen und Jugend, Weinheim 2004

Kadritzke, Ulf: Die „neue Selbständigkeit als Gratwanderung – Zwischen professioneller Lust und Angst vor dem Absturz, WSI Mitteilungen 2000, S. 796–803

Karlsson, Malene: Qualitätsaspekte der Tagespflege in Europa, in: Pflegekinder, Heft 2/2002, Berlin: Familien für Kinder, S. 35-41

Kasseler Kommentar: Sozialversicherungsrecht, Band 1 und 2, 2. Aufl., München, Loseblatt-Ausg., Stand: 61. Ergänzungsliefg. 01.04.2009 (zitiert als: KassKomm/Bearbeiter)

Keller, Berndt/Seifert, Hartmut: Atypische Beschäftigung: verbieten oder gestalten?, Köln 1995 (zitiert als: Bearbeiter in: Keller / Seifert, Atypische Beschäftigung)

Keller, Berndt/Seifert, Hartmut: Flexicurity – Das Konzept für mehr soziale Sicherheit flexibler Beschäftigung, WSI Mitteilungen 2000, S. 291-300

Keller, Wolfgang: Arbeitnehmerähnliche oder unternehmerähnliche Tätigkeit?, NZS 2001, S. 188-194

Kirchhof, Paul: EStG Kompakt Kommentar, Nachtrag zur 3. Auflage mit den Änderungen des StVergAbG, Heidelberg 2003 (zitiert als: Bearbeiter in: Kirchhof, EStG)

Kittner, Michael (Hrsg.): Arbeitsmarkt – ökonomische, soziale und rechtliche Grundlagen: eine Einführung, Heidelberg 1982 (zitiert als: Bearbeiter in: Kittner, Arbeitsmarkt)

Kittner, Michael/Pieper, Ralf: Arbeitsschutzrecht: ArbSchR; Arbeitsschutzgesetz, Arbeitssicherheitsgesetz und andere Arbeitsschutzvorschriften, 3. erw. und überarb. Aufl., Frankfurt am Main 2006 (zitiert als: Kittner / Pieper, ArbSchR)

Klammer, Ute: Auf dem Weg zu mehr Flexicurity in Europa, WSI Mitteilungen 2000, S. 313-321

Klie, Thomas/Krahmer, Utz: Soziale Pflegeversicherung. Lehr- und Praxiskommentar (LPK-SGB XI), 3. Aufl., Baden-Baden 2009 (zitiert als: Bearbeiter in: LPK-SGB XI)

Koch, Karl/Scholtz, Rolf-Detlev: Abgabenordnung: AO, 5. völlig überarb. und erw. Aufl., Köln 1996 (zitiert als: Bearbeiter in: Koch / Scholtz, AO)

Köbler, Gerhard/Heinze, Meinhard/Hromadka, Wolfgang: Europas universale rechtsordnungspolitische Aufgabe im Recht des dritten Jahrtausends: Festschrift für Alfred Söllner zum 70. Geburtstag, München 2000 (zitiert als: Bearbeiter in: Köbler / Heinze / Hromadka, Festschrift für Alfred Söllner zum 70. Geburtstag)

Kohte, Hans-Wolfhard: Kommentierung zur Bedeutung des Gemeinschaftsrechts für die Vereinbarkeit von Familie und Beruf, in: jurisPK-Vereinbarkeit von Familie und Beruf

Kohte, Hans-Wolfhard: Unwirksame Bestätigung eines wucherähnlichen Kreditvertrages – BGH, NJW 1982, 1981, JuS 1984, S. 509-516

Kohte, Hans-Wolfhard: Betrieb und Unternehmen unter dem Leitbild des Organisationsvertrages, Bochum 1987

Kollmer, Norbert Franz (Hrsg.): Arbeitsschutzgesetz: mit BetrSichV, BaustellV, BildscharbV, LasthandhabV, PSA-BV, BiostoffV, MuSchArbV, ArbStättV, München 2005

Kollmer, Norbert/Vogl, Markus: Das neue Arbeitsschutzgesetz: Darstellung der neuen Rechtslage für Arbeitgeber, Beschäftigte und Fachkräfte für Arbeitssicherheit, München 1997 (zitiert als: Kollmer / Vogl, Das neue Arbeitsschutzgesetz)

Kossens, Michel/von der Heide, Dirk/Maaß, Michael: Praxiskommentar zum Behindertenrecht (SGB IX). Rehabilitation und Teilhabe behinderter Menschen, München 2002 (zitiert als Bearbeiter in: Kossens/von der Heide/Maaß, Praxiskommentar zum Behindertenrecht (SGB IX))

Krahmer, Utz: Sozialgesetzbuch. Allgemeiner Teil. Lehr- und Praxiskommentar (LPK-SGB I), Baden-Baden 2008 (zitiert als: Bearbeiter in: LPK-SGB I)

Kramer, Ralph: Die Scheinselbständigkeit und ihre individualarbeitsrechtlichen Folgen, Aachen 1998

Krauss, Hartmut: ‚Herrschaft' als zentraler Problemgegenstand kritisch-emanzipatorischer Gesellschaftstheorie, unter http://www.glasnost.de/autoren/krauss/herrschaft4.html, letzter Aufruf 22.08.2009

Krell, Gertraude (Hrsg.): Chancengleichheit durch Personalpolitik: Gleichstellung von Frauen und Männern in Unternehmen und Verwaltungen. Rechtliche Regelungen – Problemanalysen – Lösungen, 5. vollst. überarb. und erw. Aufl., Wiesbaden 2008 (zitiert als: Bearbeiter in: Krell, Chancengleichheit durch Personalpolitik)

Kreuder, Thomas: Arbeitnehmereigenschaft und „neue Selbständigkeit" im Lichte der Privatautonomie, AuR 1996, S. 386-394

Kreutz, Peter: Grenzen der Betriebsautonomie, München 1979

Kunkel, Peter-Christian: Kinder- und Jugendhilfe. Lehr- und Praxiskommentar LPK - SGB VIII, 2. Aufl., Rechtsstand: 1.1.2003, Baden-Baden 2003 (zitiert als: Bearbeiter in: LPK-SGB VIII (2. Aufl.))

Kunkel, Peter-Christian: Kinder- und Jugendhilfe. Lehr- und Praxiskommentar LPK - SGB VIII, 3. Aufl., Baden-Baden 2006 (zitiert als: Bearbeiter in: LPK-SGB VIII (3. Aufl.))

Kunz, Jürgen/Kunz, Petra: Freie-Mitarbeiter-Verträge als Alternative zur Festanstellung? – Arbeits-, steuer- und sozialversicherungsrechtliche Folgen einer falschen Handhabung, DB 1993, S. 326-329

Lakies, Thomas: Zum Rechtsanspruch auf einen Kindergartenplatz gemäß § 24 KJHG, ZfJ 1993, S. 271-274

Lakies, Thomas/Münder, Johannes: Umsetzungsprobleme im Bereich der Tagespflege (§§ 23 und 44 KJHG), NDV 1991, S. 252-254

Lampert, Heinz/Althammer, Jörg: Lehrbuch der Sozialpolitik, 8. überarb. und vollst. aktualisierte Auflage, Berlin 2007

Larenz, Karl: Methodenlehre der Rechtswissenschaft, 6., neubearb. Aufl., Berlin 1991

Larenz, Karl: Lehrbuch des Schuldrechts, Fortgeführt von Claus-Wilhelm Canaris, Bd. 2 Besonderer Teil, ,13. völlig neuverfasste Aufl., München 1994

Lauterbach, Herbert/Watermann, Friedrich/Breuer, Joachim (Hrsg.): Unfallversicherung, Sozialgesetzbuch VII, Kommentar zum Siebten Buche des Sozialgesetzbuchs und zu weiteren die Unfallversicherung betreffenden Gesetzen, 4. Aufl., Stand: 39. Lieferg., März 2009, Stuttgart 1997 (zitiert als: Bearbeiter in: Lauterbach, UV (SGB VII)

Lindemann, Achim/Simon, Oliver: Freistellung von der Arbeitspflicht – neue Risiken und Nebenwirkungen, BB 2005, S. 2462-2467

Linnenkohl, Karl: Die Virtualisierung von Arbeitsbeziehungen, BB 1998, S. 45–50

Linnenkohl, Karl/Kilz, Gerhard/Rauschenberg, Hans-Jürgen/Reh, Dirk A.: Der Begriff des Arbeitnehmers und die „informationelle Abhängigkeit": Ein Beitrag zur Deregulierungsdiskussion im Arbeitsrecht, AuR 1991, S. 203-206

Macneil, Ian R.: Contracts: Adjustment of long-term economic relations under classical, neoclassical, and relational contract law, Northwestern University Law Review Bd. 72 (1978), S. 854-905

Martiny, Dieter: Empfiehlt es sich, die rechtliche Ordnung finanzieller Solidarität zwischen Verwandten in den Bereichen des Unterhaltsrechts, des Pflichtteilsrechts, des Sozialhilferechts und des Sozialversicherungsrechts neu zu gestalten?, in: Ständige Deputation des Deutschen Juristentages. Verhandlungen des 64. Deutschen Juristentages, Band I Gutachten Teil A, München 2002 (zitiert als: Martiny, Unterhalts- und erbrechtliches Teilgutachten für den 64. Deutschen Juristentag)

Maschmann, Frank: Arbeitsverträge und Verträge mit Selbständigen. Rechtliche Qualifizierung von Dienstleistungsverhältnissen als Abgrenzungs- und Einordnungsproblem, Berlin 2001

Matthies, Hildegard/Mückenberger, Ulrich/Offe, Claus/Peter, Edgar/Raasch, Sibylle: Arbeit 2000. Anforderungen an eine Neugestaltung der Arbeitswelt – Eine Studie der Hans-Böckler-Stiftung, Reinbek bei Hamburg 1994

Maunz, Theodor/Dürig, Günter/ Herzog, Roman/Scholz, Rupert/Lerche, Peter/ Papier, Hans-Jürgen/Randelzhofer, Albrecht/Schmidt-Assmann, Eberhard: Grundgesetz, Kommentar, Stand: 44. Ergänzungsliefg., Februar 2005, München 1996 (zitiert als: Bearbeiter in: Maunz-Dürig, Grundgesetz Kommentar)

Maurer, Hartmut: Allgemeines Verwaltungsrecht, 17., überarbeitete und ergänzte Auflage, München 2009

Von Maydell, Bernd Baron/Ruland, Franz (Hrsg.): Sozialrechtshandbuch, 4. Aufl., Neuwied 2008 (zitiert als: Bearbeiter in: SRH)

Mayer, Udo/Paasch, Ulrich: Ein Schein von Selbständigkeit: Ein-Personen-Unternehmen als neue Form der Abhängigkeit, Köln 1990

Meysen, Thomas/Schindler, Gila: Ausbau der Kinderbetreuung – Ein Gesetzentwurf zwischen Einigkeit und Reizthema, JAmt 2004, S. 277-289

Mikl-Horke, Getraude: Industrie- und Arbeitssoziologie, 6. vollst. neubearb. Auflage, München 2007

Ministerium für Arbeit und Soziales, Qualifikation und Technologie des Landes Nordrhein-Westfalen, Referat Presse und Öffentlichkeitsarbeit: Flexicurity: soziale Sicherung und Flexibilisierung der Arbeits- und Lebensverhältnisse: Forschungsprojekt / WSI, Hans Böckler Stiftung. Ute Klammer (Projektleiterin), Neuss, 2002 (zitiert als Bearbeiter in: Ministerium für Arbeit und Soziales, Flexicurity: soziale Sicherung und Flexibilisierung der Arbeits- und Lebensverhältnisse)

Möller, Winfried/Nix, Christoph: Kurzkommentar zum SGB VIII – Kinder- und Jugendhilfe, München 2006 (zitiert als Bearbeiter in: Möller / Nix, Kurzkommentar zum SGB VIII)

Mohr, Wolfgang: Der Arbeitnehmerbegriff im Arbeits- und Steuerrecht, Frankfurt am Main 1994

Mrozynski, Peter: SGB IX Teil 1. Regelungen für behinderte und von Behinderung bedrohte Menschen, Kommentar, München 2002 (zitiert als Mrozynski, SGB IX Teil1)

Mrozynski, Peter: Die sozialrechtlichen Voraussetzungen einer Selbstbeschaffung insbesondere von Leistungen der Kinder- und Jugendhilfe, NDV 2000, S. 110-115

Müller, Wolfgang: Duden: „Sinn- und sachverwandte Wörter", Bd. 8, 2. neubearb., erw. und aktualisierte Aufl., Mannheim 1986

Münder, Johannes: Kommunale Familienpolitik und Recht, in: ISA Institut für soziale Arbeit e. V. (Hrsg.), Lokale Bündnisse für Familie, Münster 2004, zu finden unter http://www.isa-muenster.de/pdf/Materialien/Lokale%20B%fcndnisse

%20f%fcr%20Familien/Komm_Familienpolitik.pdf, letzter Aufruf 01.08.2009 (zitiert als Münder in: ISA, Lokale Bündnisse für Familie)

Münder, Johannes: Das Wunsch- und Wahlrecht der Leistungsberechtigten in der Jugendhilfe, RsDE 1998, Heft 38, S. 55-77

Münder, Johannes (Hrsg.): Sozialgesetzbuch II. Grundsicherung für Arbeitsuchende. Lehr und Praxiskommentar, 2. Aufl., Baden-Baden 2007 (zitiert als: Bearbeiter in: LPK-SGB II)

Münder, Johannes (Hrsg.): Sozialgesetzbuch XII. Sozialhilfe. Lehr- und Praxiskommentar, 8. Aufl., Baden-Baden 2008 (zitiert als: Bearbeiter in: LPK-SGB XII)

Münder, Johannes/Wiesner, Reinhard (Hrsg.): Kinder- und Jugendhilferecht – Handbuch, 1. Aufl., Baden-Baden 2007 (zitiert als: Bearbeiter in: Münder/Wiesner, Kinder- und Jugendhilferecht)

Münder, Johannes/Baltz, Jochem/Jordan, Erwin/ Kreft, Dieter/Lakies, Thomas/Proksch, Roland/Schäfer, Klaus/Tammen, Britta/Trenczek, Thomas: Frankfurter Kommentar zum SGB VIII: Kinder- und Jugendhilfe, Stand: 1.1.2003, 4. Aufl., Weinheim 2003 (zitiert als: Münder u. a., FK-SGB VIII (4. Aufl.))

Münder, Johannes/Baltz, Jochem/Kreft, Dieter/Lakies, Thomas/Meysen, Thomas/Proksch, Roland/Schäfer, Klaus/Schindler, Gila/Struck, Norbert/Tammen, Britta/Trenczek, Thomas: Frankfurter Kommentar zum SGB VIII: Kinder- und Jugend- hilfe, Stand: 1.4.2006, 5. Aufl., Weinheim 2006 (zitiert als: Münder u. a., FK-SGB VIII (5. Aufl.))

Neuvians, Nicole: Die arbeitnehmerähnliche Person, Berlin 2002

Niebler, Michael/Meier, Horst/Dubber, Anja: Arbeitnehmer oder freier Mitarbeiter? Ein arbeits-, steuer- und sozialversicherungsrechtlicher Leitfaden durch das Recht der Beschäftigungsverhältnisse, 2. überarb. Aufl., Berlin 1995

Niesel, Klaus: Sozialgesetzbuch. Arbeitsförderung – SGB III. Kommentar, 4. Aufl., München 2007 (zitiert als: Bearbeiter in: Niesel, SGB III)

OECD: Die Politik der frühkindlichen Betreuung, Bildung und Erziehung in der Bundesrepublik Deutschland. Ein Länderbericht der Organisation für wirtschaftliche Zusammenarbeit und Entwicklung (OECD). 26. November 2004, unter http://www.bmfsfj.de/RedaktionBMFSFJ/Abteilung5/Pdf-Anlagen/oecd-l_C3_A4nderbericht.pdf , letzter Aufruf 01.08.2009

Oehlmann-Austermann, A.: § 5 SGB VIII – Wunsch- und Wahlrecht (Selbstbeschaffung) ohne Grenzen?, ZfJ 1997, S. 455-460

Van Oorschot, Wim: Soziale Sicherheit, Arbeitsmarkt und Flexibilität in den Niederlanden 1980-2000, WSI Mitteilungen 2000, S. 330-334

Oppolzer, Alfred: Individuelle Freiheit und kollektive Sicherheit im Arbeitsrecht – Neue Herausforderung für das Arbeitsrecht, AuR 1998, S. 45-56

Ortscheid, Hildegund: „Klein-Kitas" als effektives Betreuungsmodell: Die Tagesgroßpflegestelle „Milliways" in Berlin-Kreuzberg, ZeT 2004, S. 20-21

Paasch, Ulrich: Abhängige Selbständigkeit – Rechtliche, politische, ökonomische und soziale Aspekte sowie mögliche Ansatzpunkte tarifvertraglicher Regelung -, WSI-Mitteilungen 1991, S. 216-226

Palandt, Otto: Bürgerliches Gesetzbuch, Kommentar, 68., neubearbeitete Aufl., München 2009 (zitiert als: Palandt-Bearbeiter, BGB)

Peters, Karen: Ausgewählte Rechtsprechung zum SGB II, NDV 2005, S. 316–325

Pfarr, Heide: Soziale Sicherheit und Flexibilität: Brauchen wir ein „Neues Normalarbeitsverhältnis"?, WSI Mitteilungen 2000, S. 279-283

Pfarr, Heide M./Drüke, Helmut: Rechtsprobleme der Telearbeit: Arbeitsrechtliche Aspekte der Dezentralisierung von Angestelltentätigkeiten mit Hilfe neuer Informations- und Kommunikationstechnologien, 1. Aufl., Baden-Baden 1989

Plagemann, Hermann: Münchener Anwaltshandbuch Sozialrecht, 3. überarb. und erw. Aufl., München 2009 (zitiert als: Plagemann/Bearbeiter, MAH Sozialrecht)

Plander, Harro: Flucht aus dem Normalarbeitsverhältnis: An den Betriebs- und Personalräten vorbei?, Rechtsgutachten für die Hans-Böckler-Stiftung, Baden-Baden 1990 (zitiert als Plander, Flucht aus dem Normalarbeitsverhältnis)

Pongratz, Hans J./Voß, G. Günter: Erwerbstätige als „Arbeitskraftunternehmer" – Unternehmer ihrer eigenen Arbeitskraft, SOWI-Sozialwissenschaftliche Informationen 2001, S. 42–52

Preis, Ulrich: Arbeitsrecht: Individualarbeitsrecht; Lehrbuch für Studium und Praxis, Erf3. Aufl., Köln 2009

Reinecke, Gerhard: Neudefinition des Arbeitnehmerbegriffs durch Gesetz und Rechtsprechung?, ZIP 1998, S. 581–588

Reiserer, Kerstin: „Schluß mit dem Missbrauch der Scheinselbständigkeit", in: BB 1999, S. 366–370

Richardi, Reinhard: „Scheinselbständigkeit" und arbeitsrechtlicher Arbeitnehmerbegriff, in: DB 1999, S. 958–962

Richardi, Reinhard/Wlotzke, Otfried: Münchener Handbuch zum Arbeitsrecht, Band 1, Individualarbeitsrecht I, 2. Aufl., München 2000 (zitiert als: MünchArbR/Bearbeiter)

Rieble, Volker: Die relative Verselbständigung von Arbeitnehmern – Bewegung in den Randzonen des Arbeitsrechts?, ZfA 1998, S. 327–358

Rieble, Volker/Klumpp, Steffen: Arbeitsrecht zwischen Markt und gesellschaftspolitischen Herausforderungen, JZ 2004, S. 817-827

Rolfs, Christian/Giesen, Richard/Kreikebohm, Ralf/Udsching, Peter: Beck'scher Onlinekommentar Sozialrecht, Stand: 1.6.2009 (zitiert als: Bearbeiter in: Rolfs/Giesen/Kreikebohm/Udsching, Beck'scher Onlinekommentar Sozialrecht)

Rosenfelder, Ulrich: Der arbeitsrechtliche Status des freien Mitarbeiters. Zugleich ein Beitrag zur Abgrenzung des Arbeitnehmerbegriffs unter besonderer

Berücksichtigung der freien Mitarbeiter bei Hörfunk und Fernsehen, Berlin 1982

Rühling, Annelie: Vereinbarkeit von Familie und Beruf und die Gleichstellung der Geschlechter im europäischen Vergleich, WSI-Mitteilungen 10/2007, S. 538 ff.

Rüthers, Bernd: Von Sinn und Unsinn des geltenden Kündigungsschutzrechts, NJW 2002, S. 1601–1609

Rüppel, Cornelia/Kröll, Michael: Atypische Beschäftigungsformen und Rentenversicherung, SozVers 1992, S. 259-266

Schaub, Günter: Arbeitsrechts-Handbuch: systematische Darstellung und Nachschlagewerk für die Praxis, 13., überarb. Aufl., München 2009

Schäfgen, Katrin: Die Verdoppelung der Ungleichheit. Sozialstruktur und Geschlechterverhältnisse in der Bundesrepublik und in der DDR, Diss., Berlin 1998, zu finden unter http://dochost.rz.hu-berlin.de/dissertationen/phil/schaefgen-katrin/HTML/schaefgen.html, letzter Aufruf 01.08.2009

Schellhorn, Walter (Hrsg.): Sozialgesetzbuch achtes Buch – Kinder- und Jugendhilfe: SGB VIII, KJHG; Ein Kommentar für Ausbildung, Praxis, Rechtsprechung und Wissenschaft, 2. Aufl., Neuwied 2000 (zitiert als: Bearbeiter in: Schellhorn, SGB VIII/KJHG)

Schellhorn, Walter/Schellhorn, Helmut/Fischer, Lothar/Mann, Horst: SGB VIII, Kinder- und Jugendhilfe, 3. neu bearbeitete Auflage, München 2007 (zitiert als: Bearbeiter in: Schellhorn/Fischer/Mann, SGB VIII (3. Aufl.))

Schellhorn, Walter/Jirasek, Hans: Das Bundessozialhilfegesetz: ein Kommentar für Ausbildung, Praxis und Wissenschaft, 15. überarb. Aufl., Neuwied Seipp, Paul 1997 (zitiert als: Schellhorn/Jirasek/Seipp, BSHG)

Schlegel, Rainer Versicherungs- und Beitragspflicht bei Freistellung von der Arbeit, NZA 2005, S. 972-976

Schmid, Hans-Dieter/Trenk-Hinterberger, Peter: Grundzüge des Arbeitsrechts, 2., völlig überarbeitete Auflage, München 1994

Schmid, Heike/Wiesner, Reinhard: Rechtsfragen der Kindertagespflege nach dem Tagesbetreuungsausbaugesetz, ZfJ 2005, S. 274-282

Schmidt, Klaus/Koberski, Wolfgang/Tiemann, Barbara/Wascher, Angelika: Heimarbeitsgesetz: Kommentar, Begr. von Wilhelm Maus, 4., völlig neu bearb. Aufl., München 1998 (zitiert als: Schmidt/Koberski/Tiemann/Wascher, Heimarbeitsgesetz)

Schubert, Claudia: Der Schutz der arbeitnehmerähnlichen Personen: Zugleich ein Beitrag zum Zusammenwirken von Arbeits- und Wirtschaftsrecht mit den zivilrechtlichen Generalklauseln, München 2004

Schulin, Bertram: Handbuch des Sozialversicherungsrechts, Band 1, Krankenversicherungsrecht, München 1994 (zitiert als: Bearbeiter in: Schulin, HS-KV)

Schulin, Bertram Handbuch des Sozialversicherungsrechts, Band 2, Unfallversicherungsrecht, München 1996 (zitiert als: Bearbeiter in: Schulin, HS-UV)

Schulin, Bertram/Igl, Gerhard: Sozialrecht. Ein Studienbuch, 8. Aufl., Düsseldorf 2007 (zitiert als: Schulin/Igl, Sozialrecht)

Schupp, Jürgen/Büchel, Felix/Diewald, Martin/Habich, Roland (Hg.): Arbeitsmarktstatistik zwischen Realität und Fiktion [hrsg. vom Wissenschaftszentrum Berlin für Sozialforschung, Abteilung: Sozialstruktur und Sozialberichterstattung], Berlin 1998 (zitiert als: Bearbeiter in: Schupp/Büchel/Diewald/Habich, Arbeitsmarktstatistik zwischen Realität und Fiktion)

Schwarze, Roland: Arbeitnehmerbegriff und Vertragstheorie – Der paternalistische Kern des Arbeitnehmerschutzes, ZfA 2005, S. 81-107

Sommer, Thomas: Das Ende der Scheinselbständigkeit? Zur Neufassung des § 7 AbS. 4 SGB IV ab 01.01.2003 als Folge der „Ich-AG" nach § 421 I SGB III, NZS 2003, S. 169-175

Spieß, C. Katharina/Wrohlich, Katharina: Wie viele Kinderbetreuungsplätze fehlen in Deutschland? Neue Bedarfsermittlung für Kinder unter drei Jahren auf der Basis von Mikrodaten, DIW-Wochenbericht 2005, S. 223-227

Statistisches Bundesamt: Kindertagesbetreuung in Deutschland. Einrichtungen, Plätze, (Hrsg.)Personal und Kosten 1990 bis 2002, Presseexemplar, Wiesbaden 2004, auch zu finden unter http://www.destatis.de/jetspeed/portal/cms/Sites/destatis/Internet/DE/Presse/pk/2004/Kindertagesbetreuung/Kindertagesbetreuung__04.psml, letzter Aufruf 01.08.2009

Steck, Brigitte/Kossens, Michael: Hartz IV wieder geändert – das SGB II-Fortentwicklungsgesetz, NZS 2006, S. 462-466

Steckler, Brunhilde/Schmidt, Christa: Kompendium Arbeitsrecht und Sozialversicherung, 5. überarbeitete Auflage, Ludwigshafen (Rhein) 2001

Stolleis, Michael: Geschichte des Sozialrechts in Deutschland, Stuttgart 2003

Stranz, Gerhard: Tagespflege nach § 23 SGB VIII, Stuttgart 1995

Tagesmütter Bundesverband für Kinderbetreuung in Tagespflege e. V. (Hrsg.): Fachliche Empfehlungen zur Tagespflege, Meerbusch 2002 (zitiert als: tagesmütter Bundesverband, Fachliche Empfehlungen zur Tagespflege)

Tietze, Wolfgang/Roßbach, Hans Günther: Die Betreuung von Kindern im vorschulischen Alter, Zeitschrift für Pädagogik, S. 555-579

Tipke, Klaus: Die Steuerrechtsordnung, Bd. 1. Wissenschaftsorganisatorische, systematische und grundrechtlich-rechtsstaatliche Grundlagen, 2.,völlig überarb. Aufl., Köln 2000

Tipke, Klaus/Lang, Joachim: Steuerrecht, 17., völlig überarb. Aufl., Köln 2002

Tofall, Hubertus: Soziale Sicherung der Pflegeperson: Einbeziehung in die Zweige der Sozialversicherung, Bayreuth 1997

Traeger, Burkhard: Die Reichweite des arbeitsrechtlichen Sozialschutzes, München 1981

Ulber, Jürgen: Wirksamkeit tariflicher Regelungen zur Ungleichbehandlung von Leiharbeitnehmern, NZA 2009, S. 232-239

Vierheller, Iris: Tagesmütter im Anstellungsverhältnis bei einem Träger – eine Variante mit Entwicklungsperspektiven für die Tagespflege in Deutschland? Möglichkeiten, Probleme und Perspektiven. Eine Expertise im Auftrag des Deutschen Jugendinstituts München, März 2004 (unveröff.)

Vierheller, Iris: Die rechtliche Situation der Tagespflege. Situation, Probleme und Lösungsmöglichkeiten. Eine Expertise im Auftrag des Deutschen Jugendinstituts München, Dezember 2003 (unveröff.)

Voß, G. Günter/Pongratz, Hans J.: Der Arbeitskraftunternehmer. Eine neue Grundform der Ware Arbeitskraft?, Kölner Zeitschrift für Soziologie und Sozialpsychologie, S. 131-158

Wabnitz, Reinhard Joachim: Rechtsansprüche gegenüber Trägern der öffentlichen Kinder- und Jugendhilfe nach dem achten Buch Sozialgesetzbuch (SGB VIII), Berlin 2005

Wank, Rolf: Arbeitnehmer und Selbständige, München 1988

Wank, Rolf: Die Gesetzesänderung zum Arbeitnehmerbegriff, RdA 1999, S. 297–311

Wank, Rolf: Telearbeit, NZA 1999, S. 225-235

Wannagat, Georg/Eichenhofer, Eberhard: SGB, Gemeinsame Vorschriften für die Sozialversicherung, Stand: 17. Lieferg., Köln 2007 (zitiert als: Bearbeiter in: Wannagat/Eichenhofer, SGB IV)

Waßer, Ursula: Franchising zwischen Arbeitsrecht und Handelsrecht: zugleich ein Beitrag zum Arbeitnehmerbegriff, Baden-Baden 1999

Weber, Hermann: Rechtsprobleme eines Anschlusses der Pfarrer und Kirchenbeamten an die gesetzliche Rentenversicherung der Angestellten, ZevKR, Band 22 (1977), S. 346-404

Weiß, Karin/Stempinski, Susanne/Seelze-Velber Schumann, Marianne/Keimeleder, Lis: Qualifizierung in der Kindertagespflege – Das DJI-Curriculum „Fortbildung von Tagesmüttern", 2002 (zitiert als: Weiß/Stempinski/Schumann/Keimeleder, Qualifizierung in der Kindertagespflege)

Welti, Felix: Wandel der Arbeit und Reform von Sozialstaat und Sozialrecht, Sozialer Fortschritt 2001, S. 69-78

Welti, Felix: Bedürfnis nach sozialem Schutz wächst – Sozialversicherung für Selbständige öffnen, SozSich 2001, S. 223-229

Wiedemann, Herbert: Tarifvertragsgesetz mit Durchführungs- und Nebenvorschriften, 6. neubarb. Aufl., München 1999

Wiedemann, Herbert: Das Arbeitsverhältnis als Austausch- und Gemeinschaftsverhältnis, Karlsruhe 1966

Wiesner, Reinhard: Das Tagesbetreuungsausbaugesetz, ZfJ 2004, S. 441-452

Wiesner, Reinhard/Mörsberger, Thomas/Oberloskamp, Helga/Struck, Jutta: SGB VIII – Kinder- und Jugendhilfe, 2., überarb. Aufl., München 2000 (zitiert als: Bearbeiter in: Wiesner, SGB VIII (2. Aufl.))

Wiesner, Reinhard/Fegert, Jörg M./Mörsberger, Thomas/Oberloskamp, Helga/Struck, Jutta: SGB VIII – Kinder- und Jugendhilfe, 3., völlig überarb. Aufl., München 2006 (zitiert als: Bearbeiter in: Wiesner, SGB VIII (3. Aufl.))

Wilke, Dieter (Hrsg.): Festschrift zum 125-jährigen Bestehen der Juristischen Gesellschaft zu Berlin, Berlin 1984 (zitiert als: Bearbeiter in: Wilke, Festschrift zum 125-jährigen Bestehen der Juristischen Gesellschaft zu Berlin)

Wissenschaftlicher Rat der Dudenredaktion: Duden. Das Fremdwörterbuch, 5. neu bearb. und erw. Aufl., Mannheim 1990 (zitiert als: Duden. Fremdwörterbuch)

Wissenschaftszentrum Berlin für Sozialforschung Abteilung: Sozialstruktur und Sozialberichterstattung: Arbeitsmarktstatistik zwischen Realität und Fiktion, Berlin 1998

Wolf, Christina: Drittleistung und Leistungsmittlung, Berlin 1995

Zacher, Hans F. (Hrsg.): Die Rolle des Beitrags in der sozialen Sicherung. Colloquium der Projektgruppe für Internationales und Vergleichendes Sozialrecht der Max-Planck-Gesellschaft, Berlin 1980

Zöllner, Wolfgang/Loritz, Karl-Georg: Arbeitsrecht: ein Studienbuch, 6. neubarb. Aufl., München 2008

Zühlke, Klaus-Dieter: Viel Engagement zur Förderung der Kinder in Tagespflege. 25 Jahre tagesmütter Bundesverband, ZeT 5/2003, S. 14-15

Anlage 1

Formular Betreuungsvertrag zwischen Eltern und Tagespflegeperson des Tagesmütter-Bundesverbandes

Inhaltsverzeichnis

1. Vorbemerkungen zur Nutzung des Vertrages 2

2. Grundsätze in der Tagespflege 3
2.1 Grundsätze der elterlichen Sorge 3
2.2 Kinderrechte 3
2.3 Gewaltfreie Erziehung 3
2.4 Mitspracherecht 3
2.5 Recht auf Bildung 3

3. Gesetzliche Rahmenbedingungen 3
3.1 Pflegeerlaubnis 4
3.2 Finanzielle Förderung 4

4. Aufsichtspflicht der Tagespflegeperson 4

5. Zusammenarbeit zwischen Tagespflegeperson und Eltern 5

6. Pädagogische Konzeption 5

7. Arbeits- und sozialrechtliche Grundsätze 5

8. Kontakt- und Eingewöhnungsphase 6
8.1 Vereinbarungen zwischen Tagespflegeperson und Eltern 6

9. Betreuungsvertrag zwischen Tagespflegeperson und Eltern 9
§ 1 Personendaten 9
§ 2 Erziehungsgrundsätze und Nachweise 9
§ 3 Betreuungsbeginn und Betreuungszeiten 10
§ 4 Betreuungsgeld 10
§ 5 Betriebsausgaben 11
§ 6 Altersvorsorge 11
§ 7 Zahlungsmodalitäten 11
§ 8 Erkrankung des Tageskindes/der Tageskinder 12
§ 9 Urlaubsregelung und freie Tage 12
§ 10 Kostenregelung bei Ausfallzeiten 13
§ 11 Versicherungen 14
§ 12 Zusammenarbeit zwischen Tagespflegeperson und Eltern 14
§ 13 Beendigung des Vertragsverhältnisses 14
§ 14 Schweigepflicht 15
§ 15 Schriftform 15
§ 16 Gerichtsstand 15
§ 17 Rechtswahl 15
§ 18 Salvatorische Klausel 15
§ 19 Vertragsaushändigung 15

10. Vollmacht 16

Anlage 1

1. Vorbemerkungen zur Nutzung des Vertrages

Liebe Tagesmutter, lieber Tagesvater, liebe Eltern, liebe allein Erziehende,

wir freuen uns, dass Sie sich für den Betreuungsvertrag des tagesmütter Bundesverbandes entschieden haben.
Als tagesmütter Bundesverband setzen wir uns mit unseren Mitgliedsorganisationen für eine gute und zuverlässige Betreuung ihres Kindes in der Tagespflege ein. Diese Betreuungsform beinhaltet: Erziehung, Bildung und Förderung sowie Betreuung und Versorgung. Kinder im Alter von 0 bis 3 Jahren eignen sich in dieser Lebensphase elementare Kenntnisse für das weitere Leben an. Deshalb sollten Sie grundsätzlich darauf achten, dass eine kontinuierliche stabile Betreuung in der Erziehung und Bildung gewährleistet ist. Kinder sind entsprechend ihrem Alter und Entwicklungsstand an Überlegungen und Entscheidungen zu beteiligen. Zudem verpflichten sich alle Personen, die Kinder in Familien erziehen und betreuen, ihnen gewaltfrei zu begegnen. Auch sollte die Tagespflegeperson eine Erste-Hilfe-Kurs-am-Kind-Bescheinigung sowie eine sogenannte „Berufshaftpflichtversicherung" nachweisen können.

Als tagesmütter Bundesverband ist uns ein weiteres Anliegen, dass das Betreuungsverhältnis zwischen Ihnen als Tagespflegeperson und Personensorgeberechtigte gleichberechtigt und kooperativ gestaltet wird. Durch eine intensive vertrauensvolle Zusammenarbeit wird dem Kind der tägliche Wechsel der Bezugspersonen erleichtert. Zu einer am Wohl des Kindes orientierten Zusammenarbeit gehört es, von Beginn an den entstandenen Bindungen des Kindes Rechnung zu tragen. So ist zu Beginn und im Falle der Beendigung des Betreuungsverhältnisses, eine ausreichende Eingewöhnungs- und Ablösungsphase zu berücksichtigen.

Als tagesmütter Bundesverband setzen wir uns für die Qualifizierung von Tagespflegepersonen durch Kurse und Fortbildungen ein. Tagesmütter und -väter erlangen durch Qualifizierungsmaßnahmen mehr Sicherheit im Umgang mit den Besonderheiten dieser individuellen Betreuungsform. Sie ist dem Gesetz zufolge gegenüber Kindergärten gleichwertig. Wobei die Praxis zeigt, dass gerade der familiäre Betreuungsrahmen und die kontinuierlichen Bezugspersonen besonders förderlich für die Entwicklung des Kindes sind.

Um die wichtigsten Aspekte für die Betreuung der Kinder zu berücksichtigen, soll Ihnen der Betreuungsvertrag behilflich sein. Wichtige Informationen sind in den rechtlichen Grundlagen zur Tagespflege erläutert. Hieran schließt sich der Vertrag für die Eingewöhnungsphase für die gesonderte Vereinbarungen getroffen werden sollten. Differenzierte Vereinbarungen sind im Betreuungsvertrag aufgeführt. Es bedarf einer präzisen Absprache u. a. bei der Entgeltvereinbarung, der finanziellen Auswirkung für betreuungsfreien Zeiten, Urlaubszeiten, Krankheit etc. Aus diesem Grund sollten Sie den Vertrag vor dem Ausfüllen erst einmal gemeinsam durchlesen. Sie haben die Möglichkeit zwischen verschiedenen Varianten die passende Vereinbarung zu wählen bzw. anzukreuzen oder eigene Vereinbarungen schriftlich zu ergänzen. Bitte bedenken Sie, dass Sie die Vereinbarungen durchstreichen, die für Sie nicht zutreffen. Die Unterschriften aller Beteiligten auf jeder Ausführung führt erst zum Vertragsabschluss. Auch die Vollmachten erlangen erst dadurch ihre Gültigkeit.

Ein solcher Vertrag kann jedoch nicht alle auftretenden Fragen oder Vereinbarungen vorweg nehmen. Sie sollten daher nachträglich individuelle Ergänzungen mit Datum und Unterschrift dokumentieren. Besondere Vereinbarungen bedarf es z. B. im Umgang mit Rauchen, Haustieren, Ernährung, Allergien, regelmäßigen Einnahmen von Medikamenten, Verzehr von Süßigkeiten, Nutzung von Medien etc. Außerdem sollten Sie sich als Tagespflegeperson und Personensorgeberechtigte vor der ersten Zusammenkunft darüber Gedanken machen, welche pädagogischen Vorstellungen sie vertreten.

Eine allgemeine Orientierung für die Regelungen des Betreuungsverhältnisses geben die Empfehlungen des tagesmütter Bundesverbandes in den Fußnoten am Ende jeder Seite.

Falls Sie weitere Fragen haben, stehen wir Ihnen gerne beratend zur Seite.

tagesmütter Bundesverband für Kinderbetreuung in Tagespflege e. V.
Moerser Straße 25, 47798 Krefeld

2. Grundsätze in der Tagespflege

Diese Erläuterungen ermöglichen einen Überblick über die gesetzlichen Rahmenbedingungen in der Tagespflege. Personensorgeberechtigte und Tagespflegepersonen verfügen somit über den gleichen Kenntnisstand, um notwendige Vereinbarungen treffen zu können. Weitere Ausführungen sind den angegebenen Gesetzen zu entnehmen.

2.1 Grundsätze der elterlichen Sorge
Prinzipiell haben die Eltern die Pflicht und das Recht, für ihr minderjähriges Kind zu sorgen (gemäß § 1626 des Bürgerlichen Gesetzbuches). In der Erziehung haben die Eltern - nach Absatz 2 des Gesetzes - die Bedürfnisse und Fähigkeiten des Kindes zu berücksichtigen. Das Kind soll zu einem selbstständigen und verantwortungsbewusst handelnden Menschen erzogen werden. Die elterliche Sorge kann nur zur Ausübung an andere Personen übertragen werden. Wenn also im Folgenden von Eltern die Rede ist, sind alle Personen inbegriffen, die die elterliche Sorge ausüben und damit personensorgeberechtigt sind.

2.2 Kinderrechte
Eltern und Tagespflegepersonen haben in der Erziehung die Würde und alle Rechte des Kindes zu wahren sowie ihm Schutz und Achtung zu gewähren.

2.3 Gewaltfreie Erziehung
Nach dem Gesetz „zur Ächtung von Gewalt in der Erziehung" haben Kinder ein Recht auf gewaltfreie Erziehung. Körperliche Bestrafungen und seelische Verletzungen und andere entwürdigende Maßnahmen sind nicht zulässig (§ 1631 Abs. 2 Bürgerliches Gesetzbuch).

2.4 Mitspracherecht
Kinder sind laut Artikel 12 der UN-Kinderkonvention gemäß ihrem Alter und ihrer Reife an Überlegungen und Entscheidungen zu beteiligen (z. B. bei der Wahl der Tagespflegeperson).

2.5 Recht auf Bildung
Jeder junge Mensch hat ein Recht auf Förderung seiner Entwicklung und auf Erziehung zu einer eigenverantwortlichen und gemeinschaftsfähigen Persönlichkeit (§ 1 Abs. 1 SGB VIII). Unabhängig jeden Alters haben Kinder ein Recht auf Bildung. Die Erziehung, Förderung und Bildung gerade von Kleinkindern in der Tagespflege ist die Basis für das weitere Leben.

3. Gesetzliche Rahmenbedingungen
Die rechtliche Grundlage für Kinderbetreuung in Tagespflege ist der § 23 SGB VIII (Kinder- und Jugendhilfegesetz):
„(1) Zur Förderung der Entwicklung des Kindes, insbesondere in den ersten Lebensjahren, kann eine Person vermittelt werden, die das Kind für einen Teil des Tages oder ganztags entweder im eigenen Haushalt oder im Haushalt der Personensorgeberechtigten betreut (Tagespflegeperson)."

Zu unterscheiden sind somit zwei verschiedene Arten der Tagesbetreuung:
1. Eine selbstständig tätige Tagespflegeperson (Tagesmutter/-vater) betreut Kinder in ihrem eigenen Haushalt, sie ist den Personensorgeberechtigten gegenüber nicht weisungsgebunden.
2. Eine nicht selbstständig tätige Tagespflegeperson (Kinderfrau/-mann) betreut die Kinder im Haushalt der Personensorgeberechtigten. Es entsteht ein nicht selbstständiges Beschäftigungsverhältnis, indem die Personensorgeberechtigten die Arbeitgeberfunktion übernehmen. D. h. es muss eine andere Finanzierungsregelung getroffen werden und arbeitsrechtliche Bestimmungen sind zu befolgen.

„(2) Die Tagespflegeperson und der Personensorgeberechtigte sollen zum Wohl des Kindes zusammenarbeiten. Sie haben Anspruch auf Beratung in allen Fragen der Tagespflege."
Der bestehende Anspruch auf fachliche Beratung ist durch das örtliche Jugendamt sicherzustellen. Diese Aufgabe kann vom Jugendamt an Träger der freien Jugendhilfe übertragen werden.

„(3) Wird eine geeignete Tagespflegeperson vermittelt und ist die Förderung des Kindes in Tagespflege für das Wohl geeignet und förderlich, so sollen dieser Person die entstehenden Aufwendungen einschließlich der Kosten der Erziehung ersetzt werden.

Anlage 1

Die entstehenden Aufwendungen einschließlich der Kosten der Erziehung sollen auch ersetzt werden, wenn das Jugendamt die Geeignetheit und Erforderlichkeit der Tagespflege für das Wohl des Kindes und die Eignung einer von den Personensorgeberechtigten nachgewiesenen Pflegeperson feststellt."

Die Betreuung eines Kindes in Tagespflege kann

1. durch das zuständige Jugendamt vermittelt werden. Ein Betreuungsgeld wird von dort mit der Tagespflegeperson vereinbart. Das direkt von öffentlicher Seite gezahlte Betreuungsgeld ist bislang steuerfrei. Erhält die Tagespflegeperson ausschließlich Betreuungsgelder vom Jugendamt, ist sie nicht sozialversicherungspflichtig.

2. als selbstständige Tätigkeit geleistet werden. Nach § 18 Abs. 1 Nr. 3 Einkommensteuergesetz (EStG) sind die Betreuungsgelder von privater Seite regelmäßige Einkünfte aus einer erwerbsmäßigen, selbstständigen Tätigkeit. Diese Einnahmen sind steuerpflichtig nach § 218 EStG. Die Tagespflegeperson kann in diesem Fall eine monatliche Betriebsausgabenpauschale geltend machen, deren Höhe sich nach den Betreuungszeiten richtet.

3. bei einem Träger der freien Jugendhilfe in Anstellung geleistet werden.

3.1 Pflegeerlaubnis

Bis zu drei Kinder können von der Tagespflegeperson ohne Pflegeerlaubnis betreut werden nach § 44 Pflegeerlaubnis SGB VIII (KJHG). Einschränkungen sind dem Landesrecht vorbehalten.:

„(1) Wer ein Kind oder einen Jugendlichen außerhalb des Elternhauses in seiner Familie regelmäßig betreuen oder ihm Unterkunft gewähren will (Pflegeperson), bedarf der Erlaubnis. [...]

Einer Erlaubnis bedarf ferner nicht, wer [...]

2. ein Kind während des Tages betreut, sofern im selben Haushalt nicht mehr als zwei weitere Kinder in Tagespflege oder über Tag und Nacht betreut werden."[1]

3.2 Finanzielle Förderung

Nach § 91 „Grundsätze der Heranziehung zu den Kosten" Abs. 2 Satz 1 SGB VIII (KJHG) haben sich die Personensorgeberechtigten an den Kosten zu beteiligen:

„(2) Die Eltern und das Kind werden zu den Kosten der Leistungen zur Förderung von Kindern in Tagespflege (§ 23) herangezogen. Lebt das Kind nur mit einem Elternteil zusammen, so werden dieser und das Kind zu den Kosten herangezogen. Landesrecht kann die Beteiligung an den Kosten auch entsprechend den Bestimmungen für die Förderung von Kindern in Tageseinrichtungen nach § 90 Abs. 1, 3 und 4 regeln."

Die Tagespflege ist mit der Förderung von Kindern in Tageseinrichtungen gleichzusetzen. Steht die allgemeine Förderung im Vordergrund, ist ein ausgewogenes Verhältnis der Kostenbeteiligung dieser beiden Betreuungsarten im Sinne des § 90 sinnvoll. Dies ist dem Landesrecht vorbehalten. Im Einzelfall kann die Betreuung als Hilfe zur Erziehung nach § 27 SGB VIII (KJHG) genutzt werden und entsprechende Regelungen angebracht sein.

Finanzielle Hilfe kann im Rahmen der wirtschaftlichen Jugendhilfe nach § 23 SGB VIII (KJHG) gewährt werden. Das Jugendamt übernimmt dabei beratende Funktion und prüft, ob die notwendigen Voraussetzungen erfüllt sind, um diese Leistung zu gewähren. Die wirtschaftliche Jugendhilfe ist nicht verpflichtend und wird häufig allein Erziehenden gewährt.

4. Aufsichtspflicht der Tagespflegeperson

Nach § 832 des Bürgerlichen Gesetzbuches (BGB) übernimmt die Tagespflegeperson während der Betreuungszeit die Aufsichtspflicht für die minderjährigen Tageskinder. Ihr wird diese Verantwortung vertraglich übertragen (§ 832 BGB Abs. 2), auch wenn kein schriftlicher Vertrag geschlossen wird. Die Privathaftpflichtversicherung der Eltern, als auch die der Tagespflegeperson kommt für entstandene Schäden in der Regel nicht auf.

Die Tagespflegeperson sollte sich deshalb gegen eventuelle Schäden, die aufgrund von Aufsichtspflichtverletzungen entstehen können, durch eine zusätzliche Haftpflichtversicherung absichern.[2] Diese Versicherung schützt die Tagespflegeperson gegen Ansprüche, die von geschädigten Dritten aufgrund schuldhaften Handelns oder Unterlassens geltend gemacht werden können. D. h. die Eltern können von der Tagespflegeperson Schadenersatz fordern, wenn diese die Aufsichtspflicht verletzt hat. Liegt kein schuldhaftes Verhalten (Tun oder Unterlassen) der Tagespflegeperson vor, können die Eltern keinen Schadenersatz verlangen. Wird Klage gegen die Tagespflegeperson erhoben und handelt es sich aus ihrer Sicht und aus der Sicht des Versicherers um einen unberechtigten Anspruch, so wird der Versicherer hier einen Verteidiger zur Verfügung stellen. Schäden, die vorsätzlich herbeigeführt werden, sind nicht und können nicht unter Versicherungsschutz gestellt werden.

Verursacht ein betreutes Kind unter sieben Jahren einen Schaden im Haushalt der Tagespflegeperson, ist eine persönliche Haftung

---

[1] Die Bundesländer legen diese Regelung unterschiedlich aus. Die zutreffende Regelung sollte beim zuständigen Jugendamt erfragt werden.

[2] Die Tagespflegeperson sollte mit der Privathaftpflichtversicherung abklären, ob ihre Tätigkeit als Tagespflegeperson im Sinne einer sogenannten „Berufshaftpflichtversicherung" im bestehenden Vertrag ergänzt werden kann. Bei Erweiterung der privaten Haftpflichtversicherung ist zu beachten, dass die Haftpflichtsumme keine Unterdeckung aufweist. Tagespflegepersonen können teilweise auch über öffentliche Jugendhilfeträger (Tagesmütter/-väter Vereine) eine erweiterte Haftpflichtversicherung abschließen.

des Kindes gemäß § 828 BGB nicht möglich, da das Kind deliktunfähig ist. Zwischen 7 und 18 Jahren muss von Fall zu Fall entschieden werden, ob eine Deliktfähigkeit des Kindes vorliegt. Nur wenn dies bejaht wird, kommt es zu einer Haftung des Kindes und zum Schadenersatz über eine Privathaftpflichtversicherung der Eltern im Rahmen der Bedingungen.

Einige Jugendämter nehmen die bei ihnen gemeldeten Tagespflegepersonen für das jeweilige zu betreuende Kind in einer Haftpflichtversicherung des Jugendamtes auf.

5. Zusammenarbeit zwischen Tagespflegeperson und Eltern

Klare Regelungen zwischen den Erwachsenen über die Gestaltung des Alltags und der Rahmenbedingungen schaffen Sicherheit für alle Beteiligten. Regelmäßige Zusammenkünfte mit den Eltern, in denen über den Verlauf der Tagespflege sowie über evtl. notwendige Veränderungen gesprochen wird, gehören zur Arbeit der Tagespflegeperson.

Der Aufenthalt in einer Tagespflegefamilie mit anregenden sozialen Kontakten und Spielmöglichkeiten kann nicht nur die Entwicklung des Kindes fördern, sondern ermöglicht den Eltern eine bessere Vereinbarung von familiären Interessen und beruflichen Verpflichtungen. Dies trägt zur Zufriedenheit der Eltern bei, die sich positiv auf die Beziehung zwischen Eltern und Kindern auswirkt. Tagespflegepersonen sollen zum Wohle der Kinder mit den Eltern zusammenarbeiten (§ 23 Abs. 2 Satz 1). Diese Zusammenarbeit entspricht der auf das Personal in den Tageseinrichtungen bezogenen Regelung in § 22 Absatz 3 (Münder/Struck, SGB VIII, § 22 Rdnr. 10). Ziele und Formen der Zusammenarbeit mit den Eltern sind in der pädagogischen Konzeption auszuführen.

6. Pädagogische Konzeption

Als Grundlage für die Betreuung, Erziehung und Bildung in der Tagespflege und zur Sicherung von Qualitätsstandards sind pädagogische Konzeptionen nötig. Eine solche Konzeption sollte schriftlich vorliegen, mindestens aber mündlich von der Tagespflegeperson vorgestellt werden.[3]

7. Arbeits- und sozialrechtliche Grundsätze

Unterschiedliche Finanzierungsmöglichkeiten der Tagespflege haben ebenso unterschiedliche Auswirkungen auf den arbeits- und sozialrechtlichen Status der Tagespflegeperson.

- Als selbstständig tätige Tagespflegeperson mit privaten Einkünften fallen nach den zum 1. Januar 1999 in Kraft getretenen Neuregelungen zur Versicherungspflicht für arbeitnehmerähnliche Selbstständige und Scheinselbstständige bzw. nach § 2 Abs. 1 Nr. 1, Nr. 2 oder Nr. 9 SGB VI Pflichtbeiträge zur Rentenversicherung an. Beiträge zur Krankenversicherung sind immer dann zu leisten, wenn die steuerpflichtigen Einnahmen die Versicherungspflichtgrenze überschreiten. Einkommenssteuern sind für den Betrag zu leisten, der über der abzugsfähigen Betriebsausgabenpauschale in Höhe von bis zu 245,42 Euro pro Kind im Monat liegt. Eine Arbeitslosenversicherung ist nicht gegeben.

- Selbstständig tätige Tagespflegepersonen müssen für die Einkünfte, die aus öffentlichen Mitteln geleistet werden, weder Steuer- noch Versicherungsbeiträge entrichten. Zahlungen vonseiten der Eltern, die für die Verpflegung und Versorgung der Kinder vorgesehen sind, werden ebenso gehandhabt. Von privater Seite entrichtete Beiträge zur Finanzierung der Betreuungsleistung unterliegen dagegen der Steuer- und Versicherungspflicht wie oben beschrieben. Allerdings müssen je nach Betreuungszeit bis zu 245,42 Euro als Betriebsausgabenpauschale steuerfrei anerkannt werden.

- Für selbstständig Tätige mit Einkünften aus öffentlichen Geldern existiert bei der Betreuung von bis zu fünf Tageskindern weder die Verpflichtung, Einkommenssteuern, noch Renten- oder Krankenversicherungsbeiträge abzuführen. Sofern dies Einkünfte die wesentliche Erwerbsgrundlage darstellen (z. B. bei allein Stehenden oder bei der Betreuung von mehr als fünf Kindern) tritt sowohl die Steuer- wie auch die Versicherungspflicht ein. Eine Arbeitslosenversicherung ist nicht möglich.

- Als Angestellte haben die Tagespflegepersonen denselben sozialversicherungsrechtlichen Status wie jeder andere Arbeitnehmer. Für die Tätigkeit einer Kinderfrau, die im Haushalt der Eltern Kinder betreut, ist ein nicht selbstständiges Beschäftigungsverhältnis gegeben.

---

[3] Empfehlung des tagesmütter Bundesverbandes:
Eine pädagogische Konzeption sollte folgende Gliederungspunkte beinhalten:
1. Rahmenbedingungen der jeweiligen Tagespflegestelle, 2. Lebenssituation der Kinder und Eltern/Familienstruktur, 3. Ziele, für die pädagogische Arbeit (z. B. Entwicklungsbedingungen und -möglichkeiten der Kinder, Anzahl der betreuten Kinder), 4. Gesundheit und Ernährung, 5. Exemplarischer Tagesablauf, 6. Ziele und Formen der Zusammenarbeit mit den Eltern, 7. Zusammenarbeit mit anderen Institutionen (vgl. Fachliche Empfehlungen, herausgegeben vom tagesmütter Bundesverband).

Anlage 1

8. Kontakt- und Eingewöhnungsphase

8.1 Vereinbarungen zwischen Tagespflegeperson und Eltern

Folgende Vereinbarungen[4] werden während der Eingewöhnungsphase zwischen

Herrn/Frau _____
Tagesmutter/-vater im Folgenden – Tagespflegeperson – genannt

Anschrift _____

_____ / _____ _____ _____
Telefon privat / dienstlich Telefon mobil E-Mail

und

Herrn/Frau _____
Personensorgeberechtigte im Folgenden – Eltern – genannt

Anschrift _____

_____ / _____ _____ _____
Telefon privat / dienstlich Telefon mobil E-mail

getroffen:

(1) Folgendes Kind wird/Folgende Kinder werden von der Tagespflegeperson betreut und beaufsichtigt:

_____ geb. am _____
_____ geb. am _____
_____ geb. am _____

(2) Die Eingewöhnungsphase beginnt am _____ und endet am _____ [5]

(3) Die oben genannte Tagespflegeperson übernimmt die Erziehung, Bildung, Betreuung und Versorgung des Kindes/der Kinder.

(4) Die Tagespflegeperson verpflichtet sich, das Kind/die Kinder in jeder Form gewaltfrei zu erziehen.

(5) Das jeweilige Kind wird seinem Alter und Entwicklungsstand entsprechend an Überlegungen und Entscheidungen beteiligt.

(6) Der Tagespflegeperson obliegt die Aufsichtspflicht nach § 832 BGB und hat eine Haftpflichtversicherung abgeschlossen.

1. ☐ ja   ☐ nein

2. Die Tagespflegeperson hat bei <u>folgendem Versicherungsträger/bei folgender Tagespflegeorganisation</u> eine Haftpflichtversicherung abgeschlossen: _____

3. Die Tagespflegeperson hat sich nicht versichert und haftet mit ihrem eigenen Vermögen.

---

[4] Bitte streichen Sie nichtzutreffende Vereinbarungen durch.
[5] Der tagesmütter Bundesverband empfiehlt vor Abschluss des Betreuungsvertrages eine zwei- bis vierwöchige Eingewöhnungsphase, je nach Alter des Kindes. Diese Phase dient dem besseren gegenseitigen Kennenlernen. Es können die anstehenden Fragen für das beabsichtigte Betreuungsverhältnis angesprochen werden. Hierbei ist auch das Heft des tagesmütter Bundesverbandes „Eingewöhnungs- und Kontaktphase" hilfreich.

Formular Betreuungsvertrag

(7) Die Tagespflegebetreuung findet während der Eingewöhnungsphase an folgenden Tagen und zur folgenden Uhrzeit statt:

Wochentage	von ... Uhr	bis... Uhr	Stundenzahl
Montag			
Dienstag			
Mittwoch			
Donnerstag			
Freitag			
Samstag			
Sonntag			
Gesamt			

(8) Die Eltern verpflichten sich zur Anwesenheit in der Eingewöhnungszeit[6]

☐ ja, und zwar an folgenden Tagen in der Zeit von/bis _____ ; ☐ nein

(9) In der Eingewöhnungszeit erhält die Tagespflegeperson einen Betreuungsbetrag

1. in Höhe von _____ Euro/pro Stunde.

2. Folgende Betriebsausgaben sind im Betreuungsbetrag enthalten:

_____

3. Folgende Betriebsausgaben sind nicht im Betreuungsbetrag enthalten:

_____

4. und werden von den Eltern in Höhe von _____ Euro zusätzlich bezahlt.

5. werden von den Eltern zur Verfügung gestellt.

(10) ☐ Das Betreuungsgeld wird/Die Betriebsausgaben werden täglich/wöchentlich im Voraus gezahlt.

☐ Das Betreuungsgeld wird/Die Betriebsausgaben werden komplett im Voraus gezahlt.

Sonstige Vereinbarung: _____

(11) Die Eltern verpflichten sich zur folgenden Zahlungsmodalität

☐ per Barzahlung

☐ per Scheck ☐ per Überweisung auf folgendes Konto:

Kontoinhaber/in _____ Konto-Nr. _____ BLZ _____

Geldinstitut _____

(12) Während der Eingewöhnungsphase kann von beiden Vertragsparteien ohne Einhaltung einer Kündigungsfrist und Nennung von Gründen mündlich/schriftlich gekündigt werden.

☐ ja ☐ nein

Bitte streichen Sie nichtzutreffende Vereinbarungen durch.

[6] Empfehlung des tagesmütter Bundesverbandes: Diese Phase dient der angstfreien und ruhigen Eingewöhnung in eine fremde Familie. Die erste Zeit der Eingewöhnung kann sich für manche Kinder schwierig gestalten. Aus diesem Grund sollten Eltern generell ihrem Kind als Rückzugsmöglichkeit und Schutz zur Verfügung stehen. Außerdem ist das gegenseitige Kennenlernen und der erste intensive Austausch zwischen Tagespflegeperson und Eltern die Grundlage für eine gute Zusammenarbeit.

Anlage 1

(13) Bei einer Vorauszahlung wird das anteilige Betreuungsgeld/die anteiligenBetriebsausgaben zurückerstattet.

☐ ja ☐ nein

(14) Das Kind/Die Kinder werden in dieser Zeit von folgenden genannten Personen abgeholt:

1. _____
2. _____
3. _____

(15) In Notfällen sind folgende Personen zu benachrichtigen, wenn die Eltern nicht erreichbar sind (Name, Telefon und evtl. Anschrift):

1. _____
2. _____
3. _____

(16) Bei einem ärztlichen Notfall ist zwischen beiden Parteien das weitere Vorgehen zu vereinbaren:
    1. Die Tagespflegeperson hat die Eltern oder oben genannte Personen im Notfall sofort zu benachrichtigen.
    2. Die Tagespflegeperson ist im Besitz einer Vollmacht mit Unterschrift/en der Eltern und somit befugt und verpflichtet, den Arzt, die Ärztin oder das Krankenhaus, welche von den Eltern benannt sind, aufzusuchen.
    3. Eine Kopie des Impfausweises und der Krankenversichertenkarte sind bei der Tagespflegeperson hinterlegt.

(17) Sonstige Vereinbarung für die Eingewöhnungs- und Kontaktphase:

_____
_____

_____, den _____
(Ort)   (Datum)

Unterschrift der Tagespflegeperson   Unterschrift der Personensorgeberechtigen

9. Betreuungsvertrag zwischen Tagespflegeperson und Personensorgeberechtigte

§ 1 Personendaten[7]

Folgender Vertrag wird zwischen[8]

Herrn/Frau _____
Tagesmutter/-vater im Folgenden – Tagespflegeperson – genannt

Anschrift _____

_____ / _____   _____   _____
Telefon privat / dienstlich   Telefon mobil   E-Mail

und

Herrn/Frau _____
Personensorgeberechtigte im Folgenden – Eltern – genannt

Anschrift _____

_____ / _____   _____   _____
Telefon privat / dienstlich   Telefon mobil   E-Mail

im Einvernehmen mit den im Haushalt der Tagespflegeperson lebenden Angehörigen geschlossen:

Folgendes Kind wird/Folgende Kinder werden in das Betreuungsverhältnis aufgenommen:

_____ geb. am _____
_____ geb. am _____
_____ geb. am _____

§ 2 Erziehungsgrundsätze und Nachweise

(1) Die oben genannte Tagespflegeperson übernimmt die Erziehung, Bildung, Betreuung und Versorgung des Kindes/der Kinder. Ihr wird die Aufsichtspflicht nach dem Bürgerlichen Gesetzbuch (BGB) für den Zeitpunkt der Betreuung übertragen. Sie übt eine selbstständige Tätigkeit aus und ist nicht weisungsgebunden. Die Betreuung des Kindes/der Kinder erfolgt ausschließlich im Wirkungskreis bzw. Haushalt der Tagespflegeperson.

(2) Die Tagespflegeperson verpflichtet sich, das Kind/die Kinder in jeder Form gewaltfrei zu erziehen.

(3) Das jeweilige Kind wird seinem Alter und Entwicklungsstand entsprechend an Überlegungen und Entscheidungen beteiligt.

(4) Das religiöse Bekenntnis des Kindes/der Kinder und seiner/ihrer Familie ist zu berücksichtigen, Ernährung und Erziehungsfragen mit den Personesorgeberechtigten abzusprechen. (Siehe dazu § 9 des Vertrages.)

(5) Die Tagespflegeperson ist/ist nicht Inhaber/in einer Pflegeerlaubnis:[9]

(6) Über Aufnahmen weiterer Tageskinder werden die Eltern von der Tagespflegeperson informiert. Die Eltern wurden bei Vetragsabschluss über die mögliche Anzahl der betreuten Kinder informiert.

---

[7] Bitte streichen Sie nichtzutreffende Vereinbarungen durch.
[8] Der tagesmütter Bundesverband empfiehlt, erst nach positiv verlaufener Eingewöhnungsphase und weiter fortbestehendem Betreuungsverhältnis den Betreuungsvertrag schriftlich abzuschließen.
[9] Betreut die Tagespflegeperson mehr als 3 Kinder gleichzeitig in Tagespflege, muss sie beim örtlichen Jugendamt eine Pflegeerlaubnis gem. § 44 SGB VIII (Kinder- und Jugendhilfegesetz) beantragen.

Anlage 1

(7) Die Tagespflegeperson hat /hat nicht an einer Qualifizierungsmaßnahme teilgenommen.

(8) Die Tagespflegeperson hat/hat nicht an einem Erste-Hilfe-Kurs-am-Kind teilgenommen.

    Bei (ja) über _____ Stunden

(9) In Notfällen sind folgende Personen zu benachrichtigen, wenn die Eltern nicht erreichbar sind (Name, Telefon und evtl. Anschrift):

    1. _____

    2. _____

(10) Das Kind darf/Die Kinder dürfen von folgenden genannten Personen abgeholt werden:

    1. _____

    2. _____

§ 3 Betreuungsbeginn und Betreuungszeiten

(1) Für den Beginn des Betreuungsverhältnisses wird Folgendes vereinbart:

    1. Das Betreuungsverhältnis beginnt am: _____

    2. Das Betreuungsverhältnis endet am: _____

    3. Das Betreuungsverhältnis wird auf unbestimmte Zeit vereinbart: ja ☐   nein ☐

(2) Die Tagespflegeperson verpflichtet sich, das Kind/die Kinder an folgenden Tagen und Zeiten zu betreuen:[10]

Wochentage	von ... Uhr	bis... Uhr	Stundenzahl
Montag			
Dienstag			
Mittwoch			
Donnerstag			
Freitag			
Samstag			
Sonntag			
Gesamt			

§ 4 Betreuungsgeld

(1) Die Tagespflegeperson erhält ein monatliches Betreuungsentgelt in Höhe von _____ Euro.[11]

(2) Die Tagespflegeperson erhält eine Stundenvergütung in Höhe von _____ Euro.

(3) Die Tagespflegeperson erhält den Betreuungssatz des örtlichen Jugendamtes/des örtlichen Tagesmüttervereins in Höhe von _____ Euro.

Bitte streichen Sie nichtzutreffende Vereinbarungen durch.

[10] Die Betreuungszeiten sind zwischen beiden Vertragsparteien differenziert und eindeutig zu vereinbaren.

[11] Für die Höhe des Betreuungsgeldes/der Betriebsausgaben gelten keine einheitlichen Regelungen. Das Betreuungsgeld/Die Betriebsausgaben sind zwischen den Vertragsparteien zu vereinbaren. Bei einer Förderung durch das Jugendamt legt dieses die Höhe des Betreuungsgeldes fest. Empfehlung des tagesmütter Bundesverbandes: bei einer Halbtagsbetreuung (20 Std./Woche) 282 Euro/Pauschal; bei einer Ganztagsbetreuung (40 Std./Woche) 410 Euro/Pauschal; als Stundensatz empfehlen wir pro Stunde bis zu 4,10 Euro.

(4) Die Betriebsausgaben sind im Betreuungsgeld enthalten.

☐ ja ☐ nein

§ 5 Betriebsausgaben[12]

(1) Folgende Betriebsausgaben sind nicht im Betreuungsbetrag enthalten und werden von den Eltern in Höhe von _____ Euro zusätzlich bezahlt.

_____

_____

(2) Folgende Verpflegung/Materialien werden von den Eltern zur Verfügung gestellt.

_____

_____

§ 6 Altersvorsorge

(1) Die Tagespflegeperson erhält für ihre Altersvorsorge _____ Euro/pro Monat von den Eltern.[13]

(2) Die Tagespflegeperson erhält keinen Beitrag zur Altersversorgung.

(3) Der Beitrag zur Altersvorsorge ist in dem Betreuungsgeld/den Betriebsausgaben enthalten.

(4) Sonstige Vereinbarung: _____

§ 7 Zahlungsmodalitäten

(1) Das Betreuungsgeld/Die Betriebsausgaben sind monatlich im Voraus von den Eltern zu zahlen.

(2) Die Zahlungen erfolgten jeweils zum:
  ☐ Ersten eines Monats
  ☐ Fünften eines Monats
  ☐ Fünfzehnten eines Monats

(3) Die Eltern verpflichten sich zur folgenden Zahlungsmodalität
  ☐ per Barzahlung
  ☐ per Scheck
  ☐ per Überweisung auf folgendes Konto:

Kontoinhaber/in _____ Konto-Nr. _____ BLZ _____

Geldinstitut _____

(4) Die Tagespflegeperson stellt den Eltern eine Rechnung aus, wenn diese die Aufwendungen als außergewöhnliche Belastung geltend machen kann.

(5) Nur nach vorheriger Absprache ist eine Überschreitung der vertraglichen Betreuungszeit möglich. Zusätzlich geleistete Betreuungszeiten werden mit _____ Euro pro Stunde/pro Tag berechnet.

---

[12] Zu den Betriebsausgaben zählen: anteilige Miet- und Nebenkosten (Instandhaltung, Abfall, Strom, Heizung, Reinigungsmittel), Kosten der Verpflegung, Aufwendungen für pädagogische Materialien, allgemeine Verwaltungskosten (Telefon, Büromaterial, Kontoführung etc.), Fahrtkosten (Ausflüge, Einkauf etc.), Kosten für Einrichtung und Ausstattung, Kosten für die Haftpflichtversicherung, Fort- und Weiterbildungskosten. Die Höhe der Betriebsausgaben ist durch die Tagespflegeperson zu begünden, ansonsten ist eine Pauschale zu vereinbaren.

[13] Tagespflegepersonen, die von privater Seite ihr Betreuungsgeld beziehen, unterliegen der gesetzlichen Rentenversicherungspflicht. Damit entstehen der Tagespflegeperson zusätzliche Kosten, die anteilig durch die Eltern mitgetragen werden sollten.

Anlage 1

(6) Steuerrechtliche Bestimmungen sind von beiden Vertrtagsparteien zu beachten.

(7) Es gelten die folgenden Sonderregelungen:

_____

_____

§ 8 Erkrankung des Tageskindes/der Tageskinder

(1) Bei einer ansteckenden oder fiebrigen Krankheit haben die Eltern die Betreuung zu übernehmen.[14]

(2) Zwischen Tagespflegeperson und Eltern wird folgende Regelung bei Erkrankung des Tageskindes/der Tageskinder vereinbart:

_____

_____

(3) Treten während der Betreuungszeit beim Tageskind Anzeichen für eine schwerwiegende Erkrankung auf, ist die weitere Betreuung durch die Eltern oder der hierfür vorgesehenen Personen sicherzustellen.

(4) Die Tagespflegeperson wird in besonderen Fällen über Erkrankungen des Tageskindes informiert.

(5) Die Tagespflegeperson ist im Besitz einer Vollmacht der Eltern und ist somit befugt und verpflichtet, bei einem ärztlichen Notfall mit dem Kind/den Kindern einen Arzt/ eine Ärztin oder ein Krankenhaus, welche von den Eltern in der Vollmacht benannt ist, aufzusuchen. Die Eltern/Notfallkontaktpersonen sind umgehend zu informieren. Eine Kopie des Impfausweises und der Krankenversichertenkarte sind bei der Tagespflegeperson hinterlegt sowie differenzierte Angaben des behandelnden Arztes bekannt.

(6) Die Tagespflegeperson ist nicht im Besitz einer „Notfallvollmacht".

(7) Arzttermine sind von den Eltern wahrzunehmen.

(8) In Einzelfällen kann die Tagespflegeperson mit dem Tageskind einen Arzttermin wahrnehmen. Die Entscheidung liegt allein bei der Tagespflegeperson.

(9) Die Tagespflegeperson darf in Absprache mit den Eltern und/oder auf ärztliche Anordnung dem Kind/den Kindern Medikamente verabreichen.

☐ ja ☐ nein

☐ Wird im Einzelfall von den Eltern bescheinigt.

§ 9 Urlaubsregelung und freie Tage

(1) Die Tagespflegeperson und die Eltern stimmen ihren Urlaub und anfallende freie Tage rechtzeitig miteinander ab.[15]

(2) Kommt keine Urlaubsvereinbarung zustande, bleibt das Tageskind bei den Eltern.

(3) Es gilt folgende Urlaubszeit als vereinbart:

Tagespflegeperson vom _____ bis _____

Eltern vom _____ bis _____

(4) Es gelten folgende Urlaubstage als vereinbart: _____ pro Jahr

---

[14] Die Eltern eines krankenversicherten Kindes haben ein Anrecht auf Krankengeld durch die Krankenkasse, wenn der Arbeitgeber keine Lohnforzahlung gewährt und das Kind das 12. Lebensjahr noch nicht beendet hat (§ 45 SGB V). Zudem muss eine ärztliche Bescheinigung vorgelegt werden. Daneben können Eltern vom Arbeitgeber gegebenenfalls von der Arbeit freigestellt werden.

[15] Eine Tagespflegeperson hat aufgrund ihrer selbstständigen Tätigkeit keinen Anspruch auf eine gesetzliche Lohnfortzahlung und auf einen gesetzlichen Urlaubsanspruch. Empfehlung des tagesmütter Bundesverbandes: 1. Die Tagespflegeperson sollte einen bezahlten Urlaub von mindestens 4 Wochen erhalten, davon 3 Wochen zusammenhängend. 2. Die Zeit zwischen Ankündigung und Beginn des Urlaubs sollte mindestens den gleichen Zeitraum haben wie der Urlaub selbst.

(5) Die Tagespflegeperson verpflichtet sich, nur in äußerst dringenden Angelegenheiten einen freien Tag in Anspruch zu nehmen. Sie verpflichtet sich, die private und berufliche Situation der Eltern zu berücksichtigen.

(6) Die Tagespflegeperson stellt für ihren <u>Urlaub</u>/<u>für freie Tag</u> eine Vertretung zur Verfügung.[16]

☐ ja ☐ nein

Vorname, Name, Anschrift, Telefonnummer der Vertretung:
_____
_____

§ 10 Kostenregelung bei Ausfallzeiten

(1) Kürzungen des Betreuungsgeldes/der Betriebsausgaben wegen Krankheit, Urlaub, Feiertagen und anderen Abwesenheiten <u>des Tageskindes</u>/<u>der Tageskinder</u> sind schriftlich zu vereinbaren.

(2) Eine nicht genutzte Betreuungszeit der Eltern berechtigt nicht zur einer Kürzung <u>des Betreuungsgeldes</u>/<u>der Betriebsausgaben</u>.

(3) Nur nach vorheriger Absprache ist eine Überschreitung der in § 3 (2) genannten Betreuungszeit möglich. Zusätzlich geleistete Betreuungszeiten werden mit Euro _____ pro Std./pro Tag berechnet.

(4) Kürzungen wegen Feiertagen, Urlaub und anderer Abwesenheit <u>des Tageskindes</u>/<u>der Tageskinder</u> gilt wie folgt vereinbart:

☐ Eine Kürzung des Betreuungsgeldes/der Betriebsausgaben wird nicht vorgenommen.

☐ Kürzung des Betreuungsgeldes um _____ Euro pro Std./Tag; der Betriebsausgaben um _____ Euro pro Std./Tag

☐ Kürzung des Betreuungsgeldes um _____ % pro Std./Tag und der Betriebsausgaben um _____ % pro Std./Tag

☐ sonstige Vereinbarung:_____

(5) Ist das Tageskind länger als _____ Betreuungstage hintereinander krank, gilt folgende Vereinbarung:

☐ Eine Kürzung des Betreuungsgeldes/der Betriebsausgaben wird nicht vorgenommen.

☐ Kürzung des Betreuungsgeldes um _____ Euro pro Std./Tag; der Betriebsausgaben um _____ Euro pro Std./Tag

☐ Kürzung des Betreuungsgeldes um _____ % pro Std./Tag und der Betriebsausgaben um _____ % pro Std./Tag

☐ sonstige Vereinbarung:_____

(6) Ausgefallene Betreuungszeiten, die auf ein Verschulden der Tagespflegeperson zurückzuführen sind, kommen mit Euro _____ pro Std./pro Tag zum Abzug.

(7) Ist die Tagespflegeperson mehr als _____ Betreuungstage im Jahr krank, gilt folgende Vereinbarung[17]:

☐ Eine Kürzung des Betreuungsgeldes/der Betriebsausgaben wird nicht vorgenommen.

☐ Kürzung des Betreuungsgeldes um _____ Euro pro Std./Tag; der Betriebsausgaben um _____ Euro pro Std./Tag

☐ Kürzung des Betreuungsgeldes um _____ % pro Std./Tag und der Betriebsausgaben um _____ % pro Std./Tag

☐ sonstige Vereinbarung:_____

Bitte streichen Sie nichtzutreffende Vereinbarungen durch.
[16] Es ist darauf zu achten, dass die Vertretungsperson dem Kind/den Kindern und den Eltern schon vorher bekannt ist und zu ihr Kontakt besteht.
[17] Empfehlung des tagesmütter Bundesverbandes: Max. 5 Ausfalltage pro Jahr werden von den Eltern bezahlt.

Anlage 1

(8) Kürzungen wegen Feiertage, freier Tage, Urlaub und anderen Abwesenheiten der Tagespflegeperson gilt wie folgt vereinbart:

☐ Eine Kürzung des Betreuungsgeldes/der Betriebsausgaben wird nicht vorgenommen.

☐ Kürzung des Betreuungsgeldes um _____ Euro pro Std./Tag; der Betriebsausgaben um _____ Euro pro Std./Tag

☐ Kürzung des Betreuungsgeldes um _____ % pro Std./Tag und der Betriebsausgaben um _____ % pro Std./Tag

☐ sonstige Vereinbarung: _____

(9) Wird eine Vertretung durch die Tagespflegeperson gestellt, tragen die Eltern entsprechend der vertraglichen Vereinbarungen nur die Kosten für eine Betreuungsperson. Nachfolgende Regelung wird vereinbart:

☐ Die Tagespflegeperson hat dafür Sorge zu tragen, dass die Vertretung ihr Betreuungsgeld erhält.

☐ Die Eltern haben dafür Sorge zu tragen, dass die Vertretung ihr Betreuungsgeld erhält.

(10) Der Anteil für die Altervorsorge der Tagespflegeperson kann nicht/wird ebenfalls gekürzt werden.

§ 11 Versicherungen

(1) Der Tagespflegeperson obliegt die Aufsichtspflicht nach § 832 BGB und hat eine Haftpflichtversicherung abgeschlossen.

☐ ja   ☐ nein

(2) Die Tagespflegeperson hat bei folgendem Versicherungsträger/bei folgender Tagespflegeorganisation eine

Haftpflichtversicherung abgeschlossen: _____

(3) Die Tagespflegepeson hat sich nicht versichert und haftet mit ihrem eigenen Vermögen.

(4) Die Eltern haben darüber Kenntnis, dass ihr Tageskind/ihre Tageskinder nicht über die gesetzlichen Unfallversicherung versichert ist/sind.[18]

(5) Die Eltern kommen im Falle eines Unfalls während der Betreuung durch die Tagespflegeperson für die Unfallkosten selbst auf.

§ 12 Zusammenarbeit zwischen Tagespflegeperson und Eltern

(1) Zum Wohl des Kindes verpflichten sich Tagespflegeperson und Eltern, dass sie zu einer intensiven vertrauensvollen Zusammenarbeit bereit sind.

(2) Es wird vereinbart, dass mindestens alle _____ Wochen ein gemeinsamer Austausch über die Belange des Tageskindes/der Tageskinder stattfindet.

(3) Es wird vereinbart, dass die Eltern und das Tageskind/die Tageskinder die Vertretung der Tagespflegeperson vor einer Vertretungsinanspruchnahme kennenlernen.

Folgende Regelung zur vertrauensbildenden Maßnahme zwischen den Eltern, dem Tageskind/den Tageskindern sind in Absprache mit der Vertretung vorgesehen:

_____

(4) Zusätzliche Vereinbarungen ziwschen Eltern und der Tagespflegeperson:

_____
_____

Bitte streichen Sie nichtzutreffende Vereinbarungen durch.

[18] Die Betreuung durch eine Tagespflegeperson fällt nicht unter den Versicherungsschutz der gesetzlichen Unfallversicherung. Die Personensorgeberechtigten sollten für ihr Kind/ihre Kinder eine zusätzliche private Unfallversicherung abschließen.

§ 13 Beendigung des Vertragsverhältnisses

(1) Zur Beendigung des Betreuungsverhältnisses bedarf es einer mündlichen/schriftlichen Kündigung. Damit wird nicht das Recht der Eltern eingeschränkt, jederzeit sich ihr Kind/ihre Kinder von der Tagespflegepersonen aushändigen zu lassen.

(2) Der Vertrag kann von jeder Vertragspartei mit einer Kündigungsfrist von _____ Wochen/ _____ Tagen zum Monatsende gekündigt werden.

(3) Wenn das Einverständnis beider Vertragsparteien vorliegt, kann das Betreuungsverhältnis jederzeit beendet werden.

(4) Eine fristlose Kündigung hat schriftlich zu erfolgen. Auf Verlangen der Tagespflegeperson ist der Grund der Kündigung unverzüglich durch die Eltern schriftlich mitzuteilen (vgl. BGB 1 § 626).[19]

(5) Die Vertragspartner verpflichten sich, die Beendigung des Betreuungsverhältnisses frühzeitig der anderen Vertragspartei mitzuteilen.

(6) Das Tageskind/Die Tageskinder und die verbleibenden Kinder werden auf den Weggang des Tageskindes/der Tageskinder vorbereitet und über die Gründe altersgemäß informiert.

§ 14 Schweigepflicht

(1) Die Vertragspartner verpflichten sich, alle für die Betreuung des Kindes/der Kinder wesentlichen Auskünfte zu erteilen.

(2) Die Vertragsparteien verpflichten sich, über alle Angelegenheiten, die den persönlichen Lebensbereich der jeweils anderen Vertragspartei betreffen und ihrer Natur nach eine Geheimhaltung verlangen, Stillschweigen zu bewahren. Dies gilt auch für die Zeit nach Beendigung des Vertragsverhältnisses.

§ 15 Schriftform

Der Vertrag bedarf bei Änderungen und Ergänzungen der Schriftform. Änderungen und Ergänzungen müssen als solche ausdrücklich gekennzeichnet und von den Vertragspartnern unterzeichnet sein.

§ 16 Gerichtsstand

Für alle Streitigkeiten über bzw. aus dieser Vereinbarung ist das Gericht zuständig, an dessen Ort die streitige Verpflichtung zu erfüllen ist.

§ 17 Rechtswahl

Dieser Vertrag untersteht dem Recht der Bundesrepublik Deutschland.

§ 18 Salvatorische Klausel

Die Unwirksamkeit einzelner Bestimmungen dieses Vertrages sind von den Vertragspartnern einvernehmlich kenntlich gemacht und berührt nicht die Wirksamkeit der übrigen Regelungen dieses Vertrages.

§ 19 Vertragsaushändigung

Jede der Vertragsparteien hat eine schriftliche Ausfertigung dieses Vertrages erhalten.

_____, den _____
(Ort)   (Datum)

_____   _____
Unterschrift der Tagespflegeperson   Unterschrift der Personensorgeberechtigen

Bitte streichen Sie nichtzutreffende Vereinbarungen durch.

[19] § 626 BGB [Fristlose Kündigung aus wichtigem Grund]: „(1) Das Dienstverhältnis kann von jedem Vertragsteil aus wichtigem Grund ohne Einhaltung einer Kündigungsfrist gekündigt werden, wenn Tatsachen vorliegen, auf Grund derer dem Kündigenden unter Berücksichtigung aller Umstände des Einzelfalles und unter Abwägungen der Interessen beider Vertragsteile die Fortsetzung des Dienstverhältnisses bis zum Ablauf der Kündigungsfrist oder bis zu der vereinbarten Beendigung des Dienstverhältnisses nicht zugemutet werden kann."

Anlage 1

10. Vollmacht

Hiermit bevollmächtige ich/wir Personensorgeberechtigte(n):

_____ / _____

_____
Anschrift

_____ / _____   _____   _____
Telefon privat / dienstlich   Telefon mobil   E-mail

als Personensorgeberechtigte/r des Kindes/der Kinder:

1. _____ geb. am _____

2. _____ geb. am _____

Herrn/Frau _____
(Name, Vorname der Tagespflegeperson)

wohnhaft in: _____

_____

in Eil-, Notfällen mit dem Kind einen Arzt/eine Ärztin oder ein Krankenhaus, welche im Folgenden benannt sind, aufzusuchen. Jeweils in Kopie sind Krankenversichertenkarte sowie Impfausweis des Kindes/der Kinder bei der Tagespflegeperson hinterlegt.

_____ , den _____
(Ort)   (Datum)

_____
(Unterschrift der Personensorgeberechtigten)

Name, Anschrift, Telefonnummer des behandelnden Kinder-/Hausarztes/der Hausärztin:

_____

_____

Name, Anschrift, Telefonnummer des Zahnarztes/der Zahnärztin:

_____

_____

Anschrift, Telefonnummer, des gewünschten Krankenhauses:

_____

_____

Anschrift, Telefonnummer, Versicherungsnummer der zuständigen Krankenkasse bei der das Tageskind/ die Tageskinder versichert sind:

Anlage 2

Vertragsmuster Tagespflege, ausgearbeitet zwischen dem Jugendamt Wolfratshausen und Christine Krumbiegel, die in Wolfratshausen Tagesmütter betreut

Vertragsmuster : Tagespflege

In Zusammenarbeit zwischen dem Jugendamt Wolfratshausen und Christine Krumbiegel, die in Wolfratshausen die Tagesmütter betreut wurde folgender Vertrag ausgearbeitet - wer Interesse hat kann ihn sich runterladen oder ausdrucken.

Tagespflegevertrag:

zwischen den Erziehungsberechtigten (Eltern) :

Frau : _____ Vorname: _____

Straße: _____

Ort: _____

Tel. Privat: _____ Tel. Arbeit: _____

Herr : _____ Vorname: _____

Straße: _____

Ort: _____ Tel. Privat: _____

Tel. Arbeit: _____

und der Tagespflegeperson :

Name: _____ Vorname: _____

Straße: _____

Ort: _____ Tel.: _____

für das Kind :

Name: _____ Vorname: _____

geboren am: _____

● Die Pflege beginnt am ___ . ___ . _____ als

Anlage 2

Tagespflegeverhältnis.

- O ist begrenzt bis ___ . ___ . _____
- O ist unbegrenzt

● Die Betreuung erfolgt im Haushalt der Tagesmutter / der Eltern.

● Vor Beginn des Pflegeverhältnisses sollen sich Eltern, Pflegekind, Pflegeeltern und deren Kinder bei mehreren Treffen kennenlernen. Dabei sollen Erziehungseinstellungen und sonstige Fragen und Vorstellungen erörtert werden. Insbesondere sollen der Pflegeperson wichtige Informationen über Kinderkrankheiten und Entwicklungsgeschichte des Pflegekindes mitgeteilt sowie Absprachen zu Unternehmungen außerhalb der Wohnung der Pflegeperson (z. B. Schwimmbad, Ausflüge u.s.w.) getroffen werden.

● Kinderarzt :_____ Tel.:_____

- ● krankenversichert bei :_____
- ● haftpflichtversichert bei :_____
- ● unfallversichert bei :_____

● Vorsorgeuntersuchungen, Impfungen und sonstige Arztbesuche sind in der Regel Aufgaben der Eltern. Die Pflegeperson soll, wenn erforderlich, von den Ergebnissen des Arztes unterrichtet werden. In Notfällen wendet sich die Pflegeperson an oben genannten Kinderarzt bzw. ruft den Notarzt.

● Eltern und Pflegeeltern sind sich darüber einig, in regelmäßigen Abständen Erziehungsfragen zu besprechen. Während der Dauer des Pflegeverhälnisses verpflichtet sich die Pflegeperson, das Kind zu betreuen, zu fördern und zu erziehen. Sie stimmt sich dabei mit den Eltern über die Erziehung inhaltlich ab. Die Pflegeperson und die Eltern zeigen sich wichtige Veränderungen, die die Tagespflege beeinflussen können, an.

● Im Interesse des Kindes zeigen Eltern und Pflegeperson

Urlaubstermine sowie sonstige Verhinderungsgründe rechtzeitig an, damit die Betreuung des Kindes in dieser Ausfallzeit rechtzeitig gesichert werden kann.
Bei einer Erkrankung des Pflegekindes verpflichten sich die Eltern, der Pflegeperson unverzüglich Nachricht zu geben. Wenn die Unterbringung bei der Pflegeperson aufgrund des Krankheitsbildes (Ansteckungsgefahr für andere Kinder, aufwendige Pflege) nicht möglich ist, ist es die Aufgabe der Eltern, für das Kind zu sorgen.

- Die Betreuung erfolgt an ___ Tagen der Woche.
Die Zeiten werden wie folgt festgelegt:

  - Montag von _____ bis _____
  - Dienstag von _____ bis _____
  - Mittwoch von _____ bis _____
  - Donnerstag von _____ bis _____
    _____
  - Freitag von _____ bis _____

- Die Pflegekosten betragen täglich / monatlich :
_____ DM
Von den Eltern sind die Pflegekosten im voraus bis spätestens zum 15. eines Monats zu entrichten.
Mit der Zahlung des Pflegegeldes werden in der Regel abgegolten:

  - die erzieherische Leistung der Pflegeperson
  - Aufwendungen und Verpflegungskosten
    Bei vorzeitiger Beendigung des Vertrages müssen die zuviel entrichteten Pflegekosten zurückerstattet werden.

- Für Urlaubs- und Krankheitszeiten werden besondere Regelungen vereinbart:
Weiterzahlung des Pflegegeldes bei
Urlaub: _____
Krankheit des Pflegekindes: _____
Krankheit der Pflegeperson: _____
sonstiges:
_____

- Die Pflegeperson bestätigt mit der Unterschrift des Vertrages, das Sie eine Haftpflichtversicherung für die

Anlage 2

Tagespflege bei Ihrer Versicherung abgeschlossen hat.
Die Kosten, in Höhe von _____ DM, werden je zur
Hälfte von den Eltern und der Pflegeperson getragen.

● Die Eltern des Kindes rüsten es der Jahreszeit entsprechend
mit Kleidung aus und geben, wenn erforderlich, zusätzliche
Kleidung mit.
Spielzeug wird im allgemeinen von der Pflegeperson gestellt.
Kuscheltiere und - tücher / kissen dürfen bei Bedarf des Kindes
mitgenommen werden.

● Dieser Vertrag kann von beiden Vertragspartnern jederzeit
mit einer Kündigungsfrist von 4 Wochen gekündigt werden. Das
Recht zu einer Kündigung dieses Vertrages ohne Einhaltung
der Kündigungsfrist bleibt beiden Vertragspartnern bei
Vorliegen eines zwingenden Grundes vorbehalten.
Innerhalb der ersten 4 Wochen nach Vertragsbeginn gilt eine
Kündigungsfrist von 1 Woche ! !

_____
Ort , Datum

_____   _____
Unterschrift der Pflegeperson   Unterschrift der Erziehungsbe

● **an den Anfang**   ● **zur Homepage**

© Ulrich Rieger   **Letzte Änderung: 02.03.02**

Anlage 3

Niederschrift über die
Besprechung des Arbeitskreises
Versicherung und Beiträge
der Spitzenverbände der
Krankenkassen am 31.03.2004

Veröffentlichung: nein

Niederschrift

über die Besprechung des Arbeitskreises Versicherung und Beiträge
der Spitzenverbände der Krankenkassen

am 31.03.2004

5	Beitragsbemessung bei freiwillig versicherten hauptberuflich selbständig Tätigen; hier: Tagespflegepersonen

- 391.40 -

Sachverhalt:

Das Bundesministerium für Gesundheit und Soziale Sicherung (BMGS) hat die Spitzenverbände der Krankenkassen mit Schreiben vom 05.03.2004 gebeten, kurzfristig eine gemeinsame Rechtsauffassung zu der Frage herbeizuführen, ob und unter welchen Voraussetzungen Tagespflegepersonen als hauptberuflich selbständig tätig im Sinne der Regelungen des § 5 Abs. 5 und vor allem des § 240 Abs. 4 Satz 2 SGB V anzusehen sind. Dabei hat das BMGS bereits zu erkennen gegeben, dass keine Bedenken dagegen bestünden, wenn in Anlehnung an die einkommensteuerrechtliche Behandlung des aus öffentlichen Kassen gezahlten Pflegegeldes und Erziehungsbeitrags für Kinder in Familienpflege (vgl. BMF-Schreiben vom 07.02.1990 – BStBl I S. 109) bei einer Betreuung von bis zu 5 Kindern im Haushalt der Tagespflegeperson von einer nicht hauptberuflich selbständigen Tätigkeit ausgegangen wird.

Ergebnis:

Die Spitzenverbände der Krankenkassen empfehlen, bei der Beurteilung der Frage, ob eine Tagespflegeperson im Bereich der Kinderbetreuung und -erziehung als hauptberuflich selbständig erwerbstätig im Sinne der Regelungen des § 5 Abs. 5 und

Anlage 3

§ 240 Abs. 4 Satz 2 SGB V anzusehen ist, die Grundsätze anzuwenden, die bei der einkommensteuerrechtlichen Behandlung des aus öffentlichen Kassen gezahlten Pflegegeldes und Erziehungsbeitrags für Kinder in Familienpflege gelten. Das bedeutet, dass die Betreuung von Kindern erwerbsmäßig (hier: hauptberuflich selbständig erwerbstätig) betrieben wird, wenn das Pflegegeld die wesentliche Erwerbsgrundlage darstellt. Bei einer Betreuung von bis zu 5 Kindern kann ohne eine nähere Prüfung unterstellt werden, dass die Tätigkeit dieser Tagespflegeperson nicht hauptberuflich erfolgt.

Die vorstehenden Aussagen gelten auch bei der Prüfung des Ausschlusstatbestandes nach § 10 Abs. 1 Satz 1 Nr. 4 SGB V im Bereich der Familienversicherung. Die Anwendung der einkommensteuerrechtlichen Grundsätze ist im Bereich der Familienversicherung bislang bereits im Rahmen der Feststellung des Gesamteinkommens zu beachten (vgl. Abschnitt 5.2 des gemeinsamen Rundschreibens Einnahmen zum Lebensunterhalt und Gesamteinkommen vom 14.03.2002 i. d. F. vom 25.07.2003).

Anlage 4

Stellungnahme der BfA gegenüber Rechtsanwältin Iris Vierheller vom 9.04.2000 zur versicherungsrechtlichen Beurteilung von Tagespflegepersonen
(hier: sog. Kinderfrauen)

Stellungnahme der BfA

BUNDESVERSICHERUNGSANSTALT FÜR ANGESTELLTE

3001 - 61250/61

Bei Schriftwechsel bitte dieses Zeichen angeben

Postanschrift
Bundesversicherungsanstalt für Angestellte · D-10704 Berlin

Hauptverwaltung Berlin-Wilmersdorf, Ruhrstr. 2 · ☎ (0 30) 8 65-1
Fax (0 30) 86 52 72 40 · T-Online +BfA# · http://www.bfa-berlin.de

Frau Rechtsanwältin
Iris Vierheller
Am Riedborn 32

61250 Usingen

Datum und Zeichen Ihres Schreibens
26.01.2000 Email

Frau-Nr
(0 30) 8 65-   27095

☎ Durchwahl-Nr
(0 30) 8 65-   27737

Datum
19.04.2000

**Versicherungsrechtliche Beurteilung von Tagespflegepersonen
hier: sog. Kinderfrauen**

Sehr geehrte Frau Rechtsanwältin,

wir bitten die verspätete Beantwortung Ihrer Anfrage zu entschuldigen. Aufgrund der Vielzahl der uns zur versicherungsrechtlichen Beurteilung bestimmter Personenkreise erreichenden Anfragen war uns eine zeitnahe Beantwortung leider nicht möglich.

In Ihrer Email vom 26.01.2000 sowie in Ihren Erinnerungen bitten Sie um Ausführungen zur versicherungsrechtlichen Beurteilung von Tagespflegepersonen - in diesem Fall zu den sog. Kinderfrauen -, die die Beaufsichtigung und Betreuung von Kindern im Haushalt der jeweiligen Eltern übernehmen.

Den weiteren Ausführungen möchten wir voranstellen, dass die benannten Personen aus versicherungsrechtlicher Sicht nicht anders zu beurteilen sind, wie Personen, die als Tagesmütter bezeichnet werden. Die Tatsache, dass die sog. Kinderfrauen im Gegensatz zu den Tagesmüttern die Betreuung der Kinder nicht in eigenen Räumlichkeiten, sondern im Haushalt der Eltern übernehmen, spricht allerdings für eine stärkere persönliche Abhängigkeit dieses Personenkreises von den beauftragenden Eltern.

Im Vordergrund muss daher die Klärung der Frage stehen, ob die jeweilige Kindermutter Ihre Tätigkeit im Rahmen eines abhängigen Beschäftigungsverhältnisses oder in selbständiger Form ausübt.

Ein Beschäftigungsverhältnis wird grundsätzlich durch die persönliche Abhängigkeit des Arbeitnehmers vom Arbeitgeber gekennzeichnet. Die persönliche Abhängigkeit besteht in der Eingliederung des Arbeitnehmers in den Betrieb (oder den Haushalt) des Arbeitgebers. Durch die Eingliede-

Anlage 4

rung unterliegt der Arbeitnehmer regelmäßig einem Zeit, Dauer, Ort und Art der Arbeitsausführung umfassenden Weisungsrecht des Arbeitgebers. Der Arbeitnehmer übernimmt hierbei eine fremdgeplante, fremdnützige und von fremder Risikobereitschaft getragene Arbeit und ist in eine übergeordnete Arbeitsorganisation eingegliedert. Die Weisungsgebundenheit kann allerdings, vornehmlich bei Diensten höherer Art, eingeschränkt und zur funktionsgerecht dienenden Teilhabe am Arbeitsprozeß verfeinert sein. Demgegenüber ist eine selbständige Tätigkeit vornehmlich durch das eigene Unternehmerrisiko, das Vorhandensein einer eigenen Betriebsstätte, die Verfügungsmöglichkeit über die eigene Arbeitskraft und die im Wesentlichen frei gestaltete Tätigkeit und Arbeitszeit gekennzeichnet.

Die Entscheidung, ob eine Erwerbstätigkeit im Rahmen einer abhängigen Beschäftigung oder als selbständige Tätigkeit ausgeübt wird, hat im Einzelfall aufgrund einer Gesamtwürdigung der Merkmale der Ausgestaltung der zu beurteilenden Erwerbstätigkeit zu erfolgen. Hierbei kommt es maßgeblich auf das Gesamtbild der vertraglichen Vereinbarungen sowie der tatsächlichen Gegebenheiten an, wobei den tatsächlichen Gegebenheiten ausschlaggebende Bedeutung zukommt, wenn diese von den Vereinbarungen abweichen. Liegen sowohl Merkmale für ein abhängiges Beschäftigungsverhältnis als auch für eine selbständige Tätigkeit vor, ist entscheidend, welche Merkmale überwiegen.

Nach diesen Grundsätzen hat auch bei den sog. Kinderfrauen eine versicherungsrechtliche Beurteilung im Einzelfall zu erfolgen, da es entscheidend auf die konkrete Ausgestaltung der individuellen Erwerbstätigkeit ankommt, die nicht pauschal beurteilt werden kann. Dabei ist insbesondere der Grad der Eingliederung in den Haushalt von Bedeutung, der im Wesentlichen durch die Art und den Umfang der vereinbarten Arbeitsleistung bestimmt wird.

So dürfte regelmäßig ein abhängiges Beschäftigungsverhältnis begründet werden, wenn zu den Aufgaben der sog. Kinderfrau im Rahmen der Kinderbetreuung z.B. auch die Zubereitung von Mahlzeiten, die Beschäftigung der Kinder, deren körperliche Pflege sowie die Vorbereitung und Beaufsichtigung der Einhaltung der Ruhezeiten (Mittags- und Nachtschlaf) o.ä. gehören. Zwar liegt der Fremdbetreuung von Kindern ein erhebliches Vertrauensverhältnis zwischen Eltern und Betreuer zugrunde, welches durch den Umfang der übertragenen Aufgaben an Intensität gewinnt, allerdings wird die sog. Kinderfrau dabei regelmäßig von den Eltern genaue Anweisungen erhalten, z.B. hinsichtlich der zuzubereitenden Mahlzeiten, der Beschäftigungsarten (Vorgabe bestimmter altersgerechter und fördernder Spiele, konkreter Fernsehsendungen, des Besuchs bestimmter Spielplatzeinrichtungen u.ä.), der Zeiten des Mittags- und Nachtschlafes sowie ggf. dabei besonders zu beachtender, für die Kinder gewohnter Abläufe, als auch dem Verhalten in Notfällen (u.a. Hinterlegung von Telefonnummern zur unverzüglichen Unterrichtung). Nach der allgemeinen Lebenserfahrung kann u.E. davon ausgegangen werden, dass Eltern die Betreuung ihrer Kinder, in Abhängigkeit von deren Qualität und Umfang, regelmäßig nicht der eigenständigen Gestaltung einer Dritten Person überlassen werden. Für eine im Wesentlichen freie Gestaltung der Erwerbstätigkeit der sog. Kinderfrau würde in diesen Fällen kein Raum bleiben. Darüber hinaus dürfte sie auch kein Unternehmerrisiko tragen, da bei der Vereinbarung einer festen Entlohnung, ggf. auf Stundenbasis, auch der Erfolg des Einsatzes der eigenen Arbeitskraft nicht ungewiss ist.

Für die versicherungsrechtliche Beurteilung der sog. Kinderfrauen kommt es daher auf die konkrete Ausgestaltung des Einzelfalles an. Sofern sich die Aufgaben der Kinderfrau z.B. lediglich auf die bloße Anwesenheit während der Ruhezeiten der Kinder in den Abendstunden beschränken und keine umfänglichen konkreteren Weisungen für diese Aufsichtsfunktion erteilt werden, kann durchaus auch von einer im Wesentlichen weisungsfreien selbständigen Tätigkeit auszugehen sein.

Der Ausschluss eines abhängigen Beschäftigungsverhältnisses bedingt allerdings nicht unweigerlich, dass von einer erwerbsmäßigen Tätigkeit der sog. Kinderfrau ausgegangen werden muss, die zur Versicherungspflicht nach § 2 SGB VI führt.

Wie Ihnen bekannt ist, vertreten wir in Anlehnung an die einkommensteuerrechtliche Behandlung des aus öffentlichen Kassen gezahlten Pflegegeldes und Erziehungsgeldes für Kinder in Familienpflege die Auffassung, dass bei einer Betreuung von bis zu fünf Kindern durch eine Tagespflegeperson - so auch durch eine Kinderfrau - ohne nähere Prüfung unterstellt werden kann, dass diese Betreuung nicht erwerbsmäßig betrieben wird und dementsprechend keine Rentenversicherungspflicht besteht.

Von einer solchen Pauschalbeurteilung kann allerdings nur dann ausgegangen werden, wenn die betreffende Tagespflegeperson auch tatsächlich nur Pflege- und Erziehungsgeld aus öffentlichen Kassen erhält, die gem. § 3 Nr. 11 EStG steuerfrei gestellt sind.

Werden Kinder daneben oder ausschließlich auf privater Basis betreut und erfolgt dementsprechend auch eine Vergütung auf privatrechtlicher Grundlage, so sind die hierfür erzielten Einnahme steuerpflichtig gem. § 18 Abs. 1 Nr. 3 EStG. Eine Steuerbefreiung gem. § 3 Nr. 11 EStG ist für Zahlungen aus privaten Mitteln nicht möglich.

Betreut eine Tagespflegeperson sowohl privat als auch vom Jugendamt vermittelte Kinder, kann daher die von der Finanzverwaltung herausgegebene Richtlinie nicht angewandt werden, so dass von einer Erwerbsmäßigkeit auszugehen ist, die im Einzelfall auch Versicherungspflicht nach § 2 SGB VI begründet. Gleiches gilt für eine Tagespflegeperson, die zwar nur Pflege- und Erziehungsgeld aus öffentlichen Kassen erhält, jedoch sechs oder mehr Kinder betreut. In diesen Fällen werden zumindest teilweise der Einkommensteuer unterliegende Leistungen bzw. Vergütungen gezahlt, die bei festgestellter Versicherungspflicht nach § 2 SGB VI ein beitragspflichtiges Arbeitseinkommen der selbständigen Tagespflegeperson darstellen.

Ist im Einzelfall von einer erwerbsmäßigen, d.h. auf Gewinnerzielung ausgerichteten Tätigkeit auszugehen, ist festzustellen, welchem von § 2 SGB VI erfassten Personenkreis die zu beurteilende Tagespflegeperson ggf. zuzuordnen ist. Je nach inhaltlicher Ausrichtung der Tätigkeit kann Versicherungspflicht nach § 2 Satz 1 Nr. 1, 2 oder 9 SGB VI vorliegen, wenn im Zusammenhang mit der selbständigen Tätigkeit kein versicherungspflichtiger Arbeitnehmer beschäftigt und die Tätigkeit mehr als geringfügig i.S. des § 8 Abs. 3 SGB IV ausgeübt wird.

Unter Erziehern i.S. von § 2 Satz 1 Nr. 1 SGB VI sind Personen zu verstehen, die pädagogisch tätig sind, ohne Lehrer zu sein und deren Tätigkeit eigenverantwortlich auf die Bildung des Charakters und der Persönlichkeit gerichtet ist. Zu diesem Personenkreis gehören daher insbesondere Personen, die in Einrichtungen der Jugendhilfe oder im Auftrag des Jugendamtes eigenverantwortlich Kinder bzw. Jugendliche betreuen und erziehen. Sie sind aber abzugrenzen von Personen, die lediglich eine Hilfestellung zur Erziehung geben, d.h. unterstützend erzieherisch tätig werden und nicht unter die versicherungspflichtige Personengruppe des § 2 Satz 1 Nr. 1 SGB VI fallen.

Die Tätigkeitsgebiete der Berufe der Erziehung und der Berufe der Kranken-, Wochen-, Säuglings- und Kinderpflege laufen sehr häufig ineinander. Bei Verneinung einer Erziehungstätigkeit kann sich daher je nach Lage des Einzelfalls für die Tagespflegeperson auch eine Pflegetätigkeit i.S. des § 2 Satz 1 Nr. 2 SGB VI unter dem Gesichtspunkt einer Säuglings- oder Kinderpflege ergeben. Das wird insbesondere dann der Fall sein, wenn überwiegend regelmäßig Kinder im Alter unter drei Jahren betreut werden. Bei diesen steht eher die Pflege (wie z.B. Wickeln, Waschen und Füttern) als die Erziehung im Vordergrund.

Sprechen die Tätigkeitsmerkmale weder für eine überwiegend erziehende, noch für eine überwiegend pflegende Tätigkeit i.S. der o.g. Vorschriften muss das Vorliegen einer Rentenversicherungspflicht nach § 2 Satz 1 Nr. 9 SGB VI geprüft werden. Danach unterliegen Personen, die im Zusammenhang mit ihrer selbständigen Tätigkeit regelmäßig keinen versicherungspflichtigen Arbeitnehmer beschäftigen, dessen Arbeitsentgelt aus diesem Beschäftigungsverhältnis regelmäßig 630 Deutsche Mark übersteigt, und auf Dauer und im Wesentlichen nur für einen Auftraggeber tätig sind, ebenfalls der Rentenversicherungspflicht.

Der Komplexität der hier angesprochenen Thematik kann u.E. bereits entnommen werden, dass es von unserer Seite nicht möglich ist, eine von vornherein verallgemeinerungsfähige Aussage zur versicherungsrechtlichen Beurteilung der sog. Kinderfrauen zu geben. In den Fällen, in denen eine Anlehnung an die einkommensteuerrechtlichen Richtlinien nicht möglich ist, muss letztendlich im jeweiligen Einzelfall geprüft werden, ob Versicherungspflicht vorliegt.

Mit freundlichen Grüßen
Im Auftrag

Laurich

Anlage 5

Rundschreiben 332/2005 vom 6.10.2005 des Bundesverbandes der Unfallkassen

Zuständigkeit, Beiträge

**Bundesverband
der Unfallkassen**

Fockensteinstraße 1
D-81539 München
Telefon +49 89 - 6 22 72-0
Telefax +49 89 - 6 22 72-111
buk@unfallkassen.de
www.unfallkassen.de

Ansprechpartner/in
Herr Dr. Triebel
Durchwahl 148

Zuständigkeit für Tagespflegepersonen
§§ 2 Abs. 1 Nrn. 1, 9, 129 Abs. 1 Nr. 2 SGB VII

Rundschreiben 333/2005
B1 - 311.01 (-21) : 311.09 : 516.3

26. Oktober 2005

Kurzinhalt:
Tagespflegepersonen i.S.d. § 23 SGB VIII werden in der Regel selbständig tätig.

⇒ Rundschreiben 332/2005 vom 26. Oktober 2005
  Schreiben an die Mitglieder des BUK vom 5. Januar 2005

Das Tagesbetreuungsausbaugesetz (Schreiben vom 05.01.2005) geht von einer in der Regel selbstständigen Tätigkeit der Tagespflegeperson aus. Nach §§ 23 Abs. 2 Nr. 3, 24 Abs. 4 SGB VIII werden der Tagespflegeperson nachgewiesene Aufwendungen für Beiträge zu einer Unfallversicherung sowie für Aufwendungen zu einer angemessenen Alterssicherung erstattet. Dies setzt eine eigene Beitragspflicht der Tagespflegeperson voraus.

Vor diesem Hintergrund haben sich BGW und BUK auf folgende Abgrenzungskriterien verständigt:

- Betreut die Tagespflegeperson regelmäßig Kinder von mehreren Familien handelt es sich um eine selbstständige Tätigkeit. Versicherungsschutz besteht nach § 2 Abs. 1 Nr. 9 SGB VII. Zuständig ist die BGW. Ein Indiz für mehrere Auftraggeber und damit für eine selbstständige Tätigkeit ist die Gewerbeanmeldung.

- Betreut die Tagespflegeperson nur Kinder eines Haushaltes liegt in der Regel eine abhängige Beschäftigung im Haushalt vor. Versicherungsschutz besteht nach § 2 Abs. 1 Nr. 1 SGB VII. Zuständig sind die Unfallversicherungsträger im kommunalen Bereich (§ 129 Abs. 1 Nr. 2 SGB VII). Die Betreuung im Haushalt der Eltern des Kinder ist ein Indiz für eine abhängig Beschäftigung.

Durch das Jugendamt vermittelte und finanzierte geeignete Tagespflegepersonen i.S.d. § 23 SGB VIII werden regelmäßig die Voraussetzungen für eine selbstständige Tätigkeit erfüllen. Für den Bereich des Haushalts verbleibt die selbst organisierte Kinderbetreuung, insbesondere im Rahmen geringfügiger Beschäftigungsverhältnisse (Minijobs). Der Anmeldung im Haushaltsscheckverfahren liegt stets eine abhängige Beschäftigung zugrunde.

Anlage 5

**Bundesverband
der Unfallkassen**

- 2 -

Diese Abgrenzung wurde vom Ausschuss „Rechtsfragen" der Konferenz der Geschäftsführer/innen (6./7. Oktober 2005) gebilligt und wird auch von der BGW bereits so praktiziert (vgl. Beitrag in BGW-Mitteilungen 2/2005 – Anlage 1).

Statt auf die Zahl der Kinder (so das bisherige Abgrenzungskriterium) wird damit für die Bestimmung der Selbständigkeit auf die Zahl der Auftraggeber abgestellt. Die der Abgrenzung nach der Zahl der Kinder zugrundeliegende Bestimmung des § 44 Abs. 1 Satz 3 SGB VIII wurde durch das Gesetz zur Weiterentwicklung der Kinder und Jugendhilfe (KICK) aufgehoben (BGBl. I 2005, S. 2729: Artikel 1, Nr. 21).

Ergänzend wird auf das in Anlage 2 beigefügte Urteil des BSG (22. Juni 2005 – B 12 RA 12/04 R) hingewiesen, wonach eine Tagesmutter dem Grunde nach als selbstständige Erzieherin in der gesetzlichen Rentenversicherung versicherungspflichtig ist (§ 2 Satz 1 Nr. 1 SGB VI).

Geschäftsbereich
Sozialversicherungsrecht, Rehabilitation

im Auftrag

Roman Finkenzeller

2 Anlagen

Anlage 6

§ 6 KiföG LSA und
Tagespflegeverordnung LSA

Amtliche Abkürzung:	TagesPflVO	Quelle:	
Ausfertigungsdatum:	11.11.2003		
Gültig ab:	18.11.2003	Fundstelle:	GVBl. LSA 2003, 294
Dokumenttyp:	Verordnung	Gliederungs-Nr:	2160.16

Tagespflegeverordnung (TagesPflVO)
Vom 11. November 2003

Zum 03.06.2009 aktuellste verfügbare Fassung der Gesamtausgabe

Aufgrund des § 24 Abs. 3 Nr. 1 des Kinderförderungsgesetzes vom 5. März 2003 (GVBl. LSA S. 48) wird verordnet:

Abschnitt 1

Tagespflege

§ 1
Geltungsbereich

Dieser Abschnitt gilt für Tagespflege im Sinne des § 6 in Verbindung mit § 3 Abs. 4 Satz 2 und § 4 Abs. 3 des Kinderförderungsgesetzes.

§ 2
Eignung der Tagespflegestelle, Eignung und Qualifikation der Tagespflegeperson

(1) Für die fachliche Vorbereitung gemäß § 6 Abs. 3 des Kinderförderungsgesetzes müssen die Tagespflegepersonen vor Aufnahme des ersten Kindes an einem Vorbereitungskurs mit mindestens 38 Unterrichtsstunden (**Anlage 1**) erfolgreich teilgenommen haben. Über die erfolgreiche Teilnahme entscheidet der Bildungsträger.

(2) Vor Aufnahme eines zweiten Kindes müssen die Tagespflegepersonen zur weiteren fachlichen Qualifizierung an einer mindestens 104 Unterrichtsstunden umfassenden Qualifizierung (**Anlage 2**) erfolgreich teilgenommen haben. Über die erfolgreiche Teilnahme entscheidet der Bildungsträger.

(3) Die Absätze 1 und 2 gelten für Tagespflegepersonen, die nicht Fachkraft gemäß § 21 Abs. 3 des Kinderförderungsgesetzes sind.

(4) Mit der Tagespflege sollen nur volljährige Personen mit einer abgeschlossenen Schulausbildung an einer Allgemeinbildenden Schule betraut werden. Für die Feststellung der persönlichen Eignung hat die Tagespflegeperson der Leistungsverpflichteten ein polizeiliches Führungszeugnis gemäß § 30 Abs. 1 Satz 1 des Bundeszentralregistergesetzes vorzulegen. Die gesundheitliche Eignung ist nachzuweisen durch die Vorlage einer ärztlichen Bescheinigung, aus der hervorgeht, dass gegen die Übernahme der Tagespflegetätigkeit durch die Tagespflegeperson aus ärztlicher Sicht keine Bedenken bestehen.

(5) Lebt die Tagespflegeperson in einer Ehe, Lebenspartnerschaft oder Lebensgemeinschaft, ist auch das Führungszeugnis und die ärztliche Bescheinigung gemäß Absatz 4 der Partnerin oder des Partners vorzulegen.

(6) Mit der Tagespflege eines seelisch, geistig oder körperlich behinderten oder von einer solchen Behinderung bedrohten Kindes soll nur eine Tagespflegeperson betraut werden, die über eine abgeschlossene pädagogische, psychologische oder medizinische Ausbildung sowie spezielle Kenntnisse und Erfahrungen im Umgang mit behinderten Kindern verfügt.

§ 3
Ziel und Inhalt der Vorbereitung und Qualifizierung

(1) Ziel der Vorbereitung und Qualifizierung der Tagespflegepersonen ist die Vermittlung von Kenntnissen über die Erziehung, Bildung, Betreuung und Versorgung von Kindern im häuslichen Rahmen.

(2) Mit der Vorbereitung werden die Tagespflegepersonen auf die besondere Betreuungssituation in Tagespflege vorbereitet. Es werden folgende Themenkomplexe behandelt:

1. Voraussetzungen der Aufnahme von Tagespflegekindern,
2. Besonderheit von Tagespflege,
3. Eingewöhnung in Tagespflege,
4. Zusammenarbeit mit Eltern,
5. pädagogische Angebote für Kleinkinder im häuslichen Rahmen,
6. Ernährung für Säuglinge und Kleinkinder,
7. Erste-Hilfe-Kurs für Säuglinge und Kleinkinder (14 Stunden).

(3) Mit der Qualifizierung werden zusätzlich die folgenden Inhalte vermittelt:

1. Entwicklungspsychologie von Kleinkindern,
2. Pädagogik,
3. Elternarbeit,
4. Kooperation und Zusammenarbeit,
5. pädagogische Angebote/Spielpädagogik,
6. Selbstreflexion.

(4) Die Anlagen hinsichtlich der Vorbereitung (**Anlage 1**) und der Qualifizierung (**Anlage 2**) sind Bestandteil dieser Verordnung.

Abschnitt 2

Schlussvorschriften

§ 4
In-Kraft-Treten

Diese Verordnung tritt am Tage nach ihrer Verkündung in Kraft.

Magdeburg, den 11. November 2003.

**Der Minister für Gesundheit und Soziales
des Landes Sachsen-Anhalt**
Kley

Anlage 1

(zu § 2 Abs. 1 Satz 1)

Vorbereitung für Tagespflegebewerber und Tagespflegebewerberinnen (38 Unterrichtsstunden)

Die Vorbereitung findet nach einer ausführlichen Information statt, in der die Tagespflegebewerber und Tagespflegebewerberinnen über die rechtlichen, finanziellen und organisatorischen Rahmenbedingungen der Tagespflege informiert wurden. Im Rahmen der Vorbereitung werden die Tagespflegebewerber und Tagespflegebewerberinnen auf die Tätigkeit als Tagespflegepersonen, insbesondere die Situation, in häuslicher Umgebung bzw. in anderen geeigneten Räumen fremde Kinder zu betreuen, qualifiziert. Die Vorbereitung richtet sich an pädagogisch nicht ausgebildete Personen, die über unterschiedliche Vorkenntnisse, Lernerfahrungen, Lebensentwürfe/Biografien verfügen. Das inhaltliche und methodisch-didaktische Konzept der Vorbereitung soll dieser unter Umständen heterogenen Gruppenzusammensetzung Rechnung tragen. Die bisherigen Lernerfahrungen und der Kenntnisstand der Tagespflegebewerber und Tagespflegebewerberinnen sollen angemessen berücksichtigt werden, um ihren Selbstbildungsprozess und das selbstorganisierte Lernen zu fördern.

Die Dozenten und Dozentinnen müssen in der Lage und qualifiziert sein, das Kursangebot entsprechend den oben genannten Erfordernissen und den Inhalten der nachfolgenden Themenkomplexe auszugestalten. Sie müssen mit der Tagespflege als Form der Kindertagesbetreuung vertraut sein. Die Dozenten und Dozentinnen sollen darüber hinaus über Gender-Kompetenz verfügen, um die Teilnehmer und Teilnehmerinnen bei der Reflexion ihrer eigenen Geschlechterrolle in Bezug auf ihr pädagogisches Handeln zu unterstützen und um bei der Behandlung der einzelnen Themenschwerpunkte auf eine Überwindung von Geschlechterrollenstereotypen sowie eine gleichberechtigte Erziehung von Mädchen und Jungen hinzuwirken. Als grobe Orientierung empfiehlt es sich, für jedes Thema etwa drei bis vier Unterrichtsstunden vorzusehen. Für den Erste-Hilfe-Kurs sind 14 Stunden aufzuwenden. Die Vorbereitungskurse sind mit nicht mehr als 20 Teilnehmern und Teilnehmerinnen durchzuführen. Der Erste-Hilfe-Kurs für Säuglinge und Kleinkinder kann auch durch die erfolgreiche Teilnahme an einer gesonderten Veranstaltung bei einem anderen Fortbildungsträger absolviert werden.

1. **Voraussetzungen der Aufnahme von Tagespflegekindern**
   a) Tagespflege nur als vorübergehende Tätigkeit oder neue berufliche Perspektive
   b) Tagespflege als Beruf oder Berufung
   c) Entwicklung von Vorstellungen zur Ausgestaltung der Tätigkeit als Tagespflegeperson
   d) Aufbau einer regionalen Vernetzung unter Tagespflegepersonen
   e) Zusammenarbeit mit dem örtlichen Träger der öffentlichen Jugendhilfe (Jugendamt/Praxisberatung) und der Gemeinde oder dem Amt

2. **Besonderheit von Tagespflege**
   a) Mitleben von fremden Kindern im eigenen Familienrahmen
   b) Analyse der Lebenssituation der anderen Familienmitglieder (eigene Kinder, Partner)
   c) Auswirkung der Betreuung auf die Familie der Tagespflegeperson
   d) Mögliche Konsequenzen für die eigene Familie, besonders für die eigenen Kinder
   e) Möglichkeiten der Gestaltung des Tagespflegealltags

3. **Eingewöhnung in Tagespflege**
   a) Bedeutung der Eingewöhnung für das Kind
   b) Kurze Einführung in die Bindungstheorie
   c) Eingewöhnungszeit als Gelegenheit der Kontaktaufnahme zwischen den Erwachsenen

Anlage 6

      d)   Abschied von der Tagespflegeperson (Beendigung des Betreuungsverhältnisses)

4. **Zusammenarbeit mit Eltern**
   a) Erstgespräche
   b) Elterngespräche
   c) Entwicklungsgespräche
   d) Kommunikation und Kooperation zwischen Tagespflegeperson und Eltern
   e) Entwicklung von Empathie für die Situation der Eltern und des Lebensumfeldes des Kindes

5. **Pädagogische Angebote für Kleinkinder**
   a) Spiele für drinnen und draußen
   b) Kreative Angebote für Kleinkinder (basteln, malen, musikalische Förderung)
   c) Anregungsreiche Spiel- und Lebensumwelt

6. **Ernährung für Säuglinge und Kleinkinder**
   a) Einführung in die Grundlagen gesunder Ernährung
   b) Tipps zur praktischen Umsetzung im Tagespflegealltag

7. **Erste-Hilfe-Kurs für Säuglinge und Kleinkinder**

Anlage 2

(zu § 2 Abs. 2 Satz 1, § 3 Abs. 4)

Qualifizierung für Tagespflegepersonen (104 Unterrichtsstunden)

Die Qualifizierung wird als tätigkeitsbegleitende Maßnahme für Tagespflegepersonen angeboten. Im Mittelpunkt der Qualifizierung stehen die Vermittlung von Fachwissen, praxisbezogenen Handlungskompetenzen sowie ein systematischer Erfahrungsaustausch. Die Qaulifizierung dient der Vertiefung von Kenntnissen und Kompetenzen von Tagespflegepersonen. Die Auswahl der Seminarmethoden soll teilnehmerorientiert sein. Die bisherigen Lernerfahrungen und der Kenntnisstand der Tagespflegebewerber und Tagespflegebewerberinnen sollen angemessen berücksichtigt werden, um ihren Selbstbildungsprozess und das selbstorganisierte Lernen zu fördern.

Die Dozenten und Dozentinnen müssen in der Lage sein, das Kursangebot entsprechend den oben genannten Erfordernissen und den Inhalten der nachfolgenden Themenkomplexe auszugestalten. Sie müssen mit der Tagespflege als Form der Kindertagesbetreuung vertraut sein. Die nachfolgend benannten Themenkomplexe von 16 oder 24 Unterrichtsstunden sollen möglichst als zwei- bis dreitägige Blockveranstaltungen oder als ganztägige Seminareinheiten durchgeführt werden. Die Qualifizierungskurse sind mit nicht mehr als 20 Teilnehmern und Teilnehmerinnen durchzuführen.

1. **Entwicklungspsychologie von Kleinkindern (16 Unterrichtsstunden)**
   a) Überblick über die Phasen kindlicher Entwicklung und deren Besonderheiten vor allem im Kleinkindalter (bis 3 Jahre)
   b) Erarbeiten von pädagogischen Handlungsmöglichkeiten, um auf das jeweils entwicklungsbedingte Verhalten der Kinder einzugehen
   c) Erkennen von entwicklungsfördernden und entwicklungshemmenden Verhaltensweisen Erwachsener sowie sonstiger äußerer Faktoren und ihrer Wirkung
   d) Sensibilisierung für Störungen im Entwicklungsverlauf

2. **Pädagogik (16 Unterrichtsstunden)**
   a) Gestaltung der Sauberkeitserziehung
   b) Erziehungsziele und -verhalten
   c) Umgang mit Freiräumen, Regeln und Grenzen

d) Gruppenpädagogik
   e) Kindliches Verhalten beobachten
   f) Eingewöhnung/Abschied
3. **Elternarbeit (24 Unterrichtsstunden)**
   a) Erstgespräche
   b) Elterngespräche/Elternabende
   c) Entwicklungsgespräche
   d) Kommunikation und Kooperation zwischen Tagespflegeperson und Eltern
   e) Umgang mit Konflikten
   f) Entwicklung von Empathie für die Situation der Eltern und das Lebensumfeld des Kindes
   g) Abgrenzung gegenüber den Eltern
   h) Fallarbeit
4. **Kooperation und Zusammenarbeit (8 Unterrichtsstunden)**
   a) Aufgaben und Angebote des örtlichen Trägers der öffentlichen Jugendhilfe
   b) Möglichkeiten und Angebote der Vernetzung
   c) Kooperation mit anderen Tagespflegepersonen
   d) Kooperation mit Kindertagesstätten
   e) Fortbildungen für Tagespflegepersonen
5. **Pädagogische Angebote/Spielpädagogik (16 Unterrichtsstunden)**
   a) Pädagogische und entwicklungsfördernde Angebote und Möglichkeiten besonders für Kleinkinder in der häuslichen Umgebung
   b) Spiel als Methode, Lern- und Gruppenprozesse anzuregen und zu fördern
   c) Spielangebote für drinnen und draußen
   d) Spielfähigkeit der Tagespflegeperson stärken bzw. entwickeln
6. **Selbstreflexion (24 Unterrichtsstunden)**
   a) Analyse der Zusammenhänge von pädagogischem Handeln und eigener Sozialisation
   b) Analyse der aktuellen Familien- bzw. Lebenssituation und deren Auswirkung auf das pädagogische Handeln
   c) Umgang mit Stress
   d) Entwicklung und Definition eigener Erziehungsziele
   e) Berufsbezogene Selbsterfahrung und Selbstreflexion
   f) Entwicklung von Perspektiven und persönlichen Zielen in der Tätigkeit als Tagespflegeperson

© juris GmbH